我们一起解决问题

社会心理学

SOCIAL PSYCHOLOGY

10TH EDITION

埃略特 · 阿伦森（Elliot Aronson）
[美] 蒂莫西 · D. 威尔逊（Timothy D. Wilson） 著
塞缪尔 · R. 萨默斯（Samuel R. Sommers）

侯玉波 曹 毅 等译

第10版

人 民 邮 电 出 版 社
北 京

图书在版编目（CIP）数据

社会心理学 ：第10版 / （美）埃略特·阿伦森
（Elliot Aronson），（美）蒂莫西·D.威尔逊
（Timothy D. Wilson），（美）塞缪尔·R.萨默斯
（Samuel R. Sommers）著 ；侯玉波，曹毅等译. -- 北京 ：人
民邮电出版社，2023.3
ISBN 978-7-115-59183-8

Ⅰ. ①社… Ⅱ. ①埃… ②蒂… ③塞… ④侯… Ⅲ.
①社会心理学一研究 Ⅳ. ①C912.6-0

中国版本图书馆CIP数据核字(2022)第072693号

内容提要

本书以美国心理学会历史上唯一一位包揽了三项大奖的社会心理学家埃略特·阿伦森为主要作者，阿伦森教授所获的三项大奖分别是杰出写作奖、杰出教学奖和杰出研究奖。与其他社会心理学著作相比，本书生动的语言和清晰的叙述风格使学习社会心理学成为一种享受。

《社会心理学》第10版全面、系统地分析了诸如社会认知、社会知觉、社会影响、自尊、人际吸引、亲密关系、侵犯性、偏见等话题。此外，本书的最后三章强调了结合生活实践学习社会心理学知识的重要性。

每章开头的“小调查”与结尾的“思考题”首尾呼应，鼓励学习者进行创新性的阅读与批判性的思考。学习者可以通过完成每个小节结尾的“问题回顾”，以及每章结尾的“自测”增强学习效果。此外，本书中的“试一试”练习，有助于学习者将书中所学应用到生活中。与之前的版本相比，新版对社会心理学各个领域的新研究都做了大量更新，同时新增了“热门话题”版块，便于读者与时俱进地更新自己的知识体系。

本书适合高校与研究机构的心理学学习者、教育者及研究者，也适合所有对社会心理学感兴趣的大众阅读、参考。

◆著　［美］埃略特·阿伦森（Elliot Aronson）
［美］蒂莫西·D.威尔逊（Timothy D. Wilson）
［美］塞缪尔·R.萨默斯（Samuel R. Sommers）
译　侯玉波　曹　毅　等
责任编辑　田　甜
责任印制　彭志环
◆人民邮电出版社出版发行　北京市丰台区成寿寺路11号
邮编 100164　电子邮件 315@ptpress.com.cn
网址 https://www.ptpress.com.cn
三河市中晟雅豪印务有限公司印刷
◆开本：889×1194　1/16
印张：34.5　2023年3月第1版
字数：800千字　2025年6月河北第15次印刷
著作权合同登记号　图字：01-2021-0639号

定　价：188.00元

读者服务热线：（010）81055656　印装质量热线：（010）81055316
反盗版热线：（010）81055315

作者、译者简介

作者简介

埃略特·阿伦森

当我还是个孩子的时候，我们生活在反犹太情绪严重的街区，而我们是那里唯一一家犹太人。我不得不在每天傍晚的时候去希伯来学校，我是这个街区中唯一一个去希伯来学校念书的少年，这使我很容易成为街区中一些年纪较大的恶棍的攻击目标。天黑以后，在从希伯来学校回家的路上，我经常被街头的歹徒抢劫，他们还高喊着反犹太的侮辱性口号。

我非常清晰地记得，在遭遇了一次毒打之后，我坐在围栏上，为流血的鼻子和受伤的嘴止血，我为自己感到难过，并且很想知道这些根本就不认识我的小孩为什么会如此讨厌我。我思考着，那些小孩到底是被教育要憎恨犹太人，还是出于某种原因导致他们天生就是那样的。我想知道他们的憎恶是否能被改变——如果他们了解我多一点，他们会不会就不那么恨我了呢？我反思了自己的性格，如果情况正好相反，也就是说，如果我比他们块头更大、身体更强壮，那么我会毫无缘由地把他们痛打一顿吗？

很久之后，我发现自己当初思考的这些内容都是很深刻的问题。当然，年少的我并没有意识到这一点。大约 30 年后，作为一名社会心理学家，我有幸能回答其中的一些问题，并发明技术来减少使我成为受害者的那种偏见。

埃略特·阿伦森是世界上最负盛名的社会心理学家之一。2002 年，他被选为 20 世纪 100 位最著名的心理学家之一。他是加利福尼亚大学圣克鲁兹分校的名誉教授。

阿伦森博士是美国心理学会（American Psychological Association）历史上唯一一位包揽其三个主要奖项的人，即杰出写作奖、杰出教学奖和杰出研究奖。许多专业团体对他的研究和教学做出了嘉奖。例如，美国科学促进会（American Association for the Advancement of Science）授予他“杰出科学研究奖”的最高荣誉；美国教育促进和支持委员会（American Council for the Advancement and

Support of Education）提名他为 1989 年“年度教授”；鉴于他为减少种族偏见和民族歧视所做的贡献，社会问题心理学研究会（Society for the Psychological Study of Social Issue）给他颁发了“戈登·奥尔波特奖”；1992 年，他被提名为美国艺术科学院（American Academy of Arts and Sciences）院士。

蒂莫西·D. 威尔逊

在我 8 岁时，有一天我看到两个年纪比我大的小孩一边骑自行车一边谈论着一个重大的消息：他们发现了一幢废弃的房子，沿着一条乡村小路一直往南走就能看见。他们说：“太棒了！我们打破了一扇窗户都没人管！”我和我的伙伴跳上自行车想去看个究竟，我们不费吹灰之力就找到了那幢房子——它在那里孤独地矗立着，在一楼的窗户上有个齿状的大窟窿。我们跳下自行车并四处看了看，我的伙伴在地上找到一块垒球大小的石头，十分精准地击中了一楼的另一扇窗户。玻璃破碎的声音让人兴奋又快乐，尤其是当我们知道自己的所作所为并没有什么不对的时候。毕竟，这是一幢废弃的房子，不是吗？我们把这幢房子几乎所有的玻璃都打了个粉碎，并从一楼的一扇窗户爬了进去，四下张望着。

那个时候我们才认识到自己大错特错了。屋内的墙上挂着画，家具都很漂亮，架子上放着书……看上去这肯定不是一幢废弃的房子。我们怀着恐惧和疑惑回家了。不久我们得知这幢房子是一对老夫妇的住所，他们外出度假了。后来我的父母发现了我们干的坏事并赔偿了一大笔钱用来修缮窗户。许多年来，我都在反思这件事情：我为什么会做出这样一件可怕的事情呢？我是一个坏小孩吗？我认为不是这样的，我的父母也认为不是这样的。那么，一个好孩子怎么会做出这样的坏事呢？就算邻家小孩说这幢房子是废弃的，为什么我和伙伴都没有看见那么明显的有人居住的迹象呢？我的伙伴陪我在场，并扔出第一块石头的举动对事情的后续发展有多大影响呢？虽然那时我还不明白，但这些反思却都触及了许多经典的社会心理学问题。例如，是否只有坏人才做坏事？社会形势是否能强大到迫使好人做坏事？我们对事件的期望方式是否会阻碍我们看到事情的真相？幸运的是，在那之后我再也没搞过类似的破坏，但它的确有重大的意义。人们如何理解自己和这个社会性世界呢？从那时起，我开始对这些基本问题深深着迷，直到今天我还在继续探索这些问题。

蒂莫西·D. 威尔逊在威廉姆斯学院和汉普郡学院完成了他的本科学业，在密歇根大学取得了博士学位。威尔逊在弗吉尼亚大学教授社会心理学导论课程已经有 30 多年了。他发表了许多文章，涉及内省、态度改变、自我认识、情感预测等方面。他最近的研究得到了美国科学基金会（National Science Foundation）和美国心理健康研究所（National Institute for Mental Health）的支持。他两次入选实验社会心理学学会（Society for Experimental Social Psychology）执行委员会，他也是美国心理学会成员。2009 年，他成为美国艺术科学院成员；2001 年，他获得了“美国大学杰出教学奖”；2010 年，他获得了“弗吉尼亚大学杰出科学研究奖”；2015 年，他获得了美国心理科学学会（Association for Psychological Science）颁发的“威廉·詹姆斯研究员奖”。

塞缪尔·R. 萨默斯

我上大学时选修的是英语专业，到了第二学期时，我选修了心理学导论，这的确像大一新生在第二学期时会做的事情。当这门课讲到社会心理学时，我的脑海里出现了一个声音：“嘿，你得承认这些内容还不错，它们很像你和朋友的日常对话，只不过它们有科学依据。”

在课程中我们有机会参加调查研究，这些活动也被纳入了学分评定。有一次，一项互动研究需要我与一位搭档共同解决问题。当我赶到实验地点的时候，我看到椅子后背挂着外套和包，很明显我的搭档已经到了。我被带到另一个小房间观看了一段我搭档的视频。之后我需要填写一份调查问卷，如我对他的看法、我对两人共事的期望等。最后，我回到了最初的地点，实验者说她要去找我的搭档，她递给我一把椅子，让我把它放在搭档的椅子附近的任何地方。我的搭档也可能正在一个小房间里填写调查问卷。

依照实验者的要求，我放下椅子，坐下来等着搭档的出现。然而，实验者却独自回来了。她告诉我研究已经结束了，这项研究其实没有其他被试，也没有组队解决问题的任务。视频中的人是一个演员，在一些版本中他提到他有一个女朋友，在其他版本中他提到他有一个男朋友。实际的研究目的是探究性取向这一社会类别信息将如何影响被试对人际互动的态度。

接着，她拿出了一把卷尺，用来测量我的椅子和搭档的椅子的距离。她告诉我，研究假设，对同性恋搭档感到不适的被试可能会把椅子放在更远的地方，而觉得搭档令人舒适或有亲和力的被试可能会产生接近的意愿。

那一刻，我被迷住了。我脑海里的声音已经从耳语变成了大声的呼喊，这是一个可以让我兴奋起来的领域！实验者成功地“欺骗”了我。“真酷啊”，这是我脑海中最先蹦出的词。但更重要的是，他们之所以这样做，是为了了解我们的真实态度、偏好和倾向。这是一个迷人的创造性的研究设计，它可以用于研究非常重要的社会问题，这一点让我深受震撼。

就像我说的，我被迷住了。社会心理学对我的震撼、吸引和激励始于学生时代，这种感觉从过去一直延伸到了现在和未来。我很期待能帮助你走进这个迷人的领域。

塞缪尔·R. 萨默斯在威廉姆斯学院获得了学士学位，在密歇根大学获得了博士学位。自 2003 年以来，他一直在塔夫茨大学心理学系担任教师。他研究了与刻板印象、偏见和群体多样性有关的问题，尤其关注这些心理现象如何在法律领域发挥作用。他在塔夫茨大学获得了多个教学奖项，包括“勒曼–纽鲍尔杰出教学和指导奖”“杰拉尔德·吉尔年度教授奖”等。他曾在 8 个州的刑事审判程序中作为专家证人作证，涉及种族偏见、陪审团决策和目击者记忆等问题。

译者简介

侯玉波

- 北京大学心理与认知科学学院副教授，其讲授的社会心理学课程是北京大学最受学生欢迎的课程之一；
- 北京大学人格与社会心理学研究中心、北京大学–香港青年协会青少年发展研究中心常务副主任兼秘书长；
- 中国心理学会理事、中国心理学会人格心理学专业委员会主任、中国社会心理学会常务理事、中国心理学会社会心理学专业委员会常务理事、北京心理学会秘书长；
- 研究领域包括人格与社会心理学、文化心理学和网络心理学；
- 先后主持 7 项国家自然科学基金项目和 3 项教育部人文社会科学研究项目；

- 承担了中组部、人力资源与社会保障部、国务院国有资产监督管理委员会、教育部等委托的相关课题 20 多项，参与国际合作研究 3 项；
- 在各学术期刊上发表学术论文近百篇，编写的《社会心理学》入选“十二五”普通高等教育本科国家级规划教材、北京市优秀教材、北京大学优秀教材。

推荐序 1

知行合一——读书与生活的真谛

张建新

中国社会心理学会前任会长、中国科学院心理研究所研究员

以阿伦森教授为主要作者的巨著《社会心理学》已经出到第 10 版了，他的另一本书《社会性动物》(*The Social Animal*) 甚至出到了第 12 版，这算得上是社会心理学领域的奇迹之一了。难怪他成为美国心理学会历史上唯一一位包揽了三项大奖（杰出写作奖、杰出教学奖和杰出研究奖）的社会心理学家。

《社会心理学》第 10 版中文版的出版将会成为 2023 年中国社会心理学界的重要事件，这或许不是一个太过夸张的预言吧？

《社会心理学》的前 9 个版本经过全球社会心理学的研究者、教学者和广大学生长时间、大范围的反复使用、考察和检验，已经达到几乎完美的程度。因此，我们可以想象，第 10 版的任务对于阿伦森等作者来说，恐怕也一定构成了在"鸡蛋里挑骨头"般的挑战和压力。因为，除了要在书中增加社会心理学领域的最新研究成果之外，作者们还要考虑和设计如何让新版在内容和形式上进一步增强吸引力、提升感染力。当然，阿伦森或许并不会把这种挑战当作难事。果然，拿到新版细细一读，其内容和形式确实展现了非同凡响的气质。他们巧妙地将增强新书吸引力的压力一分为二：一方面，他们要承担"写作创新"方面的压力，就必须要进行有目的和计划周密的设计与写作；另一方面，他们将这份压力转嫁给了读者，旨在让读者自觉承担起"阅读创新"的压力。读者不能坐等知识和信息的"灌输"，而要成为知识和信息的创造性的消费者。这倒是颇为符合社会心理学研究的认知失调理论。换句话说，读者能否感受到新书的吸引力，在很大程度上取决于你们能否创新性地阅读本书，你们的创新性阅读行动便会合理化地引发你们对新书吸引力的一致性认知。这真是一个高明的策略！

当然，毕竟大多数学生和读者是社会心理学领域的新手，何为创新性阅读以及如何进行创新性阅读，无疑是需要专家的悉心引导的。在这一点上，阿伦森等人绝不含糊，他们也确实对新版的内容和形式进行了精心和周密的设计与编排。首先，本书的关键术语以带颜色的字体显示，关键术语的定义也出现在了页脚，按首字母顺序排列的术语表出现在全书结尾；其次，各章节的章首鲜明地列出了章节框架和学习目标，从而搭建起章节的骨架和整体脉络；再次，每章结尾简明扼要地概括了本章的内容，为学生梳理了章节考点（你可以很容易地制作出各章的思维导图）；最后，每章都包含“试一试”部分，让读者对自己学习内容的掌握情况进行简单自测。这种编排细致入微。如果读者还无法在此基础上进行创新性的阅读，这恐怕会令阿伦森等人开始考虑和设计第 11 版《社会心理学》的修订了。

除编排形式上的引导之外，更重要的是，阿伦森还谆谆教导读者，进行创新性阅读的关键前提条件是，将书本讲授的社会心理学知识与日常生活实践关联起来，并且在这个过程中绝不可被动、消极和懒惰。生活和生活场景要比书本知识复杂、生动得多，因而我们要在生活中学习，在与生活场景的互动中学习，并不断对知识提出疑问，从而将书本知识转化为自己生活实践的知识。本书最后三章（第 14 章至第 16 章）强调了“实践中的社会心理学”，这指明了结合生活实践去学习社会心理学知识的重要性，也明确地指出了进行创新性阅读的正确方向。这与我们从小就谙熟于心的教导如出一辙，诸如“理论联系实际”“活学活用”“实践出真知”“实践是检验真理的唯一标准”等。其实，书本是读的，生活是过的，“知行合一”才是读书和生活的真谛。阿伦森等人写书时虽不曾读过王阳明的著作，但在生活的底层逻辑上，他们大概也是懂得“知行合一”的底蕴的。

我们由衷地钦佩阿伦森等人在写作和教学上的高超能力，他们将社会心理学知识以如此全面、系统、扎实、生动的方式呈现给世界各地的读者，让读者能够将阅读视为一种精神享受，并启迪我们的智慧，以应对复杂的现实生活。但是，我们必须承认，大多数社会心理学知识都源自西方人的生活环境和生活实践，以及由此种长期的实践活动而形成的西方文化。地理、文化和生活存在东西方差异，因此，要想将西方的社会心理学知识应用于东方的生活实践中，我们就要比西方的读者更具有创新性，这意味着我们不仅要了解单一系统中“知识与实践”的差异，更要了解多元系统间的“知识与知识”的差异和“实践与实践”的差异。因此，中国读者要肩负起双重甚至多重的创新任务。随着《社会心理学》的更新，本书将会拥有越来越多的中国读者以及其他文化背景的读者。可以设想，社会心理学领域一定会不断地增加来自中国和其他非西方文化国家的研究。中国社会心理学家因此而任重道远！

《社会心理学》第 10 版的译者之一是北京大学心理与认知科学学院的侯玉波副教授，他也是《社会心理学》第 8 版的译者之一。侯玉波教授几十年来一直从事社会心理学的教学与研究工作，是我国社会心理学界的知名学者，其撰写的《社会心理学》教材也修订出版了第 4 版。我猜想，他与阿伦森是有某种共鸣的，所以，由他主持翻译阿伦森第 10 版的《社会心理学》，再恰当不过了。

期待人民邮电出版社出版的阿伦森新版大作，再次带给中国读者一场社会心理学的盛宴。

推荐序 2

我们与这个世界有约

彭凯平

清华大学社会科学学院院长、心理学系教授

2002 年，我担任美国加州伯克利大学心理学系人格与社会心理学专业的主任，正好那一年著名社会心理学家埃略特·阿伦森教授希望来这所大学担任访问教授，移居到他喜欢的加州旧金山湾区，我得以有机会和我仰慕的阿伦森教授当面接触和探讨。

喜欢阿伦森教授当然首先是喜欢他的那本书《社会性动物》。除了《社会性动物》一书，他于 1993 年出版的《社会心理学》一书也广受赞誉，迄今已经出到第 10 版。如果说有一本社会心理学教科书是我特别想介绍的，那一定是这本《社会心理学》。《社会心理学》第 10 版是阿伦森教授在其近 90 岁高龄时完成的修订，这本书一如既往地保留了阿伦森教授妙笔生花的写作才华，带你在社会心理学的世界中徜徉，体会社会心理学的独特魅力。

在这本书中，阿伦森指出：与大多数自然科学（如生理学、天文学）相比，社会心理学是一门年轻的学科。然而社会心理学作为一个概念或者观念，却拥有漫长的历史。至少从亚里士多德（Aristotle）时代开始，敏锐的观察者们就已经针对社会现象提出了一些引人关注的断言和振奋人心的假说，但是直到进入 20 世纪，这些断言和假说才得到了严格的检验。阿伦森教授指出，虽然学术界目前公认的第一个系统的现代意义上的社会心理学实验是 1898 年由特里普利特（Triplett）完成的“竞争对成绩的影响”的研究，但是真正意义上的实验社会心理学诞生于 20 世纪 30 年代后期，主要是因为有了库尔特·勒温（ Kurt Lewin）以及他的那些杰出学生的推动。有意思的是，我和阿伦森都是勒温的徒子徒孙，只不过阿伦森比我高了两辈。

对阿伦森而言，这种把社会心理学作为一门年轻学科的态度，使他在长达 70 余年的学术与教育生涯中一直保持着“无知”的状态。这种“无知”帮助他形成了观察现实世界的关键问题的视野，建立了探索解释现实世界的方法，形成了解决现实世界问题的洞见。

阿伦森最反对的观点就是那些认为“社会心理学与我们的生活无关”的说法。为了挑战这样的观点，他在 40 岁时出版了具有开创性意义的《社会性动物》一书；在近 90 岁高龄时，他第 10 次修订《社会心理学》一书，这种像唐吉诃德一样的骑士精神依然熠熠生辉。

阿伦森毕生坚持实证主义科学研究的态度与方法，从他写作第一本书开始，他就坚持书中的材料（虽然不可能是全部，但是尽可能是大部分）要建立在实验的基础之上，并且要时刻关注与当下社会现象之间的紧密关联。他认为，实验和例证要来源于当下的社会问题。在他的著作中，这些问题涵盖了偏见、宣传、战争、精神错乱、侵犯、骚乱以及政治动荡等诸多领域。正如他自己所说：“在我的全部生涯中，我情有独钟的有两个‘偏见’。第一个‘偏见’是，实验方法是我们理解复杂现象的最好方法。科学的自明之理在于‘真’。我们真正认识世界的唯一途径是（真实的）重构。为了真实地理解事物与社会的复杂性，仅仅靠简单的观察是远远不够的。更为重要的是，我们有责任创设一种事物，以便确定它的出现的确导致了另一事物的出现。我所持的第二个‘偏见’是，要确定通过实验所发现的因果关系是否有效的唯一途径，便是将这些发现从实验室拿到现实世界中去加以验证。因此，作为一名科学家，我愿意在实验室里工作；而作为一名普通的社会人，我又希望获得一扇观察周围世界的窗户。这扇窗户是双向的，我们可以经常从日常生活中获得一些假设。我们可以在实验室‘纯净’的条件下对这些假设进行充分的检验；与此同时，为了尽可能防止我们的想法变得过于‘纯净’，我们要尝试将实验室里的发现通过这扇窗户带回到现实世界，以检验这些发现能否站得住脚。”

如今，当我们借着《社会心理学》重新温习阿伦森教授早在年轻时代就建立起的社会实证主义思想时，我们能充分意识到为什么《社会性动物》与《社会心理学》等书能够在漫长的岁月中一版再版。因为这些书自问世起，不仅他的学生喜欢，学者喜欢，普通读者也喜欢；不仅因为阿伦森个性化与质朴的写作方式深深打动了一代又一代心理学科研人员与爱好者，还因为这些书与时俱进，每一次的新版都与当时的社会生活和个体生活息息相关。阿伦森的书不是摆在人们书架上的纸质书，而是活在人们生活与思想中的富有强大生命力与时代感的“播种机”。

每隔几年，阿伦森就要对他的知名著作进行修订更新。从意气风发、踌躇满志的年轻人到满头华发、历尽沧桑的老者，阿伦森一直坚持着科学实证与社会实践相结合的修订原则，这也是我们有幸在今天看到他那些多年前的著作经久不衰的重要原因。

光阴荏苒，岁月蹉跎。正如阿伦森教授自己所说：“我不得不承认，我可能太老了，已经不能自己独立完成修订工作，但幸运的是我找了第 10 版的最佳合著者。他的名字是蒂莫西・威尔逊 —— 一位同样杰出的、经验丰富的社会心理学家。他在实验室研究和真实世界的现场研究中都取得了引人注目的成就。”

无独有偶，《社会心理学》第 10 版的这两位作者都是我的好朋友，也与我有着深厚的渊源！阿伦森教授曾经是我在加州伯克利大学的同事，也是我非常尊敬的前辈。而威尔逊则是我密歇根大学心理学系导师理查德・尼斯比特（Richard Nisbett）教授实验室的大师兄。两位作者如今都是美国社会心理学界闪耀的明星，都是美国艺术与科学学院院士及多项心理学大奖的获得者。

无论是阿伦森还是威尔逊，他们在自己擅长的领域内的诸多研究与贡献，都具备坚定的科学情怀，他们都坚持理论与实证相结合、相验证、相对照的科学态度，他们都把最大的精力置于对当下社会诸多领域、诸多问题的深切关怀。

《社会心理学》第 10 版在延续之前各版成功风格的基础上，对那些最经典的社会心理学的研究发现进行了再次梳理，其中很多内容是他们自己长期研究内容的更新与持续跟踪的新结论。例如，阿伦森花了大部分科研时间，使用认知失调的框架观察世界，因为作为理性的动物，人类的很多行为和思维是为了减少认知失调的需要造成的。当然，事实上，虽然认知失调理论没能获得诺贝尔奖，但是该理论对人们理解世界、理解人类社会、理解自身所带来的影响是深远的。

另外，阿伦森教授的一个非常著名的实验叫作“拼图教室”。这个实验是在心理学实验室里完成的，后来成为美国教育的一个实践政策。这是把心理学研究转变为社会政策的极佳典范。今天，拼图教室教学法依然闪耀着光芒，它已经被全球数百所学校采用。

除了上述例子，《社会心理学》第 10 版中还特别增加了文化心理学与跨文化沟通方面的内容。这也是本版《社会心理学》与以前版本不同的地方。阿伦森与威尔逊等作者着重介绍了我和我的导师理查德·尼斯比特有关文化心理学差异的研究。在此，我也对这两位老朋友表示衷心的感谢!

如今，社会心理学已经成为一门活力四射的学科，它不仅具有鲜明的科学心理学的学术传统，更借鉴了社会学、政治学、经济学、人类学、生物学等各个学科的内容。它依然关注研究个体和群体在社会相互作用中的心理和行为的发生及变化规律，它还将研究视野扩展到对建立一个美好社会与过好一个美好人生的深切关怀之中。社会心理学仍然从个体水平和社会群体水平对人际关系展开诸多探讨，同时，它也更加关切一个多元、复杂、矛盾的社会走向未来的命运与正确选择。它是我们理解、学习、参与这个世界的一门必修课。

最后，我衷心地推荐大家阅读这本经典的《社会心理学》。它是一本教科书，能够帮助初学者与专业人士从不同的角度更加深入地理解社会心理学的发展历史、主要观念、经典实验与未来趋势；它也是一本社会心理学的启蒙书，能够帮助广大心理学爱好者开拓视野、增加知识、提升认识；它更是社会心理学历史上的一部经典著作，它是值得我们拥有与珍惜的人类精神的一枚瑰宝，它让我们时时记起：我们与这个世界有约……

译者序

侯玉波

北京大学心理与认知科学学院副教授

阿伦森是当今最著名的社会心理学家之一，他是心理学家中唯一获得过美国心理学会杰出写作奖、杰出教学奖和杰出研究奖的人。他的贡献不仅在于其众多研究成为社会心理学领域的经典之作，更为重要的是他编写的《社会心理学》通过不断补充新的理论和研究，也已经成为社会心理学教学的必备教材。这本教材从初版到最新的第 10 版，算起来已经有 30 多年了。在这本教材中，阿伦森与另外两位同样也很著名的心理学家威尔逊和萨默斯一起，为人类理解人性、人与社会的关系提供了丰富的资料和指导。在《社会心理学》第 10 版中，三位著名教授延续了前面几个版本的传统，系统地分析了人类的侵犯性、利他性、同情心、偏见、社会影响、人际关系与爱情等重要的问题，并对这些问题做出了最新阐释。在本书中，阿伦森、威尔逊和萨默斯系统地总结和分析了到目前为止，西方主流社会心理学的研究成果以及这些研究带给我们的启示。相信在读完本书之后，你一定会对人类心理与行为的社会性有更深刻的认识。与其他社会心理学著作相比，本书有以下三个主要特色。

1. 内容体系系统完整

第 1 章讲述了社会心理学的基本问题，其中谈到了对社会问题的关注，这种取向一直是社会心理学受到人们关注的主要推动力。第 2 章讲方法，特别强调了社会心理学研究的实证性，使读者认识到社会心理学的科学性。第 3 章和第 4 章讲述的是在日常生活中我们的认知过程的特性。第 5 章讲述了自我概念以及自我归因的问题，这些内容对我们认识自己很有帮助。第 6 章从认知失调的视角讲述了保护自尊的重要性。第 7 章系统地阐述了态度与态度改变的问题。第 8 章对人类的从众现象做了系统分析，其中包含了许多伟大的理论和经典的实证研究。第 9 章讲述了团体过程，其中的冲突与合作研究作为博弈论的基础，在现实生活中有着广泛的参考价值。第 10 章以人际吸引为主题，探讨了人际关系的基础与发展。第 11 章和第 12 章进一步探讨了人类的亲社会行为与侵犯行为。第

13 章则是对偏见的研究，这些内容对我们理解个人以及人与人之间的相互作用很有帮助。第 14 章至第 16 章则是社会心理学的应用领域，分别从人类可持续的未来、社会心理学与健康，以及司法实践中的社会心理学问题入手揭示社会心理学的实践价值。这些知识对目前中国的社会心理服务实践有着重要的启示意义。全书内容浑然一体，反映了社会心理学在解决个体与社会问题中的全面性及完整性。

2. 理论与实际结合紧密

三位作者始终是从解决问题的角度出发来研究社会心理学问题的，他们的工作本身就和书的内容有机地结合在一起。例如，作为一名在童年期曾经深受偏见之苦的犹太心理学家，阿伦森教授非常关心偏见及其影响问题，他希望通过自己的研究，能够有助于建构一个和谐的社会。威尔逊和萨默斯对社会影响和助人行为的研究，都反映了他们的社会理想。

3. 表达方式与时俱进

第 10 版增加了很多新的特色。例如，“试一试”版块及丰富的案例能帮助学习者更好地理解社会心理学的知识，“热门话题”版块能帮助学习者更好地应用这些知识。每一章开头的“小调查”通过简短的提问促使学习者明白自己对问题的态度和看法。这些特色都使得这本教材的内容更加生动活泼。也正是因为这些，本书成了全球许多大学社会心理学课程的参考书。为了让中国的读者能够读到本书的中译本，人民邮电出版社普华文化发展有限公司委托我组织本书的翻译工作。由于本人时间有限，为尽快完成翻译工作，我们实验室的研究生参加了本书的初译工作，他们是曹毅、董志文、孙朝阳、杨露萌、王琦、孙若铭、徐晨媛、袁金玉、韩博璇、刘远泽、王坤和洪俐，全书由侯玉波统稿审校。由于水平有限，译稿中肯定有不少瑕疵，希望读者能给我们指出来以便进一步改进。在此，特别感谢编辑田甜、杨楠、张帆认真负责的工作，有了她们的努力才使新版著作顺利地与大家见面。

前言

开始写这本书的时候，我们的首要目标是呈现出社会心理学领域激动人心的东西。从许多教师和学生善意的来信与电子邮件中，我们非常高兴地得知这本书成功地做到了这一点。我们最喜欢的来信之一出自一位学生，她说这本书非常有趣，值得她永远珍藏，并作为完成其他工作的自我奖励。无论如何，这位学生的存在，让我们觉得自己成功地使这本书成为一本令人兴奋的、引人入胜的故事集，而不是枯燥乏味的关于事实和数据的报告。

当然，本书仍有改进空间。第 10 版的目标是让人们更好地理解社会心理学领域。在讲授这门课程的时候，最可喜的事莫过于看见原本昏昏欲睡的、坐在后排的学生饶有兴致地坐起来，说道："哇，这个我不知道！听上去很有意思！"我们希望本书的读者也会有同样的反应。

第 10 版的新颖之处

我们先来谈谈第 10 版没有改变的内容。如前所述，我们尽最大努力以一种吸引人的方式来讲述社会心理学的故事，以便让学生产生共鸣。同时，本书也设置了一些功能，以帮助学生学习和记忆社会心理学的相关知识。和前几版一样，本书每一章开头都设有学习目标，它们会在章节中和章节结尾的总结中反复出现。同时，我们在每章各个小节的末尾都设有"问题回顾"版块，在每章末尾都设有"自测"版块，学习者可以扫描每章末尾的二维码查看这一章所有试题的答案。研究表明，频繁测验有助于增强学习效果，这些小节测验和每章末尾的自测试题，能对学习起到一定帮助作用。此外，每章仍保留"试一试"版块，以便学生将书中所学应用到自己的生活中，同时我们也更新了部分"试一试"的内容。

第 10 版新增了"热门话题"版块，它是对当前事件的简要分析，解释并论述了每章的一个关键原则。例如，在第 11 章的亲社会行为中，我们描述了一个突发事件，一位来自得克萨斯州的白人牙医在唐纳德·特朗普的就职典礼期间给一位非裔美国女服务员留下了 450 美元小费。我们请学生思考如何用本章提到的概念解释这位牙医的慷慨行为，如巴特森的共情－利他主义假说。

此外，第 10 版每章开头都设立了"小调查"版块，学生将要回答一个与本章所提概念相关的调查问题。例如，在第 6 章中，我们的问题是："在加入某个团体时，你是否被要求做过一些羞耻或危险的事情，以获得加入资格？”在每章的最后，有一个与调查问题相关的思考题，教师可以根据实际情况布置该项任务。例如，第 6 章末尾的问题是：“努力的合理化如何解释，为什么在不同的群体中普遍存在严苛且具有侮辱性的入会仪式？”

当然，第 10 版按照惯例引用了大量新研究。以下是文中涵盖的新研究示例。

第 1 章 社会心理学导论

本章更新了示例、“试一试”，以及生物学和进化论在社会心理学领域的作用。

第 2 章 方法论：社会心理学家如何进行研究

本书在社会心理学研究方法这一专题，依然保持着它的可读性和易懂性。本章更新了参考文献、示例和有关实验的可复制性的争论。

第 3 章 社会认知：我们如何思考社会性世界

本章更新了 40 多个参考文献，新增了计划谬误并讨论了一些近期的研究发现，如有关反事实推理和宗教信仰的研究。

第 4 章 社会知觉：我们如何理解他人

本章以电视剧《黑镜》作为新的开头，以帮助你学会利用第一印象展现优势。本章还讨论了公平世界信念中有关因果关系和信仰的跨文化差异，以及对凯利的共变模式的重新论述。

第 5 章 自我：在社会情境中理解我们自己

本章更新了 30 多个参考文献。我们增设了一个开放性的示例，即那些由动物抚养的人类儿童如何发展自我意识。我们也更新了关于自尊的内容并将其移至第 6 章。

第 6 章 认知失调与保护自尊的需要

本章是第 10 版修订最全面的一章。这一章一直是本书的标志性章节，因为本书是唯一一本用一整章的内容来阐述认知失调理论与保护自尊需要的书。我们自豪地将这一章保留在了第 10 版中，继续以轻松、易懂的方式呈现认知失调领域的经典研究，并提供生动、有趣的示例。同时，本章还增加了一个重要小节：认知失调理论的扩展与最新研究，包括自我肯定理论和自我评价维护理论。本章增加了两个“试一试”版块——价值肯定写作练习及自恋水平测试。

第 7 章 态度与态度的改变：影响思维与情绪

本章新增了开场故事以及一个新的讨论（即在根据求职者的姓名评估工作简历方面，内隐态度和外显态度的预测结果存在差异）。本章还介绍了以耶鲁态度改变研究法为基础的说服方案。

第 8 章 从众与服从：影响行为

本章选择了一个更积极的示例作为开场——用冰桶挑战引出社会影响。我们还增加了关于“假新闻”泛滥的讨论。本章还增加了针对斯坦利·米尔格拉姆的研究的当代批评与讨论。

第 9 章 团体过程：社会团体的影响

本章的开头以希拉里·克林顿在 2016 年的美国总统竞选中的表现为例分析了团体决策中可能存在的问题。

我们还增加了关于如何通过社交媒体来消除网络中的去个体化和团体极化的消极影响的最新研究。本章还对囚徒困境的内容做了更新。

第 10 章　人际吸引：从第一印象到亲密关系

本章平衡了最初的吸引力和关系的发展（及关系满意度）方面的内容。我们还增设了新的内容，帮助你探索曝光效应和喜欢的关系，以及与之相关的吸引力方面的假设。本章还增加了对罗伯特·斯腾伯格的爱情三角理论的介绍，并更新了“评价关系：满意度与分手”这一部分。

第 11 章　亲社会行为：人们为什么帮助他人

本章新增了 30 多个参考文献，进一步讨论了共情、利他主义和志愿服务，并修订了“宗教与亲社会行为”小节中的部分内容。

第 12 章　侵犯：人们为什么伤害他人

本章除增加了最新的研究外，还有重要的内容更新。我们更加深入地讨论了睾酮和侵犯性，并引入了与侵犯性有关的另一种性激素——雌二醇。我们还介绍了两种侵犯进化理论：挑战假说和双激素假说。本章精简了关于性侵犯的部分，以使这个重要的内容变得更加清晰。整体而言，本章认为冲动对侵犯的影响在生物学和心理学中取得了较为一致的证据。

第 13 章　偏见：成因、后果与消除

本章的结构和内容都有重大更新。我们介绍了诸多与偏见相关的研究，从广受关注的黑人和白人的问题以及男性和女性的问题，扩展到了范围更广的种族、性别和污名化的身份。当然，我们仍十分重视黑人歧视问题，并讨论了警察枪击事件。本章将情感作为偏见的一个核心组成部分展开讨论，并纳入了更多关于偏见的生理学研究。本章还介绍了减少偏见的方法，如群体间接触、间接接触和精简版的拼图教室。

第 10 版仍设有三章“实践中的社会心理学”，分别是“利用社会心理学实现可持续的、幸福的未来”（第 14 章）、“社会心理学与健康”（第 15 章）和“社会心理学与法律”（第 16 章）。这三章引入了最新的参考资料和研究，也精简了一些内容。在授课时，我们发现学生对这些应用领域的知识很感兴趣，同时我们了解到一些教师很难把这些内容融入他们的课堂中。我们通过减少这三章的长度，以使它们更容易被整合到课程中。第 14 章增加了有关气候变化的影响的新例子，以及如何以可持续的方式获得最大的幸福。第 15 章更新了有关养老院的老人们感知控制干预的报道和新的压力应对模式。第 16 章增加了关于目击者辨认后的反馈等内容。

致学生

1837 年，拉尔夫・沃尔多・爱默生（Ralph Waldo Emerson）曾经说过："写作是创造性的活动，阅读也是创造性的活动。"这句话告诉我们，要想成为一个精通此道的学生，你只需要做一个积极的、具有创造性的信息消费者。如何才能掌握这项技能呢？实际上，这一点也不难！像生活中的其他事情一样，我们只需要做一些巧妙的、有目的性的、计划周密的工作。我们将为你提供一些具体做法，供你参考。

了解这本书

在写本书时，我们的确非常仔细地考虑过每一章的组织结构，它们能帮助你尽可能用最好的方法来学习书中的内容。以下是一些正确使用本书的特别提示。

关键术语均以粗体显示，这样你就会注意到它们。我们在本书中定义了一些术语，定义会在页脚空白处给出。当你读到后面部分忘记了一些词语的含义时，这些定义就能给你提供帮助。你能快捷、方便地找到这些定义。你也可以在本书末尾的按字母顺序编排的专业术语表中查找关键术语。

确定你注意到了标题和副标题。标题是支撑整章内容的骨架，连起来就像脊椎一样。如果你感到摸不着头脑，回过头去看看标题，这将形成一个关于行文的整体脉络，也会帮助你发现各章节之间的联系。

每章末尾的总结。这一部分是对全章内容简明扼要的概括。你应该读一读它，并确定阅读过程中没有什么内容让你感到费解。如果在总结中有任何不懂的地方，你可以回到那一章并重读那一小节。最重要的是，请你牢记，总结都很简练，但是你对内容的理解必须做到全面、透彻。你可以把这些总结作为考前复习的辅助材料。当你读它的时候，你应该熟悉每项内容并愉快地感到，你知道的比总结里写的更多（在这种情况下，你就做好了考试的准备）。

确保完成"试一试"练习。这部分内容能使来自社会心理学的概念具体化，并帮助你看到它们如何运用到你的生活中。其中一些"试一试"练习再现了社会心理学实验；还有一些"试一试"练习更新了相关量表，这样你就能看到，在与他人的比较中你所处的位置；另外一些"试一试"练习是用来说明社会心理学概念的简短的小测验。

对消极懒惰坚决说“不”

由于社会心理学与日常生活有关，因此你可能会麻痹大意，认为这些内容就是常识。别被欺骗了，这些内容比它们看上去的要复杂得多。因此，学习的最佳方式就是用积极的态度来对待它，而不是消极应付。你不可能只读一遍就指望牢记这一章的所有内容。你必须仔细阅读这些资料，和它们较较劲儿，与它们建立联系，提出疑问，反复思考，并与它们产生互动。积极主动的学习能让你将这些内容记得更牢，并转化为自己的知识。可以肯定的是，以后别人会问起这些内容，为了能够对答如流，现在请尽你所能地记住它们吧！下面，我们为你提供了一些记忆小技巧，供你在学习时使用。

- 上课之前记得预习。课堂中教师可能会做一些扩展，预习能让你从课堂上学到更多知识。提前阅读能让你从整体性的视角了解大量的细节，教师授课有助于你加深对知识的印象并整合信息。如果你没有事先阅读章节内容，上课时可能就弄不明白其中一些知识点，或者意识不到它们的重要性。
- 这里有一个学习的好方法：在不看书本或笔记的前提下，用自己的话描述一个核心概念或研究，或者闭上眼睛大声复述。你能做到吗？你有没有漏掉重要的内容？你是不是在某一点上卡壳，记不起来下面是什么内容？如果是这样的话，那么你就需要更加详细地阅读相关内容了。你也可以和其他人一起学习，相互描述理论和研究，看看你讲的是否有道理。
- 如果你很难记住一些重要的研究结果，请根据研究自己尝试画一个图表。你很可能会发现以图表的形式识记研究结果比用语言识记的效果好得多，且不易遗忘。
- 请记住，你花的时间越多，学习和识记的效果就越好。具体方法如上所述，如用自己的话写下来，和其他人讨论并向他们解释相关内容，或者画出形象的、直观的图表。
- 最后，也是很重要的一点，请相信本书所描述的社会心理学是生动的、有趣的。尽管你还没有开始读这本书，但我们相信，你会喜欢它的。通过阅读本书，你会了解如何用社会心理学理解你的日常生活。随着这门课程的进行，你可能会期待以一个社会心理学家的眼光去看待日常生活中发生的事情，并尝试把所学应用到朋友、熟人、陌生人甚至是你自己的行为中。此外，请确保你做了“试一试”练习，你会发现，社会心理学在帮助我们理解生活上提供了多么巨大的帮助。当你在看报纸、杂志或晚间新闻的时候，想一想社会心理学是如何看待这些事件的。我们相信，你会发现自己对日常生活的理解更丰富了。如果你在报纸或杂志上发现某篇文章可以特别好地体现“实践中的社会心理学”，请把它寄给我们，并详尽注明文章出处和页码。如果我们决定在本书的下一个版本中采用它，我们会在“致谢”中列出你的名字。

我们知道，10 年后你不太可能记住现在学过的所有事实和理论。尽管我们希望你能记住其中一些知识，但我们的主要目标是把这本书里介绍的大量的、广泛的社会心理学概念带入你未来的生活，或许更重要的是帮助你学会使用批判性的、科学的思维方式。如果你领略到了社会心理学的奇妙之处，我们相信它会让你看到更多样的世界，拥有更精彩的人生。

目录

05 第 5 章 自我：在社会情境中理解我们自己 / 123

06 第 6 章 认知失调与保护自尊的需要 / 155

07 第 7 章 态度与态度的改变：影响思维与情绪 / 187

08 第 8 章 从众与服从：影响行为 / 223

09 第 9 章 团体过程：社会团体的影响 / 265

10 第 10 章 人际吸引：从第一印象到亲密关系 / 299

13 第 13 章 偏见：成因、后果与消除 / 407

14 第 14 章 实践中的社会心理学之一：利用社会心理学实现可持续的、幸福的未来 / 447

第 1 章

社会心理学导论

SOCIAL PSYCHOLOGY

本章音频导读，
请扫描二维码收听。

章节框架

学习目标

章节框架		学习目标
1.1	什么是社会心理学 社会心理学、哲学、科学与常识 社会心理学如何区别于与它最接近的学科	理解什么是社会心理学，它与其他学科有什么不同
1.2	社会情境的力量 低估社会情境的力量 社会解读的重要性	总结人们如何解读自己和他人的行为，以及解读方式的重要性
1.3	解读从何而来：人性的基本动机 自尊取向：保持良好的自我感觉的需求 社会认知取向：对准确性的需求	解释当人们对保持良好的自我感觉的需求与对准确性的需求相冲突时会发生什么
1.4	为什么学习社会心理学	解释社会心理学研究的重要性

小调查

你认为自己善于预测周围的人在不同情况下的行为和反应吗？

○是

○否

我们很高兴能成为带领你踏上社会心理学世界之旅的向导。当开启这一旅程时，我们希望表达我们对社会心理学的喜爱之情，并解释社会心理学是什么以及它为什么重要。作为作者，我们不仅喜欢教授这些知识，也喜欢为这个领域的成长和发展做出贡献。我们不仅是教师，还是科学家，我们为相关学科的知识库做出了贡献。因此，我们不仅是这次旅行的领队，我们还创造了一些景点。我们将前往迷人的、具有异国情调的地方旅行，如偏见、爱、宣传、教育等。让我们开始吧！

让我们从人们所做的一些英勇、感人、悲悯和令人费解的事情开始。

- 穆尼奥斯白天是一名校车司机，到了晚上却有一份不同的“工作”——给穷人提供食物。在他结束白天的工作回家后，他和他的家人会捐赠食物，他们还会为几十个人做饭。他们把这些食物提供给那些在纽约皇后区街角排队但运气不好的人。在 4 年的时间里，穆尼奥斯为 7 万多人提供了食物。他为什么要这么做？穆尼奥斯说：“他们的微笑就是我得到的报酬。”
- 克里斯汀认识马丁两个月了，她觉得自己已经疯狂地爱上了他。她对她最好的朋友说：“我们是灵魂伴侣！他是我的唯一。”朋友说：“你在想什么？他完全不适合你！他和你有很大的差异，你们有不同的社会背景、宗教和政治信仰，你们甚至喜欢不同的电影。”克里斯汀说：“我不在乎，我知道‘异性相吸’是真的，我在维基百科上看到的！”
- 珍妮和她弟弟奥斯卡在争论兄弟会的事。珍妮所在的大学没有任何兄弟会，但奥斯卡在其就读的中西部的一所大型州立大学加入了“阿尔法贝塔”兄弟会。为了加入兄弟会，他经历了一场严重的、可怕的欺侮仪式，珍妮不明白他为什么这么爱这些家伙。她说：“他们让你做这些愚蠢的事情，就是在羞辱你，他们强迫你喝得酩酊大醉，甚至想在半夜冻死你。你住在那里怎么可能开心呢？”奥斯卡回答：“你不明白，‘阿尔法贝塔’是学校最好的兄弟会。兄弟会里的朋友们比其他人都有趣。”
- 19 岁的比格斯已经连续两年在网上讨论区发表帖子。他刚结束一段恋情，对于自己的未来，他感到迷茫。比格斯在社交平台上宣称他要自杀。他吞服了大量药品，并在他的卧室进行直播。在过去的十几个小时中，数以百计的人观看了视频，但没有一个人报警，一些人甚至鼓动他自杀。当医护人员到达时，已为时太晚，比格斯已经死了。

为什么很多人要帮助陌生人呢？克里斯汀所说的“异性相吸”是正确的，还是自欺欺人呢？为什么兄弟会的朋友们让奥斯卡经历了那么多的欺侮，奥斯卡仍然喜欢他们呢？为什么人们亲眼看到一个迷茫的青年自杀，却无人报警呢？他们原本是可以扭转悲剧的。

所有这些故事——好的、坏的、丑陋的——都提出了有关人类行为的迷人问题。在这本书中，我们将向你展示社会心理学家是如何回答这些问题的。

1.1　什么是社会心理学

社会心理学家的任务是解释和预测人类行为。因此，社会心理学家关注他人是如何影响我们的。**社会心理学**（social psychology）是探讨人们的思想、情感及行为如何因他人（父母、朋友、上司、老师、

社会心理学：探讨人们的思想、情感及行为如何因他人真实或想象的存在而受到影响的科学研究。

陌生人）真实或想象的存在而受到影响的科学研究（Allport，1985）。当我们思考社会影响时，我们首先想到的是各种直接说服的例子，即一个人想尽办法来改变另一个人的行为。例如，广告商使用各种复杂的技术说服我们购买某个品牌的除臭剂；朋友试图说服我们做一些我们并不愿意做的事（例如，"来吧，再喝一杯啤酒"）；恶霸通过武力或威胁得到他们想要的东西。

对**社会影响**（social influence）的研究是社会心理学的重要组成部分，我将在后面关于服从、态度以及团体过程等章节中加以讨论。对社会心理学家而言，社会影响的范畴远比一个人试图改变另一个人的行为宽泛得多。社会影响塑造了我们的思想、情感和行动。除了说服别人之外，社会影响还有其他形式。例如，有时候仅仅是他人的出现（包括那些和我们完全没有互动的陌生人）就能对我们造成影响。再有，即使一些人实际上并未出现，我们仍然可能会受到他们的影响。想象中的父母、朋友、老师的同意或反对，以及我们期望他人如何对我们做出反应的想法都影响着我们。有时候，这些影响会相互起冲突，当不同的影响在个人内心发生冲突时，会产生何种结果呢？社会心理学家对此特别感兴趣。例如，当年轻人离家去大学读书时，他们常常会发现自己在家中学到的价值观与信念，往往与教授和同学传达出的价值观和信念相悖（见"试一试"）。接下来，在本章中，我们将详尽地阐述这些问题，让你了解社会心理学是什么、不是什么，以及它与其他临近学科有何区别。

试一试　相互冲突的社会影响

想想那些让你感受到冲突与压力的情境：你的父母（或生活中其他有影响力的成年人）希望你做一件事，但你的朋友希望你做其他完全不同的事。你的生活中是否存在这样的情况，让你感到来自父母和朋友的双重压力？在这种情况下，你会怎么做？

我们的想法、感受和行为都会受到我们周边环境的影响，有时他人（或仅仅是陌生人）的存在都能影响我们。

社会心理学、哲学、科学与常识

纵观历史，一直以来，哲学家对人性的看法都是充满洞察力的。的确，哲学家的成就是当代心理学的重要基石之一。在近几十年中，心理学家也在寻求哲学家的帮助，探讨意识的性质（Dennett，1991）以及在社会环境中信念是如何形成的（Gilbert，1991）。但是，有时候即使是伟大的思想家的观点也会不一致，在这种情况下，怎么分清谁对谁错呢？

作为社会心理学家，我们也致力于研究哲学家所探讨的问题。我们尝试科学地看待这些问题，即

社会影响：他人的言辞、行为或仅仅是其在场对我们的思想、情感、态度或行为产生的影响。

使面对伟大的人生之谜——爱情，我们也是这样。例如，1663 年，伟大的荷兰哲学家贝内迪克特·斯宾诺莎（Benedict Spinoza）提出了一个极具独创性的关于爱情的见解。他与享乐主义哲学家阿里斯蒂普斯（Aristippus）的观点截然不同，他提出，当我们爱上一个自己曾经痛恨的人时，这份爱将比我们没有恨过对方的时候更强烈。斯宾诺莎完美地推导出这项命题，而且它在逻辑上无懈可击。这些都是以实验和观察为依据的问题，其答案来自实验和测量，而不是个人的观点（Aronson，1999；Wison，2015）。

让我们再来看看本章开头所举的例子。人们为什么会有那样的行为呢？为了得到答案，一方面，我们可以直接询问当事人。例如，我们可以问穆尼奥斯，他为什么要花时间和金钱来帮助穷人；我们可以问那些观看比格斯自杀的人，他们为什么不报警；我们也可以问奥斯卡，为什么他对兄弟会如此热衷。这种做法的问题是，人们不一定总能察觉到自己的反应和感受的根源（Nisbett & Wilson，1977；Wilson，2002）。人们或许会为他们没有报警救比格斯找出很多借口，但是这些借口或许并不是他们什么也不做的真正原因。

士兵在检查自杀式袭击的现场。是什么导致人们成为自杀式袭击者？流行的理论认为，这些人可能患有精神疾病，或者不合群。但是社会心理学家会试着理解驱使心智健全、聪明且受过高等教育的人为了自己的宗教信仰和政治目标而犯罪的环境和情境方面的原因。

另一方面，我们依赖常识和民间智慧。社会心理学家并不反对民间智慧。然而，完全依赖常识和民间智慧至少会产生一个问题：它们之间常常会出现矛盾，而且人们很难判断谁对谁错。让我们来思考一下，民间智慧对影响我们对他人喜爱程度的因素的解释。我们都知道“物以类聚”，每个人都可以毫不费力地举出许多这样的例子，对于和自己背景、兴趣相近的人，我们喜欢并愿意和他们相处。但民间谚语又告诉我们“异类相吸”，正如克里斯汀疯狂地爱上马丁。我们同样能找到例子来证明，背景与兴趣迥异的人也会产生强大的吸引力。那么哪种说法才对呢？同样，对于“眼不见心不烦”与“小别胜新婚”等截然相反的谚语，我们该相信哪一个呢？

社会心理学家表明，在某些条件下，同类的确会相聚，异类也的确会相吸；同样，“小别胜新婚”或“眼不见心不烦”在特定的情境下也都有道理。因此，两者可能都是正确的。社会心理学家的部分工作就是通过实验研究来详细说明在哪种条件下哪种行为更有可能发生。

因此，社会心理学家想知道，在这些解释中（两个人互相喜欢或者其他人们感兴趣的话题），哪个原因的可能性最大。为了探索它，我们设计了一系列科学的研究方法来实证地、系统地验证我们有关人类社会行为的假设、猜想和观点，而不是依赖民间智慧、常识，或者哲学家、小说家、政客或老祖母的观点或顿悟，抑或是人类特有的其他才智。但是，正如你会看到的那样，社会心理学领域所采取的系统实验方法也遇到了许多挑战，这主要是因为我们试图在各种复杂的情境下，预测高度复杂的人类行为。作为科学家，我们的目标是找出一系列重要问题的客观答案。例如，导致侵犯行为的因素是什么？怎样才能减少偏见？引起两个人互相喜欢或相爱的因素是什么？为什么某种特定的政治宣传比其他类型的效果要好？对于社会心理学的研究方法，我们将在第 2 章详细论述。

社会心理学如何区别于与它最接近的学科

社会心理学与社会科学的其他几个学科（包括社会学、经济学和政治学）有关联。虽然每一门学科都探讨社会因素对人类行为的影响，但社会心理学与其他社会科学的学科之间仍存在着显著的差异，其中最大的差异是分析水平不同。生物学家和神经科学家围绕基因、神经传递素及大脑生理过程水平进行分析。虽然社会心理学家有时也会利用这种方法研究大脑和社会行为之间的关系，但正如我们将看到的，他们的重点更多地在于个体如何解释其所处的社会性世界。

有些社会心理学家基于生物学的重要理论（进化论）做出关于社会行为的假设。在生物学中，进化论用来解释不同的物种所获得的生理特质，如长脖子。在食物匮乏的环境中，长颈鹿碰巧有长长的脖子，它可以吃其他动物够不到的树叶。据说，脖子较长的长颈鹿比脖子较短的长颈鹿更有可能存活下来并繁衍后代。因此，“长脖子”基因在长颈鹿的后代中占主导地位。

谈及社会行为，人们对内群体成员具有攻击倾向，还是帮助他人的倾向？社会行为是否由那些通过自然选择进化而来的遗传因素决定？如果是这样，那么人类和其他动物都适用吗？这些都是**进化心理学**（evolutionary psychology）提出的问题，它试图用遗传因素来解释社会行为，而遗传因素会根据自然选择的原则，随着时间的推移而进化。其核心思想是，进化发生得非常缓慢。例如，当今普遍的社会行为（如侵犯和助人行为），至少在一定程度上是我们对遥远过去环境适应的结果（Brown & Cross，2017；Buss，2005；Neuberg，Kenrick，& Schaller，2010）。我们将在接下来的几章中讨论进化论如何解释社会行为（例如，第 10 章中的人际吸引、第 11 章中的亲社会行为、第 12 章中的侵犯）。

我们注意到，围绕进化假说的可测试性，人们已经展开了一场激烈的辩论。因为目前的行为被认为是对数千年前存在的环境条件的适应，心理学家对那些条件是什么，以及特定的行为如何使人们获得生殖优势做出了最好的猜测。但是人们显然不可能用实验的方法来检验这些假设。虽然这些假设听起来似乎是可信的，但这并不意味着它们是正确的。例如，一些科学家认为长颈鹿的长脖子不是用来吃高树上的叶子，而是从雄性长颈鹿身上进化而来的，目的是在与其他雄性长颈鹿争夺雌性长颈鹿时获得优势（Simmons & Scheepers，1996）。这些解释中的哪一个是正确的呢？这很难说。进化论的解释无法直接被验证，因为它们涉及数千年前发生的假设。然而，它们可以提出关于人们为什么在当今世界做他们所做的事情的新假设，然后人们再进行测试，我们将在后面的几章中看到。

除了依靠进化论或生物学的方法，我们还能怎么解释人们为什么做他们所做的事（如本章开头的例子）？如果你和大多数人一样，当你读到这些例子时，你就会假设这些人有一些弱点、长处和个性特征，从而导致他们做出这样的反应。有些人是领袖，而有些人是追随者；有些人乐于助人，而有些人自私自利；有些人很勇敢，而有些人很懦弱。也许那些没有帮助比格斯的人是懒惰、胆怯、自私或无情的。根据你对他们行为的了解，你会把你的车借给他们吗？你会信任他们来照顾你的小狗吗？

用人格特质来解释人们的行为是人格心理学家的工作，他们通常关注个体差异，也就是使人们与他人不同的人格方面的原因。有关人格的研究帮助我们理解人类行为，但社会心理学家认为，通过人格特征来解释行为忽略了一个关键部分，即社会影响所起的强大作用。

举一个在现实生活中普遍存在的例子。假设你去参加一场聚会，你看到了一位长相出众的同学，你很希望更好地了解他。然而，这个学生看起来很不合群——独自站着，与他人没有眼神交流，也不和任何人说话。你觉得你对他没兴趣了，因为这个人看起来很冷漠，甚至傲慢。但几周后，你又看到那个学生了，他变得善于交际、聪明伶俐，成了大家关注的焦点。那么他究竟是什么样的人呢？冷漠自大还是迷人热情？事实上，这是一个错误的问题，答案是：两者都有。每个人都有可能在某些情况下害羞，而在另一些情况下外向。一个更有趣的问题是：在这两种情况下，有什么不同的因素对学生的行为产生了如此深远的影响吗？这是社会心理学家研究的问题（见“试一试”）。

进化心理学：试图用遗传因素解释社会行为，而遗传因素会根据自然选择的原则，随着时间的推移而进化。

试一试 社会情境与行为

1. 想一想那些你认为很害羞的朋友或熟人（也可以是你自己）。暂时试着别把他想成一个害羞的人，而是在某些情境下有交际障碍，在其他情境下没有交际障碍的人。

2. 列出一张社会情境的清单，写下你认为最容易引发这位朋友的害羞行为的情境。

3. 列出一张社会情境的清单，写下你认为最有可能令这位朋友做出外向行为的情境，如当他与让他感觉放松的一些朋友在一起时，或者与和他有相同爱好的新朋友在一起时。

4. 设置一个你认为你的朋友会感觉放松、舒适的社交情境，并密切关注这些情境对他的行为会产生何种影响。

人格心理学家或临床心理学家常常在个人水平上进行分析。对社会心理学家而言，分析的层次是社会情境下的个体，尤其是个体对社会情境的**解读**（construal）。解读意味着个体如何感知、理解和诠释社会性世界。这个概念在社会心理学领域非常受欢迎，因为它可以解释人们心中如何想、人们如何看待世界，以及这些解释是如何被社会环境塑造的。例如，为了了解人们为什么会故意伤害别人，社会心理学家就会重点研究在特定的情形下引发侵犯行为的心理过程。挫折是否总是导致侵犯行为？如果人们有挫折感，那么其在什么条件下会以侵犯行为来宣泄情绪？又有哪些因素可能促使一个受挫个体出现侵犯反应？除了挫折，还有哪些因素会导致侵犯行为？我们将在第 12 章中详细讨论这些问题。

其他社会科学更关注在某个特定的社会中对事件产生影响的较广义的社会性、经济性、政治性及历史性因素。社会学研究社会阶级、社会结构和社会制度等主题，而不是聚焦于个体。社会是由个体汇集而成的，因此社会学和社会心理学不免有重叠的研究领域。二者主要的差异在于：社会学的焦点不是个体的心理，而是整个宏观层面的群体、组织或社会。社会心理学的分析水平是群体、组织或社会中的个体。所以，虽然社会学家和社会心理学家一样对研究侵犯行为感兴趣，但他们更关注一个特定的社会群体（或社会群体中的团体）的成员之间为何会产生不同水平的侵犯行为。例如，美国的谋杀率为什么远远高于加拿大或欧洲国家？在美国，为什么某些社会阶级中的谋杀率比其他阶级的高？社会变迁和侵犯行为的改变之间有何关联？

人格心理学家研究的是个人特质，这些特质可能使一个人害羞、传统、保守、叛逆，或是愿意在公共场合戴假发。社会心理学家研究的是社会影响在我们的表现中所扮演的重要角色。

社会心理学与其他社会科学在分析层次的差异反映了它们之间的另一个不同点，即它们解释的对象不同。社会心理学的目的在于找出每个人容易被社会影

解读：人们知觉、理解及诠释社会性世界的方式。

响左右的人性的通则，不管人们处于何种社会阶级中或文化背景下。例如，侵犯性与挫折之间的关系规律被假定适用于大部分地区中的大部分人，不管他们属于何种社会阶级、年龄段或人种。

然而，社会心理学是一门新兴的学科，它大部分的发展都发生在美国，因此，许多发现尚未在其他文化中进行验证以确定其是否具有普遍性。但不管怎样，作为社会心理学家，我们的目标是发现这些规律。随着由美国发展出来的方法与理论逐渐被欧洲、亚洲、非洲及南美洲等地区的社会心理学家采纳，我们会越来越多地得知这些规律在多大程度上适用于其他文化，以及这些规律在表达上的文化差异（见第 2 章）。这种跨文化研究是极其有价值的，因为它通过证明理论的普遍适用性，或者引导我们发现其他变量，帮助我们对人类的社会行为做出更准确的预测，进而深化理论。在后面的数章中，我们会看到若干有关跨文化研究的例子。

总而言之，社会心理学介于两个与它关系最密切的学科（社会学与人格心理学）之间（见表 1-1）。它和社会学一样重视情境和整个社会影响行为的方式，但更重视使人们易被社会影响左右的个体心理成分。它和人格心理学一样强调个体的心理，但强调的不是个体差异，而是使大多数人都会被社会影响左右的心理过程。

对这张照片中的人可以从多个角度来研究——个体、家庭成员、社会阶层、职业、文化以及地区等。社会学家研究群体或习俗；社会心理学家研究这些群体或习俗对个人行为的影响。

表 1-1　社会心理学与相关学科的比较

生物学和神经科学	社会学	社会心理学	人格心理学
研究基因、荷尔蒙或大脑的生理过程	研究群体、组织和社会，而非个体	研究使人们易受社会影响左右的共同的心理过程	研究使个体与众不同并与其他人相区别的特征

问题回顾

1. 社会心理学家在解释一个年轻人的暴力行为时趋向于（　）。
   a. 他的易怒人格
   b. 可能的基因因素
   c. 他的同伴行为
   d. 他父亲的教育
2. 在下列话题中，社会心理学家最感兴趣的是（　）。
   a. 不同的领导者的外倾人格特质程度如何影响他们的政治决策
   b. 人们在考试中的作弊行为是否受到朋友发现后的反应的影响
   c. 人们的社会阶层对其收入的预测程度
   d. 路人对全球变暖的看法
3. 关于进化心理学，下面哪一项是正确的？（　）
   a. 自然选择在人类和其他动物之间不同
   b. 通过实验对进化假设进行验证是非常容易的
   c. 大多数社会行为是由基因决定的，很少受到社会环境的影响
   d. 进化论方法可以产生关于社会行为的新假设，然后用实验来验证
4. 社会心理学和人格心理学的不同之处在于

(　　)。

a. 社会心理学关注个体差异，而人格心理学关注人们在不同情境中如何行动

b. 社会心理学关注使人们易受环境影响的所有人共有的过程，而人格心理学关注个体差异

c. 社会心理学给出关于社会群体（而非个人）的普遍定律和理论，而人格心理学研究造成个体差异的人格特质

d. 社会心理学关注个体差异，而人格心理学给出关于社会群体（而非个人）的普遍定律和理论

5. 社会心理学家认为，“分析的层次”是（　　）。

a. 个体所处的社会情境

b. 社会情境

c. 个体的成就

d. 个体的归因

6. 以下关于暴力的研究主题，社会心理学家最可能去调查的是（　　）。

a. 在一种文化下跨时间的暴力行为的发生率有何变化

b. 不同文化下谋杀率不同的原因

c. 个体被激怒时产生攻击性的大脑异常

d. 有些情境比其他情境更容易引发侵犯行为的原因

“问题回顾”答案，请扫描章末二维码查看。

1.2　社会情境的力量

假设你和几个朋友去了一家餐厅。当服务员过来让你点菜时，你很难决定要点哪道菜。正当你犹豫不决时，她不耐烦地用笔敲打着菜单，眼睛朝着天花板打转，对你皱着眉头大喊：“喂，我等你很久了！”这时，像绝大多数人一样，你很可能认为她是一个令人讨厌的人。

但是当你正在抉择是否要向经理投诉她时，一位常来的顾客告诉你，这位女服务员是一位单亲妈妈，昨晚她为了照顾她患了不治之症的小儿子一夜没有合眼；她的汽车在上班途中坏了，这需要一大笔修理费；她到达餐厅时却得知另一位女服务员因为喝醉了而不能上班，这使她不得不承担双份的工作量；无事可做的厨师总是冲她喊，因为她帮客人点东西的速度太慢了。在了解了上述情况后，你可能会认为她不一定是个令人讨厌的人，而只是处于巨大的压力下的普通人。

这个故事给了我们很深刻的启示。大多数人会直接从个体的人格因素中去寻找导致某些行为的原因。人们常把注意力放在鱼身上，而不是鱼所在的水上。我们常常忽略情境事实，因为这种情境因素对于人们如何与他人发生联系有着相当深远的影响。例如，在这个女服务员的例子中，人们可能对其感到同情、不耐烦或生气。

低估社会情境的力量

社会心理学家在试图说服人们相信人类行为深受社会环境影响时，面临着巨大的阻碍——所有人都倾向于以人格来解释人们的行为。这就是所谓的基本归因错误（fundamental attribution error），即将自己或他人的行为完全归因于人格特征，而低估了社会影响的倾向。我们将介绍这种现象的基本知识，因为你将在本书中遇到这种现象。

当我们用人格解释行为时，我们会获得一种虚假的安全感。例如，在解释人们光怪陆离的行为时（如自杀式袭击者），很奇怪，我们会饶有兴致地给这些罹难者都贴上“性格缺陷”的标签。这让很多人觉

基本归因错误：高估内在性格因素对行为的影响，而低估情境因素的作用的倾向。

得，此类事件绝不会发生在自己身上。具有讽刺意味的是，这样做反而会让我们降低自我防卫意识，使我们更容易受到社会影响的伤害。另外，由于未能充分认识到情境的力量，我们倾向于将复杂的情境过度简单化，过度简单化会妨碍我们了解诸多人类行为的起因。此外，过度简单化也可能会导致我们责怪那些情境中的受害者，即使其所处情境中的社会影响力强大到对我们大多数人来说都是无法抵抗的。

举一个更现实的例子，想象这样一种情形，两个人在玩一种双人游戏，每个玩家都必须在两种策略中选择其一：他们相互竞争，让自己赢尽可能多的钱，同时使对方输尽可能多的钱；或者他们相互合作，使自己和对方都赢一些钱。我们将在第 9 章详细讨论这项游戏。目前，我们只考虑游戏中的两种基本策略：竞争或合作。你认为双方会怎么玩这个游戏？

几乎没有人觉得这个问题难以回答，我们都能察觉朋友之间的相对竞争。你可能会说：“我相信我的朋友詹妮弗在玩这个游戏时会比安娜更具有竞争性，因为詹妮弗是非常理性的商学院学生，而安娜是那么关爱他人。”但是这种预测的准确度如何？我们是否应该考虑游戏本身，而不是游戏玩家？

为了找出答案，斯坦福大学的研究者进行了以下实验（Liberman，Samuels，& Ross，2004）。首先，他们根据各宿舍长的意见在斯坦福大学挑选出一组被认为特别具有竞争性或具有合作意识的学生。他们是这样做的：研究者向宿舍长描述这种游戏，并要求他们想想其宿舍中的哪些学生最可能采取竞争策略或合作策略。不出所料，宿舍长轻松地将学生进行分类。接下来，研究者邀请那些学生参与该实验。研究者做了一点改变，改变了游戏名称，这看起来是社会情境中很小的一个方面。他们告诉半数的被试，游戏名称是“华尔街游戏”，对另一半被试则说名称是“社区游戏”，其他条件完全一样。因此，这些“竞争型学生”或“合作型学生”玩的不是“华尔街游戏”就是“社区游戏”。于是产生了四种情形：“合作型学生”玩“华尔街游戏”；“竞争型学生”玩“社区游戏”；“合作型学生”玩“社区游戏”；“竞争型学生”玩“华尔街游戏”。

大多数人一直都认为，真正重要的因素是人格，而不是个人当时所处的环境，更不是诸如游戏名称之类的微不足道的东西。这是正确的吗？别这么快下结论。如图 1-1 所示，即使是游戏名称这样的情境细节也能导致人类行为的巨大差异。当游戏被称为“华尔街游戏”时，2/3 的人做出了竞争性的反应；当它被称为“社区游戏”时，只有 1/3 的人的反应是竞争性的。游戏名称发出了关于人们应当如何表现的强烈信号，它本身就传达了强有力的社会规范，透露了在这个情境中何种行为是适当的。但在上述情境下，学生的个性对于他们的行为并没有产生测量上的差异。被贴上“竞争型”标签的学生，并没有比所谓的“合作型学生”更多地采取竞争策略。这种类型的结果将会贯穿全书，即社会情境中看似微不足道的方面能产生超越人格差异的强大效果（Ross & Ward，1996）。

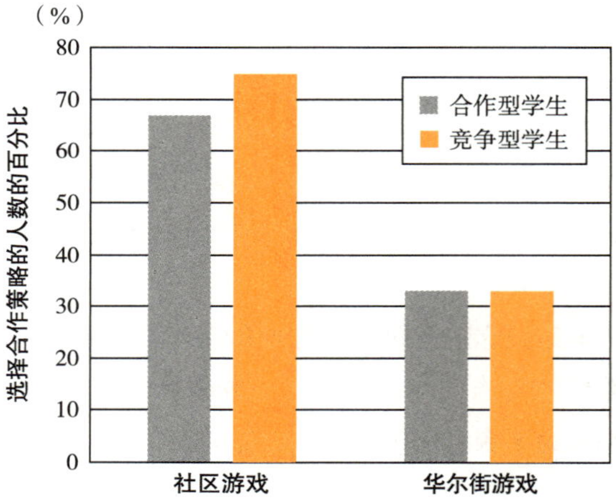

图 1-1　为什么游戏名称会产生作用

在实验中，当游戏名称是“社区游戏”时，人们会远比游戏名称是“华尔街游戏”时表现得更有合作性，无论他们本身的个性是竞争型还是合作型。游戏名称传递着社会规范，它已经胜过人格，并塑造了游戏者的行为。

资料来源：Liberman，Samuels，& Ross，2004.

如果仅仅在实验中为游戏指定一个名称就会对玩家的行为产生如此大的影响，那么你认为这种影响会向课堂上的学生传达他们正在进行的活动是竞争性或合作性的吗？假设你是一名 7 年级的历史老师，在一个班里，你将学习形式组织成类似于“华尔街游戏”

的情境。你鼓励学生竞争，并嘲笑其他学生给出的错误答案。在另一个班里，你安排了类似于“社区游戏”中的情境，学生因彼此合作、倾听、鼓励和齐心协力学习而获得奖励。你认为这两种不同的情况可能会对学生的表现、对他们享受学习过程，以及对他们对彼此的感觉有什么影响？这一实验将在第 13 章进行讨论（Aronson & Patnoe，2011）。

当然，这并不是说，人格差异不存在或不重要，它们的确存在，并且很重要。但是我们已经知道，特定的社会情境与环境情境是如此强大，以至于它对每个人都会产生巨大的影响，这正是社会心理学家致力于研究的领域。

社会解读的重要性

我们已经论证过，社会情境对人类行为通常有深刻的影响，但是我们所说的社会情境究竟是指什么呢？定义它的策略之一是，详细说明情境的客观特征，如它对人的价值有多高，然后记录这些客观特征所导致的人类行为。

这正是**行为主义**（behaviorism）所采取的方式，这一心理学派主张，若要了解人类行为，只需要研究环境中的强化因素即可。在行为发生后，如果跟随的是奖赏（如金钱、关注、赞扬或其他好处），那么行为将很可能再次发生；在行为发生后，如果跟随的是惩罚（如疼痛、损失、生气或吼叫），那么行为将很可能再也不会发生。举例来说，狗会应声而来，因为它知道顺从会有正面的强化（如食物或爱抚）；如果你表扬孩子、对他微笑或在他说出正确答案的时候在他额头贴上金色小星星，孩子将会更快地记住九九乘法表。此派的开创者、著名的心理学家 B.F. 斯金纳（B. F. Skinner）主张，人们通过检验社会情境中的奖赏与惩罚，就能了解人类的行为（Skinner，1938）。

行为主义有很多优势，其原则可以用来很好地解释一些行为，这一点我们将在第 10 章关于社会交换理论研究的讨论中提及。然而，早期的行为学派学者选择不去处理认知、思维和感觉等问题，因为他们认为这些概念过于模糊、唯心，并且和可观察的行为之间的联系不够紧密。更重要的是，他们忽视了对人类社会经验极为重要的现象和人们如何解读周围环境的重要性。

对于社会心理学家来说，人们的行为不仅会直接受到情境的影响，还取决于他们对周围社会环境的诠释或解读（Griffin & Ross，1991；Ross & Nisbett，1991）。举个例子，如果一个人走近你，拍拍你的背，问你有何感觉，你的反应并不取决于这个人做了什么，而是你如何解释他的这种行为。你对这个问题可能会有不同的理解，这取决于问话者是你的密友（非常关心你的健康状况），还是一个纯粹闲得无聊想打发时间的泛泛之交，抑或一个想推销二手车的汽车销售员。即使他们在询问你的健康时所用的言词和语气完全一样，你的反应也是不同的。例如，你不可能在回答汽车销售员的问题时，提到最近遭受肾疾之苦，而如果是回答密友的问题，你就可能提及此事。

这种对解读的强调，源于**格式塔心理学**（gestalt psychology）。它最初是作为一种解释人们如何理解物理世界的理论被提出的。格式塔心理学认为，我们应该研究一个客体出现在我们心中的主观方式（完形或整体），而不是构成这个物体的客观物理特征。举例来说，在图 1-2 中，你看到的是什么？是左侧的鸭子还是右侧的兔子？客观地说，两者都不是，它取决于你在特定的时间点如何解读它。根据格式塔心理学的观点，我们应该着眼于知觉者的现象学，即物体是如何在人们心中呈现的，而不是着眼于客观刺激物的单独成分。

行为主义：一个心理学派，它主张要了解人类的行为，只需要研究环境中的强化因素即可。

格式塔心理学：一种心理学派，它强调研究物体出现在人们头脑中的主观方式的重要性，而不是该物体的客观物理特征。

图 1-2　视错觉——格式塔研究方法举例

格式塔研究方法是德国心理学家于 20 世纪上半叶提出的。在 20 世纪 30 年代，数位心理学家为躲避纳粹政权而移民到美国。库尔特·勒温（Kurt Lewin）是这些移民者之一，他被公认为“现代实验社会心理学之父”。身为一个年轻的犹太裔德国学者，勒温在 20 世纪 30 年代的纳粹德国亲历了反犹太狂潮。这种经历不但对他的思想产生了重大影响，也使他到了美国之后，便着手修正美国的社会心理学，引导美国社会心理学界开始研究偏见、种族刻板印象的起因及治疗。

库尔特·勒温（1890—1947 年）

作为一个理论家，勒温大胆地使格式塔原则的运用超越了对物体的知觉，并扩展到社会知觉上。例如，图 1-2 就与我们如何感知社会性世界有关，即如何知觉他人，以及他们的动机、意图与行为。他认为，理解人们如何感知、理解和解释彼此的行为往往比理解行为的客观属性更重要（Lewin，1943）。他说：“如果有个人坐在房间内，相信天花板不会掉下来，那么他在预测其行为时，应该考虑其‘主观概率’，还是应该把工程师做出的关于天花板是否会掉下来的‘客观概率’纳入考虑？就我个人而言，我只会去考虑前者。”

社会心理学很快就开始关注主观情境的重要性。另一位社会心理学的创始人弗里茨·海德（Fritz Heider）说过：“一般而言，一个人做出反应的根据是他认为别人会有何种知觉、感受和想法，而不仅仅是他人可能会采取的举动（Heider，1958）。”我们一直忙于猜测对方的精神状态、动机和想法。我们可能是正确的，但我们经常是错的。

这就是为什么解读有重要的含意。试想在一次谋杀审判中，即使诉讼人提出强有力的证据证明被告有罪，但判决结果总是取决于每一位陪审员对该项证据的解读，这些解读往往依赖于多种与案件没有客观联系的事件和认知。例如，在交叉质询中，关键证人是否表现得过于冷漠、自大？诉讼人是否显得过于自以为是、令人憎恶，或者举棋不定？

李·罗斯（Lee Rose）称一种独特的解读方式为**天真的现实主义**（naïve realism）——我们所共有的感知事情“好像它们真是那样”的一种信念。例如，持相反政治观点的人往往不能在事实上达成一致，双方都认为他们看到了事实的真相。但事实上，双方都可能让各自的信念粉饰自己对事实的理解。因此，我们倾向于相信，如果其他人用不同的方式看待同一件事，那一定是他们有偏见（Ehrlinger，Gilovich，& Ross，2005；Pronin，Gilovich，& Ross，2004；Ross，2010）。罗斯长期与以色列和巴勒斯坦的谈判者一起工作。谈判工作经常被搁浅的一个主要原因就

天真的现实主义：我们所共有的感知事情“好像它们真是那样”的一种信念。

是天真的现实主义。大家都假定其他公正的人看事情的角度和他们是一样的。罗斯说："即使当一方意识到了另一方所感知到的事情是不同的，每一方仍然认为对方的感知是有偏差的，而自己是客观的，并且解决问题的方法应当建立在自己对现实的感知的基础之上（Ross，2010）。"因此，双方都拒绝妥协，担心"有偏见"的一方会比自己获益更多。

通过以上事例，你可以看到，解读的范围很广，从简单的诸如你的感觉，到相当复杂的国际谈判。这些解读影响着每个人的日常生活。想象杰森是一个害羞的大学生，他已经偷偷爱慕玛丽亚很久了。假设你是一个初出茅庐的社会心理学家，你现在的任务是预测杰森会不会邀请玛丽亚参加毕业舞会。一种做法是从杰森的角度来看玛丽亚的行为，即杰森会如何理解玛丽亚的行为。杰森是不是把她的微笑理解成一种礼貌的表现，那种她也会对毕业班中任何她讨厌的人和失败者给予的微笑？或认为那是一种鼓励的信号，激励他鼓足勇气与她约会？如果玛丽亚忽视了他，杰森会认为她是在玩"欲擒故纵"的游戏吗？还是对和他约会不感兴趣？想要预测杰森的行为，仅仅知道玛丽亚的行为是不够的，你还必须知道杰森是如何理解玛丽亚的行为的。这些解读是如何形成的呢？请继续看下去。

热门话题

名字之间有什么关系呢

政治家认识到了解读的力量，从而让公众从有利的角度来解读他们的政策。他们给自己喜欢的政策贴上积极的标签，给不喜欢的政策贴上消极的标签。例如，美国共和党人将《平价医疗法案》（*Affordable Care Act*）称为"奥巴马医改"（Obamacare），以此传达这样的信息：这是一位不受大多数选民欢迎的总统的杰作。这一举动是如此成功，以至于相当多的人没有意识到"奥巴马医改"和《平价医疗法案》是一回事。以肯塔基州为例，该州根据《平价医疗法案》创立了一个名为"Kynect"的健康保险项目。肯塔基州州长史蒂夫·贝希尔（Steve Beshear）称 Kynect 是一个无可争议的成功项目。事实上，2014 年的一项民意调查显示，只有 22% 的肯塔基州的居民对 Kynect 持负面看法。一半的居民被问及他们对"Kynect"的感觉如何，另一半的居民被问及他们对"奥巴马医改"的感觉如何。当使用后一种问法时，57% 的居民表示，他们对后者持负面看法（Dann，2014）。事实上，困惑的不仅仅是肯塔基州的居民，2017 年 2 月进行的一项民意调查发现，35% 的美国人要么不知道"奥巴马医改"和《平价医疗法案》是一回事，要么不确定它们是不是一回事（Dropp & Nyhan，2017）。

问题回顾

1. 基本归因错误最好的定义是（　）。
   a. 将自己和他人的行为完全归结于人格特质，从而低估了社会影响的力量
   b. 根据社会情境解释自己和他人的行为，从而低估了人格特质因素
   c. 坚信群体成员影响个体行为的作用强于他们的人格因素
   d. 坚信个体的人格因素影响其行为的作用强于群体成员的作用
2. “华尔街游戏”揭示了什么人格和情境因素？（　）
   a. 无论游戏叫什么，好胜心强的人都会激烈竞争
   b. 合作型的人会努力让有竞争力的对手与他合作
   c. 游戏名称对个体如何玩游戏没有任何影响
   d. 游戏名称对个体如何玩游戏有很深的影响
3. 一个陌生男人在校园里接近艾米丽，并声称他是专业摄影师。他询问艾米丽是否可以花 15 分钟时间让他拍照。根据社会心理学家的观点，艾米丽会根据以下哪一项进行决定？（　）
   a. 这个男人的穿着打扮
   b. 男人是否会给她支付报酬
   c. 艾米丽如何解释这种情境
   d. 这个男人是否有犯罪记录
4. 社会心理学起源于（　）。
   a. 格式塔心理学
   b. 精神分析
   c. 行为主义
   d. 生物心理学
5. “天真的现实主义”指的是（　）。
   a. 大多数人对心理学天真的理解
   b. 很少有人是现实的
   c. 大多数人宁愿天真也不要准确
   d. 大多数人坚信他们感知事物的准确性

“问题回顾”答案，请扫描章末二维码查看。

1.3 解读从何而来：人性的基本动机

杰森是如何判断玛丽亚对他微笑的原因的呢？如果人们的确是受主观情境，而不是客观情境的影响，那么我们必须了解人们是如何获得对世界的主观印象的。当人们诠释社会性世界的时候，他们试图完成什么呢？当人们构建自己的环境时，绝大多数人关心的是做出可以使他们处于积极境地的解释（如杰森认为“玛丽亚忽略他是为了让他嫉妒”）呢，还是做出最精确的解释，即使这种解释让自己显得并不那么吸引人（如杰森认为“这太伤人了，我必须要承认她宁愿和一个没骨气的家伙去毕业舞会，也不愿意和我一起去”）呢？社会心理学家致力于寻求对所有人都适用的人性的基本规律。这些规律解释了我们解读社会性世界的方式。

人类是复杂的有机体，在特定的时刻，我们的想法和行为是由各种交叉动机引发的，包括饥渴、恐惧、控制感、爱、赞许或其他回报的许诺（我们将在第 10 章和第 11 章讨论这些心理动机）。这些动机中有两个特别重要：保持良好的自我感觉的需求和对准确性的需求。有时候这些动机把我们引向同一方向，但更多的时候，这两种动机把我们引向相反的方向——准确地知觉这个世界要求我们直面自身的愚蠢和缺陷。

利昂·费斯廷格（Leon Festinger）是社会心理学界最具创新性的理论家之一。他认识到，正是当人们在两种动机之间左右为难的时候，才能洞悉人类的心智是如何运作的。举例来说，想象自己是美国总统，你的国家陷入了一场困难重重且代价高昂的战争，你已为战事投入了数千亿美元，并且战争已经使数以万计的美国人及更多无辜的民众丧命。战争似乎陷入了

僵局，人们看不到结束的希望。一方面你对不断的残杀感到痛心，另一方面你又不想成为美国历史上第一个打败仗的总统。这种冲突使你经常在半夜惊醒，全身冒冷汗。

有的顾问告诉你，他们能看到一道曙光，如果你加强轰炸，敌人很快就会投降，战争也就能结束了。对你而言这是最好的结局，你不仅能成功地达到军事目的和政治目的，也将成为伟大的领导人。然而，其他顾问却建议你求和，他们认为，加强轰炸只会增强敌人的决心。

利昂·费斯廷格说："我一直都这么想，如果经验的世界显得复杂，如果人们对类似的刺激做出不同且令人困惑的反应，如果我看不到了解潜在动力的普遍性，那就是我的错——我提出了错误的问题。在理论层次上，我以错误的方式去解析这个世界。潜在动力一直存在着，我必须掘出理论利器，以便揭示这些通则（Festinger，1980）。"发现并阐明这些潜在的动力是社会心理学的目标。

你会相信哪些顾问的意见呢？林登·约翰逊（Lyndon Johnson）总统在 20 世纪 60 年代，在美国与越南的战争中曾经面临的正是这种困境；伊拉克战争于 2003 年开始，并没有像乔治·布什（George Bush）总统预测的那样会在 6 周内结束，他也面临同样的处境；2009 年贝拉克·奥巴马（Barack Obama）总统和 2017 年唐纳德·特朗普（Donald Trump）总统在判断是否要在阿富汗投入更多的军队时也是如此。大多数总统选择相信那些建议使战事升级的顾问，因为如果美国能够成功地赢得战争，他们就能够为自己之前在人力和经济方面的花费行为辩护；而如果美国撤军，那么他们不仅会落得美国历史上第一位打败仗的总统的骂名，还不得不为白白牺牲的生命和浪费的钱财寻找说辞。像这个例子所说明的那样，对自己的决议感觉良好的需求有时候会和追求准确性的需求相抵触，并可能产生灾难性的后果（Draper，2008；McClellan，2008；Woodward，2010）。在林登·约翰逊的例子中，决定增加轰炸确实增强了敌人的决心，因此延长了越南之战。

自尊取向：保持良好的自我感觉的需求

大多数人希望维持合理的高**自尊**（self-esteem），也就是说，认为自己是好的、有能力的、高尚的，这是大多数人都有的一种强烈的需求（Aronson，1998，2007；Baumeister，1993；Tavris & Aronson，2007）。如果人们要在扭曲真实世界以满足维持良好的自我感觉的需求与真实地反映世界之间做选择，那么人们往往会选择前者。人们对某件事的看法略有不同，这使他们处于最好的状态。你可能会认为，你的朋友罗杰是个好人，但是他太懒了，他的衬衫上总是有污渍，厨房里到处都是空的食品盒。不过，罗杰可能形容自己很随意、闲散。

自尊显然是一件有益的事情，但当它导致人们为自己的行为辩护，而不是从中吸取教训时，它就会阻碍人们改变和自我提升。假设一对结婚 10 年的夫妻离婚了，原因是他们的婚姻由于男方莫明其妙的嫉妒而难以维持。而男方却将婚姻的破裂归咎于女方没有充分满足他的需求，而不是承认一项事实：他的嫉妒与过分的占有欲把她赶走了。他这样理解的目的是让自己有较好的感受（Simpson，2010）。当然这种扭曲的后果就是，他很可能在下一段婚姻中重复同样的问题，因为他没有从经验中吸取教训。坦然承认自己重

自尊：一个人对自我价值的评估，换言之，就是一个人认为自己有多好、多能干及多高尚。

大的缺点是非常困难的，即便人们要付出错误地看待世界的代价。

受罪与自我辩护

此外，维持自尊的需求可能会产生矛盾的效果。让我们回到先前讨论的例子：奥斯卡加入兄弟会时所遭受的痛苦。人格心理学家可能会假设，只有外倾性的人才会对加入兄弟会所遭受的痛苦有较高的容忍度；行为心理学家可能假设，奥斯卡不喜欢任何能够引起他痛苦和羞辱感的人和事；而社会心理学家发现，奥斯卡和其他入会者所遭受的痛苦和戏弄是他们喜爱兄弟会的主要因素。

下面是关于它如何起作用的解释。假设奥斯卡在经历了严格的欺辱仪式后成了兄弟会的一员，后来却发现兄弟会中的一些阴暗面。当他完全忠于自己时，他会得出以下结论："我是个白痴，难道我经历这些痛苦与尴尬，只是为了和一群笨蛋混在一起？"显然，"我是个白痴"并不是保持自尊的最佳方式，因此奥斯卡会对自己的处境进行正面的解释："尽管我的兄弟会朋友们或许并不完美，但当我需要他们的时候，他们就会出现在我的身边，与他们一起参加派对肯定很棒。"他要尽可能积极地看待兄弟会，从而为他经历的痛苦和尴尬进行辩护。

然而，作为局外人，他的妹妹珍妮能更清楚地看到兄弟会生活的负面影响。兄弟会的会费在奥斯卡的预算中占了很大一部分，频繁的聚会影响了他的学业，使他的成绩受到了影响。但奥斯卡却认为这些负面的影响微不足道；事实上，他认为这是他感受到的兄弟情谊的小小代价。他只关注在兄弟会生活中好的一面，而把坏的一面视为无关紧要的。

关键的信息是，人类被激励着保持自己的积极形象，部分原因是为了证明自己的行为是正确的，在某些特定的条件下，这会导致他们做一些乍一看可能自相矛盾或令人惊讶的事情。他们可能更喜欢那些他们曾为之受苦的人和事，而不是那些与安逸和快乐有关的人和事。

作为新生入校的"欢迎"仪式，大学新生会遭到高年级学生的戏弄。这种戏弄仪式本身可能是愚蠢的或危险的。尽管存在种种弊端，但这的确形成了凝聚力。这种解释听起来很牵强吗？在第 6 章中，我们将会介绍一系列实验室实验，表明人们经常会爱上让他们感到痛苦的事情。

社会认知取向：对准确性的需求

即使人们会尽可能地扭曲事实，以使自己处于有利的位置，但他们并不会完全扭曲事实。我们会幻想自己成了电影明星、摇滚乐队主唱或世界杯足球队中最好的球员。我们频繁地喝酒、吸烟，因为我们相信自己能活到 100 岁。我们认为人们会扭曲现实，但是不会完全打破现实。我们试图从有利于自己的角度看待自己，我们也很擅长探索社会性世界的本质。我们称之为**社会认知**（social cognition），它研究人们如何选择、诠释、记忆和使用社会信息来做出判断和决定（Fiske & Taylor，1991；Markus & Zajonc，1985；Nisbett & Ross，1980）。众多学者试图从社会认知的角度来了解社会行为，他们的一个前提假设是：人们会尝试尽可能正确地看待世界。因此，人类被研究者视为尽全力了解与预测社会性世界的"业余侦探"。

然而，就像维护自尊的需求偶尔会被搁浅一样，对准确性的需求也可能会被搁浅。不幸的是，我们在努力去理解和预测社会性世界时常常犯错误，因为我

社会认知：人们如何看待自己和社会性世界，更明确地说，就是人们如何选择、诠释、记忆和使用社会信息来做出判断和决定。

们几乎不可能掌握精确地判断一个特定的情境所需要的所有事实。事先就收集到所有相关的事实绝对不容易，不管是一个相对简单的决定（如哪一种早餐麦片更好，能兼具健康与美味），或是一个稍微复杂的决定（如想在 20 000 美元的限额内买一辆最好的车），抑或是一个更复杂的决定（如选择一个能让我们从此过上幸福生活的终身伴侣）。此外，我们每天都要做无数个决定。即便每个决定都能轻易地得到所有事实，我们也没有那么多时间与精力来这样做。

这些听起来有些夸张吗？大部分决定不是都挺容易的吗？让我们进一步来探讨。我们从一个简单的问题开始：哪一种早餐麦片更好，是“幸运魔力”还是“桂格天然百分百”（含有燕麦、水果和杏仁）？大多数学生回答“桂格天然百分百”。毕竟，每个人都知道“幸运魔力”是儿童麦片，加了许多糖分和可爱的小软糖，包装盒上画着一只小精灵。而“桂格天然百分百”的包装盒上画着原麦，盒子是天然小麦的颜色（浅褐色），“天然”不正意味着“有益健康”吗？如果这就是你的推理方式，那么你已经掉入了一个普遍的认知陷阱，即从包装推及产品的内容。在仔细阅读它们的成分（以小字印在包装上）后，你会发现，每一杯“桂格天然百分百”中含有 1674 焦耳的热量、20 克的糖和 12 克的脂肪。相比来说，一杯“幸运魔力”含有 615 焦耳的热量、13 克的糖和 1 克的脂肪。即使像选择麦片这样简单的事，事物都不总是和它表面看起来的一样。

我们依靠一系列的期望和其他思维捷径来判断我们周围的世界，从重要的生活决定到在商店里买什么麦片，广告商和营销人员都非常清楚这个结论。

因此，即使我们试着尽可能准确地认知社会，但很多时候，我们都会误入歧途，最后产生错误的印象。

问题回顾

1. 有关社会认知，研究者假设人们（　）。
   a. 尽可能正确地看待世界
   b. 不能将周围人思虑清晰
   c. 为了支持自己的观点而扭曲事实
   d. 被控制他人的需要支配
2. 下面哪一个案例没有反映维持高自尊的动机？（　）
   a. 在莎拉离开鲍勃去找别人之后，鲍勃决定无论如何都不再喜欢她
   b. 想参加洛佩兹教授主持的研讨会的学生必须写一篇 10 页的论文，每个被选中的人最终都爱上了这门课
   c. 珍妮塔在心理学课的第一次测验中表现得很差。她承认自己没有好好学习，并发誓要更加努力地准备下次考试
   d. 自从拿到驾照以来，扎克被卷入了几起小型交通事故。他说：“有太多糟糕的司机了，人们应该学习做一个像我这样的好司机”
3. 根据社会认知方法，下列哪一项是正确的？（　）
   a. 人们总是能对社会性世界有正确的印象
   b. 人们很少能从社会性世界中得到正确的印象
   c. 当人们看待社会性世界时，他们的主要目标是能够感到自我良好
   d. 即使人们尽可能正确地感知世界，但是人们仍然存在很多认知错误，最后产生错误的印象

“问题回顾”答案，请扫描章末二维码查看。

1.4 为什么学习社会心理学

重申一下，社会心理学被定义为对社会影响进行的科学研究。我们为什么首先要了解社会影响呢？一个人的行为是出于准确了解现实状况的需要，还是出于维持自尊的需要，会有多大差别呢？

其实答案很简单：因为我们好奇。社会心理学家对人类的社会行为非常着迷，并且想要在尽可能深的层次上了解它。在某种意义上，我们都是社会心理学家。我们都生活在社会环境里，而且对于我们如何受影响、如何影响别人、为何与某个人坠入爱河、为何讨厌一些人以及为何对别人漠不关心等问题都非常好奇。毫不夸张地讲，你不必为了处在一个社会环境中而和某些人待在一起。社交网站 Facebook 就是社会心理学家梦想的实验室，因为它包罗万象：爱、愤怒、欺侮、吹嘘、爱慕、调情、伤害、争吵、友好与不友好、傲慢与偏见等。

许多社会心理学家研究社会行为起因的另一个原因就是要找出解决社会问题的方法。库尔特·勒温几乎没有经历过纳粹德国的恐怖，他把对他的国家是如何发生转变的强烈兴趣带到了美国。从那时起，社会心理学家就对他们所面临的社会挑战非常感兴趣，正如你在阅读这本书时会发现的那样。他们的研究范围很广泛：从减少暴力和偏见，到增加利他主义和宽容（第 11 章和第 13 章）；说服人们节约水和能源等自然资源、进行安全的性行为以及吃健康的食物（第 7 章）；社交媒体对暴力的影响（第 12 章）；发展减少国际冲突的有效的协商策略，找到减少种族偏见的途径（第 9 章）；通过环境干涉和更好的学校项目来提高学生智力、减少高中生辍学率，以及积极的话题，如激情、喜欢、爱及支持它们的因素（第 10 章）。

社会心理学经常帮助我们发现社会问题，并尝试解决它们。社会心理学家可能会研究孩子看暴力电视节目是否会让他们变得更具攻击性。如果是，什么干预或许是有效的呢？

将社会心理学应用于日常生活的案例将贯穿本书。为了满足有兴趣的读者，我们围绕社会心理学在当代问题上的应用撰写了三个独立的章节，分别涉及健康、环境和法律。我们希望你可以通过理解社会心理学家所研究的行为的基本起因，更好地改变自己适得其反或误入歧途的行为，进而改善自己的人际关系并做出更好的决策。

现在，我们准备开始认真地学习社会心理学。到目前为止，我们一直在强调社会心理学的中心主题：大多数社会情境的巨大力量。作为研究者，我们的工作是提出正确的问题，找到方法来捕捉社会情境的力量，并将其带入实验室进行详细的研究。如果我们善于这样做，那么我们将得出有关人类行为的真相，这几乎是普遍的。这样我们就可以把实验室的发现应用到现实世界中，最终改善我们的社会。

总结

1.1　什么是社会心理学

我们把社会心理学界定为一种科学研究，它研究人类的思想、情感和行为如何受其他人真实或想象的存在的影响。社会心理学家感兴趣的是了解社会环境如何塑造个体的思想、情感和行为，以及其原因。

- **社会心理学、哲学、科学与常识。**社会心理学家研究社会影响的方法不同于哲学家、记者或外行人。社会心理学家通过实验研究的方法来对社会影响做出解释，如严格控制研究中的实验变量。社会心理学的目标是发现人类行为的普遍规律，这也是跨文化研究至关重要的原因。
- **社会心理学如何区别于与它最接近的学科。**一些社会心理学家采用进化心理学的方法，尝试用遗传因素解释社会行为，这些遗传因素根据自然选择的原则，随着时间的推移而进化。虽然一些想法不具备可测试性，但是它们可以产生关于社会行为的新假设，从而被验证。当人们尝试解释社会行为时，人格心理学家通过个体的特质来解释行为。虽然社会心理学家认同人格确实存在差异，但他们对社会行为的研究是从社会情境的力量（被个体解读的）如何塑造个人反应这个角度来看的。社会心理学根植于研究个体内在的心理过程，分析的层面在于社会情境下的个体。社会学家关注的是社会分类组织下的群体、组织或社会。社会心理学家尝试找出无论在何种社会阶层和文化下，都能使个体易受环境影响的普遍的人性属性。

1.2　社会情境的力量

个人的行为受到社会环境强有力的影响，但是人们不愿相信。

- **低估社会情境的力量。**社会心理学家必须和基本归因错误进行斗争，即将自己或他人的行为完全归因于人格特质，而低估了社会影响的倾向。但是社会心理学家已经多次证明，在决定个人行为时，社会和情境环境比人格特征更强有力。
- **社会解读的重要性。**社会心理学家已经证明个人和情境的关系是相互依存的，所以重要的是不仅要了解情境如何影响个人，还要了解人们如何感知和解释社会性世界和他人行为。这些观点比只了解客观世界本身的观点更有影响力。解读，是指个人对世界的解释。

1.3　解读从何而来：人性的基本动机

个人解读（感知、理解和诠释）情境的方式在很大程度上是由两种基本的人类动机形成的：保持良好的自我感觉的需求和对准确性的需求。有时候这两种动机有着对立的方向。例如，关于我们在一个情境中表现如何的准确观点可能会揭露我们的自私行为。

- **自尊取向：保持良好的自我感觉的需求。**认为自己是好的、有能力的、高尚的是大多数人都有的一种强烈的需求。人们常常扭曲真实世界来维护自己的自尊。
- **社会认知取向：对准确性的需求。**社会认知观是社会心理学家用来思考人们如何看待世界的方法取向：人们如何选择、理解、记忆及使用信息进行判断和抉择。人们试着获取准确的理解，进而做出有效的判断和抉择，如选择何种燕麦片、决定和谁结婚。事实上，人们常常依据不完全、不准确的解读信息采取行动。

1.4 为什么学习社会心理学

为什么社会心理学家想要了解社会影响？因为他们着迷于人类的社会行为，想要尽可能深入地理解它。许多社会心理学家想为解决社会问题做出贡献。

思考题

在本章中，你已经知道了什么是基本归因错误。你将如何利用基本归因错误更好地预测周围人的行为？

自测

1. 社会心理学研究的是（　）。
   a. 他人真实或想象的影响
   b. 社会机构，如教堂或学校
   c. 社会事件，如足球比赛和演出
   d. 心理过程，如做梦
2. 社会心理学分析的层次是（　）。
   a. 社会
   b. 个体所处的社会情境
   c. 群体和组织
   d. 大脑的认知和觉知过程
3. 社会心理学与人格心理学有什么共同点？（　）
   a. 都关注个体
   b. 都关注人格特质
   c. 都关注童年经历
   d. 都关注基因对人格的影响
4. 社会心理学和社会学有什么共同点？（　）
   a. 都研究社会的人口趋势
   b. 都研究国家机构
   c. 都关注人格的差异
   d. 都与群体过程相关
5. 在社会心理学中，为什么社会解读很重要？（　）
   a. 个体的行为受到他们对事件解释的影响，而不仅仅是事件本身
   b. 个体的行为主要由其所处的环境决定
   c. 个体在感知事件时，可以意识到自身的偏见
   d. 个体会意识到，其他理性的人看待事情的方式和他们相同
6. 格式塔心理学对社会心理学的主要贡献是（　）。
   a. 增加了对大脑工作的理解
   b. 强调个体如何感知世界
   c. 强调整体大于部分之和
   d. 增加了对行为研究的历史视角
7. 影响我们理解世界的核心动机是（　）。
   a. 维持自尊的需求
   b. 感知和做出正确决定的需求
   c. 自我表达的需求
   d. a 和 b
   e. a 和 c
8. 埃莉诺在英语课上的第一篇作文成绩很差。如果社会心理学家要预测她是否会放弃这门课，他们最可能问的问题是什么？（　）
   a. 她在有关“坚韧”的性格测试中的得分是多少
   b. 她在上学期的英语课上表现如何
   c. 她的高考成绩是多少
   d. 她对自己成绩差的解释是什么

本章“问题回顾”与“自测”答案，请扫描二维码查看。

第 2 章

方法论：社会心理学家如何进行研究

本章音频导读，
请扫描二维码收听。

章节框架

学习目标

章节框架	学习目标
2.1 社会心理学：一门实证科学 假说与理论的形成	理解研究者是如何形成假设和理论的
2.2 实验设计 观察法：描述社会行为 相关法：预测社会行为 实验法：解释因果关系	理解社会心理学家使用的各种实验设计有哪些优点与缺点
2.3 社会心理学研究的新领域 文化与社会心理学 社会神经科学	理解跨文化研究和社会神经科学对科学家研究社会行为有何影响
2.4 社会心理学中的伦理问题	总结社会心理学家如何确保研究被试的安全和福利，同时检验关于社会行为原因的假设

小调查

有一则新闻描述了以下研究发现：孩子吃的快餐越多，其阅读、数学和科学测试的得分就越低。虽然这项研究是针对孩子的，但它是否使你想减少吃快餐的次数？

○是

○否

在当今的信息社会，人们能在网络上获取一切他们想要的信息，而色情信息也比以往更随处可见。一项针对 18 ～ 39 岁民众的调查发现，46% 的男性和 16% 的女性在 1 周内看过色情内容（Regnerus，Gordon，& Price，2016）。一项民意调查显示，1/4 的职员在工作期间上网浏览过色情网站。因此，关于接触色情信息是否会产生不良影响的调研是重要的。例如，观看色情图片是否会增加男性实施性暴力的可能性？

对于这个问题，一直有着激烈的论战。法律学者凯瑟琳·麦金农（Catharine Mackinnon）认为，色情产品为性犯罪做好了一切准备，它既是犯罪的动机来源，又为其提供了详细的行动指导（Mackinnon，1993）。1985 年，美国司法部部长为此成立了一个专家小组并得出了相似的结论，他认为色情信息是强暴与其他暴力犯罪的祸因之一。但是，另一个委员会在回顾了许多文献资料后得出结论：色情信息与性暴力之间并无显著的因果关系。我们到底应该相信谁？是否有更科学的方法能让我们对这个问题做出判断？我们认为是有方法的，在这一章中，我们将以对色情现象的研究为例，向你解释社会心理学家所采用的研究方法。

2.1 社会心理学：一门实证科学

社会心理学的一项基本原则是：许多社会问题（如暴力的起因和对暴力的反应）可以用科学的方法加以研究（Reis & Gosling，2010；Wilson，Aronson，& Carlsmith，2010；Reis & Judd，2000）。在开始讨论如何进行社会心理学研究之前，我们要提醒大家，你看到的一些实验结果可能看上去是显而易见的，因为社会心理学家所关心的主题是每个人都非常熟悉的——社会行为和社会影响（Richard，Bond，& Stokes-Zoota，2001）。这种熟悉性使社会心理学区别于其他科学。如果你做量子物理学实验，实验结果不太可能和你个人的经验有关系。我们从不会想“哇！这个夸克实验就与我昨天等公交车时遇到的情况一样”或“我奶奶总是告诫我，要留意阳电子和反物质”。但是，当我们读到有关助人行为或侵犯行为的研究结果时，有这样的想法是很平常的：“不就是这样吗！我也能猜到。这与我上周五遇到的事一模一样！”

要记住的是，在研究人类行为时，许多结果回头想想似乎是意料之中的。事实上，有一种众所周知的心理趋势，叫作**后见偏差**（hindsight bias），即人们在得知某一结果后就会夸大结果的可预测性（Bernstein，Aßfalg，Kumar，& Ackerman，2016；Davis & Fischhoff，2014；Ghrear，Birch，& Bernstein，2016；Knoll & Arkes，2016）。例如，知道了政治选举的胜利者之后，人们会去寻找该候选人胜出的原因；结果已见分晓，结果就显得理所当然并且很容易被预测，即使我们在选举之前对谁能胜出一点把握都没有。在心理学实验中也是这样，一旦我们知道了结果，研究结果就似乎很容易被预见。关键是要在知道实验结果之前对将要发生的事进行预测。为了证明为什么并不是所有看上去显而易见的研究结果都是容易预见的，请做下面的“试一试”练习。

后见偏差：人们在得知某一结果后就会夸大结果的可预测性的一种倾向。

试一试 社会心理学测试：你的预期是什么

回答下列问题，它们都出自社会心理学研究。

1. 假设一名权威人士要求一些大学生对一名从未伤害过他们的大学生施行近乎致命的电击。你认为这些大学生中同意这样做的人数的占比是多少？
2. 假设你给孩子们一些奖金，鼓励他们做自己原本就喜欢做的事，结果他们对该项活动的兴趣会比原先（　）。
   - **a.** 更强
   - **b.** 不变
   - **c.** 减弱
3. 当企业或政府机构面临重要的选择时，最好由一群人来做决定，因为“三个臭皮匠，顶个诸葛亮”，这个说法（　）。
   - **a.** 正确
   - **b.** 错误
4. 如果你反复接触某种刺激，如某个人、某首歌或某幅画，那么你对其喜欢程度会变得（　）。
   - **a.** 更强
   - **b.** 不变
   - **c.** 减弱
5. 如果你要求一位朋友帮忙，如借你 10 美元，并且他同意了，那么这个人会对你（　）。
   - **a.** 更喜欢
   - **b.** 不受影响
   - **c.** 不那么喜欢
6. 你认为谁最不可能帮助一个将一堆文件掉在地上的陌生人？（　）
   - **a.** 心情好的人
   - **b.** 心情不好不坏的人
   - **c.** 心情不好的人
7. 在美国，女大学生的数学考试成绩往往不如男生。在下列哪种情况下，女生会和男生做得一样好？（　）
   - **a.** 当她们被告知这项测验没有性别差异时
   - **b.** 当她们被告知女生在高难度数学测验中会做得更好时
   - **c.** 当她们被告知几乎在所有的情况下男生都比女生做得好时
8. 关于广告效果的说法，哪一项是最确切的？（　）
   - **a.** 包含阈下信息的广告比普通的日常广告更有效
   - **b.** 对普通的止痛片或洗衣粉来说，普通电视广告比包含阈下信息的广告更有效
   - **c.** 两种类型的广告都有效
   - **d.** 两种类型的广告都无效
9. 如果玩暴力视频游戏对人们在日常生活中采取侵犯性的行动的可能性有影响，那会有什么影响？（　）
   - **a.** 玩游戏会增加他们采取侵犯性的行动的可能性
   - **b.** 由于游戏“使其脱离系统”，他们变得不那么具有侵犯性了
   - **c.** 玩游戏不会影响人们的侵犯性
10. 当学生在校园里散步时，被要求填写一张调查问卷，该问卷是关于他们在多大程度上认为当地大学应该就一些问题考虑学生意见的。你认为下面哪一组人会认为学生的意见应该受到最大程度的关注？（　）
    - **a.** 被给予轻的附有调查问卷的文件夹板的学生
    - **b.** 被给予重的附有调查问卷的文件夹板的学生
    - **c.** 与文件夹板的轻重无关

答案

1. 在斯坦利·米尔格拉姆（Stanley Milgram）进行的研究中（Milgram，1974），多达 65% 的被试对另一位被试进行了他们认为几乎致命的电击（实际上，没有施加任何实际的电击。见第 8 章）。

2. c。奖励人们原先就喜欢的活动，通常会使这些活动变得不那么具有吸引力了（见第 5 章）。

3. b。团体通常比个人做出更差的决定（见第 9 章）。

4. a。在大部分情况下，重复接触某个刺激物会增加人们对该刺激物的喜好程度（见第 10 章）。

5. a。见第 6 章。

6. b。心情好或心情不好的人都比心情不好不坏的人更有可能帮助他人，尽管出于不同的原因（见第 11 章）。

7. a。研究发现，当女性认为测试中存在性别差异时，她们的表现会更糟，因为要确认有关性别的定型观念会增加威胁。当被告知测验表现没有性别差异时，她们的表现与男性一样好（见第 13 章）。

8. b。没有证据表明，广告中的阈下信息有任何作用。大量证据表明，普通广告也非常有效（见第 7 章）。

9. a。玩暴力视频游戏会增加人们采取侵犯性的行动的可能性（见第 12 章）。

10. b。被给予较重的文件夹板的学生认为，他们的意见最应该受到重视（见第 3 章）。

假说与理论的形成

社会心理学家是如何为他们的研究提出想法的呢？研究总是开始于一个研究者想要检验的预感或假设。许多伟大的发现都是突然而至的。例如，阿基米德的脑中突然闪过问题的答案并高喊："找到了！我找到它了！"这类顿悟有时的确会突然发生，但是总体来说，科学研究是一个累积的过程，研究者常常从先前的理论和研究中推演出假说。

从过去的理论与研究成果中获得灵感

许多研究起源于研究者对现存理论和解释的不满。在了解了前人的研究之后，一个研究者可能认为自己有更好的方法来解释某种行为（例如，人们为什么在紧急情况下不伸出援手）。在 20 世纪 50 年代，利昂·费斯廷格对当时主流的行为主义理论关于人们如何改变态度的解释不甚满意。他提出了一种新的思路，即认知失调理论，这一理论对人们何时以及如何改变态度做出了确切的预测。但正如我们将在第 6 章看到的，其他研究者对于费斯廷格的解释同样不甚赞同，于是他们又通过进一步的研究来验证其他可能的解释。与其他学科的科学家一样，社会心理学家也一直致力于对理论的细化与修正，在一个理论出现之后，研究者会据此推演出各种具体的假说，然后根据验证假说所得到的结果，进一步修正理论，进而产生新的假说，如此循环往复。

以个人观察为依据建立假说

社会心理学研究的是我们在日常生活中遇到的现象。研究者经常观察发生在自己或他人生活中有趣的事，这会激发他们构建理论来解释该现象发生的原因，并设计研究来检验自己的猜测是否正确。

例如，在 20 世纪 60 年代初期，纽约市皇后区发生了一场悲剧性谋杀案，这引发了社会心理学的一个主要研究领域。凯蒂·吉诺维斯（Kitty Genovese）是一名年轻女性，她于 1964 年的某个深夜返回她的公寓，在一场持续 45 分钟的袭击中惨遭杀害。据《纽约时报》（*New York Times*）报道，有 38 位居住在附近的居民听到了从窗外传来的袭击声，或者听到了吉诺维斯的尖叫声，但没有人试图帮助她，甚至没有人报警。尽管我们现在知道，《纽约时报》夸大了无所作为的目击者的数量（Cook，2014；Pelonero，2014），但这个故事生动地抓住了公众的恐惧心理，并在此期间进行"病毒式传播"。毫无疑问，旁观者常常无法在紧急情况下提供帮助（正如我们将在第 11 章中看到的那样），吉诺维斯的谋杀案引发了人们对凶手作案原因的大量追问。正如我们提过的，大多数人将邻居袖手旁观的原因归结于使人们变得冷漠、不关心别人死活、没心没肺的都市生活。然而，两位在纽约大学任教的社会心理学家却有不同的看法。有一天，比布·拉塔内（Bibb Latané）和约翰·达利（John Darley）讨论吉诺维斯被杀害的案子。比布·拉塔内是这样说的："有一天晚上，约翰·达利在参加完一场鸡尾酒酒会之后，又来到我在十二街的住处小酌。我们发现彼此有着共同的烦恼，许多朋友都会问我们这些自称是社会心理学家的人，为什么纽约市的民众如今变得如此冷漠无情（Latané，1987）。"拉塔内和达利并没有把注意力放在"纽约市民众是怎么回事"上，而是认为考察吉诺维斯的邻居们对自己所处社会情境的认知更重要，并且可能会得到更有趣的结果。研究者认为，目击紧急事件的人越多，每个人插手管这件事的可能性就越低。吉诺维斯的邻居们可能都认为，应该已经有人报警了，所以自己才没有任何行动。拉塔内与达利把这种现象称为"责任分散"（Latané & Darley，1968）。也许，当那些旁观者认为只有自己在场时，他们更有可能会伸出援手。我们如何判断假设是否正确呢？

在科学的领域里，空想是行不通的。研究者必须收集资料来检验假说。让我们来看看社会心理学家是如何运用不同的研究设计做到这一点的。

2011 年 10 月，一个两岁女孩连续被两辆货车撞倒，十几个人步行或开车经过她。他们为什么不停下脚步或下车帮助她？

问题回顾

1. 下列哪一项是社会心理学家做出的基本假设？（　）
   - a. 社会问题的起因很复杂，我们永远不知道为什么会这样
   - b. 研究色情制品对人的影响很复杂，因为每个人都不一样
   - c. 许多社会问题可以被科学地研究
   - d. 许多人在紧急情况下无法帮助他人，因为他们不在乎他人
2. 社会心理学发现，以下哪一项是正确的？（　）
   - a. 由于后见偏差，在我们了解某件事之后，它有时看起来很明显
   - b. 大多数人可以在知道研究结果之前就轻松地预测它们
   - c. 明智的人（如我们的祖父母）可以在知道研究结果之前就轻松地预测它们
   - d. 大多数人可以在知道研究结果之前就预测研究结果
3. 社会心理学家如何形成理论和假设？（　）
   - a. 基于前人的理论和研究
   - b. 对前人相关研究理论不认同
   - c. 基于对日常生活中的观察形成的理论和假设
   - d. 上述所有答案都正确

"问题回顾"答案，请扫描章末二维码查看。

2.2 实验设计

社会心理学是一门拥有完整的研究方法的科学，它回答关于社会行为（如我们在本章开始时讨论的那些暴力行为）的问题。这些方法主要有三种：观察法、相关法和实验法（见表 2-1）。这些方法中的任何一种都可以用来探索特定的研究问题。每一种方法可

能都在某种方式下是最适用的，而在其他情况下存在缺陷。社会心理学研究的创新性部分在于选择正确的方法，即最大化此种方法的优点，最小化其缺点。

表 2-1　研究方法小结

方法	焦点	回答的问题
观察法	描述	某种现象的本质是什么
相关法	预测	已知 X，能否预测 Y
实验法	因果	变量 X 能否导致 Y

在本章中，我们将详细地讨论这些方法，为你提供第一手的有关进行社会心理学研究的乐趣和困难。这种乐趣在于揭示关于有趣且重要的社会行为起因的线索，这就好比一个侦探逐渐揭露了一起谜案的犯罪事实。我们都很兴奋，因为终于有了工具可以为那些曾经让哲学家争论数个世纪的问题提供确定的答案。同时，作为经验丰富的研究者，我们会更加谦卑地调和这种兴奋，因为社会心理学的研究涉及很多难以克服的实践限制和道德限制。

观察法：描述社会行为

要想成为一个敏锐的人类行为观察者，我们需要学习很多知识。如果我们的目标是对某个特定团体的行为或某种类型的行为进行描述，那么**观察法**（observational method）是非常有用的。观察法是指，研究者观察人们的行为并记录某个测量值或对该行为的印象。观察法有很多种形式，而采取何种形式则取决于研究者想要发现什么、他们和被观察者之间的联结或分离程度，以及如何量化他们所观察到的东西。

人种志

人种志（ethnograhpy）就是一个例子，它是指研究者融入一个团体或一种文化，并且在不带任何预设观念的情况下进行观察和理解的研究方法，其目标是通过观察团体中的行为来理解它的丰富性和复杂性。人种志是文化人类学的学者采用的主要方式，文化人类学研究的是人类文化和社会。随着社会心理学把研究重点扩展到对不同文化下的社会行为的研究，人种志被越来越多地用于描述不同文化，并在此基础上形成关于心理学原理的假说（Fine & Elsbach，2000；Hodson，2004；Uzzel，2000）。

我们来看看早期心理学研究的一个例子。在 20 世纪 50 年代早期，美国中西部有一群人预言，1954 年 12 月 21 日的早晨，地球将因一场大洪水而毁灭。同时，他们宣称，将有一艘太空飞船降落在他们的领袖基奇夫人家的院子里，及时把他们救走。利昂·费斯廷格和其同事们假定世界末日并不会那么快到来。他们认为，如果能密切地观察这群人并记下他们在预言失败、信念幻灭时刻的反应，那将是一件很有趣的事情（Festinger，Riecken，& Schachter，1956）。为了追踪这群人的对话，研究者发现自己有必要加入这个团体，并假装自己也相信世界即将毁灭。1954 年 12 月 21 日，在一个充满生机的早晨，没有洪水泛滥，也没有宇宙飞船的踪迹，他们发现了一件奇怪的事情：基奇夫人没有承认自己是错的，而是再次肯定自己的信念，她宣布由于该团体的信仰，上帝已经拯救了地球，该团体公开露面并招募了更多成员。基于对基奇夫人坚守信念的观察，费斯廷格提出了社会心理学中最著名的理论之一——认知失调，我们将在第 6 章中进行讨论。

人种志的关键在于尽可能避免加入自己的预设观念，并试着理解被观察者的观点和立场。然而，有时候研究者已经有一个想要验证的具体假说。例如，一位调查者可能对儿童在学校下课期间表现出的攻击行为感兴趣。如此一来，观察者可能会有计划地寻找某种特定的行为，这是在观察开始之前就做了具体界定的。例如，侵犯行为可以被界定为打击或推搡别的孩子、未经许可就拿走别的孩子的玩具等。观察者

观察法：研究者观察人们的行为并采用系统的编码方式对其测量值或对该行为的印象加以记录的技术。

人种志：研究者试图通过内部观察并不加任何预设观念来理解一个团体或一种文化的方法。

可能会站在运动场旁边系统地记录这些行为发生的频率。如果研究者对这一社会行为中可能存在的性别、年龄差异感兴趣，他可能还会记下这些儿童的性别和年龄。我们如何知道观察的准确性呢？在这样的研究里，当两名或两名以上的人对同一组数据进行独立观察和记录时，了解不同观察者之间的一致性程度很重要。如果不同的观察者得出的观察结果相同，那么研究者就能保证这些观察结果并非个人的主观印象。

档案分析法

观察法并不局限于观察现实生活中的行为。研究者也可以考察某种文化下所累积的文献记录或档案，这种技术被称为**档案分析法**（archival analysis）（Mannes，Soll，& Larrick，2014；Oishi，2014）。例如，日记、小说、绝笔遗书、流行音乐的歌词、电视剧、电影，以及杂志与报纸上的文章、广告等。这些都能告诉我们关于人类行为的大量信息。例如，一项研究分析了在 84 个国家和地区发送的数百万条推文（Twitter 消息），以检查人们情绪的日常变化。从他们发送的消息的内容来看，大多数人的积极情绪似乎在一天的两个不同时间达到顶峰：早晨起床后不久，以及深夜睡觉之前（Golder & Macy，2011）。研究者还使用档案数据来回答有关色情内容的问题。例如，你是否认为生活在美国某些地区的人特别喜欢看在线色情内容？也许你猜到，那些生活在更加自由的地区的人是最大的消费者群体，因为自由主义者往往对社会问题持更宽容的态度。为了解决这个问题，研究者统计了色情网站的订阅情况（Edelman，2009）。尽管研究者无法获取订阅者的姓名，但是他们可以查看邮编，这使其能够估计区域差异。事实证明，犹他州的居民排在第一位。

观察法的局限性

关于推文的研究揭示了有趣的日常模式，但它并没有说明为什么情绪在一天的早上和晚上达到高峰。某些特定种类的行为很难被观察，因为它们很少发生，或只会发生在私人场合。由此我们可以看出观察法的局限性。

研究者使用档案分析法来检验心理假设。例如，一项研究分析了数百万条推文，以了解人们在一天中的心情如何变化。

举个例子，如果拉塔内和达利选择使用观察法研究旁观者的数量对人们助人意愿的影响，他们可能到现在还无法得到结果，因为紧急事件并不时常发生，而且人们很难预测它们什么时候发生。对拉塔内和达利来说，他们可以采用档案分析法，如查阅报纸上的暴力犯罪报道，并且留意旁观者的数量以及提供帮助的人的数量。更重要的一点是，社会心理学家想做的通常不只是描述社会行为那么简单，他们还要对社会行为进行解释和预测。在这种情况下，其他研究方法就变得更重要了。

相关法：预测社会行为

社会科学的目的之一是了解变量之间的关系，并且预测各种社会行为会在何时发生。一个人观看色情内容的多少与他实施暴力性行为的可能性有关系吗？儿童观看暴力电视节目的次数和他们的攻击性有关系吗？要回答这类问题，研究者通常会使用另一种研究方法，那就是相关法。

档案分析法：它属于观察法的一种，研究者检视一个文化中所累积的文件记录或档案（如日记、小说、杂志、报纸等）。

所谓相关法（correlational method），就是系统化地测量两个或多个变量并评估它们的关系的方法。具体来说，这种关系是指人们在多大程度上能用其中一个变量对另一个变量进行预测。测量人们的行为及态度的方法有很多。和观察法一样，研究者有时也直接观察人们的行为。举例来说，如果研究者对儿童的攻击行为与他们观看的暴力电视节目之间的关系感兴趣，那么他们可能也会去观察运动场上的孩子，但是这种观察的目的是评估这些行为与其他因素（如看电视的习惯）之间的相关性。

研究者通过计算相关系数（correlation coefficient）探讨变量间的相关关系，这个统计量告诉我们，可以在多大程度上根据其中一个变量来预测另一个变量。例如，你可以根据一个人的身高对他的体重做出多准确的预测，相关系数的范围是 –1 ～ 1。正相关意味着当一个变量的值增加时，另一个变量的值也会相应增加。身高和体重的相关系数约为 0.7，一般来说，长得越高的人越重，该关系很强但并不是完全相关的，这就是相关系数小于 1 的原因。负相关意味着当一个变量的值增加时，另一个变量的值将会相应减少。如果人类的身高和体重呈负相关，那么将会出现非常奇怪的现象：矮个子的人（如小孩子）看起来像企鹅，而高个子的人（如篮球选手）会瘦得皮包骨。当然，也有可能两个变量之间完全不相关，在这种情况下，研究者无法以其中一个变量来预测另一个变量（见图 2-1）。

调查法

相关法经常在调查研究中被使用。采用这种方法时，研究者选取一个具有代表性的群体作为样本，让他们回答关于态度或行为的问题。通过调查法（survey），研究者可以很便捷地测量人们对某件事

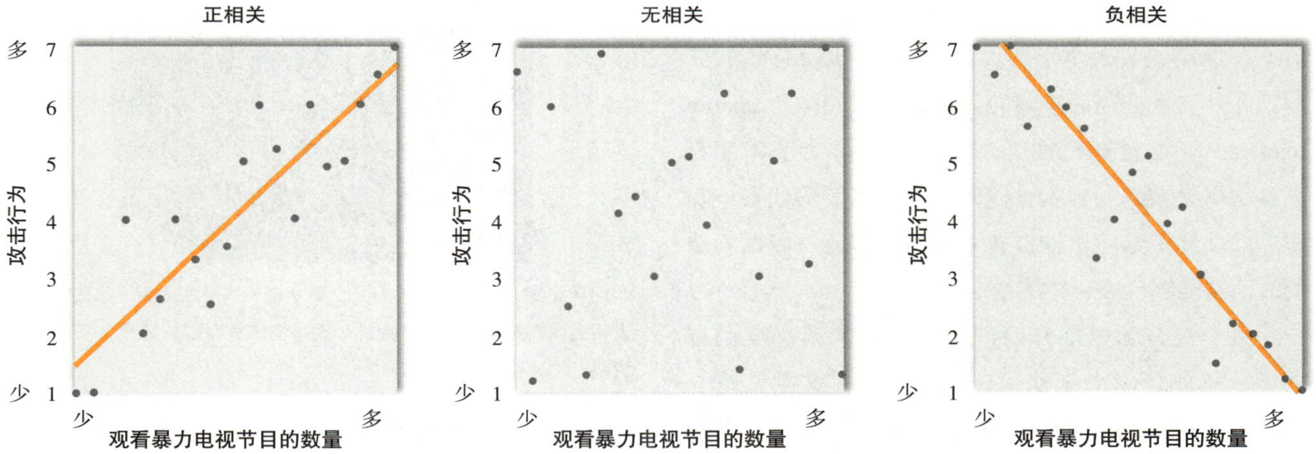

图 2-1　相关系数

图中显示了两个变量间三种可能的关联。左图表示强烈的正相关，意味着儿童看暴力电视节目越多，其攻击性越高；中间的图说明两者不存在相关性，也就是说儿童看暴力电视节目的数量与攻击性无关；右图表示强烈的负相关，意味着儿童看暴力电视节目越多，其攻击性就越低。

相关法：系统化地测量两个或多个变量并评估它们的关系（也就是说，根据一个变量在多大程度上能对另一个变量做出预测）的方法。

相关系数：这个统计量告诉我们，可以在多大程度上根据其中一个变量对另一个变量做出预测。例如，你可以根据一个人的身高对他的体重做出多准确的预测。

调查法：选取一个具有代表性的群体作为样本，让他们回答（通常是匿名的）关于态度或行为的问题。

的态度。例如，研究者可以通过电话询问人们在即将到来的选举中支持谁，或者他们对各种社会问题的感受。研究者常常用相关法分析调查结果，并探讨人们对某个问题的答案是如何预测他们在其他问题上的答案的。心理学家常常借助调查法理解人们的社会行为和态度，如看看男性所承认的自己阅读色情内容的数量和他们对女性的态度之间是否有关联。

调查法有许多优点，其中一个优点就是它便于人们判断一些难以观察到的变量之间的关系。这些变量涉及的内容通常很隐秘（如人们进行安全性行为的频率），人们通过观察法是无法得到结果的。调查法的另一个优点是，人们可以从总体中选取具有代表性的样本。唯有当调查的答案能够代表一般大众的反应，而不只是实际接受测验的人们（所谓的“样本”）的反应时，调查结果才是有效的。研究者必须努力确保他们选取的样本具有代表性。他们会根据对研究课题有重要影响的特征（如年龄、教育背景、宗教信仰、性别、收入水平等），选取能够代表总体的样本。此外，人们还必须对总体进行**随机抽样**（random selection）。通过随机抽样，总体中的每个个体都有同等的机会被选为样本，以确保该样本能够代表该总体。只要样本是随机抽样得来的，我们就可以认为他们的回答能够代表总体的情况。

由于没有随机抽样而产生误导性的调查案例有很多。例如，1936 年秋天，一本名为《文学文摘》（*Literary Digest*）的周刊进行了一项大型调查，询问人们在即将举行的大选中将投票给谁。调查者从电话簿和汽车主注册名单中抽取调查样本的姓名和地址。这项覆盖 200 万人的调查结果指出，共和党候选人阿尔夫·兰登（Alf Landon）将以压倒性的优势赢得选举。当然，你知道从来没有一位名叫兰登的总统；相反，富兰克林·德拉诺·罗斯福（Franklin Delano Roosevelt）在很多州大获全胜，只输掉两个州。《文学文摘》的民意调查哪里出错了？在经济大萧条的谷底，许多人买不起电话或汽车，拥有这些东西的人的经济状况都相当不错，而大多数富人都是共和党人，基本上都偏好兰登。但是，参加投票的多数人并不富裕，并且基本上都支持民主党候选人富兰克林·德拉诺·罗斯福。由于采用了一份将穷人排除在外的名单，《文学文摘》对一个并不具有代表性的群体进行了调查。悲剧的是，这本杂志没能从这个方法论性的灾难中恢复元气，它在这份民意调查发布后不久就停刊了。

1936 年秋天，一本名为《文学文摘》的杂志预测，共和党候选人将会赢得选举，但富兰克林·德拉诺·罗斯福最终得到了最多的选票。《文学文摘》为什么错了呢？

现代政治民意调查也难免会犯下这类抽样错误。由于很多调查公司很难直接获得人们的手机号码，它们就只能通过家庭固定电话联系，而这样做是有风险的，因为研究表明，仅仅依赖手机的美国人更有可能投票给民主党候选人（Silver，2012）。此外，民意调查人员会通过估计受访者投票的可能性和其他因素来校正并调整其调查结果。这样的调整可能会导致进一步的偏见。这可能就是为什么一些民意调查低估了唐纳德·特朗普在 2016 年总统大选中在关键摇摆州的

随机抽样：使总体中每个个体都有同等的机会被选为样本的方法，以确保该样本能够代表该总体。

得票率（Newkirk，2016）。

答案的准确性，是调查法另一个潜在的问题。一些直接性的问题相对来说比较容易回答，如人们对某个问题的看法或在某种情境下他们通常会做出何种反应。然而，如果要求受访者预想自己对某些假想情境的反应，或者让他们解释自己过往的行为，那么我们很容易得到不正确的答案（Schuman & Kalton，1985；Schwarz，Groves，& Schuman，1998）。人们都以为自己知道答案，但事实是他们通常并不知道。1997 年，理查德·尼斯比特（Richard Nisbett）和蒂姆·威尔逊（Tim Wilson）在大量的研究中证明了这种“所言胜于所知”的现象。在这些研究中，人们对自己行为的原因经常做出错误的报告。对于自己为什么会做出某种行为反应，他们给出的解释与理论和信念相关的成分居多，而与真正影响行为的因素关系不大（我们将在第 5 章详细讨论）。

相关法的局限性：相关分析不等于因果分析

相关法的主要缺点是，它只告诉我们两个变量有关联，然而社会心理学家的目的是找到社会行为的起因。我们想要证明 A 引起了 B，而不仅仅是 A 与 B 有关联。

如果研究者发现两个变量之间有相关性，那么这意味着存在三种可能的因果关系。例如，已有研究发现，儿童观看暴力电视节目的数量和他们的攻击性有关联（与图 2-1 中左图的类型相似，虽然相关性没有那样强）。对这个相关性的解释之一是，观看暴力电视节目使儿童变得更具有攻击性；然而反过来的解释也可能是对的，即本性有攻击性的儿童更有可能观看暴力电视节目；又或者这两个变量之间并没有关系，而是存在另一个变量同时导致了观看暴力电视节目与攻击行为，如不够关心孩子的失职父母（我们将在第 12 章说明支持其中一种因果关系的实验依据）。在使用相关法时，我们不应当匆忙下结论说一个变量会导致另一个变量。

“相关性并不等于因果关系。”不幸的是，忘记这句格言是社会科学研究中最常见的方法论错误之一。让我们来看一个例子，这是一项关于妇女的避孕方式和性传染疾病的研究（Rosenberg et al.，1992）。研究者查阅了曾到诊所就诊的妇女的病例记录，留意其使用的避孕方法，以及她们是否患有性病。结论很出人意料：在使用避孕套的妇女中，患病概率大于使用避孕隔膜或避孕海绵的妇女。这项结果被大众媒体津津乐道，广泛宣传，大家纷纷认为使用避孕隔膜或避孕海绵比较不容易得性病。有些报道甚至呼吁妇女劝说使用避孕套的性伴侣改用其他的避孕方法。

你能够看出这个结论存在的问题吗？感染性病与避孕方法之间具有相关性这一事实其实可以有多种因果解释。或许，使用避孕隔膜或避孕海绵的妇女的性伴侣的人数较少（事实上，在就诊前一个月内，使用避孕套的妇女更可能和多个伴侣发生性关系）。或许，用避孕套的妇女的性伴侣比其他妇女的性伴侣更可能患有性病。因此，我们无法从这个相关研究中得出结论，证明某种避孕方法能更好地防止性病。

20 世纪 90 年代早期进行的相关研究发现，妇女使用的避孕方法和其感染性病的概率之间具有相关性。在使用避孕套的妇女中，患病人数比使用避孕隔膜或避孕海绵的妇女多。这是否意味着使用避孕套会提高罹患性病的概率？答案是并不一定。

让我们进一步讨论之前提及的问题，为什么相关性很难推出因果关系。以这个问题为例：色情内容是否会引起对女性的性暴力行为（如强奸）？研究者对

7 个国家的 2 万多名被试进行了 22 项研究，他们发现，看色情内容与实施性暴力的可能性之间的相关系数为 0.28（Wright，Tokunaga，& Kraus，2016）。还记得相关系数为 0.28 意味着什么吗？这是正相关，意味着人们看的色情内容越多，他们的行为就越可能具有侵犯性，尽管相关性不是特别强。

这是否能证明看色情内容会导致人们实施性暴力呢？这只是可能的解释之一，那还有对这种相关性的其他解释吗？具有性暴力倾向的人有可能更喜欢看色情内容，也就是说，他们的性暴力倾向导致了其对色情内容的钟爱，而不是看色情内容导致了他们的性暴力倾向（Malamuth et al.，2000）。也有可能存在第三个变量同时导致了上述两者。例如，在人们的成长过程中或者其所处的亚文化中，有某种因素既导致其有性暴力倾向，又导致其迷恋色情内容。关于相关研究很难解释因果关系的其他例子，请见下面的“试一试”。

试一试 相关和因果：了解它们的差异

两个变量相关并不意味着一个变量能导致另一个变量。尽管在一些例子中，一个变量导致其他变量的结论看起来显而易见，但相关性并不能帮我们做出因果推论，要时刻记住这一点确实很难。阅读下面的例子，思考这些相关性的内涵是什么，并且思考是否存在其他解释。

1. 最近，有位政治家大力赞扬童子军的道德水平。在对童子军的褒奖中，这位政治家提到，在街头滋事犯罪的青少年中只有极少数是童子军成员。换句话说，他认为参加童子军与犯罪行为的发生频率之间存在负相关。为什么会这样呢？
2. 最近，一项有关大学生的父母的教养方式的研究发现，与管教宽松的父母相比，那些高度关注孩子学习生活并频繁干预的“直升机型父母”的孩子的学习成绩更低。所以，如果父母适当放松管教，孩子就会在学校表现得更好。真是这样吗？
3. 最近，一项研究驻陆军基地士兵的报告指出，一个士兵的文身数目与其发生摩托车事故的次数呈正相关。为什么？
4. 最近，一项研究发现，相比于不信教的青少年，信教的青少年的犯罪率更低，也更愿意系安全带。所以宗教信仰使人更愿意遵守法律法规吗？
5. 最近，有报道指出，人们吃早餐的习惯与寿命的长短有关。例如，不吃早餐的人去世得较早。吃早餐真能使人长寿吗？
6. 最近，一项研究发现，喝牛奶越多的孩子，其体重越重。研究者据此得出结论：想控制体重的孩子就得少喝牛奶。你认为这个结论可信吗？
7. 最近，一项调查发现，看电视的人比不看电视的人有更多的性生活。研究者报告说：“谁会想到《国家地理特别节目》（*National Geographic Specials*）或肯·伯恩（Ken Burn）的《棒球历史》（*History of Baseball*）会让人们有兴致做爱呢？”你如何解释这种相关性？
8. 英国最近的研究发现，与 10 岁时每天不吃糖的孩子相比，10 岁时每天吃糖的孩子更可能在以后的生活中因暴力犯罪被拘留。为了防止孩子成为暴力犯罪分子，我们是否应该限制糖果店的数量呢？
9. 最近，一项研究发现，使用 Facebook 的大学生的成绩比不使用 Facebook 的大学生的成绩低。这能说明不登录 Facebook 就能提升成绩吗？

10. 一项研究发现，青少年看关于性的电视节目越多，他们就越有可能发生性行为。那么父母应该限制青少年看关于性的电视节目吗？

答案：

1. 该政治人物忽略了可能有第三个变量同时影响着青少年加入童子军与青少年犯罪，如社会经济阶级。传统观点是，童子军活动在小城镇最为常见，而加入者多半是中产阶级家庭的孩子，至于人口拥挤、犯罪率高的都市区域，童子军活动则较少。

2. 不一定。可能有另外的解释。例如，那些学业上有问题的孩子的家长可能倾向于变成“直升机型家长”。或者也许存在第三个变量同时导致家长的过度关注以及孩子的学业问题。

3. 文身会导致意外交通事故？或意外交通事故会导致人们文身？研究指出，事实上有另一个变量同时影响两者：喜欢冒险和炫耀的人会同时喜欢文身和飙车。

4. 宗教信仰有可能让人们更倾向于遵守法律。也可能是第三个变量同时增加了人们信教和遵守规则的可能性，如孩子的父母信教。

5. 不一定。不吃早餐的人和吃早餐的人很可能有许多方面的不同，如身体肥胖程度、工作卖力程度、压力程度以及睡眠时长，这些因素都会影响寿命的长短。

6. 不一定。喝牛奶可能与体重增加没有关系，这可能是因为喝牛奶多的孩子更爱吃曲奇饼干或其他高热量的食物。

7. 看电视有可能会让人们更愿意做爱，但是也有可能有第三个变量同时影响人们看电视和做爱的喜好，甚至也有可能做爱使人们更喜欢看电视。根据该研究报告中的相关性，我们无法得知上述解释中哪一种是正确的。

8. 不一定。也有可能有第三个变量引起孩子吃了很多糖果并在随后的生活中成为暴力犯罪分子。

9. 不一定。也许学得少的大学生更容易被 Facebook 吸引，或者还有第三个变量导致大学生使用 Facebook 并使其在学业上表现更差。

10. 不一定。也许还有第三个变量让青少年对观看关于性的电视节目感兴趣。

实验法：解释因果关系

实验法（experimental method）是解释因果关系的唯一方法。在不同的条件下，研究者系统地安排不同的情境，让人们以不同的方式经历某一事件，如和其他旁观者一起目击一件紧急事件，或者是作为唯一的在场者目击同一紧急事件。大部分社会心理学研究都选择实验法，因为它能帮助研究者做出因果推论。

自变量和因变量

为了说明这是如何做到的，让我们回到拉塔内和达利的实验中，这两位社会心理学家提出了责任分散假说，即目睹紧急情况的人越多，在紧急情况下人们进行干预的可能性就越小。与任何实验一样，他们需要改变他们认为会产生因果关系的关键变量。其中，紧急事件的目击人数是自变量（independent variable）。所谓自变量，就是研究者可以控制和改变的变量，目的是了解它是否会对其他变量造成影响，即研究者观察自变量（如旁观者的数量）是否对其感兴趣的结果（即因变量）具有预测作用。因变量（dependent variable）是研究者所测量的变量，目的是了解它是否会受自变量的影响。研究者假设，因变量取决于自变

实验法：在这种方法中，研究者会将被试随机分配到不同的情境中，并确保这些情境除了自变量（被认为会对人们的反应产生因果性影响的变量）之外，其他条件应完全一致。

自变量：研究者控制或改变的变量，目的是了解它是否会对其他变量产生影响。

因变量：研究者所测量的变量，目的是了解它是否会受到自变量的影响。研究者假设，因变量取决于自变量的不同水平。

量的不同水平；换言之，研究者假设因变量是由自变量决定的（见图 2-2）。

自变量	因变量
被假定为会影响因变量的变量，除该变量之外，被试受到完全相同的对待	被假定为根据自变量的变化而变化的反应，所有被试在这一变量上都会被测量
范例：拉塔内和达利（1968）	
旁观者数量	提供帮助的被试人数百分比
被试 + 病人	85%
被试 + 病人 + 其他2个人	62%
被试 + 病人 + 其他4个人	31%

图 2-2　实验研究中的自变量与因变量

研究者改变自变量（如旁观者的数量）并观察自变量对因变量（如人们是否提供帮助）的影响。

听起来很简单吗？其实不然。以拉塔内和达利有关群体规模效应的假说为例，安排这样一项实验会涉及实际操作与道德要求的重重困难。研究者应该使用什么样的紧急事件呢？从科学的角度出发，最理想的情境应当尽可能接近于吉诺维斯案件的情境。因此，你需要安排一个能被目击到的谋杀事件。你还需要在一种条件下制造只有少数旁观者的谋杀现场，而在另一种条件下使许多旁观者都在场。

毋庸置疑，没有一个心智正常的科学家会为不明真相的旁观者安排一起谋杀案。但是我们如何安排一个逼真的情境，使其紧急程度足以比拟吉诺维斯案件，却又不会令人惊恐过度呢？此外，我们如何确定，除了我们关注的变量之外（在这个例子里是旁观者数量），每一位旁观者都能经历完全相同的紧急事件呢？

让我们看看拉塔内和达利是如何处理这些问题的。想象你自己是参加实验的被试，你按时抵达实验地点，发现那是一个长廊，长廊两旁有数个通往小房间的门。一名主试将你带入其中一个房间，告诉你另外 5 个学生坐在其他房间里并和你一起参与实验。实验者给了你一副耳机后离开了。在戴上耳机后不久，你听到实验者向大家解释，在这项实验中，他想研究的是当代大学生正经历怎样的个人问题。

为了确保大家在讨论中畅所欲言，他解释道，每位被试都将保持匿名，并各自待在自己的独立房间里，通过内部通信系统进行沟通。实验者进一步说，他不会旁听讨论内容，这样大家就能更加放松、开放、诚实、坦率地进行讨论了。最后，实验者要求被试轮流讲述自己的个人问题，每个人有两分钟的时间，然后其他人都要对此发表评论。他还说为了实验顺利进行，一次只能有一个人打开麦克风说话。

团体讨论开始了。你听到第一个被试说自己很难适应大学生活。他有点尴尬地提到自己是癫痫患者，有时会癫痫发作，特别是当他承受压力时。两分钟结束了，你听到其他 4 位被试讨论他的问题，然后轮到你发言。当你讲完后，第一位被试又开口了。你惊讶地发现，他刚刚提到的癫痫发作了。

> 我……想我……需要……嗯……如果……如果有人……嗯……嗯……给我一点……嗯……帮助，因为我……嗯……真的有……嗯……有麻烦……嗯……而且我……嗯……如果有人能够帮我那就太……嗯……好了……嗯……嗯……因为我病……嗯……病发了……嗯……所以我真的……嗯……需要帮助……嗯……谁能给我一点……嗯……帮助……嗯……谁……嗯……能……嗯……帮……嗯……我（咳嗽声）……嗯……我快……嗯……我快……嗯……死了……救我……嗯……救救我（咳嗽，然后静了下来）（Darley & Latané，1968）。

在这种情况下，你会怎么做？如果你和实际研究中的大部分被试一样，你可能会待在自己的房间里，任由你的同学癫痫发作而什么也不做。这使你惊讶吗？拉塔内和达利一直在记录，当同伴发病时，离开房间去找病人或实验者的被试人数。结果只有 31% 的人有所行动，寻求帮助，而 69% 的人待在房间里无动于衷，就好像吉诺维斯的邻居没有提供任何援助一样。

这个发现能够证明是癫痫发作时的旁观者数量导

致大家袖手旁观吗？我们如何证明不是其他因素造成的呢？我们知道拉塔内和达利在实验中还考虑了其他两种情况，在这些情况下实验过程都和上述一样，只有一点关键的差异：被试人数较少，也就是说，目击癫痫发作的人数较少。在一种情况下，实验者告诉被试除了他之外，有 3 个人参与了讨论（病人和另外两个人）；在另一种情况下，被试被告知只有另外 1 个人参与了讨论（也就是病人）。在后一种情况中，每个被试都认为自己是唯一听到癫痫发作的人。

虽然这些结果表明，旁观者数量有力地影响了助人行为的发生率，但这并不表示人数多少是决定助人与否的唯一因素。毕竟，在有 4 个旁观者的情况下，仍有 1/3 的被试会挺身相助；相反，当被试是唯一目击者的时候，仍有些人未伸出援手。很显然，其他因素同样会对助人行为产生影响，如旁观者的人格、他们已有的关于紧急事件的经验等。不过，拉塔内和达利还是成功地发现了一个影响旁观者是否伸出援手的决定性因素——主观知觉到的旁观者数量。

实验的内部效度

我们如何确定在拉塔内和达利的实验中，不同情境中助人行为的差异是由旁观者数量不同造成的？情境中的其他因素会导致这种差异吗？这就是实验法的优点所在：我们能够确定旁观者数量与助人行为之间的因果关系，因为除了旁观者数量这个自变量之外，拉塔内和达利确保不同条件下的其他情境相同。保持实验中除了自变量外的所有条件都相同，这就是内部效度。拉塔内和达利通过确保每个人见证的是同样的紧急事件，从而保证了很高的内部效度。他们事先录下了假想的其他被试和受害者的声音，并通过内部通信系统播放。

然而，你可能会注意到，在拉塔内和达利的这项研究中，各情境之间除了旁观者数量之外，还有一个重要的差异：不同的人参与了不同的情境。也许他们观察到的助人行为的差异是由被试的性格，而不是自变量造成的。可能在只有一个旁观者的条件下，被试的表现在很多方面和其他条件下的被试的表现会不同，因而他们更可能伸出援手。或许他们可能对癫痫更了解，又或许他们有紧急事件的救助经验。如果上述任何一种可能性是事实，那就很难得出结论说，是旁观者数量，而不是被试的相关背景，造成了助人行为的差异。

幸运的是，有一项实验技术能使被试差异影响实验结果的可能性降至最低——不同实验条件下的**随机分配**（random assignment to condition）。在随机分配的过程中，所有被试都有同等的机会被分配到实验的任何一种情境中。通过随机分配，研究者能够在一定程度上确保不同特质或背景的被试被平均分配到不同的情境中。因为拉塔内和达利的被试是随机分配到各实验情境中的，所以，所有了解癫痫的人最后都集中在一种条件下的可能性是非常小的。他们应该会被随机（大致均等）地分配到 3 种不同的实验情境中。这种有效的技术是实验法最重要的组成部分。

然而，即使是随机分配，也有可能出现（可能性非常小）不同特质的人没有被平均分配到不同情境中的情况。例如，如果我们将 40 个人随机分为 2 组，有可能最了解癫痫的大部分人被分配到同一组。就像你抛 40 次硬币，正面向上的次数有可能比反面向上的次数多。实验科学相当重视这种情况的可能性。因此，对实验结果的数据分析中有一点很重要，那就是**概率水平（p 值）**[probability level（p-value）]，这是一个通过统计工具计算出来的数字，它能告诉研究者

随机分配：让所有被试都有同等的机会被分配到每种实验情境中的过程。通过随机分配，研究者能够在一定程度上确保不同特质或背景的被试能够被平均分配到不同的情境中。

概率水平（p 值）：运用统计工具计算出来的数字，它告诉研究者，其研究结果是由随机因素（而非自变量）导致的可能性有多大。科学界（包括社会心理学领域）的惯例是，当某研究结果来自随机因素（而非所研究的自变量）的概率水平低于 5% 时，便可证明该研究结果是显著的。

他们的实验结果是偶然产生的可能性有多大，而不是因为自变量的作用。科学界（包括社会心理学领域）的惯例是，当研究结果是由随机因素（而不是自变量）导致的概率水平低于 5% 时，便可证明该研究结果是显著的，也就是可靠的。例如，如果抛 40 次硬币，每次都是正面朝上，那么我们就会认为这不可能是碰巧发生的。你或许应该检查一下这枚硬币的另一面，看看它是不是那种两边都是正面的魔术硬币！同样，如果两种实验条件下的结果差异显著不同于随机范围内的结果误差，我们就可以认为这个差异是由自变量引起的，如紧急情况发生时在场的旁观者数量。p 值告诉我们在多大程度上能肯定这个差异是由随机因素（而不是自变量）导致的。

总而言之，一项实验的关键是保证较高的内部效度（internal validity）。现在我们可以把内部效度定义为确保有且仅有自变量对因变量造成了影响。要做到这一点，实验者就必须控制所有无关变量，并且将被试随机分配到不同的实验情境中（Campbell & Stanley，1967）。当内部效度较高时，实验者便可判断自变量是否导致了因变量的变化。这正是实验法不同于观察法及相关法的最主要特点。只有实验法能够回答因果关系的问题，如接触色情内容是否会导致男性实施性暴力行为。

举个例子，关于色情内容是否导致侵犯行为这个问题，曾有研究者做过相关实验。在征得被试同意后，研究者将被试随机分配到两种情境中，即观看色情或非色情电影（自变量）并测量被试对女性的侵犯程度（因变量）。在唐纳斯坦和伯科威茨（Donnerstein & Berkowitz，1981）所做的研究中，一位女性实验助手以某种方式激怒男性被试，然后这些男性被随机分配去看以下三种电影之一：（1）暴力色情电影（强奸场景）；（2）非暴力色情电影（没有任何暴力的性内容）；（3）无暴力、无色情的中性电影（访谈节目）。接下来，这些男性有机会对刚才激怒他们的那位女性做出侵犯行为——在一个表面上看起来是无关的学习实验中，他们可以选择那位女性将要遭受的电击强度（实验助手不会真的遭到电击，但被试认为她会遭受）。看过暴力色情电影的男性比看过非暴力色情电影或中性电影的男性对该女性施加的电击强度更大。这说明，并不是色情内容导致了侵犯行为，真正的元凶是色情内容中所包含的暴力因素（Mussweiler & Forster，2000）。我们将在第 12 章更多地探讨这一领域的研究。

实验的外部效度

虽然实验法的优点众多，但它也有自身的缺点。为了对情境进行足够的控制而将被试随机分配到不同情境，并且排除一切无关变量的影响，如此一来，情境可能变得有些虚假，偏离实际生活。例如，有人可能会批评拉塔内和达利的实验已经远远偏离了原先给予他们启发的实际情境，即吉诺维斯谋杀案。在参与一项在大学里进行的实验室研究时目睹某个人癫痫发作和目睹发生在繁华市区的残忍命案有何关系？我们在日常生活中通过对讲系统与别人进行讨论的机会有多少？被试知道自己在参加心理实验的事实会影响他们的行为吗？

这些都是心理学实验中有关外部效度（external validity）的重要问题。外部效度是指一项研究的结果能够被推广到其他情境或其他人身上的程度。注意，这里所讨论的推广有两种类型：（1）我们在多大程度上能将实验结果从某项研究中构建的情境推广到真实的生活情境中（情境的推广）；（2）我们在多大程度上能将实验结果从实验被试推广到一般人身上（人的推广）。

内部效度：确保除了自变量外，没有其他因素会影响因变量。要做到这一点，研究者必须控制所有无关变量，并将被试随机分配到不同的实验情境中。

外部效度：一项研究的结果能够被推广到其他情境中或其他人身上的程度。

许多社会心理学实验都是在实验室完成的，社会心理学家如何才能将这些实验结果推广到实验室外的真实生活中呢？

当谈到跨情境的推广性时，社会心理学研究有时会被质疑，社会心理学研究被认为是在人为设定的情境中所进行的研究（如在大学里所做的社会心理学实验），不能推广到现实生活中。为了解决这个问题，社会心理学学者尽可能使自己的研究接近现实生活，以增加研究结果的普遍性。但在实验室中很难做到这点，因为许多实验都将人们置于一个平常很少或者几乎不会遇到的情境中。例如，在拉塔内和达利的实验中，被试要通过对讲系统集体讨论个人问题。心理学家的解决办法是，努力提高实验中的**心理现实主义**（psychological realism）。这一概念指的是，一项实验所引发的心理过程在多大程度上接近于日常生活中发生的心理过程（Aronson，Wilson，& Brewer，1998）。虽然拉塔内和达利的实验所安排的紧急事件在许多方面与日常生活中的情况不同，但这个实验情境在心理层面上类似于真实的紧急事件吗？它们是否引发了同样的心理过程？和日常生活相比，被试是否拥有同样的知觉与想法？被试是否做出了类似的决定，以相同的方式进行行为反应？如果答案是肯定的，那么这个研究就具有很高的心理真实性，我们可以将实验结果推广到日常生活中。

当人们觉得自己正在经历一件真实事件时，其心理现实主义就提高了。为了达到这个目的，研究者通常会告诉被试一个**虚假故事**（cover story），即用来掩盖真实研究目的的说辞。回想前面的例子，拉塔内和达利告诉人们，他们正在研究大学生的个人问题，然后呈现一个紧急事件。如果他们对人们说："听着，我们想研究人们对紧急事件的反应，所以在研究中的某些时刻，我们会安排一场意外，然后看看你们如何反应。"这会使实验容易得多，但我想你也明白，这种实验过程的心理现实主义会非常低。在真实生活中，我们不可能知道什么时候会发生紧急事件，也没有时间预先计划我们的反应。如果被试知道将发生紧急事件，那么这种情境所引起的心理过程将与真实的紧急事件所引起的心理过程大不相同，从而降低研究的心理现实主义。

社会心理学也和跨人群的推广性有关。例如，拉塔内和达利的实验记录了一则有趣且出人意料的社会影响的例子，即仅仅知道现场有其他人在就会减少人们提供帮助的可能性。但是我们对"一般人"又了解多少呢？他们研究中的被试是纽约大学的 52 位学生，这些学生参与研究能得到学分。如果使用不同的被试，他们还会得到相同的结果吗？如果被试是中年蓝领工人，而不是大学生，旁观者数量会影响助人行为吗？以中西部人取代纽约人呢？以日本人取代美国人呢？

选取被试时进行随机抽样是确保实验结果能够代表特定的总体行为的唯一方法。理想的情况是完全随机挑选实验被试，就像在调查法中所做的那样。如今，社会心理学家越来越多地进行跨群体、跨文化的研究，有的是借助网络进行的（Lane，Banaji，& Nosek，2007）。但不幸的是，对大部分社会心理学实验而言，选择随机样本既不实际，花费也太大。要说服一组随机选择的美国人同意参与一项政治民意调

心理现实主义：在实验中被激发的心理机制与现实生活情境中发生的心理机制的相似程度。

虚假故事：用来告诉被试关于研究目的的一套虚假说辞，与真实的研究目的不同，虚假故事的目的是维持心理真实性。

查，并在电话中回答几个问题，这已经够困难了，更何况这种调查还要耗费数千美元。想象一下拉塔内和达利要说服一组随机选择的美国人乘坐飞机到纽约参加研究的困难程度，更别提这种做法的花费了。即便仅仅是将从纽约大学随机选择的学生集合在一起，也不是一件容易的事，因为每个人都得同意腾出时间在拉塔内和达利的实验室里待一小时。

当然，现实与花费的考虑不是做一项毫无意义的研究的好借口。许多研究者是这样来解决这个问题的：他们研究了使人们易受社会影响的基本的心理过程，假设这些过程都是最基本的，是人们普遍拥有的。在这种情况下，社会心理学实验的被试不一定要来自不同的文化。当然，也有一些社会心理学过程相当依赖文化因素，此时我们就需要各种各样的被试样本。所以问题就是，研究者如何判断他们研究的心理过程是否具有普遍性呢？

现场实验

进行**现场实验**（field experiment）是提高实验外部效度最好的办法之一。在这种实验中，实验者在实验室外，即在最自然的环境下进行行为实验。和实验室实验一样，做现场实验的实验者也需要控制自变量（如群体规模），观察它对于因变量（如助人行为）的影响；还需要将被试随机分配到不同的实验条件中。因此，现场实验与实验室实验有着相同的实验设计方法，只是现场实验所发生的环境更自然，更接近真实生活，可以避免实验室实验中存在的人为化痕迹。现场实验中的被试浑然不知自己在参与一项实验，整项实验完全是在真实的世界中对真实的人进行的。由于被试更多样化，而不是单一的大学生样本，因此外部效度得到了有效保证。

社会心理学有很多这样的现场实验。例如，1970年，拉塔内和达利在纽约城外的一家便利店进行了一项经典的现场实验，以验证他们有关群体规模和旁观者干预行为的假设。在向商店经理和收银员做了充分的解释说明并得到许可后，两个“劫匪”在收银台附近伺机行动。等到收银处有一两位顾客来结账的时候，“劫匪”便上前向收银员打听店里最贵的啤酒。收银员回答了“劫匪”的问题，并说自己需要去仓库看看还有多少库存。收银员一离开柜台，“劫匪”立刻抱起柜台附近的一箱啤酒，叫嚣着“我们不会错过这个的”，然后带着啤酒钻进自己的汽车扬长而去。

因为实验者找来扮演劫匪的人身材魁梧，所以现场并没有人试图直接阻止劫匪的行为。实验者关心的问题是，当收银员回来的时候，有多少人会告诉他刚刚有人抢走了一箱啤酒。与之前介绍的那项有关癫痫的实验室实验一样，在这种情境中，旁观者数量同样对助人行为有内在影响。当现场还有其他旁观者的时候，告诉收银员发生了抢劫行为的人数要显著少于现场只有一个人的情况。

你可能会问，既然现场实验在外部效度上如此占优势，那为什么还有人做实验室实验呢？事实上，在我们看来，优秀的社会心理学实验应该从目标总体中随机选取被试并在真实的环境中进行，同时有极高的内部效度，也就是说所有的无关变量都被剔除，被试也都被随机分配到实验条件下。听起来不错，对吧？唯一的问题就是：在同一实验中同时满足这些要求几乎是不可能的。要做这样一项完美的实验，实际上是不可能的任务。

可以说，在内部效度和外部效度之间存在着一种此消彼长的关系。具体来说，如果要提高内部效度，就要将人们随机分配到不同的实验条件下，并且严格控制情境以保证没有无关变量会对结果产生影响；而这样一来，研究者就难以将结果自由推广到无控制的日常生活中，外部效度也就必定受到损害。在实验室实验中，研究者可以对实验条件进行最严格的控制，但是实验室情境也与日常生活相差甚远；现场实验可以很好地贴近现实生活，可是要控制所有无关变量就会相当困难。例如，对于拉塔内和达利在 1970 年做的“啤酒劫匪实验”，细心的读者会发现，它与实验

现场实验：在自然环境（而不是实验室）中完成的研究。

室实验的最大的区别就是，被试并不是被随机分配到不同的实验条件（一个或多个目击者在场）下的。如果这是拉塔内和达利做过的唯一一项研究，那么我们将无从得知与喜欢独自购物的人相比，更喜欢与朋友一起来商店的人会不会有特质或背景上的差异，我们也更无法知道助人行为的不同到底是自变量还是这种特质或背景上的差异导致的。而在实验室实验中，拉塔内和达利就可以通过随机分配被试来排除这类干扰因素。

内部效度与外部效度之间的权衡关系被称为**社会心理学家的基本困境**（basic dilemma of the social psychologist）（Aronson & Carlsmith，1968）。如何解决这个两难困境呢？答案是：不要试图在同一项研究中满足所有要求。大部分社会心理学家会将内部效度放在首要位置，也就是尽量进行实验室实验，随机分配被试，并尽可能地控制无关变量。这样可以使变量间的因果关系一目了然。而另外一些社会心理学家更重视外部效度，他们偏爱在真实情境中进行现场实验。如果我们将两种思想指导下的实验结果结合在一起，这不就是我们所追求的完美实验吗？

一些实验是在心理学实验室中完成的，而另一些实验则是在现实生活中进行的。每种方法的优点和缺点是什么？

重复实验和元分析

重复实验（replication）是检验一项实验的外部效度的最佳手段。只有在不同的实验设置、不同的情境下，针对不同的被试群体重复进行某项研究，我们才能确定实验结果有多大的可推广性。然而要注意的是，如果关于某个问题已经有大量的相关研究，那么这些研究的结果通常会有些出入。某些研究可能显示旁观者数量会影响助人行为，而另外一小部分研究则没有发现这种效应。我们如何理解这种出入呢？旁观者数量究竟有没有影响呢？幸运的是，有一种叫作**元分析**（meta-analysis）的统计技术，能够将两项或更多的实验结果加以平均，以帮助研究者了解自变量的效果是否可靠。先前我们讨论过 p 值，它能够告诉我们一项实验的结果是由概率还是由自变量决定的。从本质上说，元分析进行的也是同样的工作，差别只在于，它是将多个不同实验的结果加以平均。假设在 20 项研究中，只有一项研究发现某个自变量会产生影响，元分析会告诉我们，该研究很可能是个例外，即通常而言，该自变量并不会对因变量造成影响。如果一个自变量在大多数研究中都产生了作用，则元分析会告诉我们，平均而言，该自变量确实会对因变量造成影响。

你在本书中读到的研究发现，绝大多数已经在许多不同的情境、不同的人群中被重复验证过，因此我们知道它们是可靠的，而并不仅仅适用于实验室情境或大学二年级学生。例如，克雷格·安德森（Craig Anderson）和布拉德·布什曼（Brad Bushman）将有关攻击的实验室研究与在现实情境中所做的研究进行了对比（Anderson & Bushman，1997）。在两类研究中，公共媒体上出现的暴力情节都导致了攻击行为。同样，拉塔内和达利最初的结论也在无数研究中进行了重复。旁观者数量的增加会抑制助人行为这一

社会心理学家的基本困境：心理学研究的内部效度与外部效度的权衡关系，要做一项内部效度高又能推广到其他情境中和个体身上的实验是非常困难的。

重复实验：重复进行的研究，通常针对不同的被试总体或不同的场景来进行。

元分析：一种将两项或更多实验的结果加以平均的统计技术，目的是了解自变量的效果是否可靠。

现象已经在各种情况及各种条件下得到了重复验证。各类拓展研究包括对各种类型的人群的研究，如儿童、大学生、未来的牧师等（Darley & Barson，1973；Latané & Nida，1981；Plötner et al.，2015）；在不同地域的研究，如小城镇或大都市（Latané & Dabbs，1975）；在各种情境下的研究，如心理学实验室、城市街头或地铁里（Harrison & Wells，1991；Latané & Darley，1970；Piliavin & Piliavin，1972）；还包括对各种类型的紧急事件的研究，如癫痫发作、火灾、斗殴和意外（Latané & Darley，1968；Shotland & Straw，1976；Staub，1974），以及较不严重的事故，如轮胎爆胎（Hurley & Allen，1974）等各种情况。这些重复实验中有许多是在现实生活情境中进行的（如在地铁里），当时人们可能不知道一场实验正在进行。在本书中，我们将经常指出与一些重要研究发现相关的类似的重复实验（Wilson，2011）。

总之，有时重复实验无法确认特定的研究结果。那么，社会心理学和其他学科中的发现如何变得可复制呢？这一问题已成为争论话题。一些人争论说，心理学中的太多研究未能被复制，我们需要改进方法以确保研究的结果是可靠的、可复制的（Open Science Collaboration，2015）；其他人则认为，尽管科学方法总是可以改进的，并且正在朝着积极的方向发展，但没有证据表明“复制危机”存在（Gilbert，King，Pettigrew，& Wilson，2016）。我们可以向读者保证，本书中讨论的大多数研究领域都已被复制。在某些情况下，人们对特定的发现提出了疑问，但是在这种情况下，我们将指出这一点。

热门话题

相关性不等于因果关系

你在课堂上用笔记本电脑或平板电脑记笔记吗？如果有过，你是否曾把注意力从课堂上转移到 Facebook 或 Instagram 之类的网站上？你可能会说：“有时候这个讲座很无聊，所以我在社交媒体上和我的朋友聊天，但是我还在听我的教授讲课呢。”但是你真的能在给朋友发信息的同时听讲座吗？考虑一下最近在密歇根州立大学心理学导论课上做的一项研究：在学校和学生的许可下，研究者在 1 小时 50 分钟的课堂上跟踪学生的浏览活动。学生平均花 37 分钟浏览与课程无关的网站（如社交媒体、电子邮件、购物网站）。结果表明，这与他们在课堂上的表现有关，学生花在与课堂无关的网站上的时间越多，他们的期末考试成绩就越低，相关系数是 –0.25，这在统计学上具有显著性（Ravizza，Uitvlugt，& Fenn，2016）。

你可能会想：“也许我应该把笔记本电脑收起来，更仔细地听教授讲课。”这可能是研究结果的一种含义。但我们希望，在读完这一章后，你的脑海中会时不时地闪现出一个想法：“别这么快下结论！相关性不等于因果关系！”的确，关于上述研究结果的解释有很多种。一种可能是，浏览网站导致学生在课堂上的表现更差；但同样有可能的是，考试成绩差导致学生放弃学习，在课堂上分心；或者说存在第三个变量，如学生对某门学科缺乏兴趣，导致其在课堂上分心，且学习这门课的时间减少。

正如我们所见，没有什么比一项好的实验更能解决因果关系的问题了。幸运的是，有一些人在讨论这个话题。在一项研究中，学生被随机分配在课堂上做多项任务（如在上课的同时浏览网页），那些在多项任务条件下的学生在测试中表现得更差——课堂上的多项任务降低了学生在测试中的表现（Sana，Weston，& Cepeda，2013）。在另一项实验中，学生被随机分配用笔记本电脑记笔记，或者手写笔记。那些使用笔记本电脑的人倾向于写更肤浅的笔记，他们在测试中表现得更差（Mueller & Oppenheimer，2014）。所以，多亏了这些精心设计的实验者，答案是明晰的：把笔记本电脑收起来，用传统的方式（纸和笔）记笔记。

基础研究与应用研究

你可能想知道，研究者如何决定研究哪一个特定的主题呢？为什么一位社会心理学家会决定研究助人行为、认知失调理论或色情内容对侵犯行为的影响？他只是好奇吗？他心中有一个特定的目的，如试图减少性暴力吗？

基础研究（basic research）的目的是找出关于人类做出某种行为的原因的最佳答案，但研究者并没有尝试解决某个特定的社会问题或心理问题，其纯粹出自对知识的好奇。相对而言，应用研究（applied research）的目的是解决某个特定的社会问题。对于这种研究来说，建立理论通常会让位于解决特定的问题，如减少种族歧视、性暴力以及艾滋病的传播等。

在社会心理学领域，基础研究与应用研究的区分是很模糊的，虽然许多研究者自称是基础科学家或应用科学家，但是，其中一方的努力并非完全与另一方无关。有无数的例子显示，基础科学中的某些进展在当时并未显现出应用价值，但是之后却被证明是解决某个重要的应用问题的关键所在。就像我们将在本书后面看到的那样，以狗、老鼠和鱼为对象的基础研究探讨了环境控制感的影响，已促进了改善养老院老人们的健康状况的技术发展（Langer & Rodin，1976；Richter，1957；Schulz，1976）。

许多社会心理学家认为，为了解决特定的社会问题，我们必须了解相应的心理过程。社会心理学创始人之一库尔特·勒温（Lewin，1951）说了一句被这一领域奉为格言的话："没有比好的理论更实用的了。"他的意思是，要解决诸如城市暴力或种族偏见等社会问题，人们必须先了解潜藏在人性与社会互动下的心理动力。就像你将在全书看到的那样，即使研究目的是发现社会行为之下的心理过程，研究发现也通常有显著的应用意义。例如，有关人们如何理解世界的基础研究已被成功地用来解决了许多问题，包括缩小教育差距、减少偏见、减少少女怀孕以及降低儿童虐待率（Wilson，2011；Walton，2014）。

问题回顾

1. 一位研究者对人们的心情是否在不同时间有所变化很感兴趣。她对数千个 Facebook 上的帖子进行编码，以查看人们在某些日子是否发布比其他日子更积极的评论。她使用了哪种研究方法？（　）
   a. 人种志
   b. 民意调查
   c. 实验法
   d. 档案分析
2. 观察法最能回答以下哪个问题？（　）
   a. 人们在公共场所有礼貌吗
   b. 在公共场所，来自美国南部的人比来自美国北部的人有礼貌吗
   c. 是什么使人们在公共场所有礼貌或无礼貌

基础研究：研究者纯粹出自对知识的好奇，目的是为了找出关于人类做出某种行为的原因的最佳答案。

应用研究：此类研究的目的在于解决特定的社会问题。

d. 在百货商店中播放的音乐是否会影响商店中那些有礼貌的人

3. 相关法最能回答以下哪个问题？（　）
 a. 人们在公共场所有礼貌吗
 b. 在公共场所，来自美国南部的人比来自美国北部的人有礼貌吗
 c. 是什么使人们在公共场所有礼貌或无礼貌
 d. 在百货商店中播放的音乐是否会影响商店中那些有礼貌的人

4. 实验法最适合回答以下哪个问题？（　）
 a. 在美国主要城市，人们在交通拥堵的时段开车的积极性如何
 b. 玩暴力视频游戏的人更有可能主动驾驶吗
 c. 玩暴力视频游戏的人是否更有可能对在他们面前插队的人无礼
 d. 玩暴力视频游戏是否会使人们对在他们面前插队的人更加无礼

5. 假设研究者发现人们每天发的推文数量与他们所报告的幸福感之间存在很强的正相关。那么研究者可以从这项发现中得出以下哪个最佳结论？（　）
 a. 发推文使人们感到高兴
 b. 感到高兴会使人们想要发更多的推文
 c. 快乐的人比伤心的人更有可能发很多推文
 d. 第三个变量使人们感到快乐并发送大量推文

6. 研究者希望了解人们在从慈善机构收到小礼物后是否更有可能向该慈善机构捐款。她对慈善机构发出了向 1000 人捐款的呼吁。其中，一半的人（随机选择）收到的信中包含免费的礼物兑换券，而另一半的人收到的信中则不包含。然后，研究者将查看获得礼物兑换券的人是否捐赠了更多的钱。关于这项研究，以下哪一项是正确的？（　）
 a. 它使用了相关法
 b. 自变量是人们是否获得礼物兑换券，因变量是他们捐赠多少钱
 c. 自变量是人们捐赠多少钱，因变量是他们是否获得礼物兑换券
 d. 该研究的内部效度较低，因为获得礼物兑换券的人可能与未获得礼物兑换券的人在其他方面有所不同

7. 以下哪一项是提高研究的外部效度的最佳方法？（　）
 a. 确保较低的心理现实主义
 b. 在实验室而不是现场进行研究
 c. 使用不同环境中的不同人群来进行重复的研究
 d. 确保至少有两个因变量

8. 社会心理学家通常在实验室而不是现场进行实验，其目的是（　）。
 a. 提高内部效度
 b. 提高外部效度
 c. 进行元分析
 d. 减少心理现实主义

“问题回顾”答案，请扫描章末二维码查看。

2.3 社会心理学研究的新领域

社会心理学家总是孜孜不倦地寻找研究人类行为的新方法。近年来，他们发展出了令人振奋的新研究领域。关于社会行为根源的新问题促进了先进的方法论的发展，因为新问题和新方法常常是同步发展的。

文化与社会心理学

作为一门科学，社会心理学主要是从西方国家发展起来的，其基础主要是西方社会心理学家对西方被试做的研究。这由此引发了一个问题，那就是这些研究结果的普遍性到底有多大。为了研究文化因素

对社会心理机制的影响，研究者常常进行跨文化研究（cross-cultural research）（Gelfand，Chiu，& Hong，2014；Heine，2010；Kitayama & Cohen，2007；Morling，2016；Wang，2016；Nisbett，2003）。社会心理学中的一些发现是依赖于文化因素的，这些例子将贯穿于整本书。例如，我们将在第 3 章看到，在感知和理解世界时，西方人和东亚人会依赖于完全不同的思想理念；在第 5 章，我们将讨论人们定义自我的方式的文化差异。我们是重视个体的独立还是重视社会情境下的相互依赖，这反映了我们的文化价值观（Henrich，Heine & Norenzayan，2010）。

一些基本的心理过程是普遍存在的，而另一些心理过程则是由文化塑造的。例如，文化影响了人们表现自己的方式，在某些国家，妇女出门要把自己从头到脚裹起来，这是否就塑造了人们的自我概念？跨文化研究极具挑战性，但对于研究文化如何影响人们思考以及与他人互动的方式却十分必要。

跨文化研究不是一件简单的事情，它不仅涉及深入地研究另一种文化、将材料翻译成当地的语言以及进行重复实验（Heine et al.，2002；Davidov et al.，2014），还涉及很多注意事项。例如，研究者必须非常小心，以免将其从自己的文化中习得的观点和定义，带到他不熟悉的文化里；研究者也必须确保不同文化的人以同样的方式理解实验的自变量和因变量的意义（Bond，1988；Lonner & Berry，1986）。

例如，假设你想要在拥有另一种文化的群体里重做拉塔内和达利的癫痫发作实验。显然，你无法在别的地方进行一模一样的实验。拉塔内和达利所使用的用磁带记录被试对大学生活的讨论的方式是针对 20 世纪 60 年代纽约大学的学生所编制的，因此该实验方法无法在别的地方被有效地使用。有关该研究更微妙的方面又有什么呢？例如，人们看待癫痫病人的方式是怎样的？人们是否将某个人看作自己所在社会团体里的一分子？人们在这些问题上的看法存在很大的文化差异。这个因素对人们如何对他人做出反应起到了决定性的作用（Gudykunst，1988；Triandis，1989）。如果处于一种文化中的人们将病人视为自己所在社会群体的一员，而另一种文化中的人们却将病人视为敌对社会群体的一员，你将会发现两种文化下的实验结果大相径庭。这不是因为助人行为的心理过程有所不同，而是因为人们对情境的认知不一致。如果将实验移植到另一个以不同方式解读和感知情境的文化中，结果可能相当令人气馁。跨文化研究者对这个问题都持敏感、谨慎的态度，并且随着跨文化研究越来越多，研究者将能确定哪些心理过程具有普遍性，而哪些是特定文化的产物（Heine，2010）。例如，大量的证据表明，玩暴力视频游戏的人的行为更具攻击性，其更不可能去帮助他人。但这是否仅在西方国家成立呢？一些基于视频游戏的研究对美国和日本进行了比较。研究表明，暴力视频游戏的有害效应在两个国家是一样的（Anderson et al.，2010）。

社会神经科学

正如我们所知，社会心理学关注的是人们的思

跨文化研究：指的是在不同文化中进行的研究，目的是探究我们所感兴趣的心理过程在不同文化中是否都存在，或者它们在各种哺育人们成长的文化中是否各具特色。

想、感情和行为是如何受到真实或假想中他人的影响的。因此，大部分社会心理学研究只关注思想、情感和行为。然而，人类也是生物有机体，因此社会心理学家对生物机制和社会行为之间的联系越来越感兴趣，如关于荷尔蒙与行为之间的关系的研究、关于人类免疫系统的研究和关于大脑神经机制的研究等。为了研究大脑以及它与行为的关系，心理学家在实验中采用一些复杂的、精细的技术。例如，他们使用脑电图（EEG）仪将电极置于被试头皮，测量其大脑的电流变化，或者利用功能性磁共振成像（fMRI）技术扫描并测量被试大脑中血液流动的变化。社会心理学家会在被试进行思考、加工社会信息时使用这些技术，从而描绘出不同脑区活动与社会信息加工之间的关系。虽然这种研究还处在萌芽阶段，但它们很有希望促使有关大脑活动与行为的关系的研究迈入新领域（Cacioppo & Cacioppo，2013；Coan & Maresh，2014；Connelly & Morris，2016；Lieberman，2013；Ochsner，2007；Varnum，2016）。

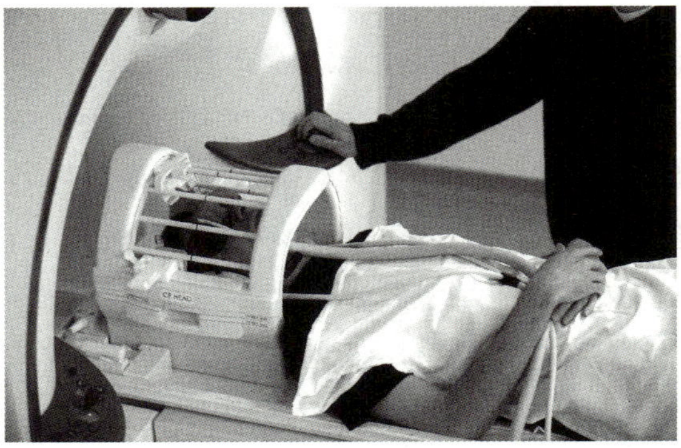

社会心理学家正在使用脑电图仪和功能性磁共振成像等技术研究大脑以及它与行为的关系。

问题回顾

1. 以下关于跨文化研究的说法正确的是（　）。
   a. 大多数社会心理学家研究的结果具有普遍性，在所有文化中皆是如此
   b. 跨文化研究的目的是，研究在社会心理学领域，哪些研究结果是普遍的，而哪些是受到文化限制的
   c. 为了进行跨文化研究，研究者前往另一个国家，将材料翻译为当地语言，并在当地进行重复研究
   d. 在不同的文化中解释和感知相似的研究是相对容易的
2. 以下关于社会神经学的说法正确的是（　）。
   a. 这个领域专门研究不同类型的大脑活动如何处理社会信息
   b. 这个领域主要涉及荷尔蒙是如何影响社会行为的
   c. 社会心理学家对生物学和社会行为之间的联系越来越感兴趣
   d. 当涉及社会神经学时，大脑与行为无关，通过测量脑部活动或血流也不能知道什么

“问题回顾”答案，请扫描章末二维码查看。

2.4 社会心理学中的伦理问题

有关真实的研究目的，研究者有时会误导人们，你会因此感到担忧吗？在拉塔内和达利的癫痫发作研究中，你会担心人们被置于一个不舒服的情境中吗？这个研究说明，在创造真实、生动的情境的过程中，社会心理学研究者经常面临道德困境。从科学的角度出发，我们要尽可能使实验接近真实世界，并且尽可能全面、妥善地控制实验。但是，我们也想要避免引起被试承受不必要的压力、不适或不安。在研究者设计和进行实验时，这两个目标经常相互冲突。

研究者关心实验被试的健康与福利；他们也致力于发掘有关人类社会行为的重要信息，如旁观者介入、偏见、从众、侵犯、服从权威等行为。许多这样的发现必然能造福社会。的确，既然社会心理学家已

经发现了有效的工具来科学地研究这些问题，那就没道理不进行这些实验了。然而，为了研究这些重要的问题，研究者必须创造出使被试参与的生动事件，其中有些事件（如目睹某个人癫痫发作）可能会使被试感到不安。我们不可能解决这种冲突，即通过伪善地宣称被试绝不会在实验中经历任何不适，或者坚持宣称科学世界很公平，但盲目地推进实验。很明显，我们需要某些折中的做法。

如果研究者在实验开始之前就能获得被试的知情同意（informed consent），那么这个困境可能不会有太大问题。为了取得知情同意，实验者在实验开始之前向被试解释研究的性质，并且询问他们是否愿意参加。如果被试充分了解了他们将要经历什么并宣称他们愿意参加，那么道德困境就解决了。在许多社会心理学实验中，这种办法是可行的。在可行的情况下，实验者都会这么做。例如，本书的一位作者感兴趣的是，在没有手机或任何其他外部干扰的情境下，如果让大学生独自思考 15 分钟，他们会如何反应。他们会不会觉得无聊到对自己进行轻微的电击来缓解无聊？

难道这没有违反生命伦理学的准则吗？

为了找出答案，我们询问了被试是否愿意在实验中接受轻度电击，所有被试都同意这样做，碰巧的是，2/3 的男性和 1/4 的女性选择至少被电击一次（Wilson et al.，2014）。

但有时候这是行不通的。假设拉塔内和达利事先告诉被试有人将会癫痫发作，那么，它将不是一个真实的紧急事件，而且假如拉塔内和达利提示他们应该提供帮助，那么这个过程就是非常不科学的。在这种实验中，最重要的是被试所经历的人为事件仿佛是真的，这是所谓的欺瞒实验。社会心理学研究中的欺瞒（deception）包括误导被试对研究的真实目的或即将发生的实际情况产生错误的预期，以及制造人为事件。心理学家只有在欺瞒是他们可以检验有关社会行为的假设的唯一方法时才可以使用欺瞒。

如果实验者使用了欺瞒，那么实验后的面谈，即所谓的事后解说（debriefing），就非常重要而且必须进行了。释疑是指在实验结束时，研究者向被试解释实验的真实目的以及实际发生的事情。如果被试感到任何不适，那么研究者都应尝试解除与缓解这些不适。通过释疑，被试可以了解研究的真实目的。无论是否使用了欺瞒，合格的研究者都会仔细询问被试并且倾听他们的谈话（Aronson et al.，1990）。

实际上，在我们的经验里，只要研究者在实验结束后的事后解说面谈中向被试介绍研究目的，并且解释欺瞒的必要性，几乎所有被试都会理解和赞同这种做法。数位研究者进一步地评估了参与欺瞒实验对人们的影响（Christensin，1988；Epley & Huff，1998；Finney，1987；Gerdes，1979；Sharpe，Adair，& Roese，1992）。这些研究一致发现，人们并不反对社会心理学研究中经常使用的这种令人感到轻微不适的欺瞒手法。事实上，某些研究已经发现，绝大多数参与欺瞒实验的人表示，比起那些参与非欺瞒实

知情同意：被试在实验开始之前就充分获知实验的性质并同意参与其中。

欺瞒：误导被试对研究的真正目的或即将发生的实际情况产生错误的预期。

事后解说：在实验结束时向被试解释研究的真实目的与实际发生的事情。

验的被试，他们感到更有趣，也更有收获（Smith & Richardson，1983）。例如，拉塔内和达利发现，在事后解说过程中，被试表示，尽管在实验中他们经历了一些压力与冲突，但他们还是认为欺瞒是必要的，并且愿意在日后继续参加类似的实验（Latané & Darley，1970）。

为确保实验中被试的自尊与安全，美国心理学会已经出版了一系列伦理准则，以对所有心理学研究进行管理（见图 2-3）。另外，任何一个研究机构（如大学）都必须设立**机构审查委员会**（Institutional Review Board，IRB），该委员会负责在实验研究开展之前对实验进行审查。委员会成员必须至少包括一位科学家、一位非科学家以及一位不属于该机构的人士，他们需要对此机构的所有研究计划进行审核，评价这些研究是否符合伦理规范的要求。如果实验程序的任何一方面被委员会认为可能导致被试过分紧张或不适，实验都必须在调整或删改后才能进行。后续章节中的有些实验发生于 IRB 尚未出现的 20 世纪 70 年代早期。如果你是对这些实验进行审核的 IRB 成员，你将做何决定？

相信你已经对社会心理学家如何进行研究有了很好的了解，现在，我们可以开始社会心理学之旅了。我们希望你可以和我们一样觉得它很迷人。

1. 心理学家应该致力于提高心理学科学、教学及实践的准确性、诚信度及真实性。
2. 心理学家应该尊重所有人的尊严和价值，尊重个体的隐私权、保密权及决断权。
3. 心理学家在进行研究的时候，无论是当面交流，还是通过线上或其他形式进行交流，他们都必须征得个体的知情同意。
4. 在征得知情同意时，心理学家应告诉被试以下事项：（1）研究的目的、预期的持续时间和过程；（2）被试有权拒绝参加实验或在实验开始之后退出研究；（3）拒绝或退出研究的可预见影响；（4）影响被试的参与意愿的合理且可预见的因素，如潜在危险、不适或有害影响；（5）任何预期的实验好处；（6）保密范围；（7）参与实验的奖励；（8）可以联系谁来询问关于实验和实验被试的权利的问题。
5. 保护任何媒介记录的私密信息是心理学家的一项基本义务，他们对此应采取合理、谨慎的措施。
6. 心理学家不应进行涉及欺瞒的研究，除非他们做出判断，认为研究预期的重要的科学、教育或应用价值可以使其技术运用合理化，并且有效的非欺瞒备选过程不可行。
7. 心理学家应尽早地向被试解释，作为实验设计和进行的必要组成部分的任何形式的欺瞒。
8. 心理学家应提供机会，让被试及时得知有关研究性质、结果和结论的确切信息，他们应采用合理的措施来纠正被试可能形成的错误观点。

图 2-3 心理学家进行研究时的伦理准则摘录

美国心理学会是美国权威的心理学学术组织，该组织已经制定了心理学研究者应该遵守的伦理准则。以上几条准则节选自美国心理学会心理学家伦理原则和行为准则（2017）。

问题回顾

1. 关于心理学研究的伦理准则，以下哪一项是正确的？（　）
   a. 在被试参加实验之前，研究者将研究假设告知被试，这是科学的程序
   b. 如果研究被试被误导参与了一项研究，那么研究者必须在研究结束后对他们进行全面告知
   c. 拉塔内和达利可以通过提前告诉被试他们会听到有人假装癫痫发作来轻松地验证他们关

机构审查委员会（IRB）： 每个研究机构都必须至少包括一位科学家、一位非科学家以及一位不属于该机构的人士组成的委员会，他们需要对此机构的所有研究计划进行审核，评价这些研究是否符合伦理规范的要求。

于助人行为的假设

d. 绝不允许使用欺瞒

2. 关于机构审查委员会，以下哪一项是正确的？（　）

a. 大学可以决定是否设立机构审查委员会

b. 机构审查委员会的目的是在研究后对研究进行审查并审查任何投诉

c. 在进行心理学研究之前，机构审查委员会对该研究进行审查，以确保它符合伦理准则

d. 机构审查委员会必须完全由非科学家组成

3. 下列哪一项是美国心理学会的伦理原则之一？（　）

a. 心理学家尊重所有人的尊严和价值，尊重个人的隐私权、保密权和决断权

b. 心理学家不得使用 18 岁以下的未成年人作为研究被试

c. 如果通过互联网进行研究，心理学家就无须征得被试的知情同意

d. 心理学家不负责保护从被试那里获得的信息的机密性

“问题回顾”答案，请扫描章末二维码查看。

总结

2.1 社会心理学：一门实证科学

社会心理学的基本原则是通过科学的方法对社会影响进行研究。

- **假说与理论的形成。**社会心理学研究都是从某个关于社会影响效应的假设开始的。研究假设通常来自已有的研究和理论，研究者从以往的研究中提出新的解释，并设计实验去检验它。许多假设来自研究者对日常生活的观察，如拉塔内和达利关于人们为什么没有帮助吉诺维斯的研究。

2.2 实验设计

社会心理学家常使用三种研究方法：观察法、相关法和实验法。

- **观察法：描述社会行为。**观察法指的是研究者系统地观察和记录人类行为的研究方法。这种方法对描述社会现象的性质、提出研究假设很有帮助。观察法的形式之一是人种志，研究者试图从某个群体或文化内部对其进行观察和理解，并排除自己的任何预设观点；另一种形式是档案分析法，研究者通过查阅文献资料或档案去理解某个社会现象，如分析男性和女性对杂志中出现的人像图片的描绘方式有何不同。
- **相关法：预测社会行为。**相关法指的是研究者系统地对两个或多个变量及它们之间的关系进行测量，这种实验方法对确定两个变量间的预测关系特别有效。例如，研究者希望知道儿童观看暴力电视节目的数量和攻击性之间是否存在相关性。相关法通常用于分析调查的数据结果。在调查法中，一个具有代表性的样本会被要求回答一系列关于其态度和行为的问题。为了保证调查结果的可推广性，从一个大的总体中进行随机抽样的程序是尤为重要的。相关法的局限是，相关性并不等于因果关系。
- **实验法：解释因果关系。**实验法是唯一可以确定因果关系的方法。研究者将被试随机分配到实验条件中，并确保不同实验条件只在自变量水平上不同。自变量是实验者操作的变量，目的是观察它是否会产生某种效果（如儿童看暴力电视节目的数量）；因变量是实验者要测量的变量，目的是观察它是否受到自变量的影响（如儿童的攻击性程度）。每项实验都应当有较高的内部效度，这意味着不同实验条件间的区别只在于自变量水平的不同（如儿童看电视的多少），而实验条件在别的方面都应该一致。外部效度指的是实验者能在多大程度上将自己的研究结果推广到不同的情境中和不同的人身上。提高外部效度也就是提高实验的真实性，尤其是心理现实主义。心理现实主义指的是在实验中激发的心理机制在多大程度上接近于现实生活激发的心理机制。此外，研究者还可以通过对不同群体的被试进行**重复实验**来提高外部效度。和许多其他学科一样，有些心理学实验属于**基础研究**，其目的是回答有关人们行为原因的基本问题；而有些心理学实验则属于**应用研究**，其目的是找出某些社会问题的解决办法。

2.3 社会心理学研究的新领域

近年来，社会心理学家发明了许多调查社会行为的新方法。

- **文化与社会心理学。**为了研究文化如何塑造人们的思想、情感和行为，社会心理学家进行了很多跨文化研究。这并不意味着在不同国家简单地重复某项实验。研究者必须谨慎地避免将从自己文化中习得的固有观点和定义强加到新的文化中。
- **社会神经科学。**社会心理学家对生物机制和社会行为之间的关系越来越感兴趣，其中包括对荷尔蒙和行为的关系研究、对人类免疫系统的研究和对人类大脑神经机制的研究等。

2.4 社会心理学中的伦理问题

社会心理学家要遵守一系列行为准则，以保护实验被试不受伤害。每个研究机构中必须设置一个**机构审查委员会**，它对所有研究计划进行提前审核，让被试签署**知情同意**书，在实验结束后对被试进行**事后解说**，尤其是当研究者使用了**欺瞒**手法的时候。

思考题

既然相关性并不等于因果关系，那么你可以得出结论：儿童吃快餐并不一定会导致其考试成绩下降。对于儿童的快餐消费和低考试成绩之间的负相关关系，还有哪些替代解释呢？

自测 >>>>>

1. 梅根阅读了一项研究报告，该研究表明，在电视上看到很多暴力行为的孩子在操场上更有攻击性。梅根认为："这很明显，我可以预料到！"梅根对这项研究的反应可能是（　）。
   a. 内部效度
   b. 后见偏差
   c. 外部效度
   d. 心理现实主义
2. 假设研究者发现在大学生的平均成绩及其饮酒量之间存在负相关，下列哪个选项是最佳研究结论？（　）
   a. 成绩高的学生学习更认真，没有太多时间喝酒
   b. 喝过多的酒会妨碍学业
   c. 如果你知道一个学生喝多少酒，那么你就能预测他的成绩
   d. 成绩越高的学生饮酒越多
   e. 聪明的人会取得更高的成绩，并且喝更少的酒
3. 研究者想要检验这个假设：喝酒会导致人们更爱爵士乐。他们将一些 21 岁以上的大学生随机分配到不同的房间里。在一些房间里，研究者让被试喝酒、听爵士乐；而在其他房间里，研究者让被试喝水、听爵士乐。但是，喝酒的被试所在的房间有一扇大窗户，他们可以看到外面的怡人风景，而喝水的被试所在的房间则没有窗户，昏暗且脏乱。这项实验最大的缺点是（　）。
   a. 外部效度低
   b. 内部效度低
   c. 没有从整个国家的所有大学生中随机抽样
   d. 心理现实主义低
   e. 世俗现实主义低
4. 玛丽想知道在考试前吃甜味零食是否能使其在考试中表现更好。下面哪种方法能最有效地找出这个问题的答案？（　）
   a. 分别找到一些原本考试表现就特别差的学生和考试表现特别好的学生，询问他们在考试前是否会吃甜味零食，观察表现好的学生比表现差的学生是否吃更多的甜味零食
   b. 等到一个大班级考试的时候，询问每个人是否在考试前吃甜味零食，观察那些吃甜味零食的学生是否比不吃的那部分学生成绩好
   c. 等到一个大班级考试的时候，在考前随机挑选一半的学生分发 M&M 糖果，观察吃了糖果的那部分学生是否表现得更好
   d. 挑选一个大班级，在一次考试前给所有人分发甜味零食，而在下一次考试前发咸味零食，然后看第二次考试的平均分是否比第一次考试的平均分低
   e. 坐在零食贩售机旁边，记录学生来买的是甜味零食还是咸味零食，并且询问每个人的成绩，然后观察购买甜食的学生是否更能获得好成绩
5. 研究者以大学生为被试进行了一项研究。后来，他又用重复的程序对更加普遍的总体中的成员（如成年人）进行了研究。两种样本下的研究结果差不多。请回答：这一研究通过（　）确立了（　）。
   a. 重复实验；外部效度
   b. 重复实验；内部效度
   c. 心理现实主义；外部效度
   d. 心理现实主义；内部效度
   e. 内部效度；心理现实主义
6. 某位教授想要确保他关于天才少年的研究能发表，但是又担心自己的研究结果是由某种因素

而不是由自变量导致的。他的这种担心涉及心理学实验中的（　）。

a. 概率水平（p 值）

b. 外部效度

c. 重复实验

d. 内部效度

7. 假设一位心理学家决定加入当地的一个社团，以便观察和理解社团成员的社会关系，这是一项（　）。

a. 跨文化研究

b. 元分析

c. 应用研究

d. 实验

e. 人种志研究

8. 社会心理学家的基本困境是（　）。

a. 向学生教授社会心理学课程是很难的事，因为人格心理学观点已经深入人心

b. 在内部效度和外部效度之间存在此消彼长的关系，需要权衡取舍

c. 在实验室研究中对目标总体进行随机抽样几乎不可能实现

d. 几乎所有社会行为都会受文化因素的影响

9. 关于社会心理学研究的新领域，下列哪个选项是正确的？（　）

a. 社会心理学家对文化的作用感兴趣，但对进化过程不感兴趣

b. 社会心理学家对进化过程感兴趣，但对文化的作用不感兴趣

c. 社会心理学家使用功能性磁共振成像将不同种类的大脑活动与社会信息处理相关联

d. 跨文化研究的目的是表明所有的社会心理学发现都是普遍的，没有文化差异

10. 下列哪个选项不属于伦理研究的指导原则？（　）

a. 所有研究都必须经过机构审查委员会的审核，该委员会的成员应至少包括一位科学家、一位非科学家和一位不属于该机构的人士

b. 研究者必须拿到被试的知情同意书，除非该实验中欺瞒确实非常必要；实验必须符合伦理规范要求

c. 当研究者在实验中使用了欺瞒手法时，被试必须接受完全充分的事后解说

d. 每项研究都必须有一个虚假故事，因为所有研究都与某种欺瞒有关

本章“问题回顾”与“自测”答案，请扫描二维码查看。

第 3 章

社会认知：我们如何思考社会性世界

SOCIAL PSYCHOLOGY

本章音频导读，
请扫描二维码收听。

章节框架		学习目标
3.1	**自动化思维：低努力水平思维** 作为日常理论家的人们：运用图式进行自动化思考 运用哪一种图式：可提取性与启动 使我们的图式变成现实：自证预言	理解图式的优点与缺点
3.2	**自动化思维的类型** 自动化目标追寻 关于身体和心理的自动化思维与比喻 心理策略与捷径：判断启发式	描述自动化思维的类型
3.3	**社会认知的文化差异** 图式的文化决定因素 整体性思维与分析性思维	理解文化是如何影响社会思考的
3.4	**控制性社会认知：高努力水平思维** 控制性思维与自由意志 在心理上改变历史：反事实推理 改进人类思维 沃森案例反思	了解控制性思维的不足以及提高其有效性的方法

小调查

你有没有在看过自己的星座运势后，感到它神秘而准确？

○是

○否

美国著名智力问答电视节目《危险边缘》（*Jeopardy*）中有一款名为 Epic Match 的传奇游戏，在这个游戏中，选手必须根据给定的答案想出正确的问题。三位选手中有两位选手的表现总是很好。肯·詹宁斯（Ken Jennings）是最长连胜纪录的保持者（他已经连续 74 次获胜）；布拉德·鲁特（Brad Rutter）是获得奖金最多的选手。第三个选手呢？谁有如此才智胆敢挑战这两位强大的对手？事实上，这位选手是一台名为“沃森”（Watson）的超级计算机。它是由 IBM 公司开发的，得名于该公司创始人托马斯·沃森（Thomas Watson）。

虽然在游戏刚开始时人机不相上下，但是到了第三天和最后一天，计算机沃森获胜之势不可阻挡。超级计算机屡次对复杂的线索给予了正确反应。肯·詹宁斯曾自称为“对战新一代计算机的人类之光”，战败后，他在电视节目中改编了一句出自美国动画片《辛普森一家》（*The Simpsons*）的台词：“我谨代表我自己欢迎新一任的计算机霸王（Jennings，2011；Markoff，2011）。”

这并不是 IBM 计算机第一次超越人类智慧。1997 年，国际象棋世界冠军获得者加里·卡斯帕罗夫（Gary Kasparov），在与 IBM 公司的计算机“深蓝”交手的第六场决定性比赛中战败。我们是否都觉得人不如机器聪明呢？正如加里·卡斯帕罗夫在败给“深蓝”后说的，他有种“头发变长，智商下降”的悲痛感（Dunn，1997）。

是的，计算机的功能日益强大，让它们驾驶汽车、做饭和为我们备餐似乎只是时间问题（Rao，2016）。但若想识别和理解人类行为的复杂性，真正和人类大脑相匹配，它们还有很长的路要走。也许未来真的会像科幻电影《机械姬》（*Ex Machina*）和电视剧《西部世界》（*Westworld*）描述的那样，计算机技术已经成熟到能让机器产生心智，能非常敏锐地理解人类，以至于人类有可能会爱上机器人。但是就目前而言，人脑至少在一项关键任务上远远胜过计算机，那就是理解他人。

为了更好地理解他人，人脑已经进化成了非常强大且精确的工具（Liebeman，2013）。更普遍来说，正如我们在第 1 章看到的，人们非常擅长社会认知，即人们思考自身和社会性世界的方式，包括他们如何选择、诠释、记忆和使用社会信息。尽管在这种思维方式上没有哪一台计算机可以和人类匹敌，但这并不是说人类是完美的社会思考者。社会心理学家告诉我们，尽管我们有不可思议的认知能力，但仍容易犯一些有趣的错误。在这一章，我们将看到社会认知的力量和局限。

为了了解人们如何思考社会性世界以及他们的印象的准确性，我们需要区分两类不同的社会认知：自动化思维和控制性思维。让我们先来看看自动化思维。

罗丹著名的雕塑作品《思想者》（*The Thinker*）惟妙惟肖地模仿了控制性思维，即人们坐下来仔细地考虑某件事情。然而，即使没有留意到它，我们也在进行自动化思维，这种思维是无意识的、无意图的、自然发生的和不需要努力的。

3.1 自动化思维：低努力水平思维

人们非常擅长快速而准确地评估新环境。他们可以弄清楚谁在哪、正在发生什么事以及即将发生什么。例如，当你第一次走进大学课堂时，你很可能会迅速对人们的角色（站在讲台上的是教授）及行为做出假设。我们怀疑你混淆了兄弟会和课堂的概念。你可能在没有意识到自己在做什么的情况下就得出了这些结论。

想象一种不同的方式：每当遇到新情况时，你停下来仔细地思考，就像罗丹的雕塑作品《思想者》那样。当你被介绍给一位你不认识的人时，你不得不找个借口离开片刻来分析你所了解的情况以及你对这个人的喜欢程度。这听起来让你筋疲力尽，不是吗？幸运的是，在实际生活中我们会迅速而轻松地对人们形成印象，而不用有意识地分析我们正在做的事情。我们之所以能这样，是因为我们会以过去对世界的经验和认知为基础，对周围环境进行自动化分析。自动化思维（automatic thinking）是指无意识的、无意图的、自然发生和不需要努力的思维。尽管不同种类的自动化思维达到这一标准的程度不同（Bargh et al.，2012；Hassin，2013；Jonas，2013；Moors & De Houwer，2006；Payne & Gawronski，2010），但是我们把“自动化”定义为：能够满足全部或大部分标准的思维。

作为日常理论家的人们：运用图式进行自动化思考

自动化思维通过将新情况与我们先前的经验相联系，来帮助我们了解这种新情况。当我们遇到陌生人时，我们不会从头开始判断对方是什么人，而是将这个人归类到“工程学系的一个学生”或“像我的堂妹艾玛”。这对地点、客观物体和情境同样适用。当我们第一次走进一家快餐店时，我们无须思考也知道不用坐在餐桌旁等待服务员，而应该自行前往柜台点餐。过往经验自动告诉我们在快餐店应该这样做。

更正式地讲，人们运用了图式（schema），即组织我们有关社会性世界的知识的心理结构。这些心理结构影响到我们注意、思考和识记的信息（Bartlett，1932；Heine，Proulx，& Vohs，2006；Markus，1977）。“图式”这一术语是高度概括的，它包括我们对许多事情的认知，如其他人、我们自己、社会角色（如图书管理员或工程师是什么样的人）和特定的事件（如当人们在餐厅吃饭时通常会发生什么事）。在每种情形中，图式都包含我们用来组织社会性世界的知识以及解释新情况的基本知识和印象。例如，如果你看电视节目《单身汉》（*The Bachelor*）或《单身女人》（*The Bachelorette*），你可能已经为不同类型的嘉宾建构了图式，如“喜欢挖苦别人的坏蛋”和“会被伤害的恋爱新手”。

图式是非常有用的，它可以帮助我们组织和理解世界，并填补我们的知识空白。想一想，如果我们没有图式将会怎样？如果你遇到的每一件事都是无法理解、令人迷惑的，并且和你所知道的一切都不相似，那会怎么样呢？不幸的是，这种情况恰好发生在患有科萨科夫综合征（Korsakov's Syndrome）的神经障碍患者身上。患有这种障碍的人失去了形成新记忆的能力，每一个情境对他们来说都好像是初次体验一样，即使他之前可能已经经历过许多次这种情境了。这可能会令人非常不安甚至害怕，以至于有些科萨科夫综合征病人千方百计地给自己的经验赋予意义。神经学家奥利弗·萨克斯（Oliver Sacks）对一个名叫汤普森的科萨科夫综合征病人做了如下描述。

> 没有一件事情他可以记住超过几秒。他一直处于失去方向感的状态。失忆症的深渊不断地在

自动化思维：一种无意识思维，它不带意图、自然发生且不需要努力。

图式：人们用来组织围绕某些主题的有关社会性世界知识的心理结构，这种心理结构会影响人们所注意、思考和识记的信息。

> 他脚下出现，不过，他会迅速地通过流畅的交谈与各种虚构事物来建立联系。对他来说，这些并非虚构，而是他突然间所看到或理解的世界。这种剧烈的变化以及不和谐让人一秒都无法忍受。然而，汤普森先生持续构筑一个奇怪、疯狂、类似和谐的世界。这样的病人一刻不停地、无意识地像发明家一般神奇地编造出许多东西……**因为，这种病人必须不断地重塑他自己以及他的世界**（Oliver Sacks，1987）。

总之，能够稳定地将新的经验和过去的图式衔接起来对我们来说至关重要；而失去这项能力的人必须创造出原本并不存在的图式。

当我们处于模糊的情境中时，图式便显得尤为重要，因为它可以帮助我们弄清楚接下来要发生什么。回顾一下哈罗德·凯利（Harold Kelley）的经典研究（Kelley，1950）：某所大学一些来自不同学院的学生被告知，当天将由一位客座讲师代课。为了制造关于这位客座讲师的图式，凯利告诉学生，经济学院很想知道不同班级的学生对不同讲师的反应的差别有多大，学生会在讲师到来之前收到一份有关讲师的简要的自我介绍，其中包括讲师的年龄、背景、教学经验及人格特点。其中一个版本中写道："认识他的人都认为他非常热情、勤奋、严格、实际且果断。"在另一个版本中，除了"热情"被改成"冷漠"之外，其余的完全相同。这些人格描写被随机发给了学生。

之后，客座讲师进行了一场 20 分钟的课堂讨论，接着，学生对他的印象进行了等级评定。由于情境中包含了一些模糊性因素（毕竟学生与讲师相处的时间很短），凯利假设这些学生会运用简要的自我介绍中所提供的图式设法去填充这些空白。实际发生的情况也正是这样的。期待他是一位热情讲师的学生比那些认为他是冷漠讲师的学生给予的评价要高很多，即使他们见到的是同一位讲师的相同表现。期待他是一位热情讲师的学生还更可能会提出问题并参与课堂讨论。

认识他的人都认为他非常冷漠、勤奋、严格、实际且果断。

认识他的人都认为他非常热情、勤奋、严格、实际且果断。

这种情形是否也会发生在你身上？你对一个教授的预期是否会影响你对他或她的印象？你是否很吃惊地发现这位教授表现得如你所料？你可以问问与你持相反论调的同学，看看他对这位教授的看法如何。你们之所以对这位教授产生了不同的看法，是否是因为你们采用了不同的图式呢？

当然，人们并不会完全无视世界上真实呈现的东西。有时我们看到的事物很清晰，所以不必使用图式来帮助我们解释它。不过，信息越模糊，我们就会越多地用图式填充空白。

有一件很重要的事值得注意，那就是在凯利的研究中，学生并没有做错什么。只要人们有理由相信他们的图式是正确的，那么使用这些图式来解决模糊性问题就是完全合理的。如果在一条黑暗的小巷中，一个陌生人走近你并说"把你的钱包拿出来"，你关于这种突发事件的图式就会告诉你，这个人想要你的钱，而不是喜欢你钱包里家人的照片。这种图式能帮你避免一些严重的，甚至致命的误解。

运用哪一种图式：可提取性与启动

社会性世界充满了可以有多种解释的模糊性信息。例如，想象你坐在一辆公交车上，一个男子上车后坐在你旁边。他语无伦次地自言自语，在座位上来回摇晃。时不时地，他还哼起一首涅槃乐队的老歌。你将如何理解他的行为？你有多种备选的图式。你会用"酒鬼"或"精神疾病患者"的图式来解释他的行为吗？你将怎样决定？

你对这名男子的印象浮现在脑海中，这种图式可能会受到可提取性的影响。**可提取性**（accessibility）是指图式和概念在人们头脑中所占据的优越范围，我们在对社会性世界做出判断的时候予以提取和使用（Higgins，1996；Kilduff & Galinsky，2017；Wheeler & DeMarree，2009；Wyer & Scrull，1989）。事物可被提取的原因有三个。第一，由于人们有了过去的经验，有些图式长期可提取（Chen & Andersen，1999；Coane & Balota，2009；Koppel & Bensten，2014）。这些图式总是很活跃，并随时被运用到对模糊情境的解释上。例如，如果你的家族成员有酗酒史，那么对你来说那些描写酒鬼的特征将长期具有较高的可提取性，由此也就增加了你认为公交车上那名男子醉酒的可能性。但是如果你认识某个罹患精神疾病的人，那么你认为这名男子患有精神疾病的想法就比认为他是酒鬼的想法更有可能被提取出来，从而让你对那名男子的理解截然不同。

这个人是个酒鬼还是只是在感慨自己运气不好？我们关于他人的判断可能会受到我们记忆中可提取的图式的影响。如果你刚才和朋友谈论过一个酗酒的亲戚，那么你更有可能认为这个人也酗酒，因为酗酒在你的记忆中很容易被提取。

第二，与当前目标相关的事物可能更容易被提取。认为这个人是精神疾病患者的想法可能长期以来都不会被你提取，但是如果你正在学习变态心理学课程并且需要了解各类心理障碍，那么这一想法可能暂时更易被提取。因此，你可能更容易注意到公交车上的人并认为他的行为是一种精神失常的表现——至少在变态心理学课程结束之前是如此，因为你有了解精神疾病的目标（Eitam & Higgins，2010；Masicampo & Ambady，2014；Mun et al.，2016）。

第三，由于我们的近期经验，有些图式可能会暂时变得容易被提取（Bargh，1996；Higgins & Bargh，1987；Orbell & Henderson，2016）。这意味着某种特定的图式或特征会由于人们在遇到一件事情之前的所思所为而被启动。假设在公交车上的这名男子坐下之前，你正在读一篇关于哈里王子身患精神疾病，痛苦地面对母亲戴安娜王妃去世，以及他如何寻求帮助来应对那段“混乱的岁月”的报道（Smith，2017）。由于精神疾病患者的想法在你脑中可提取性高，你很可能认为公交车上的这名男子也存在心理健康问题。但是，如果你刚才恰好望着窗外并看见一个酒鬼靠在一面墙上往嘴里倒酒，那么你很可能会认为车上的这名男子喝醉了（见图 3-1）。这些都是启动的例子。**启动**（priming）是指最近的经历会增加某个图式、特征或概念的可提取性的过程。阅读哈里王子的经历启动了某些特征（如那些描写心理疾病的特征），使得这些特征更有可能被用来解释新事件（如车上的这名男子的行为），即使这起新事件与先前启动的特征毫无联系。

接下来这项经典实验解释说明了启动效应（Higgins，Rholes，& Jones，1977）。被试被告知他们将要参加两项彼此无关的研究。如图 3-2 所示，第一项实验是有关知觉的研究，他们要分辨不同的颜色，同时还要识记一系列单词；第二项实验是有关阅读理解的研究，他们按要求阅读一篇描述了一个名叫唐纳德的人的文章，然后给出他们对他的印象。花些时间阅读它。你认为唐纳德怎么样？

你可能已经注意到，唐纳德的许多行为都是很模糊的，你既可以做出正面解释，也可以做出负面解

可提取性：图式和概念在人们头脑中占据的优势范围，从而使我们对社会性世界做出判断的时候予以提取和使用。

启动：最近的经历提高了某个图式、特征或概念的可提取性的过程。

图 3-1　我们如何解释一个模糊情境——可提取性和启动的作用

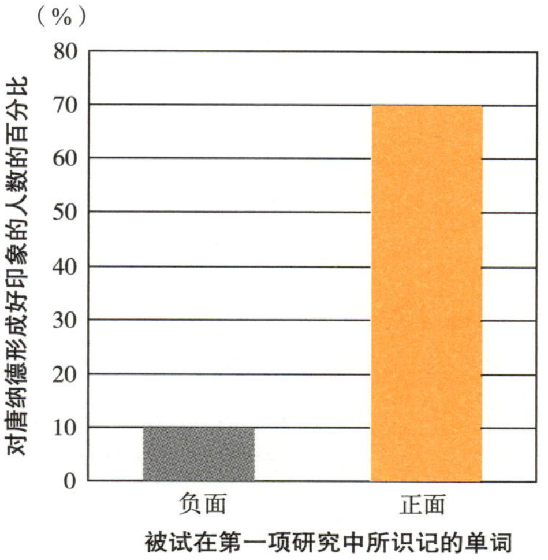

图 3-2　启动和可提取性

对唐纳德的描述：唐纳德花了很多时间来寻找他所谓的刺激。他曾攀登过麦金利山脉，仅依靠一艘小皮划艇在科罗拉多大峡谷漂流，驾驶过一辆几乎要报废的汽车，并在对航海不甚了解的情况下驾驶一艘螺旋发动机小船。他曾经多次面临受伤甚至死亡的危险。现在他又在寻找新的刺激了。他想，也许他能跳伞或驾驶帆船横渡大西洋。通过他的行事方式，人们不难想象唐纳德具备出色地完成很多事情的能力。与热情地投入这些事情相反，唐纳德与人们的交流很有限，他认为他并不真正需要他人的帮助。一旦唐纳德下定决心做某件事，他就会尽可能把它做好，他并不在乎其过程有多长、难度有多大。他几乎从不改变主意，即使这样做对他更好。

在第二项研究中，人们阅读了一段关于唐纳德的描述并形成对他的印象。第一项研究的一部分被试识记了一些对唐纳德进行负面解释的单词（如“鲁莽的”“自负的”）；而另一部分被试则识记了一些对唐纳德进行正面解释的单词（如“有胆量的”“自信的”）。如图 3-2 所示，相比于识记正面单词的被试，那些识记负面单词的被试对唐纳德形成了更加负面的印象。

资料来源：Higgens，Rholes，& Jones，1977.

释，例如，他在不甚了解航海的情况下驾驶船只，以及他想要驾船横渡大西洋。你会对这些行为做出正面评价，判定唐纳德具有可敬的冒险精神，还是对同样的行为做出负面评价，认为唐纳德是个莽夫？

被试如何解释唐纳德的行为呢？正如预期的那样，它取决于负面和正面的特征中的哪一个被启动并具有可提取性。在第一项研究中，研究者将人们分为两组并给他们不同的单词去识记。先前识记过“大胆”“自信”“独立”和“坚持不懈”这些词语的人随后形成了对唐纳德的正面印象，把他看成一个讨人喜欢的、喜爱新挑战的人；而先前识记过“鲁莽”“自负”“冷漠”和“顽固不化”的人随后形成了对唐纳德的负面印象，把他看成一个总爱冒不必要危险的、傲慢的人。

但是，并不是识记任何正面的或负面的单词都影响了人们对唐纳德的印象。在其他情境中，被试所识记的单词既有正面的也有负面的，如“灵巧的”或“无礼的”。然而由于这些单词并不适用于描述唐纳德的行为，所以这些特征没有影响他们对唐纳德的印象。因此，思维在启动之前，必须同时具有可提取性和可运用性，才能影响我们对社会性世界的印象。启动是自动化思维的一个很好的例子，因为它发生得很迅速，并且没有意图或意识的参与。在对别人做判断的时候，人们通常不会意识到他们正在运用先前碰巧想到的概念或图式。

使我们的图式变成现实：自证预言

人们并不总是被动地接受信息，而是会根据图式被支持或被驳斥的程度去修正图式，再据此来采取行动。实际上，人们能够不知不觉地通过他们对待他人的方式来使他们的图式变成现实（Rosenthal & Jacobson，1968，2003；Stinson et al.，2011；Snyder，2016；Willard & Madon，2016；Willard et al.，2012）。这种自证预言（self-fulfilling prophecy）是这样起作用的：人们对他人的预期会影响其对待他人的方式；而这种对待方式又会导致那个人的行为与人们最初的预期相一致，进而使这一预期成为现实。图 3-3 描述了一种自证预言的恶性循环。

罗伯特·罗森塔尔（Robert Rosenthal）与勒诺·雅各布森（Lenore Jacobson）在小学做了自证预言实验，该实验成为社会心理学实验中的经典之作（Rosenthal & Jacobson，1968，2003）。他们给所有的学生进行智力测验，并告诉教师，部分学生的智力测验的得分很高，他们在未来肯定会很有成就。但是，事实却并非如此，被定义为“优等生”的学生实际是研究者随机选取的。正如我们在第 2 章讨论过的，通过随机分配的方法，平均而言，那些被认为有成就的学生并不比其他学生更聪明或更有可能取得成就。这些学生和其他学生唯一的区别就在于教师对他们的印象不同。这些测验的结果均未被告知学生或家长。

在给教师制造了某些学生特别优秀的期望后，罗

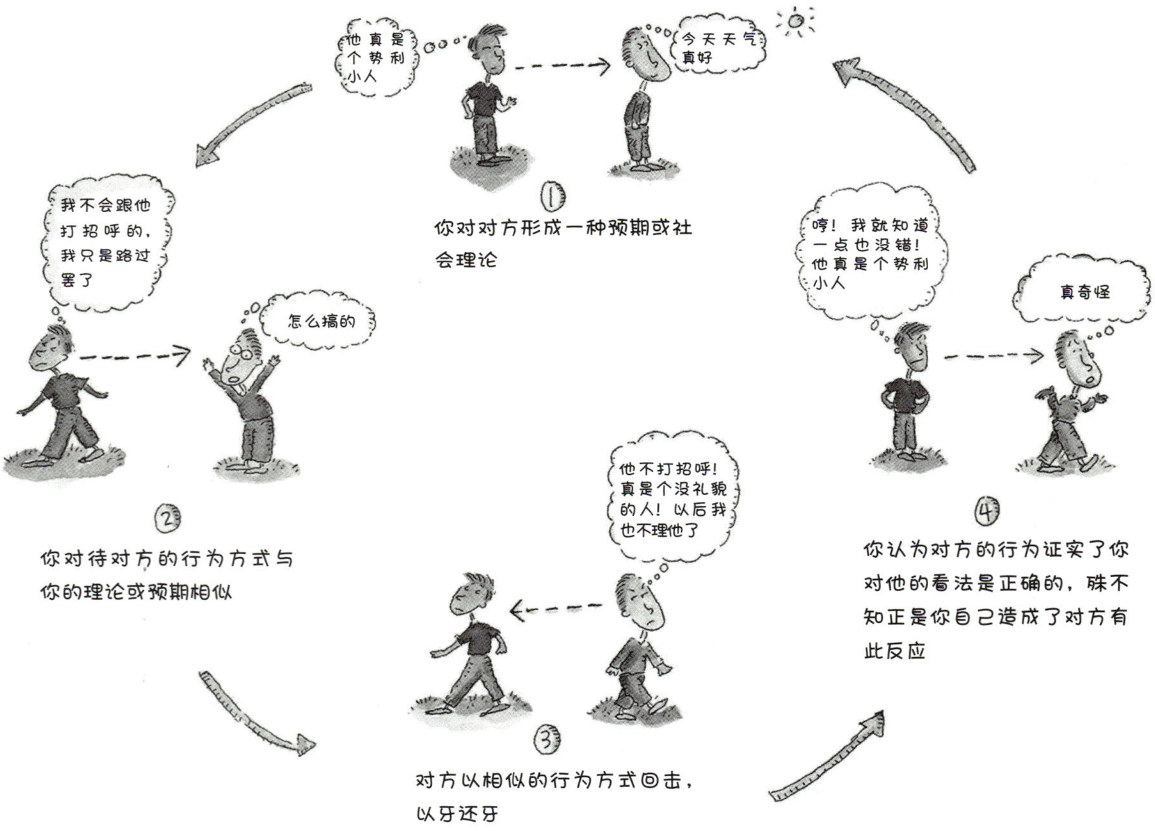

图 3-3 自证预言的恶性循环

自证预言：在这种情况下，人们对他人的预期会影响其对待他人的方式；而这种对待方式又会导致那个人的行为与人们最初的预期相一致，进而使这一预期成为现实。

森塔尔与雅各布森便定期观察学生在课堂中的动态表现，并在学年结束后再对所有学生做一次真正的智力测验。预言会实现吗？事实正是如此，各个班级中那些被定义为未来会有成就的学生的智力测验得分显著高于其他学生（见图 3-4）。教师的期望变成了事实。这一研究发现也在许多实验研究和相关研究中得到了重复验证（Jussim，2012；Lamb & Crano，2014；Madon et al.，2003；2008；2011；Sorhagen，2013；Weaver，Filson，Moses，& Snyder，2016）。

在罗森塔尔和雅各布森的研究中，教室里发生了什么？是教师心肠太硬，决定给予优等生更多的注意和鼓励吗？根本不是这样的，绝大多数教师都很公正，如果自己对部分学生偏心，他们会感到很不安。这绝不是一种有意识的、考虑周全的行为。相反，自证预言是自动化思维的一个例子（Chen & Bargh，1997）。有趣的是，在罗森塔尔和雅各布森的研究中，教师报告说，他们在那些被标记为“优等生”的学生身上花的时间较少。然而随后的研究发现，教师普遍在四个方面以不同方式对待“优等生”（他们期望会更好的学生）：他们为优等生创造了更温暖的情感环境，给他们更多的关注、鼓励和支持；给他们更丰富、难度更大的学习资料；对他们的学习给予更多、更好的反馈；给予他们更多课堂参与的机会和时间（Brophy，1983；Rosenthal，1994；Snyder，1984）。

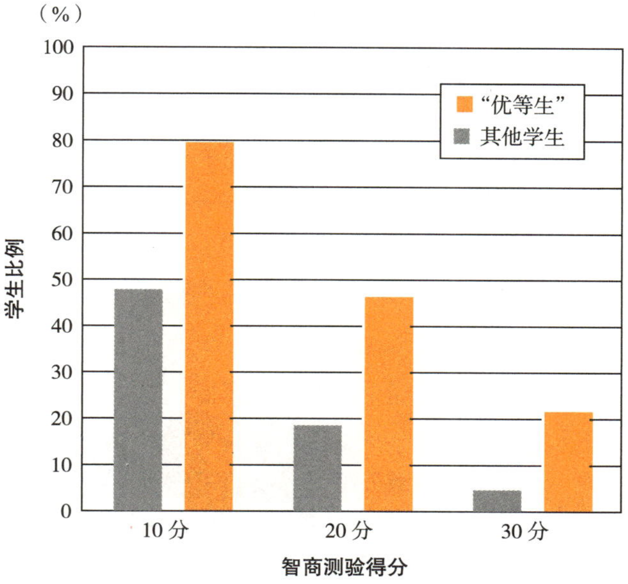

图 3-4 自证预言：小学一年级和二年级的学生在学年课程结束后的智力测验中取得进步的比例

老师预期会有好成绩的那些学生，其表现真的比其他学生好。

资料来源：Rosenthal & Jacobsin，1968，2003.

热门话题

你相信星座运势吗

在本章开头我们提到过这个问题：“你有没有在看过自己的星座运势后，感到它神秘而准确？”50% 的学生的答案是肯定的。2014 年，美国国家科学基金会（National Science Foundation）开展的研究显示，45% 的美国人相信占星术背后有一定的科学依据。事实上，目前并没有有效证据证明占星术的科学性，那么上述人们的信念从何而来呢？自证预言有可能在其中起到一定作用吗？

为了找出答案，研究者安排大学生阅读他们的星座运势，运势走向是随机的，分为乐观（例如，将有令人兴奋的事情降临，你的身体、工作和财富运势都很乐观，万事如意）和悲观（例如，你将拥有糟糕的一天，很多倒霉事会找上门来）。接下来研究者将会观察，阅读星座运势是否会影响学生的后续表现。

研究结果是这样的：那些阅读乐观运势的人在创造力和认知技能方面的测试结果比阅读悲观

运势的人好得多。我们知道，这不是由于占星术的真实力量，因为实验中的星座运势是随机呈现的。事实上，是占星术呈现的具体内容让人们采取了更积极的行动（如果他们读到了乐观运势）或更消极的行动（如果他们读到了悲观运势）。换句话说，这是一个自证预言的典型案例，人们对占星术的信念使其成为现实，结果与行星的实际排列无关（Clobert et al.，2016）。这个发现可能有助于解释为什么许多人相信星座运势：他们在不知不觉中采取的行动可能使他们的星座运势成为现实。

教师以不同的方式对待学生，无意中使其对学生的期望成为现实。

当然，在现实生活中，心理学家不会给教师关于学生将表现得有多好的错误期望。但教师也是普通人，他们可能基于学生的性别、种族、社会地位或家庭形成关于学生的错误期望。任何一个因素都可能会在教师的脑海里形成期望，然后导致自证预言，就如罗森塔尔和雅各布森的实验研究一样。有证据表明，在课堂中，教师倾向于以多种方式对少数民族和弱势学生产生较低预期（Madon，Jussim，& Eccles，1997；McKown & Weinstein，2008）。例如，一项研究发现，如果一年级教师对学生的期望过低，那么这些学生 10 年后在数学、阅读等标准化测试中的表现就会更差，来自贫困家庭的儿童表现尤为明显（Sorhagen，2013）。也就是说，有些教师认为贫困家庭的孩子不具备学业成功的条件，这无意中会让教师采取行动，使孩子在学校表现更差。不过，教师的低预期不会催生垫底的差生，学生的标准化测试只有几分差距，影响不是很大。尽管如此，我们要意识到，自证预言带来的影响是真实存在的，并可能使有能力的学生难以发挥他们的潜力。同样的事情也会发生在课堂外，如在工作中，上司可能通过自证预言来影响员工的行为。

综上所述，我们已经知道了人们每天会接触不计其数的信息，因此不得不将其精简至我们能够处理的数目。此外，许多信息还是模糊不清或难以解释的。要想对付这种如威廉·詹姆斯（William James）所说的“嘈杂、混乱的信息大爆炸”，最好的办法就是借助图式减少需要处理的信息量，并对模糊信息进行解读。使用图式的过程通常是迅速、无意识、无须努力的，也就是说，这是一种自动化思维。不过，人们可以用多种方式自动化加工有关社会性世界的信息，图式只是其中一种，我们将在之后了解更多内容。

问题回顾

1. 下面哪个选项是对图式功能的最好总结？（ ）
   a. 由于自证预言，图式通常会导致错误的判断
   b. 图式总是有益的，因为它们帮助人们组织世界，填补知识的空白
   c. 图式可以用来帮助人们组织关于世界的信息，但当它们导致自证预言时，便会出问题
   d. 图式可以帮助我们组织关于“人”而不是“事”的信息，例如，它不能告诉我们，在

餐厅吃饭时应该做什么

2. 下面哪个选项不是个体提取图式的方式？（　）
   a. 图式的内容越消极，越容易被提取
   b. 图式可以受人们过去经验的影响，变得易被提取
   c. 启动可以让图式暂时被提取
   d. 与当前目标相关的图式更易被提取
3. 下面哪个选项能体现自证预言？（　）
   a. 一位老师认为男孩比女孩更擅长数学，但他班上男孩的数学成绩比女孩差
   b. 鲍勃认为联谊会成员不友好且势利，但每当他遇到这个联谊会的成员时，他们都对他很友好
   c. 莎拉担心她的儿子没有音乐天赋，但他在钢琴课上的表现比她想象中好
   d. 吉尔认为她的女儿不喜欢读书，她也不花太多时间陪女儿读书。结果，她女儿在学校的读书表现落后了
4. 假设你看了一部有关搭便车杀人犯的恐怖电影，在开车回家的路上，你看到有人和朋友在大声交谈。因为你看了电影，所以你认为你目睹的是一场争论，且这场争论很可能以打架告终。这个例子涉及的原理是（　）。
   a. 启动
   b. 基础比例信息
   c. 信念固着
   d. 控制性思维
5. 罗伯绝不是宿舍里最有魅力的人，但他非常自信。他坚信大多数女人都觉得他很有吸引力，而事实上，他通常可以和比他更有魅力的女人约会。如何解释罗伯的成功？（　）
   a. 自我肯定理论
   b. 自证预言
   c. 代表性启发式
   d. 整体性思维

“问题回顾”答案，请扫描章末二维码查看。

3.2　自动化思维的类型

还有其他几种形式的自动化思维可以帮助我们解释社会性世界并做出决定，人们在采取这些思考方式时不一定是有意为之的。

自动化目标追寻

在为自己设定目标时（如设定职业发展路径），我们经常会花时间仔细思考自己到底想要什么。然而，有意识地思考并不是我们确定目标的唯一方式。日常生活中往往有多个相互竞争的目标，我们最终的选择可以是自动发生的。例如，想象一下你在上很难的数学课，并且这门课的教授会按正态分布给分，确保只有很少一部分人拿到 A。这时，一个与你不是很熟的同学来找你，说他对某些内容不太理解，问你能不能先喝杯咖啡，把你的课堂笔记借他复习一下。一方面你想帮助他，以实现你想成为一个乐于助人、富有同情心的人的目标；但是另一方面，你很犹豫，把笔记借给他会帮他提高成绩，从而减少你自己拿到 A 的机会。你会如何选择？你可能会思索好一阵子，仔细权衡如何选择。然而，通常是无意识思维在帮你做选择，这个决定在一定程度上取决于哪个目标最近被激活或启动了（Aarts & Elliot，2012；DeMarree et al.，2012；Hassin，2013；Loersch & Payne，2011；Marien，Aarts，& Custers，2016）。

研究发现，人们的目标可以在无意识情况下被刚刚经历过的事情激活。例如，刚刚路过教堂的人可能会在无意识中激活“黄金法则”，然后更愿意向无家可归的人施舍。

社会心理学家已经对这个假设进行了验证，他们用某种巧妙的方式启动人们的目标，观察这是否影响其行为。例如，阿奇姆·谢里夫（Azim Shariff）和阿拉·洛伦萨扬（Ara Norenzayan）在 2007 年的一项研究中，首先要求被试从已有的一组单词中选词并造句，例如，“感受到”“她”“根除”“精神”和“那种”，从中可以造句：她感受到那种精神。然后被试会参与下一项研究，且被试认为两项研究没有联系。这个阶段进行的是一个经济学游戏，研究者给被试 10 个 1 美元硬币并让他们把钱分给自己和接下来的那名被试。只有下一名被试会知道这名被试的分配决策，但也无从得知分配者是谁。想一想在这种情况下你会如何做。你面前有一个机会可以让你不费吹灰之力拿到 10 美元，把 10 个硬币全部收入自己囊中绝对是很大的诱惑。但如果把所有钱私吞，一点也不留给下一名被试，你可能会感到一丝内疚。这时你一边的肩头会站着一只小恶魔大叫着，“别犯傻了，把钱全拿走吧”，另一边则站着一个小天使念叨着，“你希望他人怎样待你，你就要怎样待人”。总之，你想拿到钱但这又违背了你善待他人的目标。哪种目标会胜出呢？

这在一定程度上取决于哪个目标最近被启动了。还记得在实验开始时研究者让被试做的造句练习吗？实验组的被试拿到的词与上帝有关，如“精神”“神圣”“上帝”“庄严的”“先知”等，这些词将启动被试善待他人的目标。控制组拿到的都是中性词汇。一个重要的细节是被试并不会把自己做过的造句练习与后面的经济学游戏联系起来，他们会认为这是两个毫不相干的实验任务。尽管这样，那些用神圣词汇造句的被试分给他人的钱（平均为 4.56 美元）显著高于控制组；而用中性词造句的被试分给他人的钱（平均为 2.56 美元）就少得多。

最近的一项元分析证实，在某种文化下启动宗教思想增加了人们对同胞采取善意行动的可能性（Shariff et al.，2015），其中一个重要的限定条件是，人们需要有宗教信仰。对于那些不信教的人来说，可想而知的是，启动宗教目标几乎没有什么效果。那么，我们如何增加非宗教教徒的亲社会行为呢？谢里夫和洛伦萨扬（Shariff & Norenzayan，2007）的研究为我们设置了启动“成为优秀公民”目标的另一种实验条件。在该条件下，造句任务包含与公平有关的非宗教词语，如“公民”和“契约”。在这种情况下，人们留给下一个被试的钱（平均为 4.44 美元）几乎和宗教启动者一样多。

此类研究表明，目标可以被激活并在人们不知情的情况下影响人们的行为。我们之所以这么说，是因为人们没有意识到他们在第一项任务中得到的单词，与他们如何在第二项任务中分配资金的决策有关（Strack & Schwarz，2016；Weingarten et al.，2016）。你是否决定帮助同学学习数学可能取决于你最近启动了哪些目标。如果你有宗教信仰，且你恰好刚刚路过了常去的教堂，那么你很可能会帮助你的同学。

关于身体和心理的自动化思维与比喻

假设你正打算离开一家商店，一个陌生人走近你，说她的钱包被盗了，问你是否可以借点钱给她，这样她便可以坐公交车回家。一方面，这个妇女可能讲的是真话，她确实需要他人的帮助；另一方面可能所有的事都是她编造的，她是为了骗钱买酒。你决定帮她吗？正如你所见，我们会面临这样的模糊情境，人们这时常依靠脑海中可提取的图式。如果正好启动了助人图式（或许你刚看到商店店员帮助他人），你便更可能去帮助那位陌生人。

但是如果我们告诉你，你的决定也依赖于你刚刚是否闻到一些好闻的气味，那会怎么样呢？例如，假设清洁工正在商店里清洗玻璃，你闻到了其使用的洗涤剂的橘香味。尽管这听起来有点荒谬，但研究表明，洗涤剂的味道能增加人们对陌生人的信任感和愿意帮助他人的程度（Kalanthroff，Aslan，& Dar，2017；Meier et al.，2012）。

这就表明，不仅是启动的图式会影响人们的判断和决定，心智与身体也有联系，当我们考虑某件事或某个人时，我们也会参考自己的身体是如何反应的。有时，它非常直接，例如，当我们很疲惫时，我们对世界的解读会比我们精力充沛、充满能量时更消极。不太明显的是，关于身体和社会判断的比喻也会影响我们的判断和决定（Barsalou，2008；Lakoff & Johnson，1999；Zhong & Liljenquist，2006）。例如，洁净常常会让人联想到道德，肮脏会让人联想到不道德，正如一些短语描述的“洗掉我们的罪恶”和“肮脏的想法”。当然，这些只是比喻，想法本身在字面上并不肮脏。但是，关于心智和身体联系的启动比喻影响了我们的思想和行为（Landau，Meier，& Keefer，2010）。

例如，在一项研究中，一些被试坐在喷洒有橘香味的清洁剂的房间里，而另一些被试坐在什么气味也没有的房间里。正如研究者预料的那样，那些坐在气味闻起来很清新的房间的人更愿意相信陌生人，并更有可能为慈善机构投入时间和财力（Liljenquist，Zhong，& Galinsky，2010）。在另一项研究中，比起那些拿着冰咖啡的被试，拿着热咖啡的被试认为陌生人更友好。手握热饮料或冷饮料似乎激活了关于友好的人“热情”和不友好的人“冷漠”的比喻，因此影响了人们关于陌生人的印象（Williams & Bargh，2008）。还有另外一项研究，相比于在较轻文件夹板上填写调查问卷的大学生，那些在较重文件夹板上填写调查问卷的大学生认为，在商讨当地校园问题时应该更加关注学生的意见。为什么呢？因为这里有一个比喻，沉重会让人联想到重要性，正如短语中表明的“有分量”。显然，被试感受到文件夹板的重量启动了这个比喻，使他们认为应给予学生的意见更多权重（Jostmann，Lakens，& Schubert，2009）。

文件夹板的重量会影响人们对调查问卷的回答吗？为什么会？为什么不会？

这些研究都是由生理感觉（闻到清新的味道、感受到热的饮料、握着重的东西）激活了比喻，从而影响了人们对于完全无联系的主题或人的判断。这个研究表明，不仅启动图式可以影响我们的判断和行为，启动关于心智和身体联系的比喻也可以（Krishna & Schwarz，2014；Winkielman et al.，2015）。

心理策略与捷径：判断启发式

到目前为止，我们已经了解了人们如何自动地利用他们对世界的已有认知（如图式和比喻）来理解社会性世界。面对随时随地充斥在生活中的大量信息，人们还有其他处理方法吗？回想你所做的关于申请哪所大学的决定。你可能采取的一种策略就是充分调查、了解美国所有 5000 多所高等院校的情况。你一本一本地阅读院校简介，参观每个校园并拜访尽可能多的院系教师、教务工作人员和学生。是不是感觉非常疲惫？毫无疑问，这种策略会浪费大量的时间和金钱。大多数高中生都会将他们的选择范围缩小到少数几个学校并找出这些学校的相关信息。

这个例子就像我们每天做的许多决定和判断一样。当我们要决定接受哪个工作、买什么车或与谁结婚时，我们不太可能把所有可能的选择都仔细过滤（例如，“好吧！我该结婚了，我想我要查一下人口普查局里我们镇上的未婚成年人名单，从明天开始相亲”）。相反，我们会利用心理策略和心理捷径来帮助我们更容易地做出决定，而不需要将每一次的决定都变成一项大型研究计划。不过，这些捷径不见得总能通向最佳决策。例如，如果在完全了解美国所有高等院校之后，你可能会发现最适合你的不是现在就读的这一所。尽管如此，心理捷径还是很有效率的，它常常可以帮助我们在合理的时间内做出不错的决定（Gigerenzer，2016；Gilovich & Griffin，2002；Griffin & Kahneman，2003；Kahneman，2011；Nisbett & Ross，1980）。

人们会使用哪些心理捷径呢？如同我们已经了解的，使用图式来了解新的情境就是其中之一。在做选择时，我们常常使用我们原有的知识与图式，而非重新拼凑。我们拥有许多这样的图式，它们涵盖了从关于高等院校的图式（如常春藤联盟和中西部大学的概况）到关于别人的图式（如教师对来自低收入家庭的学生能力的想法）等每一件事。可是，当我们做一些特定的决定时，可能没有既有图式可供参考；而在另一些时候，可供运用的图式太多了，以至于我们不知道到底该用哪一个。这时候我们会怎么办呢？

在这种时候，人们通常会运用被称作**判断启发式**（judgmental heuristic）的心理捷径（Gigerenzer，2008；Shah & Oppenheimer，2008；Tversky & Kahneman，1974）。“heuristic”一词源于希腊文，意指“发现”。在社会认知领域中，它是指人们为了迅速、有效地做出判断而采取的心理捷径。在讨论这些启发式之前，我们必须强调，它们并不能保证人们对世界所做的推论一定是正确的。有时候，判断启发式并不适用于眼前的任务，也可能被误用，从而导致错误的判断。事实上，许多社会认知研究的主题便是这一类的错误推理。在本章中，我们将介绍许多这样错误的判断。不过，尽管我们讨论的心理策略有时会导致错误的判断，但别忘了人们采用这些启发式是有一定道理的：多数时候它们很有用，其效果令我们满意。

进入意识的容易程度：可得性启发式

假设你和朋友们在餐厅共进晚餐，服务员上错了一道菜。你的朋友奥芬斯点的本来是洋葱圈蔬菜三明治，结果却拿到了炸薯条三明治。奥芬斯说：“没关系，我吃薯条好了。”这引发了一场关于他是否应该退回订单的讨论。其中一些人责怪奥芬斯没有主见。这时候奥芬斯回过头来问你的意见：“你认为我是一个没有主见的人吗？”你怎么回答呢？

就像我们讨论过的那样，一个可能的办法是依照既有图式来回答。如果你和奥芬斯很熟，而且很清楚他是否有主见，你便能容易且迅速地说出你的答案：“别担心，奥芬斯，如果我要买一辆二手车，我会首先打电话问你的。”不过，假如你从来没有想过奥芬斯是否有主见这个问题，你只好思索一番再回答了。在这个情境中，我们会依照不同事例进入我们记忆的容易程度来做出反应。如果你很容易就想到了奥芬斯表现得很有主见的例子（例如，有一次在排队买电影票的时候，他劝阻了一个插队的人），你会得出结论说他是一个有主见的人；但如果你比较容易想到他没主见的例子（例如，有一次他被一个推销员说服，购买了一项长途电话业务），你便会下结论说他是一个相当没有主见的人。

这种心理经验法则被称为**可得性启发式**（availability heuristic），它是指将判断建立在某些容易进入我们脑海中的事物上（Caruso，2008；Pachur，

判断启发式：人们为了迅速而有效地做出判断所使用的心理捷径。

可得性启发式：根据一件事进入脑海的容易程度来做出判断的心理法则。

Hertwig，& Steinmann，2012；Schwarz & Vaughn，2002；Tversky & Kahneman，1973）。在许多情况下，可得性启发式都是极佳的策略。如果你很容易想起奥芬斯几次力争自身权益的样子，那么他可能是一个有主见的人；如果你很容易回想起他懦弱或温顺的样子，那么他可能是一个没有主见的人。可得性启发式存在的问题是，有时候，最容易回想起的事物并不能代表整体，从而导致我们得出错误的结论。

例如，当医生诊断病情的时候，他观察病症并且诊断出患者是否生病以及得了什么病，这看上去是一件相当直接明了的事。但是，病症有时候可能是几种不同疾病的综合表现。这时，医生会采用可得性启发式，根据他最容易想到的病因做出诊断吗？若干医学诊断的研究显示，答案是肯定的（Weber et al.，1993）。

让我们来思考一下罗伯特·马里恩（Robert Marion）医生在某天为小病人妮可做的诊断。妮可今年九岁，她看起来一切正常，但每年会发生一两次奇怪的神经异常症状，包括丧失方向感、失眠、说话含糊及发出怪叫声等。妮可住过三次院，看过许多专科医生，也做过许多检查，包括脑部断层扫描（CT）、脑电波检测，以及几乎所有的血液检验。结果，医生们还是束手无策。但是，马里恩医生在几分钟内就正确地诊断出她的问题是一种罕见的遗传性血液疾病——急性间歇卟啉症（Acute Intermittent Porphyria，AIP）。患有此症的病人的血液内的化学成分经常会出现异常，从而导致各种各样的神经症状。他们只要谨慎饮食和避免特定的药物，病情便能得到控制。

对于那么多医生诊断不出的病情，马里恩医生为什么能如此迅速地诊断出来呢？其实，马里恩医生刚刚写完一本有关历史名人所患遗传疾病的著作，其中一章讨论了英国国王乔治三世。你猜的没错，他所患的正是“急性间歇卟啉症”。马里恩医生承认，他之所以能诊断出病情，不是因为他是特别高明的医生或特别敏感的倾听者，而是因为他在“天时”和“地利”的情况下正巧和妮可相遇（Marion，1995）。

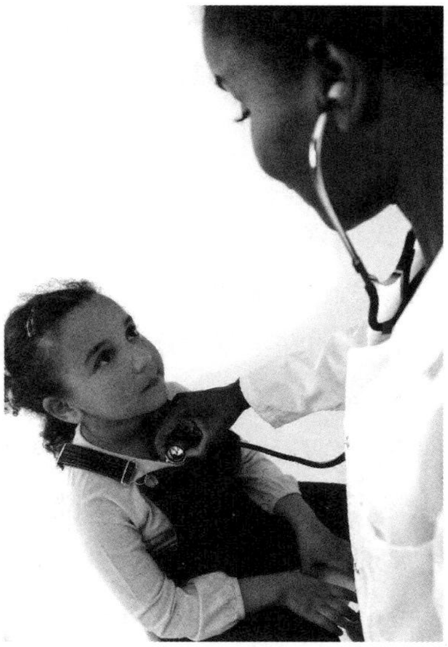

研究发现，医生在诊断病情时会使用可得性启发式。不同疾病进入其脑海的容易程度，会影响医生的诊断。

换句话说，马里恩医生运用了可得性启发式。AIP 碰巧迅速地出现在他的脑海中，因为马里恩医生刚刚读过它，从而使诊断变得容易。虽然在这个例子中可得性启发式带来了好结果，但是我们也很容易看到它是如何出错的。正如马里恩医生说：“医生和一般人一样，也会看电影、看电视、看报纸、读小说。如果病人的症状碰巧和我们在前一晚所看的影视有关，那么在做诊断的时候，我们会更多地考虑这种情况（Marion，1995）。”如果你患的疾病碰巧是医生昨晚观看的电影中所上演的，这就值得庆幸；如果你患的疾病碰巧在医生的记忆中不容易被提取，医生就无法找出准确的病因（Schmidt et al.，2014）。

人们会运用可得性启发式来做有关自己的判断吗？对于自己的人格（如坚持主见的程度），我们似乎有一种成熟的想法。但是，我们常常没有一个关于自己特质的稳定图式（Markus，1977），因而可能会依照我们能回忆起来的自己过去的行为的容易程度来做自我判断。为了检验这是否属实，研究者设计了一项巧妙的实验，改变被试回忆起自己过去的行为的容易程度（Schwarz et al.，1991）。其中一种实验条件要求被试回想 6 次自己表现得有主见的经历。许多人轻易地想到他们拒绝执着的推销员并力争自己权益的时刻。而在另一种条件下，研究者要求被试写出他们 12 次有主见的行为。一下子想起这么多例子无疑是很困难的。然后，研究者让所有被试为自己有主见的程度评分。

问题是，人们真的会运用可得性启发式（回忆起相关行为的容易程度）来推测自己有主见的程度吗？是的，正如图 3-5 的左半部分所示，只被要求回忆起 6 次有主见行为的被试都认为自己相对来说是有主见的，因为想到这个数量的例子很容易；而被要求回忆起 12 次有主见行为的被试则相对来说认为自己没有主见，因为，要想到这么多的例子并不容易。其他人被要求回想起 6 次或 12 次自己没主见的行为，也有类似的结果——回忆 6 次没主见行为的人更倾向于认为自己没主见；而回忆 12 次没主见行为的人在回忆时感到困难，因此认为自己是相对有主见的（见图 3-5 的右半部分）。总之，人们在做出有关自己或他人的判断时，确实会依赖可得性启发式（Caruso，2008；Yahalom & Schul，2016）。最近，一位大学教授利用这个方式提高了自己的课程评估分数。他让学生列出 2 种或 10 种改善这门课程的方法，然后再让大家对课程的整体印象进行评价。你认为哪些学生会打出更高分呢？答案是那些被要求列出 10 种改进方法的学生，因为他们觉得实在很难对课程列出那么多不足之处，于是他们会想："如果我想不出那么多批评意见，那么这肯定是一门很棒的课程（Fox，2006）。"

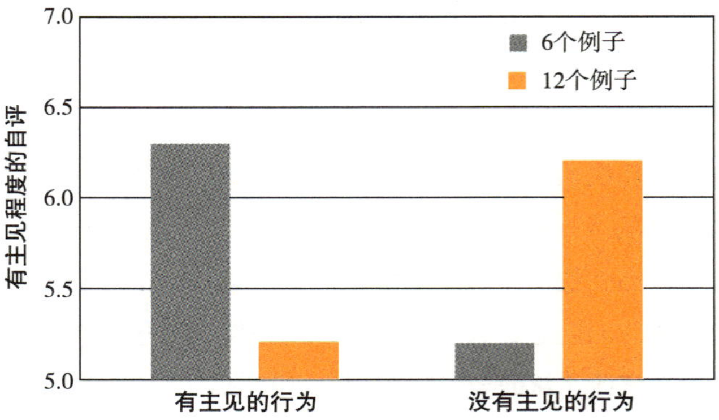

图 3-5 可得性和有主见的程度

被要求回忆 6 次有主见行为的人发现这么做很容易，因此他们都认为自己相当有主见；被要求回忆 12 次有主见行为的人发现要想到这么多例子并不容易，因此他们都觉得自己不是很有主见（见图的左半部分）。同样，被要求回忆起 6 个或 12 个没主见的例子的人也得出类似的结果（见图的右半部分）。这些结果显示，人们会根据可得性（即回忆起相关信息的容易程度）来做出判断。

资料来源：Schwarz et al.，1991.

A 与 B 有多相似？代表性启发式

假设你进入纽约州立大学学习，有一天你在学生会遇见一个名叫布莱恩的学生。布莱恩拥有一头金发，皮肤晒成了棕褐色，看起来非常成熟、温和，而且喜欢去海边度假。你会认为布莱恩来自哪个州呢？由于布莱恩符合一般人对加利福尼亚人的印象，因此你可能会猜他来自加利福尼亚州。如果你真是这么想的话，那么你就使用了**代表性启发式**（representativeness heuristic），它是指我们用来对事物进行归类的一种心理捷径，其依据的是该事物与典型例子的相似程度。例如，布莱恩在多大程度上与你印象中的加利福尼亚人相似（Arend et al.，2016；Kahneman & Frederick，2002；Kahneman & Tversky，1973；Lien & Yuan，2015）。

利用事物所具有的代表性特征来进行归类是非常合理的做法。如果不采用代表性启发式，你如何判断布莱恩来自哪里呢？难道就随便猜一个州，而不尝试判断他与纽约州或其他州的同学之间的相似性吗？事实上，你还可以利用另一个信息来源。如果你对布莱恩一无所知，比较聪明的做法是猜他来自纽约州，因为在州立大学中，来自纽约州的学生远比其他州的学生多。如果你根据这种逻辑猜纽约州，那么你就采用了所谓的**基础比例信息**（base rate information），即关于总体中不同类别的成员所占的相对比例的信息（例如，在纽约州各州立大学中来自纽约州的学生的比例）。

代表性启发式： 人们根据某事物与某典型事物的相似程度来加以归类的一种心理捷径。

基础比例信息： 关于总体中不同类别的成员所占的相对比例的信息。

当人们同时拥有基础比例信息（例如，知道在一所大学中纽约人多于加利福尼亚人）和关于目标人物相反的信息（例如，知道布莱恩拥有金发，成熟、温和，并且喜欢去海边度假）时，他们会怎么做呢？卡尼曼与特维尔斯基（Kahneman & Tversky，1973）发现，人们通常倾向于不使用基础比例信息，而把大部分注意力集中在有关某个人属于某个群体类别的代表性信息上（如加利福尼亚人）。如果关于某个人的信息可靠，那么这倒不失为一个好方法；但是如果信息来源不够真实，那就可能会带来许多麻烦。由于加利福尼亚人到纽约州立大学就读的基础比例是很低的，因此，在你忽略这一基础比例信息并猜他可能是一个例外之前，必须要有确凿的证据来证明他是加利福尼亚人。并且，一个来自东部的人具备“金发”“悠闲”“喜欢去海边”这些特征并不是一件多稀奇的事。所以，在这种情况下使用基础比例信息是明智的选择。

我们并不是暗示人们会完全忽视基础比例信息（Koehler，1993，1996；Obrecht & Chesney，2016）。棒球教练看到对方派出左投手时，会考虑派出惯用左手的击球者获胜的可能性；鸟类观察者在确认鸟的品种时，会考虑不同种类的鸟在本地出现的概率（“那只鸟应该不是栗胸林莺，因为它们从来没在这里出现过”）。关键是，人们常常过多地强调他们所观察到的个别特征（“但是它确实有栗色的喉颈，可能真的是栗胸林莺”），而忽略了基础比例信息。

例如，纵观历史，人们认为治疗疾病的药物肯定和病发症状存在联系（即具有代表性），无论事情是否真的如此。有段时间，狐狸的肺部被认为是治疗气喘的特效药，因为狐狸的呼吸系统相当强健（Mill，1843）。这种对于代表性的依赖常常会妨碍人们发现真正的病因。在 20 世纪初，华盛顿的一家报社的主编指责某些人利用联邦政府的经费从事荒谬、可笑的关于黄热病成因的探讨，如沃尔特·里德（Walter Reed）荒谬地认为黄热病由蚊子引起（当然，它的确是致病的真正原因）（Nisbett & Ross，1980）。心理启发式如何影响你的思维？做做下面的“试一试”练习，一起来寻找答案吧！

试一试　练习：推理小测验

回答下面的每一道问题。

1. 想想英语中的字母“r”。你认为它作为单词的首字母出现（如“rope”）的频率更高，还是作为第三个字母出现（如“park”）的频率更高？（　）
   a. 作为首字母出现的频率高
   b. 作为第三个字母出现的频率高
   c. 二者几乎相同
2. 你认为导致美国死亡人数上升的主要原因是下列哪一项？（　）
   a. 意外事故
   b. 中风
   c. 意外事故和中风造成的死亡人数大致相当
3. 假设你将一枚正常的硬币向上抛掷 6 次。你认为哪一种结果更可能发生，HTTHTH 还是 HHHTTT（H= 正面，T= 反面）？（　）
   a. HTTHTH 更有可能发生
   b. HHHTTT 更有可能发生
   c. 两种结果大致相当
4. 假设你将一枚正常的硬币向上抛掷 5 次，看到结果以 TTTTT 的顺序出现，那么下一次抛掷时正面向上的概率有多大？（　）
   a. 小于 0.5
   b. 0.5
   c. 大于 0.5

1. 正确答案是 b，第三个字母出现的频率高。特维尔斯基和卡尼曼（Tversky & Kahneman，1974）发现，大多数人都认为答案是 a，即“r“作为首字母出现的频率高。人们为什么会犯这样的错误呢？这可能是因为人们更容易想到以“r”开头的单词。通过运用可得性启发式，他们认为越容易回想起某个例子，这样的单词就越常见。

2. 正确答案是 b，斯洛维克、菲施霍夫和利希藤斯坦（Slovic，Fischhoff，& Lichtenstein，1976）发现，大多数人认为 a 正确（意外事故）。人们为什么会犯这种错误呢？又是可得性启发式的作用。因为媒体对意外事故导致死亡的事例报道得更多，因此人们发现这比回想起中风致死的例子要容易一些。

3. 正确答案是 c。由于抛硬币的结果是随机事件，所以两种结果发生的可能性是一样大的。特维尔斯基和卡尼曼认为，由于代表性启发式的作用，人们会希望一系列随机事件看上去很“随机”。也就是说，他们希望事件可以代表他们对随机性的理解。许多人选择了 HTTHTH，因为这种顺序比 HHHTTT 更能代表人们对随机性的理解。事实上，任何一种顺序发生的可能性都是 $1/2^6$。即 1/64。对这一事件的另一说明是，如果你去买一种 4 个数字的彩票，你会选择 6957 这串数字还是 1111 这串数字？许多人偏好前者，因为它看起来更加“随机”，因此人们也更可能挑这串数字。事实上，两串数字中奖的概率都只有 1/1000。

4. 正确答案是 b。许多人选择 c，因为他们认为连续出现 5 次反面向上之后，正面向上更有可能出现来平衡这个局面。这就是所谓的“赌徒谬误”，即相信先前的随机事件（如连续 5 次反面向上）对随后的随机事件会产生影响。只要硬币是正常的，先前的投掷对接下来的投掷是没有任何影响的。特维尔斯基和卡尼曼指出，“赌徒谬误”是由代表性启发式造成的——5 次反面向上和 1 次正面向上看起来比连续 6 次反面向上对一个随机结果来说更具代表性。

人格测验和代表性启发式

假设你做了一份网上随处可见的人格测验，然后得到如下反馈。

> 因为你很需要别人喜欢你、欣赏你，所以你总是很严厉地要求自己。如果你有某些缺点，那么你一般都能努力地弥补它们。你有巨大的潜力还未发挥，这些还未曾变成你的优点。虽然你外表看起来纪律严明且自控力强，但你心中常有烦忧和不安全感。有时，你会怀疑自己是否做出了正确的决定和正确的事情。你喜欢一定的改变和多样化，当你陷入种种限制和约束时，你会很不满意。你同样很为自己是一个独立思考者而骄傲，你不会不假思索就接受别人的观点。但你也觉得在别人面前太过坦诚不是明智之举。有时候你外向、活泼、善于交际，而有时你又变得内向、机警和保守。你的某些突发灵感常常看起来很不切实际。“安全”是你人生的主要目标之一。

读完之后你可能会想：“天啊！这个测验好神奇！它怎么能把我描述得这么准确！”你并不是唯一这样想的人。伯特伦·福勒（Bertram Forer）将这份反馈给一群学生看，并让他们以 5 点计分量表（“0”代表完全不符合，“5”代表完全符合）评价它在多大程度上描述了自己（Forer，1949）。最后得到的平均数是 4.26。为了纪念马戏团团长兼演员 P. T. 巴纳姆（P. T. Barnum），这一现象现在被叫作“巴纳姆效应”。

为什么绝大部分人会认为这份人格测验的反馈很符合自己呢？一个原因就是代表性启发式在起作用，这份反馈最大的特点就是足够模糊，每个人都能在其中找到符合（代表）自己的描述。看看这句话：“有时，你会怀疑自己是否做出了正确的决定和正确的事情。”所有人都认为这是在说自己，这就是这份反馈具有高度代表性的例子之一。谁没有由于某个诸如去哪里上学或读什么专业的重大决定而怀疑过自己呢？同样，我们都会在某些时候觉得自己是一个独立思考者，又在有的时候觉得自己对他人坦露得太多。这份反馈看起来如此适合自己的原因就是，我们并不会跳出这些代表性的例子去做这样的思考：“事实上，我与这份反馈不相符的情况也很多。”所以，要警惕杂志上的小测验和星座运势，它们给出的笼统反馈可能适用于任何人。

问题回顾

1. 下面哪个选项是对自动化目标追寻的最好总结？（ ）
   a. 人们只能使用控制性思维追寻目标
   b. 人们总会追寻最近被启动的目标，且人们无法意识到这一点
   c. 人们总会追寻最近被启动的目标，但人们能意识到该目标被启动
   d. 人们从不有意识地选择自己的目标，他们只追求自动被启动的目标
2. 假设你邀请一个新朋友来你的公寓，并且想给他留下好印象；换句话说，你希望这个人喜欢你。下面哪个选项是你应该做的？（ ）
   a. 给他一杯热饮，你对他说话的时候，希望他能把杯子握在手里
   b. 给他一杯冷饮，你对他说话的时候，希望他能把杯子握在手里
   c. 在他过来之前烤点面包，让公寓闻起来就很香
   d. 递给他一盘用很重的盘子装的零食
3. 在感恩节假期，你的父母问你，相比于其他学校，你能说出你所在大学的 12 个优势吗？你发现自己很难想出这么多理由，于是觉得：“嗯，也许学校之间并没有那么大的差异。”你可能用以下哪种心理策略来得出这个结论？（ ）
   a. 代表性启发式
   b. 基础比例信息
   c. 定位和调整启发式
   d. 可得性启发式
4. 根据社会心理学的研究，为什么许多人相信星座能准确描述自己和自己的未来运势？（ ）
   a. 因为星座分析的写作手法通常比较模糊，所以大多数人认为它们能代表自己的个性和过去行为
   b. 星座能触发自动决策
   c. 人们发现很难想到类似于占星术的例子
   d. 星座能自动启动人们的生活目标

“问题回顾”答案，请扫描章末二维码查看。

3.3 社会认知的文化差异

你可能会疑惑我们现在讨论的这种自动化思维是存在于世界各地，还是在某些文化中更普遍？如果你有这类念头，那么恭喜你，你已经具备了优秀的研究思维。社会心理学家正越来越关注文化因素对社会认知的影响。

图式的文化决定因素

尽管每个人都使用图式来理解世界，但图式的内容却受到个人成长的文化环境的影响。例如，一位研究者在斯威士兰这个非洲东南部的小国采访了一名来自苏格兰的移民和一名班图族的牧人（Bartlett，1932）。这两个人在一年前都参加过一次大型的牲口交易，苏格兰人需要查阅记录才能回忆起买卖牲口的数量和价格，而班图人却能立刻回想起交易的各项细节，包括每头公牛和母牛是从谁手中购买的，每头牲口的颜色以及每笔交易的价格。由于班图人对牲口的记忆力极佳，因此不必费事在牛的身上烙印。要是有一头牛走失了并和邻居的牛群混在一起，牛主人只需要走过去看看就可以把它牵回来，对他们而言，要从几十头牛中分辨出自己的牛，根本不是什么难事。

很明显，我们成长的文化环境是图式的一个重要来源。牛是班图人经济和文化生活的重要组成部分，因此，他们关于牛的图式相当完备。而对一个美国人来说，每头牛可能都长得差不多。但他可能会对纽约证券交易所或《美国之声》（*The Voice*）节目中的最新

参赛者拥有良好的图式和优秀的记忆力。图式是文化对个体产生影响的重要途径，如逐渐构建能够影响我们理解和解读这个世界的方式的心理结构。在第 5 章中，我们将会看到来自不同文化的人所拥有的关于自身和世界的图式有本质上的不同，并且会产生有趣的结果（Wang & Ross，2007）。现在我们要指出，文化所教给我们的图式强烈地影响着我们对世界的所识和所记。

飞快地看一眼这两张图。你注意到它们有什么不同了吗？正如在正文中讨论的那样，你的答案很可能取决于你所成长的文化性质。

整体性思维与分析性思维

文化从根本上影响人的社会认知。有一个众所周知的比喻——将大脑比喻成一个工具箱，其中装满了各种帮助人在社会中思考和行动的工具。虽然所有人都可以获得同样的工具，但是他们所成长的文化决定了他们会更多地使用哪些工具（Norenzayan & Heine，2005）。如果你住的房子里只有螺丝而没有钉子，那么你肯定会用螺丝起子而不用锤子；但是如果你家只有钉子而没有螺丝，那么螺丝起子就用不上了。

同样，文化也会影响人们在理解世界的时候使用的自动化思维的种类。我要强调的是，文化并不影响所有种类的思维，我们目前一直在讨论的这几种自动化思维（如无意识思维、图式的使用等）是所有人都会使用的。但是人们对世界进行感知和思考的某些基本方式确实是由文化形成的。举例来说，现在请飞快地看一眼本页最上面的那张图片，然后再飞快地看一眼它下面的那张图片。你注意到两张图片有什么不同吗？你的答案很可能取决于你所成长的文化性质。理查德·尼斯比特及其同事发现，在西方文化下长大的人更符合**分析性思维风格**（analytic thinking style），在这种思维风格影响下，人们会把注意力集中在物体的特征上而不考虑周围情境。例如，西方人会更多地注视飞机，因为那是图片中的主要物体。因此，他们也更容易发现物体的变化，如上图中的客机比下图中的客机少几扇窗户（Masuda & Nisbett，2006）。而在东亚文化下（如中国、日本、韩国等）长大的人更符合**整体性思维风格**（holistic thinking style），也就是说他们更注重整体的情境，尤其是事物间联系的方式（Chen et al.，2016；Miyamoto，2013；Monga & Williams，2016；Nisbett，2003；Norenzayan & Nisbett，2000）。

例如，东亚人更容易注意到图片背景的变化，就像两张图片中控制塔的形状不同（注意，在真实研究中被试要看 20 秒的视频，并试图找出图中所有不同

分析性思维风格：把注意力集中在物体的特征上而不考虑周围情境的思维风格，这在西方文化中很常见。

整体性思维风格：更注重整体的情境，尤其是事物间联系方式的思维风格，这在东亚文化（如中国、日本和韩国）中很常见。

之处。上一页的两张图片就是两个视频的最后画面）。在第 4 章我们将看到，这种思维风格的差异也同样影响我们对他人情绪的感知。例如，想象你偶然碰见了一位同学被一群朋友团团围住。如果你在西方文化下长大，你更可能会关注这位同学的面孔（物体本身的特点），据此判断他怎么了。而如果你在东亚文化下长大，你就会去观察旁观者的表情（整体情境），并通过这些信息来判断你的同学怎么了（Ito，Masuda，& Li，2013；Masuda，Ellsworth，& Mesquita，2008）。

为什么会有整体性思维风格和分析性思维风格之分呢？理查德·尼斯比特认为这两种思维方式根植于东西方不同的哲学传统（Nisbett，2003）。东方思想起源于儒家思想、道教和佛教，强调万事万物之间的相关和联结；而西方思想起源于柏拉图和亚里士多德的古希腊哲学传统，强调使事物独立于情境的各类法则。然而，有研究表明，两种思维方式的不同可能来自不同文化、不同环境的实际差异。尤里宫本（Yuri Miyamoto）、理查德·尼斯比特和益田孝彦（Takahiko Masuda）在美国和日本随机拍摄了一些城市景象的照片。他们尽可能地将场景配对，例如，他们所拍摄的城市的规模相当，建筑设施（如宾馆和小学）也差不多。研究者假设，相比于美国，日本城市的场景会更“繁忙”，也就是说，其中包含更多物体来对抗人的注意力。研究者的假设是对的。与美国城市相比，日本城市景象中显著包含更多的信息和物体。

这会成为美国人更注意前景物体，而东亚人更注意整体情境的原因之一吗？为了找到答案，宫本及其同事进行了第二项实验。他们把美国城市和日本城市的场景照片分别展示给美国和日本的大学生样本看。学生被要求想象自己处在照片上的场景中。研究者假设，日本城市的照片会启动整体性思维，而美国城市的照片会启动分析性思维。然后学生要完成上面所描述的同样的飞机图片任务，他们要试着发现两张相似图片的不同之处。结果和预计的一样：看过日本城市照片的人更倾向于注意测试图片背景的变化，而看过美国城市照片的人更倾向于注意测试图片中主要物体的变化。这一发现说明了任何一种文化下的人都既能整体性地又能分析性地思考问题（他们的思维工具箱里有同样的工具），但是人们所生活的环境，甚至是最近所启动的环境，激活了某一种思维方式（Boduroglu，Shah，& Nisbett，2009；Cheung，Chudek，& Heine，2011；Masuda，Ishii，& Kimura，2016；Norenzayan，Choi，& Peng，2007；Varnum et al.，2010）。

问题回顾

1. 关于本章中讨论过的整体性思维风格，下列哪个选项是正确的？（　）

a. 它涉及关注对象的属性，而不考虑它们周围的情境

b. 生活在西方文化下的人如果被日本城市的照片启动了思维，也可以用整体性的方式进行思考

c. 整体性思维风格很可能有某种基因基础

d. 它可能起源于柏拉图和亚里士多德的希腊哲学传统

2. 关于社会思维的文化差异，下列哪个选项是正确的？（　）

a. 虽然每个人都用图式来理解世界，但这些图式的内容会受到人们所处文化的影响

b. 图式会影响人们在世界上所注意到的东西，但对他们的记忆却没有任何影响

c. 图式会影响人们的记忆，但对他们在世界上所注意到的东西却没有任何影响

d. 文化对自动化思维没有影响

3. 分析性思维的定义是什么？（　）

a. 人们关注整体环境的一种思维方式，特别是客体间相互联系的方式

b. 人们关注客体的属性而不考虑其周围环境的一种思维方式

c. 一种有意识的、自愿的和需要努力的思考

d. 一种无意识的、非自愿的和毫不费力的思考

4. 整体性思维与分析性思维的区别来自哪里？（　）

a. 亚洲人和西方人之间的基因差异

b. 不同的东西方教育体系

c. 不同的东西方天气模式

d. 不同的东西方哲学传统

5. 研究者在日本和美国随机选择的地点拍摄照片。他们发现，平均而言，日本的城市场景包含更多（　）。

a. 商业化场景和广告

b. 居民和住所

c. 吸引人注意力的物体

d. 建筑物

“问题回顾”答案，请扫描章末二维码查看。

3.4 控制性社会认知：高努力水平思维

你可能会感到奇怪，本章我们花这么多篇幅来探讨自动化思维，然而控制性思维才是人类的标志性思维之一。就我们所了解的，我们是唯一有能力对自己和外部世界进行有意识反思的物种。我们常常使用这种能力来完成宏伟的目标、解决难题以及计划未来。毕竟，我们是发现疑难疾病的治疗方法、建造建筑奇迹和登陆月球的物种。我们能这样做，至少使用了部分控制性思维（controlled thinking），即一种有意识的、有目的的、主动的和需要努力的思维。人们常常能够根据自己的意志开启或关闭这类思维，并能充分意识到他们所思考的内容。另外，这类思维需要努力是从它需要心理能量这一层面来讲的。人们有能力一心一意地进行有意识的、控制性的思维，但人们不可能在考虑午餐吃什么的同时，又仔细思考一道复杂的数学难题（Weber & Johnson，2009）。

那么为什么我们要强调自动化思维呢？因为在过去的几十年，社会心理学家已经发现这种思维比他们先前所认为的更强有力、更普遍。我们在前几章已经看到，快速和无意识思考的能力让人印象深刻，它对人们的生存至关重要。然而，一些社会心理学家认为，赞成自动化思维的钟摆摆得太远了，我们低估了控制性思维的价值和力量（Baumeister & Masicampo，2010；Baumeister，Masicampo，& Vohs，2015；Dijksterhuis & Strick，2016）。一场生动的关于两种思维方式孰轻孰重的辩论由此产生。

控制性思维与自由意志

辩论的一个焦点是老生常谈的自由意志问题（Knobe et al.，2012）。我们真的能够控制我们的行动吗？我们可以自由地在任意时间点上选择做什么吗？如果我们的某些行动由无意识的自动化思维主导，那么事实或许并不像我们想的那样。

你或许会回答：“嗯，我知道我有自由意志，因为我可以马上决定是否要挠头、合上书或站起来像小鸡一样跳舞。”你现在可以跳小鸡舞吗？如果可以，请考虑一下，尽管我们似乎有能力选择做什么，这确实证明了自由意志的存在，但是事实并没有那么简单。丹尼尔·维格纳（Daniel Wegner）认为，我们或许有一种关于自由意志的错觉（Wegner，2002，2004；Ebert & Wegner，2011），这非常像我们在第 2 章中讨论的“相关不等于因果”问题。你的想法“我认为自己现在可以跳小鸡舞”和你接下来的行为（你挥舞并拍打着手臂，绕着屋子跳跃）是相关的，这似

控制性思维：有意识的、有目的的、主动的和需要努力的思维。

乎是你的想法引起了你的行为。但这也很可能是由第三变量产生的，即一个无意识的意向引起了有意识的想法和行为。

除了小鸡舞这个例子，或许还有一个例子可以阐明这个道理。假设你正坐在沙发上看电视，你在想“要是现在有一杯冰激凌一定不错”。于是你起身去冰箱拿出一盒你最喜欢的冰激凌。但或许，你看电视时想吃冰激凌的欲望最初是由无意识的意向引起的（可能是由你刚看过的一则商业广告启动的）。这个无意识的欲望引起了有意识的思维，即你想吃冰激凌，并决定起身走到冰箱旁。换句话说，有意识的思维“我想吃冰激凌”是无意识加工的结果，而不是你决定去冰箱旁的原因。毕竟，有时人们发现自己在去冰箱的路上，却没有意识到是该吃零食的时候了。他们无意识的欲望在没有任何意识介入的情况下触发了行动。正如这个例子所显示的，人们有时会认为他们对行动施加了比实际更多的有意识的控制。

不过，上述现象反过来也依然成立——人们对自己行为所施加的控制比他们想象中的要多。例如，许多年前出现了一项叫作“协助交流”的新技术，它使有交流障碍的人（如那些自闭症患者和脑瘫病人）能够表达自己的思想和情感。一名训练有素的助手握着有交流障碍的病人的手指和手臂，以帮助他们比较容易地在电脑键盘上打出问题的答案。这项技术非常激动人心，那些曾经无法与外部世界交流的人又重获了沟通能力，他们可以在助手的帮助下表达各种各样的想法和感受。父母也兴奋不已，因为他们突然有了机会与先前保持沉默的孩子交流。

你确定你能控制自己什么时候吃冰激凌吗？

遗憾的是，当人们逐渐发现并不是有交流障碍的病人（而是助手）无意中在做打字工作后，“协助交流”很快就失去了人们的信任。在一项设计巧妙的实验中，研究者通过耳机向助手和有交流障碍的病人询问不同的问题。助手听到的问题是：“你觉得今天天气如何？”而有交流障碍的病人听到的是：“你觉得今天的午餐怎么样？”打出的答案与助手听到的问题相匹配（如“我希望天气更晴朗些”），而不与向病人提出的问题相匹配（Heinzen，Lilienfeld，& Nolan，2015；Mostert，2010；Wegner，Sparrow，& Winerman，2004）。助手并不是有意做出虚假行为的，他们坚信是有交流障碍的病人在选择打字的内容，而助手只是帮助病人在键盘上移动手指。但事实上，助手的确在主导打字。

这些例子说明，我们意识到自己的行为在多大程度上是由自己造成的和实际上它在多大程度上是由自己造成的之间可能存在脱节。有时候，我们高估了自己的控制力，如我们认为戴上幸运帽可以帮助我们最喜欢的球队进球。有时，我们又会低估自己的控制力，就像当助手无意识地选择打字内容时，他们却认为是病人在这样做（Wegner，2002）。

为什么这与人们相信什么有关呢？已有研究表明，人们相信自己有自由意志的程度会有重要的影响（Dar-Nimrod & Heine，2011；Feldman，2017；Moynihan，Igou，& Tilburg，2017）。例如，人们越相信自由意志，他们就越愿意帮助那些有需要的人，而且越不可能从事诸如欺骗等不道德行为（Baumeister，Masicampo，& Dewall，2009）。在一项研究中，大学生被分为两组，一组阅读一系列有关存在自由意志的陈述，如“我可以克服那些有时会影响我行为的基因或环境因素”，另一组阅读一系列有关不存在自由意志的陈述，如“从本质上讲，我们是由进化所设计、基因所构建、环境来编程的生物电脑”（Vohs & Schooler，2008）。接下来，所有被试都接受了美国研究生入学考试（GRE）的试题测验，并自己给自己评分，每答对一题，付给自己一美元。至少实验是这样要求被试的。问题在于是否有一些被试撒谎，拿了超过他们实际应拿到的钱呢？结果表明，那些阅读有关不存在自由意志的陈述的被试欺骗主试的数量显著高于阅读有关存在自由意志的陈述的被试。为什么会这样呢？当面对诱惑时，那些相信自己可以控制自己行为的人更有可能做出更多的努力，他们想："虽然我可以很容易地获得一些钱，但是我也可以控制自己，所以是否要立场坚定地做正确的事情由我来决定。"相反，那些认为没有自由意志的人会这样想："我想要钱，我无法控制自己的行为，我最好还是跟着一时的念头走。"因此，无论人类真正有多少自由意志，为了社会利益最大化，我们都应认为自己有自由意志。看看下面的"试一试"，它说明了当和他人相比时，人们认为自己拥有多少自由意志。

试一试　你可以预测你或你朋友的未来吗

1. 请回答下面关于你自己的问题。哪一个选项能更好并更真实地反映你从大学毕业后的一年里可能发生的事？

（1）a. 有一份很好的工作或参加了一个很好的毕业项目
b. 有一份无趣的工作或参加了一个无趣的毕业项目
c. 两者都有可能

（2）a. 居住在一个很好的公寓或房子里
b. 居住在一个破烂的公寓或房子里
c. 两者都有可能

（3）a. 拥有一段长期、稳定的关系
b. 单身
c. 两者都有可能

（4）a. 去欧洲旅行
b. 没有去欧洲旅行
c. 两者都有可能

（5）a. 做有意义的事
b. 浪费时间
c. 两者都有可能

（6）a. 和大学同学仍保持密切联系
b. 不再和大学同学保持密切联系
c. 两者都有可能

2. 请回答下面关于你的一位大学同学（你来选择）的问题。哪一个选项能更好并更真实地反映他（她）从大学毕业后的一年里可能发生的事？

（1）a. 有一份很好的工作或参加了一个很好的毕业项目
b. 有一份无趣的工作或参加了一个无趣的毕业项目
c. 两者都有可能

（2）a. 居住在一个很好的公寓或房子里
b. 居住在一个破烂的公寓或房子里
c. 两者都有可能

（3）a. 拥有一段长期、稳定的关系
b. 单身
c. 两者都有可能

（4）a. 去欧洲旅行
b. 没有去欧洲旅行
c. 两者都有可能

（5）a. 做有意义的事
b. 浪费时间
c. 两者都有可能

（6）a. 和大学同学仍保持密切联系
b. 不再和大学同学保持密切联系
c. 两者都有可能

普罗宁和库格勒（Pronin & Kugler，2010）曾使用这些问题进行研究，他们发现，人们倾向于认为自己比他人拥有更多的自由意志。在研究中，他们要求普林斯顿大学的本科生预测在毕业后的一年里，自己或一位朋友将会发生什么。当学生回答关于自己的问题时，有 52% 的学生选择了“两者都有可能”，当学生回答关于朋友的问题时，只有 36% 的学生选择了“两者都有可能”。换句话说，学生似乎认为，朋友的行动比他们自己的更有预测性。

在心理上改变历史：反事实推理

关于控制性思维的另一个重要问题是，人们什么时候使用控制性思维。人们什么时候会离开自动导航系统而更加缓慢地、有意识地思考问题？一种情形是当他们经历了被称为“功败垂成”的负性事件时，如在考试中仅差一两分就及格。在这种情况下，我们就会运用**反事实推理**（counterfactual thinking），即在心理上改变过去的某些环节，以便想象事情可能有所不同（Markman et al.，2009；Myers et al.，2014；Petrocelli et al.，2015；Roese，1997；Wong，Galinsky，& Kray，2009）。你可能会想：“如果我没有修改第 17 题的答案，那么我的考试可能就及格了。”

反事实推理对我们对事件的情绪反应有很大的影响。在心理上对结果进行改变发生得越容易，我们对结果的情绪反应就越强烈（Miller & Taylor，2002；Myers et al.，2014；Zhang & Covey，2014）。例如，相比差 10 分通过考试，你可能会对只差一分就通过考试更愤怒，因为在想象中这件事更容易使结果变得不同（即不更改第 17 题的答案）。

我们对积极结果的反应与之相同。例如，你认为下图中哪个人更快乐，是在奥运会上获得银牌的运动员，还是在奥运会上获得铜牌的运动员？你可能认为是银牌获得者，因为他的成绩更好。事实上，情况可能相反。很可能银牌获得者感觉会更糟，因为他更容易想象自己赢得比赛并获得金牌。银牌获得者会进行更多的反事实推理。为了验证这个假设，1995 年，梅德维克、玛德和季洛维奇（Medvec，Madey，& Gilovich，1995）分析了 1992 年奥运会的录像。在比赛刚结束和颁发奖牌的两个时刻，银牌获得者都不及铜牌获得者快乐。在接受记者采访时，银牌获得者也更多地运用反事实推理，他们会说：“我差点就赢了，这太糟糕了。”这看起来意味着，如果一个人失败了，他最好不要只输一点。

你认为他们中的哪个人更快乐，是在奥运会上获得银牌的运动员还是获得铜牌的运动员？令人惊奇的是，研究表明，银牌获得者常常更不快乐，因为他们更容易想象自己赢得比赛并获得金牌。

对积极事件进行反事实推理还有一个有趣的结果——它可能会增加你对上帝的信仰。例如，假设我们要求你写出，如果曾经降临在你头上的一件好事没有发生，那么你的生活会变得多糟。也许你会写，如果你没有考入现在就读的大学，或者如果你没有遇到现在的爱人，那么你的生活会变成什么样。你可能会想：“我会很痛苦的。”但是，在布福内、加布里埃尔和波林（Buffone，Gabriel，& Poulin，2016）的研究中，被试在这种情境下会增加其对上帝的信仰。在这项实验中，与描写如何让生活更美好或者仅仅描述一件过往事件的人相比，被随机分配去写“如果生活中没有好的事情发生，那么生活会变得有多糟”的被试随后表达出了更多的宗教信仰。想象美好事物的发生

反事实推理：在心理上改变过去的某些环节，以便想象事情可能有所不同。

似乎能让人相信，这都是上帝的安排。

先前我们将控制性思维描述为有意识的、有目的的、主动的和需要努力的思维。但是，和自动化思维的情形类似，不同类型的控制性思维会在不同程度上满足这些条件。显然，反事实推理是有意识且需要努力的，我们知道自己正在为过去而困扰，并且这类思维常常会占用大量的心理能量，以至于我们不可能思考别的事情。然而，它并不总是有意图的、主动的。即使当我们不想沉溺于过去，转而想想其他事的时候，也很难关闭这种“要是……多好”的想法——这正是反事实推理的特色（Andrade & Van Boven，2010；Goldionger，2003）。

如果反事实推理来自反复沉思，即反复思虑生活中的负性事件，那么这并不是一个好现象。研究发现，反复沉思是抑郁症的诱因之一（Lyubomirsky et al.，2015；Trick et al.，2016；Watkins & Nolen-Hoeksema，2014）。因此，长时间地反复沉思一个糟糕的考试分数，以至于你不能思考其他任何事情，这并不是明智之举。但是如果反事实推理能够使人们的注意力集中在如何才能在将来更好地处理这种情况，那么它会非常有用。有这种念头，如“我如果再努力学习一下，就可以通过考试了”，也是有益处的，这会给予人们一种很重要的对命运的控制感，并激励他们为下一次考试更努力地学习（Nasco & Marsh，1999；Roese & Olson，1997）。

改进人类思维

控制性思维的作用之一是检查和制衡自动化思维。正如在紧急情况下，飞机机长可以关闭自动导航系统并自行控制飞机那样，控制性思维在突发事件发生时也会启动。人们能在多大程度上成功地更正自己的错误？他们如何能学会更好地做出推论？

阻碍进步的障碍之一是，人们总是对自己做出判断的准确性过于乐观。计划谬误（planning fallacy）就是个很好的例子，它是一种人们对项目时间安排过于乐观的倾向，即使他们在过去没有按时完成类似项目（Buehler，Griffin，& Peetz，2010；Kahneman & Tversky，1979）。例如，假如有人问：“你什么时候能完成教授布置的作业？”你可能会想：“哦，下周一我一定能写完。”但如果你参与过计划谬误研究，你就会发现，这种预估可能过于积极了，事实很可能是，时间稍纵即逝，而你仍未动笔。在一项研究中，优秀的大学生估计自己要花 34 天完成论文，而各项素质都很糟糕的大学生估计自己需要花 49 天。但最终情况是，事态并不如意，他们花了 56 天的时间才完成论文（Buehler，Griffin，& Ross，1994）。

即便人们已经积累了大量经验，了解了完成某项工作需要花费多长时间，但在为类似工作设定最后期限时，为什么人们还是会过于乐观呢？这是因为人们倾向于认为这一次会有所不同，尽管他们知道在过去的经历中，其他课程的作业、周末回家或旅行、社交活动等都会转移注意力，从而耽误进度，但人们却坚信没有什么能妨碍他们按时完成这次任务。如果事实是这样，那么纠正人们的一个方法就是提醒他们，这次挣扎于截止日期的经历与以往不会有所不同，阻碍如期完成任务的事情仍会存在。例如，在一项研究中，研究者请学生估计完成一个计算机教程需要多长时间。和往常一样，他们过于乐观地预测需要 5.5 天，而实际上花费了 6.8 天。在另一种条件下，研究者首先请学生思考他们过去完成任务的经历，以及这些经历与完成计算机教程有何相似之处。之后，这些学生认为完成任务需要 7 天，事实上，这正是客观需要的时间（Buehler，Griffin，& Ross，1994）。所以，当你思考完成作业需要花费多长时间时，请记得自己曾经遇到过的那些阻碍。

另一种方法是，直接传授给人们一些有助于进行正确推理的基本的统计知识、方法论及原则，并期望

计划谬误：人们往往过于乐观地认为他们将在一段时间内完成一个项目，即使他们在过去没有按时完成过类似的项目。

他们将这些应用于日常生活中。许多这样的原则已经在统计及研究设计的课程中被教授过。例如，当你想用样本信息（如一群享有福利金的妈妈）去推论总体时（如所有享有福利金的妈妈），你必须要有一个大而无偏差的样本。学过这些课程的人会将这些原则用在他们的日常生活中吗？他们犯诸如本章所讨论的错误的可能性更小吗？关于这些问题，最近的许多研究提供了令人振奋的答案。人们的推理过程可以经由大学统计课程、研究设计的训练，甚至一节短短的课程而获得改进（Crandall & Greenfield，1986；Malloy，2001；Nisbett，2015；Schaller et al. 1996；Sirota，Kostovičová，& Vallée-Tourangeau，2015）。

例如，1987 年，理查德·尼斯比特及其同事研究了各种不同的训练如何影响人们处理日常生活中的统计和方法论推理的问题——这正是我们在本章中所考虑的推理类型，例如，人们对如何从小样本信息中得出普遍结论的理解（示例请见“试一试”）。研究者预测心理学系及医学系的学生的统计推理能力比法律系及化学系的学生强，因为在心理学系及医学系的课程设置中有更多的统计训练。

试一试　你的推理能力如何

以下两个问题评估了方法学推理和统计学推理。对于每个问题，请根据方法学或统计学原则选择正确的答案。

1. 某个城市的警长任职已有一年半，一直不受民众欢迎。他是市长的好友，在任职前几乎没有任何从警方面的经验。市长最近公开为好友辩护，声称自从他担任警长以来，犯罪率下降了 12%。以下哪一项论据足以反驳市长关于警长是称职的说辞？
   a. 两个不论是地理位置还是面积都最接近该市的城市在相同时间内的犯罪率减少了 18%。
   b. 一份独立的市民意见调查显示，犯罪率增加了 40%，与警方所声称的不符。
   c. 根据常识判断，警长对于降低犯罪率无能为力，这在很大程度上是因为社会与经济状况都非警察所能掌控。
   d. 有人发现警长与犯罪组织有生意往来。
2. 在美国职业棒球大联盟主赛季开始两周后，报纸会刊登平均击中率排名前十位的选手。通常，在两周后排名第一的击球手都会达到 0.450 的击中率。但是还没有一个击球手能在赛季结束时也达到 0.450 的平均击中率。你认为其中的原因是什么？
   a. 选手在赛季之初的高击中率可能只是幸运所致。
   b. 在赛季之初就取得如此傲人战绩的击球手要保持他的良好表现将会承受很大的压力。
   c. 随着比赛的进行，投球手变得越来越健壮，他们的表现也会越来越出色。随着投球手的进步，他们更有可能使击球手出局，因此击球手的平均击中率就会下降。
   d. 如果一名击球手以高击中率著称，那么当其击球时，投球手会更加卖力地接球。
   e. 如果一名击球手以高击中率著称，那么他就很难再有机会击打好球；相反，投球手将会故意将球投向垒板的边角区，因为他们不介意他（带球）走步。

1. 正确答案为 a。这一问题考察了方法论推理。人们应该认识到，导致犯罪率下降的原因有很多，而不一定是警长采取了措施。若想检验市长的说辞是否准确，较好的方法是将该市的犯罪率与其他相似城市进行比较。

2. 正确答案为 a。这一问题考察了统计学推理。大样本信息比小样本信息更能反映真实的分数和能力。例如，如果你将一枚正常的硬币抛掷 4 次，结果全是正面朝上或全是反面朝上的情况不太可能发生；但是如果你抛了 1000 次硬币，那么你得到全是正面朝上或全是反面朝上的结果就更加不可能了。在这个例子中，统计学规则指出，当棒球运动员只经历了少数几轮击球时，偶然出现非常高或非常低的平均击中率不足为奇。然而在赛季结束时，当棒球运动员经历了成百上千次击球后，只靠运气取得非常高的平均击中率就极其不可能了。

正如图 3-6 所示，在经过两年的研究生学习后，心理学系及医学系的研究生的统计推理能力比法律系及化学系的研究生进步得多。心理学系研究生的进步让人印象格外深刻。很有趣的是，这些学生在毕业考试中的表现都是一样优秀的，可见他们的整体智力并无差异。相反，他们接受的不同训练会影响他们如何正确及合乎逻辑地推理每天遇到的问题（Nisbett et al.，1987）。因此我们有理由保持乐观，相信人们可以克服本章提及的错误，并且不需要到研究生院去学习如何克服它们，无论对研究生还是本科生来说，正式的统计训练都大有裨益。因此，如果你对大学统计课程感到十分恐惧，那么不妨鼓励一下自己，这不仅是你的专业需要，它也可以改进你的推理能力！

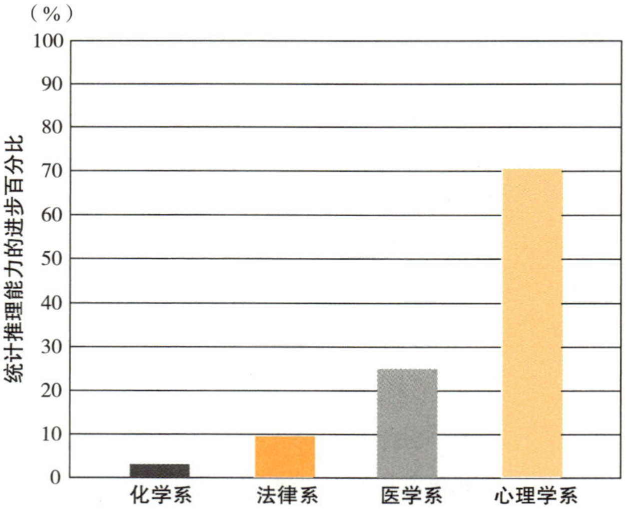

图 3-6　不同学科的研究生在统计推论测验中的表现

在经过两年的研究生学习后，心理学系和医学系的研究生的统计推理能力比化学系与法律系的研究生进步更多。

资料来源：Nisbett et al.，1987.

沃森案例反思

到目前为止，我们讨论了两种不同类型的社会认知：一种是不需要努力、不带意图并且没有意识参与的自动化思维；另一种是需要更多努力、主动、有意图并且有意识参与的控制性思维。正如我们在本章开头提到的那样，这两种类型的思维都非常有用，特别是当它们被用于理解社会性世界时。虽然 IBM 公司的计算机“沃森”在电视节目《危险边缘》中取得了胜利，但我们不会推荐你去询问它，如何找到你的伴侣、如何教育孩子或如何在商业谈判中获胜。

就像我们在这章看到的，社会认知绝不完美。人们会犯推理错误，有时甚至会无意识地行动，使错误的理论成为事实（自证预言）。人类拥有惊人的认知能力并由此创造了灿烂的文化和智力财富，但也容易犯下严重的心理错误，就像我们在本章中记录的那样。那么，我们应该如何综合认识这一事实呢？

我们最好这样理解社会思考者：尽管人类拥有惊人的认知能力且经验丰富，但仍然有很大的提升空间。社会思考的缺点是显而易见的，正如本章及后面章节中的事例所证明的那样（如第 13 章的种族偏见）。对人类思维最恰当的比喻是：人类是“白璧微瑕的科学家”，是尝试从逻辑上揭示社会性世界之谜的才华横溢的思考者，但人类做得并不完美。人们往往对与他们的图式有出入的事实视而不见，并以验证其图式的方式对待他人，这是优秀的科学家绝不会做的事。

问题回顾

1. 山姆正在玩一个嘉年华游戏，如果猜中哪个杯子下面藏着球，他就能得到一个毛绒的小毛驴玩具。不幸的是，在 20 个杯子中，他猜的那个杯子正好就在正确杯子的旁边。根据社会心理学研究，山姆最可能（　）。
   - **a.** 经历认知失调
   - **b.** 陷入反事实推理
   - **c.** 将自己的失败归结于周围吵闹的人群
   - **d.** 从此都避免类似的游戏
2. 下面哪一个有关自由意志的说法是正确的？（　）
   - **a.** 人们很少高估他们对自己行为的控制程度
   - **b.** 有时人们低估了他们对自己行为的控制程度
   - **c.** 研究表明，人们几乎对他们所做的一切都有自由意志
   - **d.** 人们越相信自由意志，就越有可能从事不道德的行为，如作弊
3. 下面哪一个选项是对协助交流的最佳描述？（　）
   - **a.** 这是一种很有前景的新方法，可以让有交流障碍的人（如自闭症患者）表达他们的想法
   - **b.** 助手握着有交流障碍的病人的手指和手臂，这种做法是在故意伪造答案
   - **c.** 助手相信有交流障碍的病人在自己选择答案，但助手很可能在不知不觉中为病人选择了答案
   - **d.** 协助交流可以帮助轻度自闭症患者进行交流，但并不能帮助那些患有严重病症的人
4. 参加下列哪门研究生课程最有可能帮助你提高运用统计推理处理日常生活中的问题的能力？（　）
   - **a.** 心理学
   - **b.** 药学
   - **c.** 法学
   - **d.** 化学
5. 根据本章内容，下列哪一个选项最适合用来比喻人类的思维能力？（　）
   - **a.** 人们是认知吝啬鬼
   - **b.** 人们是有动机的战略家
   - **c.** 人们是高超的侦探
   - **d.** 人们是有缺点的科学家

“问题回顾”答案，请扫描章末二维码查看。

总结

3.1 自动化思维：低努力水平思维

人们非常善于社会认知，即一种人们思考自己和社会性世界的方式。虽然没有一种计算机能在这种思维上与人类相匹敌，但我们也不是完美的社会思考者。尽管我们的认知能力不可思议，但社会心理学家还是发现了一些我们容易犯的错误。社会认知的一个重要领域涉及人们如何思考自己和社会性世界，它包含自动化思维，即一种无意识的、无意图的、自然发生的且不需要努力的思维方式。

- **作为日常理论家的人们：运用图式进行自动化思考。**自动化思维中一个很重要的部分是人们会运用已有的知识结构对新信息进行组织和解释。更具体地说，人们使用图式和心理结构来组织各种关于社会性世界的知识和信息，它对我们的所识、所思和所记都有影响。图式对于减少社会性世界的模糊性非常有用。
- **运用哪一种图式：可提取性与启动。**有些模糊的情况会让人们不清楚该使用什么图式。高可提取性的图式更有可能被使用，这意味着它们处在心智的表层。过去大量使用、与当前目标相关或者启动都可以通过增加经验进而增加图式的可提取性。
- **使我们的图式变成现实：自证预言。**当图式导致自证预言时，问题就产生了。对某个人的图式或期望会影响我们如何判断他的行为表现，从而使此人的所作所为迎合我们的预期。

3.2 自动化思维的类型

还有其他几种形式的自动化思维可以帮助我们解释社会性世界并做出决定，人们在采取这些思维方式时不一定是有意为之的。

- **自动化目标追寻。**在日常生活中往往存在相互矛盾的目标，而我们可能会自动选择一个要遵循的目标。人们常常按照最近启动的目标行事。
- **关于身体和心理的自动化思维与比喻。**除了可以用图式来减少世界的模糊性，人们也可以使用关于心智和身体的比喻。身体感觉（如手拿一个重的文件夹板）可以启动比喻（如那些重要的想法是“有分量的”），从而影响人们的判断（如针对校园问题，学生的意见应拥有更多权重）。
- **心理策略与捷径：判断启发式。**另一种形式的自动化思维是对判断启发式的使用，借助这些启发式，人们可以做出快速、有效的判断。其中包括可得性启发式（根据某件事进入脑海的容易程度来做出判断的心理法则）和代表性启发式（根据某件事与典型例子的相似程度来对其进行归类的心理法则）。这些心理法则的意义是，它们可以帮助人们做出准确的判断，但如果人们使用不当，它们就会导致错误的判断结果。

3.3　社会认知的文化差异

人的大脑就像一个工具箱，里面装满了各种帮助人们在社会中思考和行动的工具。虽然所有人都可以获得同样的工具，但是他们成长的文化决定了他们会更多地使用哪些工具。

- **图式的文化决定因素。**尽管每个人都会使用图式来理解世界，但图式的内容受我们所在的文化的影响。
- **整体性思维与分析性思维。**在西方文化下长大的人倾向于拥有分析性思维风格，这是一种将注意力集中在物体特征上，而不考虑周围情境的思维方式。而在东亚文化下长大的人更偏好整体性思维风格，也就是说他们更注重整体的情境，尤其是物体间的联系方式。

3.4　控制性社会认知：高努力水平思维

并非所有社会认知过程都是自动化实现的，我们也会使用控制性思维，即有意识的、有意图的、主动的且需要努力的思维类型。

- **控制性思维与自由意志。**我们意识到自己在多大程度上导致我们的行动，和我们实际在多大程度上导致我们的行动，这两者或许并没有联系。有时我们高估了自己的控制力，有时低估了它。但是人们越相信自由意志，就越愿意帮助他人，从事不道德行为（如欺骗）的可能性也更低。
- **在心理上改变历史：反事实推理。**控制性思维的一种形式是反事实推理，指的是在心理上改变过去某些环节，以幻想事情可能有所不同。
- **改进人类思维。**人的社会认知可能会出错，从而导致失误或错误判断，如计划谬误。研究表明，某些思维能力（如统计推理）可以在训练下显著提高，如选修一门统计学课程。
- **沃森案例反思。**人类是经验丰富的社会思考者，拥有惊人的认知能力。但是我们也会犯一些重要的错误，如自证预言。人类是“白璧微瑕的科学家”，是尝试从逻辑上揭示社会性世界之谜的才华横溢的思考者，但我们做得并不完美。

思考题

如何用巴纳姆效应解释星座运势为什么有时看起来非常准确？

自测

1. 下列哪个选项是对自动化思维的最好总结？（　）
   a. 自动化思维存在很大问题，因为它总是导致错误的判断
   b. 自动化思维具有惊人的准确性，在任何情况下都很少出错
   c. 自动化思维对人类生存至关重要，但并不是完美无缺的，它可能导致后果严重的错误判断
   d. 自动化思维在有意识发生的情况下效果最好
2. 詹妮弗和内特正在街上走，这时他们看到一个拿着包的男人走出了一家便利店。商店的主人跑出来，大声喊着“快回来”让那个人停下来。詹妮弗立即认为发生了一起抢劫案，而内特则认为是那个人忘了拿找回的零钱，店主想把钱给他。为什么詹妮弗和内特对这个事件有不同的解释？（　）
   a. 詹妮弗和内特采取了控制性思维，从而对事情做出了不同的判断
   b. 詹妮弗和内特的人格不同
   c. 詹妮弗和内特正处于自证预言中
   d. 詹妮弗和内特使用的图式不同，可能因为他们最近不同的经历启动了不同的图式
3. 下列哪个选项是关于使用图式的最真实的情况？（　）
   a. 图式是控制性思维的例子
   b. 当人们有不正确的图式时，他们很少会采取一种行动方式，使之成真
   c. 虽然图式会导致错误，但是它们也是一种组织关于世界的信息和填补我们知识空缺的有效方式
   d. 我们使用的图式只会受到长期的、可接触的信息的影响，不会受到我们的目标或最近的启动的影响
4. 蒂芙尼很难相信她的朋友们，因为她认为他们不负责任。因此，当她和一个朋友约晚餐时，她会再和另一个人做“备选约定”，然后她会在两个人中选择一人去赴约。长此以往，她的朋友们会经常取消和蒂芙尼的约定，因为他们永远都不确定她是否会出现。蒂芙尼心里想：“看吧，我是对的，我的朋友们是不负责任的。”下列哪个选项最能解释蒂芙尼为什么得出这个结论？（　）
   a. 由于受控制的过程而产生的准确的社会感知
   b. 一个自证预言
   c. 整体性思维
   d. 由于自动化过程而产生的准确的社会感知
5. 假设你想让你的朋友斯蒂芬更自信。根据对（　　）的研究，你应该让他想想过去（　）次他不自信的表现。
   a. 代表性启发式；12
   b. 可得性启发式；3
   c. 代表性启发式；3
   d. 可得性启发式；12
6. 下列哪个选项最不容易使用自动化思维？（　）
   a. 根据近期被启动的目标做出行为
   b. 使用关于身体的隐喻做判断
   c. 反事实推理
   d. 自证预言
7. 下列哪个选项是正确的？（　）
   a. 人类都有相同的可以被使用的认知“工具”
   b. 当人们来到一种新的文化环境时，他们通常不会像新环境中的人那样思考
   c. 东亚人倾向于整体性思维风格，而西方人倾

向于分析性思维风格，这是因为东亚人和西方人之间存在遗传差异

d. 美国大学生更有可能注意到画面背景的变化，而日本大学生更有可能注意到画面背景中主要对象的变化

8. 关于控制性思维和自由意志的研究说明（　）。

a. 我们觉得自己能控制行为的程度与实际控制程度存在差异

b. 人们是否相信他们有自由意志并不重要

c. 有些灵长类动物和人类一样有自由意志

d. 人们绝对没有自由意志

9. 假设你在教学楼大厅里放了一张桌子，正试图为你最喜欢的慈善机构筹集资金。下列哪一种情况有可能增加路人捐款的可能性？（　）

a. 给他们一个轻的文件夹板，上面有你的慈善机构的信息

b. 让人们拿着一瓶冷水听你宣传

c. 给他们看日本城市的照片，引发整体性思维

d. 在桌子上喷洒一些柑橘香味的清洁液

10. 根据这一章的内容，下列哪个选项是关于社会认知的最佳结论？（　）

a. 如果能关闭自动化思维，完全依赖于控制性思维，我们就会变得更好

b. 虽然人们是老练的社会思考者，有惊人的认知能力，但也有很大的改进空间

c. 社会认知能力拥有跨文化一致性

d. 控制性思维的一个目的是为自己设定目标，这是不能用自动化思维来完成的

本章“问题回顾”与“自测”答案，请扫描二维码查看。

第 4 章

社会知觉：我们如何理解他人

本章音频导读，
请扫描二维码收听。

章节框架

4.1 非言语交流

表达情绪的面部表情

文化与非言语交流的途径

4.2 第一印象：迅速形成而持久存在

第一印象产生的持久影响

4.3 因果归因：回答“为什么”的问题

归因过程的本质

共变模式：内部归因与外部归因

基本归因错误：人人都是人格心理学家

自利归因

偏差盲点

4.4 文化与社会知觉

整体性思维与分析性思维

基本归因错误中的文化差异

文化与其他归因偏差

学习目标

4.1 理解使用非言语信息理解他人的途径

4.2 分析第一印象的形成及其持续作用

4.3 解释和推论人类行为产生的原因

4.4 描述文化对社会知觉和归因的影响过程

小调查

你在发邮件的时候会经常使用表情符号（如笑脸）或其他策略来传达情绪吗？

○是

○否

理解他人并不容易。我可以信任这个人吗？我应该进一步了解他吗？他为什么是这样的人？他为什么要这样做？我们频繁地提出这些问题并迫切地希望解决这些问题。

本章我们将重点介绍这些内容，以便了解我们周围的社会性世界。具体而言，我们会讨论社会知觉（social perception），即人们如何形成对他人的印象以及如何对他人的行为进行推论。印象的形成究竟有多重要？在科幻剧《黑镜》（*Black Mirror*）中，人们每进行一次社交互动都会在社交软件上对互动对象进行评分（0 ～ 5 分）。似乎人生中的每一个成就——你能胜任什么工作、你能和什么样的人做邻居、这架航班取消后你能否改签其他航班——都取决于你的社交平均分有多高。每个人都佩戴着特制的数码隐形眼镜，无论是和陌生人擦肩而过，还是与老朋友不期而遇，你在看到对方的脸时也会看到他的社交分数。

剧集中有一位叫莱斯·庞德的女士，她不惜一切代价，想要让自己的社交分数达到 4.5 分。我们并不想打破你的希冀，但是成语“一落千丈”和常识却告诉我们，人如果一味地追赶潮流并不一定会获得幸福。可是，即便我们不去追赶潮流，看不到别人对我们的评分，我们就不会利用外部信息对我们遇到的人进行快速评价了吗？他们穿什么衣服，开什么汽车，买什么食物——是加工好的食物，还是无谷蛋白类，或者有机食品？我们每天，每时每刻，不正是通过这些来对别人做出或高或低的评价吗？就像莱斯·庞德一样。

社会知觉可以帮助我们解释他人的行为。理解他人是一项基本需求，它渗透到生活的方方面面。我们看电影、读小说、偷听别人的谈话、在酒吧看别人调情，即使是思考陌生人和虚构人物的行为也令我们着迷（Weiner，1985）。真人秀节目的制片人对人类认知中的这一基本需求做了很好的解释，他们把普通人的真实生活制作成节目，如《青少年妈妈》（*Teen Mom*）、《与卡戴珊姐妹同行》（*Keeping Up with the Kardashians*）、《单身汉》（*The Bachelor*）。为什么这些节目在美国如此受欢迎？因为我们想要真正地了解别人。

当然，人们并不是一定要成为这些节目的粉丝才能理解错综复杂的心理活动，事实上，解释他人的行为是人类的本能。当一位新教师走进教室时，当你在深夜与朋友讨论某个人为什么会做某件事时，我们都会把很多心理能量用于分析他人的行为。这是因为思考他人的行为可以帮助我们更好地理解和预测我们的社会性世界（Heider，1958；Kelley，1967）。

不过，人类行为的原因通常不是我们能轻易看得到的。我们所能掌握的只有可观察的行为，例如，别人做了什么事、说了什么话，以及他们的面部表情、姿势和说话的语调等。但是，我们无法看到他人心里在想什么，也无法准确、完整地了解别人的个性和意图。我们只能把一些细微的线索和对他人的印象拼凑起来，以期望得出准确、有效的结论。不过，即使当前我们仅掌握了少量的可以用于理解他人的信息，我们也可以进行社会知觉。非言语交流就是一个重要的信息来源，如人们的面部表情、肢体动作、语音语调等。

4.1 非言语交流

在日常生活中，很多交流是不需要通过语言来完成的，非言语表达就可以提供充足的信息，而这些非言语表达又可以通过非言语线索来理解（Burgoon，Guerrero，& Floyd，2016；Hall，Gunnery，& Andrzejewski，2011；Hall，Murphy，& Schmid Mast，

社会知觉：关于我们如何形成对他人的印象以及如何对他人的行为做出推论的研究。

2007）。**非言语交流**（nonverbal communication）指的是人们在不使用语言的情况下进行有意识或无意识的交流的方式。非言语线索包括面部表情、说话的语调、姿势、身体的位置及动作、身体接触以及目光注视等（Knapp，Hall，& Horgan，2014）。

非言语线索在交流上有许多功能，它帮助我们表达情绪、态度和个人特质。例如，我们可以通过紧皱眉头、严厉注视、紧闭嘴巴来表达“我生气了”，也可以通过丰富的肢体动作、抑扬顿挫的声调、活泼有力的语气来传达“我很外向”的个人特质（Knapp et al.，2014）。想象一下，有时候通过邮件或短信来传达文字中的真实意义和语气是很困难的，这也是社交工具中表情包在当下如此流行的原因。下面的“试一试”部分可以让你发现自己是如何使用声音这一非语言线索来进行交流的。

并不是只有社会心理学家意识到了非言语交流的重要性，在当今社会中，似乎在每一场政治辩论或新闻发布会之后，都会有专家组来对其中的内容以及表述方式进行分析。在新闻频道中，“身体语言专家”这样的头衔就像“政治发言人”一样普遍。一些分析内容会比另一些更可靠，其关键就在于这样的分析往往涉及非言语交流。有趣的是，个体也会学习这种非语言交流的形式，换句话说，他们会学习目光注视、手势、身体形态在社会知觉中的作用。不过，在日常生活中，多种非言语线索往往会在同一时间共同发挥作用（Archer & Akert，1984；Knapp et al.，2014）。让我们先来看看这些单独的沟通渠道，然后再研究当这些非言语信息同时出现时，我们会如何对此进行全面的、综合的诠释。

试一试　把你的声音当作非言语线索来使用

当你说话的时候，文字固然包含了许多信息，但是，你说这些话的方式可以让你的听众更清楚、全面地了解你的意思。你可以找一个像“我不认识她”这样平凡无奇的句子，再用多种方式讲这句话来赋予它不同的意义。试着大声念出这个句子，以传达下列各种情绪。你可以通过说话声音、语速、音量以及重音的不同来进行试验。

“我不认识她”。

- 生气的时候
- 讽刺的时候
- 害怕的时候
- 惊讶的时候
- 厌恶的时候
- 快乐的时候

现在，找个朋友来做这个练习。背对你的朋友念这个句子（通过传达各种情绪），让你的声音成为他判断的唯一线索，不要让他从你可能表现出的面部表情中得到暗示。你的朋友猜得出你所要表达的情绪吗？让你的朋友也试试这个练习。你能够了解他声音中的非言语线索吗？如果你们无法每一次都正确地辩识出对方的声音，那就讨论一下，你们的声音里是不是少了什么或哪里令人迷惑？这样一来，你们就能知道，“厌恶”的声音和“愤怒”或“害怕”的声音有何不同。

非言语交流： 人们在不使用语言的情况下进行有意识或无意识的交流的方式。非言语线索包括面部表情、说话的语调、姿势、身体的位置及动作、身体碰触以及目光注视等。

表达情绪的面部表情

面部情绪的表达无疑是非言语交流的最佳方式之一。有关这方面的研究，历史最为悠久，它开始于查尔斯·达尔文（Charles Darwin）的经典著作《人类和动物的情绪表达》（*The Expression of the Emotions in Men and Animals*，1872）。这本书对人类面部进行了细微的观察与描述（Becker et al.，2007；Fernández-Dols & Crivelli，2013；Kappas，1997；Wehrle et al.，2000）。看看下图中的一组面部表情，相信你无须努力就可以理解这些表情的意义。

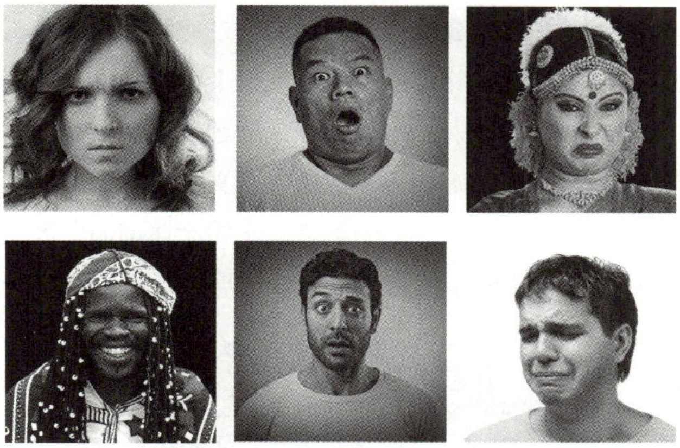

这些照片描绘了 6 种主要情绪的面部表情。你能一一猜对吗？

答案（从左上角按顺时针方向）：愤怒、恐惧、厌恶、悲伤、惊讶以及快乐。

进化与面部表情

达尔文对面部表情的研究对许多领域都产生了很大的影响。我们将重点讨论达尔文的这一观点——基本情绪的面部表情具有普遍性，所有人都用同样的方式表达他们的情绪或加以**编码**（encode），而所有人也都可以准确地诠释这些情绪或加以**解码**（decode）。达尔文的进化论认为，非言语交流的形式是“物种特性”，而非“文化特性”。他指出，面部表情是曾经有用的生理反应留下来的痕迹。例如，当早期的人类吃到某些难吃的食物时，他们会不悦地把鼻子皱起来，并将食物吐出来。约书亚·萨斯坎德（Joshua Susskind）和他的同事的研究结果也支持了达尔文的观点（Susskind et al.，2008）。他们研究了厌恶和恐惧这两种情绪的面部表情，发现了以下结果：首先，这两种情绪的肌肉活动完全相反；其次，恐惧促进了知觉，而厌恶减弱了知觉。对于恐惧而言，面部和眼睛的肌肉活动增加了感觉输入，如扩大了视线范围、增加了听力敏感性、加速了眼球运动，以上这些行为都是面对危险事物的有效反应。相反，当人产生厌恶情绪时，肌肉活动减少了以下感觉输入：视线范围变狭窄、呼吸减缓、眼球运动变慢，这些活动都是为了有效地应对气味不好或味道恶心的东西。

在电影《头脑特工队》（*Inside Out*）中，有一个叫莱莉的 11 岁女孩，她的大脑中生活着 5 个不同的角色：愤怒、恐惧、厌恶、悲伤、快乐。一直以来研究者都认为人类有 5 种跨文化的主要情绪，但是后来心理学家认为有 6 种，其中 1 种没有出现在影片中。你能猜到是哪一种吗？

达尔文认为情绪的面部表情具有普遍性，他是正确的吗？对 6 种主要的情绪（愤怒、恐惧、厌恶、悲伤、惊讶、快乐）来说，这个答案是肯定的。举例来说，保罗·艾克曼（Paul Ekman）与沃尔特·弗里森（Walter Friesen）进行了一项精心设计的研究，他们到新几内亚研究佛尔族人的解读能力（Ekman &

编码：表达或做出非言语行为，如微笑、拍他人的肩膀等。

解码：解释别人所表达的非言语行为的意义，例如，将别人拍你肩膀的行为理解为他在显示优越感而非表达善意。

Friesen，1971）。佛尔族是一个没有文字的部落，尚未接触过西方文明。他们向佛尔族人讲述几个带有情绪内容的故事，然后让他们观看 6 张美国男人和女人表达情绪的照片。佛尔族人的任务是用那些表达情绪的面部表情的照片来与故事配对。结果显示，他们的回答和西方国家的被试一样准确。研究者又让佛尔族人在拍照时表现出与故事内容吻合的面部表情，随后将照片出示给美国被试观看，结果显示，美国被试也都能够正确地解读。因此，有相当多的证据指出，诠释这 6 种主要情绪的能力是跨文化的。换句话说，这些是人类共有的，而非文化经验的产物（Ekman，1993；Matsumoto & Wilingham，2006；Sznycer et al.，2017）。

为什么说已经有证据支持情绪表达的普遍性，但这种证据是不全面的呢？近几十年，一些教科书一直认为这种普遍性是相对可靠的，但是最近的研究表明，情绪表达在不同的文化情境中是复杂的。研究发现，西方被试能够很好地区分这 6 种不同的面部表情，而亚洲被试在对这些表情进行区分时却发生了重叠（Jack et al.，2012）。其他研究也得到了类似的结论，让不同文化背景下的被试把不同的面部表情贴上固定的情绪标签时，结果支持情绪的跨文化普遍性。但是让被试对不同的面部表情进行自定义分类时，结论却支持情绪的跨文化差异性（Gendron et al.，2014）。一些研究还显示，个体对本民族面部表情的理解要好于对其他民族面部表情的理解（Yan，Andrews，& Young，2016）。显然，不同文化下的情绪编码和解码目前依然是一个开放性的问题。

除了这 6 种主要的情绪外，还有其他情绪是普遍的且通过面部表情就可以识别的吗？针对这个问题，研究者对焦虑、轻蔑、羞耻、骄傲、嫉妒和尴尬等情绪进行了研究（Ekman，O'Sullivan，& Matsumoto，1991；Harmon-Jones et al.，2011；Keltner & Shiota，2003；van de Ven，Zeelenberg，& Pieters，2011）。例如，研究者发现面部表情中的“自豪”也具有跨文化一致性（Sznycer et al.，2017）。自豪是一种非常有趣的情绪，因为它同时涉及面部表情、身体姿势、手势等一系列线索。自豪的典型动作就是浅浅的微笑，头部微微向后倾斜，胸部扩张，手臂越过头顶或放置于臀部（Tracy & Robins，2004）。自豪表情的照片能被来自美国、意大利的被试准确解码。另外，来自位于西非布基纳法索的一个没有文字的、孤立的种族的被试也能对自豪准确解码（Tracy & Robins，2008）。杰西卡·特雷西（Jessica Tracy）和戴维·松本（David Matsumoto）通过编码来自 2004 奥运会和残奥会中获胜或失败的柔道选手的自然表情来研究自豪和羞耻（Tracy & Matsumoto，2008）。研究者编码了来自 37 个国家的非盲人和盲人选手在赢得或输掉比赛后的非语言行为。无论是哪种参赛者，在赢得比赛后都会伴随着明显的自豪表情。羞耻往往通过肩膀下沉、含胸这些行为表达。除了来自高度推崇个人主义文化的美国、西欧等非盲人运动员外，其他运动员都会在输掉比赛后表现出羞耻行为。在个人主义文化中，羞耻是一种负面的、被污名化的情绪，个体会掩饰而非展露出这种情绪（Robins & Schriber，2009）。

自豪的非言语表达（包括面部表情、姿态和手势）在跨文化情境中的编码和解码。

为什么解码有时会出错

解读人们面部表情并非我们所说的那么简单，这主要有三个原因。第一个原因是，人们经常会表现出情感混合（affect blend）（Du，Tao，& Martinez，2014；Ekman & Friesen，1975），即脸上的某些部位表达一种情绪，而其他部位表达另一种情绪。如果一个人告诉你一件既可怕又不合适的事，那么你可能就会流露出这种情绪——你对内容感到厌恶，同时因为这个人告诉你这件事而感到很生气，这就是一种情绪混合。第二个复杂原因就是，同一种面部表情在不同的情境和线索中可能有不同的含义（Hassin，Aviezer，& Bentin，2013；Parkinson，2013；Wenzler et al.，2016）。例如，有研究表明，对面部表情的解码会因目光凝视而有所不同（Adams et al.，2010；Ulloa et al.，2014）。对于趋近导向的情绪（如愤怒）而言，当一个人严肃地注视着你时，他似乎在提醒你，你就是他生气的对象，而且你需要准备和他对峙，毫无疑问这种愤怒情绪的解码是最迅速的。而对于回避导向的情绪（如恐惧）而言，这个人会表现出想要回避的凝视，他眼睛注视的方向可能传达出引起恐惧的事物的实际位置，也提示你要对那里的事物产生警惕，这时候我们就很容易将这种表情解码为恐惧（Adams & Kleck，2003）。第三个原因则如前文所述，与文化密切相关。

文化与非言语交流的途径

保罗·艾克曼和他的同事多年来一直在研究文化对面部表情的影响（Ekman & Davidson，1994；Ekman & Friesen，1971；Matsumoto & Hwang，2010）。他们认为表达规则（display rule）在每一种文化中都是特殊的，它规定了人们应该表达出哪一种情绪。例如，日本的表达规则鼓励人们用笑容来掩盖消极的面部表情，通常，日本人会比西方人展现出更少的面部表情（Aune & Aune，1996；Gudykunst，Ting-Toomey，& Nishida，1996；Huwaë & Schaafsma，2016）。而美国的文化规范则会抑制男性表达某些情绪，如悲伤或哭泣，但女性表达这类情绪是可以被接受的。

当然，除了面部表情，非言语交流还有许多其他渠道。这些非言语线索也是由文化决定的。目光接触和注视是强有力的非言语线索。如果一个人在说话时不正视对方的眼睛，这在美国文化中的个体看来是可疑的，并且他们认为与一个戴着墨镜的人讲话是很令人惊慌的。然而，正如你将在图 4-1 中看到的那样，在世界的某些地方，目光直视会被认为是具有侵略性或不礼貌的。

非言语交流的另一种形式是个人空间的运用。想象你与一个离你过近或太远的人说话，这种异常的空间距离会影响你对对方的印象。不同文化对个人空间的正常范围的界定有所不同（Hall，1969；Hogh-Olesen，2008）。例如，大多数美国人喜欢在其周围保持半径约几英尺（1 英尺约合 0.3048 米）的开放空间。相比之下，在某些文化中，即使陌生人之间紧挨着，甚至触手可及地站在一起也无所谓；如果人们分开站立，可能会被认为奇怪或可疑。

手和手臂的姿势也是一种神奇的交流方式 。美国人很容易就能理解某些姿势，如“OK”的手势，即用拇指和食指弯曲成一个圆圈的形状，而其他手指向上伸。这类手势被称为标志（emblem）（Archer，1997；Ekman & Friesen，1975）。有关标志很重要的一点就是，它们并不具有普遍性。每种文化都有自己独特的标志，而这些标志不一定能被来自其他文化的人理解（见图 4-1）。美国前总统布什曾使用“V”这个手势代表胜利（食指和中指做出一个 V 字形），但是他是反着做的——他的手掌心是朝着自己的，而不是朝着群众。不幸的是，他是在澳大利亚对着一群听众做这个手势的，而在澳大利亚，做这个手势是一种很不礼貌的表现（Archer，1997）。

总体而言，非言语交流可以传达人们的态度、情

情感混合：情绪的一种，指脸上的某些部位表达一种情绪，而其他部位表达另一种情绪。

表达规则：由文化决定的关于何种情绪适合表达的规则。

标志：在某一特定文化中具有清晰、易懂的定义的非言语姿势。这些姿势通常可以转化成直接的语言表达，如“OK”这种手势。

绪、情感及意图。在一些实例中，大量的社会数据表明，几种基本情绪的表达具有跨文化一致性；而在另一些实例中，同样的非言语线索（如眼神接触、人际距离和手势）在世界不同的地方会被解释为不同的含义。但是，无论我们来自何处，我们在社会互动中获得的大部分信息都是通过非言语形式来传达的。简而言之，在日常会话中，大部分交流在我们还没开口时就已经发生了。

许多非言语交流的方式是独属于某些文化的。一个文化中的某些非言语行为在另一个文化中毫无意义。虽然同样的非言语行为同时存在于两个文化中，但意义却大相径庭。当来自不同社会的人相互交流时，这样的非言语差异便可能造成误会。下面列举了一些非言语交流的文化差异。

目光接触与注视

在美国文化中，直接的目光接触是受到肯定的。如果一个人不肯直视对方的眼睛，那么其会被认为是在逃避甚至撒谎。不过，在世界上的许多地方，直接的目光接触却被认为是不礼貌的，在面对地位较高者时更是如此。例如，在尼日利亚、波多黎各和泰国，儿童被教导不要直接与师长或其他成年人进行目光接触。美国的柴罗基族、那瓦和族和印第安人也认为尽量不使用目光接触。日本人与美国人相比，使用目光接触要少得多。相反，阿拉伯人会运用大量的目光接触，他们的注视对某些文化中的人而言，好像是要把对方看穿似的。

个人空间与身体接触

社会类型是形形色色的，有些社会支持高接触的文化，这些地方的人彼此站得很近，也经常碰触对方；有些社会则支持低接触的文化，这些地方的人会保持较大的人际空间，较少接触彼此。中东、南美和南欧等地区的文化属于高接触文化；北美、北欧、亚洲等地区的文化属于低接触文化。同性朋友间碰触的适当与否，各国文化的态度也不一致。举例来说，在韩国和埃及，当地的男性或女性经常和同性的友人牵手、勾肩以及紧靠着对方走在一起，这些非语言行为并没有任何性暗示。但是在美国，这样的行为则少见多了，男性朋友之间更是如此。

手部和头部的姿势

在美国，“OK”手势（用拇指和食指构成一个圆圈，其余三指向上伸）代表“没问题”。不过，这个手势在日本则代表“钱”，在法国代表“零”，在墨西哥代表“性”，在埃塞比亚代表“同性恋”。另外，在南美洲的某些国家（如巴西），这是一个具有冒犯意味的手势。

在美国，竖起大拇指而将其余手指握成拳头的手势代表“没问题”。在欧洲的某些国家它也有类似的意思，例如，在法国，该手势代表“很棒”。但是，同样的手势在日本却代表“男朋友”，在伊朗和萨丁尼亚则是一个具有冒犯意味的手势。

对于“手指指尖靠拢且指向上方”的手势（先将一只手的各个手指伸直，再将它们收拢，让指尖并拢）来说，在美国文化中，它并无特定的意义。不过，在意大利这代表“你想讲什么”，在西班牙代表“不错”，在突尼西亚代表“慢一点”，在马耳他则代表“你看起来像是好人，但你其实是个伪君子”。

其他身体动作

在美国，上下点头代表“是”，左右摇头代表“否”。但是在非洲的某些国家和印度的某些地方，意义却恰恰相反，即上下点头代表“否”，左右摇头代表“是”。另外，在韩国，左右摇头代表“不知道”，在美国，人们则以耸肩、摊手表达“不知道”。

图 4-1　非言语交流的文化差异

问题回顾

1. 保罗·艾克曼和沃尔特·弗里森一起去新几内亚南部的原始部落学习多种表情的意义。他们最有可能得出下列哪个结论？（　）
   a. 面部表情不具有普遍性，因为它们在不同的文化中有不同的含义
   b. 6 种主要的面部表情具有普遍性
   c. 有 9 种基本的情绪表情
   d. 当地人和西方人采用不同的表情表达同一情绪
2. 在艾克曼及其同事所做的有关情绪知觉的跨文化研究中，下列哪个选项不属于 6 种基本情绪的一种？（　）
   a. 厌恶
   b. 愤怒
   c. 尴尬
   d. 悲伤
3. 达尔文从情绪的非言语交流的进化论视角出发，会得出以下哪项关于面部表情的预测？（　）
   a. 面部表情因文化而异
   b. 特定类型的刺激会导致与生理反应有关的面部表情
   c. 面部表情是一种增加而非减少视觉和嗅觉信息输入的方式
   d. 面部表情具有跨物种的普遍性
4. 特雷西和松本关于奥运会选手的研究表明（　）。
   a. 很多运动员在输掉比赛后会产生关于羞耻情绪的非言语表达，但是来自像美国这样的个人主义文化环境的运动员却并非如此
   b. 盲人运动员和非盲人运动员的羞耻表情并不相同
   c. 在日本这样的集体主义国家，羞耻和自豪的面部表情很难区分
   d. 在美国这样的个人主义国家，运动员更多地表现出羞耻情绪而非隐藏它
5. 关于目光注视和面部表情知觉的研究，下列哪种情绪能最快地被解码？（　）
   a. 生气地看着我们
   b. 生气但是不看我们
   c. 害怕地看着我们
   d. 害怕地闭着眼

“问题回顾”答案，请扫描章末二维码查看。

4.2　第一印象：迅速形成而持久存在

当我们与他人初次见面时，我们对对方有多少了解呢？我们只能获得我们看到的和听到的信息。虽然我们都明白不能通过封面来评价一本书，但是，我们就是习惯于根据表面的线索来形成对他人的印象。例如，山姆·戈斯林（Sam Gosling）在他的《窥探》（*Snoop*）一书中呈现了这样一项研究，即“你拥有的物品暗示了你是什么样的人”。你的房间是凌乱的还是整洁有序的？你家的墙上贴着什么样的海报？你的书桌上和柜子里有哪些物品？观察者（潜在的窥探者）会根据你所拥有的物品来判断你是怎样的人。举个例子，想象一下，如果一个人的办公室和汽车内没有太多个人物品或照片作为装饰，那么你能从中了解到哪些信息呢？戈斯林提到，其中的一种可能是这个人想要在他的私我和公我（工作我）之间建立一条清晰的边界；另一种可能就是这个人具有较低的人格外倾性，因为外倾的人喜欢装饰公共区域，欢迎他人的到访，愿意与路人交谈。

当然，正如你所了解的，非言语交流是影响第一印象的要素之一。但是，我们可能并不清楚这样的沟通究竟发生得有多快。研究表明，仅仅根据面部特征形成对他人的第一印象的过程不到 0.1 秒（Bar，

Neta，& Linz，2006；Willis & Todorov，2006）。最新的研究发现，个体在 3 岁的时候就显现出根据面部特征做出推断的迹象了（Cogsdill et al.，2014）。

热门话题

社交网络中的第一印象

物理空间并不是我们留下身份和个性印记的唯一场所。我们在上文提到的窥探，也可以发生在虚拟世界。Instagram 上的帖子、Twitter 和 Facebook 上的订阅内容，以及 Snapchat 上的故事都可以让我们了解他人。

你可能会质疑，人们在社交网络上的自我刻画是真实、可信的吗？毕竟，无论是精修图片，还是看似不经意间度过的一个很棒的周二晚上，人们往往会在社交媒体上展示自己最好的一面。毫无疑问，这种在社交媒体上对幸福的夸大和对不幸（或无聊）的淡化会影响社会知觉。

然而，研究表明，社交网络上的诚实度取决于个体使用社交媒体的动机。想要维持现有人际关系的人会比希望结识新朋友的人表现得更真实（Hollenbaugh & Ferris，2015）。就这一点而言，发现他人的形象中稍有夸大或不诚实的部分也会让我们了解到他人身上的一些闪光点。

社交媒体的种类丰富多样。对于 Facebook 这样的网站，大部分用户都是在现实世界中成为好友之后才在社交网络中互为好友。他们很难自我夸大，因为他们的朋友会发现他们的谎言；他们也会马上认出你的照片是 10 年前拍摄的，或者是用修图软件精修过的。但是，对于 Tinder，或者其他以结交新朋友为目的的社交媒体来说，则更有可能出现夸大个人形象的信息（Wilson，Gosling，& Graham，2012）。

确实，心理学家认为，互联网可以帮助他们收集有价值的社会知觉方面的证据。例如，Facebook 可以帮助预测一个人的性格，如这个人有多外向（尽管我们知道 Facebook 并非社交媒体的风向标，但是很多研究问题都是以它为焦点的）。正如你所想的，Facebook 的用户在平台上的好友越多，这个人就越外向。此外，外向者也会经常浏览和评论他人的主页，发布更多的人物照片（可能包含也可能不包含他们自己），在社交平台上花费更多的时间（Gosling et al.，2011）。

我们还能从 Facebook 的使用情况中得到哪些特征呢？一般而言，经常更换头像照片的人往往对新事物的态度更开放。在尽责性上得高分的人（他们往往按时完成任务且不拖延）每周在社交媒体上花费的时间较少（Gosling et al.，2011）。

以上的论述都是想告诉大家，在社交网络上形成对某个人的印象与在现实世界中非常相似，人们通常只靠少量数据就能得出结论。我们需要区分“这个人真实的样子”和“这个人想让你认为的样子”之间的区别，也要注意我们应该在一个更广阔的情境中观察他人：他们的自我展现是为了维持现存的关系还是为了结交新朋友？

一个例子可以很好地说明快速形成的第一印象，人们往往觉得有“婴儿脸”的人（这种特征令人联想起圆脸、大眼睛、小鼻子、小下巴、高额头的小孩子）具有一些与孩童相似的特征，如天真的、温暖的、顺从的（Livingston & Pearce，2009；Zebrowitz & Montepare，2008）。显而易见，这些印象并非总是

这是萨拉·海蓝德（Sarah Hyland），她曾经出演电视剧《摩登家庭》（*Modern Family*）中的大女儿海莉。有研究显示，她的婴儿脸长相——大眼睛、小下巴、高额头——会让人觉得她是友好的、诚实的、天真的。

准确的，但是也有证据表明，我们可以根据一个人的面部特征对其做出准确的判断。在另一个例子中，被试快速地浏览男性和女性的面部图片，然后对图片中人物的性取向做出判断，研究发现，判断的准确率在随机水平之上，这意味着可能确实存在"同性恋雷达"的科学依据（Rule et al.，2008；Rule，Ambady，& Hallett，2009）。在另外的几组研究中，美国被试对加拿大政治候选人（被试对这些人并不熟悉）的面部图片进行判断，被试需要从权威性和亲和力两个维度做出评价。结果发现，第一印象评价与实际的选举结果相关：候选人看起来越权威，其成功当选的可能性就越大；候选人看起来越有亲和力，其成功当选的可能性就越小（Rule & Ambady，2010；Todorov et al.，2008）。想象一下，候选人为了赢得选举花费了几乎所有的时间、金钱和努力，而最后，"他们的脸看起来有多权威"这个简单的问题似乎却成了他们成功与否的重要依据。或许我们之前对"身体语言专家"的态度太轻蔑了！

的确，根据一个人的外表就足以形成关于其能力和人格的有意义的第一印象，这似乎令人难以置信。纳利尼·安贝迪（Nalini Ambady）和她的同事提出，基于简单的行为碎片形成的社会知觉就像**薄片**（thin-slicing）（Ambady & Rosenthal，1992；Rule et al.，2013；Slepian，Bogart，& Ambady，2014）。他们在一项研究中证实了社会知觉中的一个实例：大学生是怎样对他们的教授形成印象的（Ambady & Rosenthal，1993）。在这项研究中，研究者对十几名教师的教学过程进行了录像，然后从每一位教师的录像中随机选取 3 段 10 秒的片段。截取录像之后，他们给学生观看录像片段，这些学生之前从来没有上过录像中的教师的课程。学生需要在胜任度、自信心、生动性等维度上对这些教师的表现进行评分。

不出所料，学生在评分过程中并没有遇到什么问题，正如我们所讨论的那样，对他人的第一印象会迅速形成。但是在安贝迪的预测中，薄片式的印象不仅是迅速的，而且是有意义的。为了证实这一点，她比较了被试（这些人仅仅通过简单的录像片段来对教师进行评价）对这些教师的评价，以及这些教师的学生在学期末对其做出的教学评价。结果呈现出显著的相关性，即薄片式印象与那些整个学期都在上课的学生的知觉非常相似。事实上，即使是根据更短的仅有 6 秒的录像片段，被试依然能够准确地预测出谁是得分最高的教师（Ambady & Rosenthal，1992）。类似的发现不仅发生在学校，病人也可以依据医生的薄片式暴露形成有效的第一印象（Ambady et al.，2002；Slepian et al.，2014）。我们能够从非常有限的接触中提取有意义的信息，这吸引了畅销书作家的注意，安贝迪和其同事的这项研究在马尔科姆·格拉德威尔（Malcolm Gladwell）的图书《决断 2 秒间》（*Blink*）中扮演着重要角色。

很显然，第一印象在极短的时间内就已经形成了，那么这种印象可以维持多久呢？如果第一印象的消退和产生一样迅速，那么它在社会知觉中可能就没有那么重要了。但实际上，第一印象在社会知觉中发挥着重要作用。下面就让我们看看第一印象究竟有多重要，以及它能持续多久。

薄片：基于非常简短的行为样本得出关于他人能力和人格的有意义的结论。

你究竟有多希望图片中的这位写板书的教授是你的老师呢？迅速回答这个问题，不要思考！你可能觉得只凭一张简单的照片就了解一位教授的工作表现非常荒谬，但是，有研究发现，薄片式判断的确可以产生有意义的信息（它们也会令刻板印象持续存在，更多细节详见第 13 章）。这位教授就是普雷西卡·库马尔（Preethika Kumar）博士，她是威奇托州立大学电气工程学院的一名教师。她在 2015 年被授予“全国杰出教师”的称号。你对这张照片的薄片式判断与库马尔教授获得的荣誉一致吗？

第一印象产生的持久影响

我们在第 3 章曾提到过，当人们对社会性世界的本质不甚确定时，就会运用自己的图式来填补这些空缺。图式是一种心理捷径，当我们掌握的信息很少时，图式就能提供额外的信息来填补空白（Fiske & Taylor，2013；Markus & Zajonc，1985）。因此，当我们尝试了解他人时，我们把对这个人的仅有的一点了解作为起点，然后运用我们的图式进行更完整、充分的理解。这就意味着第一印象具有持久的影响力，它会影响我们对之后获得的信息加以解释的方式。

举个例子，假如你之前从来没有见过一个名叫凯斯的人，请你在听完我的描述后仔细思考你对他的印象：凯斯很有趣，在认识他的人中，有人说他很聪明，有人说他很勤奋，有人说他冲动且挑剔，也有人觉得他顽固、善妒。根据这些信息，你此刻对他有何印象呢？

现在，再想象另一个叫凯文的陌生人，凯文也很有趣。认识他的人里有人觉得他是善妒的、顽固的。但是，也有人认为他是挑剔的、冲动的、勤奋的、聪明的。

你可能已经感受到了一种模式。大家用同样的方式来描述这两个人，或者说，至少你所了解到的有关他们的内容是一样的，但是这些形容词的顺序调换了。你觉得人们会得出什么结论呢？所罗门·阿希（Solomon Asch）进行了这项研究，他发现，当人们用上述相同的词汇来描述两个人时，词汇的顺序起到了重要作用（Asch，1946）。如果个体被描述为“聪明的、勤奋的、冲动的、挑剔的、顽固的、善妒的”（例子中的凯斯），人们就会对这个人持有更积极的印象；反之，如果个体被描述为“善妒的、顽固的、挑剔的、冲动的、勤奋的、聪明的”（例子中的凯文），人们对他的印象就会更消极。为什么会有这样的结果呢？第一印象在其中起着至关重要的作用。在这个例子中，凯斯“聪明”“勤奋”这样的积极特征会制造一种滤镜（一种图式），让后面出现的词汇听起来更加积极。当你知道他聪明又勤奋之后，你就有可能以一种积极的视角去感知“冲动”“挑剔”这样的词汇——凯斯可能确实会未经思考就快速做决定，会挑剔别人的工作，但这可能是他的聪明导致的。那么凯文呢？你已经知道他善妒和顽固了，那么你就很容易把挑剔和冲动的特点看成消极的，这和你最初对他的预期一致。

阿希的研究证实了社会知觉中的**首因效应**（primacy effect），即在了解他人的过程中，我们最初获得的信息会对之后获得的信息产生影响。除了首因效应，人们还会使用图式来判断哪些特征会一同出现。也就是说，我们会根据一个人具有的少量已知特征去推断其可能存在的其他特征（Sedikides & Anderson，1994；Werth & Foerster，2002；Willis & Todorov，2006）。例如，人们通常认为一个有能力的人往往也是有权力的、占优势地位的，而人们对无能者的看法则相反

首因效应：在印象形成过程中，我们最初了解到的信息会对之后了解到的信息产生影响。

让第一印象成为你的优势

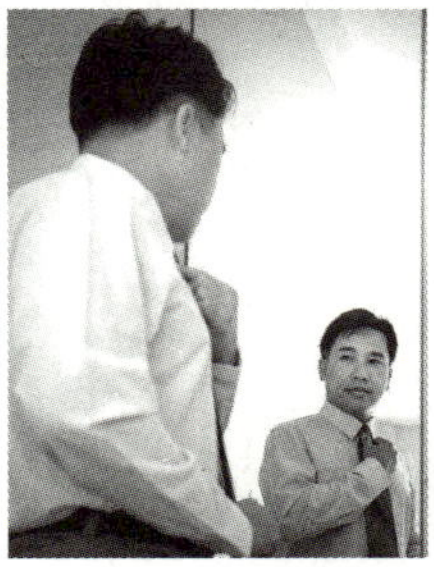

假设你现在已经了解了第一印象的重要性，你比之前更有动力想要成为优秀的人。社会心理学家提出这种倾向就是印象管理（impression management），即有意识或无意识地控制别人对你的看法（Leary & Kowalski，1990）。

研究表明，对握手状况的知觉会影响对他人性格的评价，甚至会影响一个人在面试中能不能得到面试官的推荐（Chaplin et al.，2000；Stewart et al.，2008）。因此，在与人会面时，除了要用心穿搭、保持目光注视，也不要忽视握手的重要意义。

有研究发现，你的身体语言除了会影响他人对你的看法，也会影响你自身的心理和行为。在一项研究中，研究者要求被试摆出一个强有力的姿势，结果他们报告自己感觉更强大，在随后的求职面试中也会有更好的表现（Cuddy et al.，2015；but also see Garrison，Tang，& Schmeichel，2016）。

第一印象的影响也体现在网络世界中。人们经常在社交平台上展示自己最好的一面，甚至存在夸大的现象（Rosenberg & Egbert，2011）。然而在真实的生活中，人们可能认为过度的印象管理是虚假的，它会让人们在错误的路上渐行渐远。

（Fiske，Cuddy，& Glick，2006；Todorov et al.，2008；Wojciszke，2005）。再例如，人们通常认为“美即好”——人们倾向于认为拥有美丽容貌的人也有许多其他美好的品质（Dion，Berscheid，& Walster，1972；Eagly et al.，1991；Hughes & Miller，2016）。

然而，首因效应和图式并不是第一印象能够持续发挥影响的唯一原因。人们在社会知觉的过程中也存在**信念固着**（belief perseverance）的倾向性，即人们倾向于相信自己最初获得的结论，即使后来得到的信息表明该结论是错误的。过去几十年，有大量的研究证实，人们在发现自己的判断是矛盾的或错误的之后，依然选择坚持他们的最初印象（Anderson，1995；Ross，Lepper，& Hubbard，1975）。学者用信念固着解释为什么法官很难忽略已经被判定为无效的证据，为什么科学家很难放弃已经被证实造假的研究结论，为什么选民对明知具有误导性的信息依旧深信不疑（Greitemeyer，2014；Lilienfeld & Byron，2013；Thorson，2016）。第 6 章会做出详细讨论，我们会发现这种不一致的思维方式。一旦我们下定决心，就倾向于保持这种决心。同样，第一印象一旦形成，我们也会很难动摇。

研究第一印象具有明确的意义：当我们很想赢得比赛时，再怎么强调正确的方法似乎都不足为过。你准备好当众演讲了吗？你最好是在自己状态最佳的时候做这件事，因为薄片式印象会发挥作用。你要去参加求职面试吗？穿什么衣服、是否保持目光注视，以及你的身体姿势都会影响后续交谈中面试官对你的评价。哪怕是最简单的自我介绍，如握手的方式，也会对之后的环节产生戏剧化的影响。

信念固着：即使后来得到的信息表明最初获得的结论是错误的，人们依然坚持该结论的倾向性。

问题回顾

1. 研究表明下面哪一位候选人最有可能赢得选举？（　）
   a. 丹尼斯，人们看到他的脸就会觉得这个人很温暖
   b. 西奥，人们看到他的脸就会觉得这个人值得信任
   c. 瓦尼萨，大眼睛、高额头、小小的婴儿般的鼻子
   d. 鲁迪，人们看到他的脸就会觉得这个人冷漠、精于谋划、有权力
2. 安贝迪及其同事认为薄片式印象是有意义的信息，因为（　）。
   a. 被试对 30 秒的录像进行评分和对 6 秒的录像进行评分差别不大
   b. 被试对录像片段的评分与这些教师收到的真实学生的期末评价十分一致
   c. 被试对视频片段和音频片段的评分结果相似
   d. 虽然薄片式录像片段很简短，但是被试花费了很长的时间做评价
3. 阿希关于人际知觉的研究提供了哪方面的证据？（　）
   a. 社会知觉中存在首因效应
   b. 第一印象在我们对之后获得的信息进行解释时起过滤作用
   c. 虽然描述两个人的特点的内容完全一致，但是内容呈现的顺序会对印象形成产生影响
   d. 以上三个都正确
4. 信念固着可以解释以下哪种情况？（　）
   a. 新闻栏目称全球气候改变是一场骗局，人们对此深信不疑，即使科学家已经证明了气候变化的真实性
   b. 在陪审团商讨期间，相比于让法官把自己的看法变成完全相反的观点，把一个人从有罪判为无罪更容易一些
   c. 天气预报预测全年降雨量比预测全年降雪量更准确
   d. 以上三个都正确
5. 关于印象管理，以下哪个观点是正确的？（　）
   a. 它既可能是有意识的，也可能是无意识的
   b. 它只发生在现实世界中，不会发生在虚拟世界中
   c. 它需要人们准确地刻画自我
   d. 它会适得其反，让人在错误的路上越走越远

“问题回顾”答案，请扫描章末二维码查看。

4.3 因果归因：回答“为什么”的问题

我们已经看到，在观察别人时，我们拥有丰富的信息来源（对方的非言语信息），并以此为基础形成我们的印象。然而，非言语信息并不一定能准确无误地反映出一个人的想法或感受。假如你遇见一个熟人，她对你说：“真高兴见到你！”她真的是这么想的吗？也许，她只是出于礼貌，表现出了远超过她心中真实感受的行为；又或许，她说的根本就是谎言，她其实很受不了你。重点在于，即使有时候我们很容易解读非言语信息，同时第一印象能够迅速形成，但他人行为的真正含义依然会让我们感到模糊（Ames & Johar，2009；DePaulo，1992；Hall，Mast，& West，2016）。

那位熟人的表现为什么会是那样的？为了回答这个“为什么”的问题，我们会通过直接观察来对人们行为的动机形成更宏观、更复杂的推论。我们如何回答这些问题是**归因理论**（attribution theory）的重点研究对象，归因理论是对人们解释自己及他人行为的原

归因理论：对人们解释自己及他人行为的原因的描述。

因的描述。

归因过程的本质

弗里茨·海德被誉为“归因理论之父”。他的巨著为社会知觉领域下了定义，他留下的知识财富在目前的研究引证中仍占有一席之地（Crandall et al.，2007；Kwan & Chiu，2014）。海德曾讨论过他所说的“幼稚”及“通俗”心理学。他认为，人们就像业余的科学家，尝试拼凑各种信息以了解他人的行为，直到找到一个合理的解释或理由为止（Surian，Caldi，& Sperber，2007；Weiner，2008）。

海德最有价值的贡献之一就是一个简单的二分法：在尝试解释别人为什么会有某些行为时（例如，判断为什么一位父亲会对他的女儿破口大骂），我们可以做出两种归因（Heider，1958）。一种方法是做出**内部归因**（internal attribution），认为导致父亲的行为的原因与他自己有关，即他的人格、态度或个性，也就是解释他行为的内部原因。例如，我们可以认为他不是一位很称职的父亲，他教养孩子的方式并不正确。相反，我们也可以做出**外部归因**（external attribution），认为导致他的行为的原因是当时的情境，而不是他的人格或态度。如果我们认为他大吼大叫是因为他女儿过马路时没有注意左右来车，那么我们就是在对他的行为做外部归因。

要注意的是，因为所用归因类型的不同，我们对这位父亲的印象会有很大的差异。如果我们使用内部归因，那么我们会对他产生负面印象。如果我们使用外部归因，那么我们就无法对他有更多的了解——毕竟，大多数父母在孩子违抗他们的劝阻擅自穿越马路时，都会做出同样的行为。两种归因带来的差异真的很大！

内部归因和外部归因二分法在婚恋关系中也扮演着十分重要的角色。的确，如果婚姻快乐、美满，夫妻双方对彼此所做出的归因与那些婚姻关系紧张的夫妻有很大的差别。婚姻美满的夫妻倾向于对伴侣的正性行为做内部归因（例如，“她之所以帮助我，是因为她是一个非常慷慨的人”），而对伴侣的负性行为做外部归因（例如，“他之所以说那些刻薄的话，是因为他这周的工作实在是太紧张了”）。相反，婚姻不幸的夫妻倾向于出现相反的模式，即认为其伴侣的正性行为是由外部原因所致（例如，“她之所以帮助我，是因为她想给我的朋友留下好印象”），而其负性行为则是由内部原因引起的（例如，“他之所以说那些刻薄的话，是因为他根本就是个以自我为中心的混蛋”）。当亲密关系出现问题时，后一种归因模式会使情况变得更糟，并且会对之后的关系造成严重的影响（Fincham et al.，1997；Furman，Luo，& Pond，2017；McNulty，O’Mara，& Karney，2008）。

归因倾向会对婚姻关系产生重要影响。电视节目《喜新不厌旧》（*Blackish*）中有一位叫德瑞的父亲，他的妻子鲍面临着把德瑞古怪的行为归于内因还是归于外因的问题。例如，德瑞在万圣节以恶作剧的方式吓唬孩子是不成熟的表现吗？还是只是一个父亲意识到孩子慢慢长大，自己却很少陪伴他们时的慈爱表现？是否对伴侣做出更善意的归因是未来一段时间内关系满意度的有效预测源。

共变模式：内部归因与外部归因

判断人们如何做出内部归因或外部归因的决定，是社会知觉过程中最首要、最核心的一步。哈罗

内部归因：这种推论方式认为，一个人之所以出现这样的行为，其原因与他自己有关，如他的人格、态度或个性。

外部归因：这种推论方式认为，一个人之所以出现这样的行为，其原因与他所处的情境有关，并假设大多数人在同样的情境下都会做出同样的反应。

德·凯利对归因理论的主要贡献在于他提出了这样一种观点，即当我们形成对他人的印象时，我们会注意并思考不止一项信息（Kelley，1967，1973）。例如，假设你向你的朋友借汽车一用，但她拒绝了你，你很想知道她拒绝你的原因，你会如何解释她的行为呢？凯利的理论被称为**共变模式**（covariation model），即个体会检视不同时间、不同情境下的各种行为来回答这一问题。你朋友以前曾拒绝把车借你吗？她把车借给过别人吗？她经常把其他东西借给你吗？

根据弗里茨·海德的理论，我们倾向于把一个人的行为原因归为内部因素。例如，当一个人在沿街乞讨时，我们可能会认为他的穷困潦倒是咎由自取（也许是因为他太懒惰或染上毒瘾）。如果我们了解了这个人的情况（他沿街乞讨是因为工厂倒闭或他妻子的医疗费用高得让他们倾家荡产），那么我们可能会得出不同的外部归因。

凯利假设（与海德一样），我们在归因过程中会收集各种信息或数据，并且我们所使用的数据是，他人的行为如何随着不同的时间、地点、角色及目标而改变。通过发现他人行为的共变性（例如，你的朋友拒绝把车借给你，但是她很乐意把车借给其他人），你就能够判断他人行为的原因。

在形成归因时，我们应该检视何种共变信息？凯利指出有三种重要的信息，即共识性信息、特殊性信息及一致性信息（Kelley，1967）。假设你在一家商店做兼职，你看见你的老板对另一名雇员汉娜咆哮，并骂她是个白痴。于是，你不由自主地就想到了一个归因问题："老板为什么要对汉娜大声咆哮并如此挑剔？是老板自己的问题还是汉娜的问题？或者是周遭环境的某些因素影响了他？"

凯利的共变评估模式是如何回答这个问题的呢？这主要取决于该情境中有关行为者（老板，归因对象）以及刺激对象（汉娜，行为接收者）的三种不同类型的信息。**共识性信息**（consensus information）是指其他人对于相同的刺激对象（对本例而言是汉娜）曾做出什么行为。其他员工是否也会对汉娜大呼小叫并批评她？换言之，不同的人对汉娜的态度和行为都一样吗？如果答案是一样，则有可能是汉娜自己的工作表现导致了我们看到的情境。但如果不同的人对她的态度和行为不一样，则有可能是老板的行为导致了该情境。

特殊性信息（distinctiveness information）是指行为者对其他刺激对象（对本例而言是除了汉娜之外的其他人）的反应如何。这位老板是不是也会对店里的其他员工咆哮并贬损呢？也就是说，老板只对汉娜这样，不对别人这样吗？如果事实是这样，那么我们会倾向于认为是汉娜自身的原因导致了老板的行为。如果老板用这种方式对待很多人，那么我们倾向于把事件归因于老板。

一致性信息（consistency information）是指在不同的时间和不同的环境下，被观察的行为出现在同一个行为者和同一个刺激对象之间的频率。这位老板责骂汉娜这一行为是规律且频繁的吗？他是否不管店里

共变模式：该理论表明，为了对一个人的行为做出归因，我们会对可能原因的存在与否和该行为的发生与否两者间的模式，进行系统化的观察。

共识性信息：这类信息是对于相同的刺激对象，其他人做出与行为者相同行为的程度。

特殊性信息：这类信息是某个行为者对于不同刺激对象做出相同反应的程度。

一致性信息：这类信息是在不同的时间和环境下，某种行为出现于同一行为者和同一刺激对象之间的频率。

顾客多或少，不管是星期一早上还是星期六晚上都经常责骂汉娜？换言之，只要他和汉娜在一起就一定会发生辱骂吗？

依据凯利的理论，当信息的一致性程度较低时，即当行为者和刺激对象之间并非总是产生同一结果时，我们很难对行为直接进行内部归因或外部归因。通常在这种情况下，我们别无选择，只能归咎于偶然因素。实质上，我们采用了一种特殊的外部归因或情境归因，即在特殊的情境中会发生特殊的事。例如，老板可能在那天得知了非常令人恼火的消息，然后碰巧第一个碰到汉娜，因此对她大发脾气。

但是，当信息的一致性程度较高时，共识性信息和特殊性信息的具体模式可以让我们做出明确的内部归因。当行为的共识性及特殊性低但一致性高时（见表 4-1），人们很可能做出内部归因（即认为该行为的起因与老板本身有关）。如果我们知道没有其他人会责骂汉娜，老板会责骂其他员工，而且只要一逮到机会就责骂汉娜，我们便有理由认为，这位老板之所以对汉娜咆哮，是因为他是个苛刻、爱报复的人。当共识性、特殊性及一致性程度都很高时，人们很可能会做外部归因（即认为事情和汉娜有关）。如果每个人都经常责备汉娜，她的老板从不责备其他人，我们就可以认为汉娜是导致老板做出该行为的原因。

共变模式假定人们以理性、逻辑的方式来做因果归因。人们会观察线索，如行为的特殊性，然后对导致他人行为的原因做出逻辑推理。多项研究证实，人们的确常常以凯利的共变模式做出归因（Hilton，Smith，& Kim，1995；Rottman & Hastie，2014；White，2002）。但是，也有两个例外：首先，有研究显示，人们运用共识性信息的频率并不如凯利预期中的多，在形成归因时，他们较依赖特殊性信息及一致性信息（McArthur，1972；Wright，Luus，& Christie，1990）；其次，人们并不能总是拥有他们所需要的、与凯利的三个维度相关的信息。例如，如果这是汉娜第一天上班，或者这是你第一天上班，你之前从没见过老板和汉娜。在这些情形下，人们会使用他们已有的信息来进行归因，并且在必要的时候对缺失的信息进行推论（Fiedler，Walther，& Nickel，1999；Kelley，1973）。

总而言之，共变模式将人们看作专业侦探，就像福尔摩斯一样，人们有系统、有逻辑地推论行为的起因。然而，人们在对他人的行为进行判断时，并不一定总会保持逻辑性或理性。有时候人们会曲解信息，以满足自己的自尊需求。其他时候人们会运用那些虽然有帮助，却会导致错误判断的心理捷径。遗憾的是，有时候我们就会做出错误的归因。在下一节中，我们将讨论某些会危害归因过程的错误或偏差。有种心理捷径极为常见，即认为一个人的所作所为，其原

表 4-1 共变模式

共识性低	+	特殊性低	+	一致性高	=	**内部归因**		老板的性格或价值观
老板是店里唯一会对汉娜大吼大叫的人		老板对每个员工都会大吼大叫		老板几乎每次见到汉娜都会大吼大叫				
共识性高	+	特殊性高	+	一致性高	=	**外部归因**		问题不在于老板，有可能是汉娜的工作态度问题
所有员工都对汉娜大吼大叫		老板并不对其他员工大吼大叫		老板几乎每次看到汉娜都对她大吼大叫				
共识性低或高	+	特殊性低或高	+	一致性低	=	**难以归因**		当行为的共识性和特殊性或低或高，一致性较低时，很难做归因

老板对员工汉娜大吼大叫，这是由于老板自身的因素（内部归因），还是一些外部因素（如汉娜的工作态度问题、老板面临工作压力、老板生活中遭遇了一些棘手的事等）呢？共变模式中的共识性、特殊性及一致性三个变量会帮助你迅速做出决策。

因是他是怎么样的人，而不是因为他处在什么样的情境中。

基本归因错误：人人都是人格心理学家

1955 年 12 月的一天，在美国亚拉巴马州的蒙哥马利，一位黑人女裁缝在公交车上拒绝给一位白人让座。此时支持种族隔离主义的“吉姆·克劳”法案已在美国南部颁布，该法案将非裔美国人归为二等公民。例如，他们只能坐在公交车的后十排；当公交车中间座位无人坐时，非裔美国人才可以使用；公交车前十排只能由白人使用（Feeney，2005）。在 1955 年的这天，罗莎·帕克斯（Rosa Parks）违反了这条法律，拒绝给白人让座。她说：“人们常常说我没有让座是因为太过疲惫了，但这并不是真的。我在身体上并没有任何疲惫……我只是对放弃感到疲惫（Feeney，2005）。”因此，帕克斯女士被判定违反了“吉姆·克劳”法案并被罚款。作为回应，非裔美国人联合抵制该家公交车公司一年，并向法院提起诉讼，最后以 1956 年高级法院废除“吉姆·克劳”法案而告终。罗莎·帕克斯的勇敢举动是美国人权运动中的重要事件（Shipp，2005）。

2005 年 10 月 24 日，罗莎·帕克斯以 92 岁高龄去世。为了纪念她，美国公共交通部门将 12 月 1 日定为“罗莎·帕克斯纪念日”，主要城市的公交车会把司机后面的座位预留一整天，为了提醒乘客，会在紧邻座位的窗户上张贴这位女士的照片和“一切都源于公交车”这句标识（Ramirez，2005）。

一位纽约记者在那天特意乘坐各辆公交车，观察人们是否会践行这项纪念活动，毕竟城市公交车上的一个空座是很吸引人的。他发现，哪怕是在高峰时段，绝大部分的旅客也能遵守，但仍旧有小部分的旅客坐在了预留座位上。无论是对于这位记者，还是对于同车的乘客来说，这都是一件趣事。他们为什么要这么做？这似乎是明目张胆的冒犯行为。怎么有人能不尊敬罗莎·帕克斯呢？是不是这些“占座者”对种族有偏见？是不是他们是自私的人，优先考虑自己的个人需求？简而言之，大家会对“占座者”进行负面的性格归因。

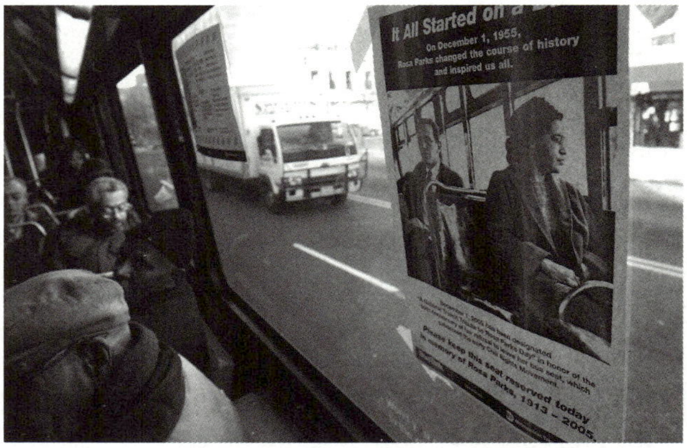

美国的公交车都设置了这样的一个指示牌，提示乘客预留一个空座来纪念罗莎·帕克斯。

记者开始一一采访“占座者”为什么要选择这个特殊的座位。让人意想不到的是，情境化的解释出现了。“占座者”表示他们没看到标识。实际上这些标识很容易因为太小和位置偏僻而被人忽视（Ramirez，2005）。在指出标识后，“占座者”往往很快就离开座位了。一个人快速地阅读了标识，离开座位并道歉：“我没有意识到这件事……这个座位代表了历史……意味着自由。”另一位“占座者”是个黑人，他在刚准备坐下时看到了标识，并马上停止了坐下的举动。他对另一位黑人女性说“但人们仍旧坐在这里”。黑人女性回答：“因为他们没有看到标识。”黑人说：“那好吧。”然后他将标识移到了座位的边缘，说：“这下他们都能看到了吧！”所以，这辆公交车上的乘客对这些“占座者”的行为的归因是错误的。他们认为，“占座者”的行为是个人性格所致（性格不好），而不是环境。而实际上，他们的行为只是因为标识的字体太小且摆放位置不合适。

关于人类行为，大多数人都持有一个普遍的、基本的理论或图式：人们的所作所为起因于他们是什么样的人，而非他们处于什么样的情境。当我们以这样的方式进行思考时，我们比较像人格理论学家，认为行为源于内在性格及特质，而不像社会心理学家，会去注意社会情境对行为造成的影响。正如第 1 章所述，这种高估人们行为内部的性格因素，而低估情境因素的倾向被称为基本归因错误（Heider，1958；Jones，1990；Ross，1977；Ross & Nisbett，1991）。基本归因错误也被称为一致性偏差（correspondence bias）（Gilbert，1998；Gilbert & Jones，1986；Gilbert & Malone，1995；Jones，1979）。

对于人们认为人类行为反映其性格和信念，而不是受情境影响的倾向，已经有许多经验证明了这一点（Arsena，Silvera，& Pandelaere，2014；Gawronski，2003；Miller，Ashton，& Mishal，1990）。例如，在一项经典研究中（Jones & Harris 1967），爱德华·琼斯（Edward Jones）和维克多·哈里斯（Victor Harris）让大学生读一篇他们的同学所写的短文，内容是反对或赞成某国政权（如果把这篇文章放在当代，研究者可能会让大学生以自己支持或反对的立场去读文章）。在读完文章后，他们需要猜测文章作者对该国领导人的真实看法（见图 4-2）。

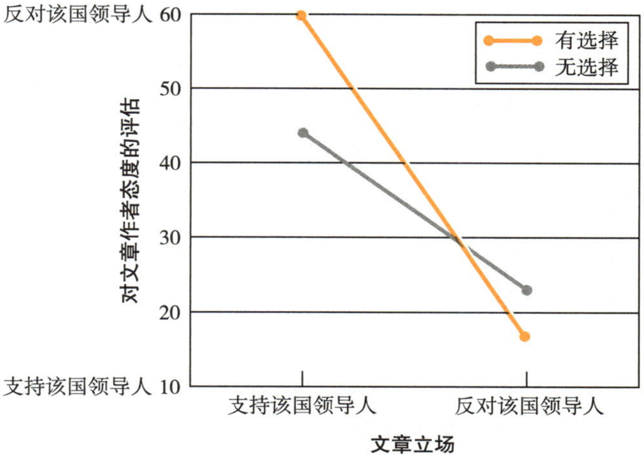

图 4-2 基本归因错误

即使人们知道作者对文章主题的选择是由情境因素决定的（即处于没有选择的情况下），他们也会假定该作者所写的文章能反映其对该国领导人真正的态度。也就是说，人们对他的行为会做内部归因。

资料来源：Jones & Harris，1967.

在第一种情况下，研究者告诉被试，作者可以自由选择赞同或反对的立场，因此猜测其真正的想法很容易。如果他选择写文章支持该国领导人，那么很明显，他真实的态度也一定是支持该国领导人。就好比如今如果一个学生选择写文章支持有关部门采取某项积极的政策，那么我们就可以推测，他确实是这项政策的支持者。然而在另一种情况下，被试知道作者对于自己的立场无法选择——像辩论选手一样，他的立场已经被指定了。也就是说，我们不能推断作者在文章中阐述的立场能代表他的真实立场。然而，被试会推断作者真的认同自己所写的内容，即便他们知道作者没有选择立场的权力。如图 4-2 所示，人们只对他们的猜测做了些小调整，但是仍然认为短文的内容在某种程度上反映了作者真实的想法。这和另一个例子相似，人们往往会推测，被安排持有反对堕胎立场的人，他们真实的态度也是反对堕胎的。这就是基本归因错误，即人们会忽视行为过程中的情境因素（立场是被安排好的），进而做出内部归因（代表了这个人的真实态度）。

为什么基本归因错误如此重要呢？这并不是说做内部归因都是错误的。很明显，人们常因他们的性格特点而做出某些行为。一些喜欢大喊大叫的老板真的很鲁莽。然而，有相当多的证据显示，社会情境对行为有强大的影响。的确，社会心理学的主要课题就是研究这些强有力的影响。基本归因错误的重点是，人们在解释他人的行为时，倾向于低估外部因素的影响。正如琼斯和哈里斯的实验所示，即使行为很明显地受到情境的限制，人们还是坚持做内部归因（Li et al.，2012；Newman，1996；Ross，Amabile，& Steinmetz，1977）。

基本归因错误中的知觉显著性作用

为什么人们会犯基本归因错误呢？原因之一是，在我们尝试解释他人行为时，我们的焦点常常放在人身上，而非周遭的情境（Baron & Misovich，1993；Heider，1944，1958；Jones & Nisbett，1972）。事实上，他人行为的情境因素通常是我们看不到的（Gilbert，1999；Gilbert & Malone，1995）。如果我们不知道一个人在今天稍早时遇到了什么事（例如，她在期中考试中只得了“F”），那么我们就无法运用该情境信息来帮助我们理解她现在的行为。而且，就算我们知道了她的处境，我们还是不知道她会如何对此加以诠释。例如，她原本就打算放弃这一科了，因此，“F”并不会让她觉得难过。如果我们不知道这个情境对她的意义，那么我们就无法正确判断该情境对她行为的影响。

如果关于行为的情境因素信息通常是我们无法获知或难以正确解释的，那么还有什么信息可供我们参考呢？虽然我们很难看见一个情境的全貌，但是人却具有极高的知觉显著性——我们的眼睛看到的以及耳朵听到的对象正是人。我们通过感官注意到的信息会将我们观察到的行为合理化（Heider，1958）。因为我们看不到情境，所以我们忽视了它的重要性。我们的**知觉显著性**（perceptual salience）的对象是人，而不是情境。我们注意到了他们，并倾向于认为他们是引起行为的唯一原因（Lassiter et al.，2002；Moran，Jolly，& Mitchell，2014）。

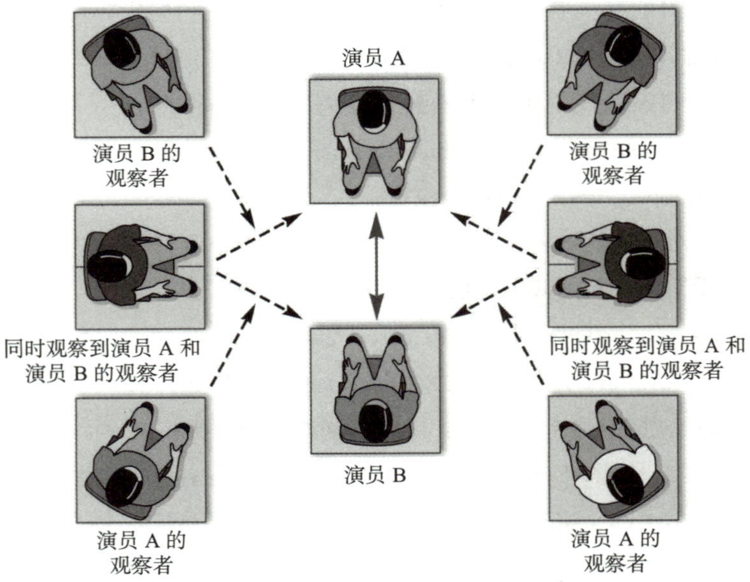

图 4-3 操纵知觉显著性

这是泰勒及菲斯克实验中的座位安排，其中有两名演员及六名被试。所有被试都被要求评价两名演员在对话中的影响力。研究者发现，人们会认为自己看得最清楚的演员在对话中最有影响力。

资料来源：Taylor & Fiske，1975.

很多研究都已证实了知觉显著性的重要性——尤其是谢莉·泰勒（Shelley Taylor）及苏珊·菲斯克（Susan Fiske）的一项巧妙的研究（Taylor & Fiske，1975）。在这项研究中，两名男学生进行了一段对话（实际上他们是实验同谋，他们的对话遵循特定的脚本）。在每一轮实验中，都有六名真正的被试（观察者）参加，他们围绕着两名对话者，坐在指定的座位上（见图 4-3）。两名被试分别坐在两名对话者的两侧，他们可以清楚地看到两名对话者；另外两名被试分别坐在两名对话者后方，他们可以看到其中一名对话者的背面以及另一名对话者的正面。因此，视觉上最显著的人就是被试可以最清楚地看到的对话者，这在研究中得到了巧妙的操控。

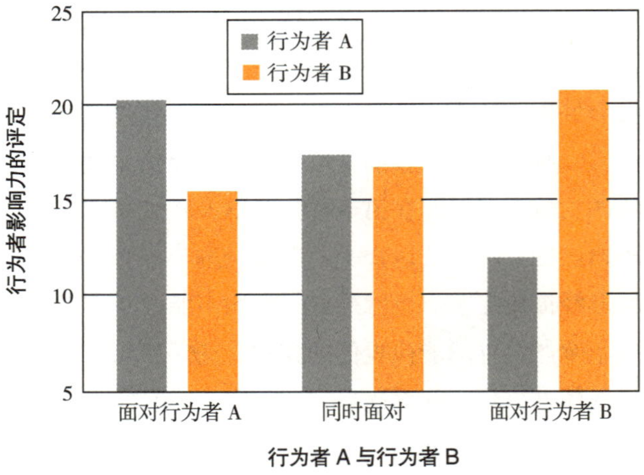

图 4-4 知觉显著性的影响

这些是对每个行为者在谈话中发挥的作用的评价。人们认为，他们看得最清楚的行为者在对话中的影响力最大。

资料来源：Taylor & Fiske，1975.

在对话结束后，被试被问及有关两名对话者的问题。例如，谁主导对话的进行以及谁选择谈论的主题？结果如何？他们看得最清楚的人被认为是对对话最有影响力的人（见图 4-4）。即使所有被试所听到的对话都是相同的，但只看到 A 学生正面的人认为是 A 主导着对话并选择了谈话主题，只看到 B 学生正面的人则认为 B 主导着对话并选择了谈话主题。相比之

知觉显著性：成为人们关注焦点的貌似极具重要性的信息。

下，能够清楚地看到 A 与 B 的被试都一致认为两个人共同主导着对话。

知觉显著性也会在我们如何看待高风险对话的过程中发挥作用。想象这样一个情境，在一场审讯中，警察对嫌疑人发起提问。丹尼尔·莱西特（Daniel Lassiter）及其同事（Lassiter et al.，2007；Lassiter，2010）设计了一项研究，他们让 21 位法官和 24 位警察观看了一段审问录像，内容是一个嫌疑人供认某个犯罪行为。审问录像一共有三个版本：仅仅录制嫌疑人；仅仅录制审问者；嫌疑人和审问者都被录制。被试需要判断嫌疑人承认罪行的行为在多大程度上是自愿的，或者在多大程度上是被迫的。结果显示，仅录制嫌疑人的录像被视为自愿招供的程度远远高于另外两种情境（Lassiter et al.，2007）。也就是说，在这种情境下，嫌疑人的知觉显著性导致了基本归因错误，让嫌疑人看上去更加“有罪”。这样的结果令人担忧，因为在很多真实的犯罪调查中，在录像中仅呈现嫌疑人依然是标准的操作流程。新西兰就采取了一项“平等关注”嫌疑人和法官的举措，以尽可能避免归因偏差（Lassiter et al.，2006）。

知觉显著性也可以被称为我们的视觉焦点，有助于说明为什么基本归因错误如此普遍。因为我们很难看见或了解周围的情境，所以我们把关注的焦点更多地放在人们身上，而不太注意周围环境。因此，当我们听到辩论者支持反堕胎时，我们的第一反应是这代表了发言者的真实立场：“这个人一定是反对堕胎的合法性的。”但是，我们知道这个说法并没有涵盖故事的全貌。我们可能会想“从另一个角度来看，我知道他在辩论中的立场是被指定的”，并调整我们所做的归因，使其更符合情境。然而，人们对其判断所做出的调整通常不够充分。在琼斯和哈里斯的实验中，那些了解作者无法自由选择写作主题的被试仍然认为作者所写的内容就是他本身的想法，至少在某种程度上是这样的。他们从锚定点（即短文所主张的立场）出发所做的调整并不充分（Quattrone，1982）。

两阶段归因过程

总而言之，人们在做归因时会经历一个**两阶段归因过程**（two-step attribution process）（Gilbert，1989，1991，1993；Krull，1993）。首先，我们先做内部归因，假设他人行为源自个人因素；然后，我们再试着调整这个归因，将他人所处的情境纳入考虑。但是，我们在第二个阶段中，往往没有做足够的调整。的确，如果我们在解释他人行为时一心二用，或是有了先入为主的观念，那么，我们往往会跳过第二个阶段，做出一个更极端的内部归因（Gilbert & Hixon，1991；Gilbert & Osborne，1989；Gilbert，Pelham，& Krull，1988）。为什么会这样呢？因为第一个阶段（做内部归因）会迅速而自发地产生，而第二个阶段（做出调整使之适合情境）需要更多的努力及有意识的注意（见图 4-5）。有关脑成像的研究为此提供了证据，证实了人们做归因时倾向于自发进行内部心理状态归因，而忽略潜在的情境解释（Brosch et al.，2013；Moran et al.，2014）。

那么，我们究竟什么时候会进行第二个阶段的归因呢？当我们在做出判断前有意识地放慢速度并谨慎思考，或者渴望得出尽可能准确的判断，抑或对目标对象的行为有所怀疑时（例如，认为他在说谎或有不可告人的动机），我们就会进入归因过程的第二个阶段（Hilton，Fein，& Miller，1993；Risen & Gilovich，2007；Webster，1993）。当然，在一些文化背景中，内部归因可能不是默认的模式，那么两阶段归因模式在这种情境中就不适用（Mason & Morris，2010），这一点我们会在下一节具体讨论。

自利归因

假设有一天艾莉森有点不安地去上化学课，因为

两阶段归因过程：在分析别人的行为时，人们通常会先自动地做内部归因，然后才会想到行为可能的情境因素，进而对原先的内部归因做出调整。

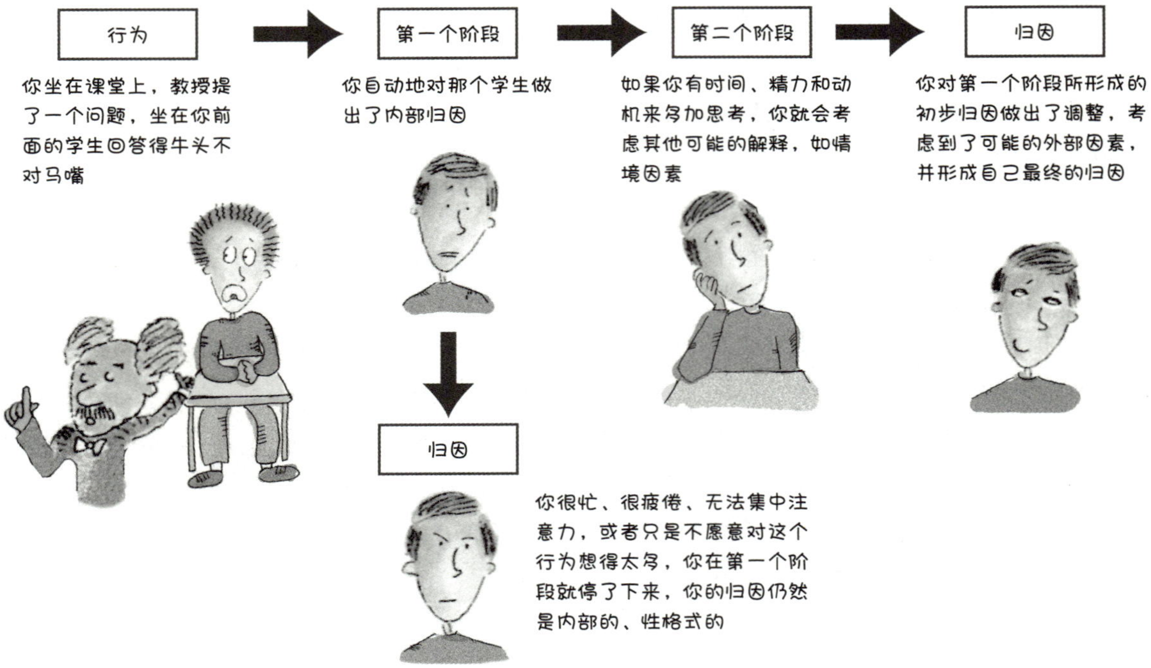

图 4-5　归因的两阶段过程

这一天她将会知道期中考试的成绩。教授将考卷发给了艾莉森。她翻过来一看，发现自己得了A。艾莉森如何解释她的成绩？你可能会猜到，人们倾向于认为他们的成功是由于自己的努力，而将失败归咎于不可控制的外部事件。因此，艾莉森很可能认为她之所以取得好成绩，是因为她学化学很有天赋以及她本来就很聪明。但是如果艾莉森成绩不好又会怎样呢？她很可能会责怪老师没有给她一个公平的成绩。当人们的自尊受到威胁时，他们通常会采取自利归因（self-serving attribution）。简单地说，它是通过内部归因将成功归功于自己，而通过外部归因将失败归咎于他人或情境的倾向（Kestemont et al.，2014；Miller & Ross，1975；Pronin，Lin，& Ross，2002）。

职业体育比赛对研究自利归因来说是一个极其有趣的领域（Wertheim & Sommers，2016）。在解释团队取胜的原因时，队员及教练一致认为那是团队自身的原因。事实上，一项针对职业运动员和教练如何解释其团队成败的分析发现，80% 的获胜原因都被认为与内部因素有关。而失败则大多被归因于外部因素，如运气不好或对手的实力太强，这并非球队能控制的（Lau & Russell，1980）。罗希和阿米尔汗（Roesch & Amirkhan，1997）想要了解一名运动员的技巧、经验和运动种类是否会影响其归因方式。结果显示，经验较少的运动员比经验丰富的运动员更有可能做自利归因。首先，因为经验丰富的运动员知道，失败有时候是他们自己的错，而胜利却不见得都是自己的功劳；其次，技巧高超的运动员比能力较差的运动员更多地做自利归因，因为这些极具天赋的运动员相信，胜利源于他们自己的杰出才能，而失败这种不常见且令人不快的结果则是队友或比赛的其他状况造成的；最后，个人运动的运动员比团体运动的运动员做更多的自利归因，因为他们知道，无论胜利还是失败，他们都要自己负责。

为什么我们会做自利归因？第一个理由是，大多数人会尽可能地维护他们的自尊，即使他们必须改变想法、信念，或者扭曲事实（我们将在第 6 章详

自利归因：将成功归因于内部因素（即性格因素），而将失败归因于外部因素（即情境因素）。

自利偏差的实例

归因过程就是对周围世界做出解释的过程，但该过程也具有一定的自我功利性。例如，想象一下一名学生在考试中取得了较差的成绩，他会如何做出解释。把成绩差归因于外部因素（考试不公平、考场拥挤、分心、没时间复习等）可以保护自我，从而避免消极的反馈。

还有一种自利偏差就是把事件归因于受害者的倾向性。“恶有恶报”这样的想法会让我们觉得自己可以免于悲剧。再例如，有些人认为自然灾害是上帝对社会中不道德行为的一种惩罚手段。

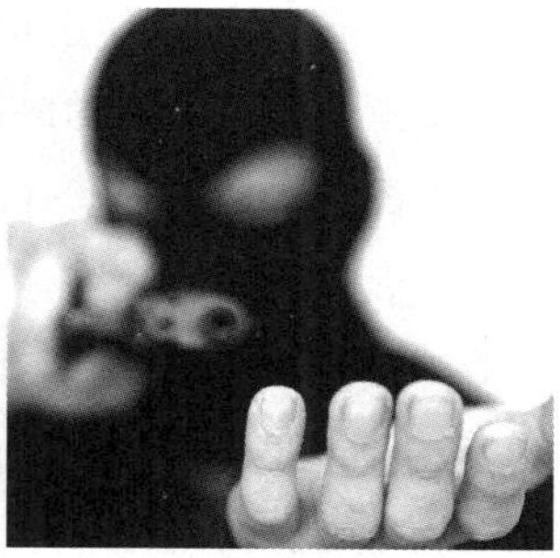

你听说过这样的说法吗？抢劫或其他事故永远不会发生在你身上，是因为你做了更好的防范措施。或许是因为受害者当时正在打电话或独自走在昏暗的地方。这样的归因会让我们觉得发生抢劫的可能性较低，也会让我们对这个难以捉摸的世界更有安全感。

对性侵犯事件的受害者问责是一个尤为严重的问题。把责任推到受害者身上，在某种程度上可以让人们有理由认为，性侵犯事件并不会发生在每个人身上。图片中展示的就是人们抗议把性侵犯归因于受害者的穿着的场景。

总之，认为发生在一个人身上的不幸都是因为他自己，这种想法其实是一种自利偏差，就像“善有善报，恶有恶报”这句俗语。虽然这种思维方式可能会让我们安心，但这也会阻止我们更全面、更合理地考虑问题。

细讨论这一概念）。有一项特定的归因策略可以用来保持或提升我们的自尊——你只要找出对你最有利的“因果关系”（Greenberg，Pyszczynski，& Solomon，1982；Shepperd，Malone，& Sweeny，2008；Snyder & Higgins，1988）。当我们遭遇失败并感到无力改变这一现状时，我们就极有可能进行自利归因。当在未来取得进展毫无希望时，外部归因的确能保护我们的自尊。但是如果我们相信我们能有所改进，那么我们则更有可能把自己的失败归因于内部因素并致力于做出改进（Duval & Silvia，2002）。第二个理由和我们如何在别人面前表现自己有关，而和我们如何看待自己关系不大（Goffman，1959）。我们都希望别人觉得我们很棒，告诉别人自己不好的表现是由于外在因素的影响，这是一个掩饰失败和进行印象管理的好办法。

做出自利归因的第三个理由和我们先前讨论的人们所拥有的信息种类有关。让我们想象化学课上有一个叫罗恩的学生，他的期中考试成绩很糟糕。罗恩知道自己为了期中考试做了很充分的准备，他在化学考试中通常都表现得很好，总体来说他是一个非常优秀的学生。在化学期中考试中得了一个“D”的确是个意外。罗恩可以做出的最符合逻辑的归因就是考试是不公平的——他的成绩并不是因为能力不足或不够努力。然而教授知道有人在这次测验中得了高分，因此他得出结论，并不是因为测验太难，而是罗恩自己的问题，这也是合乎逻辑的（Miller & Ross，1975；Nisbett & Ross，1980）。

人们在处理其他类型的自尊威胁时，也会改变他们的归因。生活中最难以理解的事就是悲剧的发生，如突然的袭击、绝症以及致命的意外。即使悲剧是发生在素未谋面的陌生人身上，但这种事也会使我们惊慌。这提醒我们，如果这样的悲剧能够发生在其他人身上，那么也有可能发生在自己身上。我们因而采取各种方法否认这些事实。一种防卫归因便是相信坏事只发生在坏人身上，或者只会发生在那些做出愚蠢行为或决定的人身上。这种事不太可能发生在我们身上，因为我们不会那么愚蠢或不小心。梅尔文·勒纳（Melvin Lerner）称这种信念为公平世界信念（belief in a just world）（Lerner，1980，1998），即认为善有善报，恶有恶报（Adolfsson & Strömwall，2017；Aguiar et al，2008；Hafer & Begue，2005）。

公平世界信念会造成一些令人难过的，甚至悲剧性的后果。例如，假设你学校里的一名女生在约会时被一名男生强暴了。你和你的朋友会有什么反应？你会认为她做了什么事引发了强暴的发生吗？你会怀疑她那晚的早些时候曾做出过暗示性的行为吗，或者她是否邀请了这名男生进入她的房间？人们为了让自己的心里好受些，往往会采取上述防卫归因，把问题归因于受害者（Burger，1981；Lerner & Miller，1978；Stormo，Lang，& Stritzke，1997）。事实上，多个研究表明，人们通常把犯罪或意外事件视为受害者自己造成的不幸。例如，人们倾向于把强奸和家暴这类犯罪行为归因于受害者（Abrams，Viki，Masser，& Bohner，2003；Bell，Kuriloff，& Lottes，1994）。通过使用这种归因偏差，知觉者就不必认为生活中存在某些随机事件，即意外或犯罪很可能随时会伤害无辜的人。这种公平世界信念使我们不会对自己的安全产生忧虑。

偏差盲点

到目前为止，我们已经讨论了很多归因偏差。你有可能在想到某些场景时就已经陷入了某种归因偏差；你也有可能觉得，这样的偏差在你身上只是偶然出现，但对他人而言是个比较严重的问题。并不是只有你自己这样想！艾米莉·普罗宁（Emily Pronin）及其同事曾研究过这个问题，找到了偏差盲点（bias blind spot）的证据：我们倾向于认为他人比自己更易受到归因偏差的影响（Hansen et al.，2014；Pronin et al.，2002，2004）。

为了研究偏差盲点，研究者给被试呈现了很多偏差描述。这里我们主要关注两种：自利归因和责怪受害者。被试读到的描述中没有出现“偏差”一词（这使它听起来像坏事），他们被描述为“倾向于”用特定方式思考。被试评估自己在思考时在多大程度上会受到这些倾向的影响，其范围从“一点也不”到“很强烈”。接下来，被试要评价他们认为美国大众在思考时会在多大程度上受到这些倾向的影响。结果表明，两种情况显著不同：被试觉得自己只是“有点”受到自利归因的影响，但认为美国大众非常容易受影响。同样，被试认为自己几乎不会犯“责怪受害者”的归因错误，但认为美国大众在做出判断时更易犯这种错误（见图4-6）。

公平世界信念：一种防卫归因，即认为善有善报，恶有恶报。

偏差盲点：认为他人在思考时比自己更易受归因偏差的影响的倾向。

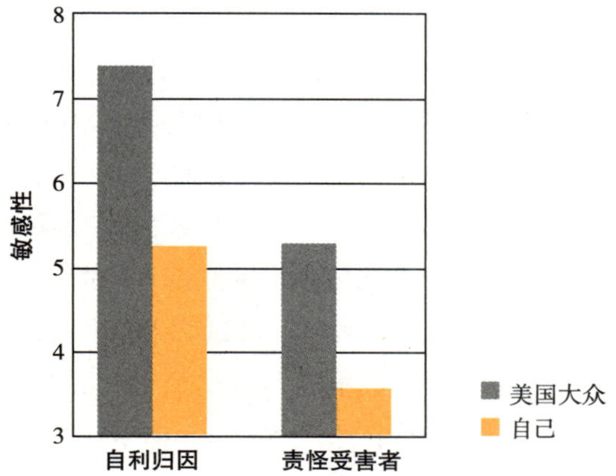

图 4-6　自己和美国大众对归因偏差的敏感性

被试要评估他们自己和美国大众对两种归因偏差的敏感性。他们认为与自己相比，其他人更可能会有偏差思维。

资料来源：Pronin，Lin，& Ross，2002.

因此，虽然我们似乎意识到归因偏差常发生在他人身上，但是我们并不擅长于意识到它也发生在自己身上。我们的思维是理智的，而他人是容易受偏差影响的！这些发现提醒我们需要反思自己的判断过程，检查自己的结论，注意潜在的偏差盲点。

问题回顾

1. 下列哪一项不属于内部归因？（　）
   - a. 弗莱德打扑克赢了近 100 美元，他把这件事归因于自己是个技巧高超的玩家
   - b. 维尔玛认为自己生物考试成绩差是因为不擅长做多选题
   - c. 达芙妮认为她的哥哥之所以工作不稳定是因为他懒惰且脾气差
   - d. 莎格认为他发生事故的原因是雨后的路面太滑
2. 尽管西蒙说自己不喜欢电视剧《囤积王》（*Hoarders*），但是他一集也没落下。西蒙的行为具有（　）。
   - a. 高独特性
   - b. 低独特性
   - c. 低共识性
   - d. 低一致性
3. 关于两阶段归因过程，以下说法正确的是（　）。
   - a. 人们先进行内部归因，再依据情境做出调整
   - b. 人们先进行外部归因，再依据性格特征做出调整
   - c. 相比于亚洲人，美国人较少犯基本归因错误
   - d. 如果归因过程在任意一个阶段被打断，那么人们就无法做出归因
4. 根据琼斯和哈里斯的研究，下列哪一个结论是最准确的？（　）
   - a. 如果目标行为是被迫发生的，那么目击者不会对其做内部归因
   - b. 相比于在自己身上发生消极事件，我们对发生在别人身上的消极事件做归因时更慷慨
   - c. 相比于强迫行为，我们更倾向于对自愿行为做出内部归因
   - d. 当行为者是知觉显著的时，我们更有可能做出内部归因
5. 以下哪个人最有可能发生自利归因？（　）
   - a. 罗伊，其在职业生涯早期曾是高尔夫球员
   - b. 马里亚诺，曾经赢得多次比赛的棒球运动员
   - c. 勒布朗，从业多年的篮球运动员
   - d. 罗德，拥有 10 年经验的专业羽毛球运动员

“问题回顾”答案，请扫描章末二维码查看。

4.4 文化与社会知觉

社会心理学家越来越重视文化对社会认知的影响。除了我们在前文讨论过的非言语交流和标志，我们成长的文化环境会影响我们如何看待他人吗？让我们来看看证据。

北美和其他西方文化都主张个人自由主义。一个人是一个独立的个体，其行为反映了个人特质、动机及价值观（Lu，Fung，& Doosje，2017；Markus & Kitayama，1991）。这种文化的历史可以追溯到犹太教与基督教对于个体灵魂的信仰和英国法律对于个体权利的一贯维护（Menon et al.，1999；Kitayama et al.，2006）。相反，东方文化，如中国、日本、韩国，主张集体优先，个体需要是排在集体需要之后的。这种文化的历史可以追溯到儒家传统，如集体主义和社会人格，以及道教和佛教（Menon et al.，1999；Zhu & Han，2008）。

整体性思维与分析性思维

研究发现，不同的文化价值观影响着人们对外部信息的觉察和注意。正如我们在第 3 章中讨论过的，西方文化主张的个人主义让人们构建了分析性思维风格。这种思维方式让人们更多地注意主体而非背景。相反，集体主义文化，如东亚国家，让人们构建了整体性思维风格。这种思维方式使人们关注“整个画面”，即主体和背景，甚至还包括两者之间的关系（Nisbett，2003；Nisbett & Masuda，2003）。文化差异带来的影响并不是非此即彼的，某一种文化背景下的人们并非只有单一的思维模式，任何一种文化都有其多样性。但是，关于思维方式的普遍性的文化差异确实可以预测个体对他人的知觉方式。

想象你正在和一群人聊天，其中一位朋友的表情引起了你的注意，她皱着眉、抿着嘴。她的想法到底是什么？分析性思维风格让你仅仅注意她的脸然后就做决定；整体性思维风格让你同时关注群体里其他人的表情并进行比较，然后再做决定。

益田孝彦（Takahiko Masuda）及其同事通过实验研究了对面部表情的解码。他们让来自美国和日本的被试观察卡通人物。每个画面都会出现一个中心卡通人物，占据画面的前方位置。这个人物有一种面部表情——高兴、悲伤、愤怒或中性表情。画面中的其他人物要么与中心卡通人物的面部表情一致，要么与之相反。被试的任务是对中心卡通人物的面部表情进行 1 ～ 10 的评分。研究者发现，对于美国被试而言，画面中其他人物的表情很难影响被试对中心卡通人物的表情的评分。如果中心卡通人物大笑，那么其会获得更高的“高兴”评分，这个评分与画面中其他人物的表情无关。与之相对比的是，对于日本被试而言，画面中其他人物的表情显著影响着他们对中心卡通人物的表情的评分。如果其他人物也在大笑，那么大笑的中心卡通人物将获得较高的“高兴”评分；如果其他人物表现得悲伤或愤怒，那么大笑的中心卡通人物将获得较低的“高兴”评分。简而言之，中心卡通人物的背景——站在他身后的卡通人物影响着被试对中心卡通人物面部表情的感知（Masuda et al.，2008）。另外，研究者也在被试观看卡通画面时追踪了被试的眼动活动。日本被试比美国被试花了更多的时间在观察背景人物上。两国的被试都是从观察中心人物开始，但过了 1 秒后，日本被试将视线转移到了背景人物上（Masuda et al.，2008）。

在每幅卡通图中，你认为中间的人正在经历怎样的情绪？你的答案可能取决于你成长于西方文化还是东亚文化。

社会神经学的证据

益田及其同事发现的眼动活动现象或许能从生理学层面分辨一个人到底是分析性思维还是整体性思维。除了眼动证据之外，其他研究者也证实了思维方式的文化差异可以预测个体在社会刺激下的脑部反应（Knowles et al.，2001；Mason & Morris，2010）。特里·赫登（Trey Hedden）及其同事运用 fMRI 技术检验了脑区中的哪些位置对文化影响的知觉过程有反应

（Hedden et al.，2008）。他们采用了来自东亚、欧洲和美国的被试，让被试判断盒子里线段的长度，并对其进行 fMRI 脑部扫描。一部分被试被告知请忽视盒子，另一部分被试被告知请注意观察盒子。尽管被试都同样准确地判断出了线段的长度，但与自身文化环境倡导的思维方式相反的指导语引起了更多的脑部活动。也就是说，当美国被试被告知注意观察盒子时，他们负责高阶控制的脑皮层（额叶和顶叶）格外活跃。当东亚的被试被要求忽视盒子时，这两个脑区也格外活跃。该脑区的活跃活动意味着，当被试处于与平时相反的观察模式时，他们需要投入更多的注意力（消耗更多的认知资源）（Hedden et al.，2008）。

还有一些研究者运用事件相关电位（Event Related Potentials，ERPs）来测量不同文化下个体的脑电活动（Goto et al.，2010，2013）。虽然 fMRI 能检测到活跃的脑区，但是 ERPs 能通过放置在头皮的传感器测量神经电信号更精确的起止时间。在这项研究中，研究者给被试呈现一系列简单的视觉信息，这些视觉信息包括目标和背景（Lewis，Goto，& Kong，2008）。有趣的是，被试都是土生土长的美国人，只不过来自两个人种——欧裔美国人和东亚裔美国人。ERPs 的图像显示，欧裔美国人更关注目标，而东亚裔美国人更关注背景。

基本归因错误中的文化差异

前面我们已经看到人们常常会犯基本归因错误，即高估人们行为的内部（性格）因素，而低估情境因素的作用。是不是西方文化下的人比东方文化下的人更易犯基本归因错误呢？

结果表明：个人主义文化下的人的确更偏好对他人做出性格归因，而相比之下，集体主义文化下的人更偏好做出情境归因（Newman & Bakina，2009；Tang，Newman，& Huang，2014）。例如，琼·米勒（Joan Miller）让两种文化下的人（生活在印度的印度教徒和生活在美国的美国人）列举他们的朋友做出的各种行为的例子并解释那些行为为什么会发生。美国被试偏好从性格层面来解释这些行为；相反，印度教徒被试偏好从情境角度出发解释他们朋友的行为。但是，你可能会想，也许是美国人和印度教徒想到了不同类型的例子。也许印度教徒想到的行为的确在很大程度上是由情境引起的，而美国人想到的行为的确在很大程度上是由性格引起的。为了检验这一假设，米勒选取了一些由印度教徒被试想到的行为，并把它们交由美国人来解释。这时再次出现了内部归因和外部归因的差异，美国人仍然会做出行为的内部（性格）归因，而这些行为被印度教徒认为是由情境引起的（Miller，1948）。

还记得我们在前文讨论过进化对面部表情的影响吗？米勒的跨文化研究表明，环境在社会知觉的过程中同样扮演着重要角色。实际上，米勒展开了一项针对美国儿童和印度儿童的研究，除了对两种文化下成年人的归因方式进行比较外，她还分析了 8 岁、11 岁及 15 岁的儿童。与对成年人的研究结果不同，当美国和印度的儿童解释他们朋友的行为时，归因方式并没有明显的差异。也就是说，社会知觉的跨文化差异不是先天存在的，个体的思维方式具有一定的灵活性，并且会受到文化环境的影响。

康萤仪（Ying-Yi Hong）及其同事的一项研究很好地体现了思维方式受环境影响的灵活性，他们研究了中国香港的大学生的基本归因错误（Hong et al.，2003）。这些大学生拥有双语文化身份——他们不仅拥有中国文化的身份，也接触了很多西方文化。首先，研究者给被试看一系列图像，并要求他们回答关于图像的简单问题。这些图像用来“启动”他们的双语文化身份中的其中一种身份。在实验组中，一半的被试看到的是代表美国文化的图像，如美国国会大厦建筑；另一半的被试看到的是代表中国文化的图像，如长城。控制组的被试看到的是几何图形照片，它不会启动任何一种文化身份。接下来，在一个看似毫不相关的任务中，研究者给被试看一张一条鱼在一群鱼前方游动的照片，并让他们做出归因：为什么这条鱼在其他鱼前方游？他们的反应被编码为性格原因（如这条鱼带领着其他鱼）或情境原因（如这条鱼被其他鱼追逐）。研究者发现，控制组中 30% 的人对鱼做出了情境归因。然而，那些被启动某种文化身份的被试的归因类型显著不同。用代表中国文化的图像启动的被试（接近 50% 的被试）更倾向于对鱼做情境归因；用代表美国文化的图像启动的被试（大约 15% 的被试）很少进行情境归因，他们更倾向于对鱼做性格归因（Hong，Chiu，& Kung，1997；Hong et al.，2000）。

用象征两种文化的图像来启动拥有双语文化身份的被试，即要么使用唤起中国文化身份的图像，要么使用唤起美国文化身份的图像。

接下来，研究者要求被试对在一群鱼前方游动的一条鱼的行为做出归因。考虑到他们先前经历过的文化启动，他们会对鱼的行为做出性格归因还是情境归因呢？

因此，西方文化下的人看起来更像人格心理学家，他们往往从性格角度来看待行为；相反，东方文化下的人看起来更像社会心理学家，他们往往会考虑行为的情境原因。但是，认为集体主义文化下的人从不进行性格归因是错误的。他们也会做出性格归因，只是程度不同而已。一项研究显示，对人们的行为进行性格归因在许多文化中都普遍存在。但集体主义文化下的人会更多地注意到情境是如何影响行为的，并更有可能将情境的影响考虑在内（Choi et al.，2003；Choi & Nisbett，1998；Choi，Nisbett，& Norenzayan，1999；Krull et al.，1999；Miyamoto & Kitayama，2002）。因此，区别就在于，集体主义文化下的人会超越个人解释，考虑情境信息。

文化与其他归因偏差

让我们继续探索文化和归因偏差之间的关系，社会心理学家经过验证发现，自利偏差也存在明显的文化影响效应。在一个针对 266 项研究的元分析中，艾米·米祖利斯（Amy Mezulis）和她的同事发现，相比于加拿大、澳大利亚、新西兰等国家的个体，美国人更多地使用自利归因（Mezulis et al.，2004）。自利归因也经常出现在非洲国家、东欧国家，以及俄罗斯。在美国，不同种族的被试的自利偏差程度没有显著差异。而亚洲文化下的个体表现出更低的自利偏差，如日本、印度、太平洋岛国（Mezulis et al.，2004）。然而，多项研究表明，自利偏差在亚洲被试中同样强烈（Hu，Zhang，& Ran，2016）。

既然如此，我们为什么还认为自利偏差会受到文化因素的影响呢？在许多传统的亚洲文化中，人们十分重视谦逊和人际关系的和谐。例如，人们希望学生将他们的成功归结于他人（如他们的老师或父母），或者情境中的其他方面（如他们学校的教学质量很高）（Bond，1996；Leung，1996）。而在美国和其他西方国家，人们往往将成功归因于自己（如他们的天赋或聪明才智）。的确，许多研究都证实了上述观点（Anderson，1999；Lee & Seligman，1997）。

个人主义文化和集体主义文化是否真的能影响奥运会金牌获得者的得奖归因？元分析研究显示，广告、歌词、电视节目、艺术这些“文化产物”也能反映人们的文化价值观：西方文化体现了更多的个人主义色彩，日本、韩国、中国、墨西哥这些国家则体现了更多的集体主义色彩（Morling & Lamoreaux，2008）。黑茨尔·马库斯（Hazel Markus）和她的同事发现这个现象也体现在媒体评论上（Markus et al.，2006）。他们编码了日本和美国媒体对奥运会金牌获得者的评论。他们发现，美国媒体更多地评价金牌获得者的独特能力和天分；相反，日本媒体更多地描述整个团队，包括金牌获得者自己的能力、过去的成功和失败，以及教练、同事、家庭等对他/她的影响。总体来说，美国报道看重积极的方面（如“他的韧性让他坚持跑完”），这与自利归因一致；但日本报道既看重积极的方面也看重消极的方面（如“很遗憾，她在其参加的第二次奥运会上表现得并不完美，她与金牌失之交臂”）（Markus et al., 2006）。以下两段引用的金牌获得者的获奖感言能够很好地体现文化对自我归因的影响。

体育比赛中不同文化背景下的运动员常常对比赛输赢做出非常不同的自利归因解释。

> 我认为我是全身心投入的。这是一个向世界展示我能力的时刻……我知道我能打败她，对此我深信不疑……这个信念开始在心底慢慢滋生……这个夜晚是属于我的。
>
> ——美国选手米丝蒂·海曼（Misty Hyman），女子 200 米蝶泳金牌得主
>
> 我有世界上最好的教练，以及所有支持我的人，他们集合在一起，然后才有了这块金牌。所以我认为这不是我一个人的荣耀。
>
> ——日本选手高桥尚子（Naoko Takahashi），女子马拉松金牌得主

那么失败呢？在个人主义文化中，如美国，人们倾向于做出自利归因，即在个人之外寻找原因，用情境因素来解释失败；而在集体主义文化中，如中国，情况正好相反，人们会责怪自己，而不是环境（Anderson，1999；Oishi，Wyer，& Colcombe，2000）。实际上，在一部分亚洲文化中，如日本、韩国，自我责备是一种非常普遍且重要的团体“黏合剂”。当某个人责备自己时，其他人对他则十分同情和怜悯，这个过程加强了团队间的相互依赖（Kitayama & Uchida，2003）。

最后，回想一下，公平世界信念是一种防卫归因，它让人们相信世界是安全、有序以及可预测的。这其中有文化因素吗？艾德丽安·弗汉姆（Adrian Furnham）认为，在一个大多数人都倾向于相信世界是公平的社会中，经济和社会的不平等会被看成“公平”的（Furnham，1993，2003）。在这样的社会中，人们相信穷人和弱势群体之所以拥有的资源较少，是因为他们本来应该得到的就少。因此，公平世界归因可以被用来为不公平进行解释和辩护。研究表明，在贫富分化极端严重的文化中，公平世界归因比在财富分配比较公允的文化中更常见（Dalbert & Yamauchi，1994；Furnham，1993；Furnham & Procter，1989）。森德尔·怀特（Cindel White）和他的同事提出了探究公平世界信念的文化差异的另一种方法，即对宗教概念“因果报应”的支持程度（White et al.，2017）。这个概念是指善行会得到奖赏，恶行会受到惩罚，人人如此。世界上有超过 15 亿的人口信奉以“因果报应”为准则的宗教，如佛教、印度教等。目前，关于宗教传统与社会知觉之间关系的研究较少，但这很有可能帮助我们进一步了解，各个文化背景下的个体是如何对他人的行为做出解释的。

问题回顾

1. 关于马苏达及其同事的跨文化情绪知觉的研究，以下说法正确的是（ ）。
   a. 眼动技术表明，与日本被试相比，美国被试较少关注中心人物周围的其他人
   b. 美国被试对中心人物的情绪状态的知觉明显受到周围人物的影响
   c. 周围的情境对被试的社会知觉过程没有影响
   d. 美国被试先关注周围的个体，然后才会把注

意力转向中心人物

2. 关于 fMRI 的研究，以下说法正确的是（　）。
   a. 比起美国被试，东亚被试在做判断时额叶和顶叶活跃的面积更大
   b. 东亚被试和美国被试都不能克服典型的、已经习得的归因方式（侧重情境或忽视情境）
   c. 当使用自己不常用的知觉方式时，两种文化下的被试大脑的高级控制区域都更活跃
   d. 社会神经学证据表明，在不同的文化背景下，个体的整体性思维和分析性思维的表现存在差异
3. 米勒关于美国和印度个体归因方式的跨文化研究表明（　）。
   a. 对于儿童而言，美国儿童更多地使用外部归因，而印度儿童更多地使用内部归因。但是，两种文化下成年人的归因方式没有差异
   b. 对于儿童而言，美国儿童更多地使用内部归因，而印度儿童更多地使用外部归因。但是，两种文化下成年人的归因方式没有差异
   c. 两种文化下儿童的归因方式没有差异。但是，美国成年人更多地使用外部归因，而印度成年人更多地使用内部归因
   d. 两种文化中儿童的归因方式没有差异。但是，美国成年人更多地使用内部归因，而印度成年人更多地使用外部归因
4. 你认为以下哪类个体最有可能对任何一种观察到的行为做出外部归因？（　）
   a. 出生于美国的成年人
   b. 出生并生活在印度的 8 岁儿童
   c. 对其进行中国文化启动的中国香港的大学生
   d. 对其进行美国文化启动的中国香港的大学生
5. 西方文化下个体的思维方式更像（　），东方文化下个体的思维方式更像（　）。
   a. 儿童；成年人
   b. 心理学家；社会学家
   c. 人格心理学家；社会心理学家
   d. 内倾者；外倾者

“问题回顾”答案，请扫描章末二维码查看。

总结

4.1　非言语交流

非言语交流被用来编码或表达情绪、态度及人格特点。人们能够准确地解读微妙的非言语线索。

- **表达情绪的面部表情。**全世界的人都能准确编码和解码 6 种主要的面部表情，它们从进化角度而言有着重大的意义。情感混合是指面部的一部分表达一种情绪，而其他部分表达另一种情绪。
- **文化与非言语交流的途径。**其他非言语交流包括眼睛的注视、个人空间、手势以及语调。由文化规定的表达规则不同，这些规则说明了流露出哪种情绪是合适的。标志，即具有特定含义的非言语姿势，也是由文化规定的。

4.2　第一印象：迅速形成而持久存在

我们依据他人的面部特征、所有物、服饰以及其他线索形成对他人的印象，而且这一过程在几毫秒内就已经完成了。关于薄片式印象的研究表明，这些迅速形成的判断也是有意义的，而且与长时间接触目标对象后形成的判断是一致的。

- **第一印象产生的持久影响。**第一印象一形成就会发挥作用，因为首因效应表明，我们最初知觉到的某个人的特征会影响我们对后来获得信息的解释。我们也有信念固着的倾向，即使已有证据表明我们的判断是错的，但我们依然相信它。当人们了解了社会知觉的影响因素后，可能会进行印象管理，即影响他人对自己的印象形成的过程。

4.3　因果归因：回答“为什么”的问题

根据归因理论，我们努力对人们的所作所为做出判断是为了发现隐藏在其行为背后的感受和特点。这些可以帮助我们理解和预测社会环境。

- **归因过程的本质。**当我们试图推测导致他人行为的原因时，我们会有两种归因：内部归因（个人特质所致）和外部归因（环境所致）。
- **共变模式：内部归因与外部归因。**共变模式的重点是在不同的时间、地点、人物和不同的行为目标等条件下对行为进行观察，并研究知觉者是如何在内部归因和外部归因之间进行选择的。我们可以通过使用共识性信息、特殊性信息和一致性信息来做出选择。
- **基本归因错误：人人都是人格心理学家。**在进行归因时，人们也会使用多种心理捷径，包括对图式和理论的使用。一个常用的捷径就是基本归因错误，即相信行为与性格相一致的倾向性。这个错误的原因之一就是一个人的行为比周围情境具有更大的知觉显著性。两阶段归因过程显示，对于行为的最初的自动归因很可能是性格式的，但这可以通过第二阶段的情境信息得到改变。

- **自利归因。**人们的归因也会受到个人需求的影响。自利归因是指人们对自己的成功进行内部归因，而对失败进行外部归因。有一种防卫归因就是公平世界信念，即我们认为坏事会在坏人身上发生，而好事会在好人身上发生，这种信念可以帮助人们避免一些自身会遭遇不幸的想法。
- **偏差盲点。**偏差盲点表明我们认为其他人比我们自己更易犯归因偏差的错误。

4.4 文化与社会知觉

社会心理学家越来越重视文化差异对个体如何解释周围世界的影响。

- **整体性思维与分析性思维。**在个人主义文化中，如美国，人们更关注目标本身；而在集体主义文化中，如东亚地区，人们更关注整个图景，包括情境，以及情境和目标之间的关系。这一点已经得到了社会神经学领域fMRI和ERP研究证据的支持。
- **基本归因错误中的文化差异。**尽管个人主义和集体主义文化下的个体都存在基本归因错误，但是对集体主义文化中的个体而言，情境变量是知觉显著的，他们对行为的情境诱因更敏感。
- **文化与其他归因偏差。**有证据表明，自利归因和公平世界信念也存在文化差异。这些差异在西方的个人主义文化与东方的集体主义文化之间尤为突出。

思考题

在学习了非言语信息的强大功能后，你在社会知觉中会怎样应用它来使日常交流更有效呢？

自测

1. 对于凯利的共变模式，以下哪个选项是其主要假设？（　）
   - **a.** 我们在观察别人的行为之后立刻做出归因
   - **b.** 人们运用文化图式做出因果归因
   - **c.** 人们通过内省来对他人做出因果归因
   - **d.** 人们在收集信息后做出理性的、符合逻辑的因果归因
2. 以下哪个心理学现象最不受文化的影响？（　）
   - **a.** 自利归因
   - **b.** 基于目光注视和个人空间做出的判断
   - **c.** 愤怒的面部表情
   - **d.** 基本归因错误
3. 假设米斯卡在讨论课上坐在了教室的第一排，她获得了更好的课堂体验，而不管她实际参与了多少课堂讨论。她坐在了第一排对老师认为米斯卡在多大程度上参与了讨论的影响主要是由于？（　）
   - **a.** 老师运用的图式
   - **b.** 知觉显著性
   - **c.** "美即好"的图式
   - **d.** 两阶段归因过程
4. 以下哪个说法是对信念固着最好的解释？（　）
   - **a.** 林赛第一次见到托拜斯的时候，认为托拜斯聪明且有抱负，但是马上她就发现，他其实也很懒惰且做事效率低下
   - **b.** 高博第一次见到玛塔的时候非常不喜欢她，但是在后面的单独约会中，他觉得自己的想法错了
   - **c.** 迈克对安娜的第一印象不太好，经过了多次相处中的观察后，他依然持有这种想法
   - **d.** 博斯特小时候是个容易害羞的男孩，长大后依然如此
5. 罗先生和达布尼女士进行了一次约会。起初一切都很顺利，但当她坐上了罗先生的车准备去看电影时，她变得很沉默。其实这是因为她的哥哥最近因为很严重的交通事故去世了，而事故中的车型与罗先生的车一样，这激起了她不好的回忆。罗先生在不知情的情况下认为达布尼女士是个冷酷的人。这说明了什么？（　）
   - **a.** 公平世界信念
   - **b.** 基本归因错误
   - **c.** 知觉显著性
   - **d.** 不充分的调整
6. 假设杰克在每节化学课上都睡觉。他是化学课上唯一睡觉的学生，而且在其他课上也会睡觉。根据凯利的共变理论，人们会如何解释杰克的行为（睡觉）？（　）
   - **a.** 杰克有些反常，因为他的行为共识性低，特殊性和一致性高
   - **b.** 化学课很无聊，因为他的行为共识性、特殊性和一致性都高
   - **c.** 杰克有些反常，因为他的行为共识性、特殊性低，一致性高
   - **d.** 环境有些反常，因为他的行为共识性高
7. 想象你在亚洲某个城市读着晨报，并且注意到有关一夜间突然发生的两起凶杀案的大字标题。嫌疑犯已被逮捕。以下哪个标题最有可能出现在报纸上？（　）
   - **a.** 为躲赌债不惜杀人
   - **b.** 疯狂杀人犯杀害了两个人
   - **c.** 疯狂杀人犯寻找猎物
   - **d.** 嗜血歹徒的复仇
8. 一个日本人和一个美国人都参与了某项实验，并被给予优秀被试的反馈。研究者要求他们对自己的优秀表现进行归因。基于自利归因的跨文化研究，你认为以下哪个选项是正确的？

（ ）

a. 美国人会说是因为自己的能力高，而日本人不会

b. 美国人和日本人都不会说是因为他们的能力高

c. 美国人和日本人都会说是因为他们的能力高

d. 日本人会说是因为自己的能力高，而美国人不会

9. 以下哪个选项能最恰当地描述基本归因错误的文化差异？（ ）

a. 集体主义文化下的人很少做个人归因

b. 西方文化下的人很少做个人归因

c. 集体主义文化下的人更喜欢在个人归因上同时考虑环境因素

d. 西方文化下的人更喜欢在个人归因上同时考虑环境因素

10. 现在是上午 10 点，杰米为了提交通宵写完的论文，拖着疲惫的身体去上下一堂课。他筋疲力尽，在去上课的路上看到一个人滑倒。杰米会如何解释这个同学行为的原因呢？（ ）

a. 杰米的归因在很大程度上受到他人格特点的影响

b. 由于我们知道杰米当前的认知状况，他很可能认为这个学生摔倒是因为此人行动笨拙不便

c. 杰米很可能归因于情境，如下雨、人行道上很滑

d. 杰米太累了，他不会做任何归因

本章“问题回顾”与“自测”答案，请扫描二维码查看。

第 5 章

自我：在社会情境中理解我们自己

SOCIAL PSYCHOLOGY

本章音频导读，
请扫描二维码收听。

章节框架		学习目标
5.1	自我概念的起源与本质 文化对自我概念的影响 自我的功能	描述自我概念及其发展方式
5.2	自我认知 通过内省认识自己 通过观察自己的行为认识自己 通过他人认识自己	解释人们如何通过自省、观察自己的行为及观察他人来认识自己
5.3	自我控制：自我的执行功能	比较在什么情况下人们可能成功地自我控制，什么时候又可能失败
5.4	印象管理：世界是个大舞台 逢迎与自我妨碍 文化、印象管理与自我提升	描述人们如何塑造自己的形象，从而让别人看到他们想被看到的样子

小调查

你认为自己是一个高于平均水平的司机吗？

○是

○否

多年来，一直有关于野生动物抚养儿童的奇幻传闻。有些显然是虚构的，例如，鲁德亚德·吉卜林（Rudyard Kipling）的《莫格利》(*Mowgli*)，讲述了一个在印度被狼养大的孩子的故事。《丛林之书》(*The Jungle Book*）重述了这个故事。但有些记载似乎是真实的——由于某种原因，孩子在很小的时候就被抛弃，并且被动物抚养。在 20 世纪 80 年代的乌克兰，奥克萨娜·马拉雅（Oxana Malaya）被酗酒的父母忽视，据说她 7 岁之前一直由狗抚养（Grice，2006）。据说一个被称为“香槟区的野女孩”的人在 18 世纪时独自在法国的森林中生活了 10 年（Douthwaite，2002）。两三岁大的约翰·塞布尼亚（John Ssebunya）在目睹父亲杀害母亲后逃进了乌干达的丛林，他被绿黑长尾猴收养了，绿黑长尾猴给他吃坚果和树根，并教他如何像它们一样在丛林中生存。1 年后，村民遇到了一群猴子，看到其中有一个小男孩，感到非常震惊。这位村民提醒了其他村民，他们才得以救出约翰，而他的绿黑长尾猴“家人”为他发起了战斗，试图保护他。

被动物养大的人是如何被塑造的？很明显，这些孩子没有学会人类的语言或社交礼仪。但他们的自我意识呢——他们认为自己是谁以及如何定义自己？他们是把自己看作保护和照顾他们的动物，还是一个与动物共同生活的人类？正如我们在本章中将会看到的那样，即使是像自我概念这样基础的东西，也会受到人与人之间互动的深刻影响。我们很难说如果野孩子从来没被救出来，而是继续与动物一起生活，那么他们会形成什么样的自我概念。但正如我们在本章中将看到的那样，这样的经历很可能会对他们认为自己是谁产生深远的影响。

5.1 自我概念的起源与本质

你是谁？你如何成为你所认为的“我自己”？从这一问题入手是一个不错的开端：我们是不是唯一有自我意识的物种？虽然我们尚不确定其他物种是否能像我们一样认为自己是独一无二的，但一些有趣的研究表明，其他物种至少有一些基本的自我意识（Gallup，1997）。为了了解动物是否有自我意识，研究者将一面镜子放入动物的笼子里，直到它熟悉这面镜子为止。然后他们给动物做了短暂的麻醉，并在它们的眉毛或耳朵上涂上红色颜料。在苏醒之后，动物们在镜子前会发生什么事情呢？研究发现，黑猩猩在看到镜子之后，会立刻摸它们头上被涂上红色颜料的部位。而少数的类人猿（如长臂猿）无此反应（Anderson & Gallup，2015；Suddendorf & Butler，2013）。

这些研究指出，黑猩猩可能也有一种初步的自我意识。它们知道镜中的影像是自己而不是其他动物，并且也知道自己和以前看起来不一样（Gallup，Anderson，& Shillito，2002；Heschl & Burkart，2006；Posada & Colell，2007）。那么其他动物对该实验有什么反应呢？有研究发现，虽然其他物种也通过了镜像测试，但这些研究结果往往不能被复制（Suddendorf & Butler，2013）。至少从镜像测试来看，这种对自我的感知似乎只局限在人类和类人猿中。

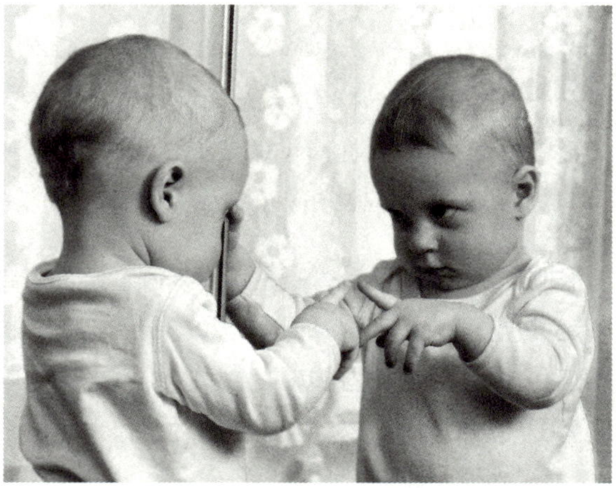

研究者观察了其他物种是否能认识到镜中的形象是它们自己，而不是属于同一物种的其他动物，以此来研究它们是否具有自我概念。同样的研究也被用到人类身上。

研究者想知道人类是何时发展出自我意识的。他们将这个红色颜料的测试加以变化，然后运用到蹒跚学步的儿童身上，结果显示，人类的自我意识在 18 ～ 24 个月就开始形成了（Hart & Matsuba，2012；Lewis & Ramsay，2004；Stapel et al.，2016）。随着年龄的增长，这种基本的自我意识会发展成为成熟的**自我概念**（self-concept）——人们对自己的属性的一整套信念。通过向不同年龄的人提出同一个简单的问题"我是谁"，心理学家研究了人类的自我概念从孩童到成年是如何演变的。通常儿童的自我概念是一些具体的、具有清楚界限的以及易于观察的特征，如年龄、性别、居住环境以及爱好等。一个 9 岁儿童是如此回答这个问题的："我有棕色眼睛、棕色头发和棕色眉毛……我是一个男孩。我有个叔叔差不多有 2 米高（Montemayor & Eisen，1977）。"

当我们成熟起来时，我们便不那么强调生理特征了，而是更强调心理状态（我们的想法与感受），并且更在意其他人如何评价自己（Hart & Damon，1986；Livesley & Bramley，1973；Montemayor & Eisen，1977）。现在让我们来看看这位高三学生对"我是谁"这一问题的回答。

> 我是人……我是个易怒的人，我是个优柔寡断的人，我是个胸怀大志的人，我是个好奇心很重的人，我不是个单独的个体，我是个孤独的人，我是个美国人，我是个民主党人，我是个自由的人，我是个激进的人，我是个保守的人，我是个思想半开放的人，我是无神论者，我不太容易被归为任何一类人（也就是说，我不想被归类）（Mantemayor & Eisen，1977）。

很明显，这个年轻人已经不再局限于描述自己的兴趣及外貌特征了（Harter，2003）。当我们长大成人后，我们认为"自我"的关键属性是什么呢？要回答这个问题，请想象一下你在 20 岁时有一个很好的朋友，但后来你和这个人失去了联系，直到 40 年后你们才再次见面。你注意到你的朋友在某些方面发生了变化，问题是，这些变化是如何改变你对这个人"真实自我"的看法的呢？一项研究向被试提出了这个问题，研究者发现，有些变化，如身体衰老、轻微的认知缺陷和新的偏好，并不会改变人们对某个人的基本看法。如果我们的朋友萨希尔现在需要佩戴眼镜，也比以前健忘了，而且成了一个素食主义者，我们依然认为他还是之前的萨希尔（只是有一些小的改变）。但如果一个老朋友发生了道德上的转变，例如，萨希尔之前是一个善良的人，但现在似乎变得残忍了，或者他过去是一个平等主义者，但现在变成了种族主义者，那么我们就很难把他看成和之前一样的人（见图 5-1）。简而言之，道德被视为自我概念的核心，它比认知过程或偏好更重要（Goodwin，Piazza，& Rozin，2014；Strohminger & Nichols，2014）。

文化对自我概念的影响

我们成长的文化环境对我们的自我概念有重要影响。让我们来看看日本王妃小和田雅子（Masako Owada）。1993 年 6 月，29 岁的她嫁给了日本的德仁（Naruhito）皇太子，小和田雅子是外务省的一位杰出的职业外交官，曾就读于哈佛大学及牛津大学。她会说五国语言，外交事业如日中天。她嫁入皇室的举动，让许多观察家大跌眼镜，因为这意味着她必须放弃她的事业。的确，她放弃了独立的生活，选择嫁入皇家，辅佐太子，并花费许多时间参加严苛的皇室庆典。尽管有人希望她能够将现代化带入王室，但是到现在为止，王妃对王室所做的改变还不及王室对她的改变大。

对于雅子嫁入皇室的决定，你有何看法？你的回答会在一定程度上反映出你的自我概念的本质以及你自小成长于其中的文化。在许多西方文化中，人

自我概念：人们对自己的个人属性所持有的一整套信念。

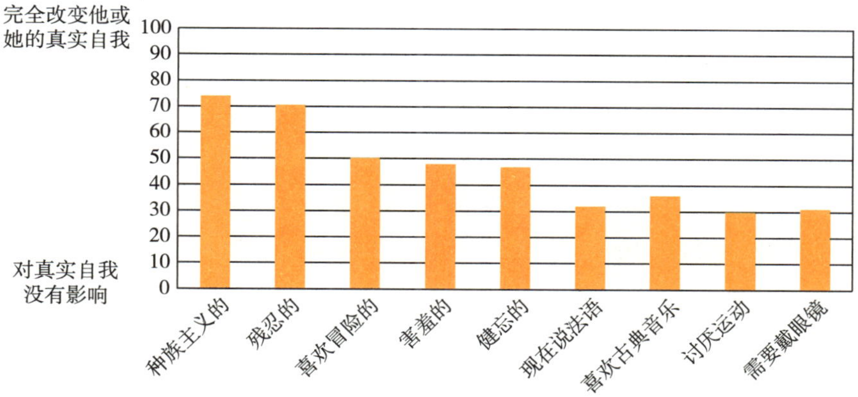

图 5-1　一个人的变化如何影响他或她的真实自我

研究者要求被试想象他们看到了自己在 25 岁时就认识但已经 40 年没见的老朋友。研究者给了他们一张表，上面列出了他们的朋友发生了变化的地方，并让他们根据这些条目在多大程度上改变了他们对朋友真实自我的看法来打分，分值从 0（这个改变对他 / 她的真实自我没有影响）到 100（这个改变完全转变了他 / 她的真实自我）。人们认为朋友在道德方面的变化（如他 / 她变得残忍）比其他变化更能影响他们的真实自我。而那些知觉能力上的改变（如视力的改变）则对他们的真实自我产生了最小的影响。

资料来源：Strohminger & Nichols，2014.

们往往拥有独立的自我观（independent view of the self），这是一种以自己内在的想法、感受和行动来定义自我，而不是以别人的想法、感受和行动来定义自我的方式（Kitayama & Uchida，2005；Markus & Kitayama，1991，2001；Nisbett，2003；Oyserman & Lee，2008；Triandis，1995）。因此，雅子决定嫁给皇太子，让许多西方观察家感到不解。他们认为她是被一个落后的、有性别歧视的社会用婚姻法限制住了，并认为这个社会相当不重视她能够成为一个拥有独立生活的个体的价值。

相反，许多亚洲文化及其他非西方文化则拥有相互依存的自我观（interdependent view of the self）——以自己和他人的关系来定义自我，并认识到自己的行为经常会受到他人的想法、感受和行动的左右。在这种文化中，联结性和相互依存性会受到赞扬，而独立性和独特性则不被认同。例如，当研究者让被试完成一个以“我是……”开头的句子时，来自亚洲文化的被试比来自西方文化的被试更有可能提及社会团体，如他的家庭或宗教团体（Bochner，1994；

当在哈佛大学接受过教育的小和田雅子放弃自己在外交事业上的大好前途而嫁给日本德仁皇太子，并且接受她应该扮演的传统角色时，许多西方女性都对她的决定提出了疑问。对许多人来说，问题的关键在于强调相互依存和独立之间存在文化差异。

独立的自我观：以自己内在的想法、感受和行动来定义自我，而不是以别人的想法、感受和行动来定义自我的方式。

相互依存的自我观：以自己和他人的关系来定义自我，并认识到自己的行为经常会受到别人的想法、感受和行动的左右。

Triandis，1989）。对大多数亚洲人来说，雅子决定放弃事业的举动一点也不令人惊讶，他们反而会认为这是一个好的、自然而然的决定，因为这是她和他人结合以及对他人负责的自然结果（如对家庭和皇室）。由此可见，在一个文化中被视为正面的、正常的行为，在另一个文化中却可能受到极为不同的看待。

特德·辛格利斯（Ted Singelis）设计了一份问卷，用来测量一个人对自己的互依性或独立性的程度的看法（Singelis，1994）。接下来的“试一试”练习给出了一些选自这一量表的样本题目。结果显示，生活在东亚国家的人在互依性条目上的得分较高，而生活在西方国家的人则在独立性条目上的得分较高（Taras et al.，2014）。

试一试 互依性与独立性量表

使用说明：标识出你对这些陈述同意或反对的程度。

	强烈反对						强烈赞成
1. 我的快乐取决于周围人的快乐	1	2	3	4	5	6	7
2. 我会为了自己所在的团体的利益而牺牲自己的利益	1	2	3	4	5	6	7
3. 对我来说，尊重团体的决定很重要	1	2	3	4	5	6	7
4. 要是我的兄弟姐妹失败了，我会觉得自己也有责任	1	2	3	4	5	6	7
5. 即使我很不赞同团体成员的决定，但我还是会避免和他们发生争执	1	2	3	4	5	6	7
6. 我可以坦然地面对因为获得称赞或奖励所受到的关注	1	2	3	4	5	6	7
7. 能够照料自己，对我来说是第一要务	1	2	3	4	5	6	7
8. 我偏好以直接、坦率的态度面对自己刚认识的人	1	2	3	4	5	6	7
9. 我喜欢当个独特的、在很多地方都与众不同的人	1	2	3	4	5	6	7
10. 我独立于他人的个人身份对我来说非常重要	1	2	3	4	5	6	7

上述问题取自辛格利斯设计的一个量表，该量表的目的在于测量一个人对自己的互依性和独立性的评价，实际的量表共包含 12 个测量互依性和 12 个测量独立性的题目。这里我们对两类题目分别列出 5 道题，其中前 5 题是测量互依性的，后 5 题则是测量独立性的。计分方式见下方。

资料来源：Singelis，1994.

计分方式：取你对题目 1 ～ 5 的答案的平均分，以此估计你的互依性程度。取你对题目 6 ～ 10 的答案的平均分，以此估计你的独立性程度。你得到的哪个分数更高呢？辛格利斯发现，亚裔美国人更赞同互依性的条目，而白种美国人更多地赞同独立性的条目。

我们并不是在暗示西方文化中的每个成员都拥有独立的自我观，或者亚洲文化中的每个成员都拥有相互依存的自我观。例如，在美国，居住在更多欧裔美国人最近才定居的州（如俄克拉何马州和犹他州）的人往往比居住在“安稳的”东海岸（如马萨诸塞州和康涅狄格州）的人有更独立的自我观。一项研究表明，在较晚建立的州出生的婴儿比在其他州出生的婴儿有更不寻常的名字。也就是说，一个独立的自我概念的标志是给你的宝宝取一个独特的名字，而俄克拉何马州的家长比康涅狄格州的家长更容易做出这样的事情（见图 5-2）。在加拿大，近期建立的和更早建立的地区也存在同样的差异（Varnum & Kitayama，2011）。

尽管如此，东西方在自我概念上的差异是真实存在的，并且会在文化发生交流的时候产生有趣的结果。的确，自我概念的差异是如此根本，以至于拥有独立的自我观的人很难去欣赏拥有相互依存的自我观的人，反之亦然。一位心理学家在为一群日本学生做了有关西方自我概念的讲座之后，学生们长叹了一口气，并在下课时说："这是真的吗（Kitayama & Markus，1994）？"借用莎士比亚的话来说，在西方社会中，自我是一切的准绳。无论你认为这样的自我概念多么理所当然，别忘了，它是由社会建构的，因此在这一点上存在文化差异。

自我的功能

自我到底做了什么呢？自我为以下四个功能服务：自我认知是理解我们是谁并整合和组织这些信息的方式；自我控制是我们制订计划、执行决策的方式，如决定现在读书而非外出吃冰激凌；印象管理是指我们如何展示自己最好的一面，尽力让别人看到我们想要展示的自我；自尊是我们尽量积极看待自己的方式。在本章接下来的部分，我们将探讨自我认知、自我控制和印象管理，对自尊的讨论将在第 6 章展开。

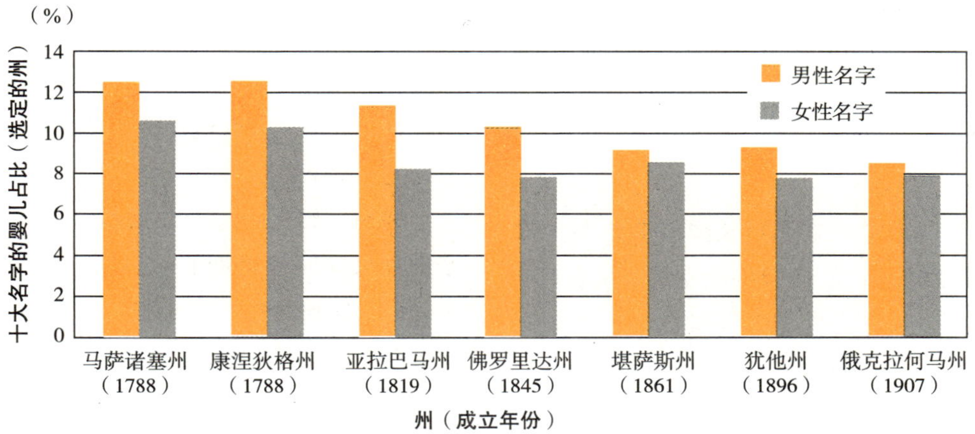

图 5-2 美国各州成立的年份和流行的新生儿名字的占比

这张图显示了一些美国的州以及它们成立的年份。可以看出，一个州成立的时间越晚，父母给孩子起流行名字的可能性就越小。研究者认为，这证明这些州的居民有更独立的自我观。

资料来源：Varnum & Kitayama，2011.

问题回顾

1. 下列哪一项最不可能通过表明他们至少有一种基本的自我概念的"镜子"测试？（ ）
   - a. 大猩猩
   - b. 黑猩猩
   - c. 12 个月大的婴儿
   - d. 3 岁大的儿童
2. 当考虑他人时，我们会认为下列哪一项是他们自我概念的核心？（ ）
   - a. 他们的道德
   - b. 他们的偏好和态度
   - c. 他们的物理属性
   - d. 他们的记忆水平
3. 下列哪一项是对独立的自我观的最好定义？（ ）
   - a. 根据自己与他人的关系来定义自己
   - b. 用自己内心的想法、感受和行动来定义自己

c. 喜欢跳舞和集体运动的人
d. 喜欢读诗、写诗等活动的人

4. 下列哪一项是相互依存的自我观的最好定义？（ ）
a. 根据自己与他人的关系来定义自己
b. 用自己内心的想法、感受和行动来定义自己
c. 喜欢跳舞和集体运动的人
d. 喜欢读诗、写诗等活动的人

"问题回顾"答案，请扫描章末二维码查看。

5.2 自我认知

我们已经看到了人们成长的文化环境如何影响他们的自我概念，但是我们究竟如何才能认识到我们是谁，我们为什么要做某件事情呢？社会心理学家发现了一些自我认知的来源，这些有趣的来源可能并不那么显而易见。例如，其他人是有关我们是谁的重要的信息来源。我们将从一个看似更直接的自我认知来源开始——内省。

通过内省认识自己

你有没有停下来考虑过你对某些事情的真正想法？例如，你想学什么专业，或者为什么要做某事？为什么喜欢看电视剧，而不是为心理学考试复习？如果你想过，你就是在内省（introspection），也就是向内心深处探索，来检视我们自己所拥有的关于自己的思想、感受和动机的"内部信息"。关于人类心智最令人惊奇的事情之一就是，我们可以用它来检视我们自己。

尽管内省很有用，但它也不是完美的。一方面，自我反思并不总是很令人愉快的事情；另一方面，我们产生感觉和行为的原因可能藏在意识之下。让我们来看看内省的一些结果以及局限。

关注自我：自我觉知理论

有时我们的思想会自然而然地转向内部，想到我们自己；而其他时候，这种情况是外部环境引起的，例如，我们在镜子中看到了自己，或者在朋友用手机拍的视频中看到了自己。当这种情况发生时，我们就处于自我觉知的状态。根据自我觉知理论（self-awareness theory），当我们把注意力集中在自己身上时，我们会根据自己内在的标准与价值观来对自己现在的行为进行评价和比较（Carver，2003；Duval & Silvia，2002；Duval & Wicklund，1972；Phillips & Silva，2005）。简而言之，当我们处于自我觉知状态时，我们会成为客观地评价自己的观察者，以局外观察者的角度来看自己。

例如，你觉得你应该戒烟了，有一天你在看到橱窗玻璃里映出吸烟的你时，你的感觉如何？当你看到自己的映像时，你可能会意识到自己的行为与内在标准或期望之间的差异。如果你能够改变自己的行为使其与自己的内在标准（如戒烟）一致，那么你就会这么做；如果你觉得无法改变自己的行为，那么处于自我觉知状态的你将会很难受，因为你将面临令自己不愉快的反馈的冲击（Duval & Silvia，2002）。而这样的事会经常发生。在一项研究中，研究者在一天中的随机时段询问 365 名高三学生（来自美国的两个城市）他们正在想什么。研究发现，越是常常思虑有关自己的人们越有可能心情不佳（Mor et al.，2010）。图 5-3 描述了自我觉知如何使我们意识到自己内在的标准，并引导我们表现出后续行为的过程。

当人们处于一种消极的自我觉知状态时，他们

内省：往内心深处探索，并审视自己的想法、感受及动机的历程。

自我觉知理论：该理论主张，当我们将注意力集中在自己身上时，我们会根据自己内在的标准与价值观来评价和比较自己的行为。

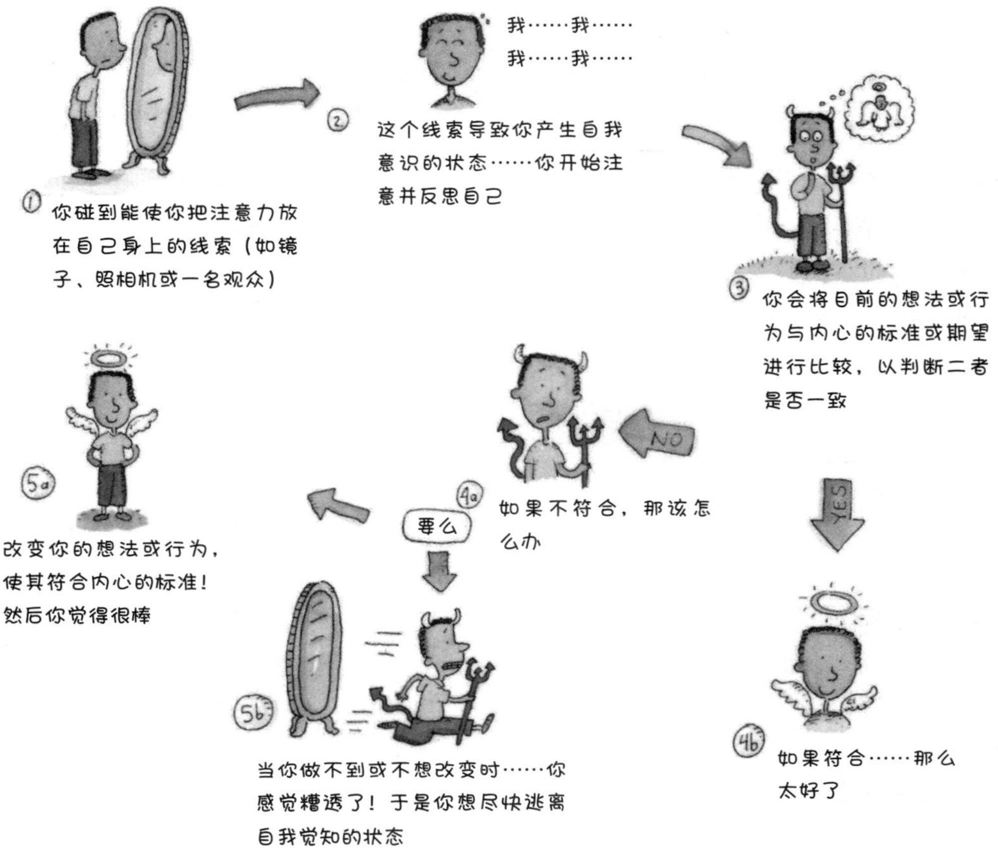
①你碰到能使你把注意力放在自己身上的线索（如镜子、照相机或一名观众）
我……我……
我……我……
②这个线索导致你产生自我意识的状态……你开始注意并反思自己
③你会将目前的想法或行为与内心的标准或期望进行比较，以判断二者是否一致
NO
YES
4a 如果不符合，那该怎么办
要么
5a 改变你的想法或行为，使其符合内心的标准！然后你觉得很棒
5b 当你做不到或不想改变时……你感觉糟透了！于是你想尽快逃离自我觉知的状态
4b 如果符合……那么太好了

图 5-3　自我觉知理论

当人们把注意力放在自己身上时，他们会将自己的行为和内在标准进行比较。

资料来源：Carver & Scheier，1981.

经常试图逃避这种状态，例如，他们会避免在朋友的 Facebook 页面上看自己的照片。有时候人们甚至会进一步逃避自我，诸如酗酒、暴食和性受虐等行为都是逃避自我的有效方式，尽管它们很危险（Baumeister，1991）。虽然存在风险，但人们经常做出此类危险行为的事实表明，将注意力放在自己的身上是多么令人厌恶的一件事（Donnelly et al.，2016；Leary & Tate，2010；Wisman，Heflick，& Goldenberg，2015）。

不过，并非所有逃避自我的方法都这么危险。许多宗教活动也是避免自我关注的有效方法（Baumeister，1991；Leary，2004a）。另外，自我关注不见得总是令人厌恶的。如果你刚刚取得了一次难得的成功，那么，自我关注可能相当愉快，因为此时的自我关注强化了你取得的好成绩（Greenberg & Musham，1981；Silvia & Abele，2002）。此外，自我关注也可以唤醒我们的是非观，从而让我们远离麻烦。例如，有许多研究指出，当人们处于自我觉知的状态时（如在镜子前面），他们更有可能服从自己的道德标准，如抑制自己在考试中作弊的欲望（Beaman，Klentz，Diener，& Svanum，1979；Diener & Wallbom，1976；Gibbons，1978）。当自我觉知会提醒人们自己的缺点时，它会令人特别反感，在这样的情境下（如在考试中考砸了），人们会避免进行自我觉知。不过，在其他时候，例如，当你内心的欲望之魔怂恿你尝试诱惑时，自我觉知不见得是件坏事，因为，它可以让你更清楚地意识到自己的道德和理想。你的自我意识有多强？完成下面的“试一试”来了解一下吧！

试一试 测量你的内在自我意识

当你独处时，你会在多大程度上关注自己？下面这些问题取自费斯廷格等人设计的量表，其目的是测量内在自我意识（自我觉知的习惯性倾向）（Fenigstein，Scheier，& Buss，1975）。

使用说明：请尽可能诚实且正确地回答下列问题，回答时以 1 ～ 5 的数字来表示不同的程度：

1= 极不符合（与我很不像）
2= 相当不符合
3= 既不是不符合也不是很符合
4= 相当符合
5= 非常符合（与我很像）

1. 我总是努力地要了解自己	1	2	3	4	5
2. 一般来说，我很少意识到自己	1	2	3	4	5
3. 我常常反省自己	1	2	3	4	5
4. 我经常成为自己幻想的对象	1	2	3	4	5
5. 我从来没有好好地审视过自己	1	2	3	4	5
6. 我通常很注意自己的内在感受	1	2	3	4	5
7. 我总是不断地检查自己的动机	1	2	3	4	5
8. 我有时候会觉得自己好像有个分身在监督着自己	1	2	3	4	5
9. 我很容易觉察到自己心情的变化	1	2	3	4	5
10. 当我解决问题时，我会意识到自己心智的运作方式	1	2	3	4	5

资料来源：Fenigstein，Scheier，& Buss，1975.

计分说明：第 2 题和第 5 题反向计分，即如果你对这些问题的得分是 1，你就把它改成 5；如果你的得分是 2，你就把它改成 4，以此类推，然后算出总分。分数越高，你就越有可能把注意力集中在自己身上。研究发现，大学生样本的平均分是 26 分。

为什么我们会有某些感觉

内省的另一个功能是去试着解决为什么我们会有某些感觉。问题是，知道为什么并不是一件容易的事情。想象一下你试图弄明白自己为什么会爱上别人。人们常常被爱情冲昏头脑，有时欢欣不已，有时心神不宁。事实上，古希腊人认为恋爱是一种疾病。但是，为何你会有这种感受？我们知道让自己坠入情网的，是对方的长相、个性、价值观及背景等。但它到底是什么呢？有位朋友曾经说，他爱上一个女孩子是因为她会吹萨克斯。难道这真是唯一的理由吗？人心是以一种神秘且难以解释的方式工作的。

遗憾的是，并非只有爱情难以解释。就像我们在第 3 章看到的那样，我们的很多基本心理过程都是发生在意识知觉之外的（Bargh，2017；T. D. Wilson，2002；Wilson & Dunn，2004）。这并不是说，我们的思考是没有线索的——我们会意识到思考过程的最后结果（如我们恋爱了），但是常常觉察不到导致这个结果的认知过程。它就像魔术师将兔子从帽子里变出来一样，你只看到了兔子，却不知道它是如何进到帽子里的。我们要如何处理“兔子难题”？虽然我们常常不知道自己为何有某种感受，但我们似乎总是能找到有关它的解释。让我们感到骄傲的是，我们拥有地球上进化最佳的大脑，并且肯定会使用这一天赋。可惜的是，这种天赋并没有附带说明书。理查德·尼斯比特与蒂姆·威尔逊称这种现象为“告知更多自己所不知道的”，因为人们对感受和行为的解释常常超越了他们的理解能力（Nisbett & Ross，1980；Nisbett & Wilson，1977；T. D. Wilson，2002）。

举个例子，在一项研究中，研究者要求大学生连续 5 周每天都记录自己当天的情绪（Wilson，Laser，& Stone，1982）。学生也要跟踪记录其他可能影响自己日常心情的事件，如当天的天气、他们的工作量以及前一晚的睡眠时长等。在 5 周结束之后，这些大学生要预测他们的心情在多大程度上与这些变量有关。然而，实际资料分析的结果却显示，在很多情况下，人们对影响自己心情的事件的看法是错误的。例如，大部分人认为自己的情绪与前一晚的睡眠时长有关，但事实并不是这样的，睡眠时长与人们的心情之间并没有相关性。他们也不是毫无头绪的，例如，大部分人知道，他们与朋友相处得如何可以很好地预测他们的心情。但总体而言，他们并不总是能准确地知道什么能预测他们的心情（Johansson et al.，2005；Wegner，2002；T. D. Wilson，2002）。

为什么呢？这些被试所依赖的是他们的因果理论（causal theory）。人们有许多关于什么在影响自己的感受及行为的理论（如"我的心情会受我昨晚睡眠时长的影响"），且常常使用这些理论来解释自己为什么会有这样的感受（如"我的心情糟透了，我敢肯定这一定与我昨晚只睡了 6 个小时有关"）。我们从自己成长的文化中学到许多这方面的理论，如"小别胜新婚""每逢星期一人们的心情就会较差"。就像我们在第 3 章中所探讨的，唯一的问题就是我们的图式与理论并不一定正确，因此我们常会对自己行为的原因做出错误的判断。

我们并非要说明，人们在对自己的感受及行为的原因进行内省时只会依靠因果理论。除了从文化中学来的因果理论外，我们还有许多关于自己的信息，例如，我们过去是如何反应的，以及我们在做出选择前碰巧想到了哪些事情（Anderson，1984；T. D. Wilson，2002）。无论如何，对过去的行为及目前的想法进行内省，并不一定能得到自己感受的真正原因，实际情况确实如此（Hassin，2013；Wilson & Bar-Anan，2008）。

通过观察自己的行为认识自己

如果自省并不总是为了揭示我们是谁或我们为什么要做某件事，人们还能通过什么方法来弄清楚呢？事实证明，自我认知的一个重要来源是我们对自己行为的观察。

自我知觉理论

假设你的一个朋友问你有多喜欢古典音乐。你犹豫了一下，因为你在成长的过程中几乎从不听古典音乐；但最近你发现自己经常听交响乐。"我也不知道，"你回答道，"我想我喜欢某些类型的古典音乐。就在昨天我开车去上班的时候，我在广播里听了贝多芬的交响曲。"如果情况是这样的话，你就运用了观察自己行为的方法来决定你的感受（在这种情况中，你的行为是你选择收听交响乐广播）。

自我知觉理论（self-perception theory）认为，当我们的态度和感受处于不确定的或模糊的状态时，我们会通过观察自己的行为和该行为发生时的情境来推论自己的态度和感受（Bem，1972）。我们来了解一下这个理论的各个部分。第一，只有在不确定自己的感受如何时，我们才会从自己的行为来推论自己的感受。要是你一向知道自己喜欢古典音乐，你就不需要通过观察自己的行为来发现这一点了（Andersen，1984；Andersen & Ross，1984）。但是，你的感受也可能并不可信，因为你从来都不知道自己到底喜不喜欢古典音乐。如果情况是这样的话，那么你很有可能通过自己的行为来了解自己的感受（Chaiken &

因果理论：关于自己的感受及行为的起因的理论，这些通常是我们从文化中习得的（如"小别胜新婚"）。

自我知觉理论：该理论主张，当我们的态度和感受处于不确定的或模糊的状态时，我们会通过观察自己的行为和该行为发生时的情境来推论自己的态度和感受。

Baldwin，1981；Wood，1982）。

第二，人们会判断自己的行为是真实地反映了自己的感受，还是受到了情境的影响。如果听古典音乐是你自己的选择（没有人指使你这样做），那么你极有可能会得出自己喜欢古典音乐的结论。但是，如果是你的同伴（而不是你）把电台调到了贝多芬的音乐，那么你就不太可能会说你是因为自己喜欢古典音乐而去听它。

这听起来是不是有点熟悉？在第 4 章，我们已经探讨过归因理论，也就是人们通过观察他人的行为方式来推论其态度和感受。根据自我知觉理论，人们也用同样的归因原则来对自己的态度和感受进行推论。例如，如果你要判断某个朋友是否喜欢古典音乐，你可能会观察她的行为，进而解释为何她会做出这种行为。你可能会注意到，她总是在没有任何情境压力或限制的情况下听古典音乐——并没有人逼她在手机上播放莫扎特的音乐。因此，你可能会对她的行为做出内部归因，认为她喜欢莫扎特。自我知觉理论认为，我们也用同样的方法来推测自己的感受：我们观察自己的行为，并对此向自己做出解释，即我们对自己的行为做出归因（Aucouturier et al.，2016；Schrift & Parker，2014；Olson & Stone，2005；T. D. Wilson，2002）。事实上，我们不仅可以从自己的行为中推断出态度和偏好，还可以推断出我们的情绪，就像我们即将看到的那样。

理解我们的情绪：情绪二因素理论

你如何知道你在某一时刻正在体验什么情绪？是恐惧还是兴高采烈？这个问题也许听起来很愚蠢。难道我们不是不经思考就能知道自己的感受吗？然而，我们体验情绪的方式与我们讨论过的自我知觉过程有许多共同之处。

斯坦利·沙赫特（Stanley Schachter）提出了一个关于情绪的理论，他说我们推断自己情绪的方式与我们推断自己是什么样的人或我们喜欢什么是一样的（Schachter，1964）。在每一种情况下，我们都是通过观察自己的行为来解释自己为何有此行为的。唯一不同的是，我们所观察的行为的种类不同。沙赫特认为，人们也会观察自己的内在行为，即我们感受到了多大程度的生理唤醒。如果我们感受到这种生理唤醒，我们就会尽力去了解是什么导致了该唤醒。例如，假设有一天你在跑完几千米之后正准备走回你的公寓，你在转弯的时候差点和一个人相撞，这个人非常有魅力，并且是你在心理学课堂上刚结识的。你的心怦怦地跳着，手心微微出汗。这是因为爱情正在萌生，还是仅仅因为你刚跑完步呢？

沙赫特的理论被称为情绪二因素理论（two-factor theory of emotion），因为要了解我们的情绪状态需要两个步骤：首先，我们必须经历生理唤醒状态；其次，我们必须寻找一个适当的理由来解释它并为它贴上标签。因为我们难以对自己的生理状态做出说明，所以我们只好利用情境信息来帮助我们为自己的唤醒状态做出归因（见图 5-4）。

斯坦利·沙赫特与杰尔姆·辛格（Jerome Singer）做了一项经典的实验来检验这个理论（Schachter & Singer，1962）。想象你是实验被试，实验者告诉你他正在研究复合维生素 Suproxin 对人类视力的影响。在医生替你注入少量的 Suproxin 后，实验者让你稍候片刻，待药效发生作用。他将你介绍给另一名被试。他说这名被试也注射了少量的 Suproxin。实验者要求你们填写调查问卷，并告知稍后他会回来给你们做视力测验。

你看着问卷，发现里面有一些问题是非常隐私且带有侮辱性的。例如，你的母亲与多少男人有过婚外情？对于这些侮辱性的问题，另一名被试做出了愤怒的反应，他变得越来越生气，直到最后把问卷撕掉并扔在地板上，然后气冲冲地走出房间。你认为你的感受将会如何？你会和他一样生气吗？

你很可能已经猜到了，这项实验真正的目的不在

情绪二因素理论： 情绪体验是两阶段的自我知觉过程的结果，人们首先经历生理唤醒，然后寻求适当的解释。

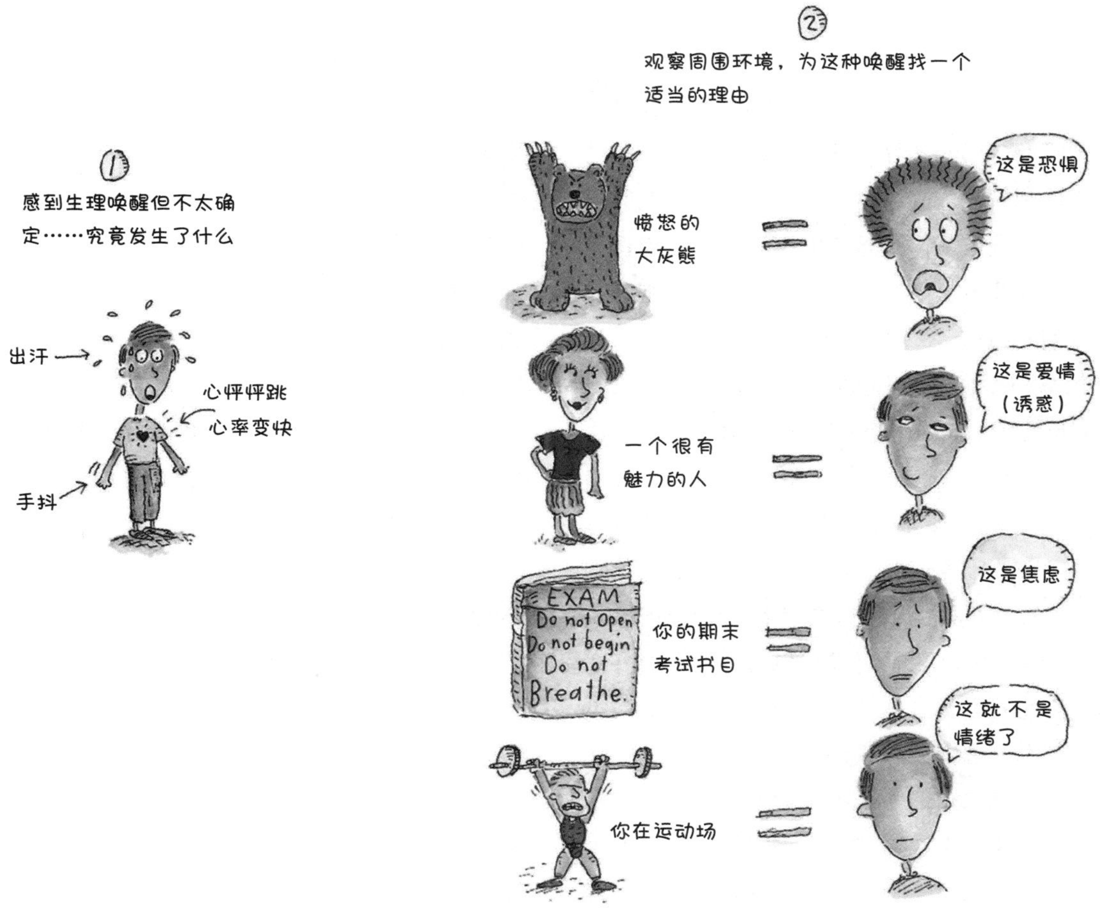

图 5-4 情绪二因素理论

于测试人们的视力。实验者设计的这一情境中有两个至关重要的变量——唤醒状态与对这种唤醒的情绪解释。研究者的目的是明确它们是否存在，并观察（如果有的话）被试会体验何种情绪。这些实验被试并没有真正接受复合维生素的注射。相反，某些被试被注射了肾上腺素，它能导致如体温升高、心跳加速及呼吸急促等唤醒状态。另一部分被试则被注射了一种不会引起任何生理反应的安慰剂。

想象一下，若你被注射了肾上腺素，你将会有什么样的感受？当你读到那些侮辱性的问题时，你开始感受到唤醒（请记住，实验者并没有告诉你注射剂中含有肾上腺素，所以你并不知道是注射剂让你产生了这种感觉）。其他被试（他们事实上是实验者的搭档）则表现得非常愤怒。你很可能推论出你之所以感到脸红及呼吸急促是因为你也很生气。你已具备沙赫特所认为的体验到一种情绪所需要的条件了（Schachter，1964）。也就是说，你已经处于唤醒状态，并且你在周围的环境中也找了一个可以合理解释这种唤醒状态的原因，因此，你变得狂怒。真正发生的情形也正是这样。那些注射肾上腺素的人比那些注射安慰剂的人更生气。

沙赫特发现，有趣的是，人们的情绪或多或少是随性而发的，这取决于人们为唤醒状态找到的最合理的解释是什么。沙赫特和辛格以两种方式来说明这种想法。首先，他们证明了，通过向人们提供一个非情绪性的解释来说明为何他们会产生唤醒状态，可以避免人们生气。研究者会告诉那些注射了肾上腺素的人，他们所注射的药剂能使他们的心跳加速、脸发红，并且手会轻微抖动，以此来避免人们发怒。当人们开始感受到这些现象时，他们推断这并不是因为生气，而是药效发作所致。结果，这些被试并没有由于问卷而发脾气。

第二，沙赫特和辛格证明了，他们能通过改变对唤醒状态的最合理的解释，来使被试经历非常不同的情绪变化。在另一情境中，被试并没有收到侮辱性的问卷调查，其他被试（实验者的搭档）也没有发脾气。相反，其他被试表现出一副很快活的、漠不关心的样子，他们将纸张卷成棍棒来打棒球、做纸飞机、玩他们在角落里找到的呼啦圈。真正的被试反应如何？他们会推论说，他们也觉得既高兴又快活，并且通常会加入那些实验者的搭档的滑稽游戏。

沙赫特和辛格的实验已成为社会心理学领域最著名的研究之一，因为这个实验显示了，人们的情绪也可能是自我知觉过程的结果，即人们为自己的唤醒状态寻找最合理的解释。有时候，最合理的解释并不是正确的，因此人们也会体验错误的情绪。在沙赫特和辛格的研究中，感到生气或快活的人是因为他们体验到唤醒状态，且认为这些是由于令人厌恶的问卷调查，或是被实验者的搭档的那种无关紧要的乐天态度感染。对于造成他们产生唤醒的真正原因——肾上腺素，他们却毫不知晓。他们所能做的就是根据情境线索来解释自己的行为。

找出错误的原因：对唤醒的错误归因

沙赫特和辛格所发现的结果到底能在多大程度上被推广到日常生活中呢？有人可能会说，在日常生活中，人们通常能够知道自己为何感受到唤醒。假若有人拿着枪指着我们说："交出你的钱包！"我们会感到唤醒，并且确切地知道这是由害怕而引起的。当我们与爱人漫步于月光下的沙滩时，如果我们的心怦怦直跳，那么我们会认为这是因为爱或性的吸引所致。

然而，许多日常状况对唤醒状态存在多种合理的解释，而且也很难断定唤醒在多大程度上是由某个特定因素引起的。想象一下，你与某位非常吸引你的人一起观看一部恐怖电影。你感受到心在怦怦跳，呼吸也急促起来。那是因为你的情人非常吸引你呢，还是因为电影令你害怕呢？你不可能说"57% 的唤醒来自情人的吸引力，32% 来自恐怖电影，另外 11% 是因为我吃下的爆米花尚未消化"。由于难以准确地指出造成唤醒的原因，我们有时会产生对情绪的错误认识。也许你会认为大部分的唤醒状态来自约会对象的吸引力，然而事实上可能有很大部分来自恐怖电影（甚至部分来自消化不良）。

如果情况是这样的话，你正好就说明了**对唤醒的错误归因**（misattribution of arousal）这一现象，即对于自己的感受的起因做出错误的推论。（Anderson et al.，2012；Bar-Anan，Wilson，& Hassin，2010；Rydell & Durso，2012；Zillmann，1978）。思考一下，唤醒的错误归因在唐纳德·达顿（Donald Dutton）和阿瑟·阿伦（Arthur Aron）所做的现场实验中是如何起作用的（Dutton & Aron，1974）。有位迷人的年轻女士恳请一些在某个公园内游玩的男士完成一份问卷。这份问卷属于一项心理学研究计划中的一部分，它调查了美丽的风景对人们的创造力的影响。在男士们回答完所有问题后，这位女士说当她有更多的时间时，她将很乐意详细地解释她的研究计划。她在问卷上撕下一角，写下她的名字及电话号码，并告诉被试，如果他们想与她进一步谈话，可以给她打电话。想想看，这位女士对那些男士的吸引力有多大？他们会打电话给她并要求与她约会吗？

这是一个很难回答的问题。这无疑要看这些男士是否有其他约会对象，以及他们的工作有多忙等。但是这也可能依赖于他们如何解释自己正在经历的生理特征。假如他们的唤醒状态是某些外在因素引起的，那么他们也许会认为这种唤醒是由于这位年轻女士的吸引力。为了验证这一观点，达顿和阿伦让这位女士在两种极不相同的情境下去接近公园里的男士。

在一种情境中，这些男士正走在一座横跨在深谷之上的吊桥上，并且这座桥是由固定在钢丝绳上的

对唤醒的错误归因：人们对导致他们产生某种感觉的原因做出错误推断的过程。

木板组成的。当人们走过时，他们不得不俯下身扶着很低的扶手。在吊桥上走过一小段之后，突如其来的风使得吊桥左右摇动。这是一种可怕的经历，桥上大多数人都产生了较强的唤醒，他们的心怦怦直跳、呼吸急促、身体开始出汗。正在此时，这位迷人的女士请他们填写调查问卷。你觉得她对他们有多大的吸引力呢？

而在另一种情境下，男士们已经走过了吊桥，正坐在公园的板凳上休息，这位女士走近他们。男士们便有机会让自己平静下来，他们的心跳不再强烈，呼吸的频率也恢复正常。当这位女士要求他们做问卷调查时，他们正安静地欣赏风景。这位女士对这些男人的吸引力又有多大呢？

当人们由于某个原因而产生唤醒时，如走在令人害怕的吊桥上，他们往往对这种唤醒做错误的归因，如认为这种唤醒是由同行者的魅力引发的。

沙赫特的二因素理论预测，与那些坐在长凳上的男士相比，如果这些被接近的男士正在过桥，那么他们所经历的唤醒会更强烈，并且可能会误认为唤醒状态在一定程度上是由这位美丽女士的吸引力引起的。实验的结果也正是如此。女士在桥上接近的大部分男士，事后都会打电话给这位女士并要求与她约会；而在那些坐在板凳上的男士中，只有相对较少的一部分给那位女士打了电话（见图 5-5）。在大量的后续研究中，研究者都发现了此类对唤醒的错误归因，并且这种错误归因在男性和女性中都存在（Meston & Frohlich，2003；Zillmann，1978）。这项研究的寓意是，假如你遇到一位有吸引力的异性，并且你的心跳逐渐加速，那么请仔细思考一下为什么你会产生唤醒——也许你会由于错误的归因而坠入爱河！

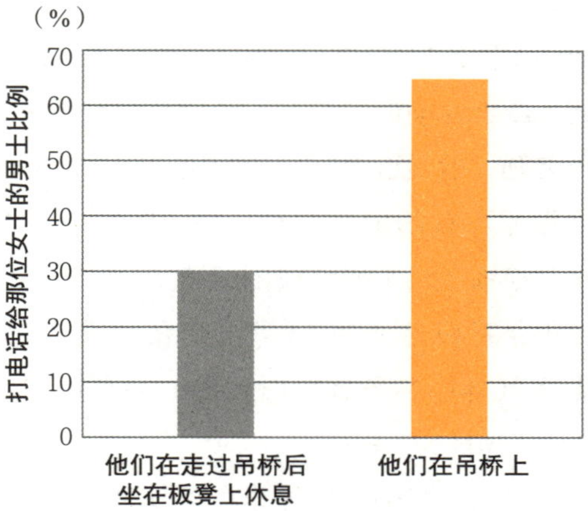

图 5-5 对唤醒的错误归因

当一位女士靠近在一座可怕的吊桥上行走的男士，并要求他们填写一份调查问卷时，他们被那位女士吸引并给她打电话的比例相当高；但是，当同一位女士在男士们走过吊桥且休息了一阵子后接近他们时，他们打电话约那位女士的比例显著降低。

资料来源：Dutton & Aron，1974.

综上所述，人们了解自己的一种方式（包括态度、动机、情绪）是观察自己的行为和产生行为的条件。这包括观察外在行为（例如，我们是否选择听广播里的古典音乐），也包括身体反应（例如，在与陌生人交谈时，我们的心是否怦怦直跳）。接下来我们来看另一个自我知觉的例子，即推断我们的动机。

内在动机与外在动机

截至目前，我们已经看到了，人们会把他们自己的行为当作他们态度和情绪的重要信息来源。现在我们来看看人们对动机的归因。举个例子，人们认为，他们执行一项活动是因为他们本身对其感兴趣，还是因为他们能从中获得一些好处（如金钱）呢？为什么这很重要呢？

关于人们做事情的动机在很多领域都十分重要，包括教育领域。假设你是一名小学教师，你想让你的学生培养起阅读的爱好。你不仅想让他们读更多的好书，还希望他们热爱阅读。你会怎样完成这项任务呢？这并不是一件容易的事情，因为有太多的事情会分散学生的注意力，如电视、游戏、手机等。

如果你和很多教育家一样，你可能会觉得对学生的阅读行为给予奖励是一个不错的方法。或许那样做确实会让他们放下手机，拿起书本，并在这个过程中培养他们对阅读的热爱。教师过去常常通过给学生一个微笑，或者给他们的作业一个金色的五角星来对他们进行奖励，但最近教师开始使用更有用的激励手段了，如糖果、布朗尼蛋糕和玩具（Perlstein，1999）。一家比萨连锁店给某些学校中阅读了一定数量图书的学生提供免费获得比萨的购物券。在一所学校里，当学生取得优异的高考成绩时，他们会获得现金奖励（Hibbard，2011）。

毫无疑问，奖励是一种非常有效的激励手段，比萨和金钱也确实可以让孩子读更多的书。一条古老且基本的心理学原则是，每当行为发生时就给予奖励，将会增加行为发生的频率，这个原则叫作正强化。无论是老鼠推动杠杆以得到食物，还是孩子读书获赠免费比萨，奖励都可以改变行为。

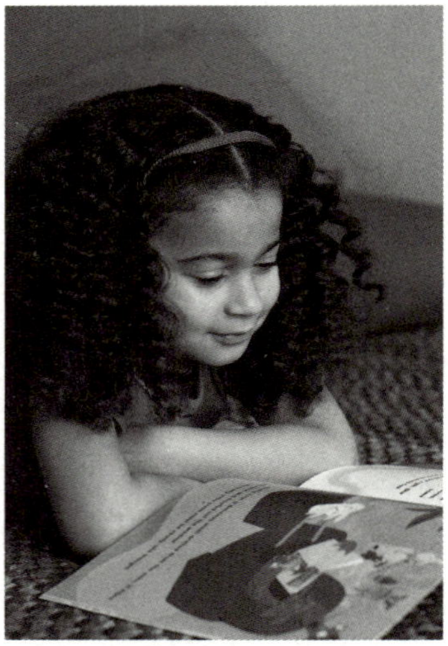

许多项目都尝试通过奖励来让孩子阅读更多的书，这些奖励增加还是减少了孩子对阅读的热爱？

但是，人类不是老鼠，我们不得不考虑奖励的内在影响，也就是奖励如何影响人们对自己的看法，即他们的自我概念，以及他们将来的动机。例如，通过读书获取奖金的做法会不会改变他们对自己为什么读书的已有观点？像“从学习中赚钱”这样的奖励计划的危害在于，孩子会认为他们读书是为了赚钱，而不是因为他们觉得读书本身是一项很令人愉快的活动。当奖励计划结束，比萨没有了之后，孩子读的书可能比以前更少。

这种情况更常发生在那些原本已经比较喜欢读书的孩子身上。这类孩子具有很高的内在动机（intrinsic motivation），即他们喜欢读书这件事并觉得它很有趣，而不是他们在外在的奖励或压力的作用下而选择读书（Deci，2016；Harackiewicz & Elliot，1993，1998；Harackiewicz & Hulleman，2010；Hirt et al.，1996；Hulleman et al.，2010；Ryan & Deci，2000）。他们参加活动的原因必须和他们自身相关——读书的时候，他们感到快乐。换句话说，阅读是一种娱乐，而非任务。

当孩子开始通过阅读获得奖励后会发生什么呢？他们最初由内在动机而产生的阅读行为开始受到外在动机（extrinsic motivation）的激励，即因为外在的奖励和压力，而不是因为喜欢读书或觉得有趣而渴望读书。按照自我知觉理论，在这种情况下，人们往往认为他们的动机是奖励，而不是他们内在的兴趣。之前孩子是因为喜欢才进行阅读，但现在则是为了得到奖励而阅读。这一不幸的结果是外在动机取代内在动机导致的，这使人们失去了原有的对活动本身的兴趣。这个结果被称为过分充足理由效应（overjustification effect）。它的结果是，当人们认为他们的行为是由外

内在动机：因为喜欢某项活动或觉得该活动有趣（而不是因为外在的奖励或压力）而想从事该活动的欲望。

外在动机：因为外在的奖励或压力（不是因为喜欢该活动或觉得该活动有趣）而想从事某项活动的欲望。

过分充足理由效应：认为自己的行为是由难以抗拒的外在原因引起的，从而低估了内在原因引发该行为的可能性。

在原因（如奖励）引起时，就会低估自己的行为源于内在动机的程度（Deci，Koestner，& Ryan，1999a，1999b；Harackiewicz，1979；Lepper，1995；Lepper，1995；Warneken & Tomasello，2014）。

例如，在一项研究中，小学四五年级的老师向学生介绍 4 种新的数学游戏，在为期 13 天的练习期间，他们记下了每个学生玩每种游戏的时长。如图 5-6 的左侧部分所示，学生最初对数学游戏都有一些内在兴趣，因为他们在基线期内都会花 10 分钟以上的时间玩游戏。而在往后的数天中，研究者引进了奖励计划。此时每个学生可以通过玩数学游戏来获得证书或奖状，正如我们所预测的，他们花在数学游戏上的时间增加了（见图 5-6 的中间部分）。

然而，最关键的问题是奖励计划结束后所发生的事，那时学生玩游戏就不再得到奖励了。就像过分充足理由假说所预测的那样，学生在数学游戏上所花的时间显著少于他们最初（在引入奖励之前）所花的时间（见图 5-6 中最右侧的线）。通过把这些结果与控制条件相比较，研究者认为，奖励使人们不再那么喜欢这些游戏，而非随时间流逝人们对这些游戏所产生的厌倦感导致了这一状况。简而言之，奖励破坏了学生对这些游戏的内在兴趣。在研究结束时，他们几乎完全不玩这些游戏了（Greene，Sternberg，& Lepper，1976）。

这种对内在兴趣的破坏不仅会出现在学校里，在那些因表现优异而获得丰厚收入的职业运动员身上，情况又是如何呢？马克·怀特（Mark White）和肯·谢尔顿（Ken Sheldon）比较了 NBA 篮球运动员和美国职业棒球大联盟的球员在合同到期前一年、重新谈判合同的一年和获得新合同后一年内的表现（White & Sheldon，2014）。在重新谈判合同的这一年里，球员比以往表现得更好，这也许是因为外在的奖励对他们来说相当重要——他们表现得越好，就能得到越多的钱。但到了第二年——在他们获得新合同后——他们的表现往往低于前两年的水平。举例来说，NBA 球员在合同年的平均得分比前一年要高，但他们的最低得分出现在签完合同的第二年。我们不能从这样一个相关研究中得出肯定的结论，但研究结果与这样的观点是一致的，即当奖励被移除或不再突出时，奖励会削弱人们的内在动机。

我们能做些什么来保护内在动机，以免它们受到社会奖励制度的破坏呢？幸运的是，在某些情况下，过分充足理由效应的发生是可以避免的。仅在起初兴趣很高时，奖励才会破坏人们的内在兴趣（Calder &

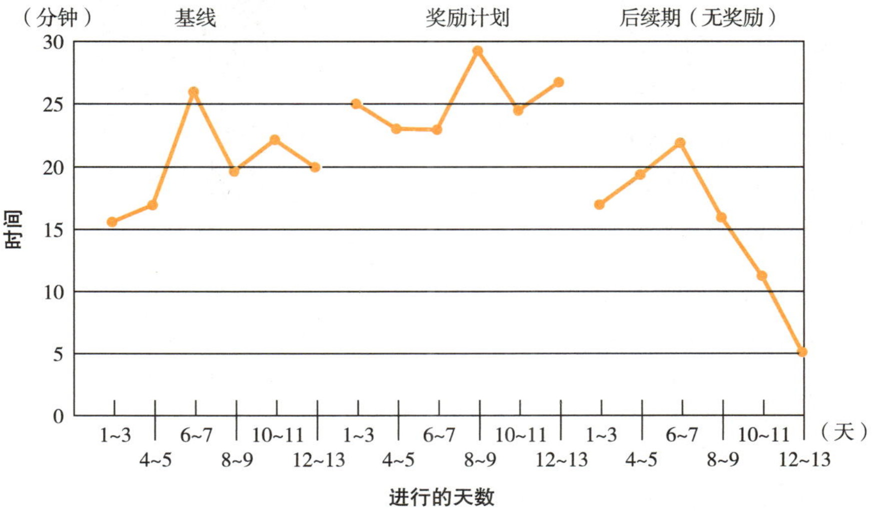

图 5-6　过分充足理由效应

在最初的基线期，研究者先测量各位小学生玩数学游戏的时间；在奖励计划期间，研究者再以奖品来鼓励他们玩数学游戏；在后续期，学生不再获得奖励，学生玩数学游戏的时间比基线期还要少。这说明奖励降低了他们对游戏的内在兴趣。

资料来源：Greene，Sternberg，& Lepper.

Staw，1975；Tang & Hall，1995）。假如一个孩子对阅读一点兴趣都没有，那么通过给予比萨来鼓励其看书倒不失为一个好方法，因为他没有最初的兴趣可被破坏。

另外，不同类型的奖励会造成不同的结果。到目前为止，我们已经讨论过以任务为条件的奖励（task-contingent reward），也就是说，不管表现好坏，人们只要完成任务即可获得奖励。例如，在比萨项目中，孩子只需要阅读一定数量的书就会获得奖励，不需要考虑他们读得有多好。有时，人们会使用以表现为条件的奖励（performance-contingent reward），这种奖励则以表现好坏作为给予奖励的标准，例如，给予在大学选修课程考试中表现好的学生现金奖励，而不是参加考试就给奖励。这一类型的奖励不太可能会减少人们对活动的兴趣——甚至可能会使之提高——因为，这种奖励传达了“你表现得很好”的信息（Deci & Ryan，1985；Pulfrey，Darnon，& Butera，2013）。因此，相对于只要孩子玩数学游戏就给予奖励的做法（即以任务为条件的奖励），当孩子在数学成绩优良时给予鼓励（即以表现为条件的奖励），才是较好的做法。不过，即使是以表现为条件的奖励，也必须小心使用，否则可能会带来弊端。因为虽然人们喜欢这些奖励带来的正面回馈，但这些类型的奖励也会给人们带来压力，让他们觉得自己在被人评价，这让他们更难做好，进而降低了他们对活动的内在兴趣（Harackiewicz，1989；Harackiewicz，Manderlink，& Sansone，1984）。所以诀窍就是，给予正面的回馈，但是又不让人们感受到被评价时所带来的紧张或担忧。

> 我记得，在我开始认真思考要不要以打球为生之后，篮球这项运动对我来说就失去了它部分的魔力了。
>
> ——比尔·拉塞尔（Bill Russell），1979

心态与动机

还有一种方式会让人们的自我认知影响动机，那就是他们感知自己能力的方式。有的人坚信他们要么有能力，要么没有能力。心理学家卡罗尔·德韦克（Carol Dweck）称之为固定型思维模式（fixed mindset），即认为我们的能力是不会变化的（Dweck，2006）。根据这个观点，我们的智力、体育能力、音乐天赋等一切都是不会变化的。德韦克称另一种思维模式为成长型思维模式（growth mindset），即成就是通过付诸努力、尝试新策略和征求他人意见而获得的。研究显示，持何种思维模式对一个人的成功极为

你认为这个人生来就有爬这座山的能力吗？很可能这个人是经过多年的训练才达到这样的高度的。然而，拥有固定型思维模式的人可能只是认为这是难以达到的，而从不去尝试；拥有成长型思维模式的人相信一切皆有可能，只要他们找到正确的策略，并付诸努力，就能在生活中取得更多的成就。

以任务为条件的奖励：根据执行任务与否而非表现好坏所给予的奖励。

以表现为条件的奖励：根据表现好坏所给予的奖励。

固定型思维模式：我们的能力是不会变化的。

成长型思维模式：能力是可变的、逐渐积累起来的。

重要。拥有固定型思维模式的人在遭受挫折时很容易放弃，而且也不太可能继续努力并磨炼他们的技能。毕竟，如果他们失败了，那一定表明他们根本没有成功的必要条件。相反，拥有成长型思维模式的人则会把挫折看作通过自身努力而成长的机会（Claro，Paunesku，& Dweck，2016）。

心态不仅局限于体育运动的能力，它对于其他方面的能力（如学习能力）也十分重要。在刚入大学的时期，大家都过得磕磕绊绊。或许你的心理学或数学考试成绩比自己预期中的差得多。看着令你失望的成绩，你会如何反应？德韦克的研究发现，持固定型思维模式的学生更容易放弃，并且在接下来的测验中表现不佳；而持成长型思维模式的学生则倾向于加倍努力，从而在今后的测验中表现得更好。因此，下次当你遭遇挫折时——无论是在运动领域、课堂上，还是在社交方面——你可以将它视为通过努力来提升自己的机会，而不是表明你没有这方面的天赋的证据。

热门话题

在课堂上的成长心态

想象一下，一群 9 年级的学生在一门或几门课上很吃力，如数学或英语。根据本章讨论的心态研究，那些具有成长型思维的人比那些具有固定型思维模式的人更相信他们可以进步。但是，成长型思维模式能否以一种标准化的方式被传授给所有学生呢？

为了找到答案，戴维·耶格尔（David Yeager）和他的同事在 9 所不同的中学进行了一项大规模的研究，共有 3000 多名 9 年级学生参加了该研究（Yeager et al.，2016）。其中一半的学生被随机分配到他们的计算机教室里完成一个成长型思维模式的学习模块，分两次完成，间隔一周。该模块解释了什么是成长型思维模式，并强调了努力、开发新策略和寻求学术资料帮助的重要性。这些学生还通过其他学生的经历、名人榜样的推荐以及将这些材料应用到自己生活中的写作练习来加强对这些信息的了解。另一半学生被分配到了控制组，在这个条件下，他们完成了与学术相关的学习模块，但没有提到任何成长型思维模式。

正如研究者所预测的那样，思维模式干预对成绩优异的学生没有效果，因为他们在课堂上已经表现得很好了。但也正如研究者所预测的那样，这种干预对成绩较差的学生有帮助。与控制组相比，学习成绩较差的学生在学习成绩上有较大的提高。成长型思维模式的学习模块将成绩差的学生获得 D 或 F 的比例从 46% 降低到 39%。这种低廉而短暂的两次计算机学习干预的效果是令人振奋的。

通过他人认识自己

自我概念不是在独立的背景下发展的，而是在周围人的作用下形成的。如果我们从来不与他人接触，那么我们的自我形象将是模糊的，因为我们不会认为自己与别人有所不同。还记得我们前面讨论过的用来判断动物是否具有自我概念的镜子与红色颜料实验吗？这一实验的变式已经被用来说明社会接触对自我概念的发展会起到真正的关键作用。戈登·盖洛普（Gordon Gallup）比较了在正常群居环境中长大的黑猩猩与在完全隔离的环境中被单独抚养大的黑猩猩的行为（Gallup，1977）。具有社会经验的黑猩猩“通过”了镜子测试，当它们的额头被涂上红色颜料并被置于镜子前面时，它们立即利用自己的镜像找到了它们额头的红色区域。然而，经历了社会隔离的黑猩猩对于它们的镜像完全没有反应——它们不认识镜中的自己，这说明它们还没有形成自我意识。

通过与他人比较认识自己

我们怎样通过他人来定义自己呢？一种方法是通过与他人的比较来测量自己的能力和态度。假设你所在的企业会向某个慈善基金会进行捐助，你可以从你每月的工资中拿出你愿意捐赠的数目给这个可敬的组织。你决定每月捐赠 50 美元。这有多慷慨呢？你会为自己的博爱而感到自豪吗？回答这个问题的方法之一是，将自己与他人进行比较。如果你发现你的朋友汉娜每个月仅仅捐赠 10 美元，那么你很可能会觉得自己是一个慷慨的、热心的人。然而，如果你发现你的朋友汉娜每月捐了 100 美元，那么你可能就不会觉得自己有那么慷慨了。

这个例子说明了社会比较理论（social comparison theory），该理论最初由利昂·费斯廷格（Festinger，1954）提出，后来被其他研究者改进（Buunk & Gibbons，2003；Hoorens & Van Damme，2012；Suls & Wheeler，2000；Swencionis & Fiske，2014）。这个理论认为，人们通过与他人的比较来得知自己的能力和态度，它围绕着两个重要问题展开：（1）你什么时候进行社会比较？（2）你会选择将自己与谁进行比较？第一个问题的答案是，当用来衡量自己的客观标准不存在，并且在这一特定的领域中，人们正处于对自己的一种不确定的状态时，人们就会进行社会比较（Suls & Fletcher，1983；Suls & Miller，1977）。如果办公室捐赠项目是新近发起的，而你又不确定多大的数量算得上慷慨，此时你尤为可能把自己与他人相比。

至于第二个问题，其答案取决于你的目标是什么，是对自己的能力进行准确的评估，确定最高水平是什么以便知道自己应该做什么努力，还是为了让自己感觉更好。为了说明这些目标为什么很重要，假设你在大学里第一天上西班牙语课，你正在思考自己的能力以及未来的表现。那么你会将自己与谁相比呢？是一个在西班牙生活过两年的同学，还是一个以前从未学习过西班牙语的同学，抑或一个和你有相似背景的同学呢？如果你的目标是对自己的能力进行最准确的评估，那么将自己与背景最相似的人进行比较是有意义的（Goethals & Darley，1977；C. T. Miller，1982；Suls，Martin，& Wheeler，2000）。如果这个学生在班上表现得很好，你很可能也会这样（Thornton & Arrowood，1966；Wheeler，Koestner，& Driver，1982）。

如果我们想知道什么是完美，即我们所能期望的最高水平，那么我们会进行上行的社会比较（upward social comparison），即我们会将自己与那些在某种特定的能力上比自己强的人相比较，也就是和那个在西班牙生活过两年的同学进行比较（Johnson，2012）。然而，上行的社会比较的问题是，这种对比会让我们沮丧并感到自卑。我们永远不会像在西班牙学习过的人学得那样好（Beer，Chester，& Hughes，2013；Normand & Croizet，2013；Ratliff & Oishi，2013）。如果我们的目的是为了让自己感觉良好或提升自我状态，那么我们最好用下行的社会比较（downward social comparison），即与那些在某种能力或特质上不如我们的人进行比较（Arigo，Suls，& Smyth，2014；Aspinwall & Taylor，1993；Wehrens et al.，2010）。同理，如果你和那些第一次学习西班牙语的学生相比，你很有可能会自我感觉良好，因为你确定自己是佼佼者。例如，在接受研究者的采访时，大多数癌症患者会自然而然地将自己与那些比自己的病情更严重的患

社会比较理论：人们通过将自己与他人进行比较来了解自己的能力和态度。

上行的社会比较：将自己与那些在某种特质或能力上比自己出色的人进行比较。

下行的社会比较：将自己与那些在某种特质或能力上比自己差的人进行比较。

者相比，这大概是一种使他们对自己的病情感到更乐观的方法（Wood，Taylor，& Lichtman，1985）。

另一种让我们对自己的感觉更好的方法是，将自己现在的表现与过去的表现相比。从某种意义上说，这也属于下行的社会比较，尽管比较的对象变成了“过去的自己”，而不是别人。在一项研究中，人们通过将现在的自己与以前那个表现更差的自己相比来使自己感觉更好。例如，一个学生认为“大学时代的自己”比那个害羞又内向的“高中时期的自己”更加外向，也更擅长社交（Ross & Wilson，2003；Wilson & Ross，2000）。

简而言之，目标的性质将会影响我们所做的比较。当我们想对自己的能力和意见有一个准确的评估时，我们会将自己与相似的人进行比较。当我们想明确努力的方向时，我们会进行上行的社会比较，即使这样做可能会让我们感到自卑；当我们的目标是自我提升时，我们会将自己与不如自己的人或更不幸的人相比较（包括过去的自己），这种下行的社会比较可以让我们看上去更好。

透过他人的眼睛看自己

正如我们所知，有时我们会将他人作为衡量的准绳，来对自己的能力进行评价。然而，有时我们也会将朋友的看法融入自己的社会观点。你是不是注意到，你的好友有时与你的想法或观点很一致？也许住在对面公寓的室友们都倾向于支持自由主义政策，喜欢看《纸牌屋》（*House of Cards*），住在隔壁公寓的室友们则都是自由主义者，也是《权力的游戏》（*Game of Thrones*）的粉丝。对于人们持有共同观点的一个解释是，有相同观念的人们会相互吸引，与那些意见相左的人相比，他们会形成更紧密的社交关系。在第 10 章，我们将着重探讨“物以类聚”这个问题（Newcomb，1961）。

另一个解释是，在一定条件下人们与周围人的观念会逐渐同化。查尔斯·库利（Charles Cooley）把这个叫作“找寻玻璃杯后的自我”，他认为我们通过别人的眼睛来看待自己和整个社交圈，并且往往会采纳对方的观点（Cooley，1902）。一些研究显示，这种情况在双方都希望和睦相处时发生得更显著（Hardin & Higgins，1996；Huntsinger & Sinclair，2010；Shteynberg，2010；Skorinko & Sinclair，2013）。如果你的好朋友认为《权力的游戏》是最好的电视节目，你很可能也会喜欢上它。

也许，朋友间的相互影响十分平常。但令人惊奇的是，人们接受他人态度的过程，即**社会调节**（social tuning），在陌生人初次见面的时候也会发生，前提是我们想要与此人建立良好的关系。而且，社会调节可以在无意识层面发生。例如，思考一下斯泰西·辛克莱（Stacey Sinclair）的研究（Sinclair et al.，2005）。被试单独来参加实验，主试在一半的情境下穿着一件传达了反种族主义观点的 T 恤（印有“eracism”），而在另一半情境下则穿了一件白 T 恤。问题是，被试是否会无意识地“调整”他们的观点，使他们接受那些穿着印有“eracism” T 恤的主试的反种族主义观点呢？

研究者假设，只有当被试喜欢主试并且愿意和她相处时，这种情况才会发生。为了验证这个假设，他们让主试表现出不同的令人喜爱的程度。在亲切的条件下，主试感谢被试来参加实验并给被试一些糖果；在没礼貌的条件下，她会将糖果推开并解释道：“不要管这些了，我实验室的同事喜欢给被试糖果，但我认为你能得到学分就已经很幸运了。”再次重申一下，主试在一半情境下穿着印有“eracism”的 T 恤，而在另一半情境下穿着白 T 恤。在每种情境下，主试有一半时间是有礼貌的、令人喜爱的，另一半时间是不让人喜欢的。

接下来是要测量被试是否无意识地接受了穿着印有“eracism” T 恤的主试的反种族主义观点。为此，研究者在计算机上进行了自动偏见的测试。有关测验

社会调节：人们接受他人态度的过程。

的细节，我们将在第 7 章和第 13 章中讨论。现在重要的一点是，尽管被试不知道实验测量的是什么，但它评估了他们对黑人的无意识偏见的程度。根据假设，当主试表现得令人喜欢时，被试表现出的无意识偏见要比主试穿白 T 恤时少（见图 5-7 左侧，低分表示没有偏见）。被试在不知情的情况下，将自己的观点“调整”为与主试一致的观点。

当主试让人不喜欢的时候呢？由图 5-7 右侧可知，被试看上去更容易跟主试对着来，即他们反而会在主试穿着反种族主义 T 恤时表现出更多的偏见。这项实验说明，我们会自动采纳自己喜欢的人的观点，拒绝我们不喜欢的人的观点。

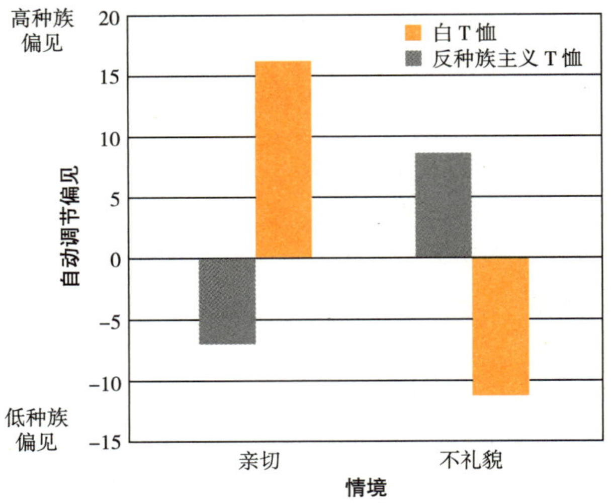

图 5-7　对令人喜爱的主试产生的社会调节

被试在与穿着反种族主义 T 恤或白 T 恤的主试互动后，进行了一项关于对黑人无意识偏见的测试，主试在一半的情境下是亲切的，在另一半的情境下是不礼貌的。当主试是亲切的时候（见图左侧），当她穿着反种族主义 T 恤时，被试表现出的无意识偏见要比她穿白 T 恤时少（量表上的数字越低，表明对黑人的偏见就越少）。当主试不受欢迎时（见图右侧），被试会反对她的观点，当她穿着反种族主义 T 恤而非白 T 恤时，他们会表现出更多的无意识偏见。这些结果表明，人们倾向于自动接受他们喜欢的人的观点，拒绝他们不喜欢的人的观点。

资料来源：Sinclair et al.，2005.

问题回顾

1. 当我们把注意力集中在自己身上时，我们（　）。
   a. 评估和比较自己的行为、内在标准及价值观
   b. 不太可能会喝酒和暴食
   c. 不太可能遵循自己内心的道德准则
   d. 几乎总是表现出我们所认为的自己的样子
2. 假设你的朋友梅根说：“如果睡眠时间不足 8 个小时，我第二天的心情就会很糟。”根据社会心理学的研究，最好的结论是什么？（　）
   a. 她应该是对的，因为人们通常都知道自己为什么会有这样的感觉
   b. 她可能是错的，因为人们很少知道自己为什么会有这样的感觉
   c. 只有当她列出她这一天心情好或坏的所有原因时，她才有可能是对的
   d. 她的陈述可能是基于一个因果理论，这个理论可能是真的，也可能不是真的
3. 下列哪一项叙述最好地说明了自我知觉理论？（　）
   a. 我可能不知道为什么，但我知道我喜欢什么
   b. 我通常不知道我喜欢什么，直到我看到自己在做什么
   c. 我喜欢古典音乐，因为我的妻子经常弹奏古典音乐
   d. 当我听自己最喜欢的歌曲时，我心里感到非常温暖
4. 假设你是一位家长，你希望你的孩子在学校表现良好。下列哪一种做法的效果最好？（　）
   a. 告诉他们，他们天生就有很强的学习能力
   b. 告诉他们，学习能力是可以培养的，只要他

们努力

c. 在他们小的时候，他们每读完一本书就给他们金钱奖励

d. 告诉他们，聪明是遗传的，他们的家庭成员都很聪明

5. 在下列哪一种情况下，卡里德最有可能喜欢上希瑟？（ ）

a. 卡里德不确定他是否想和希瑟约会，所以他花时间反省为什么他对她有这样的感觉

b. 卡里德不确定他是否想和希瑟约会，但他决定与她约会是因为希瑟的室友说，如果他这么做，希瑟会帮他做微积分作业

c. 卡里德和希瑟一起去长跑，几个小时后，当他们休息好了，希瑟给了卡里德一个拥抱，告诉他她真的很喜欢他

d. 卡里德和希瑟差点出了严重的车祸，两个人都吓坏了。然后希瑟给了卡里德一个拥抱，告诉他她真的很喜欢他

6. 玛丽安娜是高中二年级的学生，她正在参加校垒球队的选拔。为了准确地评估她的垒球水平，她应该将自己的能力和谁比较？（ ）

a. 去年队里最好的队员

b. 一个比玛丽安娜打垒球经验少的二年级学生

c. 球队的教练

d. 一个和玛丽安娜打垒球经验差不多的二年级学生

7. 下列关于社会调节的叙述哪一项是正确的？（ ）

a. 人们有意识地决定是否接受别人的态度

b. 人们只有一开始在很大程度上同意别人的立场时，才会接受别人的态度

c. 当人们想要和别人相处的时候，他们可能会接受别人的态度

d. 西方文化成员比东亚文化成员更有可能参与社会调节

“问题回顾”答案，请扫描章末二维码查看。

5.3 自我控制：自我的执行功能

与读这本书相比，还有什么事是你现在更愿意做的吗？承认吧，你会和你的朋友出去玩、在奈飞上看视频，或者打个盹儿。还在看书吗？如果是这样，那么你是在施加**自我控制**（self-control），自我控制是一种抑制眼前欲望（如打个盹儿）的能力，以实现长期目标（如阅读本章并在课堂上取得好成绩）。

自我的一个重要功能是设定目标，并就现在和未来做什么进行选择（Carver & Scheier，1998；Kotabe & Hoffmann，2015；Mischel，Zeiss，& Ebbesen，1972；Vohs & Baumeister，2011）。举例来说，我们似乎是唯一可以在事情并未发生时就去想象事件状况的物种，并且由此做出长远的规划，正是自我做出的规划在对我们的行为实施控制（Gilbert，2006；Gilbert & Wilson，2007）。有时这很容易，因为通往目标的道路很清晰，目标很容易实现。但更多时候这是很难的，因为为了实现我们的目标（如在课堂上取得好成绩），我们就需要避免那些可能会妨碍我们的短期乐趣（如奈飞的视频）。以最佳的方式去控制我们的行为与抉择，这说起来容易，做起来难，就像任何一个想要减肥或戒烟的人所了解的那样。但别灰心，社会心理学家已经发现了一些可以提高自我控制能力的策略。

让我们先来看看什么是行不通的。第一，仅仅通

自我控制：抑制眼前欲望以实现长期目标的能力。

过试着不去想来避免诱惑是没有帮助的。事实上，我们越是试着不去想某件事，如前男友或冰箱里的冰激凌，这些想法就会越频繁地出现在我们的脑海里（Baird et al.，2013；Wegner，1992，1994）。第二，仅仅专注于长期目标和它的重要性是行不通的（Webb & Sherran，2016）。那么，什么是有效的呢？

首先，在我们需要施加自我控制之前，我们就要形成具体的执行意图（implementation intention），也就是制订关于何时、何地以及如何实现目标并避免诱惑的具体计划（Gollwitzer，2014；Oettingen & Reininger，2016）。也就是说，不要对自己说“我真的很想在心理学课上取得好成绩”，而是去制订具体的“如果……那么……”计划，并具体说明你将如何、何时学习以及如何避免诱惑。举例来说，你可以制订这样的计划：“我要在周四晚饭后去图书馆，如果我的室友给我发短信邀请我周四晚上和她一起参加派对，那么我会告诉她我将在学习完后和她见面。”你要有具体的你将如何克服前进道路上的阻碍的计划。

其次，我们需要安排我们的环境，这样我们就可以在第一时间避免诱惑（Duckworth，Gendler，& Gross，2016）。如果你觉得忽略室友的短信太难了，那就关掉手机，把它放在书包里，直到你结束学习。如果你觉得拒绝冰箱里的冰激凌太难了，那就不要把它放进去。如果你在课堂上用笔记本电脑记笔记，同时浏览社交媒体的网页，那就把笔记本电脑收起来，试着用手记笔记。

最后（需要说明的是，这一点是有争议的），在试图进行自我控制的时候进行充分的休息可能是有帮助的（Baumeister，Vohs，& Tice，2007）。根据这个观点，自我控制需要能量，而把这些能量花在一件事情上，如不去冰箱里找冰激凌吃，会限制你在其他事情上施加自我控制的能量，如决定去学习，而不是去参加聚会。举个例子，在一项实验中，被要求去抑制一个想法（不去想一只白熊）的人在第二个调整自己情绪的任务（看喜剧电影时不要笑）中，比之前没有被要求压抑想法的人表现得更差（Muraven，Tice，& Baumeister，1998）。尽管两个任务截然不同，但研究者认为，第一个任务耗尽了人们用来控制自己行为和情感的资源，使其难以进行随后的自我控制行为。

尽管已经有几项研究证明了这种“损耗效应”，但有一些研究者未能证实其中的一项，随之而来的是一场激烈的争论，争论的焦点是：在一个自我控制任务上花费精力是否真的会使其更难参与到随后的自我控制任务中（Baumeister & Vohs，2016；Carter et al.，2015；Cunningham & Baumeister，2016；Dang，2016；Hagger et al.，2016）。但毫无疑问，未来会有更多的重复研究来解决这一争议。

与此同时，我们可以更肯定地说，人们在多大程度上相信“意志力是一种容易被耗尽的有限资源”这一点很重要（Egan，Hirt，& Karpen，2012）。相信意志力是一种无限资源的人会更好地坚持下去，只要任务要求不太高，他们就会避免被困难的任务耗尽意志力（Clarkson et al.，2016；Job et al.，2015；Job，Dweck，& Walton，2010；Vohs，Baumeister，& Schmeichel，2012）。所以，如果你的目标是读完这一章，并在下一次心理学考试中取得好成绩，那就抛开其他诱惑，试着相信你有足够的精力去做到这一点吧！

问题回顾

1. 一天下午，正在上班的瑞秋要和上司开会，上司穿的衣服是瑞秋见过的最丑的衣服。瑞秋忍不住笑了起来，她知道，取笑上司不是一个好主意。在下列哪一种情况下，瑞秋最有可能抵

执行意图：人们关于何时、何地以及如何实现目标并避免诱惑的具体计划。

制住取笑上司的想法？（　）

a. 瑞秋花了整个上午完成了一份困难的报告，她认为意志力是一种有限的资源

b. 瑞秋花了一上午完成了一份困难的报告，但她相信意志力是一种无限的资源，因此她有很多意志力

c. 瑞秋一遍又一遍地对自己说："不要想上司的着装！"

d. 瑞秋对自己说："记住，最重要的是不要侮辱我的上司。"

2. 爱德华很想吃他室友的饼干，尽管他的室友告诉他不要吃。在下列哪一种情况下，爱德华最有可能抵制住吃饼干的诱惑？（　）

a. 现在是下午，爱德华上午很忙

b. 爱德华认为意志力是一种固定的资源，人们拥有的意志力是有限的

c. 那天早上爱德华去了健身房，好好地锻炼了一下

d. 爱德华把饼干放在橱柜里，这样他就不用看它了

3. 塔里克需要洗衣服，但他一直很忙。在下列哪一种情况下，他最有可能在接下来的几天里洗衣服？（　）

a. 他对自己说："我要在明天晚上 7 点洗衣服。如果我室友说那时候我们应该玩电子游戏，我就问他能不能晚点再玩。"

b. 他发誓要在第二天的某个时间做这件事

c. 他发誓在未来两天的某个时间做这件事

d. 他发誓第二天不去想电子游戏，这样他就不会把洗衣服的时间花在打游戏上了

"问题回顾"答案，请扫描章末二维码查看。

5.4　印象管理：世界是个大舞台

在本章中，我们要讨论的有关自我的最后一个功能是**印象管理**（impression management），也就是人们试图让别人看到他们想要被看到的样子（Bolino, Long, & Turnley, 2016; Goffman, 1959; Schlenker, 2003）。每个人都想展现自己最好的一面，被别人喜欢。很多人都会通过在 Instagram 或 Facebook 上晒自己的美照，或者用聪明的推文吸引别人的注意来做到这一点。但很少有人会像一些政客那样走极端。举例来说，1991 年，戴维·杜克（David Duke）决定以共和党保守派的身份竞选路易斯安那州州长。然而，由于他在成年以后的大多数时间里都是一名白人优越论者及反犹太主义者，并在他的办公室中售卖过纳粹的作品（Applebome, 1991）而受到一些阻碍。为了提升自己的吸引力，他宣称他不再支持纳粹的理念。为了提升外表的吸引力，他还接受了面部整容手术。杜克的竞选花招并没有愚弄到太多的路易斯安那州选民。他们发现了这个新衣伪装下的种族主义分子，所以他最终被民主党候选人埃德温·爱德华兹（Edwin Edwards）击败。在 2003 年，戴维·杜克因为涉嫌挪用从支持者手中募集到的基金进行个人投资和赌博，被判在联邦监狱中服刑 15 个月（Murr & Smalley, 2003）。

印象管理：人们试图让他人以自己期望的方式来看待自己。

实践中的印象管理：20 世纪 70 年代，戴维·杜克是某种族主义组织的领导者；1991 年，他成为共和党保守派的关键人物，并竞选路易斯安那州州长。在这段时间里，杜克的自我表现发生了很大的变化。

尽管很少有政治家像戴维·杜克那样改造得如此极端，但是操控公众舆论在美国政治领域，或者在形形色色的各种名人之间已经不是一件新鲜事了。例如，赛琳娜·戈麦斯（Selena Gomez）和麦莉·赛勒斯（Miley Cyrus）从儿童电视节目中的童星转型为成熟的流行明星。而且，正如前面提到的，无论是在社交媒体上，还是在我们的日常生活中，我们都试图对自己的行为做出最好的诠释，并管理别人对我们的印象。

正如欧文·戈夫曼（Erving Goffman）所指出的，我们都像舞台上的演员，尽力地要让“观众”（我们周围的人）相信我们是某种人，即使实际上我们并非如此（Goffman，1959）。

名人常常有意改变自己的公众形象。赛琳娜·戈麦斯一开始是儿童电视节目中的童星，她出演了《巴尼和朋友们》（*Barney and Friends*）和各种迪士尼情景喜剧，但后来她以完全不同的形象成了流行明星。

逢迎与自我妨碍

人们有很多种印象管理策略（Jones & Pittman，1982），其中之一是**逢迎**（ingratiation）——用奉承和赞扬来使自己被别人，特别是被身处高位的人喜欢（Jones & Wortman，1973；Proost et al.，2010；Romero-Canyas et al.，2010）。我们通过恭维、赞同他人的观点、怜悯以及展示同情等来进行逢迎。例如，你的上司在全体员工会议上唠唠叨叨，几乎让大家都睡着了，你却说：“说得真好，苏，我真喜欢你的演讲。”你可能就是在逢迎。逢迎是一种非常有用的技巧，因为我们都喜欢别人对我们好，而这正是逢迎者所擅长的。但如果你逢迎的对象感觉到你的不真诚，那么这种策略可能会起到相反的效果（Jones，1964；Kauffman & Steiner，1968）。

另一个让大多数研究者感兴趣的策略就是**自我妨碍**（self-handicapping）。在这种情况下，人们会制造困难并为自己寻找借口。这样一来，即使他们的任务完成得很糟，他们也不会责备自己。差劲或失败的工作会伤害你的自尊。事实上，即使只是比你的预期或过去的表现差一点，也足以令你心烦意乱。如果你表现得其实还不错，怎样才能避免这种失望产生呢？自我妨碍是个出乎意料的解决方法，你可以事先找好借口，以防止万一出现的差劲表现（Schwinger et al.，2014；Snyder et al.，2014；Wusik & Axsom，2016）。

让我们来谈谈你在某门课期末考试前那个晚上的情形。如果那是一门很难的专业必修课，并且你很想考好，那么一个明智的做法就是饱餐一顿，学习一会儿，然后早一点去睡个好觉。而自我妨碍的策略则是熬一晚上，然后第二天早上睡眼惺忪，昏头昏脑地走到教室去考试。如果你考得不好，你可以做一个外部归因来向别人解释自己的表现，以转变他们可能对你进行的负面的内部归因（你没考好是因为你并不聪明）。如果你在考试中得了 A，那样更好，你是在这

逢迎：对他人奉承、赞美的过程，一般是为了得到他人（他或她的地位通常比自己高）的喜欢。

自我妨碍：人们为自己制造障碍和借口，以便在表现不佳时避免自责的策略。

样不利的条件下（没有睡觉）做到的，这说明你特别聪明并且有天赋。

人们进行自我妨碍的主要方法有两种。最极端的方法叫作行为型自我妨碍，即人们故意制造障碍来降低自己成功的可能性，这样一来，即使他们失败了，也可以将其归咎于这些障碍，而不是自己缺乏能力。人们已经使用过的障碍主要包括麻醉剂、酒精、减少在任务中花费的努力，以及在重大事情之前不做准备（Deppe & Harackiewicz，1996；Lupien，Seery，& Almonte，2010）。更有趣的是，研究者发现男性比女性更倾向于采用这样的自我妨碍策略（Hirt & McCrea，2009；McCrea，Hirt，& Milner，2008）。

第二种类型的自我妨碍没有那么极端，叫作报告型自我妨碍。与创造妨碍成功的障碍不同，人们会想出事先准备好的理由以防止万一出现的失败（Eyink et al.，2017；Hendrix & Hirt，2009）。我们可能不会像在重要考试前熬夜那么过分，但我们可能会埋怨自己感觉不是很好。人们可以给自己找各种各样的借口：抱怨自己害羞、考试焦虑、心情糟糕、身体不适或是过去的不利事件。

然而，事先找好借口的问题是，我们可能会相信这些借口，因此在完成任务时就不再那么努力了。如果不管怎么样你都会表现得很差，那还努力干什么呢？自我妨碍可能会阻止我们对自己的失败做出令人沮丧的归因，但它也可能造成相反的影响，即导致我们所担心的糟糕的表现。此外，即使自我妨碍避免了人们对自己的表现做出令人沮丧的归因（例如，人们觉得自己不聪明），但这也使自己冒着被同辈讨厌的危险。人们不喜欢那些他们觉察到在采取自我妨碍策略的人（Hirt，McCrea，& Boris，2003；Rhodewalt，et al.，1995）。女性对于那些采取自我妨碍策略的人尤为反感。也就是说，正如我们所知，女性较少采用为自己设置障碍的自我妨碍策略，同时她们也看不惯采用这些策略的人（Hirt & McCrea，2009；McCrea，Hirt，& McCrea et al.，2008）。这是为什么呢？研究表明，女性比男性更加强调在努力完成任务中所体现出的个人价值，因此她们对那些不努力尝试却为表现糟糕一味地寻找借口的人无法苟同。

文化、印象管理与自我提升

在所有文化中，人们对于自己留给他人的第一印象都非常关心，但是这种关心的本质以及人们采用的印象管理策略在不同文化中却存在相当大的差异（Lalwani，Shavitt，& Johnson，2006）。例如，正如我们所看到的，亚洲文化中的人们比西方文化中的人们更趋向于用相互依赖的方式观察自己。这种认同的结果之一就是，“要面子”或避免尴尬的场面在亚洲文化中变得非常重要。在日本，人们非常重视在婚礼上有“合适”的客人，在亲人的葬礼上也有人数合适的哀悼者。事实上，如果客人或哀悼者没有那么多，人们就会通过代理机构雇一些人来充数。这些代理机构的雇员愿意为了报酬，装成你最亲密的朋友。例如，一位妇女担心她第二次婚礼的客人会很少。没关系，她以 1500 美元的价格雇了 6 个人，其中有一个男人会假扮她的上司。她的“上司”更是在她的婚礼上发表了一番充满逢迎话语的致辞（Jordan & Sullivan，1995）。尽管西方的读者很难理解这样的印象管理行为，但对于公众印象管理的渴望，东方人和西方人同样强烈，只不过是采用了不同的形式而已（正如戴维·杜克努力改变公众对他看法的尝试）。

问题回顾

1. 阿曼达和她的教练及队友正在野餐。下列哪个选项是逢迎的最好例子？（ ）
   a. 阿曼达告诉她的教练，他做的藜麦沙拉很美味，尽管她认为这东西尝起来像土
   b. 阿曼达告诉她的教练，他可能需要考虑学习烹饪
   c. 阿曼达告诉她队友 10 岁的弟弟，她喜欢他的运动鞋
   d. 教练告诉阿曼达，虽然她是一个好运动员，但她应该继续练习以提高她的技能
2. 本担心他在心理学课程的考试中会表现得很差。下列哪个选项是行为型自我妨碍的最好例子？（ ）
   a. 他花了几个小时学习，在考试前，他告诉他的朋友他学习非常努力
   b. 前一天晚上，他没有学习，而是在熬夜看电影。就在考试前，他告诉他的朋友，他看了一些很棒的电影，而没有学习
   c. 前一天晚上，他花了很长时间学习。就在考试前，他告诉他的朋友他感觉不太好
   d. 就在考试前，本告诉教授她的课是他上过的最好的一门课
3. 本担心他在心理学课程的考试中会表现得很差。下列哪个选项是报告型自我妨碍的最好例子？（ ）
   a. 他花了几个小时学习，在考试前，他告诉他的朋友他学习非常努力
   b. 前一天晚上，他没有学习，而是在熬夜看电影。就在考试前，他告诉他的朋友，他看了一些很棒的电影，而没有学习
   c. 前一天晚上，他花了很长时间学习。就在考试前，他告诉他的朋友他感觉不太好
   d. 就在考试前，本告诉教授她的课是他上过的最好的一门课

“问题回顾”答案，请扫描章末二维码查看。

总结

5.1　自我概念的起源与本质

研究表明，类人猿，如黑猩猩，通过了镜像自我认知测验，然而少数猿类却失败了。对于人类而言，自我认知于 18 ～ 24 个月开始发展。到青春期时，自我概念会变得越来越复杂。随着人们年龄的增长，他们的自我意识会发展成一个全面的自我概念，即人们对自己的个人属性的一整套信念。成年后，相比于认知过程或欲望，人们更多地将道德视为自我概念的核心。

- **文化对自我概念的影响。**西方文化下的人倾向于独立的自我观，亚洲文化下的人倾向于相互依存的自我观。
- **自我的功能。**自我有四个功能：自我认知——我们整合和组织关于自我的认知；自我控制——制订计划、执行决策；印象管理——我们如何向他人展示自己；自尊——我们如何看待自己。

5.2　自我认知

人们如何知道他们是谁，以及为什么要做他们做的事情？

- **通过内省认识自己。**内省是我们试图了解自己的感受、动机和情绪的一种方式，这是通过审视我们所拥有的关于自己的想法、感受和动机的“内部信息”。根据自我觉知理论，当人们关注他们自己时，他们会估计和比较他们的行为、内在的标准及价值观。当人们对他们为什么会有某种感受进行内省时，常常会使用因果理论。很多因果理论是我们在文化中习得的。
- **通过观察自己的行为认识自己。**人们还通过观察自身的行为来得到关于自我的认知。自我知觉理论认为，当我们的态度和感觉不明确或模糊时，我们会通过观察自己的行为和当时的环境来推测出我们的态度和感觉。根据情绪二因素理论，情绪体验是一个两阶段的自我知觉过程的产物。在这个过程中，我们先体验生理唤醒，然后为这种唤醒寻找一个合适的解释。人们有时会对引起他们唤醒的原因做出错误的推论，进而导致对唤醒的错误归因。当人们关注他们行为的外在原因，而低估内在原因时，就会产生过分充足理由效应。另外，有些人持有固定型思维模式，他们认为能力是不会改变的；其他人则拥有成长型思维模式，他们认为能力是可以培养和成长的可塑品质。有固定型思维模式的人在遇到挫折后更容易放弃，也不太可能继续努力并磨炼他们的技能；而拥有成长型思维模式的人则把挫折视为一种机会，他们相信通过努力就能实现自我提升。
- **通过他人认识自己。**我们的自我概念是由我们周围的人塑造的。根据社会比较理论，我们通过与他人的比较来了解自己的能力和态度。此外，根据社会调节的研究，人们会自动采纳他们喜欢的和想要与之互动的人的态度。

5.3 自我控制：自我的执行功能

一般来说，在人们赋予一个任务所需的能量后，另一个任务就会受限。然而，简单地相信意志力是一种无限的资源就可以帮助人们发挥更多的自制力，就像在开始一项任务前，祈祷并形成执行意图一样。

5.4 印象管理：世界是个大舞台

人们试图给别人展示自己想展示的部分。

- **逢迎与自我妨碍。**人们都有许多不同的印象管理策略。一种策略是逢迎，即用赞美或奉承的方式获得他人的喜欢，特别是获得身处高位的人的喜欢；另一种是自我妨碍，即人们制造困难并为自己寻找借口，这样一来，即便他们的任务完成得很糟，他们也不会责备自己。
- **文化、印象管理与自我提升。**虽然不同文化对“好”的定义不同，但是不同文化下的人都试图展示自己最好的一面。

思考题

根据从本章读到的研究，你觉得为什么大多数人都认为自己的驾驶技术高于平均水平呢？

自测

1. 根据自我认知的研究，下列哪个选项不正确？（　）
   a. 最好的认知自己的方式是内省
   b. 有时最好的认知自己的方式是观察自己的行为
   c. 我们试图通过与他人进行比较来认知自己
   d. 我们认知自己的方式之一是，使用自己在所处文化中学习的理论
2. 下列哪个选项不是自我的功能？（　）
   a. 自我认知
   b. 自我控制
   c. 印象管理
   d. 自我批评
3. 下列哪个州的人最有可能产生相互依赖的自我意识？（　）
   a. 马萨诸塞州
   b. 康涅狄格州
   c. 俄克拉何马州
   d. 亚拉巴马州
4. 在万圣节，你决定做个实验。当索要糖果的孩子来到你家门口时，你让他们在门前站成一队，依次单独进入你的房间里拿糖果，而你站在外面。你告诉孩子，他们能从桌子上的碗里拿走一颗糖果。一半时间里碗的前方有一面大镜子，另一半时间那里没有镜子。所有孩子都要面对可以多拿糖果的诱惑，你认为哪种孩子最有可能抵挡不住诱惑？（　）
   a. 在拿糖果时有镜子的情况下
   b. 7 ～ 9 岁的孩子
   c. 在拿糖果时没有镜子的情况下
   d. 正在进行下行社会比较的孩子
5. 下列哪个选项最正确？（　）
   a. 西方文化下的每个成员都有独立的自我观，亚洲文化下的每个成员都有相互依存的自我观
   b. 西方文化下的成员比亚洲文化下的成员更有可能拥有相互依存的自我观
   c. 拥有独立的自我观的人很容易理解拥有相互依存的自我观是什么感觉
   d. 居住在美国和加拿大的某些最近被欧裔定居的地区的人们，比那些更早被定居的地区的人们更有独立的自我观
6. 你的妹妹喜欢花大把的时间来做串珠项链。生日聚会快到了，你想给每位来宾发一条项链。妹妹愿意帮你为朋友们做项链，而为了增强她的动机，她每做一条项链你都给她 1 美元作为奖励。下列哪种情况最有可能发生？（　）
   a. 在聚会之后，你妹妹会更加喜欢做项链，因为你提供了奖励
   b. 在聚会之后，你妹妹不如以前那么喜欢做项链了，因为你给她本来就喜欢的活动提供了奖励
   c. 因为你的妹妹已经很喜欢做项链了，所以提供奖励条件对喜欢该活动没有影响
   d. 就你的妹妹做项链这件事给予她奖励会提高她的自我觉知
7. 凯瑟琳在数学测验中取得了好成绩。她的妈妈该如何评价这次成功，才能使她在下次测验中即便遇到困难也不至于放弃努力呢？（　）
   a. 为了这次测验你确实很努力，而你的辛苦获得了回报
   b. 你太聪明了，你能做好每件事
   c. 你在数学方面很优秀，你是个有天赋的孩子
   d. 我很高兴看到你比其他同学优秀
8. 你的朋友简在律师事务所实习。你问她感觉如何，她回答：“还不错，我比那些比我晚来 1

个月的实习生干得好多了。”简运用了哪种社会比较？（　）

a. 上行的社会比较

b. 下行的社会比较

c. 印象比较

d. 自我认知比较

9. 关于自我妨碍，下列哪个选项最正确？（　）

a. 自我妨碍的人在完成任务时更努力

b. 女性比男性更容易做出报告型自我妨碍

c. 女性比男性对自我妨碍更加不满，也比男性更少地做出行为型自我妨碍

d. 东亚人比西方人更容易做出行为型自我妨碍

10. 伊利斯想要提高自控能力，如在学习上投入更多的时间。下列哪个选项最不可用？（　）

a. 当她学习的时候，她应该尽力压制她本该去聚会的想法

b. 在她学习的时候，她应该做一些需要集中注意力的事情，如做一道难题

c. 她应该在学习之前吃点甜品

d. 她应该相信意志力是一种无限的资源

本章“问题回顾”与“自测”答案，
请扫描二维码查看。

第 6 章

认知失调与保护自尊的需要

SOCIAL PSYCHOLOGY

本章音频导读，
请扫描二维码收听。

章节框架

6.1 认知失调理论：保护自尊

决策，决策，还是决策
努力的合理化
反态度辩护
抵御诱惑
伪善范式
认知失调的跨文化研究

6.2 认知失调理论的扩展与最新研究

自我肯定理论
亲密关系中的失调：自我评价维护理论

6.3 认知失调与自尊的总结

克服失调
自恋与过度自尊

学习目标

6.1 解释认知失调理论及人们如何避免失调以维持正面的自我形象

6.2 描述认知失调理论的扩展与最新的研究进展

6.3 了解克服认知失调的方法及拥有高自尊的利弊

小调查

在加入某个团体时，你是否被要求做过一些羞耻或危险的事情，以获得加入资格？

○是

○否

这是一条令人震惊的消息：39 个人被发现死于美国加利福尼亚州圣塔郊区的一座豪宅内，他们都参与了集体自杀。这 39 个人都是一个叫作“天门教”的邪教组织的成员。每具尸体都被整齐地摆放着，脚上穿着全新的黑色耐克鞋，脸上盖着紫色的裹尸布。看起来，这些宗教组织的成员死得心甘情愿，他们还留下了讲述自杀原因的录像：他们相信，在不久前发现的划过夜空的海尔 – 波普彗星是他们进入天堂并开启新生活的门票；他们相信，海尔 – 波普彗星的后面紧跟着一艘巨大的宇宙飞船，其任务就是带他们的灵魂去一个新的肉身。为了让宇宙飞船将他们带走，他们首先要摆脱灵魂现有的“容器”。也就是说，他们必须通过结束生命使灵魂离开肉身。可惜的是，根本没有宇宙飞船出现。

在集体自杀的几个星期前，该宗教组织的一些成员就购置了一架十分昂贵的高能望远镜。他们希望能看清海尔 – 波普彗星和紧随其后的宇宙飞船。几天后，他们回到商店，归还了望远镜，并礼貌地请求退款。当店长询问他们，是不是望远镜有什么问题时，他们回答道：“我们确实看见了彗星，却没有看到它后面有宇宙飞船（Ferris，1997）。”虽然店长极力说服他们，望远镜没有任何问题，彗星后面也不会有任何东西，但他们仍然坚持己见。考虑到他们的前提，他们的逻辑也是无可挑剔的：“我们知道一定有宇宙飞船跟在海尔 – 波普彗星的后面。如果这架昂贵的望远镜没能发现这艘飞船，那肯定是望远镜出了问题。”

他们的想法可能会让你觉得十分奇怪、愚蠢和不合理，但总体来说，该宗教组织的成员并不是这样的人。认识他们的邻居都认为他们和蔼、聪明、通情达理。

那么，这些聪明的、精神健全的人是如何屈从于这种奇异的想法和自我毁灭的行为的呢？在本章中，我们会解释为什么他们的行为实际上并不令人费解。这不过是正常人类倾向的一个极端例子，即合理化我们的行为与投入的需要。

6.1 认知失调理论：保护自尊

正如我们在第 1 章中看到的那样，自尊是人们对自我价值的评估，也就是人们认为自己优秀、有能力、体面的程度。如前一章所述，自我的一个重要功能是维持人们的自尊。确实，在过去的几十年里，社会心理学家发现决定人类行为的强大的影响因素之一来自人们需要维持一个稳定的、积极的自我形象（Aronson，1969，1998；Boden，Berenbaum，& Gross，2016；Kappes & Crockett，2017；Randles et al.，2015；Steele，1988；Tesser & Cornell，1991）。在本章中，我们会看到人们为了维护积极自我所使用的一些惊人的方法。

多年前，利昂·费斯廷格（Festinger，1957）发展并研究了社会心理学中最重要、最具有争议性的理论：认知失调（cognitive dissonance）理论。他将“失调”定义为当两种认知发生冲突时，或者当人们的行为与态度发生冲突时出现的不适。费斯廷格的学生埃略特·阿伦森修正了这一定义，他指出，失调是最痛苦的，当一种失调的认知挑战了我们的自尊时，我们最有动力去减少它（Aronson，1969）。换句话说，并不是任何类型的不一致导致了失调，而是行动或信念挑战了我们的自我价值感。

当这种情况发生时，请注意产生的失调感。不同于我们满足其他不适感的方式（如通过吃饭或喝水来满足饥饿或口渴），降低认知失调的方法并不总是那

认知失调：指当人们的行为威胁到其自尊时所感到的不适。

样简单或明显。事实上，它会使我们思考世界的方式和行为表现产生某种奇异的变化。

例如，想想数百万人每天都会做好几次的事：吸烟。如果你是个烟民，你很有可能会经历认知失调，因为你知道吸烟会显著地增加罹患肺癌、肺气肿，以及早逝的风险，这几乎是对我们自尊的终极威胁。失调是一种人们想要摆脱的不舒服的心理状态。谁愿意每次点烟时都想起吸烟的种种不良影响呢？

我们应该如何减少这种不适感呢？有以下三种方法（见图 6-1）。

- 改变我们的行为，使其与失调的认知一致。
- 改变失调的认知，使我们的行为合理化。
- 增加新的认知，使我们的行为合理化。

对吸烟者来说，减少失调最直接的方式就是改变行为——戒烟。这样你的行为就与吸烟会导致癌症的认知一致了。尽管很多人成功地戒烟了，但也有很多人尝试戒烟却失败了，因为这并不容易。那么这些人该怎么办呢？如果你认为他们会这样吞下苦果，点上香烟，然后准备去死，那你就大错特错了。许多烟民采用改变认知的方式来减少认知失调，即改变“吸烟有害健康”的认知。研究者发现，尝试戒烟最后失败的重度吸烟者降低了他们对吸烟危害性的认识。这样他们就能继续吸烟而不用接受失调带来的痛苦（Gibbons，Eggleston，& Benthin，1997）。一些总是听到“吸烟有害健康”警告的烟民（甚至吸烟的孕妇）会用“尼古丁与癌症的相关性不确定”或“减少吸烟量就能减少烟对健康的伤害”等理由来说服自己（Naughton，Eborall，& Sutton，2012）。吸烟者的这种自我辩护在世界各地的研究中都出现过（Fotuhi et al.，2013）。

如果吸烟者不能否认所有吸烟有害健康的证据，他们可以通过第三种方式减少失调，即增加新的认知（或信念），让自己感觉更好。例如，一项针对 360 多名吸烟的青少年的研究发现，他们对吸烟的依赖程度

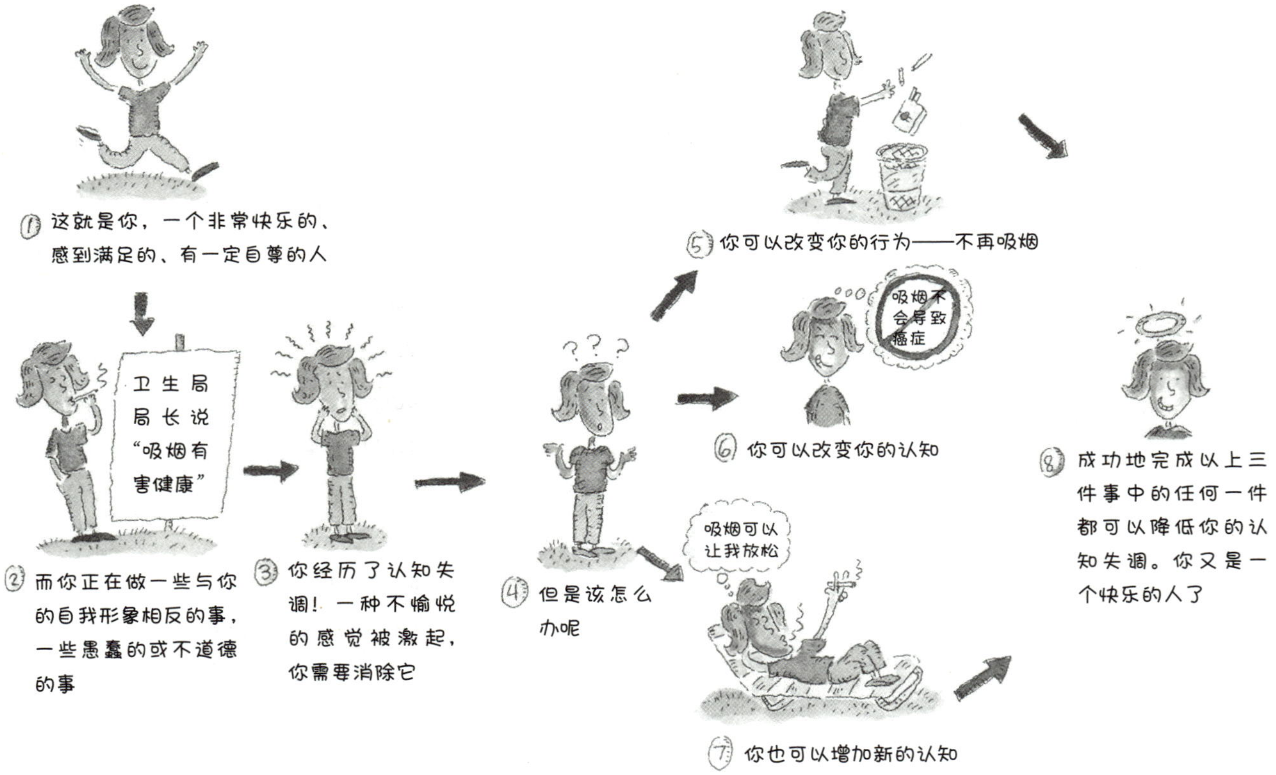

图 6-1 我们是如何减少认知失调的

有三种方式可以减少失调：改变行为、改变认知或增加新的认知。

越高，戒烟时遇到的麻烦越大，他们想出的继续吸烟的理由就越多（Kleinjan，van den Eijnden，& Engels，2009）。吸烟者可以想出一些非常有创意的理由。他们会说，吸烟值得冒患癌症和肺气肿的风险，因为吸烟令人愉快，还能使人放松，缓解紧张情绪，这样一来吸烟实际上是有益健康的。吸烟的青少年通常会通过增加新的认知来为自己的行为进行辩解，如“吸烟很酷”“我想和我的朋友们一样”“我很健康，不会有什么事发生在我身上的”“大人们总是对我所做的事情唠叨个没完”或“谁想活到 90 岁呢”。

那些常吸烟的青少年会用这样的认知来合理化自己的行为：“吸烟很酷”“我想和我的朋友们一样”“在电影中，人人都吸烟”“我很健康，不会有什么事发生在我身上的”或“大人们总是对我所做的事情唠叨个没完”。

当你了解了认知失调，你就会发现身边到处都是失调导致的行为。这里有几个例子。

那些预言世界末日、变卖财产、在山顶等待世界末日到来却被证明预言错误的人会怎么做？他们很少承认自己愚蠢或容易上当。相反，他们更有可能通过诸如“我们的预测是准确的，只是……”这样的借口来减少失调带来的不适感。

当两个核心的身份发生冲突时，人们如何解决这种失调？在一项研究中，研究者想知道那些对基督教会有着强烈认同感的同性恋者是如何对待其所在教区牧师的反同性恋声明的。解决失调的一种方法是改变行为，如换一个教堂或放弃他们的宗教信仰。但那些决定留在教会、通过关注牧师个人的缺点来化解失调的人可能会说：“并不是我信奉的宗教助长了这种偏见，而是这个传教士自己有偏见（Pitt，2010）。”

简而言之，对失调的理解解释了为什么那么多的人类思维不是理性的，而是合理化的。不管他们有多聪明，在减少认知失调的过程中，他们总是试图让自己相信自己是对的，以至于他们经常会做出不理性的和不恰当的行为（Stanovich，West，& Toplak，2013）。当然，有时我们寻求新信息是因为我们希望自己的观点准确或做出最明智的决定。但是，一旦确认了观点和信念，我们中的大多数人就会通过扭曲新的信息来验证自己的观点（Hart et al.，2009；Ross，2010）。那些不愿放弃科学上的错误想法（如错误地认为疫苗会导致自闭症）的人，或者那些收到关于自己健康的坏消息的人在否认证据和减少不适方面同样具有“创造性”（Aronson，1997；Croyle & Jemmott，1990；Pratarelli，2012）。

人们会合理化自己的行为，把事实解释成他们认为的样子，这并不奇怪。然而，人们减少认知失调的方式往往令人惊讶，而且影响深远——正如我们即将看到的那样。

决策，决策，还是决策

我们每做一次决策，就会经历一次认知失调。为什么这么说呢？假如你现在要买车，但是你正在大型 SUV 和小汽车之间纠结，难以抉择。你知道它们有各自的优点与缺点：SUV 非常方便，你在长途旅行的时候有足够的空间放行李，而且 SUV 马力很足，但是它很费油，而且你不好停车；小汽车虽然空间小一点，但也便宜，开起来比较灵活，维修记录也少。在你做决策之前，你会尽量多地获取信息。你会上网搜索每种车的安全性、耗油量和可靠性等相关信息。你可能会找买了 SUV 或小汽车的朋友了解情况。你还可能去汽车经销商处，试开这两种车，分别感受一下。所有这些决策前的行为都是完全理性的。

假设你购买了小汽车。我们预料你的行为会以某种特定的方式发生变化：你会不断地考虑续航和油耗问题，就好像这是世界上最重要的事情一样。同时，你几乎会完全忽视小汽车空间不足这一事实。那么这种思维方式的转变是如何发生的呢?

歪曲我们的好恶

在任何决策中，无论是在两辆车、两所大学，还是两个追求者之间做选择，被选择的那个很少在各方面都是最好的，被放弃的那个也不会在各方面都是最差的。而在决策后，你对自己是一个聪明的人的认知常常与你所选的汽车、大学和爱人的缺点相冲突，同时你的认知会与你所放弃的汽车、大学和爱人的优点相冲突。这被称为**决策后失调**（postdecision dissonance）。认知失调理论预测，为了更好地接受自己的决策，你会通过无意识的思维活动来试着降低失调感。

在一项经典的实验中，杰克·布雷姆（Jack Brehm）扮演了一个消费者测试服务代表。他邀请女士们对几种小家电的吸引力和喜爱程度进行评分，并告诉她们，作为参与调查的回报，每个人可以选一个小家电作为礼物带走。她们可以在两件她们认为同样具有吸引力的产品中进行选择。她们做出决定后，他要求女士们重新评价这些产品。在得到了小家电后，女士们对自己所选产品的评分要高于其第一次的评分。不仅如此，她们还大大降低了被她们放弃的产品的评分（Brehm，1956）。

生活充满了艰难的选择，如去哪里上大学。一旦做了决定，我们经常会夸大所选项（如我们选择的大学）的优点，而忽视其他选项（如我们没有选择的大学）的优点。

总之，在决策后，我们会降低认知失调来使我们对自己的选择感觉更好。

决策的持久性

决策越重要，认知失调就越严重。决定买什么车当然比决定买烤面包机还是咖啡机更重要，决定跟谁结婚当然比决定买什么车更重要。而且不同决策的持久性也不一样，即撤销或改变决策的难易程度不同。换一辆新车总比摆脱一段不幸的婚姻容易得多。决策越持久、越难以被改变，减少认知失调的需要就越强烈。

在一项简单而精巧的实验中，社会心理学家在赛马场拦住正要下2美元赌注的人们，并询问他们对于自己所选的马获胜的把握有多大（Knox & Inkster，1968）。研究者也调查了那些下完赌注，正要离开投注窗口的人们，并询问了他们同样的问题。几乎无一例外的，与尚未下注的人们相比，已经下注的人们对自己所选的马获胜的概率有更高的估计。仅仅用了几分钟，一群人便同另一群人区分开来，没有任何实际的事情可以增加获胜的可能性，唯一变化的是决策的不可改变性，以及随之而来的认知失调。

其他研究者在摄影课上测试了这个不可撤销性假说（Gilbert & Ebert，2002）。研究者通过广告招募了一些有兴趣学习摄影的学生参加了一项心理学实验。这些学生被告知，他们可以拍摄一些照片，并洗出其中的两张。他们要对两张照片进行评分，并选择其中一张留给自己，另一张则用于实验室留存。学生们被随机分配到两种实验条件下：（1）学生们被告知他们可以在5天的时间内更换所选的照片；（2）学生们被告知他们的选择是不可改变的。研究者发现，在对两张照片进行选择之前，学生们对两张照片的喜爱程度没有显著差异。然后，研究者在学生们做出选择的几天后联系了他们，以了解那些可以改变选择的学生对自己所选照片的喜爱程度与不能改变选择的学生的有

决策后失调： 在决策后引起的失调，人们可以通过强化所选事物的吸引力、降低未被选择事物的价值来降低这种失调。

何不同。结果发现，那些只有一次选择机会的学生对自己所选照片的喜爱程度要高于那些在 5 天内还可以更换照片的学生对自己所选照片的喜爱程度。

有趣的是，当学生们被问到他们是否认为决策可否改变会影响他们对选择的满意程度时，他们都认为决策可变时自己会更加满意。他们错了，因为他们低估了认知失调的不适性，他们没有意识到是决策的不可改变性使他们更加满意。

创造不可改变的假象

决策的不可改变性会引起认知失调，从而引发人们降低认知失调的动机。因此，某些不择手段的销售人员创造了一种让消费者认为决策是不可改变的假象的技巧。这种技巧被称为**低价策略**（lowballing）（Cialdini，2009；Cialdini et al.，1978；Weyant，1996）。罗伯特·西奥迪尼（Robert Cialdini），一位杰出的社会心理学家，就曾作为汽车销售人员来近距离观察这种技巧。以下是这种技巧的应用方法：你走进汽车展厅，准备买一辆车。在比较了多家零售商及网上的价格后，你清楚地知道你能以 18 000 美元左右的价格买下这辆车。这时，一位风度翩翩的中年销售人员告诉你，他可以以 17 679 美元的价格将这辆车卖给你。你对这个优惠价很动心，同意马上写下定金支票，好让销售人员拿给经理，表明你是诚心想买这辆车。同时，你开始想象你开着这辆以优惠价买下的新车行驶在回家的路上。可是 10 分钟后，销售人员回来了，看上去一脸沮丧的样子。他说他真的想给你一个最优惠的价格，可是他算错了，经理说这辆车的实际价格是 18 178 美元。你非常失望，而且你也非常确定你可以在其他地方以略微便宜一点的价格买下这辆车。这个决策并不是不可改变的。与一开始车的定价就是 18 178 美元相比，在这种情况下，更多的人选择继续这桩交易，即使最初销售人员承诺的优惠价已经不复存在了。

所有的交易都是一锤子买卖。什么时候顾客会对他们的新车感到更满意呢？是购买前 10 分钟？还是购买后 10 分钟？

低价策略之所以奏效，至少有以下三个原因。第一，虽然顾客的购买决定是可以改变的，但某种意义上的承诺是确实存在的。签下定金支票创造了一种不可改变的假象，即使顾客稍微思考一下就会明白，它其实并不是绑定的合约。但在高压的销售环境下，这种暂时的假象也会产生真实的结果。第二，这种承诺的感觉引发了人们对美好结果的期待——开着新车的感觉。不履行这桩交易，而让期待落空，会导致巨大的失望。第三，虽然车的最终价格比顾客原本预料的价格要高很多，但它只比其他零销商给出的价格高一点。在这种情况下，顾客实际上会想："管他呢。我已经在这填好了表格，写好了支票，为什么还要等呢？"因此，通过降低认知失调和创造不可改变的假象，销售人员提高了你以高价购买他们产品的可能性。

努力的合理化

假如你花了巨大的精力加入了某个俱乐部，结果发现它是一个毫无价值的组织，一些无聊又自负的人在这里做着毫无意义的事。你肯定会觉得自己很蠢，是不是？一个明智的人是不会为毫无价值的东西而努力的。这种情况会产生严重的认知失调：你认为自己是一个明

低价策略：一种非常不道德的策略，销售人员诱使顾客同意以一个非常低的价格购买一件产品，紧接着说刚刚是一个失误，并马上提高价格。此时，大部分顾客都会同意以一个过高的价格购买这件产品。

智且老练的人，可是你的行为却是花巨大的代价进入一个差劲的组织。你该如何降低这种失调呢？

你可能会说服自己，这个俱乐部和俱乐部的成员都比你第一眼看上去的要更和善、更有趣、更有价值。但是怎么把无聊的人变得有趣，把毫无意义的俱乐部变得有价值呢？很简单。即使是最无聊的人、最微不足道的俱乐部，也有一些可取之处。活动和行为可以有各种各样的解释，如果我们意欲看到人或事最好的一面，我们就会倾向于以积极的方式来解释这些模糊的东西。这被称为**努力的合理化**（justification of effort）——个体倾向于增加对自己努力获得的事物的喜爱程度。

成为一名海军陆战队成员所需要的严酷训练可能会增加新兵的凝聚力和对部队的自豪感。

在一项经典实验中，埃略特·阿伦森和贾德森·米尔斯（Judson Mills）探讨了努力和认知失调之间的联系（Aronson & Mills，1959）。在他们的实验中，大学生们自愿加入一个小组，这个小组会定期讨论性心理学各个方面的内容。为了加入这个小组，他们必须通过一个筛选程序。对 1/3 的大学生来说，这个过程极度苛刻且令人不快；对另外 1/3 的大学生来说，这个过程只是中度的令人不快；而对最后 1/3 的大学生来说，他们完全不需要通过筛选就可以加入这个小组。

然后，每个被试都被允许旁听其将要加入的小组的成员们正在进行的讨论。被试被引导认为讨论是现场直播的，实际上，他们听的是事先录制好的音频。讨论会被设计得尽可能地枯燥。讨论结束后，每个被试都要对讨论进行评分，包括他 / 她对讨论的喜爱程度、讨论的有趣程度、被试有多聪明等。

正如你在图 6-2 中看到的，那些没有付出努力或付出很少努力就进入小组的大学生没那么喜欢这个讨论。他们能看到讨论的本来面目——无聊且浪费时间。而那些一开始经历了痛苦的筛选过程的大学生会说服自己，虽然这个讨论不如想象中的有趣，但中间也不时会出现一些有意思的煽动性小插曲，因此基本上它还是一次有价值的经历。这些发现在各种情境下都得到了验证：人们会合理化自己的努力，从一个毫无价值的自助项目到一个疗程的物理治疗（Coleman，2010；Cooper，1980；Gerard & Mathewson，1966）。

社会心理学家在多元文化国家毛里求斯进行的一项观察性研究为努力的合理化的力量提供了一个令人震惊的例子（Xygalatas et al.，2013）。每年，印度教的大宝森节都包含两种仪式：一种是涉及歌唱和集体祈祷的低磨难仪式，另一种是名为“Kavadi”的严酷的磨难

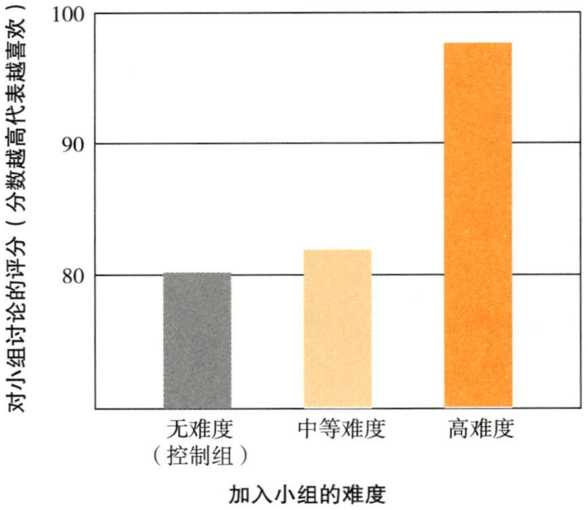

图 6-2　努力的合理化

我们越努力加入一个小组，加入的过程越艰难，我们就越喜欢这个小组，即使它实际上没有多大价值。

资料来源：Aronson & Mills，1959.

努力的合理化：个体倾向于增加对自己努力获得的事物的喜爱程度。

仪式（高磨难仪式）。“严酷”是一种保守的说法。被试要用针、钩子和竹签在身上穿洞，搬运沉重的包袱，并通过钩在皮肤上的铁钩来拉车。这种仪式会持续 4 个小时以上。然后参与者会光脚爬山以到达山顶的穆鲁于神庙。之后，研究者分别给经历了低磨难仪式和高磨难仪式的参与者一个机会匿名向寺庙捐款。经历了高磨难仪式的参与者捐赠的数额远高于经历了低磨难仪式的参与者。结果表明，人们经受的痛苦越大，对神庙的承诺就越大。

一名教徒正在参加印度教大宝森节的严酷的磨难仪式。

我们不是在暗示大多数人享受困难的、不愉快的和痛苦的经历，也不是说人们喜欢那些只与不愉快的经历相联系的事物。我们想表明的是，当一个人选择通过一个苛刻的或不愉快的经历以实现某个目标时，这个目标会变得更有吸引力。想一想上面提到的性讨论小组：如果你步行去参加讨论，路过的汽车溅了你一身泥，你不会因此而更喜欢这个小组。然而，如果你为了加入这个小组而自愿跳进泥坑里，那么即使这个小组很无聊，你仍然会更喜欢它。

反态度辩护

假设你的朋友琼向你展示了她新买的很贵的裙子，并询问你的意见。你觉得它很糟糕，并打算在其他人看到她穿这条裙子前劝她退掉，她却告诉你，她已经把它改了，这意味着裙子不能退了。那么你该怎么说呢？你可能会有这样的想法：“琼看上去对她的新裙子非常满意，这是她花了很多钱买的，而且不能退回去。如果我说出真实想法，她一定会很不开心的。”

所以你会告诉琼你非常喜欢她的裙子。这样一来，你会经历很大的认知失调吗？我们对此表示怀疑。正如前面你的推理中表达的那样，许多想法与撒这个谎是一致的。实际上，你认为不让别人尴尬、不给别人带来伤害是非常重要的，这一认知为你撒这样一个无害的谎提供了充分的外部合理化（external justification）。

如果你说了谎话，而且没有很好的外部合理化来促使你说谎话，会发生什么呢？如果你的朋友琼很有钱，能够很轻松地负担起那件难看的新裙子的费用呢？如果她真的很想知道你的实际想法呢？这个时候，外部合理化——支持你对琼撒谎的理由——已经非常微弱了。如果你仍然没说出你的真实想法，你就会体验认知失调。当你不能为你的行为找到外在的正当理由时，你就会尝试着寻找内部合理化（internal justification）——试图通过改变自身的态度或行为来降低认知失调。

你要怎么做呢？你可能会开始努力寻找关于这条裙子你之前没有注意到的一些优点。在很短的时间内，你对裙子的态度就会开始向你的说法靠拢。这就是“我说”如何变成“我信”的。这种现象被称为反态度辩护（counterattitudinal behavior）。它发生在当我

外部合理化：存在于个体外部的、为不一致的个体行为所提供的理由或解释（如为了获得丰厚的回报或避免严厉的惩罚）。

内部合理化：通过改变自身的某些方面（如态度或行为）来降低认知失调。

反态度辩护：以与个人信念或态度背道而驰的方式行事。

们的举止与我们私下的信念或态度不一致时，如发表一个与我们的真实信念相反的声明。当我们这样做而没有很好的外部合理化时，即缺乏外部的理由驱动我们这样做时，我们所相信的会越来越像我们所说的谎话。

这个现象首先在利昂·费斯廷格和梅里尔·卡尔史密斯（Merrill Carlsmith）的一项开创性的实验中得到了验证（Festinger & Carlsmith，1959）。实验者让大学生花一个小时完成一连串极度无聊和重复的任务。接着实验者会告诉他们，实验目的是探讨如果人们事先被告知任务内容很有趣，他们是否会表现得更好。每个大学生都被告知，他们是被随机分配到对照组的（事先不会被告知任何内容的组）。但是，实验者会向他们解释，下一个被试是一个刚到前厅的年轻女性，她将被分配到实验组。他们需要说服这个年轻女性接下来的任务将是有趣且愉快的。因为如果是一个同学而不是实验者来传达这个信息，会更有说服力。那么这些大学生会这么做吗？在这样的要求下，实验者诱导这些大学生在该任务上对那位年轻女性撒了谎——这就是反态度辩护。

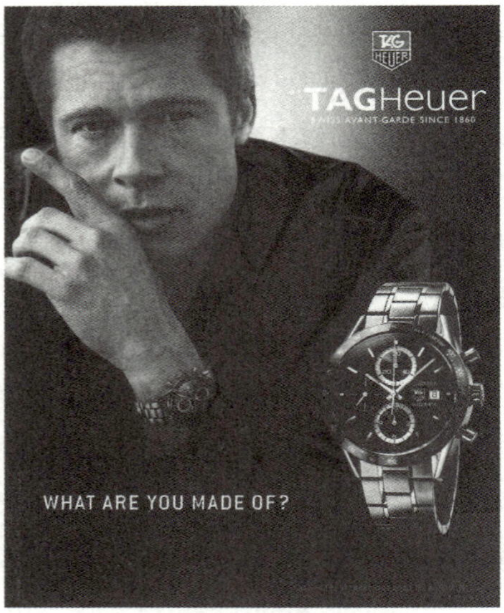

名人代言产品能获得巨额报酬。你认为布拉德·皮特（Brad Pitt）相信他所传达的关于这块奢侈手表的信息吗？他做广告的理由是内部合理化还是外部合理化？

一半的大学生在说谎后得到了 20 美元的酬金（足够大的外部合理化），而另一半的大学生在说谎后只得到 1 美元的酬金（非常小的外部合理化）。实验结束后，实验者询问那些说谎者有多喜欢他们先前在实验中所做的任务。研究结果证实了假设：那些在说谎后（即说这项任务是有趣的）收到 20 美元的大学生，认为这个任务对他们来说是无聊的；而那些在说谎后只收到 1 美元的大学生，则认为这个任务相当有意义。换言之，当人们有充足的外部理由时，他们虽然说了谎话，却不会因此而相信自己所说的话；而那些没有充分外部理由的人，却成功地让自己相信了自己所说的话是接近事实的。

对重大问题的反态度辩护

你能引导人们改变其对一些重要问题（如种族歧视和饮食失调）的态度吗？答案是肯定的。你可以通过微小的激励来让人们写一篇强有力的文章（如支持权利平等）来改变他们对这些重大问题的态度，而不是通过给他们很大的激励。例如，白人大学生被要求写一篇与他们自己态度相反的文章，公开支持学校里一项有争议的提议——将非裔美国学生的学科奖学金增加一倍。由于奖学金总额有限，这样的提议意味着白人大学生的奖学金将减少一半。你可以想象，这将引起高度失调的状况。这些白人大学生会如何减少这种失调呢？当他们提出越来越多的理由支持自己写这篇文章时，他们最终将会让自己支持这个政策，甚至对非裔美国学生的态度变得更友好（Leippe & Eisenstadt，1994，1998）。随后，不同组的实验也得到了相同的结果，包括白人学生对亚裔学生偏见的减少（Son Hing，Li，& Zanna，2002），以及在德国的研究中，德国人对土耳其人偏见的减少（Heitland & Bohner，2010）。

反态度辩护在处理一个截然不同的问题上也很有效：饮食失调（如暴食症）和对自己身材的不满。在美国社会中，超级瘦被认为是一种美，很多女性对自己的身材并不满意，对媒体宣扬的“以瘦为美”思想的内化导致了沮丧的情绪，还引起了持续的节食和饮食紊乱。为了打破这种模式，一组研究者将有身材困扰的女高中生和女大学生分配到失调条件或控制条件下。在失调条件下的女生需要形成自己的论点来反对她们曾认为的“瘦就是美”的观点，通过写一篇文章，描述追求不切实际的理想身材所付出的情绪代价和身体代价，来说服其他追求瘦的女生放弃不合理的行为。与控制条件下的女生相比，失调条件下的女生对自己身材的满意度显著提高，长期的节食行为有所减少，快乐更多，焦虑也更少。此外，她们患暴食症的风险也大大降低了（Green et al., 2017；McMillan，Stice，& Rohde，2011；Stice et al., 2006）。后续研究对 12 ～ 13 岁的英国女生（Halliwell & Diedrichs，2014）、拉丁裔女性、非裔美国女性，以及亚洲、夏威夷和太平洋岛的女性也进行了相同的干预（Rodriguez et al.，2008；Stice et al.，2008）。

本杰明・富兰克林效应：善行的合理化

如果你帮了某个人，你对他的态度会有什么变化？尤其是当你被巧妙地诱导去帮一个你不太喜欢的人时，你对他的态度会有什么变化？这是一个反态度辩护的例子，因为你的行为（帮助别人）与你的信念（你不喜欢你所帮助的人）相反。因此，你会更喜欢这个人还是更不喜欢这个人？认知失调理论预测，你在帮了对方后会更喜欢对方。为什么？

长期以来，这种现象一直是一种民间智慧。本杰明・富兰克林（Benjamin Franklin）曾将其作为一种政治手段。在美国宾夕法尼亚州议会任职期间，富兰克林被一位议员的政治反对和敌意困扰。所以他开始争取说服这位议员。富兰克林写道，他做到这一点的方式并不是“对这位议员卑躬屈膝地表示敬意”，而是说服这位议员帮他一个忙——借给他一本他非常想读的珍贵图书。富兰克林迅速归还了这本书，并附上了一封热情洋溢的感谢信。他说：“当我们再次见面时，他主动与我搭话了（这是他以前从未做过的），而且非常有礼貌。从那以后，他一直表示愿意在任何场合下帮我，所以我们成了很好的朋友，我们的友谊一直延续到他去世。这是我从一则格言中学到的真理——帮助过你的人，会比被你帮助过的人更愿意为你做其他事（Franklin，1868，1900）。”

本杰明・富兰克林显然对他操纵策略的成功感到高兴。但作为科学家，我们不该被他的轶事说服。我们无从知晓富兰克林的成功是由于这一特殊的策略还是由于他的个人魅力。这就是为什么设计和实施控制相关变量（如魅力等因素）的实验非常重要。多年后，这样的实验终于完成了（Jecker & Landy，1969）。在实验中，被试参加了一场智力竞赛，赢得了一大笔钱。之后，实验者走向其中 1/3 的被试，并解释说他是在用自己的实验资金发放奖金，但是现在资金不足了，这意味着他可能会被迫提前结束实验。他对被试说：“帮我个忙，能把你赢来的钱还给我吗？”同样的问题也会由系秘书向另外 1/3 的被试提出，问他们是否愿意把钱贡献给（非个人的）心理学系的研究基金会作为特殊帮助，因为该基金会已经快没钱了。剩下的被试没有被要求归还他们的奖金。最后，所有被试都要填写一份问卷，其内容包括给实验者打分。那些被哄骗去帮实验者忙的被试认为实验者最具有吸引力，他们深信实验者是一个了不起的、值得信赖的人。其他人则认为实验者是一个很不错的人，但他们给实验者的打分远远低于被要求帮他忙的人给他的打分（见图 6-3）。

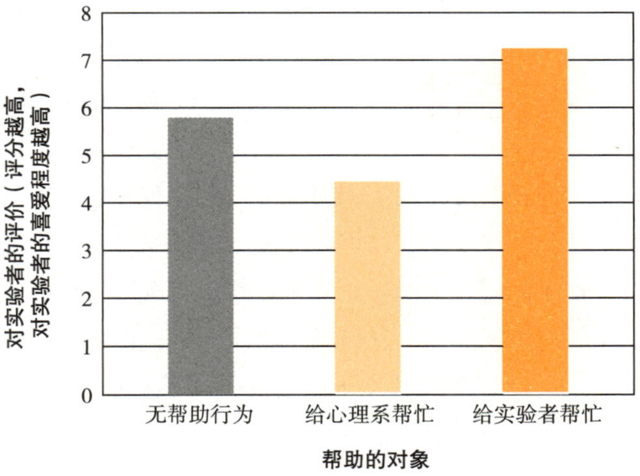

图 6-3　善行的合理化

如果我们帮别人一个忙（见图 6-3 右侧部分），我们对这个人的感觉会比不帮忙（见图 6-3 左侧部分）或由于非个人请求而帮忙（见图 6-3 中间部分）时更积极。

资料来源：Jecker & Landy，1969.

本杰明·富兰克林效应出现得很早。在一项针对 4 岁孩子的研究中，实验者要求一些孩子把好玩的贴纸送给一个写着“我今天很伤心”的狗狗玩偶，其他孩子可以选择和狗狗玩偶分享多少贴纸。与被要求分享的孩子相比，那些能选择给悲伤的狗狗玩偶分享多少贴纸的孩子后来给一个名叫埃莉的新玩偶分享了更多的贴纸（Chernyak & Kushnir，2013）。一旦孩子认为自己是慷慨的，他们就会继续慷慨地行事。

富兰克林并不知道自己可能是第一位认知失调理论家。

我们可以看到，帮助别人是如何改变我们的自我概念和态度的。但如果你伤害了一个人，那么你的感情会发生什么样的变化呢？

剥夺敌人的人性：暴行的合理化

一个悲哀却普遍的现象是，所有文化都倾向于剥夺敌人的人性，如给敌人起一些侮辱性的名字，认为他们是“害人虫”“牲畜”“畜生”等没有人性的生物。使用带有侮辱性的称呼也是减少失调的一种方式：“我是一个好人，我在对抗和杀戮这些坏人。因此，他们活该，因为他们不是和我们一样的完全意义上的人。”当然，对方也在做同样的事情。

我们如何确定自我合理化不仅能引起暴行而且伴随着暴行呢？为了检验这种可能性，社会心理学家必须暂时从纷杂的真实世界中后退一步，在严格控制的实验条件下检验这一假设。

为了证明减少认知失调的需要可以改变人们对无辜受害者的态度，实验者要求被试单独观看一个年轻男子（实验同谋）接受采访，并描述他们对这个男子的总体看法。接下来，实验者会要求被试说出该男子的缺点（Davis & Jones，1960）。在说了一些被试知道肯定会伤害这个男子的话（认为他浅薄、不可靠、乏味）后，被试会说服自己，他活该被侮辱，这样就可以减少被试因侮辱他而产生的认知失调。

试一试 善行的内部效果

当你走在城市的道路上，看到有人坐在人行道上乞讨，或者用推车推着他们的家当时，你对这些人有什么感觉？先好好想想，再写下你的感受。如果你和大多数的大学生一样，那么你列出来的清单会反映出一些矛盾的情感。也就是说，你很有可能会同情这些人，但又很厌恶他们：他们要是真的很努力的话，生活一定是可以得到改善的。下次当你再看到有人行乞或从垃圾堆里找吃的时，请主动给他 1 美元，说点友善的话，并祝福他。然后，请记下你的感受。你对这些人的态度是否有变化呢？运用认知失调理论分析一下你注意到的任何改变。

从实验室到战场，这二者之间似乎相距甚远，但认知失调将它们联系在了一起。想象一下这两个场景：（1）在一场激烈的战斗中，一名士兵杀死了一个敌人；（2）一名士兵杀死了一个无辜的平民，这名无辜的平民只是恰巧在错误的时间出现在了错误的地点。哪名士兵会经历更大的失调？我们预测是后者。

为什么呢？当和敌军搏斗时，士兵处于一个“不是你死就是我死”的情境，如果他没有杀死敌人，那么敌人可能就会杀死他。所以，即使伤害或杀死另一个人并不容易，但也不是那么沉重的负担，而杀死一个手无寸铁的平民（尤其是孩子或老人）则会引发巨大的失调。事实上，创伤后应激障碍（Posttraumatic Stress Disorder，PTSD）的主要原因就是曾参与阿富汗战争和伊拉克战争的老兵无法减少因杀死无辜平民而引起的认知失调——这就是与反叛分子而非正规军队作战更困难的原因（Klug et al.，2011）。

关于哪个士兵会感到更大的失调的预测得到了一项实验的支持，在这项实验中，被试必须对一个同学施予令人痛苦的电击（Berscheid，Boye，& Walster，1968）。正如人们所预期的那样，对同学施予电击后，被试会贬损这个承受痛苦的同学——因为他们觉得有必要为自己的行为找理由。但是，一半的被试被告知将会有一次互换的机会，也就是随后对方将有机会向他们进行报复。那些被告知对方有机会进行报复的被试，不会贬损受害者。鉴于受害者有机会与被试扯平，被试几乎不存在失调，因此，他们无须贬损受害者以说服自己相信其罪有应得。实验结果表明，在战争中，士兵更有可能贬损平民受害者（因为这些人无法进行报复）而非敌人。

这项令人不寒而栗的实验说明，实施暴行者并非毫发无损。成功地将受害者去人性化，实际上保证了暴行的延续甚至升级：它建立了一个无尽的暴力链，暴行后是自我合理化（去人性化和责备受害者），随后是更多的暴力和去人性化（Sturman，2012）。以这种方式，令人难以置信的人类暴行可能会逐步升级，就像纳粹的“最终解决方案”导致了 600 万欧洲犹太人被杀害那样。但是所有的暴君和压迫者都会通过合理化他们的残忍行为来减少失调。这就是他们晚上还能得以安睡的原因。

里卡多·奥里齐奥（Riccardo Orizio）采访了 7 个独裁者，他们每个人都声称自己所做的一切——折磨或谋杀他们的对手、阻止自由选举、让人民挨饿、掠夺国家财富、发动种族灭绝战争——都是为了国家利益（Orizio，2003）。他们说，另一种选择是混乱、流血和无政府状态。他们不认为自己是暴君，而认为自己是自我牺牲的爱国者。

合理化我们的不道德行为

另一种反态度辩护发生在当人们要做一些有悖自己道德观念的行为时。以考试作弊为例，假设你是一名大二学生，正在参加有机化学的期末考试。从记事起，你就梦想成为一名外科医生，并认为能否进入医学院在很大程度上取决于你在这门课上的表现。有道题要用到一些你复习过的内容，但因为考试涉及的知识点太多，你太焦虑了，脑子一片空白。你碰巧坐在班上最优秀的同学旁边，当你瞥向她的试卷时，你看到她刚写完了那道题。你把目光移开。良心告诉你作弊是不对的，但如果不作弊，你的成绩肯定会很差。如果你的成绩很差，你就不得不和医学院说再见了。

无论你是否作弊，对自尊的威胁都已经引发了认知失调。如果作弊，那么你对自己的认知“我是一个体面的、有道德的人”与“我刚刚做了一件不道德的事”的认知会发生冲突。如果你决定抵制诱惑，那么“我想成为一名外科医生”与“我本可以获得一个好成绩，然后进入医学院，但我却不这么做，我怎么这么笨啊”的认知也会发生冲突。

当他作弊后，他会说服自己，只要有机会，每个人都会作弊。

假如在一番痛苦的挣扎后，你决定作弊。根据认知失调理论，你可能会试图寻找一种方法来减少行为的负面性从而合理化你的行为。在这种情况下，减少认知失调的有效途径就是改变你对作弊的态度。你可以对作弊采取一种更宽容的态度，说服自己，作弊是一种无害的行为，它没有伤害任何人，而且每个人都会这么做，所以它也没有那么坏。

假如，相反，在痛苦的挣扎后，你选择不作弊。那么你要如何降低认知失调呢？同样，你也得改变对作弊的道德判断——只是这次是往相反的方向改变。也就是说，为了合理化你放弃取得好成绩这一行为，你必须说服自己，作弊是十恶不赦的，是一个人能做的最卑劣的事情，作弊者应该受到严厉的惩罚。这一切不仅是对行为的合理化，你的价值观也会随之发生改变。因此，两个行为不同的人可能一开始对作弊的态度近乎相同，一个可能没那么反对作弊最后却坚持没有作弊，另一个觉得作弊不太好却决定作弊。然而，在他们做出决定后，对作弊的态度会因他们的行为而出现巨大的分歧。

抵御诱惑

如何才能让人们抵御诱惑，不做那些不该做的事呢？所有社会的运作都在某种程度上依赖于惩罚或惩罚的威胁。例如，当你以 120 千米的时速行驶在高速公路上时，如果被警察拦下，那么你将支付一大笔罚款；如果总被抓，那么你就会被吊销驾照。于是，当有巡逻车在附近时，你学会了遵守限速规定。同样，学生知道如果考试作弊被抓到，他们将会非常丢脸并受重罚。因此当老师在教室里盯着时，他们学会了不作弊。但是严厉的惩罚教会成年人应该遵守限速规定了吗？教会学生诚实应考了吗？我们不这样认为。它教会我们的只是别被抓到。

看看霸凌行为。假设你是一个 6 岁男孩的父母，这个男孩经常欺负他 4 岁的弟弟。你试着跟他讲道理，但这无济于事。为了让他成为一个好孩子（并保障弟弟的健康及幸福），你开始惩罚他的霸凌行为。作为家长，你可以使用一系列惩罚措施，从相当温和的惩罚（如目光责备）到非常严厉的惩罚（如让孩子在墙角罚站 2 个小时、1 个月不能看电视）。惩罚的威胁越严厉，孩子在你盯着他的时候停下来不敢动手的可能性就越大。但只要你一转头，他很可能就又会开始欺负弟弟。就像大部分司机在超速时会提防交警一样，你的大儿子仍然喜欢欺负弟弟，他只是学会了当你盯着他时不去做而已。你要怎么办呢？

假设你用严厉的惩罚威胁他，你的孩子会因为没有欺负弟弟而感到认知失调吗？可能不会，因为他有充足的外部理由不这么做。他会暗暗问自己：“我为什么不去欺负弟弟？”在严厉惩罚的威胁下，他会用充分的外部理由说服自己：“我不欺负他是因为如果我这么做了，父母会惩罚我。”但如果你把惩罚变得温和呢？只要他还听你的话，他就可能会经历认知失调。当他问自己“为什么不能欺负弟弟”时，他没有一个可以说服自己的理由，因为轻微的惩罚所提供的外部理由并不充分。这就是**不充分的惩罚**（insufficient punishment）。孩子克制着自己不去做他想做的事，尽管他确实有理由不去做，但这理由似乎不足以解释他的顺从。在这种情况下，他继续体验着认知失调。因此，孩子必须找到另一种方法来解释他不欺负弟弟的原因。你的威胁越温和，外部理由就越薄弱，外部理由越薄弱，对内部合理化的需求就越大。孩子可以通过说服自己“我并不是真的那么想欺负弟弟”来减少认知失调。随着时间的推移，他可以进一步寻找内部理由，并认定欺负弟弟并不好玩。

当霸凌行为发生时，父母可以出面干涉，但为了减少它继续发生的可能性，父母该怎么做呢？

不充分的惩罚：当个体缺乏足够的外部理由来解释自己为何要克制一件想进行的活动或获得一个想要的事物时所引发的失调，这通常会导致个体降低其对这个被禁止的活动或事物的评价。

为了检验这是否符合事实，阿伦森和卡尔史密斯设计了一项以学龄前孩子为对象的实验（Aronson & Carlsmith，1963）。从科学的角度讲，让孩子相互攻击是不道德的，所以他们决定使用一种更温和的方式进行实验：试图改变孩子对不同种类玩具的偏好。首先，实验者让每个孩子对几种玩具的吸引力进行评分，然后指着那个孩子最喜欢的玩具，并告诉他们不能再玩这个玩具了。其中一半的孩子被告知，如果他们不服从的话，将会受到轻微的惩罚；另一半的孩子则会受到严厉惩罚的威胁。然后，实验者会离开房间，让他们有时间和机会玩其他玩具，以抵制那个被禁止玩的玩具所带来的诱惑。结果是，没有一个孩子再去玩那个被禁止玩的玩具。

几分钟后，实验者回到房间，并询问孩子对各种玩具的喜好程度。在最开始的时候，所有孩子都想要玩那个被禁止玩的玩具；但是在实验者离开后，虽然他们有机会玩那个玩具，但没有一个孩子去玩那个玩具。显然，他们正在经历失调。他们对这种不舒服的感觉有什么反应呢？那些受到严厉惩罚威胁的孩子有充分的外部理由克制自己。他们知道自己为什么不玩这个玩具，因此他们没有理由改变对它的态度。这些孩子仍然认为这个被禁止玩的玩具非常有吸引力，事实上，一些孩子甚至觉得它比原来更有吸引力了。

另一半的孩子又如何呢？由于缺乏充分的外部理由来说服自己为什么不玩最喜欢的玩具（即使玩，受到的惩罚也并不可怕），因此这些只受到轻微惩罚威胁的孩子需要一个内部理由，以减少他们的失调。没过多久，他们就说服自己不玩这个玩具是因为他们不喜欢它。他们认为被禁止玩的玩具没有在实验开始时那么有吸引力了。也就是说，他们通过说服自己这个玩具本来就不怎么好玩来减少不玩这个玩具的失调感。

幼儿的自我说服效应是持久的。在一项和上述禁止玩玩具相同的实验中，绝大多数受到轻微惩罚威胁且自愿决定不玩那个玩具的孩子，即使几周后给他们机会玩那个玩具，他们也不会再玩了。而大部分受到严厉惩罚威胁的孩子只要一有机会就会去玩那个被禁止玩的玩具（Freedman，1965）（见图 6-4）。

总而言之，可观的奖励或严厉的惩罚能为行为提

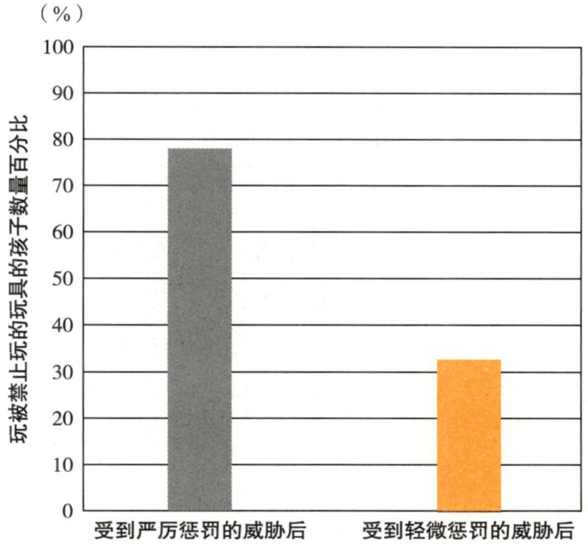

图 6-4 禁止玩玩具的实验

数周后，受到轻微惩罚威胁的孩子（见图 6-4 右侧部分），比受到严厉惩罚的孩子（见图 6-4 左侧部分）更不可能去玩被禁止玩的玩具。那些受到轻微惩罚威胁的孩子会通过贬低该玩具的吸引力来合理化自己的行为（“我并不是很想玩它”）。自我说服效应是可以持续几周的。

资料来源：Freedman，1965.

供强有力的外部理由，它们能使人做出期望的行为，但会阻止真正的态度改变。因此，如果你想要求一个人（如你的孩子）只做某件事或不做某件事，那么最好的方法就是许诺给他一个大的奖励或威胁说要严惩他。但是，如果你想让对方形成持久的态度转变或行为改变，那么奖励或处罚越小，态度转变或行为改变就会越大，效果也越持久（见表 6-1）。

伪善范式

理解自我辩护有助于我们解释时而有趣、时而令人震惊的伪善现象：一位著名的牧师咆哮着反对同性恋，他却有一位同性恋情人；一名政客发起了一场高调的反卖淫运动，自己却因嫖娼被抓；一个女人因为男朋友出轨而与之分手，她却不觉得自己也出轨了是同样严重的错。

研究者想知道，人们是如何减少他们一边谴责别

表 6-1 反态度辩护和抵御诱惑中的外部合理化和内部合理化

奖励或惩罚的大小	反态度辩护（人们因为做了他们不想做的事而得到奖励）	抵御诱惑（人们因为做了他们想做的事而受到惩罚）
小（内部合理化）	失调的结果是长期的内在改变：我是真的想这么做	失调的结果是长期的内在改变：我是真的不想这么做
大（外部合理化）	没有失调：我这么做只是为了钱，我并不想做这件事	没有失调：我不这么做只是因为会遭受严厉的惩罚，我还是想做这件事

人的不道德行为一边犯错所带来的失调感的。你现在能猜到了吗？相比于没有过不道德行为的人，伪君子对他人的道德判断更严格，表现得也比其他人更有道德。也就是说，他们通常会将自己的判断两极化，在别人身上看到更多的邪恶，而在自己身上看到更多的正直（Barkan et al.，2012）。

让我们更深入地研究一下这个问题。了解虚伪的形成很重要，人们的行为方式常常与他们的理念和利益最大化背道而驰。例如，尽管大学生知道艾滋病和其他性传播疾病是很严重的问题，但只有很少一部分有性生活的大学生使用避孕套。这并不令人惊奇，避孕套不方便、不够浪漫，并且让人联想到疾病，这是他们在准备进行性行为时最不愿意想到的事。难怪性行为也常伴随着这样的否认：“性病当然是一个严重的问题，但对我来说不是。”

如何打破这堵否认的墙？20 世纪 90 年代，埃略特·阿伦森和他的学生们进行了一项名为**诱发伪善**（hypocrisy induction）的实验（Aronson，Fried，& Stone，1991；Cooper，2010；Stone et al.，1994）。他们要求两组大学生撰写演讲稿，描述艾滋病和其他性传播疾病的危险，并提倡每次发生性行为时都要使用避孕套。其中一组大学生只撰写演讲稿，而另一组大学生在写完演讲稿后，还要在摄像机前背诵他的演讲稿，研究者告诉他们有一群高中生会观看这个视频。此外，研究者要求每组中一半的大学生回忆并列出自己没有使用避孕套的情况，包括认为使用避孕套很令人尴尬、很困难等情况。

那些为高中生录了视频并在这之前列出了自己未使用避孕套的情况的人将产生更大的失调，为什么呢？因为他们觉察到了自己的虚伪：他们在宣扬自己并没有实践的行为。为了消除虚伪并维护自尊，他们必须开始实践自己所倡导的行为。这正是研究者所发现的结果：当他们给这些大学生以低价购买避孕套的机会时，处于伪善条件下的大学生比处于其他条件下的大学生更有可能购买避孕套。实验结束几个月后，研究者通过电话回访发现这种影响仍然存在。曾处于伪善条件下的大学生（即认知失调最严重的大学生）报告的避孕套使用率远高于控制组的使用率。

诱发伪善让人们意识到他们宣扬的观点与自己的行为不一致带来的失调感，这可以用于解决一系列问题：让人戒烟、为预防皮肤癌而涂防晒霜、停止节食，以及处理其他健康问题（Cooper，2012；Freijy & Kothe，2013；Peterson，Haynes，& Olson，2008）。诱发伪善甚至可以用来帮助路怒症司机。每年，路怒症导致数千起交通事故和伤亡。一个愤怒的司机通常会想：“看看那个自私的混蛋，他刚刚抢了我的道！他会遭报应的！”高久尔（Seiji Takaku）决定应用伪善－诱导范式来解决这个问题（Takaku，2006）。他使用视频来模拟高速公路上经常会引起愤怒的情况，如一辆车被别的车抢道。在实验条件下，被试先不小心抢了另一个司机的道，以此被提醒每个人都有可能犯这个错误。高久尔发现，当人们被提醒自己犯的错误

诱发伪善：通过让个体做一些与其行为相反的陈述并提醒其观点和行为的不一致性，诱发个体的认知失调。诱发伪善目的是引导个体做出更多负责任的行为。

时，他们会比在没有被提醒的情况下更快地从愤怒转为宽恕。这种提醒减少了他们的报复心。

下次当你发现自己开车时被激怒，或者对其他人边发短信边开车的行为感到愤怒时，想想这个实验。

认知失调的跨文化研究

我们可以在世界上的任何一个角落发现认知失调，但认知失调并不总是以同样的形式出现，引发失调感的认知内容也可能因文化的不同而不同（Beauvois & Joule，1996；Kitayama，Tompson，& Chua，2014；Sakai，1999）。在集体主义社会中，由于集体需要比个人需要更重要（相对个人主义社会而言），因此减少失调的行为可能不那么普遍，至少表面上是这样的（Kokkoris & Kühnen，2013；Triandis，1995）。在这种文化环境下，旨在维持群体和谐的行为更多，相比于合理化自己的不当行为，人们更有可能在自己的行为令他人感到羞愧或失望时经历认知失调。

日本社会心理学家酒井春树（Haruki Sakai）将他对认知失调的兴趣与他对日本团体倾向的了解相结合，他发现在日本，当人们认识或喜欢的人经历失调时，他们将会间接地经历认知失调（Sakai，1999）。观察者的态度将会改变，变得与他们减少认知失调的朋友的态度相一致。在随后的研究中，研究者发现，当日本被试觉察到自己在做决定时有其他人观察，他们会在做决定之前（而不是之后）合理化自己的选择。美国人的情况却恰恰相反（Imada & Kitayama，2010），做选择时环境的私密性或公众可见度与文化交互作用，以决定是否会引起认知失调，以及选择是否需要被合理化。

尽管如此，引起认知失调的大部分原因是国际性的和代际性的。在多文化汇聚的美国，移民父母和他们刚成年的孩子常在文化价值观上发生冲突：孩子希望像他们的同龄人一样，但是父母却希望孩子和父母一样。这种冲突常会引起孩子的认知失调，因为他们爱自己的父母，却不想接受他们所有的价值观。在对美国的越南裔青少年和柬埔寨裔青少年所做的一项纵向研究中，经历最多认知失调的孩子最有可能陷入困境，他们在学校的表现更差，与父母的争吵也更多（Choi，He，& Harachi，2008）。

问题回顾

1. 下列哪种与决策后失调有关的技术可以被服装店用来提高顾客的满意度？（　）
   a. 全场 5 折
   b. 让顾客录一个宣传该店的广告视频
   c. 在顾客购物时收取会员费
   d. 售出的商品一律不退不换
2. 假如你是一名销售人员，卖单价为 30 美元的纪念册，那么你要如何运用低价策略来提高你的销售成功率？（　）
   a. 一开始要价 70 美元，然后跟顾客讨价还价，表示最低 30 美元
   b. 一开始要价 25 美元，一旦顾客掏出手机准备扫码付款，你就跟他说你弄错了，实际上要 30 美元
   c. 给顾客准备点赠品，如买纪念册就送小饼干
   d. 一开始要价 40 美元，然后告诉顾客 3 周以后会返现 10 美元
3. 杰克的老师对他说，如果他考试作弊被抓，他就会被开除。阿曼达的老师对她说，如果她考试作弊被抓，就得写一份检讨书说明为什么作弊是错的。如果两个学生都没有作弊，根据认知失调理论，二人今后的表现会怎样？（　）
   a. 阿曼达会比杰克更诚实
   b. 杰克会比阿曼达更诚实
   c. 阿曼达和杰克会一样诚实
   d. 阿曼达和杰克都不会诚实，因为他们都事先受到了惩罚的威胁
4. 在花费了两年的时间来修整一套老房子后，阿

比和布莱恩更确信他们买对了这套房子。他们这是（ ）的典型表现。

a. 反态度辩护

b. 不充分的惩罚

c. 本杰明·富兰克林效应

d. 努力的合理化

5. 布里安娜正在接受药物成瘾治疗。戒毒所采用哪种治疗方式最有可能让布里安娜在离开戒毒所后不复吸？（ ）

a. 强制治疗 + 艰难的治疗过程

b. 强制治疗 + 轻松的治疗过程

c. 自愿参与治疗 + 轻松的治疗过程

d. 自愿参与治疗 + 艰难的治疗过程

6. 你的朋友埃米问你她新买的鞋子好不好看。你心里觉得这简直是你见过的最丑的鞋子了，但你对她说你觉得很好看。以前，埃米一直很重视你的真实意见，一双廉价的鞋子对她来说也没什么大不了的。据此，你撒谎的外部理由（ ），你可能会（ ）。

a. 很大；真的觉得那双鞋好看

b. 很大；还是觉得那双鞋很丑

c. 很小；真的觉得那双鞋好看

d. 很小；还是觉得那双鞋很丑

7. 根据本杰明·富兰克林效应，当（ ）的时候，你可能会更喜欢托尼。

a. 你借给托尼 10 美元

b. 托尼借给你 10 美元

c. 托尼还给你 10 美元

d. 托尼捡到了 10 美元

8. 阿曼达的父母对她说，如果她边开车边玩手机，他们就一年不让她开车了。埃琳的父母对她说，如果她边开车边玩手机，他们就一个周末不让她开车了。她们因此都很听话，没有边开车边玩手机。根据认知失调理论，下列哪个说法是正确的？（ ）

a. 在她们离开家去上大学后，埃琳比阿曼达更有可能边开车边玩手机

b. 在她们离开家去上大学后，阿曼达比埃琳更有可能边开车边玩手机

c. 阿曼达和埃琳都会觉得边开车边玩手机没什么大不了的，她们是因为害怕遭受惩罚才不这么做的

d. 阿曼达和埃琳都认为边开车边玩手机是不对的

9. 下列哪个关于文化和认知失调的说法是正确的？（ ）

a. 日本人很少经历认知失调

b. 认知失调无处不在，但文化会影响人们如何经历失调

c. 认知失调是美国人独有的现象

d. 相比于个人主义国家，认知失调在集体主义国家更容易发生

“问题回顾”答案，请扫描章末二维码查看。

6.2 认知失调理论的扩展与最新研究

在本章中，我们已经看到，人们通常把自己看作聪明、理性、得体、正直的人。社会心理学家继续在新的背景下深入地研究保护自尊这个基本需求。他们发现了什么呢？

自我肯定理论

前面我们说过减少失调的方法有三种：（1）改变我们的行为，使之与失调的认知一致；（2）改变失调的认知，使之与我们的行为一致；（3）通过增加新的认知来使我们的行为合理化。请回想之前因为吸烟而认知失调的例子：他们可以戒烟（改变行为），或者

说服自己，吸烟没那么大危害（改变认知，使之与行为一致），抑或认为吸烟是值得的，因为它令人心情舒畅，况且谁想活到 90 岁呢（增加新的认知）。然而，有时候以任何一种方式减少失调都不容易。任何一个吸烟的人都知道，戒烟是非常困难的。而且，要说服自己相信吸烟对健康无害，或者我们真的不想长寿，也不是一件容易的事情。在这种情况下，认知失调者会怎么做？吸烟者是否注定要被持续的失调所困？

幸运的是，答案是否定的。根据**自我肯定理论**（self - affirmation theory），人们还可以通过关注和肯定与吸烟危害健康无关的一些维度来减少失调（Aronson，Cohen，& Nail，1999；Steele，1988）。烟民可能会说："是的，虽然我确实吸烟，但我是一个很棒的厨师（或者了不起的网球运动员、很棒的朋友、有前途的科学家——任何对个人来说重要的事情）。"这些理由对不吸烟的人来说可能听起来很滑稽，但对那些试图减少认知失调的人来说就不滑稽了。记住，失调来自对我们自尊的威胁，如果我们不能直接减少这种威胁（如戒烟），那么我们可以通过强调自己在其他领域的出色表现来维护自尊。

在一系列巧妙的实验中，克劳德·斯蒂尔（Claude Steele）和他的同事证明，如果你在失调开始之前给人们一个自我肯定的机会，他们通常会抓住这个机会。例如，研究者重复了杰克·布雷姆关于决策后认知失调减少的经典实验（Steele，Hoppe，& Gonzales，1986）。他们以市场调查的名义让被试给 10 张专辑按喜好排名。作为奖励，被试可以选择带走排名第 5 或第 6 的专辑。在做出选择 10 分钟后，他们被要求再次对专辑进行排序。你一定还记得，在布雷姆的实验中，选择好厨房用具后，被试对她们选择的那个用具的评分要比她们放弃的那个用具高得多。被试以此说服自己，她们做了正确的选择。这个实验中的被试也是这么做的。

但是斯蒂尔及其同事在他们的实验中增加了一个实验条件。他们的被试一半是理科生，一半是商科生。实验者要求所有被试在参加实验时都穿上白色的实验服。为什么要穿实验服呢？斯蒂尔和他的同事猜想，实验服对理科生有一种"自我肯定的功能"，但对商科生却没有。结果支持了他们的预测。不管他们是否穿着实验服，商科生被试都会像布雷姆实验中的人一样减少失调：做出选择后，他们会提高对自己所选专辑的评价，降低对放弃的专辑的评价。同样，在没穿实验服的情况下，理科生被试也以同样的方式降低了他们的失调感。然而，穿着实验服的理科生抵制住了扭曲认知的诱惑。实验服提醒这些学生，他们是有前途的科学家，因此减少了他们通过改变对专辑的态度来降低失调感的需要。事实上，他们说："我可能在选专辑上做了一个愚蠢的决定，但没关系，因为我在其他方面还是不错的，至少我是一个有前途的科学家！"

在日常生活中，我们要如何运用这一点来减轻认知失调对自尊的威胁呢？随后的研究证明了价值肯定写作练习的力量。这个练习是这样的：给人们一张重要事物的列表，让他们选择一个对他们来说最重要的事物，然后写下为什么它是重要的。价值肯定练习已被证明对人们的生活有广泛而持久的积极影响。这个练习通过提醒人们，生活中还有其他重要的部分（如家庭），来减轻人们在某个方面表现糟糕（如学习成绩不好）而导致的对自尊的威胁（Cohen & Sherman，2014）。

例如，一些非裔美国儿童认为，他们不具备在学业上取得成功的条件，而且他们担心，如果表现不好，就会证实人们对非裔美国儿童智力低下的负面刻板印象（Steele，2010）。因此，他们很难集中精力学习。为了解决这个问题，社会心理学家让非裔美国中学生在他们的教室里进行了几次价值肯定写作练习，心理学家给出了一系列与学习无关的事项，并要求他们写出其中对他们最重要的事（Cohen et al.，2009）。与没有做写作练习的对照组的学生相比，这些学生的学业焦虑减轻了，在学校表现也更好。这种进步会形

自我肯定理论：人们可以通过在那些与威胁来源无关的领域肯定自己来减少对自尊的威胁。

成一个良性循环，进行了价值肯定练习的学生在接下来的几年里也表现得更好。值得注意的是，仅仅因为这个简单的写作练习减少了对自尊的威胁，他们就比对照组的学生更有可能考上大学（Goyer et al., 2017；Harackiewicz et al., 2014；Miyake et al., 2010；Sherman et al., 2013）。试试下面的方法吧！看看价值肯定写作练习是如何生效的。

试一试 价值肯定写作练习

下面是一些事物的列表，请根据它们对你的重要性从最不重要到最重要排序。

____ 擅长艺术

____ 有创造力

____ 与家人和朋友的关系

____ 政治才能

____ 独立自主

____ 学习并获取知识

____ 运动能力

____ 从属于一个社会组织（如你的社区、民族或学校社团）

____ 音乐才能

____ 精神或宗教

____ 幽默感

现在，从列表中选择一项对你最重要的事，并写下原因。选择哪一项完全取决于你自己。请花几分钟时间描述你所选的项目，包括它在什么时候对你最重要（请写一页以上，不要担心错别字或标点符号）。

资料来源：Silverman，Logel，& Cohen，2013.

亲密关系中的失调：自我评价维护理论

大多数有关认知失调的研究关注的是，自我形象如何被我们自己的行为威胁，如与我们的态度相反的行为或做出艰难的决定。亚伯拉罕·特瑟（Abraham Tesser）和他的同事探索了人际关系中的失调是如何产生的。在人际关系中，我们经常拿自己的成就与亲近的人（如朋友或兄弟姐妹）进行比较（Beach et al., 1996；Tesser，1988）。

假设你认为自己是一名优秀的吉他手——比你周围的所有朋友和乐队伙伴都优秀。你搬到了另一个城镇，你发现你新结识的朋友吉他弹得比你好。你会怎么想呢？你可能对新朋友在你擅长的领域比你更出色这点感到非常沮丧。

现在，假设你的新朋友不是吉他达人而是天才艺术家，你还会感到沮丧吗？毫无疑问不会。实际上，你可能会为你朋友的成功而感到非常开心。你也许会对老朋友们吹嘘："索菲刚跟我说她的几幅画要在纽约的网红画廊里展出啦！"这两种情况之所以大相径庭是因为，在第一种情况下，你的朋友擅长的是对你来说很重要的事情，甚至是你的自我中的核心部分。无论我们最珍视的能力是什么，只要我们遇到一个在这方面能力更强的人，就可能出现认知失调带来的麻烦。

根据特塞尔（Tesser，1988）的**自我评价维护理论**（self-evaluation maintenance theory），当满足以下

自我评价维护理论：当与自己关系亲近的人在与自尊相关的核心领域的表现优于自己时，人们会经历认知失调。这种失调可以通过疏远此人、努力让自己比对方更优秀，或者把该领域看作对自己没那么重要的方式来缓解。

三个条件时，人们会经历关系中的认知失调：（1）你与另一个人关系亲密；（2）那个人在某个领域表现得比你更出色；（3）该领域是你自尊的核心部分。所以当你的好友在某个对你并不重要的领域表现得比你更优秀时，不会带来任何问题。实际上，有这样优秀的朋友会让我们感觉更好。失调仅发生在好朋友更擅长的方面是我们用于自我定义的重要领域时。

为了减少这种失调，我们可以改变三个条件中的任意一个。首先，我们可以疏远那个表现比自己更好的人，把对方排除出密友圈。在一项研究中，研究者让两名大学生（其中一名是实验者的助手）进行对抗性的知识问答比赛（Pleban & Tesser，1981）。研究者操纵了比赛结果，使得在某些条件下，问题的主题与被试的自尊高度相关，而实验助手答对的题更多。不出所料，在这种条件下，被试与实验助手的关系最疏远，被试表示自己再也不想与这个人一起共事了（Kamide & Daibo，2009；Wegner，1986）。

其次，我们可以改变这个领域与我们自尊的联系。如果你的新朋友吉他弹得远比你好，那么你可能会对吉他失去兴趣，转而认为跑步才是你的天赋所在。在一项验证此假设的研究中，被试收到了自己和另一个被试在一种新能力上的表现的反馈，那些认为另一个被试与自己很相似并且收到的反馈是对方表现比自己更好的人，更有可能说那种能力对自己并不重要，正如理论预测的一样（Crawford，2007；Tesser & Paulus，1983）。

最后，我们可以改变自己相对于其他人的表现。假设成为一个好厨师对你来说很重要，而你的新密友是个更加出色的大厨。你可以通过努力成为一个更好的厨师来减轻认知失调。但不论你多努力，朋友始终比你优秀。这时你可能会采取一种不良的手段：暗中破坏朋友的表现，从而使他不如你优秀。例如，朋友问你要一份菜谱，你可能会隐瞒其中重要的配料，使他最终做出的菜肴与你的相差甚远。

人们真的会坏到蓄意破坏朋友的表现吗？当然不总是这样，但当自尊受到威胁时，我们可能就不像自己以为的那样乐于助人了。在一项研究中，被试需要玩猜词游戏（一个人给提示，另一个人猜），研究者将他们与朋友和陌生人分别配对，被试可以选择不同的提示，让对方更好猜或更难猜。研究者故意让被试在第一轮自己猜词的时候表现糟糕，当轮到被试选择提示线索时，你猜被试会给陌生人还是朋友的帮助更多呢？

你大概已经猜到了自我评价维护理论对此的预测。如果这个任务与自我无关，被试会希望朋友表现得好——毕竟我们总是希望朋友有好事。而这就是实验结果：当任务的重要性低时（告诉被试这只是一个游戏而已），被试提供给朋友的线索比给陌生人的更好猜（见图 6-5 左侧）；当任务与自我高度相关时（告诉被试游戏表现与智力和领导力高度相关），被试提供给朋友的线索比给陌生人的更难猜（见图 6-5 右侧）。显然，为了避免朋友的表现比自己好从而威胁到自尊，被试得保证朋友的表现更差（Tesser & Smith，1980）。

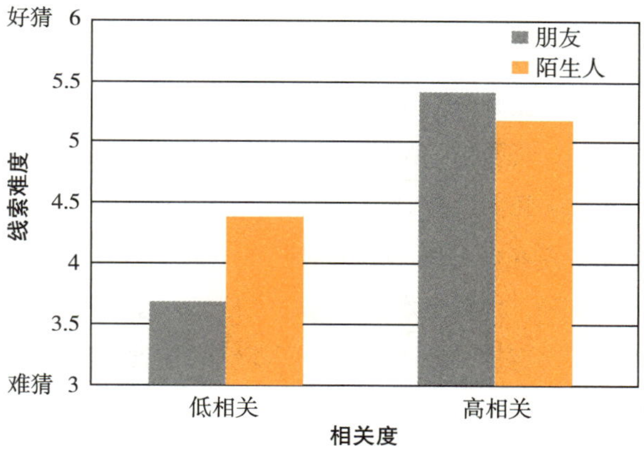

图 6-5　自我评价维护理论的实验结果

在猜词游戏中，被试分别与朋友和陌生人配对，他们可选择好猜或难猜的线索来提示自己的搭档。当任务被描述成“只是游戏而已”时（即与自尊关联度低），被试提供给朋友的线索比给陌生人的更好猜（图左）。然而，当任务被描述成与智力和领导力高度相关时（即与自尊关联度高），为了避免看到朋友的表现比自己更好而引起认知失调，被试提供给朋友的线索比给陌生人的更难猜（图右）。

资料来源：Tesser & Smith，1980.

总而言之，有关自我评价维护理论的研究表明，对自我概念的威胁在很大程度上影响着我们的人际关系。尽管大多数研究对象都是处在实验控制条件下的大学生，这个理论也得到了现场研究和档案研究的证实。例如，特塞尔发现，兄弟姐妹之间矛盾最多的时候，是当兄弟姐妹年龄相近，且其中一个孩子在一些关键方面（如受欢迎程度或智力）明显更好的时候。当其中一人表现更好且与自尊的相关性高时，家庭成员之间的冲突在所难免（Tesser，1980）。想想小说家诺曼·麦克林恩（Norman Maclean）在他的书《大河恋》（*A River Runs through It*）中是如何描述他与兄弟之间的关系的："我们最早想搞明白的事情之一就是彼此之间的差异。毫无疑问，如果我们不是一个如此亲密的家庭，我们之间的差异也不会如此之大。"

问题回顾

1. 胡安有一个谈了很久的女朋友，但他同时和另一个女孩暧昧不清。他经历了认知失调，因为他觉得自己是一个好男孩，而他的轻浮行为与这种自我感觉不一致。根据认知失调理论，他可以通过（　）减少他的认知失调，而根据自我肯定理论，他可以通过（　）减少他的认知失调。
   a. 说服自己暧昧无害；回想自己是一名品学兼优的好学生
   b. 回想自己是一名品学兼优的好学生；说服自己暧昧无害
   c. 说服自己暧昧无害；和女朋友分手
   d. 和女朋友分手；说服自己暧昧无害
2. 克莉丝汀是信息技术课上为数不多的女生之一，她第一次随堂测验的成绩很差。根据自我肯定理论，下列哪一项能帮她在这门课上有更好的表现？（　）
   a. 做一次价值肯定写作练习
   b. 请一个家教辅导她学习
   c. 向老师咨询学习建议
   d. 加入课程学习小组
3. 假设你和你最好的朋友都是心理学专业的学生，你们都想继续读研究生。你的朋友很有运动天赋，而运动对你来说并不重要。有一天，你发现朋友赢得了校内的篮球比赛。根据自我评价维护理论，下列哪一种情况最有可能发生？（　）
   a. 你会疏远你的朋友
   b. 你会以朋友为荣，并祝贺其赢得了篮球比赛
   c. 你会更努力学习，以便在下次心理学测验中超过朋友
   d. 你会觉得自己对心理学没那么感兴趣了
4. 想象你和你的姐姐都是心理学专业的学生，你们的关系很亲密。假设你姐姐的学习成绩比你高很多，根据自我评价维护理论，下列哪一种情况最不可能发生？（　）
   a. 你会觉得对心理学没那么感兴趣了
   b. 你会疏远她
   c. 你会以她为荣，并祝贺她
   d. 你会更努力学习，以便在下次心理学测验中超过她

"问题回顾"答案，请扫描章末二维码查看。

6.3 认知失调与自尊的总结

在本章开始，我们对某宗教组织的教徒提出了一个关键问题：这些聪明人怎么能允许自己被引导进行毫无意义的集体自杀行为呢？当然，许多因素在起作用，包括教主超凡的魅力和说服力、团体成员之间的社会支持，以及团体与其他持不同意见的团体相对隔离，产生了一个封闭的系统——人们就像生活在满是镜子的房间里。

然而，除了这些因素之外，还有一个最强大的力量是，被试精神上高度的认知失调。正如我们所看到的，个人做出了一个重要的决定，其在该决定中付出了大量的时间、精力、牺牲、承诺等，这会导致他有强烈的对这些行为和投入进行合理化的需要。他放弃的越多，努力的越多，说服自己相信组织的观点是正确的需求就越强烈。这些教徒为了他们的信仰牺牲了很多：他们离开了朋友和家人，放弃了事业，舍弃了金钱和财产，搬到了另一个地方居住，并为他们的信仰投注了相当多的时间和心血，而这些又增加了他们对信仰的忠诚度。

因此，通过了解认知失调，你就可以理解，为什么这些教徒没能通过望远镜看到并不存在的宇宙飞船，却断定是望远镜有问题。因为如果他们承认那里根本就没有宇宙飞船，就会产生自己无法忍受的认知失调。他们接着企图用自杀来解放自己的灵魂，以便到那艘飞船上去。这在外人看来很荒诞，但认知失调理论揭示了原因。这只是本章中一遍又一遍出现的认知失调导致的一个极端案例。

热门话题

政治与认知失调

普通民众陷入自我辩护的恶性循环已经够糟糕的了，当一个政党领导人这么做时，其后果对国家和世界可能都是毁灭性的。事实上，所有领导者都会遇到与他们立场相反的证据，或者做出糟糕的决定。领导者往往不会承认他们是错的，而是更加相信自己是对的，从而减轻失调感——毕竟，他们也是人（Tavris & Aronson，2007）。

想想美国前总统乔治·布什在 2003 年入侵伊拉克的决定吧！他最初的理由是，伊拉克拥有大规模杀伤性武器，即对美国和欧洲构成威胁的核武器和生化武器。在入侵伊拉克后，几个月过去了，美军仍然没有发现大规模杀伤性武器，政府官员不得不承认伊拉克根本没有这些东西。现在怎么办呢？布什总统和他的幕僚是如何减少“战争的合理性在于我们相信伊拉克有大规模杀伤性武器”和“我们错了”之间的不一致的？他们通过增加新的认知来证明这场战争是合理的，他们说，美国的使命是把伊拉克从一个残忍的独裁者手中解放出来，他们希望伊拉克人民拥有民主制度。

当然，我们不知道乔治·布什到底在想什么，但人们对认知失调将近 60 年的研究表明，他和他的顾问们可能并没有故意欺骗美国人民；更有可能的是，他们在欺骗自己，以避免承认错误导致的痛苦的失调感。毫无疑问，布什不是唯一一个做出这种自我辩护行为的领导人。一些饱受争议的美国前总统（无论是民主党人还是共和党人）的回忆录中都充斥着各种自私自利、自我辩护的言论——“如果一切能重来，我不会改变任何事情，除非我的对手待我不公”（Johnson，1971；Nixon，1990）。现在就预测奥巴马和特朗普是如何合理化自己的重要的决定还为时过早，让我们拭目以待吧！

在大多数情况下，减少失调的行为都是有用的，因为它能维护自尊。然而，如果我们花费所有的时间和精力来捍卫自尊，那我们就永远不会从错误、失败的决定和不正确的信仰中吸取教训。相反，我们会忽视或合理化它们，更糟的是，我们试图把它们变成美德。我们将会陷于自己狭隘的思想里，以至于无法成长和改变。在极端情况下，我们可能会以合理化自己的失误，并犯下伤害自己和他人的错误告终。

克服失调

重要的是，我们应该想想，如何才能避免因忽视从失败中吸取教训而加重我们的失败和错误呢？虽然自我合理化的进程是无意识的，但是一旦我们知道自己倾向于合理化行为，我们就会开始控制我们的行为，并在行动中审视自己。如果我们可以批判性地、冷静地审视自己的行为，那么我们就有机会打破伴随着自我合理化和更多的犯错行为的恶性循环。

诚然，承认我们的错误并承担责任，这说起来容易，做起来难。假设，你是一名检察官，你是一个好人，多年来一直致力于把坏人送进监狱。DNA 检测表明，你审判的这些坏人中有几个人可能是无辜的，你将如何应对这些不一致的信息？你会以开放的心态接受这一证据吗？你会因为希望正义得到伸张而采纳它，还是因为怕被证明自己是错的而拒绝采信这个证据呢？不幸的是，在美国，许多检察官选择了后者（对于理解认知失调理论的人来说，这并不奇怪），他们拒绝和阻止那些已经被定罪的囚犯提出的重审案件和进行 DNA 检测的尝试。他们用来减少认知失调的新认知是这样的："即使他在这起案件中无罪，他在其他案件中也有罪，总之，他不是个好人。"

但至少有一名检察官选择用一种更勇敢、无畏的方式解决这种失调。托马斯·韦恩斯（Thomas Vanes）经常要求对犯了严重罪行的被告判处死刑或终身监禁。其中一名男子拉里·梅耶斯（Larry Mayes），在 DNA 检测证明他无罪之前，因强奸罪被监禁 20 多年。在检测之前，韦恩斯确信 DNA 检测只会坐实梅耶斯有罪。"但结果表明他是无罪的，我错了。铁一般的事实战胜了主观判断。这是发人深省的教训，如果我用'我只是做我的工作，是陪审员在定罪，二审法庭维持了有罪判定'来说服自己拒绝 DNA 证据，这会减轻我的道德负担，但后果是无辜者会蒙受不白之冤"，韦恩斯如是说（Tavris & Aronson，2007）。

在 DNA 检测证明他不可能犯下强奸罪后，戴维·李·威金斯（David Lee Wiggins）在服刑 23 年后于 2012 年从得克萨斯州监狱获释。我们如何使用认知失调理论解释，为什么在误判的案件中，检察官往往难以接受被告实际上是无罪的？

在生活中，无论是作为家庭成员、职员，还是专家，抑或普通市民，我们都面临着一些证据，证明我们在一些很重要的事情上错了，这些事可能是我们自己做过的事情，也可能是我们所相信的一些事情。这时，你会合理化这些错误，否认证据，还是努力去改正错误？

自恋与过度自尊

有一些人似乎特别难意识到自己的失调，也很难承认自己错了，他们就是自恋者。**自恋**（narcissism）被定义为既过度自爱，又对他人缺乏同理心（Furnham，Richards，& Paulhus，2013；Grubbs & Exline，2016；Schriber & Robins，2012；Twenge & Campbell，2009）。自恋者极其以自我为中心，他们更关心自己而不是他人。请在"试一试"中测试一下你的自恋程度吧！看看你能得多少分。

自恋： 既过度自爱，又对他人缺乏同理心。

试一试 自恋水平测试

阅读下面的每一对陈述，并在最符合你对自己的感觉的那一项前打钩。如果两种说法都不能很好地描述你，那么也请你选择一个最接近的说法。请完成所有的题目。

1. ______ 我喜欢成为众人关注的中心
   ______ 被众人关注会让我觉得不舒服
2. ______ 我和大多数普通人差不多
   ______ 我是一个特别的人
3. ______ 每个人都喜欢听我的故事
   ______ 有时候我能讲个好故事
4. ______ 我通常会得到我应得的尊重
   ______ 我坚持要得到我应得的尊重
5. ______ 我不介意服从命令
   ______ 我喜欢命令别人
6. ______ 我一定会成为一个很棒的人
   ______ 我希望我会成功
7. ______ 别人有时候会相信我说的话
   ______ 只要我愿意，我能让任何人相信任何事
8. ______ 我对别人的期望很高
   ______ 我喜欢给别人提供帮助
9. ______ 我喜欢成为众人关注的焦点
   ______ 我更希望自己在人群中不被发现
10. ______ 我与其他人没什么不同
    ______ 我是个了不起的人
11. ______ 我总是知道我在做什么
    ______ 有时候我不确定我在做什么
12. ______ 我不喜欢操纵他人的感觉
    ______ 我发现要操纵他人很简单
13. ______ 成为权威对我来说没多大意义
    ______ 人们看起来总是承认我的权威
14. ______ 我知道我很棒，因为其他人总是这么夸我
    ______ 有时候别人夸我会让我感到尴尬
15. ______ 我尽量不去炫耀
    ______ 一有机会我就想炫耀
16. ______ 我比别人更有能力
    ______ 别人身上有许多值得我学习的地方

资料来源：Ames，Rose，& Anderson（2006）；Raskin & Terry（1988）.

计分方式：1、3、6、8、9、11、14、16 题中上面一项各计 1 分，下面一项计 0 分；2、4、5、7、10、12、13、15 题中下面一项各计 1 分，上面一项计 0 分。各项得分相加得到总分。研究者发现，男性的平均得分为 6.4 分，而女性的平均得分为 5.3 分。

做一个自恋者不好吗？难道我们不应该努力让自己保持积极的形象吗？我们绝对应该尽量避免低自尊，因为低自尊与抑郁、低自我效能感和低生活控制感有关，它是一种令人非常不愉快的状态（Baumeister et al.，2003）。更重要的是，高自尊能保护我们不去想自己的死亡，这是恐惧管理理论（terror management theory）的基本原则，它认为自尊能起到缓冲作用，保护人们远离对死亡的恐惧（Greenberg，Solomon，& Pyszczynski，1997；Juhl & Routledge，2016；Pyszczynski & Taylor，2016）。也就是说，为

恐惧管理理论：这个理论认为自尊能起到缓冲作用，保护人们远离对死亡的恐惧。

了避免自己不被有关死亡的想法所引起的焦虑困扰，人们会接受文化世界观，觉得自己是一个有能动性的人，生活在一个有意义、有目的的世界里。因此，高自尊的人比低自尊的人更少担心自己的死亡（Schmeichel et al.，2009）。

但是如果我们太爱自己，以至于变得自恋，问题就会产生。自恋者在学校表现得更差，在商业上更难成功，而且他们更暴力、好斗，不被别人喜欢，特别是当人们了解他们的时候（Bushman & Baumeister，2002；Twenge & Campbell，2009）。此外，自恋者不善于自我审视，他们很难看到真实的自己。还记得我们说过要从错误中学习，批判性地审视自己的行为并承认错误吗？自恋者在这方面尤其不擅长，相反，他们在减少失调方面做得特别好，这让他们能一直认为自己是很棒的人（Jordan et al.，2003）。

在希腊神话中，纳西瑟斯爱上了水池中自己的倒影，因为他过于迷恋自己的倒影而不愿离开，最终他在水池边死去。时至今日，自恋指的是既过度自爱又对他人缺乏同理心。

如果你是"80 后"，你可能不愿意接受，但近年来，自恋者在大学生中越来越多。琼·特温格（Jean Twenge）和她的同事追踪了 1980—2008 年美国大学生做的自恋人格测验（Twenge et al.，2008；Twenge，Miller，& Campbell，2014）。如图 6-6 所示，自 20 世纪 80 年代中期以来，这项测试的平均分一直在稳步上升。有证据表明，自恋在美国比在其他国家更普遍（Campbell，Miller，& Buffardi，2010；Foster，Campbell，& Twenge，2003）。

为什么自恋的人越来越多？没有人知道，尽管简和她的同事推测，美国文化总体上已经变得越来越以自我为中心。为了证明这一点，研究者对 1980—2008 年最流行的 10 首歌曲的歌词进行了编码。他们统计了歌词中第一人称单数代词（如"I""me"）的数量。他们发现，随着时间的推移，第一人称单数代词的数量稳步增加（见图 6-6）（DeWall et al.，2011）。披头士乐队（Beatles）在 1970 年发行了一首名为 *I，me，mine* 的歌曲，如今这种对自我的强调已经变得更加普遍，如贾斯汀·比伯（Justin Bieber）的 *Love Yourself* 或 Silentó 的 *Watch Me*。这一趋势也引发了许多恶搞，如在烟鬼组合（Chainsmokers）的 *Selfie* 这首歌中，歌手不断通过自拍打断独白，还有 MadTV 模仿酷玩乐队（Coldplay）名为 *the Narcissist* 的音乐短片。这种自我强调的模式在书中也有。研究者使用谷歌图书 N 元数据库搜索了 1960—2008 年出版的图书，发现第一人称单数代词（"I""me"）在这段时间内增长了 42%（Twenge，Campbell，& Gentile，2013）。虽然原因还不完全清楚，但美国人似乎变得更关注自己了（也许我们应该在这里暂停一下，自拍一张）。

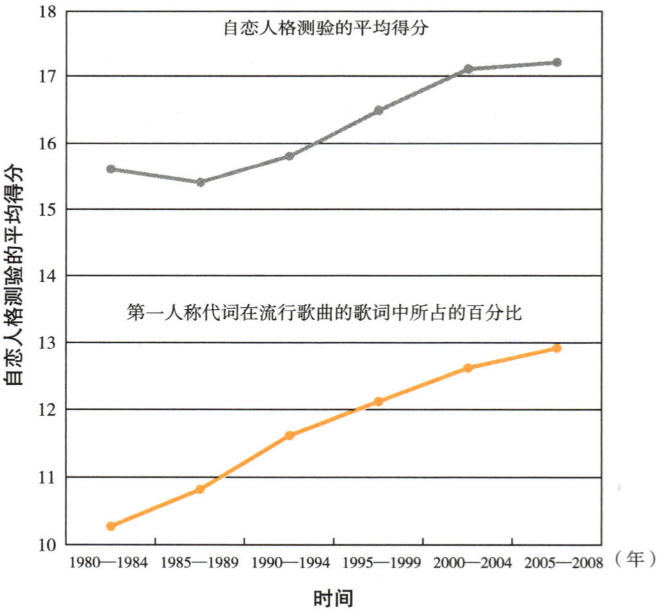

图 6-6 人们变得更自恋了吗

上面的线显示的是 1980—2008 年，大学生在自恋人格测验上的平均得分，自恋人格测验是一种常用的测量自恋程度的方法。下面的线显示了第一人称代词（如"I""me""mine"）在 1980—2008 年最受欢迎的 10 首歌曲的歌词中所占的百分比。

资料来源：Twenge & Foster，2010.

当然，许多年轻人并不那么以自我为中心，他们做志愿者并投入了大量的时间来帮助他人。有趣的是，他们可能偶然发现了一种不自恋且能让自己变得更快乐的方法。想象一下，你参与了邓恩等人（Dunn，Aknin，& Norton，2008）的一项研究。一天早上，当你穿过校园时，一位研究员走到你面前，给了你一个装有 20 美元的信封。她要求你在当天下午 5 点之前把钱花在自己身上，如给自己买个礼物或付清账单。这听起来很不错，不是吗？现在想象你被随机分配到另一种情况：你也能得到 20 美元，但研究者要求你在下午 5 点前把钱花在别人身上，如请朋友去餐厅吃午饭，或者把钱捐给慈善机构。你会有什么感觉？研究者当晚联系人们，询问他们有多快乐时，那些把钱花在别人身上的人比那些把钱花在自己身上的人更快乐。这说明，少一点自我关注，多一点关心他人，实际上会让我们更快乐。

总而言之，拥有高自尊通常是一件好事，因为它会让人们对自己的未来感到乐观，并为自己想要的生活更加努力地工作。然而，自恋这种高自尊的形式是很有问题的，正如我们所看到的，它在拥有极高自尊的同时缺乏对他人的同理心。最好的自尊是自我感觉良好，同时也能从错误中学习，并且关心他人。

问题回顾

1. 下面哪个人最有可能承认一个重大错误？（ ）
   - a. 被培养成要不惜一切代价追求正义的检察官
   - b. 如果不承认错误，那么下次竞选就会落选的政党领袖
   - c. 可以随时离开教会的教徒
   - d. 以上三者要承认错误都会很难
2. 下列哪一项关于自尊的描述最正确？（ ）
   - a. 拥有低自尊最好，因为低自尊能激励人们进取
   - b. 一般来说，女性的平均自尊水平低于男性
   - c. 乐观的人比不乐观的人更努力地尝试，在失败面前更不屈不挠，并会设定更高的目标
   - d. 一个人的自尊越高，生活就越好
3. 恐惧管理理论的基础假设是（ ）。
   - a. 人们越来越自恋了
   - b. 政府保护其公民不受恐怖袭击是很重要的
   - c. 如果人们信仰宗教，他们就会更少地害怕死亡
   - d. 自尊保护人们不去想自己的死亡
4. 下列哪一项关于自恋的描述最正确？（ ）
   - a. 一般来说，大学生的自恋水平越来越低了
   - b. 它的特征是过度自爱和对他人缺乏同理心
   - c. 自恋者的学业表现比不自恋的人更好
   - d. 自恋者比不自恋的人有更多的朋友和更好的社交生活

“问题回顾”答案，请扫描章末二维码查看。

总结

6.1 认知失调理论：保护自尊

自我的一个重要功能是保护自尊，即人们对自我价值的评估，以及他们认为自己优秀、有能力、体面的程度。当人们的行为方式威胁到他们的自尊时，认知失调就会出现，人们会通过改变自己的行为、改变不协调的认知或增加新的认知来为自己的行为辩护，进而降低认知失调。

- **决策，决策，还是决策。**决策会引起失调，因为需要取舍。我们一想到可能做出了错误的选择，就会产生不适，即决策后失调。作为一个做出正确决策的人，这种失调会威胁到我们的自我形象。在做出最终选择后，大脑会通过巩固所选择的物品或所采取的行动来减少失调。决策越持久、越不可撤销，就越需要减少失调。低价策略是一种不择手段的策略，使用该手段的销售人员会通过诱导顾客同意以低价购买产品，然后声称这是一个错误，并提高价格，从而使决定看起来不可挽回。在通常情况下，客户会同意以虚高的价格购买商品。
- **努力的合理化。**人们倾向于增加对他们努力获得的东西的喜爱程度，即使他们获得的东西不是他们本来喜欢的。这解释了新人在遭受欺辱后对兄弟会和军事机构的强烈忠诚态度。
- **反态度辩护。**当人们的行为方式与他们的个人态度或信念背道而驰时，如果这种行为有充足的外部理由，即外部合理化（如一个巨大的奖励），那么人们的态度或信念就不会发生不一致和改变。然而，如果外部合理化不足以证明行为的合理性，那么人们就会诉诸内部理由，即内部合理化——通过改变自身的某些方面（如态度或行为）来减少认知失调。内部理由对个人长期价值观和行为的影响比外部理由充足的情况要大得多。反态度辩护已被用来在许多方面改变人们的态度——偏见、自我挫败的信念及不良行为（如暴食症）。另一个例子是让别人帮助你从而使他们喜欢你。这是有效的，因为这个人需要从内部找到帮助你的理由。反之亦然。如果你伤害了一个人，为了减少做坏事对你的自我形象的威胁，你会倾向于通过贬低受害者来为你的行为辩护，例如，这个人罪有应得，或者反正他也不是“我们中的一员”。在冲突和战争等极端情况下，许多人会认为受害者或敌人罪有应得，因为他们没有人性。
- **抵御诱惑。**另一种让人们改变的办法是，通过不那么严厉的威胁，让他们不做对其有诱惑力的事。相比使用严厉的惩罚，不充分的惩罚（轻微的惩罚）会使个体缺乏足够的外部理由不去做某件其想做的事，从而引起失调，正如禁止玩玩具实验所证明的那样。威胁越轻或奖励越小，做出服从行为的外部理由就越少。由此产生的内部合理化比为了逃避惩罚而暂时的服从更持久。

- **伪善范式。**诱发伪善是一种让人们正视自己言行差异的方法。它利用减少失调的需要来增加对社会有益的行为。在一项有关预防艾滋病的实验中，被试对使用避孕套的重要性进行了演讲并录像，研究者还让他们意识到自己没有使用避孕套。为了减少这种言行不一致带来的失调，他们改变了自己的行为——购买了避孕套。
- **认知失调的跨文化研究。**虽然认知失调在非西方文化和西方文化中都存在，但产生认知失调的内容，以及消除认知失调的过程和强度在不同文化中有所不同，这反映了文化规范的差异。

6.2 认知失调理论的扩展与最新研究

社会心理学家继续在新的时代背景下深入探索保护自尊的基本需求。

- **自我肯定理论。**人们可以通过关注和肯定自己在一些与威胁无关的方面的能力来减少失调。一种方法是进行价值肯定写作练习，在这个练习中，人们写下为什么某件事对他们来说很重要。这种做法已被证明对人们的生活产生了广泛且持久的积极影响。
- **亲密关系中的失调：自我评价维护理论。**当出现以下三个条件时，我们的人际关系会经历失调：（1）我们与另一个人很亲近；（2）他或她在某个特定领域比我们表现得更好；（3）这一领域对我们的自尊至关重要。我们可以通过改变这些条件中的任何一个来降低失调，如疏远那个人、在那个领域做得更好，或者降低那个领域对我们自尊的重要性。

6.3 认知失调与自尊的总结

很多时候，减少认知失调的行为是有用的，因为它能维持自尊。然而，如果我们花费所有的时间和精力来捍卫自我，我们就永远不会从错误中吸取教训。

- **克服失调。**减少失调的行为会固化负面的价值观和行为，即便是国家领导人也会这样。明白人类有减少失调的天性可以让我们更了解这个过程。下次当我们因为违背了自己的价值观而感到不适时，我们就可以有意识地暂停自我辩解的过程，并反思我们的行为。
- **自恋与过度自尊。**大多数人都有很高的自尊，这有助于避免抑郁，让我们在面对失败时坚持下去。而且，正如恐惧管理理论所表明的那样，它可以保护我们不去想自己的死亡。然而，自恋这种高自尊的形式会引发一系列问题，这种极端的高自尊会使人们对他人缺乏同理心。最好的组合是既能自我感觉良好，又能关心他人。

思考题

努力的合理化如何解释，为什么在不同的群体中普遍存在严苛且具有侮辱性的入会仪式？

自测

1. 你知道自己吃了太多垃圾食品，这对你的精力和健康有害。下列哪一项不会减少你的失调？（　）
   a. 取消你最喜欢吃的饭后甜点
   b. 认为所有这些健康警告都是愚蠢又夸张的
   c. 承认自己吃了太多甜点，但这些甜点能让你更有学习动力
   d. 接受自己态度与行为的矛盾
2. 你正在阅读一个人的博客，她的观点让你很生气。她的哪些论点是你最可能关注并记住的？（　）
   a. 她最愚蠢的观点，因为她就是个愚蠢的人
   b. 她最愚蠢的观点，因为这与你认为她是一个愚蠢的人的观点一致
   c. 她最聪明的观点，这样你就可以在帖子里反驳她
   d. 她最聪明的观点，因为这些话不太可能出自一个愚蠢的人之口
3. 瑞秋同时被两所大学录取了。在比较了两所大学各自的优劣之后，她做出了艰难的抉择。根据认知失调理论，下列哪一项是正确的？（　）
   a. 因为这个决定太困难了，所以她在做决定之前会经历最大的认知失调
   b. 她在做决定之后会经历最大的认知失调
   c. 不管她最终决定去哪所大学，她都可能会后悔
   d. 由于选择是如此困难，所以她不太可能完全喜欢她所选择的大学
4. 人们在什么情况下会说到做到？（　）
   a. 当你没有充分的外部动机，且你宣扬的观点与你的真实想法不同时
   b. 当你说的与你想的不一致时
   c. 当有人逼你说你不赞成的观点时
   d. 当有人付你一大笔钱让你说谎时
5. 下列哪一项是“伪善范式”的实验研究？（　）
   a. 选择伪善的被试，研究他们的合理化方式
   b. 要求被试写批评虚伪的文章
   c. 让被试理解每个人都是虚伪的
   d. 让被试意识到自己没有践行他们所宣扬的理念
6. 根据认知失调理论，“我们”（我方）经常非人化“他们”（敌人），将他们视为动物、野兽或怪物的主要原因是什么？（　）
   a. 敌人是暴力的、残忍的，理应被我们如此对待
   b. 是敌人挑起的战争
   c. 我方需要为残忍地对待敌人找到借口
   d. 我方比对方更有道德且更有人性
7. 你最好的朋友加入了一个兄弟会，他不得不花一个月时间做一系列越来越严重的欺侮性入会仪式，如支付 8000 美元的会费，目睹老会员如何骚扰和殴打无家可归的人，并被要求以同样的方式对待这些人。你的朋友喜欢这个小组，并不断敦促你加入。下列哪一个认知失调的原理导致你的朋友做出了这些举动？（　）
   a. 努力的合理化
   b. 低自尊
   c. 决策后失调
   d. 诱发伪善
   e. 不充分的惩罚
8. 假设哈罗德有一个谈了很久的女朋友，但他同时与另一个女孩保持暧昧关系。他认知失调了，因为他觉得自己是一个好男孩，而他的轻浮行为与这种自我感觉不一致。根据自我肯定理论，他应该如何减少他的认知失调？（　）
   a. 他可以说：“至少我在收容所做志愿者做得

很好（假设做一个好的志愿者对他来说很重要）”

b. 他可以向女朋友坦白他的所作所为

c. 他可以对自己说：“我真是个白痴，我再也不这样了”

d. 他可能会对自己说：“我想我不是一个完全值得信任的人”

9. 瑞秋和埃莉诺是最好的朋友，她们都是高中合唱团的成员；她们都认为自己是有才华的歌手，唱歌对她们来说非常重要；她们都参加了合唱团的重要的独唱选拔，埃莉诺赢了。根据自我评价维护理论，瑞秋最不可能做下列哪一项？（　）

a. 瑞秋会为埃莉诺感到高兴，并告诉她们的朋友，埃莉诺赢得了独唱机会

b. 瑞秋觉得唱歌对她来说没有以前想的那么重要了

c. 瑞秋会更努力地练习，以求在下一次独唱选拔上赢过埃莉诺

d. 瑞秋会疏远埃莉诺

10. 下列有关自尊和自恋的说法，哪一项是正确的？（　）

a. 幸福的关键是关注自己和自己的需要

b. 虽然自恋会被人讨厌，但是能让你在学业和事业上比别人表现得更好

c. 乐观而不自恋的人在面对失败时更不容易放弃，并且会为自己设定更高的目标

d. 美国大学生的自恋水平在过去 30 年中下降了

本章“问题回顾”与“自测”答案，请扫描二维码查看。

第 7 章

态度与态度的改变：影响思维与情绪

SOCIAL PSYCHOLOGY

本章音频导读，
请扫描二维码收听。

章节框架 | 学习目标

7.1 态度的本质与根源
- 态度从何而来
- 外显态度与内隐态度

学习目标：描述态度的种类和基础

7.2 态度何时能预测行为
- 预测自发行为
- 预测有意行为

学习目标：分析态度能够预测行为的条件

7.3 态度是如何改变的
- 通过改变行为来改变态度：重新审视认知失调理论
- 说服性沟通与态度的改变
- 情绪与态度的改变
- 态度的改变与身体

学习目标：解释内部因素和外部因素如何改变态度

7.4 广告的威力
- 广告是如何发挥作用的
- 阈下广告是一种精神控制吗
- 广告与文化

学习目标：描述广告如何改变人们的态度

7.5 抵抗说服性信息
- 态度的预防免疫
- 警惕植入式广告
- 抵抗同伴压力
- 当说服产生反作用时：抗拒理论

学习目标：确定抵抗说服性信息的策略

小调查

你是否能回想起这样的时刻：你做出某个选择或采取某种行动的原因恰恰是别人说你不应该这样做？

○是

○否

广告似乎无处不在。广告会出现在你的电子设备上、职业球队的队服上、公共卫生间里、加油站的视频显示器上，甚至飞机座位前方的晕机袋上（Story，2007）。但赢得广告创新大奖的是一个来自佛罗里达州杰克逊维尔市的 34 岁青年——杰森·萨德勒（Jason Sadler）。2009 年，他创建了名为“I Wear Your Shirt”的网站，这个网站上发布着引人注目的照片和视频，照片和视频的内容是杰森穿着带有各个公司的标志和名字的 T 恤进行恶作剧。通过这项工作，他得到了来自多个公司的报酬。几年后，他以 45 500 美元的价格拍卖了自己姓氏的版权，合法地将网站更名为“Jason Headsets”，为期 12 个月。这荒谬吗？也许吧。但是，Headsets 网站的总裁称，这笔投资为他的公司带来了巨大的媒体关注度和知名度，其价值超过了 600 万美元（Horgan，2013）。一年后，一个冲浪旅游 App 也做出了聘请杰森的决定——杰森在这段时间里变成了 SurfrApp 先生。

我们可以尽情地嘲笑无处不在的广告，将它们视为荒唐而无害的试图影响我们的尝试，随意地将其打发掉。但我们必须记住，广告是可以有巨大的影响力的。想一想香烟广告的历史吧。19 世纪，大多数消费品，包括烟草产品，都是在当地自产自销的。但是，伴随着工业革命的到来，许多消费品被大规模生产，制造商开始寻求更广阔的市场。广告应运而生。19 世纪 80 年代，香烟首次得到大批生产，一些巨头，如詹姆斯·布坎南·杜克（James Buchanan Duke），开始积极地为他们的品牌拓展市场。杜克为他的品牌在报纸上登广告，在数以千计的广告牌上租用空间，聘请著名女演员为其品牌代言，还送礼物给向他进货的零售商。不久，其他香烟制造商便纷纷效仿（Kluger，1996）。

这些努力显然非常成功，香烟的销量在美国迅速增加，但仍有一个巨大的未被开发的市场，即女性市场。直到 20 世纪初，男性购买的香烟占香烟售出总量的 99%。社会普遍不接受女性吸烟，那些吸烟的女性被认为存在道德问题。随着女权运动和争取女性选举权斗争的兴起，这种状况发生了变化。具有讽刺意味的是，吸烟成了女性解放的标志（Kluger，1996）。香烟制造商非常乐意通过针对女性的广告来鼓励这种观点。因为女性在公开场合吸烟是不被接受的，所以早期的香烟广告从不展示女性吸烟的场景。取而代之的是，他们试图将吸烟与魅力联系在一起，或者传达这样的信息：香烟可以控制体重（“别拿糖果了，来一支幸运牌香烟吧”）。20 世纪 60 年代，香烟广告开始建立女性解放与吸烟之间的直接联系，一个新的品牌出现了——Virginia Slims。女性开始成群结队地购买香烟。据统计，1955 年，52% 的美国男性吸烟，34% 的美国女性吸烟。幸运的是，此后，总体吸烟率下降了，但女性的吸烟率与男性的吸烟率的差距变小了。截至 2015 年，21% 的美国成年男性吸烟，而在美国成年女性中，该比例为 14%。

为了弥补美国市场的萎缩，烟草商开始积极拓展香烟的海外市场。世界卫生组织估计，每天仅亚洲地区就有 5 万名青少年开始吸烟，而如今生活在亚洲的 1/4 的年轻人最终可能会因此丧命（Teves，2002）。

广告应该对这个迫在眉睫的公共健康危机负责吗？广告可以在多大程度上塑造人们的态度和行为？究竟什么是态度？它又是如何被改变的？这些问题是社会心理学中最古老的话题，也正是本章的主题。

7.1　态度的本质与根源

我们每个人都在评价我们周围的世界。我们对遇到的任何事物都会形成喜欢或厌恶的评价。如果有人说“我对小银鱼、巧克力、说唱歌手和美国总统都持完全中立的态度”，我们一定会感到很奇怪。大多数人至少会对其中一个事物持强烈的态度，你不这样觉得吗？简单来说，**态度**（attitude）是对他人、事物和观点的评价（Banaji & Heiphetz，2010；Bohner & Dickel，2011；Eagly & Chaiken，2007；Petty & Krosnick，2014）。态度非常重要，因为它通常决定了我们的行为——我们是否吃小银鱼和巧克力，下载说唱歌曲还是听到它们就换台，以及在选举日投票给谁。

态度从何而来

对于态度从何而来这个问题，一个有争议的答案是我们的态度至少在一定程度上与基因有关（Cai et al.，2016；Lewis，Kandler，& Riemann，2014；Schwab，2014）。这项结论的证据来自以下事实：同卵双胞胎在态度上比异卵双胞胎更为相似，即使该同卵双胞胎在不同的家庭中长大，并且不认识彼此。例如，一项研究表明，同卵双胞胎比异卵双胞胎在诸如锻炼、成为关注的焦点、坐过山车、参与有组织的宗教活动等方面都持更相似的态度（Olson et al.，2001）。不过，我们应该谨慎地解释这项证据。没有人宣称，某些特定的基因决定了我们的态度。例如，存在一种“过山车”基因决定了你对游乐园的偏好，这是不太可能的。不过，有些态度好像会受到基因构成的间接影响。态度与气质和人格有关，而气质和人格又与基因直接相关。有些人可能从父母身上继承了某种特定的气质和人格，这使他们更容易喜欢过山车而不是摩天轮（反之亦然）。

即使基因的作用真的存在，我们的社会经验仍在态度塑造的过程中扮演了很重要的角色。社会心理学家的研究焦点在于人们的经验，以及这些经验如何影响态度的形成。他们将态度分为三个成分：（1）认知成分，指人们形成的针对态度对象的想法和观点；（2）情感成分，指人们对态度对象的情感反应；（3）行为成分，指人们会如何对待态度对象。重要的是，任何一种给定的态度都基于这些成分中的某一种或它们的组合（Aquino et al.，2016；Zanna & Rempel，1988）。

以认知为基础的态度

有时候，我们的态度主要是根据相关的事实形成的，如一辆汽车的客观价值。它用 3 升汽油能跑多远的路？它的安全性能怎么样？推而广之，如果人们的评价主要基于对态度对象的属性所持的信念，我们就将其称为**以认知为基础的态度**（cognitively based attitude）。这类态度能够帮我们辨别某个事物的优点和缺点，这样我们就能快速分辨自己是否想与该事物有联系（De Houwer，Gawronski，& Barnes-Holmes，2013；DeMarree et al.，2017）。想一想你对某个实用物品（如吸尘器）的态度。你的态度很可能是基于对某些特定品牌的客观价值的信念，如它的功效如何、价格如何，而不是基于情感因素，如你感觉它有多美观。

以情感为基础的态度

基于情绪和价值观（而不是对事物的优点、缺点的客观评价）形成的态度被称为**以情感为基础的态度**（affectively based attitude）（Breckler & Wiggins，1989；Bülbül & Menon，2010）。有时候我们就是喜欢某一辆车，而不在乎它用 3 升汽油到底能跑多远的路。有时我们甚至会强烈地被某样东西吸引，如某个人，尽管我们对他（或她）持有消极信念（知道这个人会带来“不好的影响”）。

要了解哪些态度可能是以情感为基础的，我们不妨想想礼节手册上建议人们别在宴会上谈论的话题：政治、性和宗教。选民们似乎更多地用心而不是大脑投票，他们更在乎自己对候选人的感觉，而不是对候

态度：对他人、事物和观点的评价。

以认知为基础的态度：一种主要基于人们对态度对象的属性的信念形成的态度。

以情感为基础的态度：一种基于人们的情绪和价值观而不是对态度对象的本质的信念形成的态度。

选人的具体政策的看法（Abelson et al.，1982；Westen，2007）。事实上，一部分选民甚至在对某些政治家根本一无所知的情况下，就对他们有强烈的情感（Ahler et al.，2017；Redlawsk，2002）。

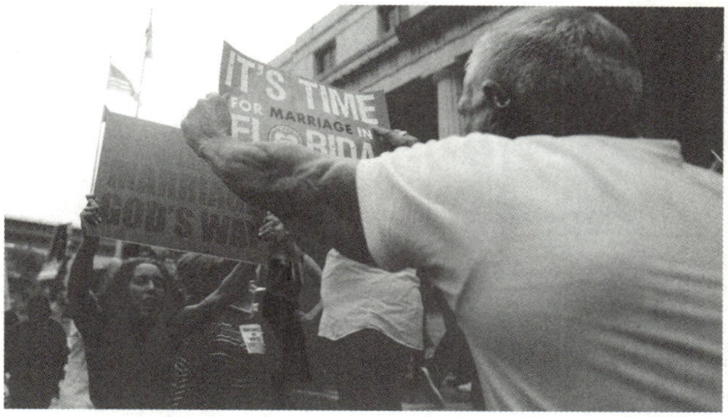

有些态度建立在情绪和价值观的基础上，而非建立在事实和数字的基础上。人们对同性恋者结婚的态度就是一个例子。

如果以情感为基础的态度不是来自对事实的检验，那么它们从何而来呢？它们有各种各样的来源。它们可能来自人们的价值观，如基本的宗教信仰和道德信念。人们对堕胎、死刑和婚前性行为等问题的感觉，通常基于他们的价值观而非对事实的冷静考察。这种态度的功能并不在于精确地描绘这个世界，而在于表达和确认一个人的基本价值体系（Maio et al.，2001；Smith，Bruner，& White，1956；Snyder & DeBono，1989）。其他以情感为基础的态度可能基于感觉反应（如喜欢某种食物的味道）或审美反应（如对一幅画的欣赏，对一辆车的外形和颜色的喜爱）。还有一些此类的态度可能是条件化的结果（Hofmann et al.，2010）。

经典性条件作用（classical conditioning）是这样起作用的：某种能引起情绪反应的刺激不断与一种不会引起情绪反应的中性刺激相联结，直到中性刺激本身也能引起该情绪反应。例如，当你还是个孩子的时候，每次去祖母家，你都会感受到温暖和爱。假如她的屋子里总是弥漫着淡淡的樟脑丸的香味和鸡汤的香味，久而久之，这两种气味中的任何一种都会唤起你拜访祖母时的那种情感（De Houwer，2011；Walther & Langer，2010）。

在**操作性条件作用**（operant conditioning）中，我们执行某项行为的频率会增加还是减少，取决于行为带来的结果是得到奖赏（正向强化）还是得到惩罚。这如何反映在态度上呢？想象一下，一个 4 岁的白人女孩与她的父亲来到操场，她开始与一个非裔美国女孩玩。她的父亲却极力反对，并告诉她："我们不和那种孩子一起玩。"用不了多久，这个孩子就会将"和非裔美国人交往"与"不赞同"联系起来，继而承袭她父亲的种族主义态度。态度可以通过经典性条件作用或操作性条件作用而受到正面或负面的影响，如图 7-1 所示（Cacioppo et al.，1992；Sweldens，Corneille，& Yzerbyt，2014）。

尽管以情感为基础的态度有多种不同的来源，但是我们可以将它们归为一类，因为它们有共同的特征：（1）它们都不是基于对问题的理性检验；（2）它们不受逻辑支配；（3）它们通常与人们的价值观相关联，因此尝试改变态度意味着挑战这些价值观（Katz，1960；Kertzer et al.，2014）。我们如何分辨某种态度是基于情感还是基于认知？下文中的"试一试"会告诉你测量人们态度的基础的一种方法。

经典性条件作用：某种能引起情绪反应的刺激不断与一种不会引起情绪反应的中性刺激相联结，直到中性刺激本身也能引发该情绪反应。

操作性条件作用：根据行为带来的结果是得到奖励（正向强化）还是惩罚，个人自由选择的行为相应地在频率上增加或减少。

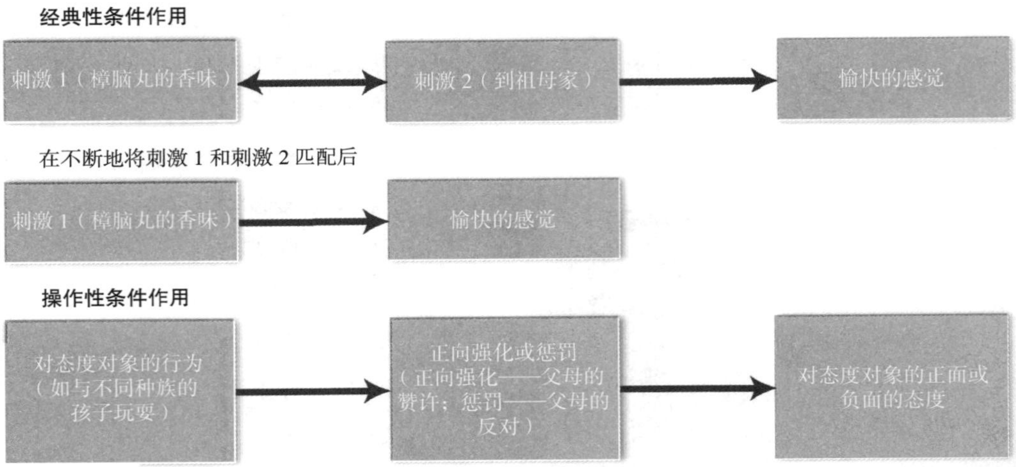

图 7-1　态度的经典性条件作用和操作性条件作用

以情感为基础的态度可以借由经典性条件作用或操作性条件作用形成。

试一试　态度的情感和认知基础

填写下面这份问卷，看看心理学家是如何测量态度的情感和认知成分的。

1. 在每个尺度上圈出最符合你对蛇的感觉的数字。

厌恶	–3	–2	–1	0	1	2	3	喜欢
难过	–3	–2	–1	0	1	2	3	高兴
不快	–3	–2	–1	0	1	2	3	快乐
紧张	–3	–2	–1	0	1	2	3	平静
无聊	–3	–2	–1	0	1	2	3	兴奋
愤怒	–3	–2	–1	0	1	2	3	放松
恶心	–3	–2	–1	0	1	2	3	接纳
悲伤	–3	–2	–1	0	1	2	3	喜悦

2. 在每个尺度上圈出最符合对蛇的特征的描述的数字。

无用的	–3	–2	–1	0	1	2	3	有用的
愚蠢的	–3	–2	–1	0	1	2	3	机灵的
不安全的	–3	–2	–1	0	1	2	3	安全的
有害的	–3	–2	–1	0	1	2	3	有益的
无价值的	–3	–2	–1	0	1	2	3	有价值的
不完美的	–3	–2	–1	0	1	2	3	完美的
不健康的	–3	–2	–1	0	1	2	3	健康的

将第 1 题和第 2 题的数字分别相加。

第 1 题和第 2 题分别测量的是你对蛇的态度的情感成分和认知成分。大多数人对蛇的态度中的情感成分多于其中的认知成分。如果你也属于这种情况，那么你的第 1 题的总分应该比第 2 题的总分更偏离 0（大多数人的偏离是负向偏离）。

现在，请把量表上的“蛇”改为“吸尘器”，再做一遍。对于吸尘器这种实用的物品，大多数人的态度中的认知成分多于其中的情感成分。如果你也符合这种情况，那么你的第 2 题的总分应该比第 1 题更偏离 0。

以行为为基础的态度

以行为为基础的态度（behaviorally based attitude）是人们通过观察自己对某个对象表现出来的行为形成的。这可能看起来有点奇怪。如果我们还不知道自己的感觉，那么要如何表现行为呢？根据达里尔・贝姆（Daryl Bem）的自我知觉理论，在某些情境下，人们要等到看见自己的行为之后才知道自己的感觉如何（Bem，1972）。例如，你问一个朋友她有多么喜欢运动，如果她回答“嗯，我想我是喜欢的，因为我经常跑步或者去健身房锻炼身体”，我们会说她有一种“以行为为基础的态度”。她的态度主要基于对行为的观察，而不是她的认知或情感。

正如第 5 章中所写的，人们的行为只在某些情况下可以预测态度。第一，他们最初的态度必须是微弱或模糊不清的。假如你的朋友对运动的态度已经很明朗了，那么她就不必通过观察自己的行为来推测她对运动的态度了。第二，只有当人们的行为没有其他合理的解释时，他们才会从行为中推测自己的态度。如果你的朋友认为她运动是为了减肥，或者是因为她的医生要求她这么做，那么她就不太可能认为她运动是因为她喜欢。

外显态度与内隐态度

态度一旦形成，可以表现为两个水平。**外显态度**（explicit attitude）指我们意识到的且易于报告的态度。当有人问我们类似“你对平权措施的看法如何”这样的问题时，我们想到的评价就是一种外显态度。人们也有**内隐态度**（implicit attitude），它是自然而然的、不受控制的，而且往往是无意识的（Gawronski & Bodenhausen，2012；Greenwald & Banaji，1995；Hahn et al.，2014；Wilson，Lindsey，& Schooler，2000）。

我们可以以罗伯特为例，罗伯特是一名白人大学生，他真诚地认为所有种族都是平等的，并且憎恨任何种族偏见。这是罗伯特的外显态度。他对其他种族成员的有意识的评价支配着他的行为。例如，罗伯特最近在一份请愿书上签字支持他所在的大学聘请更加多样化的教员，这与他的外显态度是一致的。但是，罗伯特是在一个对少数民族有很多负面刻板印象的文化中长大的，他很可能没有充分意识到自己也深受这些负面观点的影响（Devine，1989；Xu，Nosek，& Greenwald，2014）。例如，当他身处一群非裔美国人中时，一些负面情绪便会自动地、无意识地产生。如果他对非裔美国人的内隐态度是负面的，那么这可能会影响到一些他无法监视或控制的行为，如他是否

以行为为基础的态度：这种态度基于个体对态度对象表现出来的行为的观察。

外显态度：我们意识到的且易于报告的态度。

内隐态度：自然而然的、不受控制的态度，并且它往往是无意识的。

能与非裔美国人进行良好的眼神交流，或者是否会在交流过程中表现出紧张（Dovidio，Kawakami，& Gaertner，2002；Greenwald et al.，2009）。

事实上人们对任何事都会有外显态度和内隐态度，不只是在对待其他种族的问题上。例如，在外显态度上，学生们可能认为他们讨厌数学，但是在内隐水平上，学生们的态度更为积极，研究发现——不管他们怎么说——实际上他们喜欢解决某种类型的问题（Galdi，Arcuri，& Gawronski，2008；Ranganath & Nosek，2008；Steele & Ambady，2006）。我们是怎么知道的呢？现在人们已发展出多种可被用于测量人们的内隐态度的技术。最流行的一种技术是内隐联想测验，我们将在第 13 章讨论这种技术。现在，让我们来关注内隐态度从何而来的问题。

劳里·拉德曼（Laurie Rudman）、朱莉·费伦（Julie Phelan）和杰茜卡·赫彭（Jessica Heppen）发现内隐态度来源于人们的童年经历，而外显态度则来源于他们的近期经历（Rudman，Phelan，& Heppen，2007）。在一项研究中，研究者测量了学生们对肥胖人群的外显态度和内隐态度。同时，他们被要求报告自己现在的体重和小时候的体重。被试童年时期的体重能够预测他们对肥胖人群的内隐态度，而外显态度则能够被现在的体重预测。此研究的另一个发现是，那些母亲有肥胖问题，并且与母亲关系很好的被试，对肥胖人群也持有积极的内隐态度，尽管他们的外显态度仍是消极的。总之，人们对同一件事往往会有不同的内隐态度和外显态度，前者更多地来源于童年经历，后者则更多地建立在他们的成年人经验的基础上。

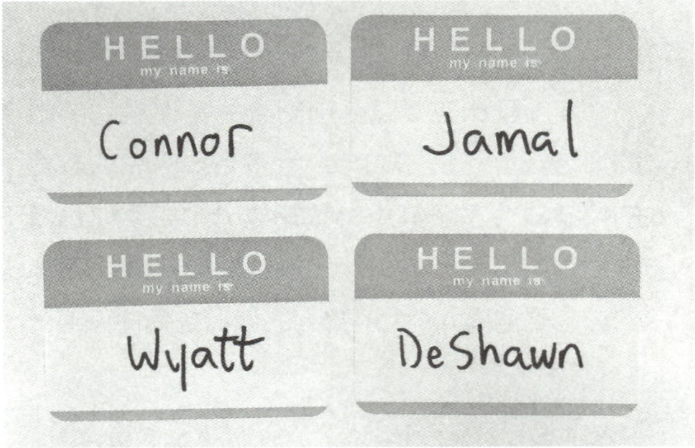

人们对同一个主题可以同时有外显态度和内隐态度。社会心理学家对人们对其他种族的外显态度和内隐态度尤为感兴趣。例如，许多对求职者进行评估的人可能会说他们对不同种族的人没有偏见。但研究表明，如果简历上是“听起来像白人”的名字，如艾米莉和格雷格，而不是“听起来像黑人”的名字，如拉里萨和贾马尔，求职者就更有可能接到面试通知（Bertrand & Mullainathan，2004）。你认为这有可能是内隐偏见的结果吗？

总之，有关内隐态度的研究仍处于起步阶段，社会心理学家正在积极探索内隐态度的根源、如何测量它们、它们何时与外显态度相同或不同、它们的稳定性及其预测行为的程度（Briñol & Petty，2012；Fazio & Olson，2003；Kurdi & Banaji，2017；Payne，Burkley，& Stokes，2008）。我们将在第 13 章重新讨论有关内隐态度的问题，因为它与刻板印象和偏见有关。本章的剩余部分将着重探讨态度和行为之间的关系，以及态度的改变过程。

问题回顾

1. 下列哪个结论与态度的遗传性研究最一致？（ ）
   - a. 我们的态度是由我们周围的环境塑造的，似乎没有任何遗传成分
   - b. 我们的态度是遗传而来的，由我们的基因构成决定，很少受到环境因素的影响
   - c. 我们通常会继承一种气质或人格，这使我们有可能发展出与自己的基因亲属相似的态度
   - d. 异卵双胞胎和同卵双胞胎一样拥有相同的态度
2. 人们对一个目标的情绪反应被称为态度的（ ）成分。
   - a. 情感
   - b. 行为
   - c. 认知
   - d. 操作

3. 态度的哪个部分与考察事实和衡量目标的客观价值的过程最相关？（ ）
   a. 情感
   b. 行为
   c. 认知
   d. 操作
4. 成年人在听到冰激凌车的音乐时，容易体验到快乐和怀旧的感觉，最恰当的解释是与态度有关的（ ）。
   a. 经典性条件作用
   b. 操作性条件作用
   c. 自我知觉
   d. 价值观
5. 纽曼现在已经超重了，但他小时候还是很瘦的。他目前对超重的外显态度可能是（ ），他目前对超重的内隐态度可能是（ ）。
   a. 以行为为基础的；以认知为基础的
   b. 以认知为基础的；以行为为基础的
   c. 负向的；正向的
   d. 正向的；负向的

“问题回顾”答案，请扫描章末二维码查看。

7.2 态度何时能预测行为

还记得我们关于香烟广告的讨论吗？公司及其他机构愿意在广告上投入大量资金是因为它们坚信一个简单的假设：当人们改变他们的态度时（如香烟同样适合女性），他们就会相应地改变行为（如女性开始抽烟）。事实上，态度与行为之间的关系并非如此简单，一项经典（且令人不安的）研究已经指明了这一点。在 20 世纪 30 年代早期，理查德 · 拉皮尔（Richard LaPiere）与一对年轻的亚洲夫妇一起进行了一次跨国旅游。当时，美国人对亚洲人存有偏见的情况仍然十分普遍，所以，每当他们住旅馆、参加野营、到餐厅用餐时，拉皮尔总是担心这对亚洲夫妇会遭到拒绝。然而，出乎意料的是，在他们的 251 个停留处中，只有一处拒绝提供服务（LaPiere，1934）。

拉皮尔对这些显然不存在偏见的行为感到惊讶，于是他决定采用另一种方法探究人们对亚洲人的态度。在旅行结束后，他给他们到过的每个停留处写信，询问对方是否会接待一名亚洲游客。在众多回信中，只有一个人回答“会”。90% 以上的人都明确回答“不会”，其余的人说尚未决定。为什么人们在信中表达的态度与他们的实际行为相反呢？

当然，拉皮尔的研究并不是一项控制实验。他也承认，有几个理由可以解释为何他得到的结果并不一定能证明人们的态度和行为不一致。例如，他无法得知回信的人是否就是为他和亚洲夫妇提供服务的人，而且即便是，他们的态度在从他们为亚洲夫妇提供服务到收到信件的几个月中也可能发生变化。尽管如此，人们的态度和实际行为之间的不一致性是如此明显，以至于我们不得不对我们早期的“行为总是来自态度”的假设产生怀疑。的确，最近的研究也发现，人们的态度并不能很好地预测他们的行为（Ajzen & Sheikh，2013；Fishbein & Ajzen，2010；Wicker，1969），在一项研究中，研究者发现了与拉皮尔的研究相似的结果——旅馆的老板愿意将房间租给两个度蜜月的同性恋男子（Howerton，Meltzer，& Olson，2012）。

为什么呢？一个人对某个种族、政治候选人或香烟的态度真的无法告诉我们他或她将如何表现吗？而事实是人们多次表现出和态度一致的行为，那我们又该如何解释拉皮尔和其他人的研究结果与这个事实间的矛盾呢？研究结果表明，态度确实能预测行为，但仅仅是在某些特定情况下（DeBono & Snyder，1995；Friese et al.，2016；Glasman & Albarracín，2006）。一个关键因素是我们需要知道，我们要预测的行为是自发的，还是经过深思熟虑的、有计划的（Fazio，1990）。

预测自发行为

有时候我们的行为是自发的，我们很少考虑自己将做什么。当拉皮尔和他的亚洲朋友走进一家饭店的时候，经理并没有太多的时间考虑是否接待他们。同样，当有人在大街上拦住我们，要求我们在一份请愿书上签字时，我们通常会当即决定是否签字，而不是停下来仔细考虑几分钟后再决定。

只有当态度能够迅速呈现在人们的头脑中时，态度才能预测自发行为（Fazio，2007；Petty & Krosnick，2014）。**态度的可接近性**（attitude accessibility）指某个事物与你对该事物的评价之间的联系强度，这一强度通常可以通过人们报告对该事物的看法的速度来衡量（Fazio，Ledbetter，& Towles-Schwen，2000；Young & Fazio，2013）。当可接近性很强时，你一看到或想到某个事物，你的脑海中就会浮现出对它的态度；而当这种可接近性很弱时，你对该事物的态度是慢慢地浮现在脑海中的。因此，可接近性强的态度更有可能预测自发行为——当人们被要求有所行动时，他们能更快地想到自己的态度。但是，什么因素决定了态度在第一时间的可接近性呢？决定因素之一就是人们关于态度对象的行为经验。有些态度来自直接经验，如你在某收容所参与志愿服务后对无家可归的人的态度。另一些态度的形成并没有多少经验基础，如一个人基于报纸上对无家可归的人的报道而形成的对他们的态度。人们关于态度对象的经验越直接，这种态度的可接近性就越强，人们的自发行为与他们的态度的一致性也就越高（Descheemaeker et al.，2016；Glasman & Albarracín，2006）。

预测有意行为

在很多情况下，人们的决定和行为不是自发的，而是经过思考和计划的。例如，我们会认真地考虑上哪所大学、选择哪些课程、是否接受一份新工作。在这些情况下，态度的可接近性就不再那么重要了。当人们有足够多的时间和足够强的动机考虑一个问题时，即使是可接近性弱的态度，也有可能被唤起并影响我们的选择。只有当我们需要立即决定如何行动且没有时间认真思考时，可接近性才是重要的（Eagly & Chaiken，1993；Fazio，1990）。

在有关态度何时以及如何预测有意向行为的理论中，最著名的莫过于**有计划行为理论**（theory of planned behavior）（Ajzen & Fishbein，1980；Ajzen & Sheikh，2013；Fishbein & Ajzen，2010）。根据这个理论，当人们有时间思考他们即将采取的行动时，最好的预测方法是考察他们的意向，意向是由三个因素决定的：指向行为的态度、主观规范以及知觉到的控制感（见图7-2）。让我们依次分析这三个因素。

虽然有些行为是一时冲动、自发决定的结果，但是另一些行为则是源于我们仔细权衡利弊、深思熟虑的过程，有计划行为理论帮助我们理解态度和这类有意行为之间的联系。

指向行为的态度

有计划行为理论认为，指向行为的态度越具体，

态度的可接近性： 某个事物与你对该事物的评价之间的联系强度，这一强度通常可以通过人们报告对该事物的看法的速度来衡量。

有计划行为理论： 该理论认为对一个人的有计划的、有意向的行为的最好的预测方法是考察其指向行为的态度、主观规范以及知觉到的控制感这三个因素。

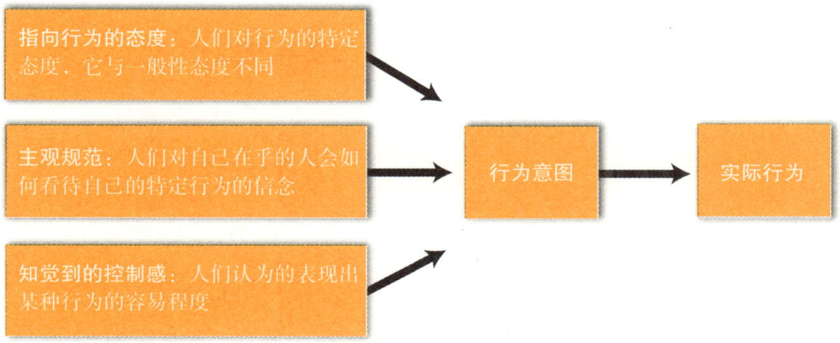

图 7-2　有计划行为理论

根据该理论，预测经过思考的和有计划的行为的最好方法是考察行为意图，而行为意图则取决于指向行为的态度、主观规范以及知觉到的控制感。

资料来源：Ajzen，1985.

态度就越能预测行为。在一项研究中，研究者调查了一部分已婚妇女对避孕药的态度，问题包括一般性问题（她们对避孕的态度）及具体问题（她们对未来两年服用避孕药的态度）。两年之后，研究者调查了这些妇女自上次访谈之后是否服用过避孕药。如表 7-1 所示，这些妇女对于避孕的一般性态度根本不能预测她们是否会服用避孕药。这种一般性态度没有考虑可能影响她们的决定的其他因素，例如，妇女对长期服用避孕药的后果的顾虑，以及她们对其他避孕措施的态度。最初的关于服用避孕药的问题越明确，她们的态度就越能准确地预测实际行为（Davidson & Jaccard，1979）。

这项研究的结果可以解释为什么在拉皮尔的研究中，人们的态度和行为不一致。他向经营者们提的问题是，他们是否愿意为亚洲客人提供服务，这太一般化了。假如他的问题能更明确些，例如，他们是否愿意接待一对有教养的、穿着体面的、富裕的、由一位美国大学教授陪同的亚洲夫妇，也许经营者们的回答会更接近他们的实际行为。

表 7-1　具体的态度能更好地预测行为

态度	态度与行为的相关系数
对避孕的态度	0.08
对避孕药的态度	0.32
对使用避孕药的态度	0.53
对未来两年使用避孕药的态度	0.57

如果相关系数接近 0，这意味着两个变量之间几乎没有关系。相关系数越接近 1，态度与行为的正相关越强。

资料来源：Davidson & Jaccard，1979.

主观规范

除了测量对行为的态度外，我们还必须测量人们的主观规范，即人们持有的有关自己在乎的人会如何看待自己的特定行为的信念（见图 7-2）。就预测一个人的行为意向而言，了解这些信念与了解人们的态度同样重要（Hood & Shook，2014；Park & Smith，2007）。例如，假设我们想预测迪帕是否打算参加一场小提琴音乐会，而且我们知道她并不喜欢古典音乐，我们很可能会说她不会去的。但是，假如我们同时知道迪帕最好的朋友克莉丝汀将在音乐会上演奏，而且迪帕认为如果自己没有出现在观众席上，克莉丝汀会感到失望和受挫，情况会是什么样的呢？如果我们知道了这项主观规范，即她持有的有关一位亲密朋友会如何看待她的行为的信念，我们可能会预测迪帕将参加这场音乐会。

知觉到的控制感

正如图 7-2 所示，人们的行为意图受到人们认为的执行某种行为的容易程度的影响，也就是知觉到的控制感。如果人们认为做到某个行为很难，如记得在发生性行为时使用避孕套，那么他们就不会形成一个很强烈的行为意图。如果人们认为做到某个行为很容易，如记得在回家的路上买牛奶，那么行为意图可能就比较强烈。

众多研究支持这样的观点——询问人们有关他们的行为意图的决定因素，即指向行为的态度、主观规范、知觉到的控制感，能增强我们预测他们的行为的能力，尤其是那些有计划的、经过深思熟虑的行为，如接受什么样的工作、是否系安全带、投票给谁，以及在发生性行为时用不用避孕套等（Albarracín et al.，2001；Hood & Shook，2014；Rise，Sheeran，& Hukkelberg，2010；Manning，2009）。

热门话题

预测环保行为

在环保领域，思考态度和行为之间的联系尤其重要。虽然我们中的许多人都有环保的信念，但是大多数可回收的废弃物没有得到回收，只有一小部分人使用节能灯泡，绝大多数美国人独自开车上班。这究竟是什么原因呢？我们如何利用个体对环境的态度更好地预测实际行为？

在一系列研究中，凯特·拉特利夫（Kate Ratliff）、珍妮弗·豪厄尔（Jennifer Howell）和莉兹·雷德福（Liz Redford）指出，人们对典型环保主义者的看法是预测其环境友好型行为的一个有效因素（Ratliff，Howell，& Redford，2017）。也就是说，当一个人被要求想象典型环保主义者的样子时，他的脑海中浮现的形象似乎可以作为预测这个人的行为倾向的一个不错的指标。

在一项研究中，被试评估了各种各样的假想个体，包括教授、骑行者、政治说客，当然，还有环保主义者。被试被要求花足够的时间评估每个人是多么有魅力、多么酷、多么有趣、多么聪明，以及多么有判断力。这些评级被用于评估被试对环保主义者的外显态度。

随后，在极端的时间压力下，被试又被问了一系列问题。研究者向他们展示一个类别（如“环保主义者”），并要求他们在 1 秒的时间内对上面列出的 5 个维度中的 1 个给出评级。紧接着，另一个类别和评级维度出现在屏幕上，被试被要求快速响应。接下来是一组接着一组的类别和评级维度。这个快速任务留给被试思考和控制反应的时间很少。通过这种方式，研究者测量了他们对环保主义者的内隐态度。

在实验的最后，被试被要求报告他们做出各种环保行为的频率，包括离家时调低恒温器、带可重复使用的袋子去杂货店，以及为了节省能源而缩短淋浴时间。研究者的主要问题是，被试对典型环保主义者的态度能否预测他们自己的行为倾向。如果它可以预测的话，那么哪种态度能预测他们的行为倾向？是外显态度还是内隐态度？

拉特利夫等人发现，对环保主义者持有更积极的印象的人确实更有可能做出环保行为。在这方面，基于外显态度（被试意识到的信念）和内隐态度（或者无意识态度）做出的预测都是正确的。这些发现的意义引人关注，也就是说，当我们想预测谁会选择可重复使用的容器和避免饮用瓶装水时，我们与其问对方是不是环保主义者，不如问他如何看待典型环保主义者。

问题回顾

1. 拉皮尔针对酒店或餐厅老板关于偏见的经典研究的主要发现是什么？（　）
   a. 与人们自我报告的态度相比，他们实际上存在更多偏见
   b. 人们的态度并不总是他们行为的可靠预测因素
   c. 一种态度的可接近性越低，就越有可能塑造行为
   d. 在种族偏见方面，人们的态度是他们行为的强有力的预测因素
2. 态度的可接近性在什么时候是特别好的预测行为的指标？（　）
   a. 问题中的行为是自发的
   b. 问题中的行为是经过深思熟虑的
   c. 这种态度是普遍的
   d. 这种态度是不受欢迎的
3. 下列哪个选项是有意行为的最佳例子？（　）
   a. 在杂货店买一颗放在收银台旁边货架上的糖果
   b. 告诉给你打电话的推销员，你对他卖的东西不感兴趣
   c. 在最后一刻决定逃课，因为你的朋友刚刚告诉你，他们准备去看一场你想看的电影
   d. 为你下一个假期去哪里旅行做决定
4. 温蒂是你们学校某个政治团体的成员，她想知道有多少学生计划在下一届美国总统选举中投票。根据有计划行为理论，温蒂可以提出的有关态度问题中的哪一个将是一个学生是否会在下一届总统选举中投票的最佳预测因素？（　）
   a. 你对美国政治的态度是什么
   b. 你对投票的态度是什么
   c. 你对在下一届美国总统选举中投票持什么态度
   d. 你对美国前总统贝拉克·奥巴马持什么态度
5. 在试图预测有意行为时，我们必须评估哪三个因素？（　）
   a. 以认知为基础的态度、以行为为基础的态度、以情感为基础的态度
   b. 指向特定行为的态度、主观规范、知觉到的控制感
   c. 经典性条件反射、操作性条件反射、自我知觉理论
   d. 态度的可接近性、外显态度、内隐态度

“问题回顾”答案，请扫描章末二维码查看。

7.3　态度是如何改变的

到目前为止，我们已经定义了不同类型的态度，并且讨论了通过态度预测行为的条件。关于态度的另一个要点也值得我们注意：态度经常变化。例如，在美国，总统的受欢迎程度似乎经常以惊人的速度上升和下降。2009 年 1 月，奥巴马总统刚就职时，67% 的美国人支持他正在做的工作。2010 年 11 月，美国的经济恢复缓慢且不稳定，他的支持率下降到 47%。2012 年 11 月，当他再次当选总统时，这一比例为 57%。到 2014 年，这一比例回落至 40%。但在 2016 年，在他的第二任期接近尾声时，这一比例再次达到 50%（AP-GfK Poll，2016）。

态度的改变通常是社会影响的结果。我们对各种事物的态度，从对总统候选人的态度到对某种品牌的洗衣粉的态度，都可能受到别人言行的影响。这就是为什么社会心理学家对态度如此感兴趣——即使是像态度这样个人化的、内在的东西也是一种高度社会化的现象，它会受到其他人的想象或实际行动的影响。例如，广告业存在的前提就是大众对消费品的态度会受到广告的影响。你还记得本章开篇提及的杰森·萨德勒吗？他的客户声称他们通过宣传赚了数百万美

元。但是，这种外部影响，如通过投机取巧（改变名字）来获得关注，并不是塑造我们的态度的唯一力量，让我们来看看态度在哪些情况下有可能改变。

通过改变行为来改变态度：重新审视认知失调理论

我们已经讨论过一种态度发生改变的情况：当人们的行为和态度不一致，并且人们无法为自己的行为找到外部理由时，态度会发生改变。当然，我们指的是认知失调理论。正如我们在第 6 章中提到的，当人们的某些行为威胁到他们正直、善良、诚实的形象时，特别是当他们无法用外在环境对自己的行为进行解释时，他们就会体验到认知失调。

假如你想改变你的朋友对吸烟、使用日光浴床，或者边开车边发消息的态度，那么，你可以请他们进行一次反对上述某种行为的演讲，你也许会成功。你会想办法让你的朋友很难为这次演讲找到外部理由。例如，你不会希望他们这样合理化他们的行为——“我这样做是为了帮我朋友一个忙”，或者“我这样做是为了得到丰厚的报酬”。也就是说，正如我们在第 6 章中看到的，最终的目标是让你的朋友为开展这次演讲进行内部合理化，他们必须通过相信自己所说的话来减少演讲时的失调感。但是，如果你的目标是改变大众的态度，那么情况会变成什么样呢？假如你被美国癌症协会雇用，你需要开展一项全国性的反吸烟宣传活动，以抵消本章开头讲的那些烟草广告所起的作用，你会怎么做？认知失调技巧固然有效，但是将它运用于大众身上仍然比较困难（例如，你不可能让所有吸烟的美国人正好在缺乏正当外部理由的情况下，做反对吸烟的演讲）。因此，为了改变尽可能多的人的态度，你需要借助其他改变态度的技巧。你也许可以构造出某种**说服性沟通**（persuasive communication），即支持有关某个问题的特定观点的沟通，如演讲或电视广告。那么，你要如何构建你的信息，以便真正改变人们的态度呢？

说服性沟通与态度的改变

假设美国癌症协会为你的广告宣传活动提供了一笔预算，你是把事实和数据作为公益宣传广告的内容，还是采用更能触动情绪的方法——在你的广告里加入可怕的病变肺的图像呢？你会聘请著名影星还是获得诺贝尔奖的医学研究者传递你的信息？你是用友善的语气承认戒烟很难，还是采取强硬路线，告诉吸烟者应该立即戒烟？你会发现，构建一个有效的说服性沟通是很复杂的。

幸运的是，从卡尔·霍夫兰（Carl Hovland）及其同事所做的工作开始，许多年来，社会心理学家已经做过许多关于如何使说服性沟通有效的研究（Hovland，Janis，& Kelley，1953）。第二次世界大战期间，霍夫兰及其同事为美国武装部门工作。为了鼓舞美国士兵的士气（Stouffer et al.，1949），他们针对人们在何种情况下最有可能被说服性沟通影响，进行了许多实验。总体来说，他们研究的是“谁对谁说了什么”，即沟通的来源（例如，演讲者的专业性或吸引力如何）、沟通本身的性质（例如，论据的质量、演讲者是否介绍了问题的两面性），以及听众的性质（例如，听众对人们正在讨论的观点是充满敌意的，还是友好的）。由于这些研究者来自耶鲁大学，这种研究说服性沟通的方法被称为**耶鲁态度改变研究法**（Yale Attitude Change approach）。

这项研究产生了大量有用的信息，这些信息是关于如何让人们在说服性沟通的作用下改变态度的（见图 7-3）。然而，随着研究的深入，有一个问题变得很突出：虽然说服性沟通的很多方面都重要，但是我们并不清楚哪个方面更重要，即何时应该强调这个因

说服性沟通：支持有关某个问题的特定观点的沟通。

耶鲁态度改变研究法：研究人们在何种情况下最有可能因为说服性信息改变自己的态度的方法，它聚焦于沟通的来源、沟通的性质和听众的性质。

说服性沟通的效果取决于“谁对谁说了什么”。

谁说的：沟通的来源

- 可信的演讲者（如一些拥有明显专长的人）比缺乏可信度的演讲者更具说服力（Hovland & Weiss，1951；Schwarz，Newman，& Leach，2016）。
- 有吸引力（无论是在外表上还是在个性特征上）的演讲者比没有吸引力的演讲者更具说服力（Eagly & Chaiken，1975；Khan & Sutcliffe，2014）。
- 有时，人们记住一条消息的时间要比记住消息来源的时间长。这样一来，随着时间的推移，来自可信度较低的来源的信息有时会变得更具说服力，这种现象被称为“睡眠者效应”（Kumkale & Albarracín，2004；Albarracín，Kumkale，& Poyner-Del Vento，2017）。

说什么：沟通的性质

- 从表面来看，不以说服为目的的信息更具说服力（Petty & Cacioppo，1986；Walster & Festinger，1962）。
- 通常来说，双面沟通（即呈现支持和反对你的立场的论据）比单面沟通（即只呈现有利于你的立场的论据）更好，尤其是当你确定能驳斥相反的论据时（Cornelis，Cauberghe，& De Pel esmacker，2014；Igou & Bless，2003）。
- 在顺序效应方面，如果两场演讲是连续进行的，并且人们在做决定之前还有一段时间，那么这里很可能存在“首因效应”：人们最先听到的观点往往更具说服力。但是，如果演讲之间有一段时间的延迟，人们会在第二场演讲后立刻做决定，这里可能存在“近因效应”。也就是说，最后一个进行演讲更好（Haugtvedt & Wegener，1994；Miller & Campbell，1959）。

对谁说：听众的性质

- 在说服性沟通过程中分心的听众往往比未分心的听众更容易被说服（Albarracin & Wyer，2001；Festinger & Maccoby，1964）。
- 一些个体差异预示着更大的被说服的可能性，包括智商较低、自尊程度中等（相对于自尊程度高或自尊程度低）、年龄为 18 ～ 25 岁（Krosnick & Alwin，1989；Rhodes & Wood，1992；Sears，1981）。
- 关于哪种论据类型最具说服力，也存在文化差异。对于美国人或其他西方受众来说，个人喜好往往是有效信息的核心。例如，一则广告强调：“我喜欢它，因为它让我感觉很好。”在另一些文化中，人们会优先考虑适合当前情境的行为，一则强调“我喜欢它，因为我的亲朋好友都喜欢它”的广告更加有效（Riemer et al.，2014）。

图 7-3　耶鲁态度改变研究法

素，何时应该强调那个因素。

例如，我们再回到美国癌症协会的任务上。市场部经理下周就要看你的广告了，如果你已经读过许多耶鲁大学的态度改变研究报告，那么关于谁说、说什么、对谁说，你会发现许多有效信息，并借此构建说服性沟通。然而，与此同时，你会发现自己的疑惑：“信息这么多，我不知道该强调哪一点。我是该担心请谁拍广告，还是该多为信息本身操心？”

说服的中心路径和外周路径

最近，一些研究态度的学者提出了一个共同的问题：在什么时候强调沟通的中心因素，如论据的强度，在什么时候强调沟通的外周因素，如演讲者的可信度或吸引力（Chaiken，1980；Petty & Wegener，2014）。例如，说服的**精细可能性模型**（elaboration likelihood model）（Petty，Barden，& Wheeler，2009；Petty & Cacioppo，1986）详细阐述了人们何时受到演

精细可能性模型：它主张有两种说服性沟通方式可以引起态度的改变：一种是中心路径，人们有动机、有能力专注于沟通中的逻辑论据；另一种是外周路径，人们不去注意逻辑论据而受表面特征（如演讲者是谁）的影响。

讲内容（即逻辑论据）的影响，何时受到更为肤浅的特征（如演讲者是谁或演讲的长度）的影响。

该理论指出，在某些情况下人们会注意沟通中的事实，因此，如果这些事实的逻辑性很强，那么人们很容易被说服。也就是说，有时候人们会对他们听到的内容进行精细加工、思考，并推敲沟通的内容。理查德·佩蒂（Richard Petty）和约翰·卡乔波（John Cacioppo）称此为**说服的中心路径**（central route to persuasion）（Petty & Cacioppo，1986）。在其他情况下，人们不关心这些事实，相反，他们只注意信息的表面特征，如演讲的长度、演讲者是谁等。此时，人们不再被逻辑论据左右，因为他们根本没有密切关注演讲者说了什么。相反，如果信息的表面特征看起来合乎情理，例如，信息很多、演讲者是一位专家或具有吸引力，那么人们就会被说服。佩蒂和卡乔波称此为**说服的外周路径**（peripheral route to persuasion），因为人们是被信息本身之外的周边事物吸引的。例如，你正好在 Twitter 上关注了影视明星科勒·卡戴珊（Khloe Kardashian），你可能会看到各种与特定产品相关的广告，其中，一则广告是这样宣传的：某个品牌的牛仔裤能“让你的臀部更迷人”。这样的信息没有什么事实依据，如果它（成功地）说服了某个人去购买这个品牌的牛仔裤，它很可能是通过外周路径做到的。实际上，企业称，名人们在他们的 Twitter 上发一条关于某种产品优点的信息可以得到超过 10 000 美元的报酬（Rexrode，2011）。

是什么决定了说服是通过中心路径还是外周路径发生的呢？关键在于人们是否有动机和能力关注事实。当人们真正对某个话题感兴趣时，他们就有动机仔细聆听论据，态度的改变更可能通过中心路径发生。同样，如果人们有集中注意力的能力——例如，没有什么事可以令他们分心，他们的态度的改变也更可能借由中心路径发生（见图 7-4）。

有时候，态度的改变是通过一种外周路径发生的。例如，有时我们更多地受到提供说服性信息的人的影响，而不是受到信息的强度的影响。例如，消费者购买某些商品是因为名人在 Twitter 上推荐了这些商品。

专注于论据过程的动机

决定人们是否会主动关注沟通内容的关键是话题与个人的相关性，即这个话题对一个人的幸福有多重要。例如，想想下面这个问题：政府是否应该削减社会保障福利。这与你有多大关系呢？如果你是一位 72 岁的老人，唯一的收入来自社会保障，那么这件事与你极度相关；如果你是一个来自富裕家庭的 20 岁的年轻人，这件事就与你没什么关系。

个体与一个问题的相关性越高，他就越会专心地聆听演讲的内容，他的态度的改变就越可能通过中心路径发生。例如，在一项研究中，大学生被要求去听一次演讲，内容是关于大学四年级学生在毕业前是否必须通过主修课程的综合考试（Petty，Cacioppo，& Goldman，1981）。半数的被试被告知他们所在的大学目前正在认真考虑面向学生开展综合考试。因此，对

说服的中心路径：当人们具备专注于信息的动机和能力时，他们会对说服性沟通进行精细加工，专心聆听并思考论据的内容。

说服的外周路径：人们不仔细思考说服性沟通中的论据，而受外周线索影响的情况。

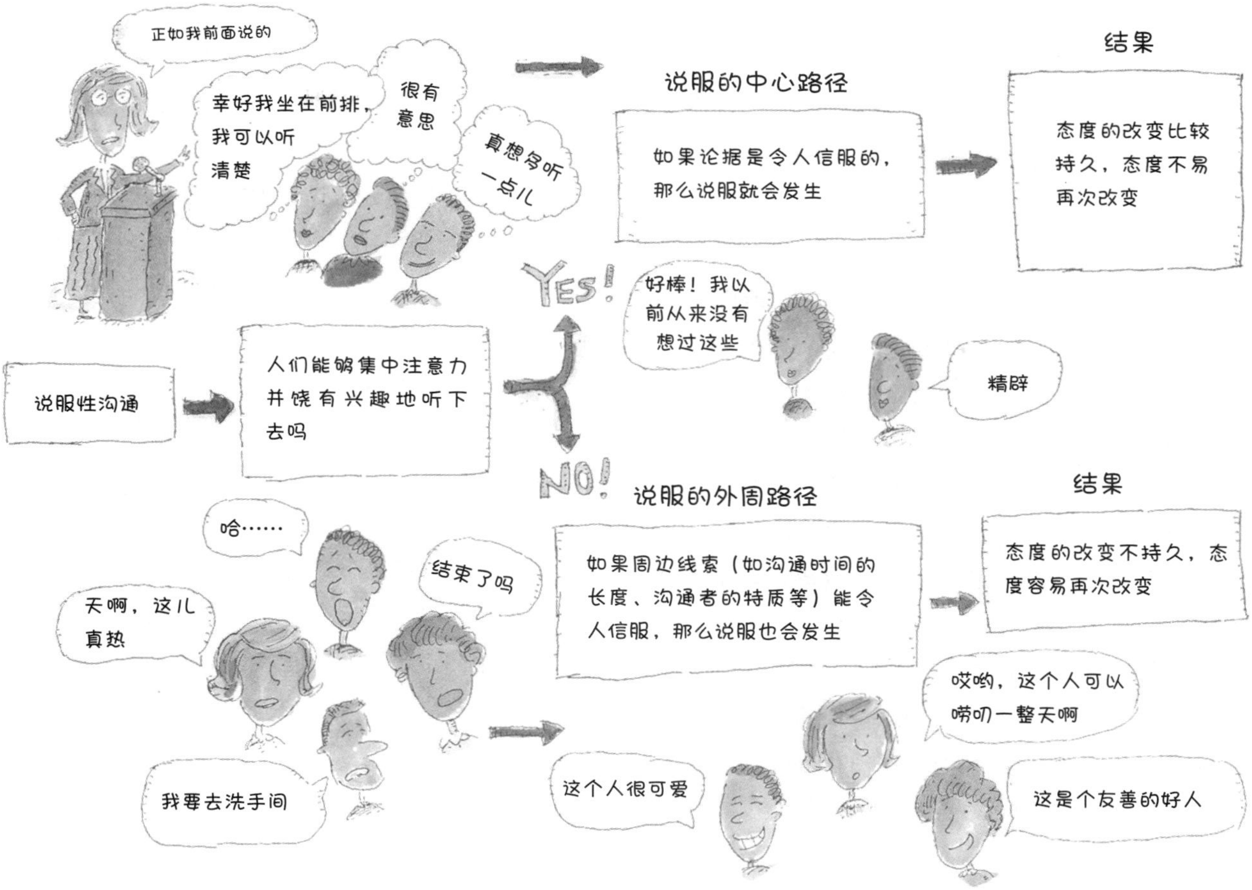

图 7-4　精细可能性模型

精细可能性模型描述了人们在听到说服性信息时是如何改变态度的。

这些学生而言，这是与个人有关的事情。而对另一半的被试而言，这是一件无聊的事情——这些学生被告知，他们所在的大学 10 年以后才会考虑要求学生参加综合考试。

之后，研究者引入了两个变量，它们可能会对人们是否赞同这次演讲的内容产生影响。第一个变量是论据的说服力，一半的被试听到了具有强说服力的论据（例如，开展综合考试的大学的本科教学质量有所提高），另一半的被试听到的是说服力较弱的理由（例如，考试不及格的风险带来的挑战是大多数学生愿意接受的）。第二个变量是一个外周线索——演讲者的声望。一半的被试被告知演讲者是普林斯顿大学的著名教授，另一半的被试则被告知演讲者是一位高中生。在决定是否同意演讲者的观点时，被试可以使用这些信息中的一种或多种。他们可以十分专心地听讲，然后思考论据是否具有说服力；他们也可以仅仅关注演讲者是谁（即信息来源的权威性）。结果正如精细可能性模型所预测的那样，人们被说服的方式取决于该议题的个人关联性。图 7-5 的左半部分显示了问题与听众有较高的个人关联性时的情况。无论发表这个演讲的人是谁（普林斯顿大学的教授或高中生），听到强论据的学生比听到弱论据的学生更同意演讲者的观点。好的论据就是好的论据，即便它是由缺乏威望的人写的。也就是说，说服是通过中心路径实现的。

当议题与人们的关系不那么密切的时候，情况又会怎么样呢？根据图 7-5 的右半部分，在关于综合考试的研究中，关键不在于论据是否有力，而在于演讲者是谁。那些听到强论据的人对演讲的认同度只比那些听到弱论据的人高一点。但是，听“普林斯顿大学的教授”演讲的人比听“高中生”演讲的人更容易被说服，在这里，说服是通过外周路径实现的。

专注于论据的能力

有时候，虽然我们想全神贯注，但是我们很难做到——也许是因为我们很累，并且坐在一个又热又拥挤的房间里；也许是因为演讲的主题太复杂，我们难以进行评估。当人们无法专注于论据时，他们更易被外周线索影响（Petty & Brock，1981；Petty et al.，2009）。例如，陪审团面临的艰巨任务是评估一个涉及复杂的科学证据的案件。也许在这场审判中，原告起诉的理由是他认为他在工作中接触的有毒物质使他生病了。由于大部分陪审员不是科学家，他们不具备在这种情况下仔细权衡论据所需的专业知识，即使他们想这样做。

实际上，在一项调查这种情况的研究中，乔尔·库珀（Joel Cooper）和他的同事向模拟陪审员展示了一段有关产品责任审判的视频（Cooper，Bennett，& Sukel，1996）。其中一名关键证人是原告聘请的生物学专家，目的是说服陪审团相信该产品是导致原告生病的原因。研究者对专家的资质做出了不同的介绍：一些模拟陪审员被告知，这位专家曾在同行评议的期刊上发表过 45 篇研究论文，他的多个学位都来自知名大学；而其他陪审员了解到的这位专家发表的文章要少得多，而且他们被告知他的学位都来自相对不知名的学校。当专家的科学证词相对简单、易懂时，被试很少关注专家的资历，而更关注他提供的论据的说服力。他们能够理解说服性沟通的论据，因此采用了中心路径。但是，当专家的科学证词非常复杂，而且他开始使用只有分子生物学家才能完全理解的术语时，模拟陪审员就会依靠专家的资历判断他的证词的可信度。他们无法聚焦于说服性沟通的论据，因此，他们受到了外周线索的影响。

简而言之，你自己的专业知识和个人倾向决定了你是否有能力关注说服性沟通的论据。另一个例子是，我们中的“早起的人”更有可能在当天早些时候采用说服的中心路径，而到了晚些时候，我们之中的“夜猫子”会开始采用说服的中心路径（Martin & Martin，2013）。

如何实现持久的态度改变

现在你知道了，说服性沟通可以通过两条路径来改变人们的态度——中心路径和外周路径。也许你在想这两者有什么区别。在佩蒂及其同事（Petty & Brock，1981）的研究中，是论据的逻辑还是信息来

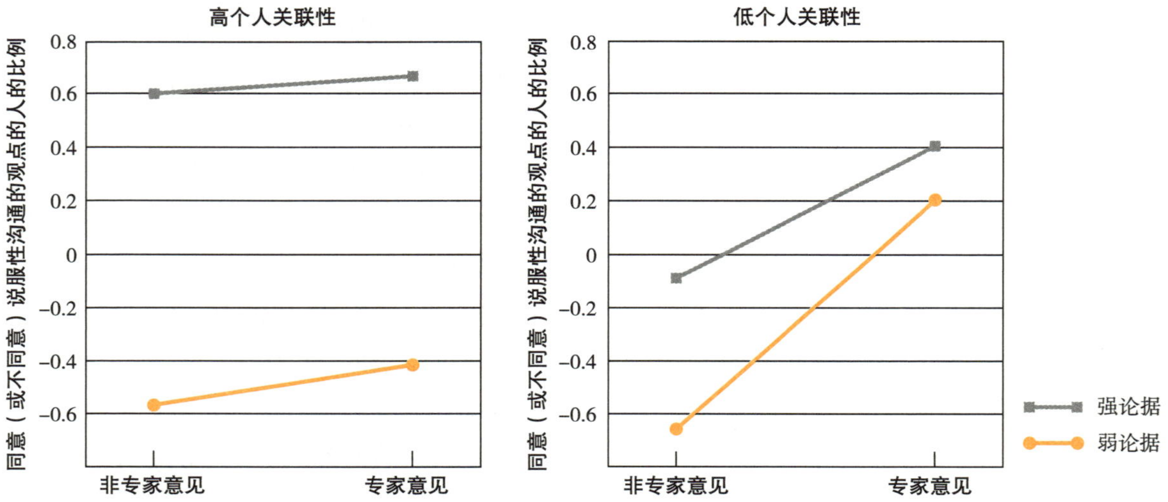

图 7-5 个人关联性对态度改变的类型的影响

数字越大表示同意说服性沟通的观点的人越多。左图表示当议题的个人关联性很高时，论据的质量比专家身份更能影响人们，这是说服的中心路径。右图表示当议题的个人关联性不高时，人们更多地受意见是否来自专家的影响，而不太重视论据的质量，这是说服的外周路径。

资料来源：Petty，Cacioppo，& Goldman，1981.

源的权威性导致了学生对综合考试的看法的改变，真的有那么重要吗？既然他们都改变了态度，为什么我们还要在乎这是如何实现的呢？

如果我们对持久的态度改变感兴趣的话，那么我们必须更谨慎一点。与那些根据外周线索决定态度的人相比，根据对论据的详细分析决定态度的人更有可能在一段时间后坚持这种态度，更有可能表现出行为和态度的一致性，并且更能抵抗持相反观点的人的说服（Mackie，1987；Petty & Briñol，2012；Petty & Wegener，1999）。例如，在一项研究中，人们通过分析论据的逻辑或利用外周线索来改变态度。实验结束 10 天后，研究者在对这些被试进行电话采访时发现，那些分析论据逻辑的被试保持新态度的可能性更高（Chaiken，1980）。

在这一章，我们讨论了公益健康信息改变态度和行为的可能性，但是这种广告、电影、图书或其他努力带来的改变到底能持续多久呢？在一项研究中，朱莉娅·霍尔姆斯（Julia Hormes）和她的同事（Hormes et al.，2013）研究了态度改变效应的持续时间，被试是阅读了《杂食者的困境》（*The Omnivore's Dilemma*）这本书的大一新生（在他们所在的大学里，阅读这本书是必修课程的一部分）。迈克尔·波伦（Michael Pollan）的这本畅销书讲述了现代食品生产的政治学问题，研究者在学生们刚读完这本书时以及一年后向他们提出了一系列问题。刚读完这本书的被试对食品生产问题的态度与没有读过这本书的对照组被试截然不同。一年后，被试许多态度上的改变都消失了，但还有一小部分保持不变：这本书的读者继续表达了更强的对当代食品供应质量的关心，并且反对政府补贴玉米生产（Hormes et al.，2013）。总之，态度改变运动的影响会随着时间的推移减弱，但一些态度的改变确实可以持续很长时间。

情绪与态度的改变

现在你已经知道怎样为美国癌症协会设计宣传广告了，对吗？不，并不完全是这样的。在人们开始考虑你精心设计的论据之前，你必须先引起他们的注意。你如何保证当广告出现或弹出时人们会观看呢？一种方法是通过迎合人们的情绪来抓住他们的注意力。

引发恐惧的沟通

一种吸引人们注意力的方法是吓唬他们，例如，展示发生病变的肺部的照片并公布有关吸烟与肺癌之间的关系的惊人数据。这是个引发恐惧的沟通（fear-arousing communication）的例子。公益广告常常采用这种方式说服人们进行更安全的性行为、系安全带、减少碳排放、远离毒品等。例如，从 2001 年 1 月开始，在加拿大销售的香烟的外包装上必须有描绘着发生病变的牙龈或其他身体部位的生动的图片，并且这种图片至少要占整个外包装的 50%。几年前，美国食品和药物管理局规定，在美国销售的所有香烟的外包装都要包含类似的图片，但在遭到烟草公司在法庭上的反对后，美国食品和药物管理局放弃了该计划（Felberbaum，2013）。

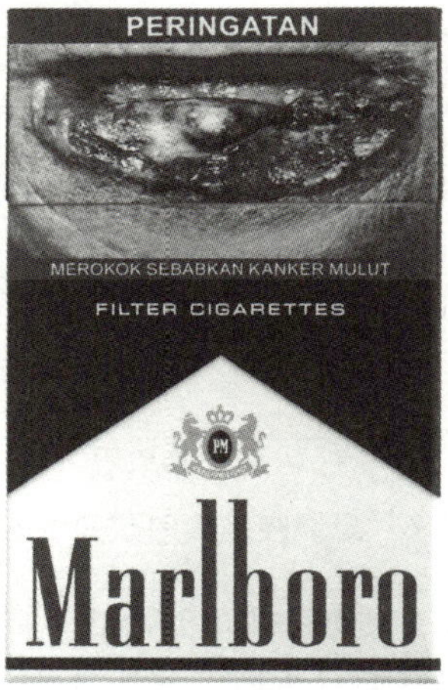

美国食品和药物管理局已经尝试实施计划，要求在美国销售的所有香烟的外包装上都要有警告人们吸烟有风险的图片。你认为这样的广告能让人们因为害怕而戒烟吗？

引发恐惧的沟通：通过引发人们恐惧的方式来改变人们的态度的说服性信息。

引发恐惧的沟通方式真的有效吗？这取决于恐惧是否影响了人们关注并加工信息中的论据的能力。如果沟通引发了适度的恐惧并使人们相信听取信息可以帮助他们学会降低这种恐惧的话，他们就有动力通过中心路径仔细分析信息和他们的态度（Emery et al.，2014；Petty，1995）。

看看下面这项研究：一组吸烟者先看了一部生动地描绘肺癌的电影，然后阅读了一些关于如何戒烟的小册子，其中有具体的说明（Leventhal，Watts，& Pagano，1967）。从图 7-6 中最下方的一条线可以看出，这组成员的吸烟量的减少显著高于只看电影或只看小册子的成员。为什么？看电影引起了人们的恐惧，小册子又让他们知道了减少这种恐惧的途径——遵照关于如何戒烟的指示。仅仅看小册子的效果不好，是因为这样做没有激发人们的恐惧，人们没有动力仔细阅读小册子。而仅仅看电影也不起作用，是因为人们可能会忽略一个只激发恐惧而没有提供消除方法的信息。这就解释了为什么一些试图通过恐吓方式来改变人们的态度和行为的努力会失败：它们虽然成功地制造了令人恐惧的效果，但没有提供帮助人们减轻恐惧的具体建议（Aronson，2008；Hoog，Stroebe，& de Wit，2005；Ruiter，Abraham，& Kok，2001）。

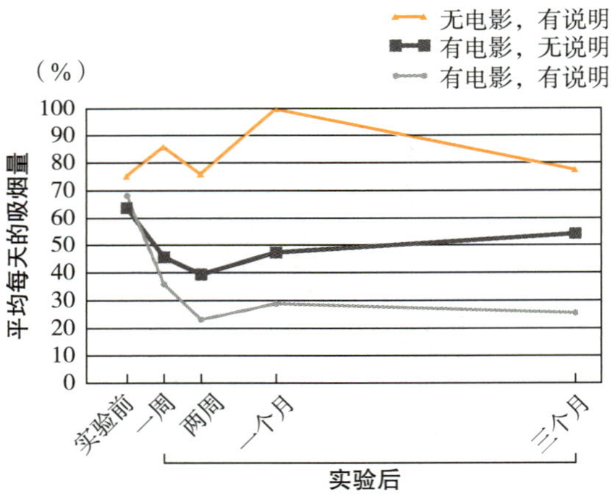

图 7-6　恐惧在态度的改变中的效果

人们会看一部有关吸烟危害的可怕电影，或者阅读有关如何戒烟的说明，或者既看电影，又阅读说明。结果显示，既看电影又阅读说明的人的吸烟量减少得最多。

资料来源：Leventhal，Watts，& Pagano，1967.

然而，如果信息激发的恐惧太强烈，使人觉得自己受到了威胁，那么这种方式可能会失败。如果人们被吓得半死，那么他们可能会采取防御措施，否定该威胁的重要性，这时的他们无法理性地思考该问题（Feinberg & Willer，2011；Janis & Feshbach，1953；Kessels et al.，2014）。因此，假如你决定为美国癌症协会设计引发恐惧的广告，请牢记以下要点：要制造出足够的恐惧，使人们能留意你的论据，但也不要太过分，免得人们对你的信息置之不理；要包括一些有关如何戒烟的具体建议，以保证关注你的论据能帮助人们消除恐惧，使人们感到安心。

情绪启发法

情绪引发态度改变的另一种方式是，把情绪作为自己对某个事物的态度的线索。根据**启发式系统性说服模型**（heuristic-systematic model of persuasion），当说服通过外周路径实现时，人们通常采用的是启发法（Chaiken & Stangor，1987）。回忆一下我们在第 3 章所介绍的，启发法是人们在快速、高效地做决策时的心理捷径。在当下这个情境中，启发法是一种人们用于决定自己态度的简单规则，它使人们不用花许多时间在某件事的每个细节上。这样的启发法的例子包括"专家永远是对的""语速快的人一定知道自己在说什么"。

有趣的是，我们的情绪本身能作为一种启发法决定我们的态度。当我们想了解自己对某个事物的态度时，我们常常依赖"我对它的感觉如何"这一启发法（Forgas，2013；Kim，Park，& Schwarz，2010；Storbeck & Clore，2008）。如果我们感觉良好，那么我们必定持一种积极的态度；如果我们感觉糟糕，那么我们必定持一种消极的态度。这听起来是一个很不

启发式系统性说服模型：说服性沟通改变态度的途径有两种：一种是系统性地处理论据的优点，另一种是运用心理捷径或启发法。

错的规则，而且正如大多数启发法一样，在大多数情况下，它的确很不错。假设你正在家具店挑选新沙发，你看到一个在你的期望价位以内的沙发，并开始考虑是否要买下它。你使用“我对它的感觉如何”的启发法，快速检查了一下自己的情绪。如果你坐在商店的沙发上时感觉很棒，那么你很可能会买下它。

唯一的问题是有时候我们很难弄清自己的感觉从何而来。真的是沙发让你感觉很棒吗？有没有其他完全无关的因素呢？也许你本来就心情很好，也许你在去家具店的路上从收音机里听到了你最喜欢的歌。“我对它的感觉如何”的启发法的问题就在于，我们可能对自己的心情做出了错误的归因，错误地将源于某个因素（我们喜欢的歌）的情绪反应归结于另一个因素（沙发）（Claypool et al.，2008）。当这种情况发生时，人们很可能做出一个错误的决定。如果你把新沙发搬回家，也许你就会发现它不再令你感觉那么棒了。因此，广告商和零售商想在他们呈现自己的产品时引发人们的愉悦心情是有道理的。例如，销售人员会播放动人的音乐或在陈列室挂上艺术画，房产经纪人会在开放参观日之前在厨房里烤饼干。他们潜在的希望是，人们至少能将一部分好心情归因于他们试图促销的产品。

一般来说，情绪也会影响人们看待说服性信息的方式（Petty & Briñol，2015）。例如，当我们心情好的时候，我们往往比较放松，想当然地认为世界是安全的，这会让我们满足于启发法的线索，如某个消息来源的表面的专业性。然而，坏心情往往会让我们警觉起来，加强我们的怀疑态度，并使我们更加关注信息的质量。我们在快乐时可能会被一个来自有吸引力的来源的弱信息说服，但当我们悲伤时，通常只有强有力的信息才能动摇我们（Schwarz，Bless，& Bohner，1991）。

“我尊贵的客人们，当我们在等待尊贵的法官大人时，可否允许我为陪审团提供一些手工瑞士巧克力？”

资料来源：Henry Martin，The New Yorker Collection，The Cartoon Bank.

情绪与不同类型的态度

各种改变态度的技巧能否成功取决于我们想改变的态度的类型。正如我们之前看到的，并不是所有态度都以相同的方式产生：有些态度更多地基于对态度对象的信念（以认知为基础的态度），而另一些态度则更多地基于情绪和价值观（以情感为基础的态度）。许多研究都表明，最好的办法是“以火攻火”：改变以认知为基础的态度需要理性的论据；改变以情感为基础的态度则需要情感（Conner et al.，2011；Fabrigar & Petty，1999；Haddock et al.，2008）。

我们来看一项有关不同类型的广告有效性的研究（Shavitt，1990）。有些广告强调产品的客观价值，如某个广告展现了某种设备的价格、效率、可靠性。而其他广告则强调情感和价值观，如一些名牌牛仔裤的广告试图将品牌与美貌及青春扯上关系，而对于产品的客观质量却只字不提。哪种广告更有效呢？在实验中，被试看了不同类型的广告。一些产品是实用性的产品，如空调和咖啡。人们对这类产品的态度通常是他们在对产品的实用性进行评估后确定的，因此，人们的态度是以认知为基础的。其他产品是“社会身份产品”，如香水、贺卡。人们对这类产品的态度常常反映了人们对自己在他人眼中的形象的关注，因此，它们更倾向于以情感为基础。人们会对符合其态度类型的广告表现出更多的积极反应。如果人们的态度是以认知为基础的，那么强调产品的实用性的广告（如空调的节能效果）能够获得最大的成功；如果人们的态度是以情感为基础的，那么强调价值观和情绪的广告最易获得成功。

态度的改变与身体

虽然迄今为止你已经知道很多有关如何为美国癌症协会精心组织说服性信息的知识了，但仍有一个你必须考虑的因素：你的观众听到这些信息的时候在做什么。他们正舒适地躺在客厅沙发上，还是正在规定的集合时间点坐在拥挤的学校礼堂里？我们的物理环境，甚至我们的身体姿势在态度改变的过程中起着令人惊讶的作用（Briñol & Petty，2009，2012）。在布鲁诺和佩蒂的一项研究中，被试被要求测试一些新耳机的耐用性（Briñol & Petty，2003）。一部分被试被要求戴着耳机做左右摇头的动作，另一部分被试被要求上下点头。当被试做这个动作的时候，耳机内播放着一段评论，这段评论论证的观点是所有学生都应该在校园内携带身份证。最后的一个实验操作是一半被试听到的是强有力的论据（例如，要求所有学生携带身份证能使学生在校园里更安全），而另一半被试听到的则是没有说服力的论据（例如，如果学生带着身份证，保安就能有更多的时间吃午饭）。

正如你猜想的，该研究的目的并不是为了检测耳机的质量，而是为了检验人们在听到说服性信息时，摇头或点头是否会对他们的被说服程度产生影响。研究的假设是，即使头部运动与评论没有任何关系，它们也可能影响人们对自己听到的信息的相信程度。上下点头表示“是”，与表示“不”的摇头相比，点头的动作可能会让他们更有信心。这正是研究中发生的事情，结果很有趣。当评论中的论据非常有说服力的时候，点头的被试比摇头的被试更加认可评论中的观点，因为点头的被试对自己听到的强有力的论据更有信心（见图 7-7 左侧）。但是，当论据缺乏说服力时，点头反而产生了相反的效果。它让人们更加相信自己听到的论据是缺乏说服力的，这使他们比那些摇头的被试更难以被说服（见图 7-7 右侧）。

这告诉我们什么呢？当你试图说服别人时，他们正在做的事情会对效果产生影响。坐在电脑专卖店里柔软、舒适的椅子上，你可能会更乐意接受在新笔记本电脑上的花费超过你最初的预算。在顾客还没听说你的产品之前就让他们微笑，可能会让他们对你要销售的产品产生积极的感觉。只要你的论据是有说服力的，那么你所做的任何能提高人们对这个想法的信心的事情都会使说服变得更加有效。

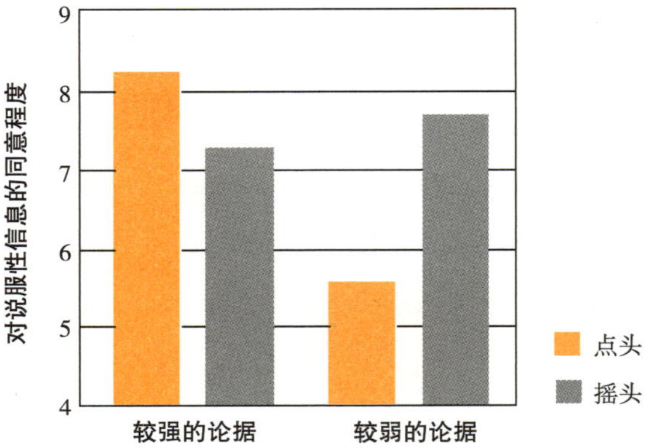

图 7-7 基于个人想法的信心对说服效果的影响

与摇头的被试相比，点头的被试对自己的想法更有信心（例如，当论据很强的时候，被试的想法是“哦，这的确很有说服力”，而当论据很弱的时候，被试的想法是“哦，这看上去很愚蠢”）。

资料来源：Briñol & Petty，2003.

问题回顾

1. 改变某个人态度的一种方法是让那个人发表反对其实际观点的演讲。只要存在（ ），这种策略就可以通过认知失调引发态度改变。
   a. 说服的外周线索
   b. 一些感到这个话题与自己相关的、有动机的听众
   c. 双面论据
   d. 不充分的发表演讲的理由
2. 下列哪个选项不是耶鲁态度改变研究法考虑的三个因素之一？（ ）

a. 听众的性质
b. 消息来源
c. 恐惧
d. 沟通本身的性质

3. 在市政厅会议上，人们就是否应该提高地方房地产税，以支付新建公立学校的费用展开了一场辩论。下列哪个人最有可能通过外周路径处理辩论中的说服性信息？（ ）
   a. 戈布，他自己没有处于学龄期的孩子，也没有房产
   b. 琳赛，她的女儿还有三年才从公立学校毕业
   c. 迈克尔，一名房地产高管，他的生意受当地税率的影响
   d. 巴斯特，一位在临时教室里工作的当地教师，目前的校舍因太小而无法容纳入学的学生
4. 说服性沟通的信息来源的外表吸引力能够被下列哪一项最好地描述？（ ）
   a. 系统线索
   b. 中心线索
   c. 外周线索
   d. 理性线索
5. 当（ ），引发恐惧的说服性沟通最可能产生效果。
   a. 非常强烈的恐惧被诱发时
   b. 非常微弱的恐惧被诱发时
   c. 一个降低恐惧的计划被提供时
   d. 沟通的对象是一个实用性的或功能性的物品时
6. 布鲁诺和佩蒂进行了一项研究，在这项研究中，被试戴着耳机听一段说服性的评论。一半被试边听边左右摇头，另一半被试边听边上下点头。在研究的最后，哪一组被试最赞同评论中的论据？（ ）
   a. 边摇头边听着缺乏说服力的论据的被试
   b. 边摇头边听着具有说服力的论据的被试
   c. 边点头边听着缺乏说服力的论据的被试
   d. 边点头边听着具有说服力的论据的被试

“问题回顾”答案，请扫描章末二维码查看。

7.4 广告的威力

正如本章提到的，通过考虑广告带来的影响，我们可以发现许多关于我们的态度何时、为什么，以及如何改变的例子。在许多方面，广告是对社会心理学的直接应用，它是一种改变消费者对某种产品的看法和行为的全方位的努力。例如，让我们来看看电视剧《广告狂人》（*Mad Men*）中的主角唐·德雷柏（Don Draper）（他或许是近年来最著名的广告主管，尽管他是虚构的）对人性的洞察：“人们非常渴望被告知该做什么，以至于他们愿意听任何人的话。”这种说法夸张吗？当然。你已经从前面的内容中了解到人们是否会被说服取决于信息的来源和信息本身的性质等因素，但是这个评论背后仍有一个核心事实——广告是有威力的，人们出乎意料地容易受到广告的影响。

一个十分有趣的关于广告的现象是，大多数人认为广告只对别人有效，对自己无效（Wilson & Brekke，1994）。事实上，人们受到的来自广告的影响（包括那些烦人的在线弹出式广告带给他们的影响）大大超出了他们的想象（Capella，Webster，& Kinard，2011；Courbet et al.，2014；Wilson，Houston，& Meyers，1998）。成功的公共卫生运动提供了广告可以改变人们的态度（和行为）的证据。正如我们已经讨论过的，广告、产品植入和受尊敬的人的行为对人们的行为都有巨大的影响，这些行为包括吸烟和饮酒（Pechmann & Knight，2002；Saffer，2002）。一项调查媒体信息（通过电视、广播、电子媒体和纸质媒体传播的信息）对青少年的物质使用情况的影响的元分析研究得出了令人鼓舞的结果（Derzon &

Lipsey，2002）。在一场针对特定物质（如烟草）的运动后，孩子们使用它的可能性降低了。通过电视和广播传播的信息比印刷媒体信息的影响更大（Ibrahim & Glantz，2007）。

广告的作用是为潜在客户传递产品或服务的价值，它只是更广泛的营销范畴的一个方面。例如，出现在电视节目《创智赢家》（*Shark Tank*）中的满怀希望的企业家必须面向潜在投资者（即“鲨鱼”）进行一次引人注目的推销，为他们的创意筹集资金。他们必须向“鲨鱼”推销自己的产品，让“鲨鱼”相信他们也能向付费客户推销产品。成功的企业家可以使用有关态度改变的社会心理学原理，使任何产品看起来有吸引力、与个人相关、有用，甚至必不可少。

广告是如何发挥作用的

广告是如何发挥作用的？哪种类型的广告最有效？答案来自我们之前对态度改变的讨论。如果广告商试图改变以情感为基础的态度，那么最好的方法是以情动人。许多广告都采用了情感路径，如不同品牌的饮料的广告。不同品牌的可乐事实上差别不大，而且它们几乎没有什么可以被吹嘘的营养价值，许多人并不是根据不同品牌的商品的客观质量决定购买哪一种的。因此，汽水广告一般都不强调事实或数据。正如一位广告商所说的，“就汽水广告而言，实际上它们没什么好说的”。饮料广告不提供事实信息，而是将其与兴奋、年轻、活力、吸引力等有关的感觉与品牌联系起来，以迎合人们的情感需要。

当然，如果你的产品不能触动人们的情绪，并且与人们的日常生活没有直接关系，那么做广告就更难了。诀窍是让你的产品与个人密切相关。例如，杰拉尔德·兰伯特（Gerald Lambert）在 20 世纪初接手了一家公司，该公司专门生产一种用于口腔消毒的外科消毒剂，这种消毒剂就是李施德林消毒液。为了拓展市场，兰伯特决定将它研制成漱口水。唯一的问题是当时没有人使用漱口水，人们甚至不知道其为何物。因此，兰伯特既发明了疗法，也发明了疾病。多年来，李施德林消毒液的广告连续出现在无数的杂志上。在今天看来，其中一条广告中存在令人难以置信的性别歧视——该广告描绘了一个孤独的女人，广告词是“当了无数次的伴娘，总也成不了新娘”。这句广告词成功地利用了人们对社会排斥的恐惧，成了广告史上有名的广告语之一。通过这句他们精心挑选的话，他们成功地将“口臭”变成了成千上万人共同关心的问题。《创智赢家》里的“鲨鱼”们（还有唐·德雷珀）会引以为豪的。

阈下广告是一种精神控制吗

有效的广告能让消费者知道自己想要什么，这有时甚至发生在他们知道自己想要什么之前。但是，当我们甚至没有意识到说服企图正在进行时，会发生什么呢？这个问题为我们引入了阈下广告的概念。例如，2000 年 9 月，正当在乔治·沃克·布什（George Walker Bush）和艾伯特·戈尔（Albert Gore）之间进行的美国总统竞选开展得如火如荼时，西雅图的一名男子正在观看电视上的一则政治广告。起初，这则广告看起来与一般的政治广告大同小异，解说员赞扬了小布什提出的有关处方药的计划，抨击了戈尔的政策。但是，这位观众注意到了一些异常情况，于是他在该广告重播时将它录了下来，并慢速回放了一遍。他的确发现了一些异常现象——当解说员提到“戈尔的处方药计划：行政官员决定……”时，单词“RATS”（老鼠）[即单词“bureaucrats”（行政官员）的后 4 个字母] 在屏幕上飞快闪过，只出现了 1/30 秒。这位警觉的观众向负责戈尔的竞选团队的官员汇报了这一情况，他们立刻联系了媒体。不久，举国上下便对小布什的竞选团队企图利用阈下信息制造人们对戈尔的负面印象的做法议论纷纷。而小布什的竞选团队则否认有人故意将“RATS”这个单词插入广告中，声称“这完全是一个意外”（Berke，2000）。

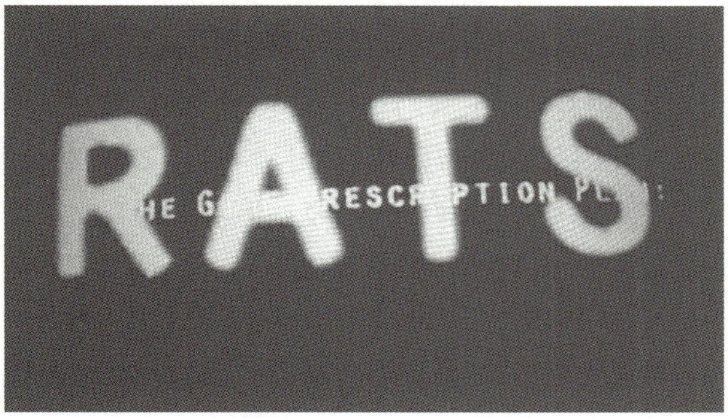

在 2000 年的美国总统选举中，小布什在电视上发布了一则关于他的处方药计划的广告，单词“RATS”一度在屏幕上闪过。这样的阈下信息对人们的态度有影响吗？

“RATS”事件绝不是对阈下信息使用问题的首次或最后一次争论。**阈下信息**（subliminal message）指某些不能被有意识地察觉，却可能影响人们的判断、态度和行为的文字或图像。据报道，在 20 世纪 50 年代末期，詹姆斯·维卡里（James Vicary）在电影放映期间，将“喝可口可乐”和“吃爆米花”快速地呈现在银幕上，并且声称电影院的小卖部的销售量直线上升（根据一些报告，这些说法是维卡里编造的；Weir，1984）。威尔逊·布赖恩·基（Wilson Bryan Key）写过好几本有关隐秘的说服技巧的畅销书，他指出，广告商不断地将与性有关的信息刊登在广告中。例如，在杜松子酒广告中，“性”这个词被印在冰块上，在蛋糕粉的广告中，从奶油到糖霜，各个部分都影射着男性和女性的生殖器。他认为这些信息虽然不能被有意识地觉察，但是会让人们处于好心情中（Key，1973）。人们对这些广告更关注。最近，加拿大的一家赌场不得不撤去某个牌子的老虎机，因为每次这个牌子的老虎机旋转时，胜利的标志都会闪过，其闪过的速度非常快，以至于玩家们都无法觉察（Benedetti，2007）。

没有任何科学证据显示，在广告中加入性元素可以提高产品的销量。事实上，在很多国家，阈下信息很少被使用，甚至是不合法的。即便如此，大众还是非常留意此类技巧，以至于一些广告商开始在广告中讽刺阈下信息。

阈下信息不仅能以视觉形式出现，也能以听觉形式出现。含有阈下信息的磁带拥有巨大的市场，这些磁带中包含可以帮助人们减肥、戒烟、改进阅读习惯、增强自信的阈下信息。但是，阈下信息真的有效果吗？它真的可以使我们更多地购买某些消费品，或者帮我们减肥、戒烟吗？许多人相信这些阈下信息能改变他们的态度和行为（Zanot，Pincus，& Lamp，1983），他们是对的吗？

揭穿阈下广告的真面目

在那些阈下广告的倡导者中很少有人通过开展对照研究来支持他们的观点。幸运的是，目前已经有许多有关阈下知觉的研究，这使我们能够评价那些古怪的论断。简单地说，没有任何证据能证明人们在日常生活中遇到的各种阈下信息对人们的行为有广泛影响。隐秘的命令并不能使我们排队去买更多的爆米花，含有隐秘指令的自助磁带也不能帮助我们戒烟或减肥（Brannon & Brock，1994；Nelson，2008；Trappey，1996）。例如，在一项研究中，人们

阈下信息：某些不能被有意识地觉察但可能影响人们的判断、态度和行为的文字或图像。

被随机安排去听一组提高记忆力的阈下自助磁带，或者去听一组提高自尊的阈下自助磁带（Greenwald et al.，1991）。无论哪种磁带，都没有对人们的记忆力或自尊产生影响。即便如此，这些被试仍然相信这些含有阈下信息的磁带对他们有用，这就解释了为什么你今天仍然可以在网上和书店找到阈下自助音频。

有关阈下影响的实验室证据

你也许已经注意到阈下信息在我们的日常生活中并不起作用。但是，有证据表明，在受到精确控制的实验室环境下，人们会受到阈下信息的影响（Dijksterhuis，Aarts，& Smith，2005；Verwijmeren et al.，2011）。例如，在一项研究中，荷兰的大学生被要求看以阈下信息的形式出现的词组“立顿冰茶”（一种冰茶的品牌），或者同样以阈下信息的形式出现的、由相同的字母组成的无意义单词（Karremans，Stroebe，& Claus，2006）。之后，所有学生都被询问他们喜欢喝立顿冰茶还是荷兰的某个品牌的矿泉水。如果学生当时不渴的话，阈下信息对他们的饮料选择偏好没有影响；如果他们很渴的话，那些接受“立顿冰茶”阈下信息的学生比那些看无意义单词的人更倾向于选择立顿冰茶。其他的一些实验室研究也发现了图片或字母在阈下水平闪过时产生的相似效应（Bargh & Pietromonaco，1982；Bermeitinger et al.，2009；Snodgrass，Shevrin，& Abelson，2014）。

这是否意味着广告商可以找到将阈下信息应用于日常广告中的办法？有可能，但方法现在尚未出现。要使阈下信息产生效果，研究者必须保证室内的光线恰到好处，确保人们与显示屏的距离适当，并且确保在阈下刺激闪现时没有发生其他转移他们注意力的事。最近的研究表明，警告被试有人将试图利用阈下信息说服他们，会降低这种操纵对他们随后的消费品评级的潜在影响（Verwijmeren et al.，2013）。此外，即使在实验室中，也没有任何证据表明这些阈下信息会使人们做出违背自己的期望、价值观或人格的行为（Neuberg，1988）。因此，那个出现在小布什的竞选广告中的单词“RATS”，是不太可能让任何戈尔的支持者给小布什投票的。想了解更多关于自动化思维和消费者态度之间的关系，请看下面的“试一试”！

试一试　消费者的品牌态度

这里有两个测试自动化思维过程在消费者相关态度中的作用的练习。你可以自己做练习，但请朋友做第一个练习可能更简单一些。

1. 让我们从基线记忆评估开始。下面是四对词语。对你的朋友（或者对你自己）大声朗读每一对词语，参与测试的人要集中注意力并努力记住它们——是的，接下来会有一个测试！

（1）蓝色 – 鸭子
（2）大海 – 月亮
（3）窗户 – 链子
（4）滑雪 – 攀爬

当你的朋友在练习这四对词语并试着记住它们的时候，你需要读下面的问题，并且要求对方立即根据第一反应做出回答。

（1）说出你想到的第一个汽车品牌。
（2）说出你想到的第一个洗衣粉品牌。
（3）说出你想到的第一个软饮料品牌。

你的朋友说出的洗衣粉品牌是汰渍吗？他说出的软饮料品牌是激浪吗？这当然不是一个记忆测试，我们感兴趣的是在第一阶段读到的词是否在第二阶段启动了某个品牌名称。也许“大海 –

月亮”让你的朋友更有可能想到一个与之存在语义相关性的品牌名称——汰渍。也许“滑雪–攀爬”会让你的朋友想到一座山，进而想到激浪。能影响我们对特定消费品的想法（以及想到它的频率）的信息不一定是阈下信息。正如我们在第3章中讨论的，启动可以使某些想法、概念和态度变得更易于获得，包括那些与我们购买的东西有关的想法、概念和态度。

2. 下文列出了八家公司，请根据这份榜单，看看你是否能猜出《财富》（*Fortune*）杂志报道的2016年总销售收入（不是利润，而是收入）的前三名。

- 伯克希尔·哈撒韦
- 麦克森
- 卡地纳健康
- 波音
- 微软
- 塔吉特
- 可口可乐
- 美国运通
- 星巴克

准备好了吗？你选出前三名了吗？请继续阅读，寻找正确答案。

榜单中呈现的已经是正确的顺序了。所以，从榜首开始，总销售收入的前三名是伯克希尔·哈撒韦、麦克森和卡地纳健康。我们猜这些不是你的答案。我们知道大家不会猜这些公司！你可能从来没有听说过其中的一些公司。以下是对刚刚发生的事情的解释。你还记得第3章中的可得性启发法吗？微软、塔吉特、美国运通、星巴克……这些都是大家熟悉的品牌名称。一个品牌名称越容易浮现在人们的脑海中，就越受欢迎、越成功，我们甚至会认为这个品牌更好。当然，公司的成功涉及很多复杂的经济因素，这些问题超出了我们目前的关注范围。但是，就我们的目的而言，这个例子提供了为什么广告从长远来看会有回报的又一个原因：我们倾向于对熟悉的事物产生愉快的想法。

广告与文化

具有讽刺意味的是，围绕阈下信息的争论掩盖了一个事实：当人们能有意识地感知到媒体信息时，它们的效果才是最强大的。值得注意的是，除了试图通过广告改变人们对消费品的态度外，媒体还以不那么直接的方式塑造和反映着文化态度。我们对不同性别的人、不同种族的成员、不同年龄的人等形成的态度，都与这些群体成员在广告、电视节目、电影和互联网上的形象有关。关于媒体如何影响刻板印象的更全面的讨论，请参见第13章。

在文化方面，不同社会环境中的人对消费品的态度也存在显著差异，这也许反映了我们在第5章讨论的自我概念的差异。正如我们看到的，西方文化倾向于强调独立和个人主义，而许多亚洲文化强调相互依赖和集体主义。这些差异似乎预测了人们的态度以及广告如何影响这些态度（Aaker，2000；de Mooij，2014）。

在一系列研究中，研究者为同一款产品设计了不同的平面广告，广告强调了独立（例如，“穿对鞋子的感觉很舒服”）或相互依赖（例如，“这是给家人的鞋子”），研究者把这些广告播放给美国人和韩国人看（Han & Shavitt，1994）。美国人更多地被强调独立的广告说服，而韩国人更多地被强调相互依赖的广告说服。研究者还分析了美国和韩国的真实的杂志广告，他们发现这些广告实际上也有所不同。美国广告倾向于强调个性、自我提高和产品对消费者个人的好处，而韩国广告倾向于强调家庭、对他人的关心和产品对一个人所处的社会群体的好处。总之，广告和其他说服性沟通形式一样，只有人们根据其想改变的态度以及目标受众的期望和思维方式进行设计，广告才能取得最佳效果（Markus & Kitayama，2010）。

有趣的是，名人代言的频率和性质也因文化而异，超过一半的韩国广告包含名人，这一比例远远超过了美国广告。名人在韩国广告中扮演某种角色的可能性也更大，而在美国广告中，名人常以代言人的身份出现。崔世正（Sejung Choi）、李维娜（Wei-Na Lee）和金熙正（Hee-Jung Kim）（Choi，Lee，& Kim，2005）认为，这些倾向反映了社会等级在韩国的重要性，以及韩国社会对购买与名人的选择相同的产品的重视。

问题回顾

1. 针对旨在促进健康行为的公益广告的研究表明（　）。
   - a. 这样的努力几乎总是失败
   - b. 这样的努力能更有效地改变男性而不是女性的态度
   - c. 当他们的目标人群是年轻人时，电视广告比平面广告更有效
   - d. 当它们是阈下信息时，这样的努力最有效
2. 广告改变以情感为基础的态度的最好方式是以（　）打动人。
   - a. 认知
   - b. 行为
   - c. 情感
   - d. 事实依据
3. 塞拉菲娜是一位广告主管，她正试图找到推销一种产品的最佳方式，这种产品不会引起人们强烈的情感和个人反应。她最有效的策略是开展一场把重点放在（　）上的活动。
   - a. 合乎逻辑的、基于事实的论据
   - b. 建立一种情感联结
   - c. 避免行为参照
   - d. 阈下策略
4. 针对广告中的阈下影响的研究表明，阈下说服（　）。
   - a. 没有人们想象中的那么有效
   - b. 比人们认为的更有效
   - c. 在个人主义文化中比在集体主义文化中更有效
   - d. 在集体主义文化中比在个人主义文化中更有效
5. 关于广告的跨文化比较，下列哪个选项是正确的？（　）
   - a. 韩国广告比美国广告更倾向于关注鞋子等实用的产品
   - b. 韩国广告比美国广告更有可能描绘完全或部分赤裸的男性和女性
   - c. 韩国广告比美国广告更注重家庭和对他人的关心
   - d. 韩国杂志中的广告比美国杂志中的广告少

“问题回顾”答案，请扫描章末二维码查看。

7.5 抵抗说服性信息

到目前为止，毫无疑问，你已经越来越紧张了（不只是因为这一章还未结束）。在如此多的方法的围攻下，你是否能够安全地躲避这些说服性信息？的确，如果你能够采取一些策略的话，那么你就可以做到。以下方法可以确保你在所有说服性信息的炮轰下仍然不会变成不断改变观点的摇摆群体中的一员。

态度的预防免疫

一种方法是在别人攻击你的态度之前，自己先考虑反对自己的观点的论据。一个人事先对正反两面的论据思考得越多，即采用态度的预防免疫（attitude inoculation）技术（Banas & Miller，2013；Compton，Jackson，& Dimmock，2016；McGuire，1964），就越能抵挡用逻辑论据来改变他的态度的企图。这个过程的功能很像医疗预防接种，即让患者暴露在少量的弱化的病毒中，以保护他们在随后的暴露中不会发展成完全型病毒性疾病。这种方法是这样防止人们改变态度的：人们通过思考反对其观点的“小剂量”的论据来对之后的改变他们态度的全面攻击产生更强的免疫。换句话说，人们由于事先考虑了相反的论据而对之后的说服性沟通产生了一定的免疫。相反，假如人们没有对议题进行过思考，也就是说，他们的态度是通过外周路径形成的，那么，他们就特别容易因受到使用逻辑分析的攻击而改变态度。

例如，在一项研究中，威廉·麦圭尔（William McGuire）先对被试进行了“预防免疫”，即给被试提供一些简短的反文化共识的论据，以挑战社会成员普遍接受的信念（如餐后刷牙）（McGuire，1964）。两天后，被试被要求再看一篇对上述文化共识进行更强烈的抨击的文章，其中包含了一系列关于为什么频繁地刷牙不是一个好主意的逻辑论据。接受过论据预防免疫的那组被试与没有接受过免疫的控制组相比，态度改变得更少。为什么？那些接受过“预防免疫”的个体有时间思考这些论据的缺陷，这使他们更能反驳两天后听到的更强的论据。而控制组从来没有思考过人们应该多久刷一次牙，因此特别容易受到反对频繁地刷牙的强有力的信息的攻击。

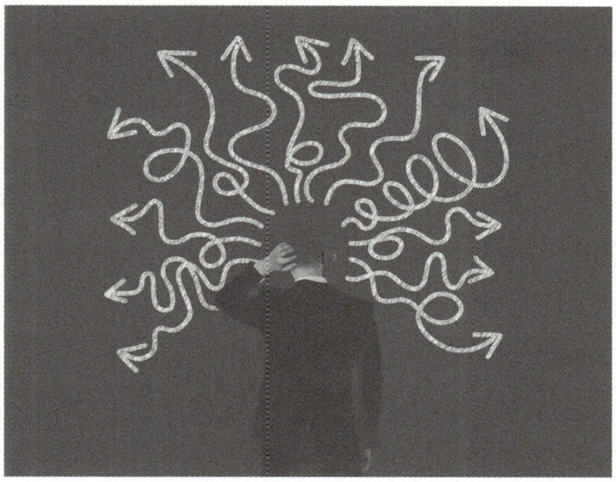

提前思考辩论的不同角度，可以让你不那么容易改变自己现有的态度。

警惕植入式广告

在电视上播放广告的时候，人们常常会按遥控器上的静音键；当我们上网时，我们也都学会了试着忽略弹出式广告和其他形式的说服性信息。为了抵消这种抵制广告的努力，广告商想方设法在电视节目或电影中展示他们的产品。许多公司付钱给制片方，以使产品被写入剧本（Kang，2008）。如果你看过《美国偶像》（*American Idol*），你很可能已经注意到在每个评委前面都有可口可乐杯子，原因可能是这些年来的评委都真心实意地喜欢可口可乐，但更可能是可口可乐公司支付了一笔钱以使该产品出现在显眼的地方。据估计，现在每年有超过 30 亿美元被用于类似的广告植入。曾有报道称，喜力（荷兰啤酒品牌）仅为一部电影就支付了 4500 万美元，这让 2012 年的《007：大破天幕杀机》（*Skyfall*）中的詹姆斯·邦德（James Bond）放弃了他对马提尼酒的嗜好，转而喝荷兰啤酒（Olmsted，2012；Van Reijmersdal，Neijens，& Smit，

态度的预防免疫：通过让人们事先接触少量反对其观点的论据，使其能够对改变他的态度的企图产生免疫。

2009）。

植入式广告如此成功的原因之一在于人们没有意识到有人想影响他们的态度和行为。我们的防御系统已经瓦解。当我们看到一个角色，如詹姆斯·邦德在喝某个牌子的啤酒时，我们往往更关注电影本身，而没有注意到有人试图影响我们的态度。因此，我们不会提出反对意见（Burkley，2008；Levitan & Visser，2008；Wheeler，Briñol，& Hermann，2007）。孩子们特别容易受影响。例如，有一项研究发现，5～8年级的孩子在电影中看到成年人吸烟的次数越多，对吸烟的态度就越积极（Heatherton & Sargent，2009；Wakefield，Flay，& Nichter，2003）。

这就带来了以下问题，提前警告人们有人将试图改变他们的态度，这样做是否是一个抵抗植入式广告或更广泛的说服形式的有效方法？答案似乎是肯定的。许多研究都发现，警告人们有人即将试图改变他们的态度将会使人们不易受那些说服企图的影响。当人们事先得到警告时，他们就会将所见所闻分析得更为透彻，因而也更可能避免态度的改变。如果缺少这种警告，人们就不太会关注说服企图，常常因为信息的表面价值而接受它们（Sagarin & Wood，2007；Wood & Quinn，2003）。所以，在你让孩子们看电视或带他们看电影之前，提醒他们有人可能会企图改变他们的态度是非常必要的。

现在大多数电视和电影的观众都非常熟悉植入式广告的概念。最近的一些电影甚至模糊了广告和娱乐之间的界限。例如，在《乐高大电影》（*The Lego Movie*）中，植入式广告在哪里结束？电影从哪里开始呢？

抵抗同伴压力

正如我们已经看到的，对我们的态度产生影响的还包括情感上的吸引。我们能够像抵挡逻辑论据那样对付这种改变态度的技术吗？这是一个重要的问题，我们的许多关键态度和行为之所以会改变，并不是因为我们对逻辑信息的回应，而是因为我们受到了情感上的吸引。请想想许多青少年是如何开始吸烟、喝酒的。他们之所以这样做常常是出于对来自同伴压力的回应，他们正处于一个特别容易受这种压力影响的年龄阶段。预测一个年轻人是否会吸烟的指标之一就是其有没有吸烟的朋友（Allen，Donohue，& Griffin，2003；Haas & Schaefer，2014）。

请想想这是如何发生的。同伴们并没有提出一整套逻辑论据（“喂，杰克，你知不知道最近有项研究表明，适度饮酒对健康有利”）。相反，同伴压力与人们的价值观和情绪有关，借由人们对被同伴排斥的恐惧和对自由与独立的渴望起作用。在青少年时期，同伴成为社会认同的主要来源（或许是最重要的来源），同时可以为持有某种态度或表现出某种行为提供相当强的奖励，其中一些行为是积极的，而另一些行为可能是有问题的，如不安全的性行为。因此，青少年需要的是一种能够帮助他们抵抗来自同伴压力的技巧，以降低他们从事危险行为的可能性。

一种可能的方法是将麦圭尔的预防免疫方法的逻辑扩展到以情感为基础的说服技巧上，如同伴压力。除了可以用他们可能会听到的逻辑论据进行预防免疫外，我们也可以采用一些他们可能会遇到的情感诉求的样本为其免疫。例如，杰克是个13岁的男孩，他整天与同学一起到处游荡，这些同学中有很多人会吸烟。同学们开始取笑杰克不会吸烟，并且辱骂他。有一个同学甚至在杰克面前点了一支烟，问他敢不敢吸一口。面对这种压力，许多13岁的孩子都会屈服。但是，假如我们已经通过一些方法帮助杰克对这种社会压力形成了免疫，包括向他展示一些比较温和的版本，并教他对抗这些压力，这能帮他抵抗来自同伴的强大压力吗？例如，我们可以让他在某个场景中进行角色扮演，教导他在一个朋友因为他不吸烟而叫他懦夫时回答：“如果我只是为了讨好你而吸烟，那么我连懦夫都不如了。”

几个为预防青少年吸烟而设计的课程显示，这样的做法是有帮助的。在其中一个课程中，心理学家将角色扮演的技巧运用到七年级学生身上，这样的做法和我们上面的描述非常相似（McAlister et al.，1980）。研究者发现，和控制组中没有参加课程的学生相比，这些学生在研究结束三年后，吸烟的可能性明显更低。这个结果振奋人心，并且在其他类似的为减少吸烟和物质滥用而设计的课程中也得到了复制（Botvin & Griffin，2004；Chou et al.，1998）。

当说服产生反作用时：抗拒理论

设想一下你想保证你的孩子永远不吸烟，你也许会认为："严厉告诫也未尝不可。"于是，你绝对禁止他碰香烟，甚至连盒子也不让他看一眼。"这会有什么害处？"你琢磨着，"至少我的孩子会知道这件事的严重性。"

事实上，过于强烈的禁止行动是有害处的，你越严格，就越可能引发反作用，使他们对被禁止的事产生更多的兴趣。根据抗拒理论（reactance theory；Brehm，1966），人们不喜欢他们行动和思考的自由受到威胁。当他们感到自己的自由受到威胁时，一种不愉快的抗拒心态会被激发，并且人们可以通过从事被禁止的行为（如吸烟、和你的父母让你远离的人约会）来减轻这种抗拒。你是否有过这样的经历——在一家餐厅里，服务员警告你，小心，盘子很烫，但你还是决定碰它？你是否曾仅仅因为你的老师或其他权威人士明确告诉你不能做某件事，你就去做？这就是抗拒。

例如，在一项研究中，研究者在学校的洗手间张贴了以下两条标语中的一条，试图让人们不要在洗手间的墙上乱涂乱画（Pennebaker & Sanders，1976）。一条标语是："无论如何，不准在墙上写字。"另一条标语相对温和："请勿在墙上写字。"两个星期后，研究者回到学校检查了在他们贴上标语后究竟还有多少乱涂乱画的现象。正如他们所预测的，与温和的禁语相比，在贴有强烈禁语的洗手间中明显有更多的人乱涂乱画。同样，那些被强烈警告禁止吸烟、吸毒，或者穿鼻环的人，为了恢复其个人自由和选择感，更有可能表现出这些行为（Erceg，Hurn，& Steed，2011；Miller et al.，2007）。最近的研究表明，当服务员特别要求顾客在购后满意度调查中给予积极评价时，他们最终得到的评价其实更低（Jones，Taylor，& Reynolds，2014）。抗拒再次出现了！

所有这些证据都表明，尽管本章列出了许多改变态度的策略，但是说服的努力并不总是有效。我们并不是无可救药地受制于那些试图改变我们的思维和行动方式的人。所以，下次你在看电视时，如果电视上出现了某个特定品牌的止痛药的广告（或者你在电影中看到一个植入式广告），你可以主动考虑采取什么措施来抵抗广告的影响。换言之，如果你不想受广告行业的摆布，你就这样做。也许你认为防范止痛药广告是不值得的，但如果有人试图让你为一个特定的政治候选人投票或对香烟形成积极的态度呢？因此，请记住，尽管大量研究文献表明，各种因素都可以改变我们的态度，但我们并不是机器，不是必须盲目地跟随每个试图影响我们的思考方式的人。有时候，我们需要付出认知上的努力来问问自己，我们在多大程度上愿意受到说服性信息的影响，然后采取具体的步骤来避免这种影响。

抗拒理论：当人们感到自己表现出特定行为的自由受到威胁时，一种不愉快的抗拒心态会被激发，并且人们可以通过从事被禁止的行为来减轻这种抗拒。

问题回顾

1. 态度的预防免疫的概念表明，当我们提前接触什么样的论据时，我们能够更好地抵制随后改变我们态度的尝试？（ ）
   a. 支持我们现有态度的论据
   b. 我们稍后可能会听到的论据的弱化版本
   c. 阻止我们提前考虑不同的观点的论据
   d. 引导我们更多地注意外周线索的论据
2. 为什么植入式广告可以有效地改变人们的态度？下列哪一项是最好的解释？（ ）
   a. 它倾向于通过说服的中心路径起作用
   b. 观众往往没有意识到正在进行的态度的改变
   c. 它通常会引起抗拒反应
   d. 以认知为基础的说服往往有更持久的效果
3. 同伴压力效应往往与哪种态度的联系最紧密？（ ）
   a. 以认知为基础的态度
   b. 以情感为基础的态度
   c. 免疫的态度
   d. 消极态度
4. 下列哪个概念与这个具有讽刺意味的研究发现有关——对某种态度或行为的警告越强烈，人们有时就越想表现出这种态度或行为？（ ）
   a. 态度的预防免疫
   b. 同伴压力
   c. 内隐态度
   d. 抗拒理论
5. 卡梅伦和米切尔想说服他们的女儿不再把玩具乱丢一地，因此他们在她的玩具盒旁边给她留了一个提示。根据抗拒理论，下列哪个提示最有效？（ ）
   a. 当你玩完你的玩具时，请记得把它们收好
   b. 你玩完以后必须把所有玩具收好
   c. 不要把玩具到处乱放
   d. 你的工作是自己把它们收好

“问题回顾”答案，请扫描章末二维码查看。

总结

7.1　态度的本质与根源

态度是指一个人对他人、事物、观点的持久性评价。

- **态度从何而来。**虽然有些态度与基因有关，但是大多数态度都来自我们的经验。**以认知为基础的态度**主要基于人们对态度对象的属性的信念。**以情感为基础的态度**更多地基于人们的情绪和价值观，它可以通过**经典性条件作用**和**操作性条件作用**形成。**以行为为基础的态度**是基于人们对态度对象的行动。
- **外显态度与内隐态度。**态度一旦形成，就可以分成两个层次。**外显态度**指我们意识到的且易于报告的态度，而**内隐态度**指无意识的态度。

7.2　态度何时能预测行为

在什么样的情况下，人们的态度可以决定他们的实际行为呢？

- **预测自发行为。**只有当态度相对可接近时，态度才能预测自发行为。**态度的可接近性**指某个事物与对该事物的评价之间的联系强度。
- **预测有意行为。**根据**有计划行为理论**，有意行为（非自发的）是以下因素的函数：人们指向特定行为的态度、主观规范（一个人认为他人会如何看待他的特定行为），以及他们认为的自己对行为的控制程度。

7.3　态度是如何改变的

内部因素和外部因素都影响着我们的态度。

- **通过改变行为来改变态度：重新审视认知失调理论。**改变态度的方法之一就是让人们参与到对反态度行为的辩护中，同时降低外部合理化。当这种现象发生时，我们会为自己的行为寻找内在理由，使我们的态度与行为一致。
- **说服性沟通与态度的改变。****说服性沟通**也可以引发态度的改变。根据**耶鲁态度改变研究法**，说服性沟通的有效性取决于沟通者（或者信息来源）、信息本身（如它的内容）、听众等方面。**精细可能性模型**区分了两种情况，人们何时会被沟通中的强有力的论据说服，以及人们何时被表面特征说服。当人们同时具备动机和能力去关注演讲内容时，他们会采用**说服的中心路径**，此时他们更加关注论据的有力程度。当人们缺乏关注演讲内容的动机和能力时，他们会采用**说服的外周路径**。在这种情况下，人们会因为一些表面特征（如演讲者的魅力）而被说服。
- **情绪与态度的改变。**情绪通过多种方式来影响态度的改变。**引发恐惧的沟通**如果能引起人们中等程度的恐惧并让人们相信信息的内容可以缓解这种恐惧，就能引发持久的态度的改变。情绪也可以作为启发法被用于判断个人态度。如果人们看到某个事物后心情很好，那么他们通常会推测自己喜欢该事物，即便这种好心情实际上是由其他事物引发的。说服性沟通的有效性也取决于人们的态度类型。如果态度建立在情绪和社会认同的基础上，那么基于情绪和社会认同的方式最有效。

- **态度的改变与身体。**人们对与态度对象有关的想法的信心会影响他们被说服性沟通影响的程度。人们的信心可以受到一些因素的影响，如当他们在听说服性信息时，是在点头还是摇头。

7.4 广告的威力

成功的公共卫生运动表明，广告在改变人们的态度方面是有效的。

- **广告是如何发挥作用的。**对于以情感为基础的态度，广告通过情绪来发挥作用；对于以认知为基础的态度，广告通过事实来发挥作用；广告还通过使商品看上去与个人的关联性很高来发挥作用。
- **阈下广告是一种精神控制吗。**没有证据证明广告中的阈下信息对人们的行为有任何影响。但是，在受到良好控制的实验条件下，阈下信息的影响是存在的。
- **广告与文化。**对广告与文化的分析揭示了有趣的差异，这些差异与其他跨文化研究在社会认知和自我认知方面的发现趋同。

7.5 抵抗说服性信息

研究者考察了一系列人们避免自己受说服性信息影响的方法。

- **态度的预防免疫。**这个方法是让人们事先接触一小部分反对自己的观点的论据，这使他们更容易抵抗他们之后听到的有说服力的论据。
- **警惕植入式广告。**越来越多的广告商花钱把产品放在电视剧和电影的突出位置上。事先警告人们关于试图改变他们的态度的企图（如植入式广告），会使他们更不容易发生态度的改变。
- **抵抗同伴压力。**提前教导孩子如何抵抗同伴压力可以使他们在以后的生活中少受此压力的影响。
- **当说服产生反作用时：抗拒理论。**根据抗拒理论，当选择的自由受到威胁时，人们会体验到一种被称为“抗拒”的不适状态。如果人们感到他们的选择受到限制，那么改变人们的态度的尝试会起反作用。

思考题

关于如何更有效地说服别人（或者更有效地抵抗别人的说服），你从这一章中学到了哪些具体的方法？

自测

1. 下列关于态度的陈述中，哪一项是错误的？（ ）
   a. 它与我们的气质和人格有关
   b. 它几乎不随时间改变
   c. 它会因为说服性沟通而发生改变
   d. 在特定条件下，它能预测人们的行为
2. 佩奇决定买一只小狗。在做了一番调查后，她决定买英国史宾格犬而不是大丹犬，因为前者体形更小、更活泼，对孩子更友好。请问什么样的态度类型影响了她的决定呢？（ ）
   a. 以情感为基础的态度
   b. 以行为为基础的态度
   c. 外显态度
   d. 以认知为基础的态度
3. 在一项调查中，米洛说他同意系安全带。根据有计划行为理论，下列哪个因素可以预测米洛在某天是否会系上安全带？（ ）
   a. 他总是同意安全驾驶很重要
   b. 他的好朋友特雷弗也在车里，特雷弗总是说系安全带非常重要
   c. 他对安全带的态度的可接近性不强
   d. 米洛认为记住系安全带非常难
4. 如果一则反吸烟广告（ ），那么人们最愿意改变他们对吸烟的态度。
   a. 使用一些吸烟对身体造成伤害的极端形象的图片，警告人们吸烟的危害
   b. 给人们呈现一些阈下信息，包括吸烟的危害和如何戒烟的说明
   c. 使用一些吸烟对身体造成伤害的形象的图片，然后再提供如何戒烟的具体说明
   d. 使用人们如何成功戒烟的事例
5. 在学校集会上，如果（ ），那么埃米利娅最可能关注到艾滋病危险的事实并长期记住这些事实。
   a. 演讲者强调全球艾滋病的数据统计信息
   b. 演讲者强调疾病如何在她所在的社区内传播，并且当时没有其他事物分散埃米利娅在听讲时的注意力
   c. 演讲者强调疾病如何在她所在的社区内传播，但同时埃米利娅的好朋友正在轻声地对她说周末聚会的事
   d. 演讲者是全国知名的艾滋病专家
6. 你在机场里正试图向忙忙碌碌、心烦意乱的旅客兜售电动牙刷。下列哪一项最不可能成功地让旅客购买你的牙刷？（ ）
   a. 制作一张传单，上面列着能说明牙刷很好的令人信服的理由
   b. 制作一张巨大的广告牌，上面写着：“10 位牙科医生中有 9 位推荐这款牙刷！”
   c. 张贴一张大海报，上面是你的一位长得像布拉德·皮特的朋友拿着这款牙刷的照片
   d. 拦住人们，告诉他们：“你知道这是好莱坞明星用得最多的牙刷吗？”
7. 在下列哪种情况下，人们最可能给一个政治候选人投票？（ ）
   a. 人们喜欢候选人的政策，但对他或她本人的感觉不好
   b. 人们对候选人的政策了解得很少，但对他或她本人的感觉很好
   c. 人们在全国性的电视节目上看到支持该候选人的阈下广告
   d. 人们看了支持该候选人的电视广告，但当时他们因孩子分散了注意力
8. 假如你在电影院看电影的时候，“喝可口可乐”几个字在屏幕上非常快速地闪过，以至于你没有意识到自己看到了这几个字。根据阈下知觉

的相关研究，下列哪一项是正确的？（　）

a. 你会起身去买一杯可口可乐，但前提是其他人先开始这么做

b. 你会起身去买一杯可口可乐，但前提是你更喜欢可口可乐而不是百事可乐

c. 你不太可能起身去买一杯可口可乐

d. 阈下信息闪过并没有增加你去买可口可乐的可能性

9. 下列哪一项不是有关抵抗说服的方法的例子？（　）

a. 通过在一开始给人们呈现少量的反对他们的观点的论据，使他们对观点的改变产生免疫

b. 提醒人们注意一些广告技巧，如植入式广告

c. 禁止人们购买某种商品

d. 通过角色扮演来模拟现实生活中社会压力的比较温和的版本

10. 根据抗拒理论，下列哪则公益广告最不可能让人们系安全带？（　）

a. 请在每次开车的时候系上您的安全带

b. 为了您的生命安全，请系上安全带

c. 法律规定，你必须系上安全带

d. 请为您的孩子系紧安全带——您或许能挽救孩子的生命

本章“问题回顾”与“自测”答案，请扫描二维码查看。

第 8 章

从众与服从：影响行为

SOCIAL PSYCHOLOGY

本章音频导读，
请扫描二维码收听。

章节框架

学习目标

8.1 从众行为：发生的时机与原因

解释从众的概念及它为何会发生

8.2 信息性社会影响：了解“正确”情况的需要

保持正确的重要性
当信息性从众导致事与愿违的效果时
人们何时会顺应信息性社会影响

解释信息性社会影响如何促使人们从众

8.3 规范性社会影响：希望被接纳的需要

从众与社会认同：阿希的线段判断研究
回顾：保持正确的重要性
拒绝规范性社会影响的后果
人们何时会顺应规范性社会影响
少数人的影响：少数人何时能影响多数人

解释规范性社会影响如何促使人们从众

8.4 从众策略

命令性规范与描述性规范的作用
利用规范改变行为：谨防“反向效应”
社会影响的其他策略

描述人们如何利用有关社会影响的知识影响他人

8.5 服从权威

米尔格拉姆的实验
规范性社会影响的作用
信息性社会影响的作用
服从的其他原因
过去与现在的服从研究

总结已经证明人们愿意服从权威人物的研究

小调查

你有没有参加过被称为“ALS 冰桶挑战”的社交媒体活动?

○是

○否

皮特·弗雷茨（Pete Frates）在美国马萨诸塞州贝弗利市长大，他在高中时期是优等生，还是三项运动的校队运动员。后来他又去了波士顿学院，在那里修读了传播学和历史学双学位，并加入了棒球队。在他读大四的时候，这位身高 1.87 米，体重 102 千克的惯用左手的外场手被任命为队长。夏天，他在康涅狄格州、马里兰州和夏威夷州打棒球。毕业后，他在德国待过一段时间。他在那里参加职业比赛，并指导德国的年轻人进行体育锻炼。

如果你对皮特·弗雷茨这个名字很熟悉，那很可能不是因为他在大学棒球比赛中的优异表现。2012 年，毕业仅 5 年后，弗雷茨在他参加的棒球联赛中开始出现击球问题，他的平均击球率从 0.400 跌至 0.250。在一场比赛中，他的手腕被球击中，这只手似乎一直没有好。于是，他进行了一系列的医疗诊断，最终一位神经学家诊断出 27 岁的弗雷茨患有肌萎缩侧索硬化（amyotrophic lateral sclerosis，ALS），这种病也被称为卢伽雷氏症。两年后的夏天，弗雷茨的 Twitter 文章和在线帖子引发了冰桶挑战，它在社交媒体上疯传。

皮特·弗雷茨，ALS 冰桶挑战的灵感来源。

你还记得冰桶挑战吧？尽管这个活动出现过一些变化，但 2014 年夏天是它的鼎盛时期，Facebook 上出现了大量视频，视频中的人们向自己泼冰水，并向特定朋友发起挑战，要求对方也做同样的事情。在某个版本的挑战中，被点名的人如果同意在 24 小时内公开淋冰水，则需要捐 10 美元给 ALS 协会；对方如果不同意，则捐赠 100 美元。到 2014 年 8 月，冰桶挑战已经无处不在，很多名人都加入了进来。

2014 年 8 月，冰桶挑战在社交媒体上盛行，人们利用这一和“从众”相关的方式筹集了巨额资金，这笔钱被用于与肌萎缩侧索硬化做斗争。如图所示，一名参与者在热心的朋友和摄影师的帮助下接受了挑战，同样接受挑战的还有数以百万计的人。

据 ALS 协会网站统计，那年夏天，超过 1700 万人上传了冰桶挑战的视频，4.4 亿人观看了这些视频，观看次数共计 100 亿次。一些批评者嘲笑说，这种现象是一种“懒人行动主义”的自恋行为，并指出人们更感兴趣的是在网上寻找乐趣，而不是拯救生命。但数字是不容置疑的：据 ALS 协会报告，捐款总额在人们最狂热的时候超过了 1.15 亿美元，而在去年同期还不到 300 万美元（ALSA，2014）。

是什么使数以百万计的人（包括很多正在阅读这篇文章的人）往自己身上泼冰水或观看别人这么做的视频？当然，这是为了一项公益事业，但世界上有那么多公益事业，它们并没有都发展成这样。冰桶挑战似乎具有传染性。看到别人把自己浸泡在冰冷的水中，人们也想通过这种方式来顺应他们眼前的潮流。我们将在本章的后半部分重新讨论冰桶挑战，并考虑是哪些特定原因使它异乎寻常地像病毒一样传播并引起大家从众。

更普遍的是，我们每天都要决定自己是遵从他人的行为还是另辟蹊径。人们常常试图让我们做他们想让我们做的事，有时是通过直接的请求，有时则是通过更微妙的过程。当别人间接地告诉我们什么是合适的行为时，一种微妙的社会影响便发生了，我们意识到遵从他们的决定或跟随他们是我们的最佳选择，如有关穿什么衣服、剪什么发型，或者使用哪一句俚语更时尚的决定。一种更有力、更直接的社会影响以服从的形式出现了，当权威人物给我们下达命令，我们感觉到自己必须服从的压力时，它就会发生。在这一章，我们将聚焦于这些社会影响过程的积极影响和消极影响。我们将从比较微妙的有关从众的例子开始，之后再讨论对权威的服从。

8.1 从众行为：发生的时机与原因

美国文化经常强调“不从众”的重要性（Cohen & Varnum，2016；Kim & Markus，1999；Kitayama et al.，2009，2010）。美国人把他们的国家描绘成一个人人奉行个人主义的国家，人们会为自己着想，会为受压迫者挺身而出，会逆潮流而动，会为他们认为正确的事情而战。这种文化自我形象的形成受以下一些因素的影响：建国的方式、政府体制、从西部扩张运动中获得的历史经验（Kitayama et al.，2006；Turner，1932）。

美国式的神话曾以多种方式颂扬过坚定的个人主义者。例如，美国历史上经久不衰且相当成功的广告之一是“万宝路男人”。早在1955年，这个独自站在草原上的牛仔就成了一个典型形象。大量的香烟因此被销售出去。显然，它传递给美国人一些他们想听到的和喜欢听到的东西：他们要有自己的想法，他们不是没有勇气的、柔弱的从众者（Cialdini，2009；Pronin，Berger，& Molouki，2007）。更近一点的例子是有关苹果公司的，它是目前全球市值较大的公司之一（Gaffen，2016）。几年来，苹果公司的广告语也表达了一种类似的、不从众的感觉——“不同凡响”。

但是，我们真的是不从众的人吗？我们做的决定都是基于我们自己的想法吗？我们会利用其他人的行为帮助自己做决定吗？苹果公司告诉顾客要“不同凡响”，但下次上课时，你可以仔细地环顾教室，数一数同学们的笔记本电脑上有多少发光的苹果商标在盯着你看。属于不从众者的电脑现在随处可见。

人们有时候会以一种极端且惊人的方式表现出从众行为——甚至是在做出是否要结束自己的生命这种重大决定的时刻。不过，你也许会反驳——这是一种异常且极端的情况。但是，也存在另一种令人毛骨悚然的可能：如果我们经受了长期强大的从众压力，我们大多数人都会做出类似的极端行为。

如果这个观点是正确的，那么我们应该能够找出其他情境，在这些情境中，正常人在强大的社会压力之下做出了惊人的从众行为。事实上，我们确实会这样做。例如，1961年，美国民权运动中的活跃分子将甘地的非暴力反抗原则融入了他们的游行活动。他们训练“自由骑士”（因为他们在乘坐巴士时拒绝按照座位规定坐在“车的后排”）以消极接受的方式对抗暴力行为。成千上万的南部非裔美国人及相对少量的北部白人（很多人来自大学校园），抗议南部种族隔离的法律。在一次又一次的对抗中，民权运动家坚持别人教给他们的非暴力原则；当他们被南部警察殴打甚至杀害时，他们依然坚忍（Nelson，2010；Powledge，1991）。新成员遵循了现有成员示范的非暴力反应方式，这种对非暴力反抗理念的传染性遵从帮助美国迎来了争取种族平等的新时代。

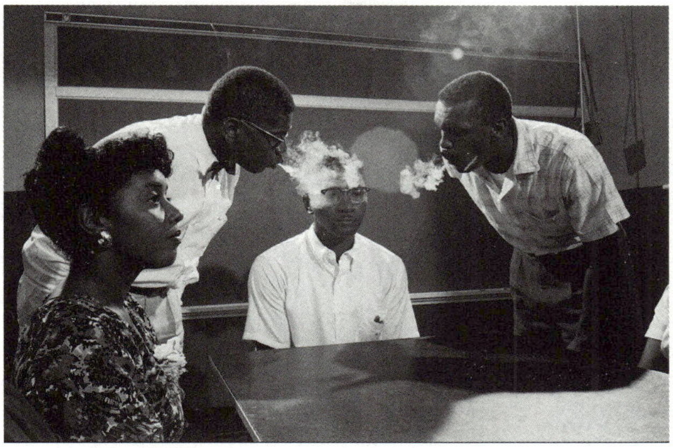

在美国民权运动期间，信息性社会影响被用于训练人们的非暴力反抗艺术。经验丰富的抗议者为新抗议者示范如何在面对包括香烟烟雾、威胁、种族主义语言和实际暴力在内的骚扰时保持冷静。

在所有这些例子中，人们发现自己被困在社会影响的网中。结果是，他们改变自己的行为以使其符合别人的期望（O'Gorman，Wilson，& Miller，2008）。对于社会心理学家而言，这就是**从众**（conformity）的本质：人们由于真实的或想象的来自他人的影响而改变自己的行为（Aarts & Dijksterhuis，2003；Kiesler & Kiesler，1969；Sorrentino & Hancock，2014）。正如这些例子显示的，从众行为的结果涵盖了广泛的可能性，从勇敢到悲剧。但是，为什么这些人会从众呢？一些人可能是因为不知道在一个令人困惑的或非常规的情境中应该做什么。周围人的行为成了他们的线索，于是他们决定以类似的方式行动。其他人可能是因为不愿意因与众不同而被嘲笑或受到惩罚。他们选择做出团体成员期望的行为，这样他们就不会遭到排斥或被团体成员忽视。让我们来看看这些原因是如何起作用的。

问题回顾

1. 下列哪个选项是社会影响的最直接、最有力的例子？（　）
   a. 顺应朋友的礼貌的要求
   b. 顺应群体规范
   c. 服从权威人士的命令
   d. 以情感为基础的态度
2. 下列哪个陈述最好地描述了文化信仰和从众之间的关系？（　）
   a. 来自不同文化的人对从众的看法几乎没有差别
   b. 与许多其他文化中的人相比，美国人对从众的态度比较消极
   c. 与许多其他文化中的人相比，美国人对从众的态度比较积极
   d. 这些年来，美国人对从众的信念变得越来越消极
3. 从众总是包括（　）。
   a. 积极且道德的行为
   b. 消极且不道德的行为
   c. 真实的或想象的来自他人的影响
   d. 一位权威人士

“问题回顾”答案，请扫描章末二维码查看。

8.2　信息性社会影响：了解“正确”情况的需要

生活充满了模糊的、混乱的情况。你应该如何称呼你的心理学教授——是“阿伦森博士”“阿伦森教授”“阿伦森先生”，还是“埃略特”？在吃寿司时，你会将一枚寿司切开吃，还是整块一起吃？你刚刚听到的从走廊传来的尖叫声究竟是来自一个和朋友开玩笑的人，还是一个被抢劫的受害者？在上述情况及许

从众：人们由于真实的或想象的来自他人的影响而改变自己的行为。

多其他情境中，我们常常无法确定应该如何思考或如何反应。我们只是不知道什么样的做法才是好的或正确的选择。幸运的是，我们拥有一个强大且有用的信息来源——其他人的行为。

有时我们会直接询问什么是恰当的行为方式。然而很多时候，我们通过观察别人的行为来帮助我们自己更好地定义情境（Kelley，1955；Thomas，1928）。当我们随后像其他人那样行动时，我们就是在从众，但这并不意味着我们是软弱的、不值得依靠的人。相反，其他人的影响之所以能导致我们从众，是因为我们将他们看作指导我们行为的宝贵的信息来源。我们之所以会从众是因为我们相信他人对某个模糊情境的解释是正确的，并且可以帮助我们选择一种恰当的行为方式。这就是**信息性社会影响**（informational social influence）（Cialdini & Goldstein，2004；Deutsch & Gerard，1955；Smith & Mackie，2016）。

下面我们将说明别人是如何成为信息来源的。请你想象一下，你是参加穆扎费尔·谢里夫（Muzafer Sherif）的实验的一个被试（Sherif，1936）。在实验的第一阶段，你独自坐在一个暗房中，实验者要求你将注意力集中于 4.5 米外的一个光点上，然后要求你估计光点移动了多远。你非常认真地盯着那个光点，是的，它似乎移动了一点。尽管准确地进行判断是很不容易的，但是你回答："大约 5 厘米。"光点消失了，然后又出现了，实验者要求你再次判断。光点好像又多移动了一点，于是你回答："10 厘米。"几次测验之后，光点似乎每次都移动相同的距离——5～10 厘米。

这个测验的有趣之处是那个光点事实上一点都没有移动。它之所以看起来好像动了，是因为一种被称为"自动效应"的视错觉：如果你在一个完全黑暗的环境中盯着一个光点（如黑夜中的一颗星星），这个光点就会看起来在来回移动。这个现象之所以会产生是因为你没有稳定的参照点来确定光点的位置。在谢里夫的实验的第一阶段，所有被试都得出了（就他们自己而言）稳定的估计值，但这些估计值因人而异。有些人认为光点只移动了 2.5 厘米左右，而有些人则认为光点移动了差不多 10 厘米。

谢里夫选择用自动效应做实验，是因为他希望能创造一个模糊的情境——在这种情境中，被试不清楚真实状况。在实验的第二阶段，被试会在几天后与另外两个都经历过第一阶段的人组成一个团体。现在，这是一个真正的社会情境了，因为三个人都必须大声地说出他们的判断结果。对自动效应的体验是因人而异的，有的人看到光点移动了很远，有的人则根本看不到什么变化。在谢里夫的研究中，当人们听到他们的同伴给出与自己不同的判断结果后，他们会有什么反应呢？

几次团体测验后，人们达成了一个共同的估计值，而且团体中的每个成员都同意报出这个估计值。这个结果说明，人们都将彼此作为信息的来源，进而相信团体的估计值是正确的（见图 8-1）。信息性社会影响的一个重要特点就是它能引发**私下接纳**（private acceptance），人们真诚地相信他人的言行是正确的，因而顺应他人的行为。

如果人们只是在公开场合顺应团体，私下仍坚持自己的信念——认为光点只是移动了一点点，这看起来同样是合理的。例如，也许有人私下认为光点移动了 2.5 厘米，却根据团体的估计值报告说它移动了 7.5 厘米，以避免使自己看起来不合群或很愚蠢。这就是**公开顺从**（public compliance），即一个人虽然在公开场合表现出顺从，但不一定真的相信团体所做的、所说的。然而，谢里夫对"公开顺从"这种解释

信息性社会影响： 我们将他人视为指导我们行为的信息来源，这导致了从众，因为我们相信他人对某个模糊情境的解释是正确的。

私下接纳： 人们由于真诚地相信他人言行的正确性而顺应他人的行为。

公开顺从： 人们在公开场合顺应他人的行为，但并不一定相信他人所说的、所做的。

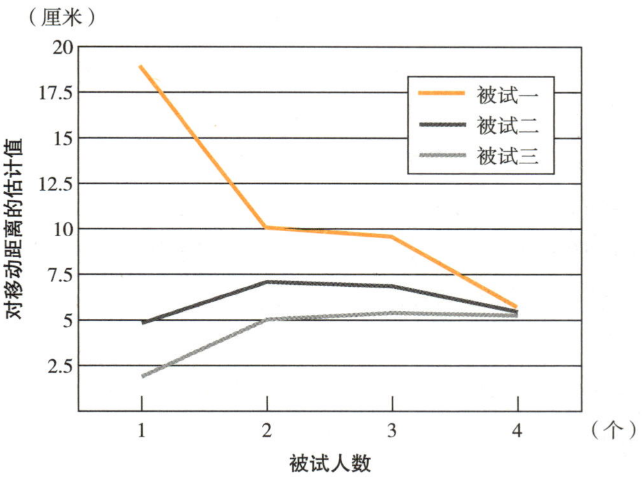

图 8-1　谢里夫的自动效应研究中的某一组被试的判断情况

人们在一个暗房中判断光点看起来移动了多远。当人们单独观察光点时，他们的判断之间差别很大。当人们组成团体，并且能够听到别人报告的估计值时，他们会顺应团体对光点移动距离的估计，根据小组中其他成员提供的信息调整他们的个人信念。

资料来源：Sherif，1936.

产生了怀疑，他让被试在参加完团体判断后再次单独判断光点的移动距离。他发现，尽管人们不用再担心自己在其他被试面前看起来如何，他们仍然给出先前的团体估计值。一项研究甚至发现，人们在一年后参加单独实验时，仍坚持团体估计值（Rohrer，Baron，Hoffman，& Swander，1954）。这些结果说明，人们在定义现实情况时依赖其他人，并且私下渐渐地接纳了团体估计的智慧。

在生活中的许多领域，从众产生私下接纳的力量都已经被证实了，包括节能领域。在一项研究中，杰茜卡·诺兰（Jessica Nolan）和她的同事向加利福尼亚州的居民提供了鼓励他们在家中节约用电的信息样本（Nolan et al.，2008）。居民会收到四条信息中的一条。其中的三条信息中写的是节约用电的基本原因：保护环境、造福社会、省钱。第四条信息则是一条旨在促进从众的信息：被试得知他们的大多数邻居都节约用电。然后，研究者观察了这些家庭的电表并得出了实际用电量。他们发现与其他三条信息相比，第四条信息，也就是关于邻居行为的信息，能使人们节约更多的能源。类似地，诺亚·戈尔茨坦（Noah Goldstein）、罗伯特·西奥迪尼和弗拉达斯·格里斯科维斯厄斯（Vladas Griskevicius）设法提高了酒店的顾客对“请重复使用您的浴巾”这一要求的依从性——这种要求是一种被广泛使用却不受顾客欢迎的酒店管理技术（Goldstein，Cialdini，& Griskevicius，2008）。研究者发现，在浴室中放一个信息标识说明曾住在这个房间中的大多数顾客都重复使用他们的浴巾的方式比酒店通常使用的“保护环境”的呼吁更加有效。

埃菲尔铁塔与 8000 个南瓜相遇。尽管万圣节源于爱尔兰、苏格兰等地的传统，但众所周知，万圣节完全是一个美国现象。直到 1997 年 10 月，为了通过提高消费者支出来刺激法国疲软的经济，零售商才将“万圣节”带到法国大众中（R. Cohen，1997）。信息性社会影响是法国人了解这个节日的真正原因。1997 年的万圣节到来时，人们还不明白什么叫“不给糖果就捣乱”。然而，几年后，法国人开始用黑色和橙色装点商店，陈列雕刻过的南瓜，夜总会还会举办服装大赛。

资料来源：Associated Press，2002.

保持正确的重要性

后续的研究以有趣的方式发展了谢里夫的有关信息性从众的经典研究（Baron，Vandello，& Brunsman，1996；Levine，Higgins，& Choi，2000；Muchnik，Aral，& Taylor，2013）。这项研究中使用的判断任务比基于自动效应的任务更贴近真实生活。该研究也发现了影响信息性社会影响的另一个变量：正确地完成任务的重要性。

例如，在一项实验中，被试需要完成一个模糊任务：目击者识别（Baron et al.，1996）。就像目击者目睹了一场真实的犯罪过程后所做的那样，被试被要求从一组人里将“罪犯”挑出来。不过，这项实验一共包含 13 次任务。在每次任务中，研究者先向被试放映一张包含 1 个男人（“罪犯”）的幻灯片。然后，被试会看到一张包含 4 个男人的幻灯片，其中一个是“罪犯”（他有时会身着与前面幻灯片中的衣服不同的服装）。被试的任务是挑出“罪犯”。这个任务是困难的（而且具有模糊性），因为幻灯片呈现得非常迅速，每张幻灯片被试只能看半秒。这个目击任务是在团体中进行的，每个团体包括 1 个被试和 3 个实验者。在看完每一对幻灯片之后，团体中的 4 个人要大声地报告他们的答案。在关键的 7 次任务中，3 个实验者会在被试之前做出回答，而且他们会给出相同的错误答案，信息性社会影响借此得到测量。

研究者还操纵了正确地完成任务的重要程度。在高重要性的条件下，被试被告知他们将参加的任务是一个真实的针对目击者的识别能力的测验，它很快就将被应用于警察局和法庭中，以区分识别能力强的目击者和识别能力弱的目击者。被试的得分将被用于建立能力常模，将来人们将据此对目击者的识别能力进行判断。此外，那些正确率较高的被试将获得 20 美元的奖赏。在低重要性的条件下，被试被告知这次的实验是研究目击者的识别能力的首次尝试，而且任务还在开发过程中。因此，在实验开始前，（不同条件下的）被试已经处于完全不同的两种心理状态。其中一半的人认为他们的表现非常重要，会对现实生活中的法律诉讼产生影响，他们有动机去做好。另一半的人则认为这仅仅是一项和其他研究差不多的基础研究，他们的表现似乎不是那么重要。

即使在极其重要的判断中，如一个目击者目睹犯罪过程，随后要试着认出嫌疑犯，信息性社会影响也会影响我们的感知。

高重要性的条件和我们在日常生活中关心的很多情境有关——你的判断和决定都会产生后果，你有动机把事情做好。这会使你更多地还是更少地受到信息性社会影响呢？研究者发现，这会使你更容易受到影响。在低重要性的条件下，被试在 35% 的关键测验中顺应了实验者的判断，给出了同样的错误答案。而在高重要性的条件下，被试则在 51% 的关键测验中顺应了实验者的判断。

但是，依赖他人得到信息的策略也伴随着风险。在另一项不同的目击者实验中，几对目击者分别观看有关“同一个”事件的视频（Gabbert，Memon，& Allan，2003）。被试并不知道，小组中的另一个成员观看的是一段略有不同的视频。在每个目击者参加个人记忆测试前，实验者允许各组成员讨论视频，接下来，71% 的被试错误地回忆出了只有他们的同伴看过的内容。这个实验表明了使用周围人的信息的主要风险：如果其他人也错了怎么办？事实上，这也是为什么当一个案件有多个目击者时，大多数警方会要求每个人与调查人员单独面谈并单独看一组嫌疑人。证人之间的信息性社会影响在法庭上是不受欢迎的（Levett，2013）。

当信息性从众导致事与愿违的效果时

当一个人处于令人惊恐且存在潜在危险的情境中，其本人对此又毫无准备时，信息性社会影响会以戏剧性的方式发挥作用（Killian，1964）。这个人也许根本不知道发生了什么事，也不知道自己该怎么办。当个人安危也受到威胁的时候，人们会急切地需要获得信息，而他人的行为是非常有用的。

我们来看看 1938 年的万圣节之夜发生了什么事。天才演员兼导演奥森·威尔斯（Orson Welles）与水星剧院合作播出了一部由 H. G. 韦尔斯（H.G. Wells）的科幻小说《世界大战》（*War of the Worlds*）改编而来的广播节目。请注意，这是电视还没有到来的时代，广播是主要的娱乐资源，也是即时新闻的唯一来源。

当夜，威尔斯和同事们播放的节目讲述的是来自火星的敌人入侵地球，由于节目效果极其逼真，无数听众惊恐万分并报了警，许多听众惊慌失措，试图驾车逃离以躲过这场“入侵”（Cantril，1940）。

为什么美国人相信他们听到的外星人入侵是一个真实的新闻报道？哈德利·坎特里尔（Hadley Cantril）对这次现实的“危机”进行了研究，提出了两个原因（Cantril，1940）。一个原因是，该剧非常成功地模仿了真实的新闻报道，而且很多听众错过了广播的开头（当时它很清楚地说明了这只是一部剧），因为他们一直都在另一个频道收听一个颇受欢迎的节目。而另一个原因就是信息性社会影响。当时很多人都是和家人、朋友一起收听节目的，随着《世界大战》的情节越来越可怕，人们由于不确定是否该相信自己听到的消息，很自然地转向身边的人，以此判断他们是否应该相信自己听到的。亲人脸上的担心和忧虑进一步增加了人们心里的恐慌。一名听众叙述道：“我们都和彼此吻别，觉得自己快死了。”

当然，那是几十年前的事了，那时人们还不太善于区分现实和虚构的情境。如今，信息性社会影响很少以如此大的规模产生事与愿违的效果。事情是这样的吗？好吧，也许不是……我们大多数人都见到过自己的亲友通过网络帖子、Twitter 或电子邮件谈论和分享那些准确性得不到认证的新闻报道。社交媒体上充斥着都市传说和毫无根据的阴谋论。2016 年的美国总统大选见证了破纪录数量的“假新闻”故事如野火般蔓延，很多故事都不是真的，但这并没有阻止人们发帖和分享这些故事，这件事提供了信息性社会影响偏离正轨的最新例子。奥森·威尔斯会感到自豪吧（也可能有些惊骇）。

人们何时会顺应信息性社会影响

让我们来回顾一下，在哪些情况下，人们最可能因为信息性社会影响而出现从众行为。

当情境模糊时

在决定人们在多大程度上以彼此为信息来源方面，模糊性是最关键的变量。当你不确定什么是正确的反应、恰当的行为或正确的观点时，你最容易受到他人的影响。你越不确定，就会越依赖别人（Huber，Klucharev，& Rieskamp，2014；Tesser，Campbell，&

信息性社会影响带来的错误

著名演员、导演奥森·威尔斯。他的《世界大战》广播节目在 1938 年引发了公众恐慌，这种恐慌的传播在很大程度上是由于信息性社会影响。当听众试图判断外星人入侵是否真的会发生时，他们周围人的焦虑反应增加了他们的恐慌感。

1949 年，在厄瓜多尔的基多，电台制作人播放了威尔斯的《世界大战》广播节目（当地版本），相同的情况再次出现了，许多听众相信外星人的入侵即将来临。之后，听众发现这个节目是虚构的，愤怒的人群冲进了广播电台并纵火，至少有 6 个人在暴乱中丧生。

在当代社会，错误信息很容易通过社交媒体和电子邮件在人与人之间传播。网络恶作剧、关于正在发生的新闻故事的错误解读，以及电子邮件中的传闻都是信息性社会影响的例子，这些并不能让我们更接近相关问题的“正确”答案。

Mickler，1983；Walther et al.，2002）。

当危机出现时

危机常常与模糊情境同时出现。在危机时刻，我们通常没有时间停下来思考应该采取什么行动。我们需要立即行动。如果我们惊慌失措，不知道该做什么，我们就会很自然地去观察别人的反应，然后照着做。不幸的是，被我们模仿的人可能和我们一样感到恐慌，其行为也不一定合理。

例如，士兵们在执行任务期间无疑是紧张不安的。况且，在很多场战争中，区分谁是敌人也不是件容易的事。在越南战争中，越南人会在美军途经的地方埋设地雷，从隐蔽的地方开枪，投掷或放置手榴弹，等等，这是众所周知的。同样，在伊拉克战争和阿富汗战争中，识别人们到底是平民还是战士、是盟友还是敌人，常常是很困难的（现在仍然很困难）。因此，这些士兵常常向他们周围的士兵求助，以判断怎么做才是恰当的，这也不足为奇。假如士兵们不是身处这样一个危机时刻，而是有更多的时间考虑他们的行动，也许悲剧就不会发生了。

当别人是专家时

一般来说，一个人拥有的专业知识和学问越多，其在模糊情境中充当向导的价值就越大（Cialdini & Trost，1998；Williamson，Weber，& Robertson，2013）。例如，如果你正在一个外国城市旅游，遇到一个你不熟悉的路标，那么你可能会观察当地人怎么做，而不是你同伴的反应。但是，专家并不总是可靠的信息来源。想象一下，如果有一个小伙子听了《世界大战》的广播节目后，打电话到当地警察局，希望得到一个解释，却发现警方也认为广播里所描述的是真实事件，他该有多害怕啊（Cantril，1940）！

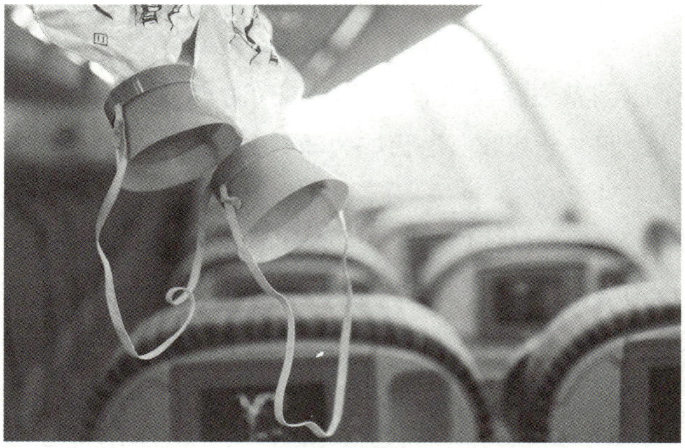

想一想，一名乘客看到飞机引擎冒烟，或者氧气面罩突然脱落，她想确定自己是否处于真正的紧急情况中。受到信息性社会影响的她可能会先关注那些更专业的空乘人员的反应，而不是旁边乘客的反应。

问题回顾

1. 信息性社会影响（　）。
   a. 会在我们相信其他人的反应可以帮助我们准确地对形势进行判断时发生
   b. 通过公开顺从而非私下顺从发生
   c. 只在危机时刻发生
   d. 自动地发生
2. 以下是关于谢里夫的自动效应感知研究的描述，其中哪一个是正确的？（　）
   a. 被试公开顺从而非私下顺从
   b. 被试确实从众了，但这种从众效应是短暂的，一旦他们不再是团体中的一员，他们之前的反应就会恢复
   c. 被试从众是因为他们和朋友在一个团体中，他们只是想融入这个团体
   d. 被试从众是因为他们相信其他人的回答是正确的
3. 对人们来说，做出正确的决定越重要，（　）。
   a. 他们就越不可能顺应信息性社会影响
   b. 他们就越有可能顺应信息性社会影响
   c. 他们就越想自己做决定，而不是受到周围人说的话的影响
   d. 他们就越喜欢公开顺从而不是私下顺从

4. 下列哪一项陈述最好地描述了信息性社会影响和法律诉讼中目击者的表现之间的关系？（　）
   a. 因为刑事审讯中的利害关系很高，目击者不会顺应信息性社会影响
   b. 目击者被鼓励在法庭上提供证词时使用信息性社会影响
   c. 法律制度采取了一定的措施避免目击者顺应信息性社会影响
   d. 信息性社会影响总是能让目击者变得正确

5. 当（　），信息性社会影响最有可能发生。
   a. 情境模糊但不是危机时
   b. 周围的人不是专家且情境不是危机时
   c. 周围的人是专家且情境模糊时
   d. 情境模糊且是危机时

“问题回顾”答案，请扫描章末二维码查看。

8.3　规范性社会影响：希望被接纳的需要

那些被称为“极地跳水者”的人一开始是作为慈善活动的募捐者出现的：他们在冰冷的水中快速地游泳，以此为一项有价值的事业募集捐款、博取关注。相关组织精心策划和组织了这些活动，他们限制人们待在低温环境中的时间，并且确保医护人员在场，以防危险出现。但几年前，新英格兰地区（以及其他气候寒冷的地区）的学校开始给家长发电子邮件，警告他们极地跳水的危险性——这种行为正通过社交媒体在青少年中传播（Wilson，2014）。青少年互相挑战，在没有救生衣、没有成年人监督的情况下，而且经常是在气温和能见度很低的晚上，跳进冰冷的水里。许多人接受了这种冒险，将自己的危险行为拍摄下来，然后发布到网上。但有些人就没那么幸运了，据报道，在新罕布什尔州有多人受伤，至少一人死亡，那里的融雪提高了水位，增加了水流速度（Phillip，2014）。

为什么人们会参加这样危险的活动？为什么在最终的行为一点都不明智，甚至可能致命的情况下，每个人都会遵循团体的引导？我们怀疑那些无防护措施的极地跳水者是因为信息性从众而拿生命冒险。一个高中生盯着充满冰块和其他碎片的奔流的河流说：“哎呀，我不知道该怎么办。我想，跳进去是有道理的。”这个例子告诉我们，除了对信息的需求之外，还有其他原因可以解释人们的从众行为：人们希望得到他人的喜爱和接纳（Maxwell，2002）。我们遵守团体的**社会规范**（social norm），即关于可接受的行为、价值观和信念的内隐规则（有时也可能是外显规则）（Deutsch & Gerard，1955；Kelley，1955；Miller & Prentice，1996；Sanfey，Stallen，& Chang，2014）。团体对于成员应该如何行动有一定的期望，而且合格的成员是那些遵从这些规则的人。而不遵从规则的成员则被认为是异于常人的、难以相处的，最终会被认为是不正常的。这些规范在社交媒体时代的传播速度比以往任何时候都要快。

当然，遵从社会规范并不总是危险的，这甚至不总是一件坏事，毕竟，正如前面所讨论的，冰桶挑战帮助人们筹集了足够的资金来提升生命质量，甚至拯救生命。究竟是什么导致这种特殊挑战引发从众并传播得如此之广、如此之快呢？研究表明，“病毒式传播”的一个关键预测因素是，我们最有可能分享引发情绪唤醒的内容（Berger，2011）。看着人们往自己身上浇冰水会引发各种各样的情绪，包括惊讶和快乐，这使它成为我们最有可能分享的视频类型。此外，这项挑战还为人们提供了一个机会发布自己“做好事”的可视化证据。这个挑战最关键的一个方面是，它要

社会规范：一个团体关于可接受的行为、价值观和信念的内隐规则或外显规则。

求人们说出特定的朋友的名字，即把他们单独叫出来并给他们施加压力（尽管这是一种有趣的压力），让他们做出回应。当然，在有人公开叫出你的名字，请你采取行动时，你却选择安静地坐着，要比拒绝一个普通的求助电话更难。

更普遍地说，为什么极地跳水和冰桶挑战所展示出来的规范性从众如此强大？这主要是因为被别人接纳对我们来说非常重要。拒绝会伤人。请记住，人类天生是一种社会性动物。我们中很少有人能不与他人见面或交谈，快乐地过着隐士的生活。因此，就我们的幸福感而言，社会接触格外重要。对被长期隔离的个案的研究发现，被剥夺社会接触的个体会感受到很大的压力和心理上的痛苦（Baumeister & Leary，1995；Schachter，1959；Williams & Nida，2011）。我们试图避免孤立感或其他可能导致群体排斥我们的事情。

事实上，团体中的异端分子（没有随波逐流的人）常常会被嘲笑、惩罚，甚至会被其他成员排斥（Abrams et al.，2014；James & Olson，2000；Miller & Anderson，1979）。例如，在日本，有时整个学校会一起排挤一个被认为是异类的学生。他不是遭到骚扰就是完全受到冷落，这种对待方式会造成悲惨的结果。在日本，还有另外一种社会现象——茧居族，即退出所有社交互动的青少年（大多数是男生）。他们独自在他们父母家的卧室里度过了自己的时间，一些茧居族已经隐居了十几年。日本心理学家认为，许多茧居族都在隐居之前受到过严重的欺凌（M. Jones，2006）。最近，各个国家的研究者开始研究初中和高中的“网络欺凌”。在美国、英国、加拿大和澳大利亚等国家，这种使用手机和网络的欺凌日趋频繁，影响了 10% ～ 35% 的受访学生（Kowalski et al.，2014；Wilton & Campbell，2011）。

既然拥有社会友谊是人类的基本需要，我们常常会为了得到他人的接纳而从众，也就不足为奇了。如果我们做别人所做的，并不是因为我们将别人作为信息的来源，而是因为我们不想被他人嘲笑、陷入困境，或者遭到排斥，那么规范性从众就会发生。因此，当我们为了得到他人的接纳和喜爱而顺应他人的影响时，**规范性社会影响**（normative social influence）就发生了。这类从众行为会导致人们公开顺从团体的信念和行为，但不一定引发个人的私下接纳（Cialdini，Kallgren，& Reno，1991；Deutsch & Gerard，1955；Huang，Kendrick，& Yu，2014）。

人们有时会为了得到他人的接纳和喜爱而从众，这或许并不会令你感到惊讶。你也许在想，这有什么不对的地方呢？如果这个团体对我们而言是很重要的，穿合适的衣服、使用合适的俚语能够赢得团体的接纳，那么何乐而不为呢？但是，如果情况涉及更重要的行为，如伤害他人，我们肯定能够抵制这样的从众压力。此外，当我们能够确定正确的行为方式，或者这种压力来自一个我们不太在乎的团体时，我们就不会从众。但事实是这样的吗？

从众与社会认同：阿希的线段判断研究

所罗门·阿希进行的一系列研究现在已成为经典，这些研究探究了规范性社会影响的力量（Asch，1951，1956）。阿希的研究的前提是人们从众的程度是有极限的。他认为，在谢里夫的研究中，人们从众是很自然的事，因为他们所处的情境是高度模糊的——人们要猜测一个光点移动了多远。但是，当人们处于一个明确的情境中时，阿希预测人们会表现得像理性、客观的问题解决者。他认为，当团体成员所说的、所做的与一些显而易见的事实相违背时，人们当然会顶住社会压力，自己决定该怎么做。

为了验证自己的假设，阿希进行了以下实验。假设你是被试，实验者告诉你这是一项知觉判断实验，

规范性社会影响：人们为了获得他人的喜爱和接纳而从众；这类从众会使个人公开顺从团体的信念和行为，但不一定引发个人的私下接纳。

从众走红

“病毒式传播”这个短语本身已经成为一种无处不在的表达方式，它被用来描述某些视频、表情包、故事或想法突然间迅速流行。事实上，似乎每天都有一些东西让人们忍不住转发、发帖、分享或发推文。哪些因素可以预测什么观点会获得“病毒式传播”？任何想回答这个问题的努力，都必然会涉及社会影响和本章的焦点——从众。

情绪反应是许多“病毒式传播”实例背后的因素之一。例如，罗莎娜·瓜达尼奥（Rosanna Guadagno）及其同事发现，学生们更有可能分享让他们感到快乐或惊讶的视频，这也许正是你第一次看到人们为了接受一度非常流行的“人体模型挑战”而定格在原地时的情绪。

并不是所有与观点的病毒式传播相关的情绪都是积极的。有时我们分享故事或采取行动，是因为恼火或愤怒被唤醒（Berger，2011）。想想 2016 年选举日之后，粉红针织帽在反特朗普抗议者中迅速蔓延的情况，这是对特朗普多年前的针对女性的粗俗言论的回应。

简而言之，虽然多种心理因素可以帮助我们理解一些观点的“病毒式传播”，但很多时候，一个视频或表情包的流行会让我们大多数人措手不及。你能想出一些假设来解释过去几年里在年轻人中突然流行的翻瓶视频吗？

而且你将与其他七个学生一起参加实验。具体程序是这样的：实验者向每个人展示两张卡片，一张卡片上有一条线段，另一张卡片上有三条线段，并且线段上分别标有“1”“2”“3”。他让每个人判断并大声地报告第二张卡片上的三条线段中哪一条线段的长度与第一张卡片上的线段长度最接近（见图 8-2）。

很显然，正确答案是第二条。不出所料，每个被试都说：“第二条。”轮到位于倒数第二个的你时，你当然也回答：“第二条。”最后一个被试也给出了相同的回答。接着，实验者又拿出另一组卡片，要求被试再次做判断并大声地报告结果。同样，答案显而易见，而且每个人都给出了正确的答案。这个时候，你也许开始想：“真是浪费时间，明天我还有一篇论文要交呢，我得走了。”

正当你开始心不在焉的时候，令人惊讶的事情发生了。实验者拿出了第三组卡片，答案还是显而易见的——在长度上，第三条线段显然是与目标线段最接近的一条。但是，第一个被试居然声称正确答案

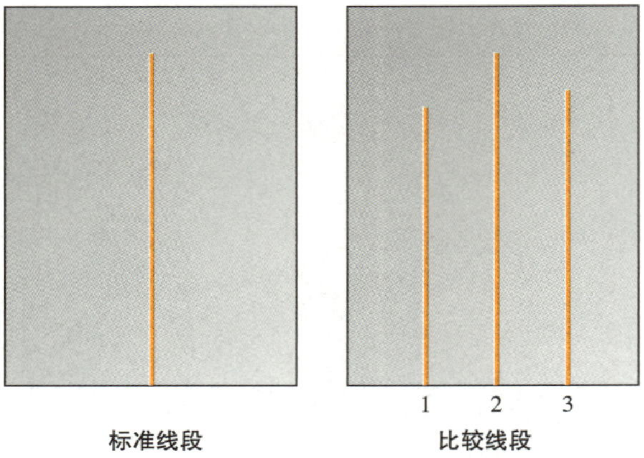

图 8-2　阿希的线段研究中的判断任务

在一项有关规范性社会影响的研究中，被试被要求判断在右图中的三条线段中，哪一条线段的长度与左图的标准线段的长度相同。正确答案是非常明显的（如图所示）。但是，团体成员（实际上是实验同谋）却给出了错误的答案。现在，被试处于一个两难境地。他该与整个团体作对，说出正确答案，还是该顺应其他人的行为，报告那个错误的答案？

资料来源：Asch，1956.

是第一条！你想：“这家伙一定无聊得快睡着了。”然后，第二个被试也报告说正确答案是第一条。接着，第三个、第四个、第五个、第六个被试都同意正确答案是第一条；之后，该你回答了。这时，你懵了，你也许正紧紧地盯着那些线段，想看看是不是自己漏掉了什么。但是，你发现，没错啊，第三条明显是正确答案。你会怎么做？你会勇敢地说“第三条”，还是会附和其他成员，给出那个明显错误的答案——“第一条”？

这是某一次阿希线段实验中的被试。真正的被试是坐在中间的那个。围着他的是实验同谋，他们在线段任务中给出了错误的答案。

正如你看到的，阿希设计了一个场景来探讨人们是否会在正确答案非常明显的情况下也去从众。在每一组被试中，除真实被试外的其他被试都是实验同谋，他们都在先前被告知在 12 次测验中（共 18 次）给出错误答案。结果怎么样？结果与阿希的预测正好相反，从众行为的数量相当可观：76% 的被试至少在一次测验中出现从众行为，给出了明显错误的答案。平均而言，人们跟随实验同谋给出错误答案的次数大约占总次数的 1/3（见图 8-3）。

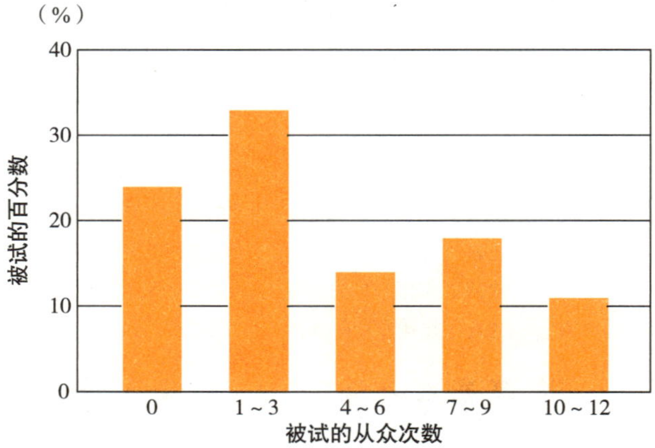

图 8-3　阿希的线段判断研究的结果

在团体成员的判断明显错误的情况下，阿希的线段判断研究的被试仍表现出惊人的高从众性。76% 的被试至少在一次测验中表现出从众行为；只有 24% 的被试自始至终没有从众（见被标为“0”的柱条）。在团体成员给出错误答案的 12 次测验中，多数被试的从众次数为 1 ～ 3 次。不过，仍有相当多的被试几乎在每次团体成员给出错误答案时都表现出从众行为（见最右边的柱条）。

资料来源：Asch，1957.

为什么人们总是从众？被试并不需要通过从其他人那里获得信息来进行判断（就像谢里夫的研究一样）这次的情境是很明确的。正确答案是显而易见的，而且在控制组中，人们单独做出判断的正确率超过了 98%。这里，规范性压力发挥了作用。即使其他被试都是陌生人，但对成为孤独的异议者的恐惧是如此强烈，以至于大多数人都从众了（至少在有些时候从众了）。一位被试解释道：“这是一个团体，他们有相同的看法，而我却不同意，这也许会引起他们的不满……我并不愿意让自己看起来像个大傻瓜……我觉得我绝对是正确的……但是他们可能会觉得我太奇怪了（Asch，1956）。”

对从众行为的规范性原因的经典解释是，人们从众是为了不让自己显得奇怪或愚蠢。值得注意的是，与信息性社会影响相比，规范性压力常常会导致人们公开地顺从但私下并不接纳——即使人们并不相信自己正在做的是对的，甚至认为它是错的，他们也会顺应团体的意见。

在阿希的实验结果中，最令人惊讶的是，人们居然担心自己在陌生人面前会显得很愚蠢。这时，被试并没有处于遭到自己重视的团体排斥的危险中。但是，自阿希最初的研究以来，几十年的研究发现，出于规范性原因的从众的出现，可能仅仅是因为我们不愿意冒失去社会认同的风险，即使这种不认同来自那些我们永远都不会再见到的陌生人（Bond & Smith，1996；Chen et al.，2012；Cialdini & Goldstein，2004）。

在阿希进行的另一个版本的研究中，他展示了社会不认同在塑造人们行为方面的强大力量（Asch，1957）。与之前相同，实验同谋在 18 次测验中的 12 次都给出错误答案，但这次被试是唯一一个被允许将答案写在纸上的人，他不必大声地报告答案。现在被试不需要担心团体成员会如何看待他了，因为团体成员永远也不会知道被试的答案是什么。结果从众行为大大减少，平均而言，在 12 次测验中，被试出现从众行为的次数是 1.5 次（Insko et al.，1985；Nail，1986）。正如心理学家瑟奇·莫斯科维奇（Serge Moscovici）指出的，阿希的研究是"对从众行为的最富戏剧性的证明，即使人们知道自己的做法将有违事实与真理，他们还是盲目地顺应了团体"（Moscovici，1985）。

格雷戈里·伯恩斯（Gregory Berns）及其同事的研究提供了人们在反对规范性社会影响时会感到不愉快和不舒服的神经学证据（Berns et al.，2005）。伯恩斯和他的研究团队采用功能性磁共振成像（fMRI）技术检测了当被试规范性地顺应团体判断或者保持独立且反对团体判断时，他们的脑部活动的变化。

这项研究的任务是关于心理旋转的，而不是判断线段长度。在进行 fMRI 扫描时，实验者给被试呈现一组三维图片，问被试第二张图片（从不同的方向旋转后的第一张图片）和第一张图片是否相同。被试通过按键来作答。和阿希的线段任务相比，这个任务颇具难度：当被试单独进行判断时，基线错误率是 13.8%，而阿希的实验中的任务的基线错误率是 2%。

在进入 fMRI 仪器之前，被试可以和其他四个被试见面并进行互动。你可能已经猜到了，他们都是实验同谋。这四个实验同谋将完成同样的心理旋转任务，但只有被试的大脑活动会被监测。在测试过程中，被试需要在不知道其他四个人的答案的情况下，完成 1/3 的实验。在剩下的 2/3 的实验中，被试可以在显示器上看到其他四名团体成员的答案。在一半次数的任务中，团体成员都选择了错误的答案，在其余任务中，他们都选择了正确的答案。

此时，被试做了什么呢？更重要的是，当他们这样做的时候，他们脑部的哪个区域被激活了呢？与阿希最初的研究一样，在大部分时候（确切地说，是总实验次数的 41%），被试都顺应了团体的错误答案。在基线实验中，被试单独作答，此时，fMRI 显示，负责视觉和知觉的后脑区域被激活。当被试顺应团体的错误答案时，被激活的是同样的脑区。然而，当被试选择给出正确的答案，不同意团体成员一致给出的错误答案时，大脑的视觉或知觉区域并没有被激活。相反，不同的脑区被激活了，尤其是杏仁核，这个区域与消极情绪状态和调节社会行为等功能有关（Berns et al.，2005）。因此，最近的研究继续探索了阿希在几十年前首次研究的问题，并且为这个观点提供了支持：规范性社会影响之所以会产生，是因为人们在与团体对抗时感受到了情绪唤醒，如不适和紧张（Gaither et al.，2017；Hatcher et al.，2016；Shestakova et al.，2013）。

回顾：保持正确的重要性

现在，你也许在想："好吧，所以我们会顺应规范性社会影响。但是，我们只是在一些小事上会这样。谁在乎你在线段判断任务中是否给出了正确的答案？这不重要，被试没有任何损失。如果涉及一些重要的事，我才不会顺应团体的错误答案！"这的确是一个很好的批评意见。回忆一下我们针对信息性社会影响和重要性之间的关联的讨论，我们发现在模糊情境中，需要做的决定越重要，人们越会因为信息性原因而从众。那么在明确的情境中呢？是不是决定或选择越重要，人们就越不会从众？当保持正确对你很重要时，你是否能坚定地顶住团体的压力而反对团体的观点呢？

回想一下我们之前讨论过的有关目击者识别的第一项研究，被试观看成对的幻灯片，一张幻灯片是“罪犯”单独的照片，而另一张幻灯片则是“罪犯”站在一组人中间的照片（Baron et al.，1996）。研究者在研究信息性从众时，将任务设计得极其困难且模糊不清——幻灯片仅仅出现半秒。而研究者在研究规范性从众时，简化了这一任务：被试看每张幻灯片的时间为 5 秒，而且研究者为了让任务更简单，将每对幻灯片呈现两次。现在，这个任务可以与阿希的线段判断任务相媲美了，基本上来说，只要你还没睡着，你就能选出正确答案。的确，当控制组的被试单独观看幻灯片时，他们的正确率达到 97%。

罗伯特·巴伦（Robert Baron）及其同事再次对被试做出正确回答的重要性进行了操控，就像我们前面讨论过的那样。一半的被试认为做出正确的回答很重要，另一半被试认为答案正确与否无关紧要。当实验同谋给出明显错误的答案时，被试又会作何反应呢？他们会像阿希的研究中的被试那样，至少在部分测试中顺应团体吗？认为保持正确非常重要的被试会与团体形成对抗、无视与他们达成一致的规范性压力，每次都给出正确答案吗？

研究者发现，在低重要性的条件下，被试会在 33% 的关键测验中顺应团体（与阿希的线段判断任务的结果类似）。在高重要性的条件下，情况又如何呢？他们并没有勇敢地完全反对团体，而是在一些测试中屈服了。他们确实更少地顺应明显错误的团体答案，仅在 16% 的关键测验中，被试随声附和了团体的明显错误的答案。被试有时还是会从众的！这些发现强调了规范性社会影响的力量：当团体是错误的，正确答案又相当明显，人们也有强大的保持正确的动机时，有些人仍然觉得很难冒险遭受社会否定，甚至是陌生人的否定（Baron et al.，1996；Hornsey et al.，2003）。

规范性社会影响最能反映我们前面讨论过的对从众的负面刻板印象：从众的人是没有骨气的、懦弱无能的。讽刺的是，虽然这种类型的社会压力是很难抵制的，但是人们常常很快就会否认自己受到规范性考虑的影响。请回想一下前文中描述过的诺兰和她的同事做的节约能源的实验。在这项实验中，研究者评估了关于减少电力使用的不同观点在说服加利福尼亚人节约用电方面的有效性。最有效的说服性信息是，他们的邻居也在节约能源。但是，与那些收到关于保护环境和节约钱的信息的被试相比，被试认为关于邻居的信息对他们的影响很小。正如诺兰和她的同事总结的，我们常常低估规范性社会影响的力量。

但是，你否认规范性压力会影响你，并不能阻止他人利用这种压力影响你。不然你怎么解释一些节目的制片人雇用一些专门发出笑声的人坐在演播室的观众中，以使他们的节目看起来更有趣（Warner，2011）？或者，为什么一些体育团队会在主场参加比赛时付钱给那些异常热情的粉丝，请他们煽动场边的观众（Sommers，2011）？很明显，渴望融入群体和被接纳是人性的一部分，无论我们是否愿意承认它。你只要想想规范性社会影响在有关日常着装的决定中起的作用就明白了。每当我们注意到某个特定群体的人有某种共同的形象时，我们就知道是规范性社会影响在起作用，这也解释了为什么不管是什么东西，几年后就会看起来过时，直到时装业以一种新潮流使其复兴。

时尚是规范性社会影响的一个无聊的例子。2007 年，卡洛驰（Crocs）风靡一时，大街上随处可见穿着这种带小孔的塑料拖鞋的孩子（和家长）。仅仅几年之后，评论已经明显变得更加复杂了：很快，在 Facebook 和 Twitter 上，拥有 100 多万名粉丝的反对卡洛驰的页面如潮水般涌现。

拒绝规范性社会影响的后果

我们可以通过一种途径观察规范性社会压力的威力——看看当人们设法抵制它时，会发生什么事。事实上，整个电视帝国都是围绕这一前提建立起来的，即违反规范会产生后果，而这些后果可能是有趣的——至少是当别人而不是你在承受这些后果时。《消消气》（*Curb Your Enthusiasm*）、《大城小妞》（*Broad City*）、《路易》（*Louie*）、《艾米·舒默的内心世界》（*Inside Amy Schumer*）等剧集，通过挖掘有关抵制规范性社会影响的喜剧场景，让观众又哭又笑，这些剧集已经成为颇受欢迎的经典（有时是主流）。

在你自己的生活中，如果一个人拒绝按团体要求的去做，违反了团体规则，这会产生什么后果呢？想一想在你的朋友中，规则是如何运作的。有些朋友团体在做决策时，会采用平等主义的原则。例如，在选择一部电影时，每个人都要说出自己的偏好，然后大家一起讨论这些选择，直到达成一致。但是，在这样的团体中，如果你一开始就说只想看《无因的反抗》（*Rebel Without a Cause*），不同意看其他的，那会发生什么事呢？你的朋友会对你的行为感到非常惊讶，他们也许会感到懊恼，甚至生气。如果你继续无视团体的友谊规范，那么有两种可能性。首先，团体会试图拉你“归队”，主要方式是增加与你的沟通。通过嘲笑和长时间的讨论，你的朋友会试图弄清为什么你的表现如此怪异，并且设法使你符合他们的期望。其次，如果这些做法都没有起作用，你的朋友很可能会对你说一些负面的话，并且开始疏远你（Festinger & Thibaut，1951；Packer，2008b）。事实上，此时你已经遭到排斥了（Abrams et al.，2000；Jetten & Hornsey，2014）。

艾米·舒默（Amy Schumer）是一位当代喜剧演员，她通过探讨违反规范的后果来制造笑点，她在脱口秀节目中讨论大多数人永远不会公开谈论的禁忌话题和令人尴尬的爆料，或者在《艾米·舒默的内心世界》中进行带有挑衅意味的表演。

斯坦利·沙赫特（Schachter，1951）说明了团体是如何对待一个忽视团体规范性影响的人的。他让一群大学生阅读并讨论少年犯约翰尼·罗科（Johnny Rocco）的案件。他们中的大部分人都对个案持中立态度，认为罗科应该得到爱和惩罚相结合的裁决。然而，被试并不知道沙赫特在团体中安排了一个同谋，并指示其反对团体成员的意见。不管其他成员说什么，他始终争论道，罗科应该得到最严厉的惩罚。

这位异议者得到了什么样的下场呢？在讨论的过程中，他得到的来自那些真正的被试的抨击和质问最多，在讨论接近尾声时，其他人突然不再与他交流了。团体内的其他成员起初试图说服这位异议者同意他们的观点，但当他们发现这样做不奏效时，他们开始完全无视他。此外，他们还惩罚了这位异议者。讨论结束之后，实验者要求被试填写一份有关未来的团体讨论的问卷，其中一个问题是请被试提名一位成员，如果未来的讨论规模需要缩小的话，那么这位成员将被除名。他们提名了这位异议者。他们还被要求为未来讨论中的各项任务指派人员，他们把不重要或无聊的工作（如做会议记录）分配给这位异议者。社会团体在如何让异端分子就范这方面，是很有一套办法的。我们常常屈服于规范的压力也不足为怪。在下面的“试一试”练习中，你可以体验到抵抗规范性社会影响是什么滋味。

试一试 违规：揭开规范性社会影响的面纱

每天，你都会和很多人交谈——你的朋友、老师、同事，以及陌生人。当你正在谈话时（无论时间长还是短），你会遵守美国文化中特定的交流“规则”。这些谈话规则包括在美国人看来“正常”且“有礼貌”的非言语行为。通过违反这些规则并注意人们的反应，你会发现这些规则的力量是多么强大。而人们之所以会有那样的反应正是因为规范性社会影响在发挥作用。

例如，在谈话中，我们彼此之间总是保持一定的距离——不会太远也不会太近。在美国主流文化中，这个距离是 0.5 ～ 1 米。此外，我们在倾听时，会与谈话者保持适度的眼神交流，而我们在讲话时，注视对方的时间会比较少。

如果你违反了这些规范性规则，会发生什么事呢？你可以在与一位朋友交谈时，试着与对方靠得很近或离得很远。你可以与一位朋友随便聊一个平常的话题，但改变你和他之间的距离。注意你朋友的反应。如果你靠得太近，你的朋友可能会后退；如果你继续保持这样近的距离，他可能会表现得很不自然，甚至会比平常提早结束谈话。如果你离得太远了，你的朋友可能会走近你；如果你再往后退，他可能会觉得你今天情绪不对劲。无论在哪种情况下，你的朋友都可能会出现以下反应：盯着你看，流露出疑惑的表情，显得很不自在或不知所措，话少了很多。

你表现出违规的行为后，你的谈话伙伴会先设法了解是不是发生了什么事，然后试图让你停止这些怪异的行为。通过这个简短的练习，你会发现如果你一直表现得很古怪，人们会先尝试改变你的行为，接着他们就可能开始回避你、忽略你。

在你做完这个练习后，请向你的朋友解释这个练习，这样你的朋友就会理解你的行为了。当你解释完为什么自己的表现如此奇怪后，你也会感到放松。这也进一步证明了规范性压力的力量和抵制它所带来的固有挑战。

人们何时会顺应规范性社会影响

尽管从众是普遍存在的，但人们不会总是屈服于同辈压力。毕竟，我们的确在许多重大问题上都不能达成一致，如堕胎、平权措施，或者同性婚姻。如果在阿希的线段判断实验中，75% 的被试在研究过程中从众，那就意味着有 25% 的人从来没有出现过从众行为，事实上，95% 的被试至少出现过一次不同意其他团体成员的观点的情况。人们到底在什么时候最有可能顺应规范性压力？比布·拉塔内（Bibb Latané）的**社会影响理论**（social impact theory）为这一问题提供了一些答案（Latané，1981）。根据这一理论，你对他人的社会影响做出反应的可能性取决于三个因素。

- 强度：该团体对你的重要性。根据社会影响理论，一个群体对我们来说越重要，我们就越有可能顺应其规范性压力。
- 接近性：当团体企图影响你时，团体与你在时空上的接近程度。人们还预测，团体成员在时空上与我们越接近，就越容易使我们从众。
- 人数：团体中有多少人。随着团体的规模变大，其施加的规范性压力也在增大，但增加一

社会影响理论：该理论认为，社会影响下的从众行为取决于三个因素——团体的强度、接近性和人数。

个人所产生的影响力的增加量会减少。也就是说，由 3 个人增加到 4 个人引发的影响力的变化比由 53 个人增加到 54 个人引发的影响力的变化要大得多。简而言之，规范性社会影响的产生并不需要一个非常大的团体，但是团体越大，社会压力就越大（阿希的从众实验对这一结论的描述见图 8-4）。

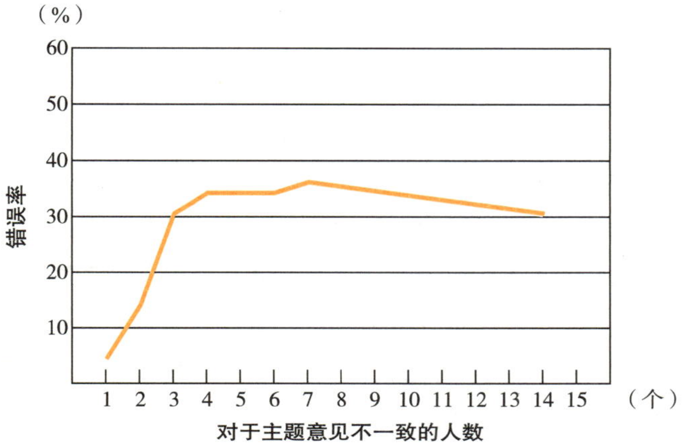

图 8-4 团体规模对从众行为的影响

阿希改变了意见一致的团体的规模，发现一旦人数达到 4 个，增加人数对从众行为没什么影响。

资料来源：Asch，1955.

拉塔内构建了一个将强度、接近性和人数等假设性效应纳入其中的数学模型，并且已经将这个公式应用于有关从众行为的许多研究结果中（Bourgeois & Bowen，2001；Latané & Bourgeois，2001；Wolf，2014）。例如，居住在积极宣传艾滋病防治的社区（团体的强度、接近性和人数都很高）中的男同性恋者比居住在较少宣传艾滋病防治的社区中的男同性恋者感受到更多的要求他们避免危险性行为的社会压力，同时他们自身避免此类行为的意愿也更强烈（Fishbein et al.，1993）。同样，最近的一项针对异性恋情侣（团体的强度和接近性都很高）的研究发现，他（或她）的酗酒倾向可以较准确地被他（或她）同伴的酗酒倾向预测出来（Mushquash et al.，2011）。

下面让我们详细地看看社会影响理论中有关人们顺应规范性社会压力的条件的内容。

当团体很重要时

团体的强度（即团体对我们而言有多重要）会产生影响。如果规范性压力来自我们珍爱的朋友、我们的爱人、我们尊敬的人，那么这种压力将更强大，因为失去这种爱和尊重将是重大的损失（Abrams et al.，1990；Guimond，1999；Nowak，Szamrej，& Latané，1990）。这个结论的一个后果是，由凝聚力高的团体进行决策可能是相当危险的，因为他们将更关注取悦彼此及避免冲突，而不是做出最优的、最具逻辑性的决策。我们将在第 9 章看到一些例子。

然而，需要注意的是，如果你在大部分情况下都顺应规范性影响，那么偶尔偏离团体的规范也许并不会带来严重的后果。这个有趣的现象是由埃德温·霍兰德（Edwin Hollander）发现的（Hollander，1960，1985）。他说，在顺应团体一段时间后，你就获得了一些**特异信用**（idiosyncrasy credit），这就像你把钱存进银行一样——你过去的从众行为允许你在未来的某个时刻偏离团体的规范（进行“取款”），并且你不会惹上很多麻烦。例如，你的朋友都同意外出吃中国食物，而今晚你想吃墨西哥食物，你不愿意简单地顺应团体意见，你固执己见，游说大家吃墨西哥卷。如果过去你在其他方面都顺应朋友之间的规范，你的朋友们不大可能因你当前的不顺应而恼火，因为你已经赚得了在这种情况下偏离规范性规则的权利（Hornsey et al.，2007；Jetten & Hornsey，2014）。

当人们在团体中没有同盟者时

当团体中的每个人都在说同一件事或持相同的意见时，规范性社会影响是最具威力的。例如，你的一

特异信用：个人因为长期顺应团体规范而获得的信用。一个人如果获得了足够的特异信用，那么偶尔偏离团体规范也不会受到团体的惩罚。

群朋友都认为《指环王》（*The Lord of the Rings*）是最伟大的三部曲电影。抗拒这种全体成员意见一致的社会影响是相当困难的，除非你拥有同盟者。如果另一个人也不同意团体的观点，并且认为《星球大战》（*Star Wars*）才是最棒的三部曲电影，那么这一行为将有助于你提出反对意见。

为了检验拥有同盟者的重要性，阿希进行了另一个版本的从众实验（Asch，1955）。他让六名实验同谋在测验中给出错误答案，而让另外一名实验同谋在每次实验中都给出正确答案。现在被试不再是孤身一人了。尽管被试仍然与团体中的绝大多数人不一致，但是拥有一个同盟者极大地改变了形势，能够帮助被试抗拒规范性压力。在这项研究中，平均来说，只有 6% 的被试从众，而当实验同谋全部给出错误答案时，有 32% 的被试从众。其他一些研究也发现，观察到另一个人也在抗拒规范性社会影响能够鼓励个体做出同样的行为（Allen & Levine，1969；Morris & Miller，1975；Nemeth & Chiles，1988）。

在美国最高法院中，孤独的异议者的困境是显而易见的。审理完案件后，首先，大法官们会非正式地决定其意见是一致的还是存在分歧的。其次，一些法官会起草意见草案，而另一些法官则决定签署哪个草案。这时非正式行为会产生影响。最后，所有法官会做出他们的判决。一项对从 1953 年到 2001 年（4178 项判决，涉及 29 个不同的法官）的所有最高法院的判决内容的分析结果显示，最一致的判决是 9∶0，即全体法官意见一致的判决（占所有判决的 35%）。那么，最不一致的判决是什么样的呢？它指一名法官不同意他或她的所有同事，这仅占这 48 年间的所有判决的 10%（Granberg & Bartels，2005）。

当团体的文化是集体主义文化时

“在美国，会叫的轮子才会得到油的润滑；而在日本，凸出的钉子却会被敲平”（Markus & Kitayama，1991）。事实上，一个人成长的社会环境似乎可以预测规范性社会影响的频率（Milgram，1961）。在有关规范性影响的另一项跨文化研究中，来自黎巴嫩、巴西的人们都有相似程度的从众性（他们与美国样本的从众性也是相似的），而来自津巴布韦的班图人的从众性却高出许多（Whittaker & Meade，1967）。正如研究者指出的，在班图文化中，从众的社会价值很高。

虽然日本文化在很多方面都比美国文化更强调从众性，但是有两个使用阿希范式的研究却发现，当团体成员一致给出错误答案时，日本学生在总体上比北美学生更少从众（Frager，1970；Williams & Sogon，1984）。在日本，人们只与自己所从属的、认同的团体保持合作，也只对这样的团体保持忠诚，人们几乎不指望一个人顺应陌生人的行为，尤其是在一个人为设置的心理学实验场景中。类似地，在以英国人为样本的实验中，当被试认为其他团体成员与自己一样是心理学专业的学生，而不是艺术史专业的学生时，被试的从众性较高（Abrams et al.，1990）。同样，德国人在使用阿希范式的实验中表现出比北美人更低的从众性（Timaeus，1968）；在德国，顺应陌生人远远没有顺应一些定义明确的团体重要（Moghaddam，Taylor，& Wright，1993）。

一项针对 133 项阿希线段判断研究（涉及 17 个国家）的元分析，更系统地回顾了文化在从众中的角色（Bond & Smith，1996）。与来自个人主义文化的被试相比，来自集体主义文化的被试在线段判断研究中表现出更高的从众性。在集体主义文化中，从众是一种有价值的特质，而不是一种略显负面的特征。在集体主义文化中，同意他人的意见并不被视作顺从或懦弱的表现，而被视作圆滑和机敏的表现（Hodges & Geyer，2006；Smith & Bond，1999）。集体主义文化更强调团体而非个人，因此这种文化下的人比较重视规范性社会影响，它可以促进团体内的和谐与互相支持的关系（Kim et al.，1994；Markus et al.，1996；Zhang et al.，2007）。

热门话题

社会规范与偏见

根据联邦调查局的数据，2014 年至 2015 年，美国的仇恨型犯罪增长了近 7%。尽管大多数仇恨型犯罪仍然是由种族驱动的（超过一半的仇恨型犯罪是针对黑人或非裔美国人的）。2016 年美国总统大选后的几周内，有关仇恨型犯罪和其他形式的种族和宗教骚扰的报道也大幅度增加。我们可能需要数年时间才能获得有关 2016 年和 2017 年的仇恨型犯罪的准确数据，而导致公开的偏见行为增多的原因可能是多种多样的、复杂的。但一些社会心理学家认为，一个与之有关的因素是规范性社会影响。

北卡罗来纳大学的社会心理学家基思・佩恩（Keith Payne）认为，当人们（尤其是那些有影响力的权威人物）不谴责偏见事件时，一种使这些偏见变得更容易被接受的社会规范就得到了强化。例如，在一项研究中，被试（其中没有黑人）接受了一种针对无意识的或内隐的种族偏见的测验（对于这个话题，第 13 章中有更详细的介绍；Payne，Burkley，& Stokes，2008）。负责这项研究的实验者告诉其中一些被试，每个人都容易受到微妙的偏见的伤害，我们克服偏见的一个方法是警惕偏见。其他被试被告知，他们应该在研究中尽可能诚实地表达自己的态度，即使他们“在政治上不那么正确”。

佩恩和他的同事们发现，在随后的任务中，与其他被试相比，那些被告知不必担心“政治正确性”的被试，对非裔美国人的面孔表现出了更多的负面情绪。换句话说，如果实验者表示被试的偏见是可以被接受的，被试就感到自己可以自由地采取行动。正如对社会影响的研究所预测的那样，建立一个容忍甚至鼓励偏见的规范，似乎会使偏见传播开来。

这让我们想到前几年的总统大选。2016 年的竞选活动及其余波中出现了许多有关偏见的例子。唐纳德・特朗普基于这样的假设参加了竞选：墨西哥移民是美国社会和经济问题的主要来源。2017 年 8 月，许多人批评特朗普未能更明确地将出现在弗吉尼亚州夏洛茨维尔的集会和抗议活动中的暴力归咎于“白人至上”主义者。上述研究表明，当身居要职的人认可（或不批评）针对某些群体的偏见时，其他人也会因此大胆地表达和践行这种偏见。涓滴效应最终会使仇恨和分裂规范化（这里又出现了“规范”一词）。

事实上，正如佩恩自己写的，“维护反对偏见的社会规范，意味着有意识地拒绝我们自己的内隐偏见。这也意味着无论你投票给谁，你都要在私人交谈和社交媒体上明确地宣布，持有偏见不是我们的行事方式，偏见是不可接受的。拒绝偏见不是一个党派问题，也不可能是一个党派问题”。就像社会规范在日常生活中的许多其他方面起重要作用一样，当涉及偏执和偏见时，社会规范很重要。

少数人的影响：少数人何时能影响多数人

在讨论规范性社会影响时，我们不应该留下这样的印象：团体会影响个人，但个人永远不会对团体产生影响。正如瑟奇・莫斯科维奇说的：“如果团体真能有效地让异议者闭嘴、排除异端分子，并且说服所有人都同意大多数人的观点，那么体制是如何发生变化的（Moscovici，1985，1994；Moscovici，Mucchi-

Faina，& Maass，1994）？”我们所有人都像小机器人一样，只会跟着别人以相同的步伐前进，我们将永远无法适应变化的现实。显然，事实并不是这样的（Imhoff & Erb，2009）。

恰恰相反，个人或团体中的少数人确实能够影响多数人的行为和信念（Horcajo，Briñol，& Petty，2014；Mucchi-Faina & Pagliaro，2008；Sinaceur et al.，2010）。这被称为**少数人的影响**（minority influence）。其关键在于保持一致：持有少数观点的人必须在一段时间内表达相同的观点，而且少数人团体内部的成员必须彼此认同。一旦少数人团体中有人在两个不同的观点之间犹豫不决，或者有两个成员表达了不同的少数派观点，那么大多数人就会认为他们是那种观点古怪且毫无根据的人，进而忽略他们。但是，少数人团体如果坚持表达一致的观点，就有可能引起大多数人的注意，大多数人甚至有可能采纳少数人的观点（Moscovici & Nemeth，1974）。例如，20 世纪 70 年代，一小部分科学家开始呼吁人们关注有关人类造成气候变化的证据。而今天，尽管仍有一些不一样的声音，但是多数人都在关注这一问题，来自各国的政治领袖开始会晤并讨论可行的全球解决方案。

在一项涉及近百项研究的元分析中，温迪·伍德（Wendy Wood）和她的同事描述了少数人的影响是如何发挥作用的（Wood et al.，1994）。团体中的多数人可以通过规范性影响来促使其他成员顺应。正如阿希的实验表明的那样，从众仅仅是一种公开顺从，被试并没有私下接纳。然而，属于少数派的人不太可能通过规范性影响的方式来影响他人。多数派的团体成员或许会犹豫要不要公开同意少数人的观点，他们不想让任何人认为他们同意那些稀奇古怪的观点。因此，少数派必须通过另一个主要手段来对团体施加影响：信息性社会影响。少数派会向团体引入一些新颖的信息，以使团体对问题做更仔细的审视。这种仔细的审视也许会使多数派意识到少数派观点的价值，进而使团体采纳少数派的全部或部分观点。简而言之，多数派常常是因为规范性社会影响得到公开顺从，而少数派则通常通过信息性社会影响来获得私下接纳，进而获得说服力（De Dreu & De Vries，2001；Levine，Moreland，& Choi，2001；Wood et al.，1996）。

问题回顾

1. 与可接受的行为有关的社会规则被称为（　）。
   a. 从众
   b. 社会规范
   c. 少数人的影响
   d. 趋同
2. 阿希的线段判断研究表明（　）。
   a. 被试表现出公开顺从，但没有私下接纳
   b. 每个被试至少有一次从众
   c. 当被试写下他们的回答而不是大声说出来时，被试更多地表现出从众
   d. 从众只在任务对个人有重要意义时发生
3. 与信息性社会影响相比，规范性社会影响（　）。
   a. 引发更内化的、更私人的态度的改变
   b. 在不同的文化中更加一致
   c. 与保持正确没有太大关系，更多地与融入团体有关
   d. 是一种趋势，大多数美国人对此持积极态度
4. 一个由 12 人组成的陪审团正在商议针对一起谋杀案的审判。陪审团的 11 名成员想投票判被告有罪；只有 1 名陪审员想投无罪票。陪审员亨利坚持己见，不会改变主意。根据研究，关于其他人对亨利的异端行为的反应，下列哪

少数人的影响：团体中的少数人影响多数人的行为或信念的情况。

一项是最好的预测？（ ）

a. 他们最终会无视他，并且会试图通过对他表现出不友好的行为来惩罚他

b. 他越不顾他们的立场坚持下去，他们就越会欣赏他坚持原则的立场

c. 他们将试图使用特异信用来改变他的观点

d. 他们将试图利用少数人的影响来改变他的想法

5. 以下哪个结论与社会影响理论的预测是一致的？（ ）

a. 与对我们很重要的既定团体相比，陌生人团体中更容易发生从众

b. 社会影响随着团体规模的增长呈线性增长；换句话说，团体中每增加一个新成员，团体的社会影响力就会增加，增量与前一个成员加入时带来的社会影响力相同

c. 一个团体的接近性越强，它施加的社会影响就越大

d. 从众在集体主义文化中不如在个人主义文化中普遍

6. 少数人的影响的关键是（ ）。

a. 规范性社会压力

b. 接近性

c. 创造力

d. 一致性

"问题回顾"答案，请扫描章末二维码查看。

8.4 从众策略

我们已经知道信息性从众和规范性从众是如何发生的了。即使在高度个人主义的文化（如美国文化）中，这两类从众行为仍然是很普遍的。我们是否有办法有效地利用这一倾向？我们能利用从众改变行为并造福大众吗？答案是肯定的。

请想一想在 2010 年美国国会选举期间通过 Facebook 进行的一项"6100 万人"的实验（Bond et al.，2012）。在选举日，研究者分别让数百万的 Facebook 用户收到关于选举的信息性消息或社交消息（而对照组根本没有收到任何消息）。信息性消息出现在他们的"动态消息"顶部，并提供了一个帮助他们寻找当地的投票页面的链接，以及一个"我投票了"的按钮，他们可以点击这个按钮向朋友更新他们的投票消息。社交消息也包含同样的信息，同时包含一个附加信息：它告诉用户他们的 Facebook 好友中有多少人也参与了投票，并且向用户展示了 6 张随机挑选的投票好友的照片。与对照组相比，信息性消息对用户自己投票的可能性的影响很小。但是，通过检测用户点击网站上的"我投票了"按钮的可能性，以及实际的投票记录，研究者发现收到社交消息的 Facebook 用户明显更有可能投票。这些发现强调了仅仅是让人们了解别人在做什么就有相当大的威力。事实上，该研究还发现，即使是在朋友的动态消息中看到社交消息（不是朋友发布的，而是朋友认识的其他人发布的），也足以对 Facebook 用户的个人投票行为产生间接影响。

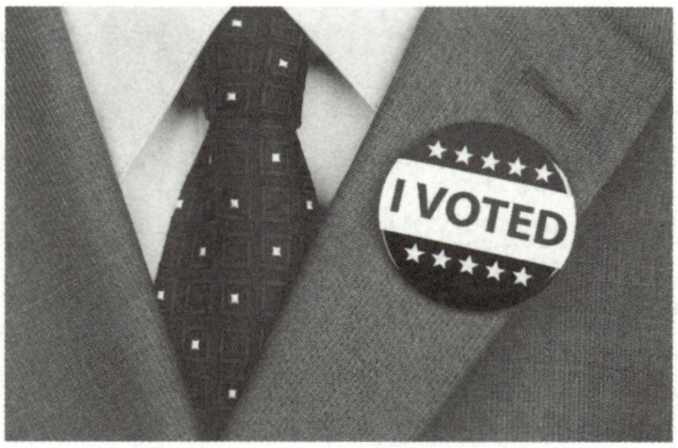

我们可以利用人们的从众倾向，使人们为了共同利益改变自己的行为，例如，利用社交媒体信息增加选民的投票率。

命令性规范与描述性规范的作用

罗伯特·西奥迪尼、雷蒙德·里诺（Raymond Reno）和卡尔·卡尔格伦（Carl Kallgren）已经提出

用社会规范微妙地引导人们顺应正确的、社会倡导的行为是非常有效的（Cialdini，Kallgren，& Reno，1991；Jacobson，Mortensen，& Cialdini，2011；Kallgren，Reno，& Cialdini，2000）。例如，我们都知道乱丢垃圾是不对的。但是，当我们在海滩上或公园里吃完甜点后，是什么决定了我们会把包装纸丢在地上，还是留着它直到我们找到一个垃圾桶？我们希望能减少乱丢垃圾的现象（或者增加回收再利用垃圾、义务献血的现象，以及为其他有价值的事业做贡献的现象），我们如何才能做到呢？

西奥迪尼和他的同事（Cialdini，Kallgren，& Reno，1991）提出了他们的建议：我们需要清楚在情境中发挥作用的规范类型。一种文化的社会规范有两种类型：**命令性规范**（injunctive norm）是与我们认为大众赞同或不赞同什么有关的规范。命令性规范通过承诺对规范（或非规范）行为给予奖励（或惩罚）来激励行为。例如，在我们的文化中，乱丢垃圾是不对的或献血是好事都是命令性规范。换句话说，命令性规范与人们认为他们在特定情况下应该做什么有关。

描述性规范（descriptive norm）关注的是我们对某个特定情境中的实际行为的知觉，不管其他人是否认同这一行为。描述性规范通过告诉人们什么是有效的或具有适应性的行为来激励行为。例如，我们都知道乱丢垃圾是不对的（命令性规范），我们也知道在某些情况下人们可能会这样做（描述性规范），例如，在观看棒球比赛时把花生壳丢在地上，或者在看完电影后把垃圾留在座位上。描述性规范也告诉我们献血的人较少，登记过的选民中只有很少一部分人真正参加了投票。换句话说，描述性规范与人们在特定情况下的实际行为有关（Crane & Platow，2010；Kallgren et al.，2000；White et al.，2009）。

西奥迪尼和他的同事通过一系列研究探究了命令性规范与描述性规范是如何影响人们丢垃圾的可能性的。例如，在一项现场实验中，当一些人回到停车场取车时，一位实验同谋会出现在他们面前（Reno，Cialdini，& Kallgren，1993）。在控制组条件下，实验同谋仅仅是路过那里。在描述性规范条件下，实验同谋在经过被试面前时会随手将一个快餐店的空袋子丢在地上。通过乱扔垃圾，实验同谋巧妙地暗示着这样一个信息——在这个环境中人们是这样做的。在命令性规范条件下，实验同谋不但没有拿任何东西，而且在经过被试面前时从地上捡起了一个快餐店的袋子。通过捡起别人的垃圾，实验同谋巧妙地传达了一个信息——乱丢垃圾是不对的。这三个条件的实验是在两种环境中进行的：一种是丢满了垃圾的停车场（实验者提前创造了这样的情境），另一种则是干净的、没有垃圾的场地（实验者事先将场地打扫干净）。

电视购物，那些为滑稽的发明和疯狂的新产品做的很长的深夜广告，过去常常以此为结束：“接线员在线，请现在拨打电话。”如今，他们更有可能指导观众：“如果接线员正忙，请再次拨打电话。”这一新的行动呼吁增加了新客户的来电数量。你能使用描述性规范的概念解释为什么这个新的措辞看起来如此有效吗？

这样，研究中的被试将会处于两种有关丢垃圾的规范条件中的一种。此外，这一切都发生在一个很脏乱的或干净的环境中。被试自己乱扔垃圾的倾向是如何受到影响的？当被试走到自己的汽车前时，他们发现挡风玻璃下面有许多传单（它们是实验者留下的）。被试有两个选择：将传单扔到地上，或者将它们带到车上后再处理它们。

命令性规范：人们知觉到的、他人认同或反对的行为的总和。

描述性规范：人们对特定情境中的实际行为的知觉，它与他人是否认同这一行为无关。

控制组的实验结果显示，超过 1/3 的人会将传单扔到地上，在干净的场景和脏乱的场景中，情况都是如此（见图 8-5）。在描述性规范条件下，根据停车场环境的不同，实验同谋的行为传达着两种不同的信息。在脏乱的停车场中，实验同谋的行为在提醒被试，人们常常在这里乱丢垃圾——在这样一个一眼看去就很脏乱的停车场中，实验同谋只不过是一个突出的代表。而在干净的停车场中，实验同谋的行为则传递着另一种信息。此时，这种行为显得很不寻常，它提醒被试大多数人不在这片区域乱扔垃圾。因此，我们期望实验同谋乱扔垃圾的行为能作为一条描述性规范，提醒被试不要乱扔垃圾，这也与研究者的发现一致。在命令性规范条件下，情况如何呢？这种规范较少依赖情境：在干净的场景和脏乱的场景中，看到实验同谋捡垃圾的行为使人们意识到命令性规范（乱丢垃圾是不对的），人们在该条件下丢垃圾的行为最少（Reno et al.，1993）。

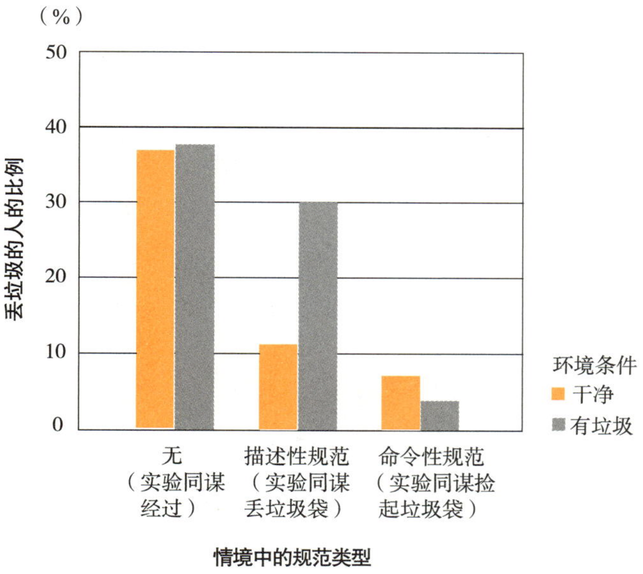

图 8-5　命令性规范与描述性规范对丢垃圾行为的作用

控制组的数据（最左边的部分）显示，37% ～ 38% 的人在发现自己汽车挡风玻璃上的传单时会将其扔到地上，不管周围环境（停车场）的卫生情况如何，情况都是如此。当人们意识到描述性规范时，乱丢垃圾的行为只在周围环境很干净的情境中才会显著减少（中间部分）。当人们意识到命令性规范时，乱丢垃圾的行为在两种情境中都会显著减少，这说明命令性规范在改变人们的行为方面效果更好。

资料来源：Reno，Cialdini，& Kallgren，1993.

根据这项研究，研究者得出结论，在激发有益的社会行为的过程中，命令性规范的作用比描述性规范更大（Kallgren et al.，2000）。你也许对此毫不惊讶，因为命令性规范促进了规范性服从：我们服从规范（如不乱丢垃圾）是因为别人的行为提醒我们社会规范不允许我们乱丢垃圾。如果我们乱丢垃圾，我们看起来就像没有素质的人；如果有人看见我们乱丢垃圾，我们自己也会觉得很尴尬。虽然在某种程度上规范的确是一直存在的，我们也知道乱丢垃圾是不对的，但是规范并不会时刻醒目地出现在我们面前（Jonas et al.，2008；Kallgren et al.，2000）。为了促进有益社会的行为，在场景中设置一些引人注目的东西使我们能想起相关的规范是有必要的。因此，任何强调命令性规范的东西都可以被用于创造积极的行为改变（Bodimeade et al.，2014）。当讨论中的赞成或反对某种行为的意识来自亲密的人（如家人和亲密的朋友），而不是较疏远的人（如普通人）时，命令性规范是良好的行为预测指标（Napper，Kenney，& LaBrie，2015；Pederson et al.，2017）。

利用规范改变行为：谨防“反向效应”

然而，通过规范改变行为的努力也有缺点。例如，近年来，高校管理者尝试了一种新技术，以减少校园里的酗酒行为。有一个观点是学生通常高估了他们的同龄人的饮酒量（Lewis et al.，2007；Perkins，2007）。因此，高校管理者要告诉他们学生们平均每周的饮酒量是多少。这应该可以引导他们减少自己的酒精摄入量，使他们遵从这个更低的水平。然而，研究者注意到了这个方法的一个关键问题：有时候，这种做法会适得其反。也就是说，一些已经喝得很少（甚至滴酒不沾）的学生发现校园里的学生普遍比他们喝得多，这导致他们增加了自己的酒精摄入量，以使自己像其他人一样！简而言之，（高校管理者提供）公共服务信息的意图本是减少酒精消费量，然而事实上这种做法却产生了增加酒精消费量的效应（Perkins，Haines，& Rice，2005）。因此，我们在努力通过这种从众过程来改变他人行为时，必须考虑到两种接收我们的信息的人：一种是表现出高于平均水平的社会不良行为的人（你希望说服他们减少这种行为），另一种是表现出低于平均水平的社会不良行为的人（你希望他们继续保持，而不是出现反向效应，即他们开始表现出更多的不良行为）。

韦斯利·舒尔茨（Wesley Shultz）和他的同事通过关注我们已经讨论过的理想行为——节约用电，来探究这一想法（Shultz et al.，2007）。加利福尼亚州某社区的居民同意参加这项研究。研究者先测量了他们的基线能源使用量，然后将他们分为两组：一组成员的能源消耗量高于社区的平均消耗量，另一组成员的能源消耗量低于社区的平均消耗量。然后，家庭成员被随机分配在几周内接收两种不同的反馈中的一种。在描述性规范条件下，他们被告知他们在一周内使用的能源量，以及他们所在社区的家庭平均能源消耗量。他们还会收到一些节约能源方面的建议。在描述性规范加命令性规范条件下，他们收到了以上所有信息，外加一个微妙但重要的附加信息：如果他们消耗的能源比一般家庭少，研究者会在信息旁边画一个笑脸；如果他们比一般家庭消耗的能源多，研究者就画一个哭脸。这个笑脸或哭脸传达了部分命令性信息——接收者收到的是关于他们使用的能源量是否获得认可的信息。

几周后，研究者再次测量了他们的能源使用量。这些信息帮助人们节约能源了吗？这些原本在使用能源方面比较节约的人是否偏离了节约的正道——认为如果他们像浪费资源的邻居那样低效地使用能源，这对他们来说也不是那么糟糕？一方面，结果表明对这些比一般家庭消耗更多能源的人来说，描述性规范信息具有积极作用，他们减少了能源消耗量，变得更节约了。然而，描述性规范的确对消耗较少能源的人产生了反向效应。一旦他们得知他们的邻居所做的（疯狂地使用能源），他们就会觉得自己可以自由地增加使用量了！

另一方面，“描述性规范加命令性规范”信息很成功。在接收到这种信息后，那些能源消耗量高于一般家庭的人降低了他们的使用量。最重要的是，在那些消耗量在一开始就低于平均水平的人中，反向效应没有出现——他们维持着原来的能源消耗量，即研究开始时他们低水平的能源消耗量。这张笑脸提醒他们，他们做的是对的，于是，他们继续这样做（Schultz et al.，2007）。在美国，这项研究对节约能源战略产生了重要影响。利用表情符号给出命令性规范反馈，再结合描述性规范的方法正在被美国、英国等国家中的大城市的公共事业公司使用（National Energy Study，2014）。

社会影响的其他策略

精明的社会影响力实践者有不止一种锦囊妙计。使用规范并不是改变他人行为的唯一方法。事实上，任何一个尝试买一辆车、加入一个健身房的人，或者与各种销售人员、上门推销人员或电话销售人员谈判过的人都知道人们会通过使用各种各样的技巧来让你做他们想让你做的事。

实际上，心理学家归纳出的许多有效改变他人行为的技巧都是他们在观察工作中的社会影响大师后发现的，也就是成功的销售人员、营销人员和谈判专

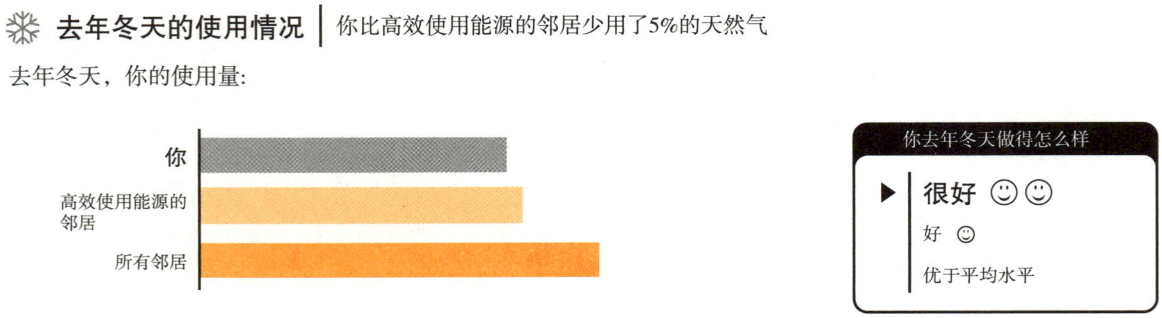

笑脸不只可以被用来发信息。在这个案例中，它们是一家公共事业公司使用命令性规范说服消费者节约能源的努力的一部分。

家。研究者已经学到的重要一课是，提出一系列请求的顺序会对请求的有效性产生影响。请设想下面的场景：你遇到一个自称是“安全驾驶公民”组织成员的人。他希望你支持他们组织的活动，将一块宣传牌放在你的前院一个星期。

然后，他给你看了一张他在请求中提到的宣传牌的照片。这是一块巨大的宣传牌！在照片中，它挡住了大门以及房子的一部分。说实话，这也不是一块特别吸引人的宣传牌，“小心驾驶”的字样甚至看起来有点歪。哦，对了，我们有没有提到，这可能需要在你的草坪上打洞？

我们的猜测是，想到他们要在你的房子前面放上这块宣传牌（即使是暂时的），你不会太兴奋。的确，当乔纳森·弗里德曼（Jonathan Freedman）和斯科特·弗雷泽（Scott Fraser）向加利福尼亚州的帕洛阿尔托的房主提出这一要求时，他们发现只有 17% 的人愿意在院子里放这块牌子（Freedman & Fraser，1966）。但研究者还想出了一种方法，让同样的请求看起来更易于接受：先让人们答应一个较小的要求。具体来说，在这种情况下，研究者先询问被试是否愿意在他们的窗户上放一块小牌子，牌子上写着“小心驾驶”。两周后，这些被试被问及是否愿意在院子里放一块更大（也更丑）的牌子，现在，多达 76% 的人同意了。这种将一个更早、更小的请求作为基础以提高顺从性的方法叫作**登门槛技巧**（foot-in-the-door technique），这个名字来源于一个旅行推销员，他的基本策略是至少保证一只脚进入你的房子，这样你就不能关门拒绝他了。

为什么这会起作用呢？想想当你让人们答应了一些请求时（即使是很小的请求），会发生什么？他们开始认为自己是随和的人。他们觉得有义务实施一些帮助。拒绝别人后续的请求（即使它来自另一个人）可能会引发不一致或不协调的感觉，这让人们不舒服（Cantatero，Gamian-Wilk，& Doliński，2017；Cialdini，2009；Pascual et al.，2013）。

有趣的是，相反的策略也会起作用。也就是说，另一种让人们同意请求的方法是，先请求他们答应一个大的承诺，一个你知道他们会拒绝的承诺。这就是**门前技巧**（door-in-the-face technique）。在一项研究中，西奥迪尼和他的同事（Cialdini et al.，1975）找来一些大学生，问他们是否愿意花 2 个小时陪同一群问题儿童去当地的动物园进行实地考察。只有 17% 的学生同意这个请求。但是，请想一想另一些被试的经历。他们先被问及是否愿意在至少 2 年的时间里每周去当地的青少年拘留中心做志愿者。每个学生都拒绝了这个大的请求。而当他们被问及是否愿意出席 2 个小时的动物园之旅时，50% 的人表示同意。

简而言之，当你先要求别人帮你很大的忙并迫使他们拒绝时，他们更有可能同意你真正在意的请求。一个原因是，先提出的很大的请求使第二个“请求”好像显得不那么令人生畏了。另一个原因与互惠感有关（Chan & Au，2011）。毕竟，作为请求者的你在这里已经做出了一些让步，从最初求对方帮个大忙转向了随后提出更容易的请求。对于你请求的目标，他们感觉自己能做的就是和你协商一下、妥协一下，同意一些更小的事情。当然，他们不知道的是，你提出来的第二个请求（那个更小的请求）才是你真正关心的。

你会在自己的生活中使用这些社会影响策略吗？你会对这种有意操纵他人的做法感到愤怒吗？以新的方式意识到它们的存在也许能使你在别人试图对你使用它们时小心提防。这种策略的伦理性引发了一场有趣的讨论。不过，不容置疑的结论是社会影响有可能被用来追求非法的、不道德的、不合理的目的。想

登门槛技巧：一种社会影响策略，即先让人们同意一个小请求，这样，他们就更有可能同意第二个更大的请求。

门前技巧：一种社会影响策略，即先向人们提出一个他们很可能会拒绝的大请求，之后他们更有可能同意第二个较小的请求。

你愿意在你的院子里放一个大牌子，让它挡在你的房子前面吗？对登门槛技巧的研究表明，你的答案可能取决于你是否先同意了一个较小的请求。

一想关于宣传（propaganda）的极端案例。宣传被定义为“有意地、系统地尝试塑造知觉、操纵认知和引导行为，以进一步促进宣传者实现其期待的目的”（Jowett & O’Donnell，1999）。

阿道夫·希特勒（Adolf Hitler）非常清楚宣传作为国家工具的力量。1933 年，他任命约瑟夫·戈培尔（Joseph Goebbels）为新成立的纳粹大众启蒙与宣传部（Nazi Ministry of Popular Enlightenment and Propaganda）部长。这个机构渗透到德国人生活的方方面面，控制着所有形式的媒体，包括报纸、电影和广播。纳粹还通过广泛地使用海报和“大场面”（盛大的公众集会）来传播他们的意识形态，这在大批人群中激起了强烈的忠诚和爱国主义情绪（Jowett & O’Donnell，1999）。纳粹宣传部在学校讲课，并且在希特勒青年团进一步推广。它总是呈现一成不变的、教条的信息：德国人民必须采取行动，保护他们的种族纯洁性，并且通过征服来增加他们的生存空间（生活空间）（Staub，1989）。

对生存空间的担忧导致了第二次世界大战；对种族纯洁性的担忧导致了大屠杀。德国人怎么能默许欧洲犹太人的毁灭呢？一个主要因素是偏见（我们将在第 13 章进一步讨论）。反犹太主义并不是一个新观念，它在德国和欧洲其他地区已经存在了几百年。当受众的原有信念被利用时，宣传就起作用了。因此，通过戈培尔的部门，反犹太主义在德国群众中得到了加强和扩大。在纳粹的宣传中，犹太人被描述为雅利安种族纯洁性的破坏者，会威胁德国人的生存。他们是“害虫、寄生虫、吸血虫”（Staub，1989），并且被拿来和“需要被消灭的鼠患”相提并论（Jowett & O’Donnell，1999）。然而，反犹太主义还不足以解释大屠杀。20 世纪 30 年代，德国最初对犹太人的偏见并不比它的邻国（甚至美国）更严重，但没有一个国家像德国那样在“最终解决方案”中提出了种族灭绝的概念（Tindale et al.，2002）。

宣传是大屠杀为什么会发生的一个可能的解释，它以说服性信息的形式运作，引发态度的改变。但是，宣传也启动了社会影响过程，它通过信息性从众说服了许多德国人。他们了解到了关于犹太人的新事实（其实是谎言），以及纳粹定义的“犹太人问题”新的解决方案。德国人相信了犹太人是一个威胁。正如我们之前看到的，经历危机的人们更有可能顺应别人提供的信息（在这个例子中，德国正处于失控的通货膨胀和经济崩溃中）。

但是，你肯定会想，一定有德国人不同意纳粹的宣传。是的，有，但要成为其中一员确实不容易。纳粹意识形态如此深入地渗透到德国人的日常生活中，以至于希特勒青年团中的儿童和青少年被鼓励监视自己的父母，如果其父母不是“优秀”的纳粹分子，他们就需要向盖世太保（德国纳粹的秘密警察）报告（Staub，1989）。如果你说了或做了一些显示你不忠的事，邻居、同事、店员或街上的路人都会告发你。人们在没有私下接纳的情况下可以表现出公开顺从，这形成了规范性从众的成熟环境。拒绝、排斥，甚至酷刑或死亡都促使人们产生顺应规范的强大动机，许多普通德国人都认同了纳粹的宣传。不管他们这样做是出于信息性还是规范性的原因，他们的从众使大屠杀的发生成为可能。

宣传：通过误导或情绪化的信息来操纵大众的态度和行为，从而有意地、系统地实现一个目标。

问题回顾

1. （ ）规范涉及对社会认可的行为的感知；（ ）规范涉及对人们的实际行为的感知。
   a. 公共；私人
   b. 私人；公共
   c. 描述性；命令性
   d. 命令性；描述性
2. （ ）规范最能改变人们的行为。
   a. 信息性
   b. 规范性
   c. 命令性
   d. 描述性
3. 下列哪一个例子说明了使用规范来改变行为会产生事与愿违的“反向效应”？（ ）
   a. 杰瑞发现楼里的每个人都在通过安装一个低流量的淋浴头来节约用水，因此，他决定他不需要担心节约用水的问题，他开始比平时花更长的时间洗澡
   b. 伊莱恩注意到办公室里新来的帅哥用的是可重复使用的杯子而不是瓶装水，因此，为了赢得他的好感，只要他在附近，她就特意炫耀她的可重复使用的杯子
   c. 克雷默发现他的用电量比附近的大多数人都多，因此，他每次离开公寓时都会关掉电脑、电灯和热水器，以减少用电量
   d. 乔治发现他所有的邻居都在偷用有线电视信号，因此，他决定也非法安装有线电视
4. 登门槛技巧（ ）。
   a. 只在第二个请求和第一个请求来自同一个人时有效
   b. 利用了人们对自我一致性的渴望
   c. 是关于宣传的一个例子
   d. 只在请求来自权威人士时有效
5. 门前技巧（ ）。
   a. 是信息性社会影响的一个例子
   b. 说明了人们渴望正确的重要性
   c. 至少在一定程度上依赖互惠准则
   d. 在危机时刻更可能发挥作用

“问题回顾”答案，请扫描章末二维码查看。

8.5 服从权威

2004 年 4 月 9 日，一名男子给位于美国肯塔基州的华盛顿山的麦当劳餐厅打了一个电话，他自称是一名警察。他告诉助理经理她有麻烦了：她的一位雇员从餐厅里偷了钱。他告诉她，他已经与麦当劳总部的经理和店长进行了交谈，而且正确地说出了店长的名字。这个警察给助理经理大概描述了作案者的特征，作案者是一个十几岁的女性。她识别出这是她的一位雇员（为了保护她的身份，我们称之为苏珊）。这个警察还告诉助理经理她必须尽快搜出苏珊偷的钱，否则苏珊会被逮捕并送进监狱，而且会被搜身（Wolfson，2005）。

你可能认为这一切听起来有些蹊跷。助理经理后来说，起初她也有些困惑，但打电话的人是有威信的，并且以一种非常令人信服的方式陈述信息，此外，他毕竟是个警察——我们应该服从警察。在接电话的时候，她觉得她听到了背景中警用无线电的声音。

因此她把苏珊叫到一个小房间里，锁上门。电话中的警察告诉助理经理应该做什么、说什么。按照他的指示，她命令苏珊一件一件地脱掉衣服，直到她一丝不挂。然后，助理经理把所有衣服都放到一个包里，并且把包放到了房间外面，这也是警察的指示。这时，苏珊哭了。她害怕被指控偷窃，并且因光着身子被搜查而感到屈辱。

苏珊并不是第一个受到这种伤害的快餐店员工。多年来，餐厅经理接到电话，电话那头的人要求他们

虐待雇员的事在全国各地都发生过。只是执法部门花了些时间才把事情搞清楚。涉及 32 个州的几十家不同连锁店的 70 位经理都接到了这样的电话，而且服从了打电话的人的指令（Barrouquere，2006；Gray，2004；Wolfson，2005）。你可能已经猜到了，这个打电话的人并不是警察，他制造了一场可怕的恶作剧。

苏珊一直赤裸裸地站着，在那个锁着的小房间里待了一个小时，“警察”让助理经理找另外一个人来看守苏珊。苏珊给她的未婚夫打了电话，他同意到餐厅来，并且和这个赤裸的、越来越害怕的少女一同被锁在了房间里。就在这时，事件变得更加令人不安。这个男人也相信打电话的那个人就是警察，在将近三个小时里，要求不断升级，那个“警察”甚至让他强迫苏珊同意各种性要求。“警察”还直接和苏珊谈话，并且恐吓她，如果她不服从，就要承担一系列后果。苏珊说：“我被吓坏了，因为他们对我来说，是更高的权威。我担心我的安全，因为我以为我遇到了法律问题（Wolfson，2005）。”

在经过了涉及好几个州的调查后，一个 38 岁的佛罗里达州男子被逮捕，并且被指控电话诈骗。助理经理和女孩的未婚夫（现在已经不再是了）对多项指控供认不讳。现在，饱受恐慌、焦虑和沮丧折磨的苏珊起诉了麦当劳公司，因为该公司在第一次恶作剧事件发生后，没有在全国范围内提醒员工。她通过肯塔基州的陪审团，获得了 610 万美元的赔偿金（Barrouquere，2006；Wolfson，2005）。

是什么导致看似正常的人做出这种行为——听从一个完全陌生的人的命令去羞辱和虐待一个无辜的人？在本章，我们探讨了不同类型的社会影响，从来自团体规范的内化压力到直接请求。但是，要理解快餐店恶作剧，我们必须考虑强大的社会影响形式之一：服从（obedience）权威。实际上，我们从孩提时起就接受社会化，开始服从一些我们认可的权威（Blass，2000；Staub，1989）。我们将自己服从的这些社会规范内化，这样即使在权威根本不存在的情境中，我们通常也会遵守规则与法律，这并不一定是件坏事，例如，即使警车没有停在附近，你也会在红灯亮起时停下来。但是，正如你在本章发现的，服从也能带来悲剧性的后果。

米尔格拉姆的实验

和许多时代一样，在过去的一个世纪里，暴行和种族灭绝不断上演。因此，世界上的居住者面临的重要问题之一是，社会影响与个人责任之间的界限究竟在哪里？哲学家汉娜·阿伦特（Hannah Arendt）对大屠杀的原因尤为感兴趣。希特勒的纳粹政权是如何基于宗教、种族、性取向、生理缺陷或政治信仰屠杀数百万人的？阿伦特认为，绝大多数种族屠杀的被试都不是喜欢滥杀无辜的虐待狂或精神疾病患者，而是承受着复杂而强大的社会压力的平民（Arendt，1965）。作为一名记者，她报道了对阿道夫·艾希曼（Adolf Eichmann）（当时负责运送犹太人到死亡集中营的纳粹官员）的审判，并总结道：“他并不是许多人所认为的嗜血的怪物，事实上，他只不过是一名普通的官员，他与其他官僚机构人员一样按照命令办事，但不质疑命令本身（A. G. Miller，1995）。”

我们的重点不在于为艾希曼的罪行找借口。关键是，用疯子的行径来解释他们的行为过于简单了。把他们的行为看成普通人受到不同寻常的社会压力时做出的行为，更有意义，可能也更可怕。但是，我们如何能确定这些暴行不仅是由邪恶的、心理变态的人造成的，也是由那些加在所有人身上的强大的社会影响造成的呢？找到答案的方法是在受控条件下，用实证研究的方法来研究社会压力。我们可以招来一批普通的民众，使他们处于各种不同的社会影响之下，然后看他们在多大程度上会服从。实验者可以影响普通人，使他们做一些不道德的事吗（例如，对一个无辜的旁观者施加强烈的痛苦）？斯坦利·米尔格

服从：权威人物的直接影响导致的行为上的改变。

拉姆（Stanley Milgram）决定找出问题的答案，而他为此做的一系列实验也成为社会心理学的著名研究（Milgram，1963，1974，1976）。

想象一下，现在你是米尔格拉姆研究中的一名被试。你回应了报纸上的一则为有关记忆与学习的研究招募被试的广告。当你来到实验室的时候，你遇到了另一名被试，一个 47 岁、微胖、看来和蔼可亲的家伙。而实验者则穿着一件白色的实验服，他向你们解释说，两个人中会有一个人扮演教师，另一个人则扮演学生。你从帽子中抽出一张纸条，发现自己将扮演教师。你的任务是给另一名被试读一系列词对（例如，蓝 – 盒子，好 – 天气），然后测试他对这一系列词对的记忆。实验者指示，只要对方犯一个错误，你就要对其施加一次电击，因为研究的目的是探索惩罚对学习的作用。

你看着另一名被试（扮演学生的人）被带到隔壁的房间，他被绑在椅子上，手臂上还被系上了电极。而你正坐在一台电击发生器前，它有 30 个开关，能传输不同级别的电击，每个级别有 15 伏的电压增量，最低级别的电击电压是 15 伏，最高级别的电击电压是 450 伏。同时，开关上还有标签，从“轻微电击”到“危险，严重电击”，再到贴在最高级别的开关旁边的“不详的‘× × ×’”。实验者告诉你，当你的学生第一次犯错的时候，你就对他施以 15 伏的电击，也就是最低级别的电击，之后，他每多犯一次错误，你就将电击提高 15 伏。为了让你了解被电击的感觉，实验者会对你施以 45 伏的电击。事实上，它带来的感觉已经很疼了。

你先对学生念了一下单词表上的词对，然后开始进行测验。测验时，你先念词对中的第一个单词，然后给出四个选项；学生通过在四个按钮中选择一个进行回答，以点亮你面前的答案盒上的一盏灯。刚开始一切都很顺利，前几个问题你的学生都答对了。然后，他答错了几个问题，你按照指示对他实施电击。这时，你可能开始担心你实施电击的次数和电击强度。当电击的强度达到 75 伏时，你通过对讲机听到学生发出一声痛苦的叫声：“啊！”也许这时你暂停了一下，并且询问实验者你该怎么办。“请继续。”他毫不犹豫地回答。当学生继续出现错误时，你又施以更高一级的电击。学生开始反抗，大声喊道：“啊！够了，让我出去！”你脸色凝重地望着实验者。他平静地告诉你：“请务必继续下去。”实验者使用的指令请参见图 8-6。

你会怎么做？你认为会有多少人继续服从实验者的指示，不断地增加电击强度，一直到 450 伏的最高强度呢？

当这个问题被摆在耶鲁大学心理学专业的学生面前时，他们中估计只有不到 1% 的人会这样做。中产阶级成年人和精神科医生，也做出了相同的预测。不过，鉴于我们对从众行为的讨论，你也许并不会这么

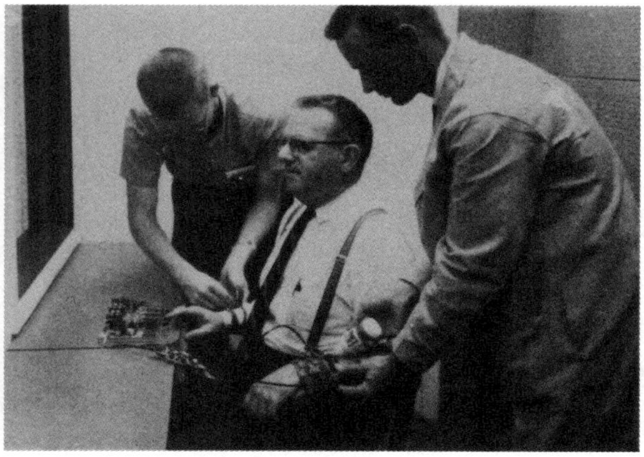

左图：米尔格拉姆在实验中使用的电击发生器。右图：学生（实验同谋）被绑在椅子上，手臂上系着电极。
资料来源：Milgram，1974.

“学生”的抗议

75 伏：啊！
90 伏：啊！
105 伏：啊！（更大声地叫）
120 伏：啊！喂，这真的很疼啊。
135 伏：啊！
150 伏：啊！负责人！够了，放我出去。我跟你说了我有心脏病的，我的心脏开始不太舒服了，请放我出去。我的心脏开始痛了，我拒绝继续，让我走吧！
165 伏：啊！让我出去！（大叫）
180 伏：啊！我痛得受不了了，放我出去！（大叫）
195 伏：啊！让我出去，让我出去。我的心脏好痛啊，让我出去！你们没有权利把我关在这里！让我出去！让我出去！让我走！让我出去！我的心脏受不了了！让我走！让我走！
210 伏：啊！负责人！让我出去！我受够了！我不想继续做实验了！
225 伏：啊！
240 伏：啊！
255 伏：啊！放我出去！
270 伏：啊！（痛苦地尖叫）让我出去，让我出去，放我走吧！你听到了吗？放我出去！
285 伏：啊！（痛苦地尖叫）
300 伏：啊！（痛苦地尖叫）我绝对拒绝再回答。把我放出去，你不能把我关在这里。让我出去，把我放出去！
315 伏：啊！（更痛苦地持续尖叫）我和你说了我拒绝回答。我不参加这个实验了！
330 伏：让我出去！放我出去！我的心脏受不了了。让我走，我跟你说话呢！（歇斯底里地叫）放我出去！你们没有权利把我困在这里。让我出去！让我走！

实验者为使人服从使用的指令

指令一：请继续。
指令二：实验需要你继续。
指令三：你绝对需要继续下去。
指令四：你别无选择，必须继续。
这些指令是按顺序排列的：只有指令一不成功时，人们才能使用指令二。如果实验者说出四条指令之后被试仍拒绝服从实验者，实验就终止了。实验者的声音一直都是坚定的，但并不是没有礼貌的。每次被试畏缩不前或表现出犹豫时，实验者就会重新按顺序发出指令。
特殊指令：如果被试问及学生是否会受到永久性的生理伤害，实验者会说“尽管电击也许会让他们很痛，但是它不会产生永久性的伤害，所以请继续”。在必要时，请使用指令二、指令三或指令四。如果被试说，学生不愿意继续了，实验者会答复“无论学生喜不喜欢继续，你必须继续，直到他把所有的词对都学会。请继续”。在必要时，请使用指令二、指令三或指令四。

图 8-6　米尔格拉姆的研究的文字记录和提示语

米尔格拉姆的服从实验中的“学生”的抗议和实验者为迫使被试继续实验使用的指令。

乐观。事实上，米尔格拉姆的多数被试都会屈服于权威人士的压力。他们实施的最大电击的平均值是 360 伏，并有 62.5% 的被试将电击强度一直增加到 450 伏，这是仪表盘上的最高强度。甚至当那位事先提到自己有心脏病的学生大叫“让我出去！让我出去！我的心脏受不了了，让我出去！放我走！我受够了！我再也不要做实验”时，仍然有 80% 的被试继续施加电击（Milgram，1974）。

我们必须指出，那位学生实际上是实验同谋，他在表演而不是真的在受苦，他并没有遭受任何电击。同样重要的是，该实验非常逼真，人们相信自己真的在对学生实施电击。下面是米尔格拉姆描述的一名扮演教师的被试的反应。

> 我看到一位成熟且镇定自若的商人，他面带微笑，自信地走进实验室。但是，不到 20 分钟后，他变成了一个浑身抽搐、结结巴巴、失魂落魄的人，他似乎很快就要精神崩溃了。他不断地扯自己的耳垂，扭动自己的双手。在某一刻，他甚至

> 用拳头顶着额头，喃喃地说："噢，上帝，停下来吧！"但是，他还是继续对实验者的每个词做出回应，一直服从到最后（Milgram，1963）。

这些被试的年龄范围为 20 多岁到 50 多岁，他们从事着不同的职业。尽管在 1963 年的研究中，被试都是男性，但是在后续的研究中，米尔格拉姆发现女性的服从率几乎与男性相同。为什么有那么多人在相信自己给另一个人带来了巨大痛苦的时候仍然服从实验者？为什么大学生、中产阶级成年人和精神科医生对人们行为的预测会大错特错呢？那些导致人们从众的各种原因以一种危险的方式结合在一起，导致了米尔格拉姆的研究中的被试服从权威。让我们来仔细看看米尔格拉姆的研究吧。

规范性社会影响的作用

很明显，是规范性压力使米尔格拉姆实验中的人们很难拒绝继续进行下去。正如我们看到的，如果有人真的希望我们做某事，拒绝是很困难的，尤其是当这个人处于权威的位置时。米尔格拉姆研究中的被试也许会认为，假如他们拒绝继续进行实验，实验者会很失望，甚至生气，所有这些压力都使他们只好继续。这项实验与阿希的研究的不同点在于，前者在设计上要求实验者主动尝试让人们服从，例如，给出一些强硬的命令——"你一定要继续进行下去"。当一位权威人士如此坚定时，我们会服从，因为拒绝真的太困难了（Blass，2000，2003；Doliński & Grzyb，2016；Meeus & Raaijmakers，1995）。

从米尔格拉姆的另一项略有变化的研究中，我们可以清晰地看到在他的实验中的确存在规范性压力。这一次，一共有三位教师，其中两位是实验同谋。一位同谋按照指示念单词表上的词对，另一位同谋则负责告诉学生他的答案是否正确。而（真正的）被试则负责实施电击，学生每多犯一个错误，被试就会将电击强度增加一个级别，这与最初的实验是一致的。当电击强度达到 150 伏时，也就是学生第一次发出强烈的反对声音时，第一位实验同谋会拒绝继续进行实验，尽管实验者命令他继续。当电击强度达到 210 伏时，第二位同谋也会拒绝继续进行实验。结果呢？同伴的拒绝使真实的被试更容易做出不服从的行为。在这次实验中，只有 10% 的被试实施了最高强度的电击（见图 8-7）。这个结果与阿希的研究发现相似：当有一位实验同谋反对大多数成员时，人们从众的行为就不太多了。

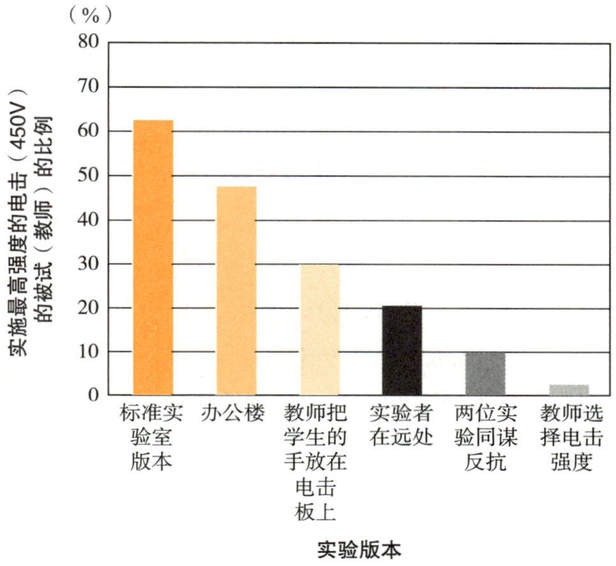

图 8-7 不同版本的米尔格拉姆实验的结果

在米尔格拉姆实验的标准版本中，服从率为 62.5%。当研究地点是普通的办公室而不是耶鲁大学心理学系时，这个比例会下降。当教师必须亲手把学生的手放在电击板上时，当实验者发出命令的位置在远处时，或者当另外两位教师（实际上是实验同谋）拒绝继续进行实验时，服从率进一步下降。当实验者让被试自己决定电击强度时，几乎没有人进行到最高强度的电击。该图说明了对权威的服从是如何依赖环境的。

资料来源：Milgram，1974.

信息性社会影响的作用

尽管规范性压力在米尔格拉姆最初的研究中发挥了重大作用，但这并不是人们服从的唯一原因。实验者的确具有权威性，并且很坚定，但他并没有用枪指着被试说："你是选择服从还是选择不要命？"被试完全有随时起身离开的自由。那么为什么他们没有这样做？实验者只是一个被试素未谋面的、以后可能再也不会见到的陌生人。

之前我们已经提到，当人们处于一个令他们困惑的情境中，无法确定自己该做什么时，他们就会通过向他人求助来弄清状况。当情境模糊不清时，当出现危机时，当情境中的其他人是专家时，信息性社会影响的威力就极其强大。米尔格拉姆的被试所面临的情境正好具备了这三个特点。当实验者向他们解释实验时，一切似乎都很简单（这是一个有关惩罚对学习的影响的研究），但后来事情好像变了样。学生已经痛得大喊大叫了，而实验者却告诉被试电击不会造成永久性伤害。被试并不想伤害任何人，但是他或她已经答应参加研究并且服从指示。当冲突出现时，被试很自然地会依靠专家——穿着白色实验服的实验者——来帮助他们决定怎样做才是对的（Krakow & Blass，1995；A.G.Miller，1986；Miller，Collins，& Brief，1995）。

米尔格拉姆进行的另一个版本的实验支持了信息性社会影响也在发挥作用的观点。该版本的实验与最初的实验相比，只有三个关键的变化。第一，实验者没有规定应该使用哪种级别的电击强度，而是把决定权交给了被试。第二，在研究开始之前，实验者接到了一个电话，不得不离开实验室，他告诉被试在他不在的情况下继续进行实验。第三，有一位实验同谋充当第三位教师，他负责记录学生对每组单词做出反应的时间。当实验者离开时，这位教师提议说，他想到一个很好的方法：学生每犯一次错误，教师就提高一个电击强度的级别。他坚持让真正的被试遵照这种程序。

注意，在这次的情境中，下达命令的人没有专业知识，他只是一个普通人，并不比被试懂得多。因为他缺乏专业知识，人们就不太可能把他作为指导行动的信息来源了。如图 8-7 所示，在这一版本的实验中，只有 20% 的被试用到了电击仪表盘的最高档（这也说明有些人非常不确定自己该怎么办，以至于他们听从了非专业人士的指导）。

米尔格拉姆做的另一个版本的实验则强调了权威人士在诱发服从行为过程中的重要性。在该版本的实验中，有两名实验者向真正的被试发出命令。当电击强度达到 150 伏时，学生第一次大叫并表示他想退出实验，而两名实验者则开始对是否继续进行实验出现分歧。这时，每一位扮演教师的被试都停止了实验。请注意，被电击的人无论做什么都无法让被试停止服从；然而，当权威人士本身对情境缺乏清晰的认识时，被试摆脱了服从者的角色。

服从的其他原因

在米尔格拉姆的实验中，规范性社会影响和信息性社会影响的作用都非常强大。然而，这些原因仍不足以解释为什么人们的行为会如此不人道。这两个理由解释了为什么人们在一开始服从实验者的指令，但当他们越来越明白发生在学生身上的事情时，为什么他们没有意识到他们这样做是完全错误的，从而停止实验呢？正如当电话中的“警察”的要求从只是有点怪异到之后明显违法时，快餐店经理仍然虐待其雇员一样，米尔格拉姆研究中的许多被试不顾同伴痛苦的哭喊，一次又一次地按下电击杆。

服从了错误的规范

为了能理解这种持续的服从，我们还需要考虑该情境中的其他情况。我们无意暗示米尔格拉姆研究中的被试都是毫无头脑的，或者没有意识到自己在做什么。正如研究录像清楚地显示的那样，他们都非常关心受害者的处境。问题是他们陷入了一个相互冲突的规范之网，不知道应该服从哪个规范。在实验开始的时候，服从下面的规范是完全合理的——“服从合法的权威”。此外，正如亚历山大·哈斯拉姆（Alexander Haslam）及其同事说的那样，米尔格拉姆的实验中的被试不仅在服从权威人士的命令，还参与了他们所认为的、公正且有价值的科学探索（Haslam，Reicher，& Birney，2016）。毕竟，这位老师已经被指定为这个研究小组的成员，被试相信自己的行为是好的，是自己以科学的名义、代表研究者做出的。简而言之，在被试看来，实验者自信且拥有丰富的知识，而研究看起来也是对一个有趣假设的合理验证，所以，为什么自己不与实验者合作、按他说的做呢？

但是，渐渐地，游戏规则开始发生变化，而“服从权威”和“一切都是以科学的名义”的规范变得越来越不合适了。那名之前看起来讲道理的实验者，现在却让人们对其他被试施加极大的痛苦。但是，一旦人们开始服从某个规范，中途改变似乎是很困难的，人们很难意识到这一规范已经不再合理了，或者很难意识到应该遵守另一个规范——“不对其他人施加不必要的痛苦”。例如，假设实验者在一开始就解释说他希望大家向其他被试施加可能致命的电击，有多少人会同意呢？我们估计极少数人会这样做，因为这很明显已经违反了一条有关伤害他人的社会和个人规范。相反，实验者采用了“先诱导再转变”的策略——先让“服从权威”的规范看起来很恰当，然后才逐渐显露出他打算如何在这种情境中使用他的权威（Collins & Brief，1995）。

在米尔格拉姆的实验中，由于研究进展得很快，被试没有时间思考他们应该如何做，他们很难放弃“服从权威”的规范。他们正忙于记录学生的答案、留意单词表中的下一个词对是哪个，以及判断学生的答案是否正确。鉴于他们需要关注如此多的细节，并且实验的速度很快，他们很难意识到正在指导自己行为的规范在一段时间后不再合适了（Conway & Schaller，2005；Modigliani & Rochat，1995）。我们假设，如果当实验进行到一半时，米尔格拉姆的研究中的被试被告知可以休息一下，或者有机会一个人在房间里待一会儿，那么更多的人会成功地重新定义情境，拒绝继续下去。

自我辩白

如上所述，在米尔格拉姆的研究中，实验者要求人们以一个较小的增量来提高电击的强度，这是很重要的一点。被试并不需要一下子将微弱的电击变成可能致命的电击。相反，在任何给定的时间点，他们面临的决定只是把自己刚刚已经施加过的电击的强度提高 15 伏。正如我们在第 6 章提到的，每当人们需要做出一个重要或困难的决定时，失调的体验就会产生，减少这种失调的压力会相伴而来。有效地减少由一个困难的决定引发的失调的方法，就是将这项决定

自我辩白可以解释为什么人们在试图加入一个组织时，有时会接受一系列越来越屈辱甚至危险的欺侮活动。新成员可能会告诉自己，既然自己刚刚接受了一个尴尬或有辱人格的行为，现在怎么能拒绝下一个请求呢？通过这种方式，他们对团队的忠诚度得到了强化。

视为完全合理的。但是，由于消除失调的做法会为之前的行为提供一个正当的理由，它会使一个人更容易进一步升级这个现在被认为合理的行为。

因此，在米尔格拉姆的研究中，被试答应实施第一次电击产生了迫使他们继续服从的内部压力。随着被试连续实施每一个级别的电击，他们必须在心中找到理由为自己的行为进行辩护。他们一旦为特定的电击强度找到理由，就很难再找到一个可以停止的理由了。事实上，他们怎么能说“好的，我给了他 200 伏的电击，但我不会给他 215 伏的电击”呢？为实施每一级的电击进行的辩护都为下一次电击奠定了基础，而退出就会产生失调的体验：215 伏与 200 伏似乎并没有太大区别，而 230 伏与 215 伏也没差多少。因此，那些停止实验的人是在内心遭受极大压力的情况下做出决定的（Darley，1992；Gilbert，1981；Miller et al.，1995）。米尔格拉姆观察到，电击任务的递增性质对服从程度至关重要，就像前文描述的那样，一系列递增的请求使“登门槛技巧”发挥作用。

个人责任丧失

当你是研究中的被试（或者雇员），而另一个人是合法的权威人士（实验者、上司或警察）时，你就成了“木偶”，而他们是拉线的人。他们决定你应该做什么，而且他们为最终的结果负责——毕竟，这是

他们的想法，而你“只是服从命令”。米尔格拉姆强调，人们对自己行为的个人责任感的丧失是解释服从研究的结果的一个关键成分。

当你可能做出不得体的或令人不愉快的行为时，如果你能把这些行为的个人责任转嫁给别人，你就会更容易做到。狱警有一个极其令人不安的工作——必须执行死刑。狱警如何应对这项工作呢？显然，他们需要减少他们的认知失调。夺取一个人的生命是让人感到疑惑和不安的行为，因此，为了做到这一点，他们非常需要进行自我辩白。迈克尔·奥索夫斯基（Michael Osofsky）、阿尔伯特·班杜拉（Albert Bandura）和菲利普·津巴多（Philip Zimbardo）研究了三所南方州立监狱的行刑团狱警，将他们和不需要执行死刑的狱警进行了比较（Osofsky，Bandura，& Zimbardo，2005）。所有狱警都匿名地回答问卷，问卷中有一些陈述句，他们需要提供自己对这些句子的同意水平。例如，“谋杀者由于犯罪失去了生存的权利”“这些执行死刑的人顺应了社会的意愿，因而不应该受到批评”。

研究者发现两种类型的狱警的态度存在显著差异。行刑团狱警对他们的工作表现出更多的“道德脱离”。行刑团狱警否认对处决负有个人责任。在这个例子中，他们觉得自己只是在执行法官和陪审团的命令。在其他领域，他们也进行自我辩白。与一般的狱警相比，他们更多地将囚犯进行非人化，认为他们缺乏重要的人性品质。他们认为犯人对社会的威胁更大，因此杀死他们是必要的。所有这些态度都帮助行刑团狱警减少了他们对自己工作中的道德问题的疑虑。正如一个狱警说的：“我们要完成工作，这就是我们所做的。我们的工作是处决这个人，而且我们会用一种专业的方式完成。”

过去与现在的服从研究

斯坦利·米尔格拉姆的服从研究被广泛地认为是对心理学领域做出重要贡献的研究之一（Benjamin & Simpson，2000）。他的研究是在 20 世纪 60 年代早期进行的，在接下来的几年中，有 11 个国家的研究者重复了他进行的研究，其中包括大约 3000 个被试（Blass，2000）。然而，在实验被试的伦理方面，米尔格拉姆的研究范式也在学术界引起了一场反对风暴（和深思）。

米尔格拉姆的研究在几个不同的层面被认为是违反伦理的。第一，这个研究涉及欺瞒。例如，实验者告知被试这是一个关于记忆和学习的实验——当然，它不是；实验者告知被试电击是真实的——当然，它也不是。第二，被试没有真正的知情同意。当他们同意参加实验时，他们不知道实验的本质，因此，他们从未真正同意参与他们最终经历的场景。第三，教师的角色让他们在实验过程中产生心理不适。第四，被试并不知道他们有随时退出实验的权利。事实上，实验者告诉他们的话恰恰与此相反。例如，他们“必须继续下去”。最后，被试的自我概念会受到伤害。当实验结束时，被试在自己没有事先同意的情况下，被迫了解了一个有关自己的不愉快的事实（Baumrind，1964，1985；A. G. Miller，2009）。最近的批评集中在一个令人不安的指控上——米尔格拉姆在他发表的论文中没有如实叙述他的事后解说，许多被试实际上在离开时并不知道学生是实验同谋，电击是假的（Nicholson，2011；Perry，2013）。

虽然米尔格拉姆的实验涉及的伦理问题不是美国在 1966 年建立被试伦理准则的原因（人们通常这样认为，但它们的创建主要是为了保护医学研究的被试），但是这些新的准则使像米尔格拉姆这样进行服从研究越来越具有挑战性（Benjamin & Simpson，2009）。事实上，几十年来已没有研究者使用米尔格拉姆的程序做服从实验了（Blass，2009），很多学生在心理学课上了解到这种实验已经被禁止了。但是，当杰里·伯格（Jerry Burger）在美国进行了几十年来的第一个米尔格拉姆式的服从研究后，一切都改变了。

为了在现代道德准则要求的条件下进行实验，伯格对实验程序做了多处修改（Burger，2009）。首先，当被试第一次听到学生哭喊“我要出去”，并且学生拒绝继续进行实验时，被试施加 150 伏的电击之后要停止实验，这样被试的心理不适就减少了。针对米尔格拉姆的 8 个版本的研究的数据分析表明，在他的研究中，不服从在这个时候最有可能发生，先前大多数施加了超过 150 伏电击的被试更容易用到电击仪表盘上的最高档（Packer，2008a）。其次，被试是临床心理学家事先筛选出来的，那些会在实验后受到消极影响的人会被排除，即使这种消极影响非常小。最后，伯格不断地、明确地告诉被试，他们可以在任何时候停止实验，学生也是。

不过，在大多数方面，伯格的实验很像原来的实验。当他们开始犹豫时，他使用了相同的基本“指令”（例如，“你继续进行实验是非常必要的”）。与米尔格拉姆的研究一样，伯格的被试都是他通过报纸广告和传单招募的成年男性和成年女性。他们的年龄范围是 20 ～ 81 岁，比米尔格拉姆的研究中的被试的年龄范围更广，而两者的平均年龄都是 43 岁。在种族上，他们比米尔格拉姆的被试更加多样化，而且他们的受教育程度更高。此外，由于米尔格拉姆的服从研究非常有名，伯格剔除了已经学过两门以上大学心理学课程的被试。

伯格发现了什么呢？如今的被试比米尔格拉姆时期的被试更倾向于不服从吗？答案是否。伯格发现他的被试和米尔格拉姆的被试在服从方面没有显著差异。在施加了 150 伏（临界值）的电击后，70% 的被试服从了，而且准备好了继续施加电击。几年后，达留什·达里斯基（Dariusz Doliński）和他的同事（Dolński et al.，2017）在波兰的一项研究中使用了伯格改进的程序，发现 90% 的被试在 150 伏的电击条件下选择服从。最近在美国和波兰样本中观察到的服从率与米尔格拉姆自己在 150 伏电击条件下报告的 82.5% 的服从率没有统计学差异。

注意，伯格出于伦理上的考虑，改变了实验方法，这使直接比较他的研究和米尔格拉姆的研究有些困难（A. G. Miller，2009；Twenge，2009）。实验在电击强度达到 150 伏后停止可能会使程序更加符合伦理，但这也意味着我们不知道今天有多少被试会一直施加到 450 伏的电击。米尔格拉姆的服从研究的特别之处在于被试选择从 150 伏的电击开始，一小步、一小步地提高电击强度，直到触动电击发生器的最后一个开关。正是在这期间，被试的感觉最为矛盾、紧张和焦虑。也正是在这期间，他们对一场紧迫的道德冲突的反应被揭示（Miller，2009）。这也是如今重复性研究缺失的信息。因此，它提醒我们科学探究的两个目标——发现新知识和不造成伤害——有时候是相互矛盾的。

问题回顾

1. 下列哪一项是米尔格拉姆的服从研究的目标？（　）
   - **a.** 识别与施虐行为相关的变态人格特征
   - **b.** 为与种族灭绝和其他不人道的做法相关的行为进行辩护，证明其无罪
   - **c.** 更好地理解导致破坏性的、不道德行为的社会力量
   - **d.** 识别侵略行为的文化差异
2. 在米尔格拉姆实验中，有关规范性社会影响对被试的服从行为所起的作用，下列哪一项是正确的？（　）
   - **a.** 当其他教师（实际上是实验同谋）拒绝继续参与研究时，被试的服从率显著下降
   - **b.** 在这项研究中，男性和女性表现出相似的服从程度
   - **c.** 学生（实际上是实验同谋）在研究开始前说他有心脏病
   - **d.** 许多被试在研究过程中发出了紧张的笑声
3. 下列哪一项不是实验者在米尔格拉姆的研究中使用的指令？（　）
   - **a.** 实验需要你继续
   - **b.** 请继续

c. 你绝对需要继续下去

d. 如果你不继续，你将不会获得参与实验的报酬

4. 下列哪一项是米尔格拉姆的研究的伦理问题？（ ）

a. 被试的报酬较低

b. 被试在自己没有事先同意的情况下，被迫了解了一个有关自己的令人不愉快的事实

c. 被试从未有机会以学生的角色参与研究

d. 在研究开始前，被试必须接受 75 伏的电击

5. 下列哪一项是伯格在几十年后重复最初的米尔格拉姆的研究时所做的改变？（ ）

a. 他只研究了女性被试

b. 当被试使用的电压达到 150 伏时，研究就停止了

c. 他告诉被试，这项研究是关于惩罚对学习的影响的研究的一部分

d. 他为被试的参与支付报酬

“问题回顾”答案，请扫描章末二维码查看。

总结

8.1 从众行为：发生的时机与原因

当人们由于真实的（或想象的）来自他人的影响而改变自己的行为时，从众行为将产生。人们从众主要有两个原因：信息性社会影响与规范性社会影响。

8.2 信息性社会影响：了解“正确”情况的需要

信息性社会影响发生在人们不知道怎样做、怎么说是正确的或最好的情况下。人们观察他人的行为，将其看作重要的信息来源，并且据此选择合适的行为方式。信息性社会影响通常可以引发私下接纳，即人们真诚地相信他人的言行是正确的。

- **保持正确的重要性。**在保持正确非常重要的情境中，人们因信息性社会影响而从众的倾向会增强。
- **当信息性从众导致事与愿违的效果时。**当人们错误地判断正在发生的事情时，将他人作为信息的来源可能引发相反的效果。
- **人们何时会顺应信息性社会影响。**当情境模糊时，当危机出现时，或者当有专家在场时，人们更有可能顺应信息性社会影响。

8.3 规范性社会影响：希望被接纳的需要

当我们为了使自己和他人相称而改变自己的行为时，规范性社会影响就发生了，因为我们想保持这个团体成员的身份，而且想继续获得这个身份带来的优势。我们顺应该团体的社会规范，即内隐的或外显的关于可接受的行为的准则、价值观和态度。规范性社会影响通常会使个人公开顺从，但并不一定使个人私下接纳他人的观点和行为。

- **从众与社会认同：阿希的线段判断研究。**在一系列经典研究中，所罗门·阿希发现人们愿意顺应团体的明显错误的答案，至少有时如此。
- **回顾：保持正确的重要性。**当保持正确非常重要时，人们更有可能拒绝规范性社会影响，违背团体，从而给出正确答案。
- **拒绝规范性社会影响的后果。**拒绝规范性社会影响可能导致被人嘲笑、排斥，甚至被团体抛弃的后果。
- **人们何时会顺应规范性社会影响。**社会影响理论指出，根据团体的强度、接近性和人数，人们可以判断规范性社会影响何时最有可能发生。当团体很重要、团体成员的思想或行为一致、团体有三个或更多的成员，以及人们是集体主义文化中的成员时，人们更可能从众。过去的从众行为给人们带来特异信用，它允许某个人背离团体而不会引发严重的后果。
- **少数人的影响：少数人何时能影响多数人。**在某些条件下，个体（或者少数人）能够影响大多数人。关键是少数人陈述的观点要一致。

8.4 从众策略

了解从众倾向可以为我们提供改变他人行为的策略信息。

- **命令性规范与描述性规范的作用。** 传达命令性规范（关于对社会认可的行为的期望）比传达描述性规范（关于对人们实际行为的期望）在改变行为方面更有效。
- **利用规范改变行为：谨防"反向效应"。** 人们必须注意描述性规范的"反向效应"，它可能使不被期望的行为比以前更有可能发生。
- **社会影响的其他策略。** 通过直接的请求改变他人行为的其他策略包括登门槛技巧（即请求者在提出更大的请求之前，先征得对方对一个小请求的同意），以及门前技巧（即请求者先提出一个肯定会被拒绝的大请求，然后再提出一个较小的请求）。另一种策略是宣传，它通常被认为是一种邪恶的策略，德国纳粹曾使用它。

8.5 服从权威

- **米尔格拉姆的实验。** 在许多著名的社会心理学研究中，斯坦利·米尔格拉姆探究了人们的服从，即人们为了回应权威人士而改变自己的行为。他发现了令人恐惧的服从程度，大多数被试执行了在他们看来会对人类产生致命伤害的电击。
- **规范性社会影响的作用。** 规范性压力使中断对权威人士的服从变得很困难。人们想通过表现得出色来取悦权威人士。
- **信息性社会影响的作用。** 服从实验对被试来说是一个令人困惑的情境，它伴随着相互矛盾的、模糊的要求。人们不清楚该如何定义发生的情况，因此他们遵照专家的命令。
- **服从的其他原因。** 被试顺应了错误的规范：当这个规范不再合适时，他们继续遵从"服从权威"和"以科学的名义行动"的规范。他们很难放弃这个规范的原因包括较快的实验节奏、电击水平小幅增强的事实、他们丧失了个人责任感。
- **过去与现在的服从研究。** 米尔格拉姆的研究设计在伦理方面受到了批评，其中涉及对被试的欺瞒、知情同意权、心理压力、退出实验的权利和受伤害的自我概念。美国的一项重复研究发现，21 世纪初的服从水平与 20 世纪 60 年代的经典研究结果没有显著差异。

思考题

你认为从众在哪些方面是促使数百万人参加 ALS 冰桶挑战的主要因素？你在本章还读到其他哪些可能影响了这场运动的因素？

自测

1. 下列选项都是信息性社会影响的例子，除了（ ）。
   a. 你正在跑步，但你不确定路线，因此你等待着，想看看其他跑步的人走两条路中的哪一条
   b. 你刚开始在一个新的岗位工作，突然火警响起来了，你注视着你的同事，看他们怎么做
   c. 当你进入大学时，你改变了自己的穿着，以便更好地“融入”群体；也就是说，这样人们才会更加喜欢你
   d. 你问你的导师，下学期你应该选哪些课程
2. 根据社会影响理论，下列哪个选项是正确的？（ ）
   a. 与那些与自己在时空上疏远的人相比，人们更多地顺应在时空上与自己亲密的人
   b. 人们更多地顺应那些对自己很重要的人
   c. 相比于一个人或两个人，人们更多地顺应三个人或更多的人
   d. 根据社会影响理论，以上都正确
3. 在阿希的线段判断研究中，当被试单独报告线段的长度时，他们在 98% 的试次中都给出了正确答案。然而，当他们和实验同谋在一起时，76% 的被试至少有一次给出了错误的答案。这表明阿希的研究是（ ）的例证。
   a. 有私下接纳的公开顺从
   b. 没有私下接纳的公开顺从
   c. 信息性影响
   d. 私下顺从
4. 下列哪一项关于信息性社会影响的描述是最真实的？（ ）
   a. 当人们决定是否从众时，人们应该问问自己，对于正在发生的情况，他人知道的是否比自己更多
   b. 人们应该总是试图抵抗它
   c. 当他人和自己拥有同样水平的专业技能时，人们更有可能从众
   d. 人们通常公开顺从，但私下并不接纳这种影响
5. 布兰登知道人们认为未成年人饮酒是不对的；然而，他也知道，周六晚上，在他的大学里，他的许多朋友会参与饮酒。他的这一信念——大众反对未成年人饮酒——是（ ）。而他的这一知觉——许多十几岁的少年在某种情况下饮酒——是（ ）。
   a. 命令性规范；描述性规范
   b. 描述性规范；命令性规范
   c. 描述性规范；从众
   d. 命令性规范；从众
6. 汤姆是一名大学新生。在上课的第一周，他注意到班上的一个同学上了一辆公共汽车。汤姆决定跟着这个同学。最终他发现公共汽车正好把他带到他上课的教学楼。这个例子最好地说明了哪种从众？（ ）
   a. 服从权威
   b. 信息性社会影响
   c. 公开顺从
   d. 规范性社会影响
7. 下列哪一项是规范性社会影响的最好例子？（ ）
   a. 卡丽正和一群朋友一起学习。当大家相互对照测验的答案时，她发现他们的答案和自己的不一样。她没有说出来，也没有告诉他们，因为她认为他们的答案是对的，所以她同意了朋友们的答案
   b. 萨曼莎应该带一瓶酒去参加晚宴。她自己并不喝酒，但她觉得可以询问店员自己应该买

哪种酒

c. 米兰达和她的上司、同事外出就餐。她的上司讲了一个取笑某个种族的笑话，每个人都笑了。米兰达认为这个笑话并不好笑，但她也笑了

d. 夏洛特第一次坐飞机。当她听到引擎发出的奇怪的噪声时，她非常害怕。但是，当她看到空乘人员并没有表现出惊恐后，她感觉好多了

8. 美国神话和文化经常强调（　）的重要性。

a. 不从众

b. 追随权威人士

c. 设置描述性规范

d. 规范性社会影响

9. 下列哪一种社会影响策略制造了与米尔格拉姆的研究（即以渐进方式提出较高的请求）相似的情况？（　）

a. 传染

b. 登门槛技巧

c. 门前技巧

d. 描述性规范

10. 在米尔格拉姆的研究中，下列哪一项对被试持续施加电击的意愿的影响最小？（　）

a. 个人责任的丧失

b. 自我辩白

c. 信息性社会影响

d. 被试的攻击性

本章“问题回顾”与“自测”答案，请扫描二维码查看。

第 9 章

团体过程：社会团体的影响

SOCIAL PSYCHOLOGY

本章音频导读，
请扫描二维码收听。

章节框架	学习目标
9.1 什么是团体 人们为什么加入团体 团体的组成与功能	理解团体的概念及人们加入团体的原因
9.2 团体中的个体行为 社会促进：他人在场为我们增添活力 社会懈怠：他人在场使我们放松 社会懈怠的性别与文化差异：谁最有可能偷懒 去个体化：迷失在人群中	描述当有其他人在场时个体的表现有哪些不同
9.3 团体决策：多人的决策一定优于个人的决策吗 过程损失：团体互动抑制了良好的解决办法 团体极化：走向极端 团体中的领导	比较单人决策与团体决策的结果，理解领导力在团体结果中的作用
9.4 冲突与合作 社会困境 用威胁解决冲突 协商与讨价还价	总结个人和团体冲突是加剧还是得到解决的决定因素

小调查

你是否曾在网上匿名发布过一些你知道自己绝不会当面对别人说的事情？

○是

○否

从 2016 年 11 月 8 日晚到 11 月 9 日凌晨，出乎所有人意料的 2016 年大选结果逐渐成为现实：唐纳德·特朗普击败希拉里·克林顿，成为美国第 45 任总统。专家和预测者立即开始为这出人意料的结果寻找可能的解释，一些人将矛头指向联邦调查局局长詹姆斯·柯米（James Comey），他在不到两周以前宣布重启对希拉里·克林顿的私人电子邮件的调查；另一些人则认为，在大选之前的民意调查中，特朗普的部分支持者不愿意承认他们支持这位有争议的候选人，这扭曲了报告的结果，使其不切实际地倾向于希拉里·克林顿。

希拉里·克林顿的失败有很多原因，包括一些她无法控制的原因：柯米的信、人们不愿选一位女总统，甚至其他国家对大选可能产生的影响。然而，毫无疑问的是，希拉里·克林顿和她经验丰富的竞选专家团也在一些关键战略决策上犯了错误，例如，这段发生在大选日前一周的插曲。工会组织者（希拉里·克林顿的强大支持者）越来越担心发生在密歇根州的出人意料的激烈竞争，他们决定向底特律派遣更多的竞选志愿者，希望得到支持。这是个民主党需要获得胜利的州，工会领导人打电话给希拉里·克林顿的竞选团队的高级助手，与他们分享了整个计划。

“把巴士掉头！”这是位于纽约的希拉里·克林顿团队的指挥部的回应。他们声称，不需要将资源送往密歇根州，因为他们的统计模型预测，希拉里·克林顿会在密歇根州获得 5 个百分点的优势（Dovere，2016）。

相似的故事也在其他所谓的民主党大本营上演。威斯康星州当地的竞选活动人员不得不亲自为动员投票筹措资金，因为希拉里·克林顿的竞选指挥部没有为这一活动拨款（Stein，2016）。此外，当希拉里·克林顿在大选前夕于费城举行名人集会时，一些批评家发现希拉里·克林顿 11 月的行程还包括在亚利桑那州和犹他州的停留（最终她毫无收获），这是两个传统的“红色州”。

如果希拉里·克林顿赢得密歇根州、威斯康星州，以及宾夕法尼亚州，她将当选总统。最终她以不到 70 000 票的微弱劣势输掉了这三个席位，认定这些州会安全地站在自己这边对于她的顾问团队来说似乎是一个灾难性的错误，如果他们在这些州多安排一些志愿者，多举行一些集会，或者采用不同的竞选资金分配方案，结果是不是会有所不同？也许会，但我们永远也不会知道了。

研究团体的社会心理学家会提出一系列不同但相关的问题：最有经验、最有见识且以前最成功的竞选团队怎么会犯这种错误呢？专家小组难道不应该比个人做出更好的决定吗？参加总统竞选的人能够支配一大批有才能的人，结合这些专家的意见似乎必然会带来最佳决策。但是，团体并不总是能做出好的决策，在这一章，我们将关注有关团体的本质和它们如何影响人们的行为的问题，这是社会心理学中较古老的话题之一（Forsyth & Burnette，2010；Kerr & Tindale，2004；Wittenbaum & Moreland，2008；Yuki & Brewer，2014）。

9.1　什么是团体

在图书馆的桌子上独立学习的六个学生并不是一个团体。但是，如果他们是为了准备心理学期末考试而聚在一起的，那么他们就是团体了。团体（group）包括两个或两个以上相互交流、相互依赖的人，他们的需要和目标使他们相互影响（Cartwright & Zander，

团体：包括两个或两个以上相互交流、相互依赖的人，他们的需要和目标使他们相互影响。

1968；Lewin，1948；J. C. Turner，1982）。然而，团体中通常不止两个人，两个人有时被认为是“一对”而不是“团体”（Moreland，2010）。例如，总统的顾问共同工作是为了达成一项外交政策，一群人是为了放松身心而举行聚会。团体就是为了共同的目的而聚集在一起的一群人。

花点时间想想你从属的团体的个数。不要忘记你的家庭、大学里的社团（如俱乐部或政治组织）、社区的团体、运动队，以及许多临时团体（如同一个研讨班里的同学）。所有这些都是团体，因为你与其他成员进行了互动，而且你们是相互依赖的：你影响着他们，他们也影响着你。

团体能给我们带来很多益处。团体是我们身份的一个重要组成部分，帮助我们定义自己是谁。它也是社会规范的来源，规定了可接受行为的内隐规则或外显规则。团体也帮助我们完成那些我们自己无法完成的目标。

人们为什么加入团体

与他人合作能够帮助我们完成个人难以完成的许多目标。你曾经尝试过一个人搬到一个新的宿舍或公寓吗？如果你能获得别人的帮助，这个过程会很快，并且很轻松。与他人建立某种关系也能够满足人类的一些基本需要，事实上，也许人们天生就有加入团体的需要。有些研究者认为，在人类进化的过程中，与他人建立联系是使人类生存下来的重大优势（Baumeister & Leary，1995；DeWall & Richman，2011；Reitz，Motti-Stefanidi，& Asendorpf，2016）。那些联系在一起的人，能更好地狩猎、耕种、求偶、育婴。因此，研究者认为，归属需要已经变成了人类的先天需要，并且存在于所有社会中。支持该观点的证据是，所有文化中的人都有与他人建立联系、确保他们在团体中的地位并对他们可能被排斥的任何迹象保持警惕的动机（Blackhart et al.，2009；Gardner，Pickett，& Brewer，2000；Kerr & Levine，2008）。

人们不仅有归属于社会团体的强烈需求，还需要感受到自己不同于那些不属于同一团体的人。如果你去了一所比较大的大学，你可能会有归属感。但是，作为一个大集体的一员，你不太可能感到自己不同于他人。相对较小的团体就有这种双重功能——既可以给我们一种归属于团体的感觉，又使我们感到自己的特殊性和与众不同。这就可以解释为什么在大学里人们常常会被一些小团体吸引，包括兄弟会和姐妹会、俱乐部和组织，以及戏剧或其他类型的表演团体（Brewer，2007）。

团体的另一个重要功能是帮助我们确认自己的身份。正如我们在第 8 章讨论的，其他人可以成为信息的重要来源，帮助我们弄清现实世界的本质（Darley，2004）。团体给我们提供了一个视角，通过它我们可以了解这个社会和我们在其中所处的位置（Baumeister，Ainsworth，& Vohs，2016；Hogg，Hohman，& Rivera，2008）。因此，团体是我们身份的重要组成部分，我们常常可以看到人们穿着印有团体（如运动队、大学或学院、校园组织）标志的衣服。团体还有助于建立社会规范，用内隐规则或外显规则规定什么行为是可被接受的。

团体的组成与功能

你所属的团体在规模上也许有所不同——从几个人到几十个人。不过，大多数团体包括 3～6 个成员（Desportes & Lemaine，1988；Levine & Moreland，1998）。如果团体的规模太大，你就无法与所有成员交流。例如，你所在的大学就不是一个团体，因为你不太可能与每个学生见面，也不太可能与每个学生达成相互依存的目标。在下面的小节中，我们会考虑影响个体在团体内的行为和团体本身的运作因素。

社会规范

所有社会都有行为规范，它规定了哪些行为是可以被接受的。有些规则是所有社会成员都必须遵守的（如我们都必须在图书馆内保持安静），而另一些规则因团体的不同而不同（如参加婚礼或葬礼时应该穿什么）。如果你住在宿舍，你可能会想到在你的团体中的行为的社会规范，如聚会时是否可以饮酒、如何看待竞争对手的宿舍。你参加的唱歌团体、戏剧团体或其他团体不太可能有相同的规范。这些规范塑造行为的威力在我们经常出现违规行为时就显现出来了：其他成员开始回避我们；极端的情况是，我们被迫离开团体（Jetten & Hornsey，2014；Marques，Abrams，& Serodio，2001；Schachter，1951）。

社会角色

大多数团体都有许多明确的**社会角色**（social role），它是指一个团体对特定成员的行为的共同期望（Ellemers & Jetten，2013；Hare，2003）。规范具体地指出了所有团体成员都应有的行为方式，而角色则规定了团体中特定位置的人应有的行为。在商业场景中，雇主与雇员在公司扮演着不同的角色，这也就要求他们在这个情境中有不同的行为方式。与社会规范一样，角色是非常有用的，因为人们能从中了解对彼此的期望。当团体成员遵守一套明确的角色分工时，他们会感到满意，并且表现得很出色（Barley & Bechky，1994；Bettencourt & Sheldon，2001）。

然而，人们可能会过分专注于自己的角色，甚至丧失了个人身份和人格。为验证这一假设，菲利普·津巴多和他的同事进行了一项不同寻常的（也颇具争议的）研究（Haney，Banks，& Zimbardo，1973；Zimbardo，2007）。他们在斯坦福大学心理学系的地下室建了一个模拟的监狱，然后招募学生扮演狱警或犯人，并向学生支付一定的报酬。学生扮演的角色是通过抛硬币决定的。扮演狱警的学生都穿着制服。研究者还给他们配备了一个哨子、一根警棍和一副反光太阳镜。而扮演犯人的学生则穿上了印有身份代码的宽松的狱服、橡胶拖鞋，戴上了尼龙帽，他们的一只脚还被铸上了铁链。

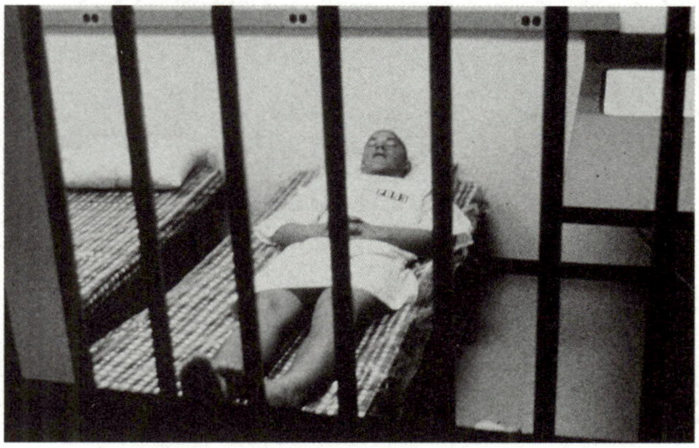

菲利普·津巴多和他的同事将学生随机分配到不同的角色中，让他们扮演狱警或犯人，学生们都扮演得太投入了。

研究者原本计划观察两周，看看他们会不会开始像真正的狱警和犯人那样行事。结果，这些学生很快就进入了角色，程度深到研究者不得不在第六天就结束了实验。许多扮演狱警的学生变得极其乖戾，想出各种绝招口头侵扰、羞辱犯人，而扮演犯人的学生则变得被动、无助、沉默寡言。事实上，一些扮演犯人的学生变得非常焦虑、不安、抑郁、失落，他们不得不比其他人提早离开实验。注意，所有人都知道他们是在参加一项心理学实验，也知道监狱是假的。但狱警和犯人的角色力量是如此强大，以至于这一简单的事实都被忽略了。人们过分专注于自己的角色，他们的个人身份和道德感都丧失了。实际上，对于该研究的一个主要的方法论层面的批评——除了明显的关于研究被试的伦理问题外——是这些学生很快就弄清楚了这是关于什么的研究，并且采取了他们认为他们应该采取的方式进行角色扮演。

社会角色：一个团体对特定成员的行为的共同期望。

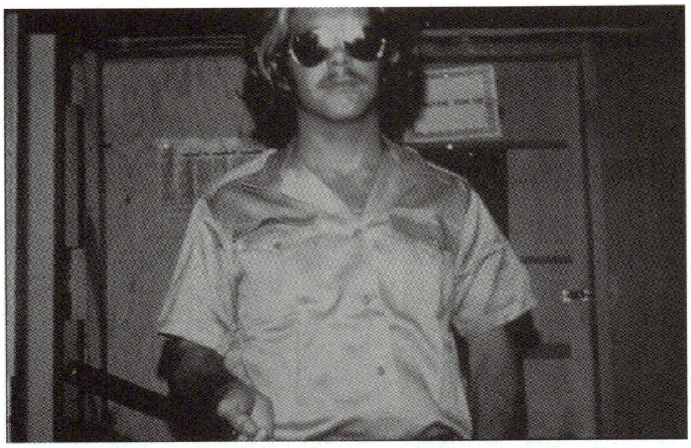

斯坦福大学的津巴多监狱实验中的狱警之一。

但有一点是很明确的，并不是强迫、贿赂，或者几周的训练让这些“狱警”和“犯人”轻易地进入角色，一些扮演狱警的学生显然很快就演过火了。为什么会这样？津巴多（Zimbardo，2007）认为，“糟糕的是这个环境”。津巴多认为，“这是监狱里最邪恶的东西——环境私密、人们无须负责，这就允许人们做他们平常不会做的事情”（O'Brien，2004）。

并不是每个人都会陷入社会角色之网而不能反抗。尽管我们很想成为这些英雄中的一员，但是从津巴多监狱实验研究（以及米尔格拉姆的服从研究）中得出的教训是：在这些强有力的情境中，大多数人不能完全拒绝社会影响，并且可能做出我们原本认为不能做的事情。

团体凝聚力

团体凝聚力是团体运作的另一个重要方面。**团体凝聚力**（group cohesiveness）是指将团体成员凝聚在一起，促使成员相互喜爱的团体特质（Dion，2000；Holtz，2004；Rosh，Offermann，& Van Diest，2012）。如果一个团体主要是因为社交目的形成的（例如，一群喜欢周末一起去看电影的朋友），那么团体的凝聚力越强就越好，这是毫无疑问的。你更希望和谁一起消磨闲暇时光？是一群不是很在乎彼此的人，还是一群忠诚的、关系密切的人？如你所料，一个团体的凝聚力越强，成员就越希望处于团体之中、参与团体的活动，以及尝试纳入更多志趣相投的新成员（Levine & Moreland，1998；Pickett，Silver，& Brewer，2002；Spink et al.，2014）。

不过，如果团体的功能是共同工作、解决问题（如公司里的销售团队，或者一支部队），那么问题就没那么简单了。成功地完成任务可以促进团体的凝聚力（Mullen & Cooper，1994；Picazo et al.，2014），但反过来呢？凝聚力一定能促进团体的表现吗？如果任务需要团体成员密切地合作（例如，一支足球队要参加一场激烈的比赛，或者一支部队要完成一次复杂的任务），那么情况也许是这样（Casey-Campbell & Martens，2009；Gully，Devine，& Whitney，1995）。然而，有时候，如果维持良好的关系对团体成员而言比解决问题更重要，那么凝聚力反而会妨碍人们的最佳表现。例如，希拉里·克林顿和她的竞选顾问具有的团体凝聚力和自信，有没有可能妨碍他们清晰地思考如何最好地策划选举策略？我们会在讨论团体决策时再回顾这个问题。

团体多样性

与凝聚力有关的一个问题是团体多样性，通常来说，团体成员在年龄、性别、信念和观点上趋于相同（Apfelbaum，Phillips，& Richeson，2014；Levine & Moreland，1998）。团体的相对同质性至少有两个原因：第一，很多团体倾向于吸引那些相似的人加入（Alter & Darley，2009；Feld，1982），我们将在第 10 章看到，人们会被与自己有着相同态度的人吸引，因此更有可能招募与他们相似的团体成员；第二，团体倾向于鼓励成员之间的相似性，正如我们在第 8 章讨论的那样。

总之，人们倾向于被拥有相似他人的团体吸引，并且这种相似性能够预测团体凝聚力。波普侬·麦克劳德（Poppy Mcleod）、莎伦·洛贝尔（Sharon Lobel）和泰勒·考克斯（Taylor Cox）进行了一项研究，他们将大学生分配到由 3～5 个人组成的头脑风暴团体

团体凝聚力：将团体成员凝聚在一起，促使成员相互喜爱的团体特质。

（Mcleod，Lobel，& Cox，1996）。一半团体完全由白人学生组成，即这些团体在种族上完全没有多样性，它们在种族上是同质的；另一半团体在种族上是多样的，包括白人学生以及亚裔、非裔或拉丁裔美国学生。所有的团体，无论它们的多样性如何，都要完成一项任务：花 15 分钟进行头脑风暴，讨论如何吸引更多的游客来美国。在每一个阶段结束时，被试会被询问他们有多喜欢团体中的其他成员。正如你基于同质的团体常常具有凝聚力这一结论可能做出的预测一样，全白人团体的成员报告他们比具有种族多样性的团体的成员更喜欢他们的同伴。

但是，请记住，仅仅一个团体具有凝聚力并不意味着它的表现处于最佳水平。的确，当麦克劳德和他的同事分析每一个团体为促进旅游提出的想法时，他们发现具有多样性的团体提出了更多可行且有效的方案。被试可能喜欢待在一个拥有相似他人的团体中，但是他们在一个多样化的团体中表现得最好。这些发现与更普遍的结论是一致的，尽管多样性——所有类型的多样性，不只是种族——有时会牺牲一个团体的凝聚力和士气，但是背景或视角的多样性常常能够预测团体在创造力、信息共享和灵活地解决问题方面的提升（Phillips et al.，2004；Savitsky et al.，2016；Sommers，2006）。

多样性如何影响团体？这个问题难以回答（Apfelbaum et al.，2014；Mannix & Neale，2005；van Knippenberg，van Ginkel，& Homan，2013）。正如我们刚才提及的，定义一个团体的多样性的维度有很多，如种族和其他社会人口统计学特征，当然，也包括经历、受教育水平、态度和其他维度。然而，越来越多的组织似乎更看好多样性的积极潜力，大学、军队和《财富》世界 500 强企业当前花费精力和资源实现它们的多样性是有原因的：它们相信，无论是在学习环境方面还是在公司的底线方面，多样性都会提升绩效（Herring，2009；Page，2008）。图 9-1 表明——至少在相关层面——它们常常是正确的。类似地，在利用模拟股票市场的一项研究中，研究者发现被随机分配到一个具有种族多样性的市场中的交易员与被分配到同质市场的具有同等经验的交易员相比，在股票定价方面做出了更好、更准确的决定，这支持了多样性导致的摩擦可以颠覆一致性并改善决策的结论（Levine et al.，2015）。

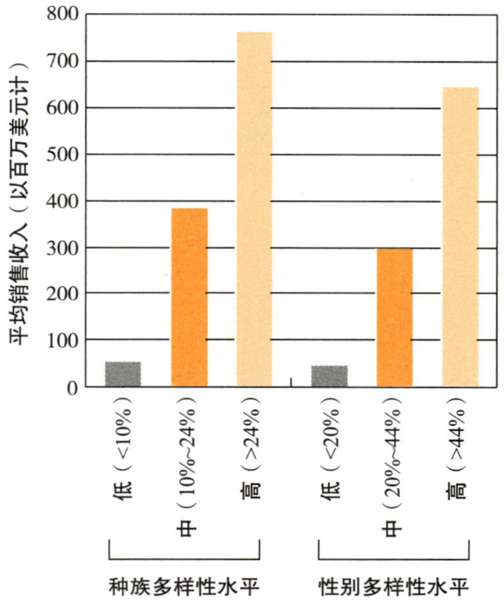

图 9-1　种族和性别多样性与企业绩效的关系

为了检验企业绩效与企业的种族、性别多样性之间的关系，塞德里克·赫林（Cedric Herring）在超过 1000 个美国工作场所实施了一项相关研究，并且发现两种多样性都与销售额之间存在正相关（Herring，2009）。这些结果表明，多样性和企业的底线之间存在正性的关系。但是，正如你所知道的，这些仅仅是相关数据，我们无法做出因果推断。

热门话题

多样性研究与平权措施的争论

美国最高法院经常审理有关大学在录取中使用平权措施的案件，最近的一次发生在 2016 年，法院对费舍尔诉得克萨斯大学案做出了裁决，白人学生阿比盖尔·费舍尔（Abigail Fisher）曾认为大学考虑申请人的种族（众多人口学因素、学术因素和课外因素中的一个因素）是不合理的。法院的裁决支持得克萨斯大学的政策，反对费舍尔，但这绝不是大学录取中围绕平权措施的法律阴谋的最终定论。

当然，也有很多支持大学和学院在录取过程中考虑种族和民族因素的观点，人们为平权措施提出的理由包括纠正历史错误，以及清除当前所有人口群体获得平等机会的障碍。反对平权措施的人们有时认为这样的政策是不公平的，录取与否应该只基于“客观标准”，如考试成绩，但是围绕平权措施的辩论的核心存在一个关键的社会心理学问题：一个具有多样性的学生群体会对社会和学术成果产生什么样的影响？

在一项调查中，萨拉·盖瑟（Sarah Gaither）和塞缪尔·萨默斯（Samuel Sommers）跟踪了大学一年级的住在同一宿舍的室友（Gaither & Sommers，2013）。大学寝室管理办公室对室友进行了随机分配，有的室友是同种族的，有的室友则来自不同的种族。一个学期以后，与那些和白人室友一同居住的白人学生相比，与其他种族的室友一同居住的白人学生有更多样的朋友。在随后的研究中，与非白人室友居住的白人在实验室中与一位非白人陌生人交谈时表现得更温和，也更不容易焦虑，这表明多样化的居住安排也会影响学生在新环境中更普遍的社会倾向。

那么校园多样性对有色人种学生的影响呢？在另一项有关室友的研究中，纳塔利·舒克（Natalie Shook）和鲁斯·克莱（Russ Clay）发现，与不同种族的室友居住的少数种族学生在一个学期后报告称，他们在校园的归属感增强了（Shook & Clay，2012）。就学术成果而言，与不同种族的室友居住的少数种族学生在完成第一年的学业时获得了更好的成绩，这在很大程度上是由于前文中提及的增强的归属感。

毫无疑问，平权措施是一个复杂的问题。正如你在这一章之前读到的一样，多样性对团体表现的影响也是复杂的，尽管有关大学室友的研究表明，一些实验性证据支持大学和学院办公室的说法——一个具有多样性的学生群体有可能在校园里取得各种积极的社交和学术成果。

问题回顾

1. 下列哪一项不是一个团体？（　）
   a. 6 位为了准备考试而一起学习的学生
   b. 一部音乐剧的 12 位演员
   c. 一个通过网络会议在一个项目上进行合作的 4 人团队
   d. 7 位在公交车站安静地等车的通勤者
2. 人们加入团体的一个原因是（　）。
   a. 避免不得不应付的规范性社会影响
   b. 完成一个人难以完成或不可能完成的目标
   c. 减少他们的凝聚力

d. 避免明确的社会角色

3. 当（　）时，团体凝聚力对一个团体来说特别重要。

a. 团体的形成主要是由于社交原因

b. 团体的主要目标是解决问题

c. 团体在性别上是多样的，但在种族上不是

d. 涉及财务决策

4. 从进化的角度看，团体（　）。

a. 在拥有 2～3 名成员时比拥有更多成员时生产力更高

b. 有助于满足人类的基本需要，即对与他人建立联系和归属感的需要

c. 常常导致不道德的行为，如狱警的虐待行为

d. 比个体更能避免社会规范的影响

5. 随着学校系统的重新划分，泰勒教练下赛季的橄榄球队比以往更具有多样性，孩子们来自不同的背景，包括不同的社会经济地位、种族和民族、家庭状况、性取向，甚至足球经验。研究表明，对于这样一个具有多样性的团体，下列哪一项结论是正确的？（　）

a. 他的球队肯定会比那些缺乏多样性的球队赢得更多比赛

b. 与不太具有多样性的球队相比，他的球队可能在表现、创造力和问题解决方面存在缺陷

c. 他的球队可能会经历士气和团体凝聚力的威胁，但这些挑战会随着赛季的继续逐渐减弱

d. 他的球队将避免依赖明确的社会角色

“问题回顾”答案，请扫描章末二维码查看。

9.2　团体中的个体行为

到现在为止，我们已经讨论了人们为何加入团体，以及团体本身是如何运作的。但是，我们可能会问的问题是：存在于一个团体中对个体的表现有什么影响？当其他人在场时，你会表现得有所不同吗？什么时候我们会在他人目光的压力下感到“窒息”？什么时候我们会在有其他人在场时表现得比平时更好？仅仅是他人在场就会对我们的行为产生各种有趣的影响。我们先从一个你绝对非常熟悉的任务——考试，来看看团体是如何影响你的表现的。

社会促进：他人在场为我们增添活力

现在你要参加心理学的期末考试了。你已经花了很长时间复习，并且觉得胸有成竹。当你走到考场时，你却发现考场是一个很小的房间，房间里已经挤满了人。你挤进一个空位，和其他同学摩肩接踵。教授走进来说，如果有同学觉得太拥挤，到走廊另一端的小教室独自考试也可以。你会怎么办？

问题是与其他同学在一起是否会影响你的发挥水平（Guerin，1993；Monfardini et al.，2016；Zajonc，1965）？他人在场可以分为两种情况：（1）其他人和你同时做一件事；（2）其他人只是观察你做事，他们自己并不做。注意，问题只是他人在场的影响，即使他们不是正在互动的团体中的一员。他人在场这一简单的事实会有重大的影响吗？即使你与他们并没有任何交流或互动，他们在场也会有重大的影响吗？

为了回答这一问题，我们需要先谈谈一种昆虫——蟑螂。不管你相不相信，有一项经典实验将蟑螂作为研究对象，回答了你们应该如何参加考试的问题。罗伯特·扎伊翁茨（Robert Zajonc）和他的同事设计了一个装置，以观察蟑螂的行为如何受到同类存在的影响（Zajonc，Heingartner，& Herman，1969）。研究者在过道的尽头放置了一个耀眼的强光（蟑螂是避光的），然后观测蟑螂要花多长时间才能逃到过道另一端的暗箱里（见图 9-2 左半部分）。蟑螂在独自完成这一简单任务时，会比有其他蟑螂在场时速度更快吗？

你也许很好奇，研究者如何说服其他蟑螂来当观众。他们只是将其他蟑螂放在过道旁边的透明塑料盒

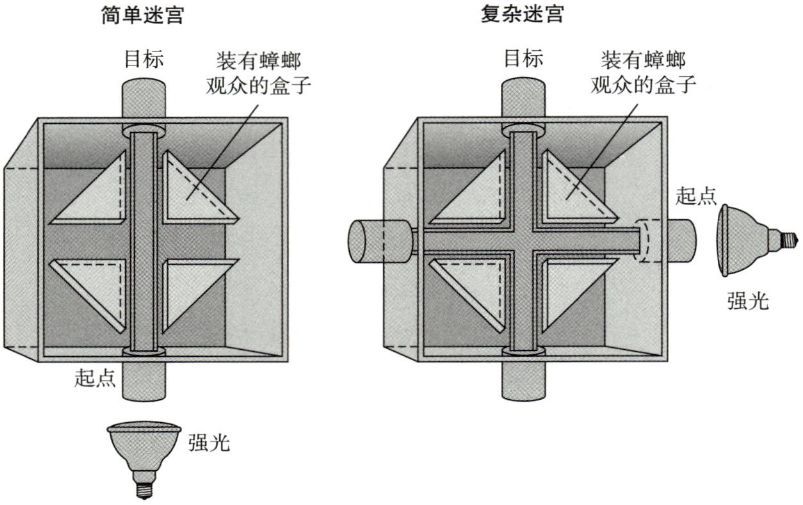

图 9-2　蟑螂与社会促进

在左边的迷宫里，蟑螂只需要完成一个简单的任务：从起点沿着过道爬到另一端的暗箱。当其他蟑螂在场时，蟑螂爬得更快。在右边的迷宫里，蟑螂需要完成一个更为复杂的任务。这一次，当其他蟑螂在场时，蟑螂完成任务的速度更慢。

资料来源：Zajonc，Heingartner，& Herman，1969.

里。也就是说，这些蟑螂坐在露天看台上，观看一只孤独的蟑螂完成这一任务。正如研究者预测的，当其他蟑螂在场时，孤独的蟑螂更快地完成了任务。

我们不会只根据对蟑螂的研究就建议你应该如何参加心理学考试。但是，故事还没有结束。除了对蟑螂的研究以外，还有几十项关于他人在场的效应的研究，其中包括了人类以及其他物种，如蚂蚁、鸟类等（Demolliens et al.，2017；Krasheninnikova & Schneider，2014；Sharma et al.，2010）。这些研究的结果都非常一致：只要任务是相对简单的、“被试”熟悉的，如蟑螂逃避光亮，那么仅仅是他人在场就能改善任务的完成情况。

简单任务与复杂任务

在你决定是否应该留在拥挤的教室参加考试前，我们需要再考虑另一组研究的不同结果。注意，我们已经说过，他人在场可以提高人们在简单、熟悉的工作中的表现，如蟑螂逃避光亮。当人们要完成一项相对困难的任务，并且他人在场时，情况会怎样呢？为了探讨这个问题，扎伊翁茨和他的同事在蟑螂实验中加入了另一个条件。这一次，蟑螂要完成一个难题——迷宫中有许多条通道，但只有一条通道是通往暗箱的（见图 9-2 右半部分）。这项复杂的任务产生了相反的效果：当其他蟑螂在场时，蟑螂要花费更多的时间来完成任务。其他许多研究也发现，对于人类及其他生物来说，同类在场会使复杂任务的完成情况变差（Aiello & Douthitt，2001；Augustinova & Ferrand，2012；Geen，1989）。

唤醒状态与优势反应

在一篇极具影响力的文章中，扎伊翁茨（Zajonc，1965）提出了一个完美的理论，解释了为何他人在场会促进当事人熟悉的反应而阻碍当事人不熟悉的或者全新的反应。他认为，他人在场提高了生理唤醒状态（即我们的身体变得更有活力）。当这种唤醒状态存在时，完成一些简单的任务（如我们所擅长的事情）会变得更容易，而完成一些复杂任务，或者学习新的内容会变得更困难。例如，对你而言，做某件事情就像是第二本能，如骑自行车、签名等。其他人的在场引发的唤醒状态，可以使当事人熟悉的任务变得更容易。但是，假如你要完成一项更复杂的任务，例如，学习一项新运动，或者解一道数学难题，这时，唤醒状态会让你感到慌张，你就会比自己独自一人时表现得更差（Schmitt et al.，1986）。这种现象被称为社会促进（social facilitation），指在他人在场且个人的表现将会得到评估的情况下，人们在简单任务上表现较好，在复杂任务上表现较差的倾向。

社会促进：在他人在场且个人表现将受到评估的情况下，人们在简单任务上表现得更好，在复杂任务上表现得更差的倾向。

有关社会促进的研究发现，在人们从事熟悉的工作时，有他人在场会使人们表现得更好。如果学生在学习时很努力，并且对考试内容掌握得很熟练，那么在一间教室里同许多人一起参加考试会使他发挥得更好。

为什么他人在场会引起生理唤醒

为什么他人在场会引起生理唤醒？研究者已经提出了三种理论，以解释生理唤醒在社会促进中的作用：其他人的出现会使我们变得特别警觉，会使我们对正在受到评价而感到忧虑，还会使我们从眼前的任务上分心。

第一种解释认为他人在场能提高我们的警觉性。当我们独自一人看书时，我们不需要注意书本以外的任何东西，我们不必担心台灯会突然向我们发问。然而，当房间里有其他人时，我们必须保持一定的警觉性——“也许他或她会做什么需要我回应的事”。其他人比台灯更具有不可预测性，因此，当他们在场时，我们会保持更高的警觉性。这种警觉性（或者警惕性）会引发轻微的唤醒。这个解释的优点在于它能够同时解释有关动物的研究和有关人类的研究。一只蟑螂不必担心另一个房间里的蟑螂在做什么。但是，如果它的同类出现在眼前，它就必须保持警惕——人类也是这样。

第二种解释关注的是这样一个事实：人类不是蟑螂，人们总是关心其他人如何评价自己。当有其他人在看着你做事时，风险提高了。你感到好像其他人正在对你进行评估，如果你表现得很差，你就会很尴尬；如果你表现得很好，你就会很满意。这种对评估的关注被称为“评价焦虑”，它能够促进大脑的唤醒。根据这一观点，不是他人在场而是那些会评价我们的人在场引发了生理唤醒，进而引发社会促进（Blascovich et al.，1999；Muller & Butera，2007）。

第三种解释集中于他人会造成分心的问题（Feinberg & Aiello，2006；Muller，Atzeni，& Fabrizio，2004）。这与扎伊翁茨（Zajonc，1980）的观点有相似之处，当他人在场时，我们需要保持警惕。但不同的是，它认为任何可以造成分心的来源——不管是他人在场，还是楼上聚会的嘈杂声——都会使我们处于一种冲突的状态，因为同时关注两件事情是很困难的。这种分心导致了生理唤醒。所有尝试在宿舍完成作业的学生都知道，室友大声地播放音乐、打电话等使他们难以集中注意力。与该解释一致的是，任何非社会性的分心物，如闪光灯，也能产生与他人在场相同的社会促进效应（Baron，1986）。

如图 9-3 的上半部分所示，我们已经总结了有关社会促进的研究结果。这表明他人在场会引起生理唤醒的原因不止一个。但是，这种唤醒的结果是一样的：当有他人在场时，人们会在简单的、熟悉的任务上表现得更好，在复杂或需要学习新内容的任务上表现得更差。那么，你到底该在哪里参加你的心理学考试呢？我们建议，如果你已经非常熟悉考试内容了，那么你就和同学在一起吧，这样你会更容易回忆起学过的知识。但是，如果你正在为考试复习，或者在学习新的内容，你就该远离他人独自学习。

社会懈怠：他人在场使我们放松

当你参加心理学考试时，你的个人努力将受到评估（你的考试结果会有评分）。这在我们讨论过的有关社会促进的研究中是普遍存在的：人们要在他人在场时或独自一人时完成某项任务，而且人们的个人努力很容易受到评估。但是，当我们和其他人在一起时，个人努力与他人的努力常常无法被区分开来，例如，你在演唱会结束后拍手鼓掌（没有人能分辨出你到底拍得有多响），或者你在行进乐队中演奏一种乐器（你演奏的声音与其他乐器的声音混在一起）。

这些情况正好与我们之前讨论的社会促进问题的背景相反。在社会促进的情境中，他人在场使你更

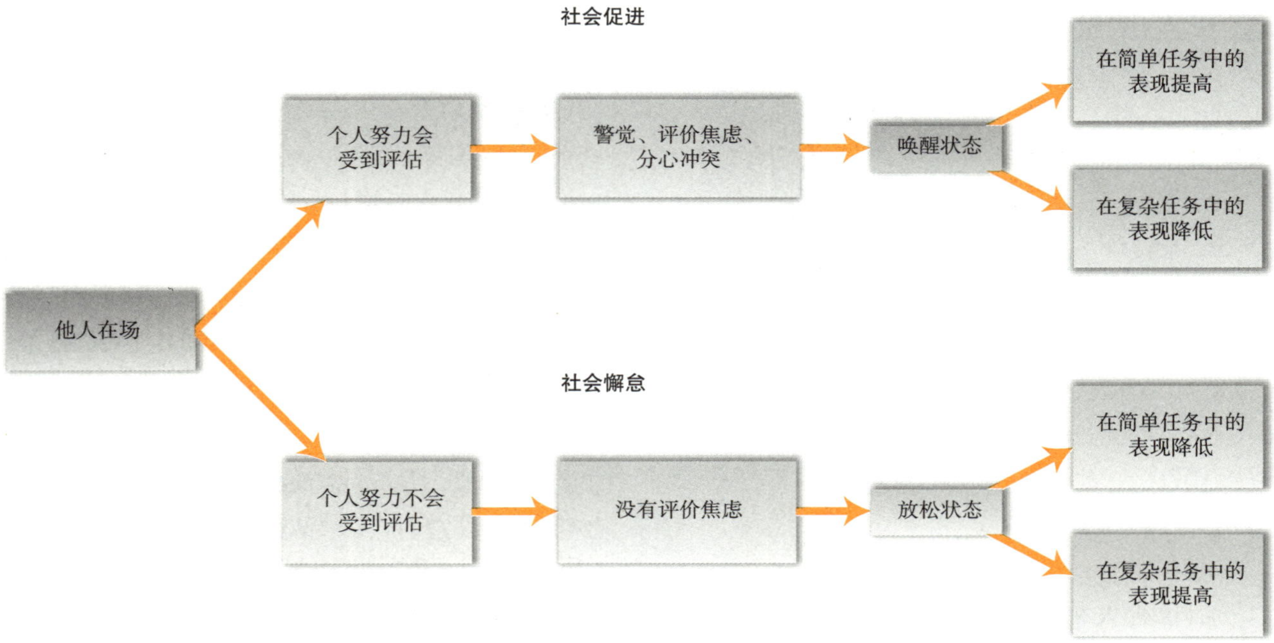

图 9-3　社会促进与社会懈怠

他人在场可以引发社会促进，也可以引发社会懈怠。区分两者的重要变量是个人努力是否受到评估、唤醒状态和任务的复杂程度。

受人注目，引起了你的唤醒状态。但是，如果与他人在一起意味着我们可以融入团体，变得比我们独自一人时更不引人注目的话，我们就会变得更放松了。因为没人知道我们做得好还是不好，我们感受到的评价焦虑应该更少。那么结果如何呢？这种由消失在人

有时，被他人包围会让我们懈怠（或者“松懈”），这表明，他人在场如何影响个人表现的问题并没有单一的、简单的答案。

群中带来的放松状态会使我们表现得更好还是更糟？同样，答案取决于我们要完成的任务是简单的还是复杂的。

关于与他人一起工作会影响人们在基本任务中的表现的问题，最早是 19 世纪 80 年代的一位法国农业工程师马克思·林格尔曼（Max Ringelmann）研究的。他发现当一组成员一起拉绳时，平均每个人花的力气比一个人单独拉绳时花的力气少（Ringelmann，1913）。换句话说，8 个人拉绳子时施加的力并不是一个人的拉力的 8 倍。一个世纪之后，社会心理学家比布·拉塔内、吉卜林·威廉姆斯（Kipling Williams）和斯蒂芬·哈金斯（Stephen Harkins）将这种现象称为社会懈怠（social loafing），即在他人在场且个人表现无法受到评估时，人们倾向于放松，这使他们在自己并不关心的简单任务上表现得更差，而在对他们很重要的复杂任务上表现得更好（Latané，Williams，& Harkins，2006）。团体中的社会懈怠已经在很多简单

社会懈怠：在他人在场且个人表现无法受到评估的情况下，人们会在简单任务上表现得更差，在复杂任务上表现得更好的倾向。

任务上得到验证，如鼓掌、大声欢呼、尽可能多地想出某个物品的用途（Karau & Williams，2001；Lount & Wilk，2014；Shepperd & Taylor，1999）。

那么人们在复杂任务中的完成情况又会如何呢？回忆一下，当人们在团体中的表现无法得到确认时，人们变得更放松；再回忆一下我们前面讨论的唤醒对表现的影响：生理唤醒能提高个体在简单任务中的表现，但却会降低个体在复杂任务中的表现。根据相同的原理，放松应该会降低人们在简单任务中的表现——正如我们刚刚看到的，但是会提高人们在复杂任务中的表现（Jackson & Williams，1985）。图 9-3 的下半部分阐明了这个过程。

社会懈怠的性别与文化差异：谁最有可能偷懒

凯特（女）和威廉（男）与其他几个同学一起在做一个课程项目，没有人可以评估他们的个人贡献。谁更有可能偷懒，把大部分工作留给其他成员呢？是凯特还是威廉？如果你说是威廉，那也许是对的。一项对超过 150 份有关社会懈怠的研究的回顾发现，男性的懈怠倾向甚于女性（Karau & Williams，1993）。女性通常在关系互倚的得分上高于男性，也就是说女性更关注和在乎与他人的关系，这也许就是女性在团体中更少表现出懈怠倾向的关键（Gabriel & Gardner，1999）。

研究者也发现西方文化中的人们的懈怠倾向甚于亚洲文化中的人们。原因可能在于这些文化中的主流的自我定义不同（Karau & Williams，1993）。亚洲人更多持互倚自我的观念，它是根据自己与他人的关系定义自我的一种方式。这种自我定义也许能减少人在团体中出现社会懈怠的倾向。但是，我们不能夸大社会懈怠在性别或文化方面的差异。女性和亚洲人也会在团体行为上表现出社会懈怠，只是在程度上比男性和西方人稍弱（Chang & Chen，1995；Hong，Wyer，& Fong，2008）。此外，整个团体的组成是一个重要的因素：研究发现，当人们认为将与来自不同文化的成员共同工作时，他们更有可能懈怠（Meyer，Schermuly，& Kauffeld，2016），这似乎是因为我们更容易与相似的人建立联系并形成对彼此的责任感，也更少期待与不同的人合作。

总之，你在预测他人在场是否能促进你的表现时，需要知道两件事：你的个人努力是否会受到评估，以及你面临的任务是简单的还是复杂的。如果你的表现会受到评估，他人在场能够引起生理唤醒并使你保持警觉。这将会引发社会促进效应：人们在简单任务中的表现会提高，在复杂任务中的表现会降低（见图 9-3 上半部分）。如果你的个人努力无法得到评估（即你只是机器上的一个小螺丝钉），你就会更放松。这会引发社会懈怠效应：人们在简单任务中的表现会降低，在复杂任务中的表现会提高（见图 9-3 下半部分）。

这些研究结果对于如何组织团体具有很多借鉴意义。一方面，如果你是一位管理者，当你要求员工完成一些相当简单的任务时，一定程度的评价焦虑也许并不是一件坏事——这能提高工作绩效。你不能将员工编排在个人努力无法受到评估的团体内，因为这可能引发社会懈怠效应。另一方面，如果你要求员工完成一些相对困难、复杂的任务，你就需要降低他们的评价焦虑，你可以将他们编排在个人表现不会受到评价的团体内，这可能会带来更好的绩效。

去个体化：迷失在人群中

然而，隐身于团体的后果远不止团体任务中的懈怠。团体也可以引发去个体化（deindividuation）效应，即当人们不能被识别时，对行为的规范性限制就会变得松懈（Lea，Spears，& de Groot，2001）。换言之，迷失在人群中会导致一些我们自己无法想象的行为的解放。纵观历史，有许多类似的例子——团体

去个体化：当人们不能被识别（如处于团体中）时，对行为的规范性限制就会变得松懈。

中的人们会表现出暴力行为，而没有一个人会单独表现出此类行为。例如，军队的暴行，抢劫、纵火和施暴的行为，歇斯底里的乐迷彼此践踏致死等。通俗地说，它们是由“暴民心态”引起的。

在美国，一个特别令人感到不适的例子是白人对非裔美国人滥用私刑的可耻历史。布赖恩·马伦（Brian Mullen）曾对美国 1899 年至 1946 年的 60 起滥用私刑的事件做过内容分析，他发现一个事实：暴徒的人数越多，他们杀害受害者的方式就越残忍、越邪恶（Mullen，1986）。类似地，罗伯特·沃森（Robert Watson）研究了 24 种文化，发现那些在参战前隐藏身份（如在脸和身体上绘上图案）的战士比那些不隐藏身份的战士更有可能屠杀、折磨、残害俘虏（Watson，1973）。

去个体化导致人们的责任感下降

为什么去个体化会导致和加剧冲动行为（常常是暴力行为）？一个原因是去个体化减少了个人单独接受处罚的可能性，因而使人们降低了对行为的责任感（Diener，1980；Postmes & Spears，1998；Zimbardo，1970）。例如，在哈珀·李（Harper Lee）的小说《杀死一只知更鸟》（*To Kill a Mockingbird*）中，一群南方白人聚集在一起要对一位被指控（误判）强奸的黑人汤姆·罗宾逊处以私刑。这是一个经典的去个体化的例子：这是一个夜晚，大家的穿着都一样，人们很难区分彼此。这时，阿提卡斯（罗宾逊的律师）8 岁的女儿斯考特走到了人群中，认出了其中一个农民，叫出了他的名字，并向他打招呼。不经意间，她采用了一种巧妙的社会心理学的干预策略，使那群暴徒逐渐意识到自己是独立的个体，需要对自己的行为负责。最终，这群暴徒解散回家了。

去个体化促进人们对团体规范的服从

在一项对 60 多个研究的元分析中，研究者发现去个体化的过程增加了人们服从团体规范的程度（Postmes & Spears，1998）。有时候，我们所属的特定团体的规范与其他团体或整个社会的规范是相互冲突的。当这些团体成员在一起且去个体化时，他们更有可能遵守团体规范而不顾其他社会规范。因此，去个体化不仅减少了人们独立承担责任的可能性，还增加了人们对特定的团体规范的遵守程度（Reicher et al.，2016）。

去个体化并不总是导致攻击性或反社会行为，这取决于团体的规范是什么。假设你正在参加喧嚣的校园聚会，所有人都在聒噪的音乐声中疯狂地跳舞。如果你也感到自己去个体化了——周围很黑，你和其他人穿得很相似（而不是房间明亮，没有人跳舞），你就更有可能加入团体，在舞池中释放自我。所以，特定的团体规范决定了去个体化最终会引发积极行为还是消极行为（Hirsh，Galinsky，& Zhong，2011；Johnson & Downing，1979）。如果整个团体处于愤怒中，暴力地行动成了规范，那么去个体化就会使团体中的个人表现出攻击性。如果我们在一个聚会上，团体规范是尽可能地多吃，那么去个体化只会增加我们吃掉整碗鳄梨酱的可能性。

网络中的去个体化

去个体化并不需要人们面对面接触，实际上，它的发展离不开较少的物理形式的互动，任何一位曾经看过网络文章、博客，或者 YouTube 视频的评论部分的人都曾目睹过去个体化。由于匿名性，人们对于他们写的东西不会有太多的顾虑，在许多方面，互联网是去个体化的理想场所（Coles & West，2016；Lee，2004）。考虑到很多在线论坛迅速恶化为侮辱性的帖子或淫秽评论的聚焦地，很多网站现在已经取消了匿名设置，要求用户使用社交媒体的账户或其他可识别的身份信息登录，这样他们才能发表评论。

在互联网时代之前，愤怒的读者和其他想挑起争论的人只能给编辑写信，或者在聊天时向他们的同事发泄情绪。在这两种情况下，他们的话语可能更加文明，他们避免了很多人在论坛上发布评论时使用的不敬的话语，这在很大程度上是因为在这些情境下人们不是匿名的。当然，网络中的匿名交流也有优点，人们可以自由、开放地讨论隐晦的话题，但是，代价可能是公众的文明程度降低，其中一个罪魁祸首就是去个体化。

好消息是什么？理解去个体化的好处可能在于这能帮助我们抵制网络上的恶意帖子，创建比较文明的网络环境，在近期的一项研究中，凯瑟琳·万·罗延（Kathleen Van Royen）和她的同事针对活跃在社交媒体上的青少年尝试了一系列潜在的干预措施（Van Royen，Poels，& Vandebosch，2017）。具体而言，这项研究给被试呈现了一个场景，在这个场景中，一位虚假的用户发布了有关一位“偷走”她男朋友的女孩的消息。对于那些报告说他们在这个场景中很可能用类似“荡妇”这样无礼的词称呼那位女孩的被试，研究者特别感兴趣。

研究者尝试给一组使用上述语言的青少年呈现干预信息，一条信息的内容是提醒他们这些评论会被他们的父母看到，另一条信息的内容是告诉他们很多人不同意这些评论，还有一条信息的内容是提醒他们这样的评论会伤害那个女孩。这三条信息都减少了青少年发布性别歧视的帖子的可能性，但是，特别有效的是提醒被试，他们的父母会看到这些无礼的语言。为什么？因为它强调了其他有影响力的、与家庭相关的规范。此外，这也可能是因为它使被试想起自己的个人身份。

从 2014 年开始，几名女性电子游戏开发者和记者［包括阿妮塔·萨琪西（Anita Sarkeesian）］成了恶意网络攻击和虚假指控的目标，这一事件很快就被称为“玩家门”。这些涉及性别歧视且常常带有暴力色彩的骚扰通常是由匿名者实施的。这再次表明，网络“喷子”现象是去个体化的一个现代例子。

问题回顾

1. 社会促进的概念之所以被这样命名是因为当其他人存在时，个体被唤醒了，（　）。
   a. 这种唤醒促进了更好的任务表现
   b. 这种唤醒促进了个体熟悉的优势反应
   c. 个体在困难任务中的表现得到促进，但个体在简单任务中的表现受到阻碍
   d. 去个体化得到促进
2. 下列哪一项不能解释为什么他人在场会引起生理唤醒？（　）
   a. 他人在场导致分心，并且造成冲突，因为个体不得不决定他们应该关注什么
   b. 当他人在场时，个体必须对接下来可能发生的事保持警惕
   c. 当他人在场时，个体变得更关心自己会如何被评价
   d. 他人在场会使个体对自己的行为不那么负责
3. 你的社会心理学教授把你叫到教室前面，让你大声回答一系列与课程有关的问题，你感觉同学的目光都在你身上，但你发现问题很简单。根据（　）模型，与你单独被提问时相比，你现在应该在这些问题上表现得（　）。
   a. 社会促进；更差
   b. 社会促进；更好
   c. 社会懈怠；更差
   d. 社会懈怠；更好
4. 你认为下列哪个人更有可能发生社会懈怠？（　）
   a. 赛琳娜，一位美国女性
   b. 李，一位中国女性
   c. 安迪，一位英国男性
   d. 凯，一位日本男性

5. 去个体化的个体（ ）。
   a. 对其行为更负责
   b. 更遵守具体的团体规范
   c. 更不可能做出破坏性的、不道德的行为
   d. 不太可能在网络上体验到去个体化，因为在虚拟环境中去个体化现象更少见

“问题回顾”答案，请扫描章末二维码查看。

9.3 团体决策：多人的决策一定优于个人的决策吗

我们刚刚看到了他人在场在许多有趣的方面影响着个人的行为。接下来我们将讨论团体的主要功能之一——决策。现代社会中的绝大多数决策是由团体做出的，因为人们相信团体决策是优于个人决策的。例如，在美国的司法体系中，许多判决是由团体（陪审团）决定的，而非个人。美国最高法院是由九位法官组成的（而不是只有一位法官）。同样，政府和商业机构的决策都是由团体成员经过讨论做出的。美国总统有内阁与国家安全委员会为其提供建议。

多人的决策一定优于个人的决策吗？大多数人认为，答案是肯定的。一个孤独的个体常常会受制于许多奇怪的想法和个人偏见，而许多人在一起时就可以交流意见，指出彼此的错误，并得出更优的决策。在参与团体决策时，我们倾听他人的观点并心想：“嗯，这一点太棒了，我怎么就没想到呢。”一般来说，如果团体成员从多个角度为团队贡献观点，人们都致力于为整个团体而不是他们自己寻找最佳方案，或者团体依赖于成员独特的专业知识，那么团体决策会优于个人决策（De Dreu，Nijstad，& van Knippenberg，2008；Surowiecki，2004）。但是，有时候，多人的决策并不优于个人的决策，或者至少不会比团体内各自做出的决策更好（Kerr & Tindale，2004）。一些因素可以导致团体做出的决策比个人决策更糟。

过程损失：团体互动抑制了良好的解决办法

一个潜在的问题在于，只有团体中能力最强的成员能够说服其他人相信他的判断是正确的，团体才能表现得好。而这往往是很困难的，因为我们中的大多数人很固执，承认自己错了太难了。毫无疑问，你知道试图说服一个团体同意你的观点会是什么样的场景——你会面临众多的反对意见和怀疑，接着你不得不保持沉默，然后眼睁睁地看着团体做出错误的决策。这就是过程损失（process loss），即抑制良好的问题解决方法的团体互动的任何方面（Steiner，1972；Tidikis & Ash，2013）。过程损失的发生有很多原因。团体也许并没有努力地找出最有胜任力的人，相反，却依赖一些自己也不知道自己在说什么的人。而最有能力的人却发现反对团体中的所有人是一件很困难的事。过程损失的其他原因包括团体内部的沟通问题。例如，在一些团体内，人们并不倾听其他人的观点，或者只有一个人主导讨论，其他人只是随声附和（Sorkin，Hays，& West，2001；Watson et al.，1998）。

无法分享独特的信息

假设你和其他三个人通过开会来决定是否支持竞选学生会主席的某一位特定的候选人。你们都有一些关于这个候选人的信息（你们“分享”了信息），例如，她是大学二年级的班长，而且是经济学专业的学生。但是，你们每个人都有一些只有你们自己知道的信息（也就是“独特”的信息）。也许你是唯一一个知道她曾在大学一年级时因尚未成年却在宿舍饮酒而

过程损失：抑制良好的问题解决方法的团体互动的任何方面。

受到惩罚的人，然而，你们组的另一个成员是唯一一个知道她每周都到当地的流浪汉避难所做志愿者的人。显然，只有你们分享彼此知道的关于候选人的信息，你们四个人才能做出最好的决定。

但是，团体中却会出现很可笑的事：成员常常只将注意力集中在那些大家都了解的信息上，而忽略那些只有部分成员知道的事实（McLeod，2013；Toma & Butera，2009；Lu，Yuan，& McLeod，2012）。例如，有一项研究模拟了我们刚才描述的情境，让学生们决定谁是学生会主席的最佳人选（Stasser & Titus，1985）。在共享信息条件下，每个被试都得到相同的信息，信息显示候选人 A 是最佳人选。因此，当团体成员一起讨论候选人时，几乎所有成员都选择了候选人 A。在非共享信息条件下，被试得到的信息是不同的。每个成员都知道候选人 A 有两个优点、四个缺点。但是，在每个人的信息中，候选人 A 的两个优点是独特的——它们不同于其他人的信息中的内容。被试如果能够共享信息就会了解到候选人 A 有八个优点、四个缺点。但是，在非共享信息条件下，几乎所有团体都没有意识到候选人 A 的优点比缺点多，因为他们都只关注那些他们共享的信息，而不是那些他们不知道的信息。结果，很少有团体选择候选人 A。

后续的研究则集中于如何让团体更多地关注那些非共享信息（Scholten et al.，2007；Toma & Butera，2015）。非共享信息通常更可能在人们讨论过一段时间后被提及，因此，团体讨论的时间必须足够长，以保证人们能涉及一些非共享信息（Fraidin，2004；Larson et al.，1998）。在讨论开始时，告诉团体成员不要分享他们最初的偏好也是有帮助的。如果他们这样做，他们将更少关注特殊的非共享信息（Mojzisch & Schulz-Hardt，2010）。还有一种方法是让不同的成员负责不同领域的专业知识，这样他们会意识到自己单独负责特定种类的信息（Stasser，Vaughn，& Stewart，2000；Stewart & Stasser，1995）。

最后一种方法被许多夫妻采纳，他们懂得通过依赖彼此来记忆不同类型的信息。夫妻中的一方也许负责记忆社交活动的时间，而另一方则负责记忆何时应该支付各类账单。一个团体的记忆比单个团队成员的记忆更有效率，这被称为**交互记忆**（transactive memory）（Peltokorpi，2008；Rajaram & Pereira-Pasarin，2010；Wegner，1995）。通过使自己需要记忆的内容专门化，并且熟知自己的搭档负责的内容，夫妻二人很容易就能记住重要信息。团体也可以通过建立一种制度，让不同的人负责记忆任务的不同方面，以此收到良好的效果（Ellis，Porter，& Wolverton，2008；Lewis et al.，2007；Mell，van Knippenberg，& van Ginkel，2014）。总之，人们如果知晓谁负责哪类信息，并且花时间讨论这些非共享信息，就能克服团体无法共享独特的信息的倾向（Stasser，2000）。

团体思维：众人一心

我们之前提到过，团体凝聚力可能是清晰的思维和良好的决策的绊脚石。欧文·贾尼斯（Irving Janis）发展了一个极具影响力的群体决策理论，他称之为**团体思维**（groupthink），即注重保持团体凝聚力和团结甚于务实地思考事实的一种决策过程（Janis，1972，1982）。根据贾尼斯的理论，团体思维在情况满足某些前提条件时最容易发生，例如，团体具有高凝聚力，与相反的意见相隔绝，并且领导者的风格是命令型的。

许多总统的决策失误被归咎于团体思维。2003年，乔治·布什决定入侵伊拉克就是团体思维的一个例子。正如我们在本章开头讨论的那样，有些人认为，2016 年，希拉里·克林顿在总统竞选中爆冷失败也展现出了团体思维的迹象，因为她和她的智囊团在

交互记忆：一个团体的联合记忆比单个成员的记忆更有效率。

团体思维：注重保持团体凝聚力和团结甚于务实地思考事实的一种决策过程。

同意的人请说“好”

好 好 好 好 好

资料来源：Henry Martin，The New Yorker Collection，The Cartoon Bank.

一开始就认定他们在选举中稳操胜券，有时他们还忽视那些与自己的期望相悖的声音（和数据）。

这些决定都不能被归咎于某一种解释，但它们似乎都与许多能够引发团体思维的情况很相似：团结的、同质的团体受一个自信的人的领导，这个人明确地认为自己想的就是最好的行动方案。例如，乔治·布什的前任新闻秘书斯科特·麦克利兰（Scott McClellan）认为，一旦总统公开自己的想法，它很少受到质疑，因为那是布什期望的，也是他向他的高级顾问们宣布的（McClellan，2008）。团体思维的原因或前提条件如图 9-4 的左半部分所示，最初，人们认为，只有当所有这些前提条件都被满足时，团体思维才会出现；如今，研究者认为，当一小部分前提条件被满足时，团体思维也会出现（Baron，2005；Henningsen et al.，2006；Mok & Morris，2010）。

当团体思维的前提条件被满足时，一些现象就出现了（见图 9-4 的中间部分）。团体成员开始觉得他们是不可战胜的，而且不会犯任何错误。人们进行自我审查，不会提任何反对意见，因为他们害怕这样做有损团队的士气，或者他们害怕遭到其他人的批评。如果有人提出了反对意见，那么团体中的其他成员就会立刻提出批评，迫使反对者顺应多数人的意见。这种行为造成了一种全体成员意见一致的错觉，即好像所有人都同意，即使他们在私下并不同意。

危险的团体思维状态导致了一个较差的决策过程（Packer，2009；Tetlock et al.，1992；Turner et al.，2006）。如图 9-4 的右半部分所示，团体并没有考虑到所有可能的方案，没有制订应急计划，也没有充分考虑到偏好选择的风险。你还能想到现实生活中的其他受到团体思维干扰的决策吗？

研究表明，团体和团体的领导者会通过采取以下几个步骤来降低团体思维出现的可能性（McCauley，1989；Pratkanis & Turner，2013；Zimbarbo & Andersen，1993）。

- **保持中立。**领导者不应该扮演指挥者的角色，而应该保持中立。
- **寻找外界的观点。**领导者应该邀请一些团体以外的人发表见解，因为这些人不太会关心团体凝聚力的问题。
- **组建小组。**领导者应该将团体分为几个小组，成员先在小组内部讨论，再聚在一起讨论他们各自的建议。
- **征求匿名的意见。**领导者也许可以举行不记名投票，或者要求团体成员匿名写下他们的意见。这样做可以保证成员说出他们的真实看法，而不用害怕团体的谴责。

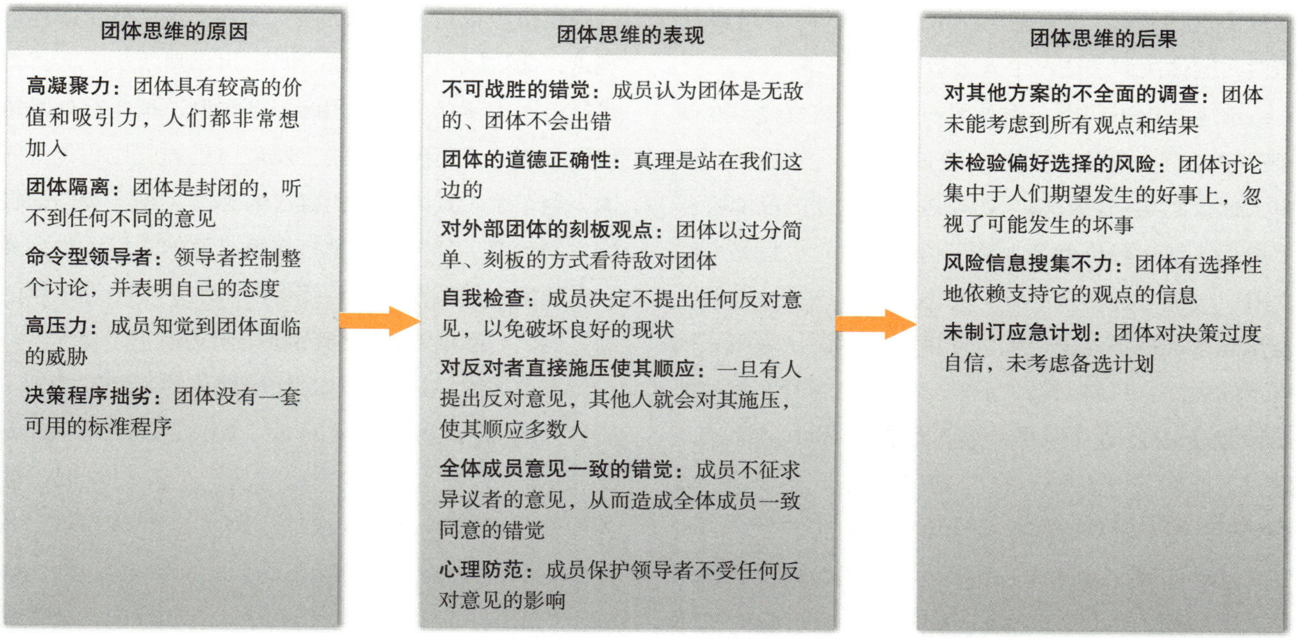
团体思维的原因
高凝聚力：团体具有较高的价值和吸引力，人们都非常想加入
团体隔离：团体是封闭的，听不到任何不同的意见
命令型领导者：领导者控制整个讨论，并表明自己的态度
高压力：成员知觉到团体面临的威胁
决策程序拙劣：团体没有一套可用的标准程序
团体思维的表现
不可战胜的错觉：成员认为团体是无敌的、团体不会出错
团体的道德正确性：真理是站在我们这边的
对外部团体的刻板观点：团体以过分简单、刻板的方式看待敌对团体
自我检查：成员决定不提出任何反对意见，以免破坏良好的现状
对反对者直接施压使其顺应：一旦有人提出反对意见，其他人就会对其施压，使其顺应多数人
全体成员意见一致的错觉：成员不征求异议者的意见，从而造成全体成员一致同意的错觉
心理防范：成员保护领导者不受任何反对意见的影响
团体思维的后果
对其他方案的不全面的调查：团体未能考虑到所有观点和结果
未检验偏好选择的风险：团体讨论集中于人们期望发生的好事上，忽视了可能发生的坏事
风险信息搜集不力：团体有选择性地依赖支持它的观点的信息
未制订应急计划：团体对决策过度自信，未考虑备选计划

图 9-4　团体思维：原因、表现和后果

在某些条件下，对团体而言，团体凝聚力和团结比务实地思考事实更重要。此时，团体思维的弊端就表现出来了，如不可战胜的错觉。这些表现最终导致了有缺陷的决策。

资料来源：Janis & Mann，1977.

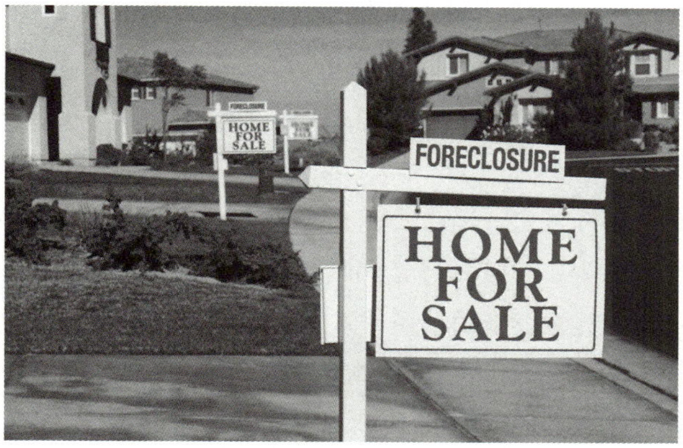

在大多数文化中，团体思维这一概念已经广为人知。一些作者和专家常常把错误的决定归咎于此。例如，《纽约时报》的一篇文章宣称美联储的专家本应该预测到 2007 年的金融危机，但是，由于团体思维的表现，他们没有预测到。

资料来源：Shiller，2008.

团体极化：走向极端

团体有时候会做出较差的决策。当然，这是有可能的，但是，团体决策常常比个人决策更保守。个人也许愿意把全部筹码押在一个极具风险的提议上，但是，如果有其他人参与决策，那么他们就会更加理性、更有节制。但是，事实真是这样吗？已有许多研究致力于探讨这个问题：究竟是团体还是个人会做出风险性更高的决策？令人惊讶的是，最初的许多研究都发现，团体决策比个人决策风险性更高。

例如，在一项研究中，人们被要求考虑这样一个场景：在一次国际象棋锦标赛中，一名排位较低的选手在最初几场比赛中就遇到了人们普遍看好的一位对手。他在比赛中面临这样一个抉择：是否尝试一种冒险的策略。如果策略成功，他就能够迅速取胜，而一旦策略失败，他一定会输掉整场比赛。当个体单独做决策时，人们认为在成功的概率至少达到 30% 的前提下，这名选手才应该采用该策略。但是，在与团体中的其他成员讨论之后，人们却认为即使成功的概率只有 10%，这名选手也该尝试该策略（Wallach，Kogan，& Bem，1962）。这类研究结果被称为“风险转移”。但是，进一步的研究发现，风险转移并不是现象的全部。事实上，团体决策在方向上与个人决策一致，但在结果上比个人决策更极端。所以，如果团体成员已经有了做出冒险决策的倾向，团体讨论常常会放大这种倾向。但是，当人们最初倾向于保守的决策时，团体决策往往比个人决策更保守。

请考虑以下问题：秀敏是一位年轻的女性，有两个孩子，有一份稳定但收入较低的工作，没有积蓄。有人建议她买一只股票。如果该公司的新产品能够获得成功，那么股价就会上涨三倍；但是，一旦新产品失败，股价必然直线下跌。秀敏是否应该卖掉她的人寿保险单，投资该公司呢？许多人的建议是采用一种安全的做法：只有当新产品非常可能成功时，秀敏才应该投资该公司。但是，当人们在团体中讨论该问题时，他们变得更加保守了：只有当新产品成功的概率接近 100% 时，他们才会建议秀敏购买该公司的股票。这种团体决策比成员先前的个人决策更极端的现象，被称为**团体极化**（group polarization）。它的具体表现是：如果人们先前倾向于冒险，那么团体决策会更具风险性；如果人们先前倾向于谨慎，那么团体决策会更保守（Brown，1965；Keating，van Boven，& Judd，2016；Palmer & Loveland，2008）。

团体极化的主要原因有两个。根据说服性论证的观点，为了支持自己先前的决策，所有成员在进行团体讨论时，都提出了一套自己的观点，其中一些是其他成员单独决策时没有想到的。例如，在考虑秀敏的投资策略时，一位成员也许强调，兑现人寿保险对秀敏的孩子们而言是一次不公平的冒险，因为秀敏有可能英年早逝。另一位成员也许没有考虑到这种可能性，因此也变得更保守。一系列研究都支持这一针对团体极化的解释：每个成员都提出了其他成员没有考虑到的观点（Burnstein & Vinokur，1977；El-Shinnawy & Vinze，1998）。

根据社会比较理论的解释，当人们在团体中讨论问题时，他们会先了解其他人的感受。团体赞同的观点是冒险的观点还是谨慎的观点？为了能够融入团体并使自己更受欢迎，许多人都会同意其他人的观点并表现得更极端一点。这样，个人不仅支持了团体的观点，而且以积极的态度表明了自己是团队中的优秀成员。以大学新生对酒精的态度为例，那些对饮酒持积极态度的人可能很快就会发现自己周围也有类似的人，为了融入其中，他们自己的态度会进一步向积极的方向转变。那些对酒精持谨慎态度的人可能也会找到志同道合的朋友，随着团体的价值观变得越来越清晰，他们对酒精的态度也会越来越谨慎。

来自说服性论证和社会比较理论的解释都得到了研究结果的支持（Boos et al.，2013；Brauer，Judd，& Gilner，1995）。值得注意的是，个人往往低估团体的极化程度（Keating et al.，2016），也就是说，我们作为个人常常意识不到团体成员对我们自己的态度的极化影响，往往认为我们的信念会始终保持公正和稳定。

团体中的领导

领导者在团体决策中的作用也是一个与团体有关的重要问题。什么造就了一位伟大的领袖？这个问题在很长一段时间里引起了心理学家、历史学家、政治学家的兴趣（Fiedler，1967；Haslam，Reicher，& Platow，2013；Lord et al.，2017）。关于这个问题，较著名的回答之一是**伟人理论**（great person theory）。该理论认为，不管领导者面临的情境的性质如何，造就一位优秀领导者的都是一些固定的关键人格特质。

如果伟人理论是正确的，那么我们应该能够将造就伟大领导者的关键人格特质分离出来。它是智慧、魅力和勇气的结合吗？是性格外向好还是性格内向好呢？我们是否还应该加入一条冷酷无情的特质？正如尼科洛·马基雅维利（Niccolò Machiavelli）于 1513 年发表的有关领导学的著作《君主论》（*The Prince*）中提到的那样，是不是只有具有高尚道德品质的人才能成为最出色的领导者？

团体极化：团体决策比成员之前的个人决策更极端的现象。

伟人理论：不管领导者面临的情境的性质如何，造就一位优秀领导者的都是一些固定的关键人格特质。

领导力与人格特质

具有不同人格特质的人都可以成为成功的领导者。例如，与非领导者相比，领导者似乎稍稍聪明一点、更外向、更有魅力、更乐于接受新体验、更自信、更果断（Ames & Flynn，2007；Judge et al.，2002；Van Vugt，2006）。令人惊讶的是，极少有人格特质与领导的有效性有很强的关联性，已被发现的关联性也都不高（Avolio，Walumbwa，& Weber，2009；von Wittich & Antonakis，2011）。例如，迪安·西蒙顿（Dean Simonton）收集了所有美国总统的 100 项个人特征的信息，包括他们的家庭背景、受教育程度、职业和人格等（Simonton，1987，2001）。历史学家评估后认为，那些身材高大、家庭规模较小且出版的图书较多的总统，最有可能成为有效的领导者。其他 97 项特征，包括人格特质，都与领导力毫无关系。

是什么决定了一个人能否成为伟大的领袖，如马丁·路德·金（Martin Luther King）？是特定的人格特质的集合吗？在合适的时间、合适的地点出现合适的人选非常必要吗？

领导风格

虽然伟大的领导者可能不属于特定的人格类型，但是他们会采取特定的领导风格。**交易型领导者**（transactional leader）会设置清晰的、短期的目标，而且奖励那些实现目标的人。**变革型领导者**（transformational leader）会激励下属关注共同的、长期的目标（Bass，1998；Haslam et al.，2013）。虽然交易型领导者在使事务顺利进行这方面做得好，但是变革型领导者会考虑当前以外的事情，制定重要的长期目标，并且激励他们的下属努力工作，以实现这些目标。

有趣的是，这些领导风格和人格特质的关系并不密切，人们也不是天生就属于某种领导风格（Judge，Colbert，& Ilies，2004；Nielsen & Cleal，2011）。进一步来说，这些风格并不是相互排斥的，事实上，最有效的领导者是同时采用两种风格的人（Judge & Piccolo，2004）。如果没有人注意组织的日常运作，而且人们即使完成了短期目标也得不到奖励，那么这样的组织将会遭受损失。同时，拥有一位激励人们考虑长期目标的有魅力的领导者也是很重要的。

适当的情境需要适当的领导者

现在你知道了，社会心理学中最重要的原则是在理解人们的社会行为方面，只考虑人格特质显然是不够的——我们必须把社会情境也考虑在内。例如，一位商业领导者在某些情境中可能非常成功，但在其他情境中却并非如此。例如，史蒂夫·乔布斯（Steve Jobs）在 21 岁时，与斯蒂芬·沃兹尼亚克（Stephen Wozniak）一起创立了苹果公司。乔布斯绝不是一位传统的西装革履的企业领袖，在进入计算机行业之前，他曾经尝试过 LSD（一种致幻剂）、游历过印度、在公共的果园生活过。当时还没有个人计算机，乔布斯不同寻常的风格正适合启动一个新的产业。在五年之内，他就成了一家公司的领袖，而这家公司当时拥

交易型领导者：设定清晰的、短期的目标，而且奖励实现目标的人的领导者。

变革型领导者：激励下属关注共同的、长期目标的领导者。

有 10 亿美元的资产。

但是，乔布斯不合乎传统的风格，就在竞争市场中管理一家大公司而言，是不适合的。苹果公司的经营开始受挫，到了 1985 年，乔布斯被迫退出公司。乔布斯没有被吓住，1986 年，乔布斯与他人共同成立了皮克斯动画工作室，这是第一个制作由计算机生成的动画的公司，之后他在 2006 年以 74 亿美元的价格把它卖给了迪士尼公司。20 世纪 90 年代，苹果公司再次面临与其在创业阶段遇到的问题类似的技术挑战，它必须更新 Macintosh 计算机的操作系统，以重新占领市场。苹果公司会聘请谁领导全局，对付这次挑战呢？当然是史蒂夫·乔布斯。他富有创造力的想法和激励员工勇于冒险的能力使他成为公司需要新方向时的最佳人选。

因此，一个综合的领导理论应着眼于领导者的性格特征、追随者和情境因素。在此类理论中，最著名的是领导权变理论（contingency theory of leadership）。该理论认为，领导的有效性既取决于领导者的风格是任务导向型，还是关系导向型，又取决于领导者对团体的控制和影响程度（Fiedler，1967；Yukl，2011）。该理论认为，存在两类领导者：任务导向型领导者（task-oriented leader）比较关心组织的任务是否完成了，而不太关心员工的情感和人际关系；而关系导向型领导者（relationship-oriented leader）比较关心员工的情感和人际关系。

如果人们认为领导者在公司处于强有力的地位，团体需要完成的工作是结构化的、清楚的、明确的（如有一位公司经理管理每位员工的绩效考核和加薪），在这种高控制的工作环境中，任务导向型领导者会表现得很好；如果人们认为领导者并不是强有力的，团体需要完成的工作是不明确的，在这种低控制的环境中，任务导向型领导者也会表现得很好。那么，关系导向型领导者怎么样呢？他们在适度控制的工作环境中是最有效的。在这种环境中，一切都运转得比较平稳，但团体仍有重要的工作要做，能够促进员工间关系的领导者将会获得最大的成功（见图 9-5）。领导权变理论已经得到大量研究的支持，这些研究涉及不同类型的领导者，包括企业经理人员、大学行政主管、军队指挥官（Ayman，2002；Chemers，2000；Lord et al.，2017）。

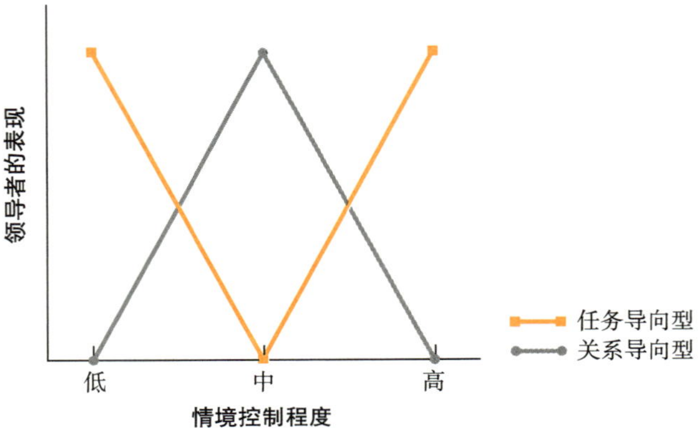

图 9-5　费德勒的领导权变理论

根据费德勒的观点，任务导向型领导者在情境控制程度较高或较低的情况下表现最佳。而关系导向型领导者在情境控制程度适中时表现最佳。

性别与领导力

美国现在的劳动力中大约有一半是女性。但是，女性拥有和男性一样的机会成为商界、政界和其他组织的领导者吗？并没有。当然，情况正在改变，女性向高层晋升的障碍正在被打破。不过，需要做的工作还有很多。2016 年，只有 21 位世界 500 强公司的首席执行官是女性，并且美国公司的董事会成员中只有 15% 是女性（Catalyst，2017）。其他地方的情况也没

领导权变理论：领导的有效性既取决于领导者的风格是任务导向型，还是关系导向型，又取决于领导者对团体的控制和影响程度。

任务导向型领导者：比较关心组织的任务是否完成了，而不太关心员工的情感和人际关系的领导者。

关系导向型领导者：比较关心员工的情感和人际关系的领导者。

有什么不同，15% 实际上是世界上很高的比例了，少数几个女性占比高一些的国家包括挪威（47%）、瑞典（34%）、法国（34%）和澳大利亚（23%）。韩国（4%）和日本（4%）在这项调查中排在末尾。女性难以获得领导地位的一个原因是：很多人认为好的领导者应有事务性特征（如专断、有较高的控制欲、喜欢支配他人、独立），而从传统观点来看，这些都与男性相关。相反，女性被期待表现出公益性特征（如关心他人的福利、温和、乐于助人、有亲和力）。因此，如果女性表现出"应有的"行为，她们常常会被知觉为缺少领导潜质。但是，如果女性成为领导者，表现出领导者该有的风格——强有力的事务性风格，她们会因没有"女性应有的样子"而被指责（Brescoll，Dawson，& Uhlmann，2010；Eagly & Karau，2002；Koenig et al.，2011）。

女性领导者面临的另一个危险是，由于她们被认为更具有公益性，她们常被认为更擅长处理危机，特别是一些人际关系问题。这看起来似乎是件好事——人们相信女性领导者能解决问题，但也有消极面——这更可能置女性于难以成功的、不确定的、高风险的位置。米歇尔·瑞安（Michelle Ryan）和她的同事称之为"玻璃悬崖"（Ryan et al.，2008，2011）。即使女性突破"玻璃天花板"获得高层领导职位，与男性相比，她们也更有可能被委派至处于危机中的部门，这样，失败的风险很高。瑞安和她的同事发现这在某些公司的雇用情况中是真实存在的，而在实验室研究中，人们阅读公司的简介并推荐领导职位的人选的情况也是如此。当组织中的部门处于危机中时，被试更有可能推荐女性，而当部门运作得很平稳时，被试更有可能推荐男性。这增加了女性在她们的领导职位上失败的可能性。

比较好的消息是随着时间的推移，人们对女性领导者的偏见在慢慢变少。1953 年的盖洛普民意调查结果显示，66% 的人说他们偏好男性上司，仅 5% 的人偏好女性上司（25% 的人没有偏好）。而在 2011 年，同样的调查显示 32% 的人偏好男性上司，22% 的人偏好女性上司，46% 的人没有偏好。此外，一些证据表明人们变得更能接受以典型的男性方式行事的女性了（Twenge，1997），而且人们越来越认识到有效的领导者应该不仅能够以典型的男性方式（务实的）行事，还能以典型的女性方式（公益的）行事（Eagly & Karau，2002；Koenig et al.，2011）。

2012 年，雅虎聘请玛丽萨·迈耶（Marissa Mayer，左图）担任新任首席执行官，希望她能够扭转雅虎的颓势。在社交媒体、移动应用，以及谷歌的时代，雅虎作为一家互联网门户网站被迅速地甩在了后面。两年后，即 2014 年，玛丽·芭拉（Marry Barra，右图）成了通用汽车的第一位女性首席执行官。几个月以后，由于部件的设计缺陷，她不得不宣布召回 1100 多万辆汽车，而公司在大约 10 年前就已经知道这一缺陷了。迈耶和芭拉似乎都打破了"玻璃天花板"，但发现自己站在"玻璃悬崖"上。迈耶最近辞职了。尽管在她任职期间，雅虎的股价飙升，但是雅虎仍在苦苦挣扎。然而，从大多数指标来看，芭拉在执掌通用汽车期间非常成功。

文化与领导力

大多数关于领导力的研究都是在西方国家进行的，因此，存在一个问题，即这些研究结论在多大程度上可以被应用于其他国家。由于这个原因，研究者把注意力转向不同文化中的人看重的领导者特质和实际的领导力类型（Aktas，Gelfand，& Hanges，2016；Aycan et al.，2013；Eagly & Chin，2010）。一项大规模研究考查了 62 个国家的领导力实践和人们对待领导者的态度，研究者在这些国家的 951 个组织中给 17 000 名经理分发了调查问卷，进行了广泛的采访，召集了团体讨论，并分析了每个国家的媒体内容。不足为奇的是，不同的国家重视的领导者特质不同。例如，欧洲国家比拉丁美洲国家更重视自主领导力，即独立于自己的上级独自工作。但是，有两种领导者品质是被普遍认可的：领袖魅力和团队导向（House et al.，2004）。由于全球经济的发展，团体工作越来越多样化，来自不同文化的管理者接触得也越来越频繁，有关领导力的文化差异的问题受到越来越多的关注。

问题回顾

1. 下列哪一项不是过程损失？（ ）
   a. 交互记忆
   b. 团体极化
   c. 无法分享独特的信息
   d. 团体思维
2. 能够减少团体思维的可能性的一种方法是（ ）。
   a. 安排一个强有力的、具有指导性的领导
   b. 公开进行集体投票，而不是依靠无记名投票或其他匿名方式
   c. 组建小组，先在组内单独讨论，再重新召集整个团体并分享信息
   d. 强调一致的重要性
3. 沃尔特、杰西、迈克和格斯是商业伙伴，他们正在试图决定他们的公司是否应该投资一个有风险的新领域。杰西觉得他的伙伴们倾向于冒险，为了让他的伙伴们确信他是一位有价值的公司成员，是一位“好”的团体成员，杰西在公开场合强烈支持这个冒险的决定。在会议结束后，他比以前更加确信，他们应该冒这个险。杰西的个人转变说明了对团体极化的（ ）解释。
   a. 社会比较
   b. 反态度
   c. 说服性论证
   d. 社会促进
4. 对于人格特质类型和领导力的研究说明（ ）。
   a. 伟人理论是对成功领导的最好解释
   b. 具有不同人格特质的人都能够成为成功的领导者
   c. 最成功的美国总统（根据历史学家的评价）往往具有共同的人格特质，如外向、开放和同理心强
   d. 最成功的领导者信奉事务性特征，避免公益性特征
5. 一个（ ）领导会设置清晰的短期目标，并且奖励实现这些目标的人。
   a. 权变型
   b. 变革型
   c. 公益型
   d. 交易型

“问题回顾”答案，请扫描章末二维码查看。

9.4 冲突与合作

我们刚刚讨论了团体成员如何一起做决策。在这些情境中，团体成员有一个共同的目标。但是，人们常常会有相互矛盾的目标，这使他们互相处于冲突状态。这种情况在两个人之间就有可能出现，例如，恋人们常常争论谁该清理厨房。这种情况在两个团体之间也会出现，例如，工会与公司管理层之间为薪酬和工作环境问题而争论。国家之间同样存在这种情况。只要两人或多人之间有互动，人际间的冲突就有可能出现。西格蒙德·弗洛伊德（Sigmund Freud）甚至认为冲突是文明的副产品，是不可避免的，因为个人的目标和需求常常与其他人的目标和需求相冲突（Freud，1930）。冲突的本质以及如何解决冲突已经成为众多社会心理学研究的主题（Cohen & Insko，2008；De Dreu，2014；Thibaut & Kelley，1959）。

许多冲突可以得到和平的解决，而不会留下太多

仇恨。夫妻可以用一种双方都能接受的方式解决他们的分歧；劳资纠纷中的双方最后常常也能握手言和。然而，更多时候，冲突会升级成公开的敌对。美国的离婚率高得令人沮丧不已。人们有时会为了解决争议而诉诸武力。战争仍然是解决国际争端的最常见方式。显然，找到和平解决冲突的方法非常重要。

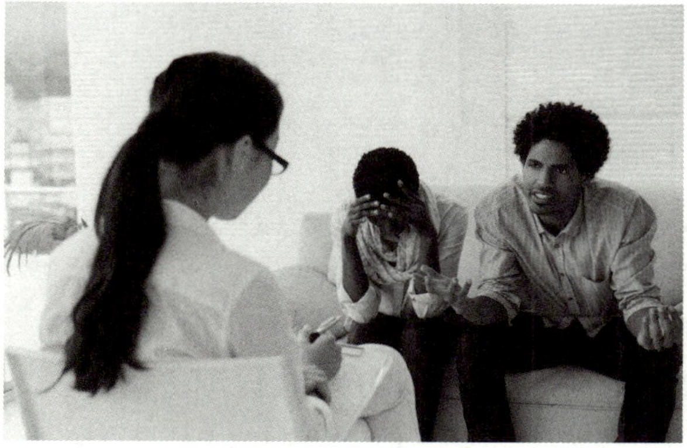

有时候人们能够和平地解决冲突，例如，一对夫妻可以平和地离婚。而其他时候，冲突会升级为怨恨和暴力。社会心理学家已经开展了实验，以检验哪种方法最有可能解决冲突。

社会困境

人们最初发生冲突的原因是，个人的最优选择常常不是团体的最优选择。我们以帕纳拉连锁餐厅最近的一次冒险为例进行说明。几年前，该餐厅新开了五家帕纳拉爱心餐厅，它的外观及运作方式与其他帕纳拉餐厅相似，但是，它有一点不同之处：人们不会被要求支付任何费用。菜单上列出了建议售价，但是顾客可以随他们的意愿购买。餐厅的首席执行官和创始人罗纳德·沙伊克（Ronald Shaich）有这样一种愿景——需要帮助的人能够得到一顿好饭，并且为此支付他们能够负担得起的费用。他预测，这些成本将被那些付得起高于这个建议售价的人的钱抵消。

帕纳拉爱心餐厅设计了一个经典的社会困境（social dilemma），即一种冲突，在这种冲突中，如果大多数人都选择了对个人最有利的行动，那么其结果对每个人都有害（Van Lange et al.，2013；Wang et al.，2017；Weber，Kopelman，& Messick，2004）。对每个人来说，自己免费享用帕纳拉爱心餐厅的美食，让其他人支付费用是最省钱的方法。但是，如果过多的顾客采用这种方法，每个人都会遭受损失，因为这家餐厅将会入不敷出，最终不得不关门。

在帕纳拉爱心餐厅运营的第一年，大约 3/5 的顾客按建议售价付钱，1/5 的顾客以低于它的价格付钱，1/5 的顾客以高于它的价格付钱。一些人会利用这种模式。例如，3 个大学生吃了 40 美元的大餐，只付了 3 美元，只是因为他们喜欢这样。当然，帕纳拉爱心餐厅的想法是足够多的人会支付超过建议售价的钱，这可以抵消一部分人少支付的那笔费用。帕纳拉爱心餐厅的运作结果好坏参半：五家餐厅中的三家关门了，开在波士顿和圣路易斯的两家餐厅仍在运作。在诸如此类的社会困境中，决定人们做出自私的反应还是无私的反应的原因是什么？社会心理学家通过实验研究了这些困境，他们在实验室里探索它们的原因和解决方案，尝试找出答案。

在实验室中研究社会困境问题的常见方法之一是使用一个叫作“囚徒困境”的游戏。这个游戏的名字来源于一个场景，在这个场景中，两名犯罪同伙被警察逮捕，并且被单独关押。摆在这两个罪犯（假设他们叫皮佩和亚历克斯）面前的是相同的待遇：背叛同伙，坦白罪行，以获得较轻的处罚。困境在于两名罪犯得到的判决取决于他们的同伙怎么做，如果他们都保持沉默，仍然对彼此忠诚，警察只能将他们关押很短的一段时间；如果他们都背叛了彼此，他们的关押时间将会更长。这个选择很简单，对吗？他们似乎应该保持沉默。但是，情况没这么简单。如果皮佩保持沉默，但是亚历克斯坦白了罪行，那么亚历克斯将被释放，而皮佩将会得到最重的判决；如果皮佩坦白了罪行，但是亚历克斯保持沉默，那么皮佩将被释放，而亚历克斯将会被监禁得更久。

幸运的是，研究者开发了实验室版本的囚徒困

社会困境：如果大多数人都选择了对个人最有利的行为，那么其结果对每个人都有害。

境，被试不需要承担坐牢的风险。在这些研究中，两个被试需要在两个选项中做出选择，但他们并不知道对方的选择。他们赢得的分数取决于两个人的选择。假设你和一位朋友正在玩这个游戏（见“试一试”），你可以选择选项X或选项Y，就像皮佩和亚历克斯一样，你的损益结果——你会赢得还是输掉一定金额的钱——同时取决于你和你朋友的选择。例如，如果你和你的朋友都选择了X，那么你们都能得到3美元。但是，如果你选择了Y，而你的朋友选择了X，那么你将得到6美元，而你的朋友则会损失6美元。在你已知自己最后才能看到你的朋友选择什么的情况下，你会选择哪个选项呢？

试一试　囚徒困境

请与一位朋友一起玩这个囚徒困境游戏。首先，把下表给你的朋友看，并向他解释游戏的规则：在每个回合，你和你的朋友都可以选择选项X或选项Y，但你们都不知道对方的选择。你们可以在几张折叠起来的纸上写下自己的选择，然后同时展开。下表中的数字表示你和你的朋友在每个回合中损失或赢得的假想金额。例如，如果在第一回合，你选择了选项X而你的朋友选择了选项Y，你将损失6美元，而你的朋友将赢得6美元。如果你们同时选择了选项Y，那么你们将同时损失1美元。游戏一共包括10个回合，请记录下你们分别损失或赢得的金额。你和你的朋友更多地选择合作策略（选择选项X）还是竞争策略（选择选项Y）？为什么？你们在游戏过程中形成了信任模型还是不信任模型？

	你的选择	
你朋友的选择	选项 X	选项 Y
选项 X	你赢得3美元 你的朋友赢得3美元	你赢得6美元 你的朋友损失6美元
选项 Y	你损失6美元 你的朋友赢得6美元	你损失1美元 你的朋友损失1美元

在这样一个场景中，选择选项Y似乎是最安全的（Rapoport & Chammah，1965）。困境在于，双方可能都以这种方式思考问题，那么双方都会失去潜在的收益。人们在该游戏中的行为似乎与生活中的许多冲突有相似之处。为了找到一个对双方都有利的方法，人们应该相互信任。但是，事实往往不是这样，缺乏信任导致了一系列竞争性行动的升级，最终导致没有人会赢（Insko & Schopler，1998；Kelley & Thibaut，1978；Lount et al.，2008）。例如，两个困在军备竞赛中的国家，也许认为他们无法承担削减军备可能带来的代价，因为这样做可能会使对方处于优势地位。结果是双方都疯狂地增加军备，谁也无法占据优势地位，却都花费着巨额资金，而这些资金原本可以用来解决内政问题（Deutsch，1973）。这类冲突的升级在那些正在闹离婚的夫妻中也非常常见。有时候，一方的目标似乎是更多地伤害对方，而不是使自己（或者孩子）的需要得到满足。最终，双方都受到了伤害，这就好像是两个人一直在选择选项Y。

在囚徒困境中增加合作

虽然这种升级的冲突很普遍，但是它并不是不可避免的。许多研究发现，当人们在玩囚徒困境的游戏时，在某些情况下，他们会采用更具合作性的策略（选择选项 X），以保证双方都能得到有利的结果。如果人们是与朋友，或者一位他们希望未来能有进一步交往的搭档一起玩这个游戏，那么人们会选择合作性的策略，同时最大化自己和同伴的利益就不奇怪了（Cohen & Insko，2008；Grueneisen & Tomasello，2017）。

人们期望的行为规范的微妙改变可能对人们如何合作产生重大影响。一项研究发现，仅仅是把一个游戏的名字从“华尔街游戏”改为“社区游戏”，就可以使采取合作策略的人数的比例从 33% 增长到 71%（Liberman et al.，2004）。另一项对中国大学生进行的实验发现，在游戏前给学生呈现代表中国文化的图像（如龙）会使他们更加倾向于合作，而给他们呈现代表美国文化的图像（如美国的国旗）会使他们更倾向于竞争（Wong & Hong，2005）。

为了增加合作的可能性，你还可以尝试一下**以牙还牙策略**（tit-for-tat strategy）。它通常指个体先表现出合作的姿态，但之后总是按对方在上一回合中的表现（合作或竞争）做出回应。该策略既表达了合作的意愿，也传达了如下信息：假如对方不合作，你也决不会被动挨打、坐视不理。以牙还牙策略常常能够成功地引导对方采取相互信任的策略（Klapwijk & Van Lange，2009；Leite，2011；Wubben，De Cremer，& van Dijk，2009）。类似地，在军备竞赛中使用这种策略意味着，不仅要与不友善国家开展军事储备竞争，而且要积极回应一些怀柔的姿态，如禁止核武器试验。

另一个已被证实的策略是让个体而不是对立的团体解决冲突，因为两个个体在玩囚徒困境游戏时会比两个团体表现出更多的合作行为（Schopler & Insko，1999）。正如我们在第 8 章讨论的那样，人在团体中会变得去个体化，你现在也知道了团体会促生更多极端的、分化的态度。由于这些效应，当两个对立的团体互不信任时，有时来自各方的单个代表能够更好地建立联系，促进沟通和谈判。总之，社会困境一直是大量心理学研究的主题。值得注意的是，并不是所有的研究都聚焦于囚徒困境。

用威胁解决冲突

当人们陷入冲突时，许多人都会尝试使用威胁的方式使对方屈服于自己的意志，我们应该像泰迪·罗斯福（Teddy Roosevelt）说的那样，“轻声细气地说话，但要带上一根大棒”。父母经常用威胁约束子女的行为，老师也常常用留校或带去校长室威胁学生。在国际关系领域，威胁也被广泛地用于进一步获取本国利益（Turner & Horvitz，2001）。

莫顿·多伊奇（Morton Deutsch）和罗伯特·克劳斯（Robert Krauss）做的一系列经典研究发现，威胁并不是减少冲突的有效方法（Deutsch & Krauss，1960，1962）。研究者设计了一个游戏，两个被试分别想象自己是阿克姆货运公司和博尔特货运公司的主管。他们的主要目标都是尽可能快地将货物运达目的地。被试每完成一趟行程，可以得到 60 美分的酬劳，但是，被试在行程中每多花 1 秒，就要被扣 1 美分。对两家公司来说，最直接的路线是同一条单行道，也就是说，一次只能有一辆货车可以通过（见图 9-6），这就是两家公司的冲突所在。如果这两家公司都试图走这条单行道，那么谁都无法通过，两家公司都将遭受损失。两家公司都可以选择另一条路线，但另一条路线路途较远，这会使他们每趟至少损失 10 美分。不久，绝大多数被试都找到了一个能使双方都得到适当数额的金钱的解决办法。他们轮流等待对方先通过

以牙还牙策略： 通过先表现出合作的姿态，但之后总是按对方在上一回合中的表现（合作或竞争）做出回应，来促进合作出现的策略。

资源困境

因徒困境不是唯一一个具有挑战性的社会困境，资源困境涉及共享一种有限的资源。和囚徒困境一样，在资源困境中，一个选择自私行为的人会受益。但是，如果几乎无人合作，那么所有人都将承担后果。

例如，公地悲剧的故事。村民们拥有一块公有的草地，每个人都可以在那块草地上放一定数量的牛，当然，通过偷偷地在草地上多放一两头牛，村民可以获得私利——更多（更肥）的牛。但是，如果每个人都这样做，草将不复存在，所有的牛（或者村民）都将无法获得足够的食物。

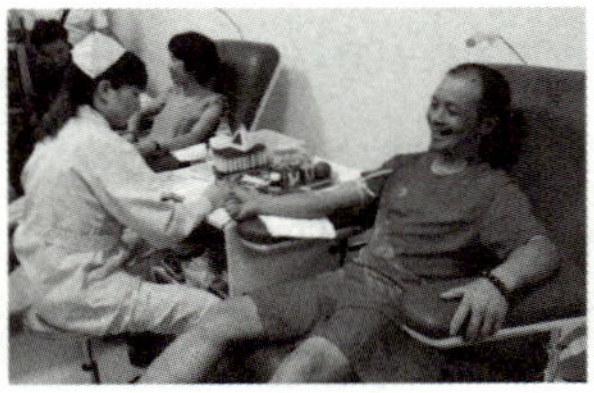

资源困境的一种形式是个体过快、过多地使用一种资源，另一种形式是没有足够多的人为补充资源做出贡献。如果没有足够多的人献血，当紧急情况发生时，供应量不足的状况就会出现。如果没有足够多的人贡献税收，基础设施就会崩溃，各地的人们将遭受损失。

本章回顾了很多在资源困境中促进合作的方法，还有另一种可能是建立一个监管实体，它有权力制裁那些拒绝亲社会行为、合作行为的人。例如，美国环境保护部门可以对违反美国环境标准的公司处以巨额罚款。

这条单行道，然后自己再通过。

该研究的另一个版本是，研究者给了阿克姆公司一道设在单行道上的门，被试可以通过关门来阻止博尔特公司使用该路线。你也许认为使用武力（关门）将增加阿克姆公司的收益，因为阿克姆公司需要做的就是威胁博尔特公司"离这条路远点儿"。事实正好相反，当只有一方拥有门时，两个被试的损失比双方都没有门时更多。博尔特公司不愿意被威胁，而且常常采取报复手段——将货车停在单行道上，阻挡阿克姆公司的货车。此时，时间一点点地流逝，双方都遭受损失。如果双方的处境更平等一点——双方都有门，情况又会怎样呢？他们当然会更快地学会合作，因为他们会意识到，双方都使用门必然会造成僵局。事实是这样吗？事实正好相反，在双边威胁的条件下，他们甚至损失了更多的金钱。两家货运公司都使用门威胁对方，并且威胁相当频繁。

沟通的作用

在多伊奇和克劳斯的货运游戏中，有一点与现实生活不太相似：双方是不能交流的。如果双方能够相互交流，他们能够解决分歧吗？为了找到答案，多伊奇和克劳斯又设计了另一个版本的实验，被试在每轮游戏中可以通过对讲机进行沟通。但是，研究者要求被试沟通并不能显著地增加双方获得的金钱。这是为什么呢？

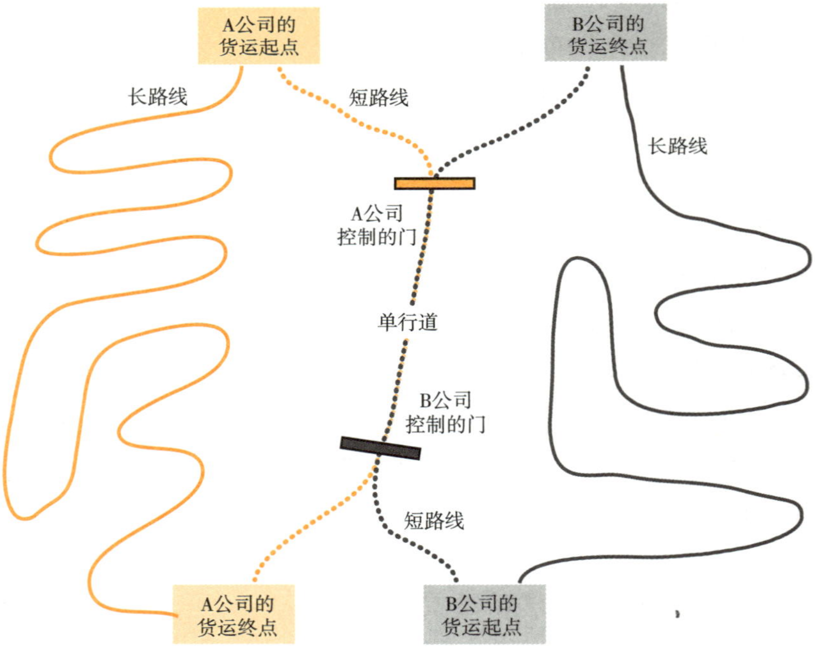

图 9-6　多伊奇和克劳斯的货运游戏

多伊奇和克劳斯（Deutsch & Krauss，1962）通过让被试玩货运游戏来研究合作（以及缺乏合作），在这个游戏中，被试通过尽可能快地将货物从起点运到终点来获得收益。如图所示，最短的路线是穿过单行道的路线，但是，两个公司不能同时使用这条路。当被试可以通过使用门来限制对方使用单行道时，两个公司甚至都获取了更少的收益。

货运游戏中的沟通问题在于双方没有培养信任感。事实上，人们在使用这个机会威胁对方。多伊奇和克劳斯在之后的实验版本中证实了这一点。他们专门指导了人们应该如何沟通，告诉他们找出对双方都公平的解决方案（也就是说，如果他们能为对方着想，那么双方都将乐于接受这个解决方案）。在这种条件下，语言沟通使双方获得的收益都增加了，因为这样的沟通使双方形成了信任感，而不是为竞争火上浇油（Deutsch，1973；Deutsch，Coleman，& Marcus，2011；Krauss & Deutsch，1966）。

协商与讨价还价

在目前我们讨论的在实验室中进行的游戏中，人们的选择是有限的。在囚徒困境中，人们只能选择选项 X 或选项 Y，而在货运游戏中，人们只有两条通向终点的路线。在日常生活中，我们常常拥有更广的选择范围。请想象一下，两个人正在为一辆车讨价还价，买方和卖方都可以选择同意对方的所有要求、同意对方的部分要求，或者不做任何让步，任何一方都可以随时中止交易。鉴于人们在解决该冲突方面有相当大的自由度，沟通对双方而言显得格外重要。通过交谈、讨价还价、协商，人们能够得到满意的解决方案。**协商**（negotiation）指冲突双方通过提出要求和反对意见来得到双方都同意的解决方案的沟通形式（Menon，Sheldon，& Galinsky，2014；Thompson，Wang & Gunia，2010）。人们能否通过协商成功地获得对双方都有利的解决方案呢？

成功协商的一个障碍是，人们常常认为在自己陷入的冲突中只有一方能得到好处。他们没有意识到，对双方都有利的解决方案是存在的。例如，一对要离婚的夫妻可能会发现，在双方意识到他们优先考虑的事情是不同的之前，双方在财务上达成一致是不可能的。对其中一个人来说，也许保留家具和棒球赛季的门票是最重要的，然而，另一个人想要华丽的瓷器和古董唱片。这种类型的妥协被称为**整合式解决方案**（integrative solution），即冲突双方根据彼此不同的利益关注点，达成利益交换，即每一方都在对他而言不重要但对对方而言很重要的问题上做出最大的让步。

这种整合式解决方案似乎很容易达成。毕竟，双方只要坐下来弄清楚哪些问题对彼此最重要就好了。但是，人们常常会发现，要找到整合式解决方案是很困难的（Moran & Ritov，2007；Thompson，1997）。例如，人们在协商中面临的风险越大，他们对于对方的知觉偏差就会越大——人们倾向于不信任对方的提议并忽视双方的共同利益（Kong，Dirks，& Ferrin，2014；O'Connor & Carnevale，1997）。这是人们经常在劳资纠纷、法律案件、离婚诉讼中使用中立的调解员的一个原因：调解员常常更容易看到对双方都有利的冲突解决方案（Kressel & Pruitt，1989；Ross & LaCroix，1996；Wall & Dunne，2012）。

沟通的方式在建立信任的过程中也是十分重要

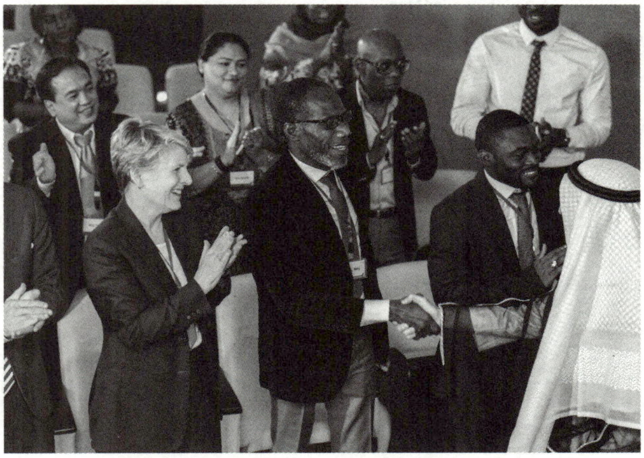

中立的调解员通常帮助人们处理劳资纠纷、法律案件和离婚诉讼。调解员常常更容易看到对双方都有利的冲突解决方案。

协商：冲突双方通过提出要求和反对意见来达成双方都同意的解决方案的沟通形式。

整合式解决方案：一种冲突解决方案，即要求双方针对问题进行权衡，在对自己不重要但对对方重要的问题上做出最大的让步。

的（Rosette et al.，2012）。过去面对面的协商比电子沟通，如电子邮件、文字消息和视频会议，更容易帮助人们建立信任感。虽然这些现代技术有许多优点，但是缺点是它们使人们更难了解和信任对方。一项对一系列研究的元分析发现，人们在利用电子媒介进行协商时比面对面协商时更加不友善，利用电子媒介进行的协商会导致更低的利润（Stuhlmacher & Citera，2005）。

我们的底线呢？当你与他人进行协商时，切记，整合式解决方案常常是可以达成的。请尝试获得对方的信任，以公开的方式交流你们各自的利益，并且试着考虑他人的观点（Trötschel et al.，2011）。记住，你对情境的理解方式不一定与对方相同。你也许会发现，对方会以更开放的方式表达他的利益诉求，这增加了你找到一个对双方都有利的解决方案的可能性。

问题回顾

1. 就社会困境而言，（ ）。
   a. 采用合作策略的个体总能比自私的个体获得更多利益
   b. 如果大多数人选择了对个人最有利的行为，这从长远来看对所有人都是有害的
   c. 总有一方获益，总有一方遭受损失
   d. 实验室研究在解释团体冲突的升级和持续性方面是没有用的
2. 在囚徒困境中，作为独立个体的你会得到最差的结果，如果（ ）。
   a. 你是合作的，你的搭档也是合作的
   b. 你是合作的，但你的搭档是自私的
   c. 你是自私的，你的搭档也是自私的
   d. 你是自私的，但你的搭档是合作的
3. 赫奇帕奇和拉文克劳两家渔业公司在同一片水域捕鱼，两家公司都在考虑修建水坝，以切断水源，阻止对方捕鱼。有关威胁的研究表明，如果两家公司都修建了水坝并获得了阻止对方捕鱼的能力，那么（ ）。
   a. 冲突会缓和，因为双方都有相同的威胁能力
   b. 冲突会升级，因为双方都有相同的威胁能力
   c. 冲突会略微升级，但不会像只有一家公司修建了水坝并具备了威胁能力时那么严重
   d. 冲突会升级，但冲突升级只发生在双方沟通不畅的情况下
4. （ ）解决方案是协商的结果，在该方案中，每一方在对他而言不重要但对对方很重要的方面做出让步。
   a. 以牙还牙
   b. 交易式
   c. 整合式
   d. 公益式
5. 根据西格蒙德·弗洛伊德所说，（ ）是文明不可避免的副产品。
   a. 协商
   b. 合作
   c. 冲突
   d. 心理学

“问题回顾”答案，请扫描章末二维码查看。

总结

9.1　什么是团体

团体包括两个或两个以上相互交流、相互依赖的人。

- **人们为什么加入团体。**归属于某个团体的需求可能是天生的。团体可以使我们实现困难的目标。团体是现实世界的信息来源，也是我们社会身份的重要组成部分。人们对来自团体的排斥非常敏感，并且会尽力避免被排斥。团体也使人们感到自己不同于其他团体的成员。
- **团体的组成与功能。**团体往往由同质的成员组成，部分原因是团体中有期待人们遵守的社会规范。团体中也有明确的社会角色，有关于人们应有的行为方式的共同期望。人们可能会沉迷于社会角色，以至于他们的个人身份和人格都消失了。团体凝聚力（将成员凝聚在一起、促使成员相互喜爱的团体特质），是一个影响团体表现的特征。团体的构成也会影响团体表现，多样性有时与团体的士气呈负相关，而与一系列表现呈正相关。

9.2　团体中的个体行为

研究比较了人们单独活动时和身处团体中时的表现。

- **社会促进：他人在场为我们增添活力。**当个体在任务中的努力可以被评估时，仅仅是他人在场就会引起社会促进：他们在简单任务中的表现水平提高，在复杂任务中的表现水平降低。
- **社会懈怠：他人在场使我们放松。**当个体在任务中的努力无法被评估时，他人在场导致放松和社会懈怠：他们在简单任务中的表现水平降低，而在复杂任务中的表现水平提高。
- **社会懈怠的性别与文化差异：谁最有可能偷懒。**社会懈怠在男性中比在女性中更加普遍，在西方文化中比在东方文化中更加普遍。
- **去个体化：迷失在人群中。**他人在场也会导致更严重的结果，如去个体化，即当人们身处人群中时，正常的行为约束变得松懈。

9.3　团体决策：多人的决策一定优于个人的决策吗

研究比较了人们单独活动时和身处团体中时是如何做决策的。

- **过程损失：团体互动抑制了良好的解决办法。**如果团体成员善于汇集独立的想法并听取团体中专家的意见，那么团队能比个人做出更好的决策。但是，过程损失的情况经常发生，它是指抑制良好决策的团体互动的任何方面。例如，团体通常把注意力集中在所有成员都了解的信息上，却忽略了独特的信息。联系紧密、凝聚力强的团体中常常会出现团体思维，当对团体成员而言，维持团体凝聚力和团结比务实地思考事实更重要时，团体思维就会出现。

- **团体极化：走向极端。**团体极化导致个体的态度比个体参与团体讨论前的态度更极端。因此，团体决策可能比个体决策更冒险或更保守，这取决于团体成员最初的倾向。
- **团体中的领导。**伟人理论认为，优秀的领导者取决于个人是否拥有合适的人格特质，但支持它的证据不足。领导者有特定的领导风格，如交易型领导者或变革型领导者。领导的有效性是由领导者的类型与工作环境的性质共同决定的。虽然状况已经有了极大改观，但是领导岗位上的女性数量仍然不足。成为领导者的女性通常面对一个“玻璃悬崖”，她们被派去负责处于危机中的部门，这样一来，失败的风险很高。此外，女性领导者还面临着双重束缚：如果她们的行为符合社会对她们的期望，她们表现得温暖而善于与人相处，她们就会被认为领导潜力较低；而一旦她们成功地取得领导地位，并且按照人们对领导者的期望（即表现出事务性的、强劲的领导风格）行事，则她们就会被消极地认为没有“做女人该做的事”。

9.4 冲突与合作

研究探究了当人们具有互相矛盾的目标时，他们是如何解决冲突的。

- **社会困境。**当大多数人都选择对个体最有利的行为方式，而这造成对所有人不利的后果时，社会困境就发生了。人们研究得最普遍的一种社会困境是囚徒困境，两个人需要决定是只关注自己的利益还是也考虑同伴的利益。解决这类冲突的关键是建立信任感，一系列的情境因素会导致人们更有可能合作。
- **用威胁解决冲突。**研究者发现使用威胁倾向于使冲突升级而不是使冲突得到解决，甚至当双方有着相同的威胁能力时情况也是这样。
- **协商与讨价还价。**当双方进行协商和讨价还价时，寻找整合式解决方案是相当重要的，每一方都在对自己而言不太重要但对于对方却很重要的方面做出最大让步。

思考题

为什么在网络情境中去个体化特别容易发生？网站应如何避免它发生？

自测

1. 为什么团体通常是同质的（团体成员有相似的年龄、性别、信念和观点）？（　）
   a. 那些彼此相似的人往往会被吸引到相同的团体中
   b. 进化的压力使具有相似基因的人加入团体，而基因不相似的人则互相回避
   c. 同质的团体效率更高
   d. 社会懈怠使我们无法结交新的伙伴，无法体验新的经历
2. 团体凝聚力是指（　）。
   a. 团体中的有关人们应有的行为方式的共同期望
   b. 将成员联结起来并促使成员互相喜爱的团体特质
   c. 对男性和女性的行为、角色的期望
   d. 当有他人在场时，人们在简单任务中表现较好，而在复杂任务中表现较差的倾向
3. 你正在决定是否在教室参加考试，在那里你会被很多人包围。你也可以单独在一个房间里考试。假如你为考试做了充分的准备并发现考试内容十分简单，你最好在（　）考试，因为它将产生（　）。
   a. 单独的房间；社会懈怠
   b. 单独的房间；社会促进
   c. 教室；社会懈怠
   d. 教室；社会促进
4. 出现社会懈怠的倾向在（　）中比在（　）中更强；它在（　）中比在（　）中更强。
   a. 男性；女性；东方文化；西方文化
   b. 女性；男性；东方文化；西方文化
   c. 男性；女性；西方文化；东方文化
   d. 女性；男性；西方文化；东方文化
5. 在放学回家的路上，圣吉夫遇到一群愤怒的暴民，他们准备冲入食堂，要求得到更好的食物。圣吉夫喜欢这些食物，想阻止这群人。最有效的解决方法是什么呢？（　）
   a. 通过邀请所有暴民到他家喝茶来增强团体凝聚力
   b. 给每个人发蓝色的衬衫
   c. 通过确保团体中最专业的成员具有最大的影响力来减少过程损失
   d. 在团体中找出他的一个朋友，喊出她的名字，并且在众人面前大声地与她交谈
6. 四个心理学专业的学生在共同完成一个团体项目。他们试图弄清楚怎样做才能避免团体思维。下面这些观点中的哪一个是最没用的？（　）
   a. 在项目开始之前结伴去看一场电影
   b. 分配每个成员负责课本中的不同章节，这样他们就能收集到所有的细节信息
   c. 让一位非团体成员评价这个项目
   d. 委派一个领导者监督这个项目，但领导者是非指导性的，并且要鼓励人们给出真实的反馈
7. 一对已婚夫妇，比尔和帕姆，正在决定买一套房子，并且已经把选项缩减为两个。比尔记得一栋房子有一个漂亮的厨房；然而，帕姆记得那栋房子的杂物室里有蟑螂。通过共享彼此的信息，比尔和帕姆在利用（　）来避免（　）。
   a. 心理防范；团体思维
   b. 社会角色；去个体化
   c. 交互记忆；过程损失
   d. 亚团体；团体极化
8. 下列哪个选项最有可能导致委员会中出现过程损失？（　）

a. 委员会成员认真地倾听彼此的意见
b. 委员会成员都是好朋友，他们已经认识彼此很多年了
c. 委员会成员分享彼此不了解的信息
d. 在任何话题上，最有能力的成员都能畅所欲言

9. 关于领导力的研究，下列哪一项是正确的？（　）
a. 女性领导者比男性领导者更有可能被置于一个不牢靠的、高风险的、难以成功的位置上
b. 最好的领导者是天生的
c. 所有文化中的人重视的领导者特质都相同
d. 如果一名女性成功地成为一个组织的领导者，并以事务性的方式处事，那么人们对她的评价和人们对男性领导者的评价是一样的

10. 什么时候沟通对解决冲突最有效？（　）
a. 当人们采用电子方式交流时（如电子邮件）
b. 当双方必须沟通时
c. 当代价很高且冲突双方都有能力发出威胁时
d. 当人们使用调解员时

本章“问题回顾”与“自测”答案，请扫描二维码查看。

第 10 章

人际吸引：从第一印象到亲密关系

SOCIAL PSYCHOLOGY

本章音频导读，
请扫描二维码收听。

章节框架

学习目标

章节框架	学习目标
10.1 产生吸引力的原因 住在隔壁的人：接近效应 相似性 互惠式的好感 外表吸引力 进化与择偶	描述人们如何决定他们喜欢谁以及想更好地了解谁
10.2 在数字世界中建立联系 吸引力 2.0：网络时代的择偶偏好 网上约会的前景与陷阱	解释新技术如何塑造吸引力和社会联系
10.3 爱情与亲密关系 定义爱情：陪伴与激情 文化与爱情 亲密关系中的依恋类型 爱情中的身体与大脑	检验与不同类型的爱情相关的文化、人格和生物因素
10.4 评价关系：满意度与分手 关系满意度的理论 分手的过程与经历	分析衡量关系满意度的不同理论以及与分手有关的研究

小调查

你是否曾经通过社交平台认识一个人并与其约会或建立一段关系？

○是

○否

珍妮·伊根和克里斯·乔治都是超级篮球迷，因此，在认识这对年轻夫妇的朋友们看来，他们的第一次约会是两个人一起去盐湖城附近看美国大学生篮球联赛的第二轮比赛并不奇怪。珍妮从一个朋友那儿获得了门票，她说服克里斯改变了已有的行程，和她去看篮球赛。事实上，这不需要太多的说服。两天以后，他们回到同一个场馆观看了第三轮比赛。七个月后，他们订婚了。

然而，这条闪电式恋爱之路有一次颠簸，克里斯第一次见珍妮的父亲时，对这个最终将成为他岳父的人说谎了。实际上，是珍妮要求他这么做的。因为珍妮想让克里斯不惜一切代价向她的父母隐瞒过去的一件事，这是克里斯的一个不可告人的秘密，她认为她的父亲无法接受这个秘密。珍妮要求克里斯向她的家人隐瞒的是什么秘密？这个秘密就是这对夫妇是在 Tinder 上认识的。

Tinder 是一款为人们“牵线搭桥”的手机应用程序，它会向用户展示一系列其他人的照片，如果你对某个人感兴趣，你只需要向右滑动屏幕；如果你对某个人不感兴趣，你只需要向左滑动屏幕。同时，和你处在同一个地区的其他用户也会看见你的照片，如果使你做出右滑动作的那个人对你做出了同样的动作，这款应用程序就会通知你们。之后，你们会将这段关系带到哪里、你们会走多远，都取决于你们两个人。

克里斯和珍妮不是唯一一对在这款应用程序上认识的夫妇。根据这款应用程序的网站数据，在 2017 年年初，Tinder 每天向用户们提供 2600 万次配对——这是每天 16 亿次滑动的结果。这款应用程序自成立以来在超过 190 个国家进行了 200 亿次配对。尽管如此，珍妮仍然不想让她的父母知道这一切，这不是因为他们不理解 Tinder 是什么，事实恰恰相反，他们对这款应用程序非常熟悉，他们一直在关注珍妮在这款应用程序上花了多长时间，并且他们不喜欢她在使用这款应用程序时遇到的一些男人。事实上，在他们和克里斯第一次见面的那天晚上，当克里斯出现在家里时，珍妮的爸爸问他：“你不会是 Tinder 上的男孩吧？”所以，克里斯听从了未来将成为他的妻子的女人的警告，他对未来的岳父说的第一句话就是谎言：“不是的，先生。”现在，珍妮和克里斯已经向伊根先生坦白了，事实上，他们向全世界坦白了——他们的博客的标题是“右滑，Tinder 终极成功故事”。

正如这对夫妇的背景故事所展现的那样，吸引力有很多种形式，会出现在很多地方——大学宿舍、酒吧、图书馆、健身房、会议室、杂货店，以及互联网，包括约会网站和约会移动应用程序。显然，人际吸引力常常出现在我们的脑海中（以及平板电脑和手机上），和其他的人类本性一样，它也可以被科学地研究。

这很好，因为我们的很多关于吸引力和恋爱的假设都是错误的，其中一个例子就是人们相信异性相吸：研究者提供了一个明确的结论——相似性是预测我们将会被谁吸引的一个更重要的因素（Heine, Foster, & Spina, 2009; West et al., 2014）。那么“女性在选择伴侣时比男性更加挑剔”这一信念呢？这常常是正确的，但并不是基于你猜想的原因（Finkel & Eastwick, 2009）。在这一章，我们将会探讨在朋友关系及恋爱关系中，什么因素使我们对他人产生吸引力，以及面对面的和网上的人际关系是如何发生与发展的。

10.1 产生吸引力的原因

当社会心理学家埃伦·伯奇德（Ellen Berscheid）询问不同年龄的人，什么使他们快乐时，答案的第一项或前几项总是友谊或者积极、温暖的人际关系（Berscheid, 1985; Berscheid & Reis, 1998）。缺乏有意义的人际关系会使人们感到孤独、自身没有价值、没有希望、无助和无力（Baumeister & Leary，1995；Cacioppo & Patrick，2008；Hartup & Stevens，1997）。事实上，社会心理学家阿瑟·阿伦（Arthur Aron）把人类的核心动机称为“自我扩张”，它是一种与他人重叠或融合的愿望，人们借此了解他人的知识、观点和经历，扩展和深化自己对生活的体验（Aron，Aron，& Norman，2004；Fivecoat et al.，2014）。在这一章，我们会先讨论吸引力的重要影响因素——从两个人之间最初的好感到从亲密关系中发展出的爱情。

住在隔壁的人：接近效应

一个最简单的人际吸引原则是接近性。我们看见并与之交往得最频繁的人往往最有可能成为我们的朋友和恋人（Berscheid & Reis，1998）。

这似乎是显而易见的。但关键是，接近性和吸引力之间的关系，即接近效应（propinquity effect），只在很窄的范围内有效。例如，利昂·费斯廷格、斯坦利·沙赫特和库尔特·巴克（Kurt Back）实施了一项关于麻省理工学院已婚学生的住宿情况的经典研究，他们调查了住在不同公寓的夫妇间的友谊形成情况（Festinger，Schachter，& Back，1950）。其中一个社区，即韦斯特盖特西区社区，由 17 栋两层高的楼房构成，每栋楼房有 10 间公寓。这些被随机安排的住户刚搬进来的时候对彼此都不熟悉。一段时间之后，研究者要求住户列出在整个社区中与自己最要好的 3 位朋友。结果正如接近效应预测的那样，65% 的朋友是住在同一栋楼里的住户，尽管楼与楼之间离得并不远。

韦斯特盖特西区社区的大多数公寓房门间的距离只有 5.8 米，而距离最远的门之间也不过 27.1 米。研究发现，41% 的人和隔壁的邻居成了亲密朋友，22% 的人和相隔两三家的人成了朋友，而只有 10% 的人和另一端的住户成了好朋友。

费斯廷格和他的同事（Festinger，Schachter，& Back，1950）指出，吸引力和接近性不仅取决于物理距离，也取决于“功能距离”，即决定你与哪些人最常接触的建筑设计的各个方面。例如，住在一楼楼梯旁和邮筒附近的人有更多的机会遇见楼上的住户。当然，他们也会因此比一楼的其他住户拥有更多的住在楼上的朋友。

接近效应之所以能够发挥作用，是因为熟悉度或曝光效应（mere exposure effect）：我们越多地暴露在某一种刺激下，就越有可能对其产生好感（Kawakami & Yoshida，2014；Moreland & Topolinski，2010；Zajonc，1968）。事实上，熟悉通常不会引发轻视，而会引发喜欢。我们常常会把积极的情绪和自己熟悉的事物联系起来，如安抚心情的食物、童年时的歌曲，甚至特定公司的商标。就我们遇到的人而言，道理是相同的。我们经常看到一些特定的人，当彼此变得越来越熟悉时，友谊也就越来越容易形成。然而，这里有一个警告：如果一个人是令人讨厌的，那么其曝光率越高，我们就越不喜欢他，这一点不足为奇（Norton，Frost，& Ariely，2007）。但是，如果个体没有这些负面特征，熟悉仍然会产生吸引力及好感（Bornstein，1989；Montoya et al.，2017；Reis et al.，2011）。

亲密关系往往在大学时期形成，部分原因是持续的接近效应。

接近效应：我们看见并与之交往频繁的人往往最有可能成为我们的朋友和恋人的心理效应。

曝光效应：研究发现，我们越多地暴露在某一种刺激下，就越有可能对其产生好感。

曝光和好感

最早、最著名的证明曝光效应的研究是罗伯特·扎伊翁茨实施的（Zajonc，1968），他要求美国被试猜测一系列中国汉字的意义，研究者给他们展示某一个汉字的频率越高，他们就越有可能猜测那个汉字的意义是积极的，这证明了曝光效应倾向于预测积极的态度。

广告也利用了曝光效应。从植入式广告的有效性到广告歌的吸引力，其理念都是消费者看到或听到一个产品的次数越多，他们就越喜欢它，也越愿意为它花钱。

理查德·莫兰德（Richard Moreland）和斯科特·比奇（Scott Beach）证明了仅仅是曝光就能够塑造我们对他人的感觉（Moreland & Beach，1992）。在他们的研究中，在一个学期内，未注册的女生在一间教室里坐 5 次、10 次或 15 次，但她们从不与其他人互动。当学生之后被要求给一系列面孔的吸引力打分时，这些女生出现在教室里的次数越多，学生对她们的评分就越高。

曝光不仅与外表吸引力和浪漫的吸引力有关，而且有助于减少偏见。在最近的一项研究中，被试在阅读关于变性人的短文并看到相关的面孔图像后，他们的偏见减少了（Flores et al.，2017）。曝光似乎能够把人们吸引到一起，并消除他们之间可能存在的隔阂。

相似性

正如我们看到的那样，接近性会提升熟悉程度，而这会引发好感，但要给一段发展中的友谊或浪漫关系升温，我们需要的就不仅是接近效应了（如果情况是这样的话，那么每一对室友就都会成为好朋友了）。要提升关系，我们需要的“燃料”就是相似性——我们和他人在兴趣、态度、价值观、背景或人格特质上的匹配程度。“物以类聚，人以群分”这句俗语表达的就是这个意思（即相似性的概念）。但是，还有另外一个俗语——“异性相吸”（即互补性的概念）。幸运的是，我们不会再被俗语中互相矛盾的观点困扰了，研究证据已经表明，是相似性而非互补性把人们结合到了一起（Heine et al.，2009；McPherson，Smith-Lovin，& Cook，2001；Montoya & Horton，2013）。

观点和人格

众多研究显示，他人的观点与你的观点越接近，你就越喜欢这个人（Byrne & Nelson，1965；Lutz-Zois et al.，2006；Tidwell，Eastwick，& Finkel，2013）。例如，在一项经典实验中，西奥多·纽科姆（Theodore Newcomb）在新学年伊始，给密歇根大学的男学生随机分配宿舍（Newcomb，1961）。相似性是否能预测友谊的产生？答案是肯定的。男学生同那些与自己有相似背景的人（如他们都来自农村），以及与自己有相似态度和价值观的人（如他们都是工科的学生，或者都有类似的政治态度）成了朋友。态度或人口学背景并不是唯一的重要因素，相似的人格特征同样会增加好感和吸引力。例如，在一项有关男同性恋者的研究中，那些在典型的男性特质测验中得分高的男同性恋者希望寻找一个有逻辑性（一种典型的男性特质）的伴侣。那些在典型的女性特质测验中得分高的男同性恋者则希望寻找到一个善于表达（一种典型的女性特质）的伴侣（Boyden，Carroll & Maier，1984）。相似的人格特征对于异性恋伴侣和朋友来说同样重要（Gonzaga，Campos & Bradbury，2007；Smith et al.，2014；Weaver & Bosson，2011）。

兴趣和经验

你选择进入的那些情境其实充满着出于相似的理由选择进入其中的人。你坐在社会心理学的课堂上，周围是同样选择在这个学期学习社会心理学的人。你报名参加拉丁舞课，你身边的那些人在那里的理由也是他们希望学习拉丁舞。因此，当我们选择进入某种类型的社会情境时，在那样的情境中，我们便找到了一些与我们自己相似的人。例如，在一项有关学术“分轨”（学校按照学习能力对学生进行分类）的研究中，研究者发现，学生明显更愿意从组内而非组外选择朋友（Kubitschek & Hallinan，1998；Whyte & Torgler，2017）。显而易见，接近性和最初的相似性在这类友谊的形成中起了很重要的作用。然而，研究者进一步认为，相似性还扮演了另外一个角色：随着时间的推移，被分在同一个组内的学生共享了更多的相同经历，而这些经历和其他小组的学生的经历是不同的。因此，在他们之间，新的相似性被创造和发现了，它们进一步加深了友谊。简而言之，共同经历提升了吸引力（Pinel et al.，2006；Pinel & Long，2012）。

外表

当我们考虑更表面的东西时，相似性也在发挥作用。肖恩·麦金农（Sean Mackinnon），克里斯蒂安·乔丹（Christian Jordan）和安妮·威尔逊（Anne Wilson）做了一系列考查外表相似性和座位选择的关系的研究（Mackinnon，Jordan，& Wilson，2011）。在一项实验中，他们在不同的时间点多次观察并分析了大学生在图书馆计算机实验室里的座位安排。结果表明，戴眼镜的同学常常坐在其他戴眼镜的同学旁边，其概率远远高于随机选择条件下的概率。第二项实验研究是关于头发颜色的，它也得到了同样的结论。

在第三项实验中，被试来到心理学实验室，被介绍给已经入座的同伴。研究者给了他们一把椅子，让他们坐下，然后研究团队秘密地测量了他们把自己的椅子放得靠近同伴的椅子的程度。随后，另一组研究者评估了被试及其同伴的照片。平均来说，那些外表更相似的同伴坐得更靠近彼此。你甚至没有意识到，你常常被那些像你的人吸引，人们也更可能与那些在吸引力水平上与自己相似的人约会（Taylor et al.，2011；Walster et al.，1966）。

“我不在乎她是一个胶带座，
我爱她。”
S.GROSS

资料来源：Sam Gross，The New Yorker Collection，The Cartoon Bank.

遗传学

人们也倾向于被那些与自己在基因方面相似的人吸引。也就是说，朋友之间的 DNA 相似度高于陌生人，这是尼古拉斯·克里斯塔基斯（Nicholas Christakis）和詹姆斯·福勒（James Fowler）经过研究得出的令人惊讶的结论（Christakis & Fowler，2014）。他们的研究包括 2000 名被试，其中一部分人是朋友，一部分人是陌生人。他们分析了 150 万个基因变异标记，克里斯塔基斯和福勒发现，与陌生人相比，被试与朋友的 DNA 相似度更高，在某种程度上，被试与他们的普通朋友的基因相似度，就和他们与曾曾曾祖父母的基因相似度一样。当然，这些数据并不足以证明我们的基因引发了友谊，或者我们的 DNA 驱使我们走向特定的他人。正如我们之前说的，人们倾向于和住在附近的人交朋友，而那些拥有相似的遗传祖先的人更可能共享这一地理接近性，并且特定的遗传素质（如健壮的体格和良好的肺活量）让人们更可能选择特定的活动以及频繁地去某个地方（如加入一个跑步俱乐部）。这意味着基因相似的个体往往会在同一时间、同一地点做同样的事情。这一系列可能性为克里斯塔基斯和福勒具有启发意义的发现提供了有趣的解释，这表明了我们的基因和社会倾向之间的有趣的交互作用。

关于相似性的最终评价

这里有另外两个关于相似性的观点。第一个观点是，虽然相似性是亲密关系中的重要变量，但是区分“实际的”相似性和“知觉到的”相似性很重要（Morry，2007；Tidwell et al.，2013）。马修·蒙托亚（Matthew Montoya）和他的同事在一项元分析中发现，在长期关系中，“知觉到的”相似性比“实际的”相似性能更好地预测人际间的好感和吸引力。因此，感受到他人与自己相似仍然非常重要，以至于我们有时会产生一种信念——认为自己和亲密的人之间有相似之处，即使它们并不存在（Montoya，Horton，& Kirchner，2008）。

第二个观点是，当我们希望建立一种经过深思熟虑的、忠诚的关系时，相似性似乎更为重要；然而，当我们仅仅想要“一时之欢”时，相似性则没那么重要（Amodio & Showers，2005）。的确，在低忠诚关系中，我们可能会故意选择一个与自己完全不同的人。这种关系代表了一次冒险，然而，随着本章的深入，我们会看到，建立在差异之上的关系比建立在相似性之上的关系更加难以维持。

我们在寻求一段长期关系而不是一时之欢时，通常会优先考虑另一半的不同特征。你能想到具体的例子吗？

互惠式的好感

我们都喜欢被别人喜欢。事实上，仅仅知道某个人喜欢我们就足以提升我们被那个人吸引的程度。人际间的好感是如此强大，以至于它可以弥补缺乏相似性的问题。例如，在一项实验中，当一名年轻女性仅仅通过和男性被试保持目光接触、将身体向他倾斜，以及专注地倾听来表示她的兴趣时，尽管男性被试知道她在重大问题上与自己存在分歧，他还是会对她表现出更多的好感（Gold，Ryckman，& Mosley，1984）。无论这些线索是非言语线索还是言语线索，你是否会对某个人产生好感的关键因素在于你认为的对方喜欢你的程度（Berscheid & Walster，1978；Luo & Zhang，2009；Montoya & Insko，2008）。

互惠式的好感有多么强大呢？它足以抵消我们更易注意有吸引力的容貌的基本倾向。尼古拉斯·科拉尼（Nicolas Koranyi）和克劳斯·罗德蒙德（Klaus Rothermund）使用计算机软件给德国的被试呈现了

研究发现，我们喜欢那些喜欢我们的人。这表明“欲擒故纵”的策略可能会起反作用。研究发现，这种策略往往会降低对方对你的喜爱程度，但同时可能增加他想和你在一起的程度（Dai，Dong，& Jia，2014）。自己斟酌吧！

一系列异性面部的照片（Koranyi & Rothermund，2012）。在每张照片出现后，一个几何图形会立刻出现，被试的任务是尽可能快地对图形做出反应，这个实验流程还能让研究者检验哪一张面部照片最能吸引被试的视觉注意力。结果正如你所预料的，当我们面对的是那些好看的面孔时，我们倾向于停留并观看更长的时间。

但是，并不是所有被试都有这种倾向，即注视那些有吸引力的面孔更长时间的倾向。谁能够不受到漂亮脸蛋的诱惑呢？正是那些之前被告知想象一下，自己刚刚得知自己喜欢的人也对自己有感觉的被试。正如研究者所说，来自他人的这种兴趣会干扰我们对其他有吸引力的选择的默认关注。如果我们的注意力不断地被漂亮面孔干扰，那么我们绝不会有机会把最初的互动交流发展为有意义的、持久的浪漫恋情。沉浸于互惠式的好感中，至少在一定时期内足以让你停止徘徊的目光，并使你确信彼岸的草未必更绿。

外表吸引力

除了接近性、相似性，以及互惠式的好感以外，决定我们是否喜欢某个人的因素还有外表吸引力。外表吸引力在我们对他人的第一印象中有多大的影响力呢？在一项调查人们的真实行为（而非他们声称自己会如何做）的现场实验中，人们几乎无一例外地拜倒在外表的裙帷之下。例如，在一项经典实验中，伊莱恩·沃斯特·哈特菲尔德（Elaine Walster Hatfield）和她的同事在迎新活动周中为明尼苏达大学的 752 名新生随机匹配舞伴（Walster，Aronson，Abrahams，& Rottman，1966）。虽然这些学生事先都做过一系列人格和能力倾向测验，研究者仍然将他们随机配对。当晚，舞伴们花了几个小时的时间在一起跳舞和交谈。之后，这些新学生要对他们的约会进行评价，并且报告他们对再次约会的渴望程度。在诸多影响舞伴互相倾慕的可能性的因素（如舞伴的智力水平、独立性、敏感性或真诚度）中，具有压倒性优势的因素是外表吸引力。

此外，男性和女性在这一点上并无太大差异。一些研究发现，男性和女性对于外表吸引力的重视程度是一样的（Eastwick et al.，2011；Lynn & Shurgot，1984），其他研究却认为男性比女性更重视外表（Buss，1989；Meltzer et al.，2014）。一项对多项研究进行元分析的研究发现，男性和女性都认为外表吸引力很重要，相对来说，男性对外表的重视程度更高（Feingold，1990）。然而，态度中的性别差异比人们的真实行为中的性别差异要大。因此，面对一个有可能发展为朋友或伴侣的对象，男性比女性更有可能说外表吸引力对他们很重要；但是，在实际行为上，男

我们有一种难以根除的倾向——我们习惯性地将视觉注意力转移到我们身边有吸引力的人身上。外表在吸引力中非常重要。

性和女性对外表吸引力的反应是很接近的。事实上，多项研究都表明男性和女性都把外表吸引力列为最重要的、激起性欲的因素（Graziano et al.，1993；Regan & Berscheid，1997）。这一现象在异性恋和同性恋中都存在（Ha et al.，2012；Sergios & Cody，1985）。

什么是有吸引力的

吸引力很重要，那么什么使一个人有吸引力呢？事实究竟是“情人眼里出西施”，还是我们有一套共同的审美标准？现在，让我们来关注美国文化，我们之后会提到潜在的文化差异。从童年早期开始，媒体就告诉我们什么才是有吸引力的，而且美总是和善良联系在一起。例如，大多数传统儿童图书的插画师以及迪士尼影片都告诉我们，女主人公以及那些向她们求爱并最终与之携手的王子都有特定的外貌。女主人公都有着小巧且笔挺的鼻子、大眼睛、薄嘴唇、毫无瑕疵的脸庞，以及纤细动人的身材——就像芭比娃娃一样。

在媒体的灌输下，我们发现我们有一套共同的关于美的标准也就不足为奇了（Fink & Penton-Voak，2002；Yan & Bissell，2014）。迈克尔·坎宁安（Michael Cunningham）设计了一项富有创意的实验，以确定这些美的标准（Cunningham，1986）。他要求男性大学生评估 50 张女性照片的吸引力，这些照片来自大学的某本年鉴以及一个国际选美项目。随后，坎宁安仔细地测量了每张照片中女性脸部特征的相对大小。他发现，有着高吸引力评分的女性面孔与大眼睛、小巧的鼻子、窄小的下颚、高耸的颧骨、高挑的眉毛、大大的瞳孔和灿烂的笑容有关。然后研究者以同样的方式考察了女性对男性照片的评分（Cunningham，Barbee，& Pike，1990）。他们发现有大眼睛、宽大的下颚、高耸的颧骨，以及灿烂的笑容的男性面孔收到了更高的评分。

美的文化标准

在不同的文化中，人们对于美的知觉是否相同呢？令人惊讶的是，答案是肯定的（Coetzee et al.，2014；Rhodes et al.，2001；Zebrowitz et al.，2012）。

模特代表了男性和女性的审美标准。

虽然不同种族的人在具体的脸部特征上各不相同，但是不同文化背景下的人对于“什么样的脸是吸引人的”这一问题却有着相当一致的看法。例如，一篇文献综述比较了来自不同国家、民族和种族的人如何评价吸引力，结果是，被试的评分之间的相关性很强，其范围为 0.66～0.90（Langlois & Roggman，1990）。由朱迪思·朗罗伊丝（Judith Langlois）和她的同事进行的元分析研究同样发现了，在评判什么组成了一张有吸引力的面孔方面，人们具有跨文化一致性的证据（Langlois et al.，2000）。简而言之，不同文化背景的人都会认为某些面孔就是比其他面孔好看。

我们如何解释这些结论？研究者认为人类在进化过程中形成了评价面孔吸引力的特定维度（Langlois & Roggman，1990；Langlois，Roggman，& Musselman，1994）。例如，我们知道，即使是婴儿也和成年人喜欢一样的照片（Langlois et al.，1991）。那么人们，包括婴儿，倾向于认为什么样的面部特征具有吸引力呢？无论是就男性面孔还是女性面孔而言，评价面孔是否有吸引力的一个维度都是对称性，也就是面孔左右两侧的五官在位置、形状和尺寸上的一致性（Langlois et al.，2000；Little et al.，2008；Rhodes，2006）。进化心理学家认为，我们被对称的面孔吸引的原因是对称的面孔特征是身体健康和生殖适应的体现。也就是说，对称的面孔是“优质基因”的一种标志（Jones et al.，2001；Nedelec & Beaver，2014）。

研究者设计了一种“合成”的面孔照片，这些照片被用于开展一系列探索这种偏好的研究。方法是针对两张面孔的五官的尺寸取平均数，再使用数码技术将两张面孔合成一张照片。研究者使用这一方法制造了 32 张合成面孔照片。当研究者向被试展示这些合成照片时，与之前的那两张初始照片相比，合成照片被评价为更有吸引力，而且这一现象在男性照片和女性照片中都存在（Langlois & Roggman，1990；Langlois et al.，1994）。这种“平均的”合成面孔之所以更有吸引力是因为它们消除了一般个体身上出现的非典型或不对称的变化。

这些结果是否意味着“平均的”面孔就是最吸引人的面孔呢？事实显然并非如此，我们经常被电影明星和模特的外表吸引，因为相对于大多数人来说，他们的长相“出类拔萃”，因此这里的“平均”不意味着“相貌平平”，而意味着面部特征的大小处于平均水平。戴维·佩雷特（David Perret）和他的同事通过以下研究证实了这一点（Perret，May，& Yoshikawa，1994）。他们创造了两种类型的合成面孔：一类基于 60 张被评定为具有一般吸引力的面孔的照片；另一类基于 60 张被评定为具有出众吸引力的面孔的照片。被用于制作合成面孔的照片来自白人女性、白人男性、日本女性和日本男性。然后，英国和日本的被试对所有的合成面孔进行吸引力评价。研究发现，由出众吸引力面孔合成的面孔比由一般吸引力面孔合成的面孔更具吸引力，日本和英国的被试在评估面孔的过程中显示出相似的模式，这证明了在不同文化以及不同种族之间存在相似的面部吸引力知觉模式（Perrett et al.，1994）。当然，值得一提的是，这项研究仅仅包含了两种文化，没有回答来自其他文化的人是否会有相同的反应。

熟悉的力量

人际吸引力依赖的关键变量可能是熟悉度。我们已经看到了，许多面孔的“平均化”在总体上产生了一张看上去更典型、更熟悉、在外表上更有吸引力的面孔（Halberstadt & Rhodes，2000）。研究还发现了一种更令人吃惊的熟悉效应：被试在评估面孔的吸引力程度时，偏爱那些与自己的面孔长得最相似的面孔。研究者通过计算机将每一位被试的面孔变成一张异性面孔（当事人并不知道）。当研究者把这张照片呈现给被试时，他们给了自己的异性“克隆”面孔更高的吸引力评分（Little & Perrett，2002）。熟悉度也是我们已经讨论过的其他概念的基础：接近性（对我们来说，我们经常看见的人会因为重复暴露而看上去更熟悉）、相似性（和我们相似的人对我们来说也更熟悉），以及互惠式的好感（互有好感的人从双方相知开始会变得逐渐熟悉起来）。所有这些吸引力的预测变量可能仅仅告诉我们一件事——与未知和不熟悉相比，我们的内心深处偏爱舒适、熟悉和安全。

有关有吸引力的人的假设

我们需要认识到美貌很重要——即使它本不该如此重要。我们被那些美丽的人和事物吸引，而这会导

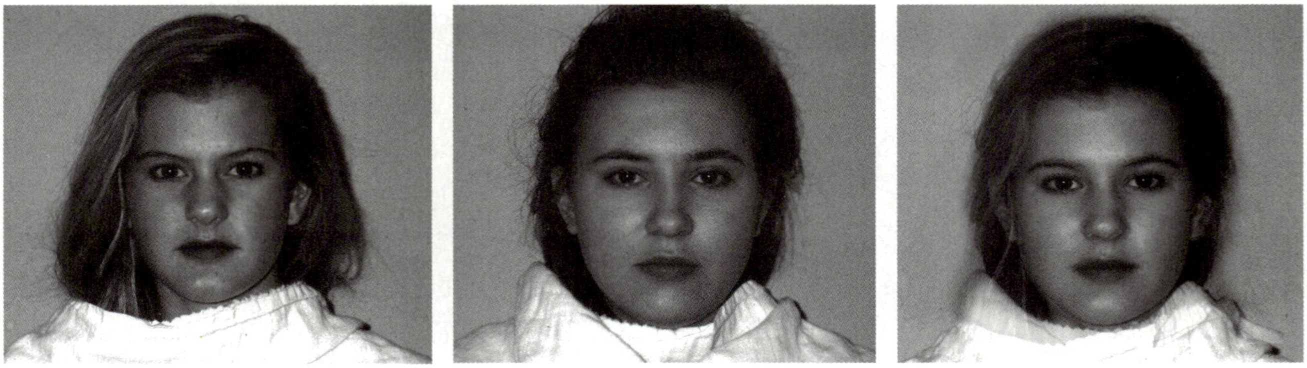

朱迪思·朗罗伊丝等人（Langlois & Roggman，1990）使用电脑合成的面孔。这里呈现的是研究程序的第一步：将前两张女性面孔合成为最右边的女性面孔。这张合成面孔的五官特征是研究者对前两张照片的五官特征取数学平均值后得到的。研究表明，人们通常认为合成面孔比组成它的单独的面孔更有吸引力。

致日常生活中的不公正。一个令人心寒的例子来自莉娜·巴德（Lina Badr）和巴伊亚·阿卜杜拉（Bahia Abdallah）对美貌带来的不公正获益的研究（Badr & Abdallah，2001）。他们对出生在黎巴嫩首都贝鲁特的一家医院的早产儿进行外表吸引力和健康状况评估。结果显示这些早产儿的外表吸引力可以显著预测他们日后的健康状况，其预测力甚至超过了其他的预测因素，如医疗条件。那些比较漂亮的婴儿往往会较快速地增重，而且住院的时间也较短。护士似乎会给予那些比较漂亮的婴儿更多的回应以及更好的照料。

外表吸引力会带来很多好处。那些长相高于平均水平的人的收入将比长相低于平均水平的人多 10%～15%（Judge，Hurst，& Simon，2009；Mobius & Rosenblat，2006）。被认为有吸引力的大学教授往往会获得更高的学生评价（Rinolo et al.，2006）。美貌还会帮助人们赢得选举。尼克拉斯·伯格伦（Niclas Berggren）和他的同事向被试呈现了很多芬兰政治候选人的照片（被试事先对这些候选人并不了解），这些被试来自芬兰以外的国家。随后，研究者让被试评定候选人的各种特质，包括吸引力。研究者发现，吸引力评分是政治候选人在选举中实际得到的票数的最好预测源。对于女候选人来说，获得较高的外表得分意味着她们的支持率将上升 2.5%～ 2.8%，这个数字对于男候选人来说则为 1.5%～ 2.1%，而这一优势会对一场双方势均力敌的竞选活动产生关键影响（Berggren，Jordahl，& Poutvaara，2010）。

许多研究发现，外表吸引力会影响人们对他人的判断（反之亦然）。这种倾向为心理学家所说的晕轮效应（halo effect）提供了一个具体的例子（Forgas，2011；Thorndike，1920）。晕轮效应是一种认知偏差——当我们认为一个人具有某种积极特征时，我们就更有可能相信他也具有其他的（甚至毫无关系的）积极特征。具体来说，当我们谈及吸引力时，我们往往会将许多与外表无关的好品质和那些漂亮的人联系在一起，这种倾向被称为“美即好”的刻板印象（Dion et al.，1972；Lemay，Clark，& Greenberg，2010；Zebrowitz & Franklin，2014）。元分析研究显示，外表吸引力对与社交能力相关的属性影响最大：与不怎么漂亮的个体相比，漂亮的个体被认为更友好、更外向、更果断、更性感，也更有人缘（Eagly et al.，1991；Feingold，1992b；Wertheim & Sommers，2016）。长得好看带来的“光环”也延伸到了互联网领域：一项针对约会网站的研究发现，那些上传了更吸引人的照片的用户，会被认为写了更吸引人的个人简介（Brand et al.，2012）。

这些关于漂亮的人的刻板印象是否也具有跨文化一致性呢？答案似乎是肯定的（Anderson，Adams，& Plaut，2008；Chen，Shaffer，& Wu，1997）。例如，研究者要求韩国大学生对大学年鉴中的一系列照片进行外表吸引力评分（Wheeler & Kim，1997）。男性被试和女性被试都认为那些外表吸引力更高的人社交技巧更好、更友善、适应性更强——这些特质与北美被试认为的与高外表吸引力相关的特质是相同的。但是，在对另一些被认为与高外表吸引力相伴随的特质的看法上，韩国学生和北美学生有所不同，这凸显了两种文化中的人所认为的重要的方面是不同的（Markus et al.，1996；Triandis，1995）。对于美国和加拿大的学生来说（他们生长在个人主义文化中，这种文化认为独立性、个体性，以及自主性是非常重要的），关于“美”的刻板印象就包括了与个人力量有关的特质，但这些特质并不在韩国学生的关于“美”的刻板印象中。对于生长在集体主义文化中的韩国学生来说，他们的文化强调的是和谐的群体关系，关于“美”的刻板印象就包括了正直和关心他人（见表 10-1）。

有意思的是，某些研究证据的确支持漂亮的人在社交能力方面尤其有天赋这一刻板印象。与那些并不

晕轮效应：一种认知偏差，即当我们认为一个人具有某种积极特征时，我们就倾向于认为这个人也具有其他的（甚至毫无关系的）积极特征。

在儿童电影中，英雄通常是迷人的，而反派是丑陋的，这并不是巧合。我们认为有吸引力的人会令人愉悦，我们也倾向于认为"美即好"。

怎么具有吸引力的人相比，高吸引力的人的确发展出了更好的社会交往技能，并且报告有更满意的社交经验（Feingold，1992b；Langlois et al.，2000；Meier et al.，2010）。为什么这种"真相的核心"会出现在刻板印象中？一个主要的解释是，那些漂亮的人从小就受到了很多社会关注，这帮助他们发展出了良好的社交技能。你可能也注意到了自证预言在这里的作用：我们对他人的预期会影响他们的行为。如果别人总是把你看成社交高手（不管是因为你的外表吸引力还是其他原因），这就为你发展卓越的社交技能提供了大量的机会。

一个"普通"的人是否可以通过自证预言变得像一个"漂亮"的人那样呢？为了找到答案，研究者给男性大学生提供了一系列关于一位女性的信息，其中包括她的照片，他们接下来将与她通电话（Snyder，Tanke，& Berscheid，1977）。但是，这些照片会被实验者操纵——研究者会随机给这些男性一张之前被一组评判者认定为好看的照片，或者一张之前被一组评判者认定为不好看的照片。无论在哪一种情况下，他们看到的照片都不是那个和他们交谈的女性的照片。照片在实验中的作用是引发男性被试的"美即好"的刻板印象，即为了测试如果一位女性的男性谈话对象认为她很有吸引力，她是否会被认为更可爱、更泰然自若、更有趣。此外，这里的预测不仅包括男性会觉得与一位他认为有吸引力的女性聊天更有趣，而且包括男性对她的外表的看法实际上会改变女性的行为。

那么，研究者是否发现了基于吸引力的自证预言的证据呢？总体来说，是的！与那些相信他们的交谈对象不那么吸引人的被试相比，那些认为自己在和迷人的女性交谈的男性会以更热情且更友善的方式回应

表 10-1　文化和"美即好"的刻板印象

韩国、美国和加拿大文化中刻板印象的共有特质		
好交际	外向	讨人喜欢
快乐	人缘好	适应良好
友善	成熟	镇静
在性方面令人感到温暖、反应灵敏		
加拿大和美国文化中刻板印象的额外特质		
坚强	强势	具有控制力
韩国文化中刻板印象的额外特质		
敏感	富有同情心	慷慨
诚实	值得信任	

"美即好"的刻板印象已经在两类文化中得到探讨：一类是个人主义文化（如北美文化），一类是集体主义文化（如亚洲文化）。来自美国、加拿大和韩国的男性和女性针对具有不同外表吸引力的照片进行评分。他们的反应表明，这种刻板印象中的某些特质是具有跨文化一致性的，而另一些则不具有跨文化一致性。在两种文化中，相对于不那么有吸引力的人来说，高外表吸引力的人都被认为具有更多其文化强调的特质。

资料来源：Eagly et al.，1991；Feingold，1992b；Wheeler & Kim，1997.

女性。不仅如此，男性的行为还会影响女性的行为：独立的观察者在仅仅听那些女性一半的谈话（他们对男性所看到的照片一无所知）后，就将那些男性认为更具有吸引力的女性评价为更自信、更活泼、更温暖。换句话说，因为男性被试认为与他们谈话的对象是一个有吸引力的女性，所以他们以一种能帮助她展现她最耀眼的特质的方式与她交谈。之后，这个研究结果在性别角色互换的条件下得到了重复（Andersen & Bem，1981）。这些结果提醒我们，外表吸引力只影响男性对女性的看法是一种误解，事实上，男性和女性都会因外表吸引力而受到不同的对待（Eagly et al.，1991；Langlois et al.，2000；Zhang et al.，2014）。

进化与择偶

诗人罗伯特·勃朗宁（Robert Browning）曾问过这样的问题："我是如何爱你的呢？让我来想一想。"对于心理学家来说，这个问题变成了"我为什么要爱你呢"。一些研究者认为，我们可以在择偶的进化论取向中寻找这个问题的答案。进化生物学的基本理念是，动物的适应程度是由它繁殖的成功率衡量的（即它把自己的基因传递给下一代的能力）。成功的繁殖不是问题的一部分，而是问题的全部。这个生物学概念被一些心理学家应用于针对社会行为的研究中，他们把进化心理学定义为采用按照自然选择的原则随着时间进化的遗传因素来解释社会行为的尝试。例如，正如前文所述，对人们倾向于认为对称的脸更有吸引力的解释就是对称表示健康和好的基因。

进化和性别差异

进化心理学对于择偶偏好中的性别差异做出了一些有趣且有争议的预测。具体而言，进化心理学家认为，由于男性和女性在繁殖（养育）后代方面的角色不同，他们在选择配偶方面有着非常不同的关注点。对于女性来说，为繁殖后代付出的时间、精力，以及人力上的成本都是非常高的：她们必须承受怀孕的不适、分娩的风险，以及照顾后代直到他们成年的主要责任。因此，繁殖后代是一件很严肃的事情。进化心理学认为，女性必须慎重地考虑在什么时候以及与谁一起完成繁殖。相比之下，对于男性来说，繁殖后代的成本就非常低了。择偶的进化取向得出的结论是，两性的成功繁殖转化为两种截然不同的行为模式。在整个动物世界中，对于雄性来说，繁殖是否成功是通过它们后代的数量来衡量的。为了最大限度地增加它们后代的存活数量，它们追求频繁地和不同的雌性进行交配。相反，对于雌性来说，成功的繁殖在于它们能够成功地养育每一个后代，直到它们成年。它们交配的频率较低，而且只和一个经过慎重选择的雄性交配，因为养育和保证每一个后代存活的成本太高了（Griffith，Pryke，& Buettemer，2011；Symons，1979）。

那么，这一切和坠入情网有什么关系呢？戴维·巴斯（David Buss）和他的同事认为，进化论取向可以解释为什么两性在浪漫关系中采用不同的策略，并且具有不同的倾向（Buss，1985，1988a；Buss & Schmitt，1993）。巴斯（Buss，1988b）解释说，寻找（维持）一个配偶要求个体展示其资源，即个体对可能的配偶有吸引力的方面。他提出，几千年来，经过进化的选择，人类会重视异性的某些特定的外部线索。对面临高繁殖成本的女性来说，她们将寻找那些可以为她们提供养育后代所需要的资源和支持的男性。男性将寻找那些看上去能够成功地繁殖后代的女性。确切来说，鉴于年龄和健康状况是繁殖能力的预测指标，男性会更重视女性的外表。而女性将重视男性的经济状况和职业成就，因为这些变量代表了她们和后代需要的资源。

许多研究为这些预测提供了支持。例如，巴斯和他的同事询问了来自 37 个国家的数以千计的成年人对伴侣的各种特征的满意程度（Buss，1989；Buss et al.，1990）。总体来说，女性更看重配偶的雄心、勤勉和良好的赚钱能力；而男性更看重配偶的外表吸引力。然而，我们必须注意的是，男性和女性最看重的因素是相同的：诚实、值得信任及令人愉悦的个性等特征（Hatfield & Sprecher，1995；Regan & Berscheid，1997；Sprecher，Sullivan，& Hatfield，1994）。最近的研究进一步证明了繁殖因素对人类吸引力的重要性，该研究考察了女性的月经周期、她对潜在伴侣的看法，以及潜在伴侣对她的看法之间的关系。凯利·吉尔德斯利夫（Kelly Gildersleeve）及其同事完成了一项包含 50 项研究的元分析，他们发现了可靠的支持性证据——女性在接近排卵期和生育高峰时倾向于对展现出代表繁殖能力强的外在迹象的男性表现出更强的偏好：一张对称的面孔、一张阳刚的面孔（如坚毅、有明显的下颌轮廓的面孔），以及健硕的体格（Gildersleeve，Haselton，& Fales，2014）。

研究已经将对吸引力的感知与繁殖问题联系起来。例如，随着排卵期的临近，女性倾向于认为拥有阳刚面孔和健硕体格的男性更有吸引力。

关于性别差异的不同观点

吸引力和爱的进化取向引发了不少争议。例如，一个说法认为，鉴于多个性伴侣有进化方面的益处，不仅是男性需要有多个性伴侣，女性应该也需要。这样一来，女性就更有可能为自己的后代争取到资源，并且从基因多样性中获益。她们可以选择与有“优秀基因”的男性完成交配，再与另一位男性抚养后代（Campbell，2002；Gangestad & Simpson，2000）。另一个争论的焦点是，男性之所以看重伴侣的外表，并不是因为进化趋势，而是因为他们从小受到社会的引导——几十年来，广告、媒体形象和其他文化信息都让他们习惯优先考虑女性的美貌，并且以一种比女性更娱乐化的方式对待性（Hatfield & Rapson，1993；Lefkowitz et al.，2014）。同样，研究发现，女性在考虑一个可能的性伴侣而非婚姻伴侣时，对外表吸引力的重视程度和男性是相同的（Regan & Berscheid，1997；Simpson & Gangestad，1992）。

其他研究者认为，对两性在配偶选择中偏好不同的解释并不一定要诉诸进化的原则：在世界范围内，女性普遍比男性拥有更少的权利、更低的地位、更少的财富和其他资源。因此，在很多社会中，女性需要依仗男性取得经济上的保障。为了检验这个假设，史蒂文·甘奇斯泰德（Steven Gangestad）比较了几个国家的女性的经济资源获取度与女性在选择配偶的过程中将男性外表吸引力作为重要变量的程度之间的相关性（Gangestad，1993）。他发现，在特定文化中，女性经济实力越雄厚，就越看重男性的外表吸引力。

正如你所见，当我们讨论人类的择偶偏好时，“先天因素”（天生的偏好）和“环境因素”（文化规范和性别角色）很难被分开。当我们听到择偶和吸引力方面的性别差异时，我们的本能反应往往是寻求生物学或进化论方面的解释（Conley et al.，2011）。但是，经过仔细观察后，我们往往会发现，很多差异也和环境因素有关。我们可以以这个命题为例：女性在择偶时比男性更挑剔。的确，无论是在网上约会、闪电约会，还是在传统的面对面约会中，研究都表明，女性比男性更能够辨别她们将和谁一起出去（Clark & Hatfield，1989；Hitsch，Hortaçsu，& Ariely，2010；Schützwohl et al.，2009）。从进化的观点来看，这是有意义的。女性必须挑剔，因为她们承受不起犯错的代价。女性不像男性，她们一生中的生育期是相对短暂的，每一个生育的决定也需要更多的时间和资源。

但是，请想一下伊莱·芬克尔（Eli Finkel）和保罗·伊斯特维克（Paul Eastwick）进行的关于闪电约会的研究得出的颇具争议的结论（Finkel & Eastwick，2009）。在该研究中，大学生和 12 个异性进行了简短的对话。在闪电约会环节，女性坐着，男性沿着一个圈走动，花 4 分钟与每一个可能的约会对象交流，然后再转向下一个人。这 12 个男性都拜访了每一个女性（共 12 个），然后所有被试都要完成一个调查问卷，评估他们对这些潜在伴侣的看法。的确，女性比男性更挑剔，她们显示了更低的浪漫欲望水平，她们想进一步认识的伴侣的数量更少。

但是，当研究者略微调整了闪电约会的情境后，有趣的事情发生了。在第二种约会设置中，男性和女性交换了角色，这次，男性坐着，女性绕圈走动。“约会”的其他方面不变：4 分钟的对话结束后，双方都会被问及对对方的印象。但是，从情境角度来看，这和传统的约会是相反的（Conley et al.，2011）。在这个女性主动接近男性的约会世界里，女性不再比男性更挑剔。相反，女性被试报告与同伴产生了更多的火花，她们想再次与之相见的潜在对象更多了。芬克尔和伊斯特维克的研究结果表明，择偶方面的性别差异不仅受进化和生物学影响，也受大多数社会中已建立的约会模式影响，如男性是追求者，女性是被追求者（Finkel & Eastwick，2009）。你在被追求时，掌控着整个约会，无论你的性别是什么。被追求意味着被需要，也意味着拥有选择权。所以，就像我们在理解人性的很多方面时所做的那样，为了全面理解人类在吸引力和择偶方面的心理，“先天因素”和“环境因素”我们都需要考虑。

问题回顾

1. 下列哪个例子最好地说明了功能距离在接近效应中扮演的角色？（　）
   - a. 巴特不喜欢他的邻居主要是因为他大声地播放音乐的习惯使巴特晚上难以入睡
   - b. 玛吉的小隔间紧挨着厨房和电梯，她是整个办公室里最受欢迎的人
   - c. 霍默喜欢走楼梯而不是乘电梯，因为这减少了他见到他讨厌的人的可能性
   - d. 丽莎在大学二年级的宿舍里交到的朋友比她在大学一年级的宿舍里交到的多
2. （　）指我们接触某个人或某个事物的次数越多，我们就越喜欢这个人或这个事物。
   - a. 进化论观点
   - b. 晕轮效应
   - c. 曝光效应
   - d. 互惠式的好感
3. 下列哪个方面的相似性可以预测吸引力的上升？（　）
   - a. 态度
   - b. 吸引力水平
   - c. 基因
   - d. 以上皆是
4. 下列关于外表吸引力的看法中，哪个是正确的？（　）
   - a. 不对称的面孔常常被认为更有吸引力，因为它们很特别
   - b. 在“什么样的面孔是有吸引力的”这个问题上存在巨大的文化差异
   - c. 一个人长得越像我们，我们就越觉得他（或她）不那么有吸引力
   - d. 人们倾向于认为有吸引力的人也拥有一系列其他（不相关的）积极特征
5. 下列哪一项不被视为长期恋爱关系中的吸引力的主要预测因素？（　）
   - a. 相似性
   - b. 互惠性
   - c. 互补性
   - d. 接近性
6. 研究表明，面孔的对称性是判断一个人是否有吸引力的可靠指标。进化心理学对这一发现的解释是（　）。
   - a. 对称的面孔让我们想起自己，进而引发积极的情绪
   - b. 对称是健康的标志，是潜在伴侣拥有良好的

基因的标志

c. 西方文化比东方文化更强调外表吸引力

d. 以上皆是

7. 你和你的朋友决定在校园里举办一场异性“闪电约会”的活动。在这次活动中，男学生围坐成一圈，与不同的女生分别进行 3 分钟的交谈。在 3 分钟的交谈结束后，女生以顺时针方向旋转并在新的男生面前坐下来。当被试在活动后被问及他们的“约会”经历时，研究表明（ ）。

a. 男生在评价其想再次见到的女生时应该更挑剔一些

b. 女生在评价其想再次见到的男生时应该更挑剔一些

c. 男生在评估约会对象的吸引力时更少关注面部对称性

d. 女生在评估约会对象的吸引力时更少关注面部对称性

“问题回顾”答案，请扫描章末二维码查看。

10.2 在数字世界中建立联系

一个来自 20 年前的时间旅行者可能会对今天的社会互动感到陌生。一群人在外吃饭时，脸（和拇指）都会埋在电子设备中。他们或许一直都在与餐桌上的其他人进行各种对话，并且拍下食物的照片，把它们发布到社交媒体上。这些情况都不罕见。这些惊人的手持技术带来了大量的机会，但过于依赖这些技术是否也会产生社会成本呢？研究表明，有可能。在一项现场实验中，研究者访问了华盛顿地区的咖啡馆，观察了 100 对情侣之间的真实互动，然后询问他们有关他们刚才对话的问题。如果在两人的交谈过程中至少有一方使用了电子设备（如手机、笔记本电脑、平板电脑），他们与对方的联系感和对对方的同理心的评分就会明显低于没有使用这些设备的人（Misra et al.，2016）。

不过，这项研究是一项相关研究，你可能会对自己说：“我不是那样的，即使我拿着手机，我也能和周围的人互动。”可能事实真的是这样，但是已经有实验证明了电子设备的存在和社交联系感降低之间的因果联系。在这项实验中，安德鲁·普齐贝斯基（Andrew Przybylski）和内特·温斯特（Netta Weinstein）将很多对陌生人带到实验室中，让他们进行 10 分钟的交谈。其中一半的谈话是在他们之间的小桌子上放着手机或平板电脑的情况下进行的；另一半的谈话则是在没有这些设备的情况下进行的。这项研究发现，仅仅是这些设备的存在就使他们与伙伴的亲密感，以及他们对谈话伙伴的信任感和同理心降低了。当被试被要求讨论一个对他们个人有意义的话题时，这种效应尤其明显。一个没有手机的场景有望能够促进初次见面的陌生人之间的亲密感（Przybylski & Weinstein，2013）。

这些发现令人深思。如果仅仅是一部不属于你的手机的存在就会影响社会互动的方方面面，那么我们可以想象，我们自己的设备会多么让人分心，即使它们没有发出铃声，没有报时，也没有震动（Brown，Manago，& Tribble，2016）！这些技术是存在的，但社会心理学研究确实为偶尔拔掉插头、强迫我们自己定期远离技术的新兴运动提供了额外的支持（Huffington，2014）。

尽管这些技术令人惊叹，但是智能手机等移动设备也会削弱我们在面对面互动过程中与他人的社交联系感。

吸引力 2.0：网络时代的择偶偏好

探索我们快速发展的科技世界如何影响吸引力和关系的形成的一个方法是重温一些有关接近性、相似性、熟悉度等因素的经典研究，检验这些因素在网络时代是如何发挥作用的，例如，在一个物理距离不再像过去那样阻碍交互的时代，接近性是如何发挥作用的（Chan & Cheng，2004；Dodds，Muhamad，& Watts，2003；Leskovec & Horvitz，2007）。实证研究证明了很多我们认为理所当然的事情。在现代社会，陌生人之间几乎不存在像过去那样的分离程度，这使我们对之前讨论过的接近性和吸引力之间的关系有了全新的解读。

在科技驱使的人际关系中，我们仍然可以观察到相似性效应。我们已经讨论过人们被长相与自己相似的人吸引，甚至被与自己的外表吸引力水平相同的人吸引的倾向。最近的研究表明，这种容易被“自己的同盟”吸引的倾向在网络上同样存在。琳赛·泰勒（Lindsay Taylor）及其同事评估了一家约会网站上的 3000 多名异性恋用户的受欢迎程度，检验了个人资料在具有相同吸引力水平的用户中最受欢迎的假设（Taylor et al.，2011）。他们把受欢迎程度定义为主动发信息给该用户（其个人资料是无法更改的）的异性的数量。为了增加测量的有效性，研究者没有计算用户主动联系他人时发送的信息（或者他们在正在进行的交谈中发送的后续消息）。这意味着用户一旦公布自己的资料，就无法再（通过改变个人资料）提升自己的受欢迎程度了。

泰勒及其同事发现网站中受欢迎程度高的用户联系其他受欢迎用户的频率高于随机频率。你对这个发现可能并不感到惊奇。毕竟，谁不想接触那些受欢迎的潜在伴侣呢？那么，那些不太受欢迎的用户呢？研究者还发现，不太受欢迎的用户更常联系其他不太受欢迎的用户。他们之后对 100 多万名用户进行的调查研究也得出了类似的结论：人们倾向于选择那些与自己的受欢迎程度类似的人（或者被他们选择），这种试图与受欢迎程度相似的伴侣“配对”的倾向在男性和女性中并没有差异。正如研究者总结的那样，“那些已婚夫妇相似是因为在约会的最初阶段，配对就已经开始了”。

那么熟悉度呢？回想一下，研究已经表明，熟悉度通常可以提升吸引力，人们甚至只要接触人或物就可以增加自己对其的喜欢程度。但是，你可能也想到了，当额外的接触暴露了人或物的负面特征时，曝光会起反作用。当然，这是任何一种约会形式都存在的风险。尤其是在网上约会中，人们有时会发现他们最初的印象（基于模糊的或不真实的个人资料）并不准确。实际上，与某个人的会面往往会揭示一些额外信

现代社会存在大量约会网站、约会应用程序、闪电约会活动，以及社交媒体，与吸引力有关的一个问题是已经进化了几代人的择偶偏好是如何发挥作用的？

息，其中一些信息可能会揭示双方的不相容、不相同之处，从而使一段关系不太可能成功（Norton et al.，2007；Finkel et al.，2015）。

网上约会的前景与陷阱

人们对约会网站和约会应用程序的参与度空前高涨，人们对网上约会的态度也从未像今天这样积极过。特别是考虑到约会网站宣传了三种主要服务：（1）收集大量的个人资料供人浏览；（2）提供与潜在伴侣交流的机会；（3）基于相容性分析匹配用户（Finkel et al.，2012）。显然，约会网站的服务为那些寻找爱的人提供了很多可能性（Blackhart，Fitzpatrick，& Williamson，2014），社会心理学家对约会网站和约会应用程序的关注程度也增加了（Sevi，Aral，& Eskenazi，2017；Timmermans & De Caluwé，2017）。

不过，一些研究很快指出，网上交友并不总是像人们说得那么好。例如，伊莱·芬克尔及其同事回顾了与网上约会相关的数据，他们发现，尽管网上约会从未像现在这样流行，但是很多网站和应用程序都没有兑现承诺（Finkel et al.，2012）。具体而言，用数学算法为用户指明理想伴侣的想法，几乎没有得到实证支持。虽然更多的美国人正通过网络配对，但是以这种方式促成的约会的成功率并不比以更传统的方式策划的约会高，如在聚会上相遇，或者由朋友安排。

芬克尔及其同事表示，由于种种原因，网上约会服务的相容性分析并没有他们说得那么好。第一，正如你在第 5 章看到的，有时候，我们并不能清楚地意识到我们为什么要做我们所做的事情，或者什么能让我们开心。同样，我们并不总是能准确地预测什么样的伴侣会带来令人满意的关系。第二，大多数网上约会的算法关注根据人格特质或其他稳定的特征进行配对。但是，在人们真正了解对方之前，许多关系满意度的良好预测指标（如沟通方式和性合拍程度）是无法得到评估的（Finkel et al.，2012）。

正如我们之前提及的，另一个潜在的陷阱是网上的资料并不总是准确的（Ellison，Hancock，& Toma，2012）。例如，卡特琳娜·托马（Catalina Toma）和杰弗里·汉考克（Jeffrey Hancock）考查了男性和女性在网上描述自己时的潜在差异。在一项研究中，他们采访了 84 名网上约会者。研究者将他们的约会个人资料打印出来并呈现给他们，让他们回答他们对自己的身高、体重和年龄的描述有多准确（Toma，Hancock，& Ellison，2008）。研究者能够将这些自我评估的准确性与被试的实际身高、体重和年龄进行比较。结果显示，81% 的被试提供的个人资料中至少有一个特征是不准确的，关于体重的谎言最多，排在第二位的是年龄，排在第三位的是身高。有趣的是，他们并没有发现性别差异，即男性和女性都有可能尝试扭曲事实。被试评估个人资料的准确性能很好地预测个人资料的实际准确性，这表明研究者观察到的差异并不是由于被试无意识地通过“玫瑰色眼镜”看待自己，而是由于人们在有意地捏造事实。

一个略有不同的模式出现在对约会照片的分析结果中，汉考克和托马（Hancock & Toma，2009）发现，人们对照片的扭曲往往是无意识的，尤其是女

“在互联网上，没人知道你是一条狗。”

资料来源：Peter Steiner，The New Yorker Collection，The Cartoon Bank.

性。和先前的研究程序相似，研究者采访了网上约会者，让他们评估自己的个人资料中照片的准确性，然后，他们让另一组大学生观看了摆放在一起的两张照片：每个被试的个人资料中的照片和研究者在最近的采访中拍摄的每个被试的照片。研究者要求大学生评估个人资料中的照片在描绘被试当前的外貌方面的准确性。总体来说，32% 的个人资料中的照片被认为有欺骗性或误导性，并且女性的照片比男性的照片更不准确。不准确的地方包括约会者在个人资料中看起来比现在更瘦，头发比现在更多，或者个人资料中的照片是被修饰过的。与书面的个人资料的情况不同的是，用户对照片的自我评估的准确性并不能很好地预测照片的实际准确性（由学生评定），女性约会者尤其如此。

鉴于这些不准确性——有意的和无意的，一位网上约会者应该怎么做呢？幸运的是，研究者发现，这些揭示了描述的不准确性的研究技术也可以被用于识别哪些潜在的网上伴侣是最诚实的（和最不诚实的）（Toma，2017）。具体来说，托马和汉考克（Toma & Hancook，2012）指出，揭示你在网上看到的个人资料是否真实的方法有三种。首先，具有欺骗性的个人资料中较少出现第一人称代词，如“我”。研究者解释，这是那些撒谎或夸大事实的人从心理上使自己远离半真半假的陈述的一种方法。其次，具有欺骗性的个人资料中有更多的否定词或否定性短语（如使用“不挑剔的”而不是“开放的”，使用“不厌恶冒险”而不是“爱冒险的”）。最后，具有欺骗性的个人资料的总字数比准确的个人资料更少。扭曲事实是一项艰难的工作，对认知能力的要求很高。你在你的个人资料中使用的不准确描述越少，你随后在遇到某个人时必须记住的谎言也就越少。简而言之，网上约会与受到地理因素和其他因素限制的更传统的方法相比，给用户提供了更多的潜在伴侣。但是，在一些重要的方面，约会网站和约会应用程序有时无法兑现其对用户的承诺。

问题回顾

1. 有关手机对社交活动的影响的研究表明，（ ）。
   a. 与一些批评家认为的相反，使用手机对社交参与没有负面影响
   b. 在谈话中，男性比女性更容易被手机分心
   c. 即使在交谈过程中没有人使用手机，它也会分散人们的注意力，损害社交活动
   d. 笔记本电脑和平板电脑会在人们进行面对面交流时分散人们的注意力，但手机不会
2. 有关约会网站和约会应用程序的有效性的研究表明，（ ）。
   a. 使用数学算法来匹配伴侣的网站和应用程序比传统的约会方式要成功得多（如由朋友介绍）
   b. 人们倾向于给那些吸引力水平和受欢迎水平与自己相似的网站用户发送信息
   c. 这些网站和应用程序在男同性恋用户和女同性恋用户中非常流行，但在异性恋用户中并不流行
   d. 你对在网上认识的人了解得越多，你就越喜欢那个人
3. 关于人们倾向于如何在网上约会的个人资料中呈现自己，下列哪一种说法是正确的？（ ）
   a. 网上个人资料中的虚假陈述往往分为有意的和无意的两种类型
   b. 具有欺骗性的网站个人资料往往比准确的个人资料更长、更详细
   c. 在人们在网上会如何表现自己方面，没有性别差异
   d. 大多数人都会在网上个人资料中发布不准确的或具有误导性的照片

“问题回顾”答案，请扫描章末二维码查看。

10.3 爱情与亲密关系

读到这里，你应该已经明白了，当你再次遇到一个陌生人时，你该如何给对方留下一个良好的第一印象。假设你希望索菲娅喜欢你，你应该经常出现在她身边，让她熟悉你，你应该强调你和她的相似性，还应该让她知道你喜欢她的陪伴。但是，如果你想要的不仅仅是一个好印象呢？如果你想要的是一段亲密的友谊或一段浪漫的关系，你又该怎么办呢？

直到最近，社会心理学家仍然没有针对这个问题给出答案，有关人际吸引力的研究几乎都集中在第一印象上。这是为什么呢？主要原因是，对长期关系进行科学研究比对第一印象进行研究困难得多。正如你现在知道的那样，将被试随机分配到不同的实验条件下，是实验法的标志。在研究第一印象时，研究者可以随机地让你和相似或不相似的人相识。但是，研究者不能将你随机分配给你相似或不相似的"情人"，从而让你们建立一段关系！除此之外，亲密关系中的感受和亲密度是很难测量的，当心理学家试图分析诸如爱和激情等复杂的感受时，他们面临的是一项艰巨的任务。

定义爱情：陪伴与激情

社会心理学家在研究亲密关系方面存在许多困难，尽管如此，他们在爱情的本质、爱情的发展和爱情的兴盛等问题上已经得到了许多有意思的发现。爱情，究竟是什么？这恐怕是最难的问题。让我们从这个问题开始。在早期的通过区分爱与喜欢来界定爱情的尝试中，人们发现，正如你想的，爱并非"非常喜欢"，也不纯粹是性吸引力（Aumer，2016；Sternberg，1987）。

对莎士比亚笔下的罗密欧与朱丽叶而言，爱情是狂热的、激荡人心的，并且充满着渴求。如果你的祖父母长期保持着婚姻关系，他们展现的可能是一种更平静、更稳定的爱情。虽然它们看来有很大的差异，但是我们都用爱情来描述这些关系（Berscheid & Meyers，1997；Fehr，2013；Vohs & Baumeister，2004）。

社会心理学家认为，关于爱的定义必须涵盖许多内容：浪漫式爱情拥有的激情和眩晕感，以及长相厮守的伴侣、朋友和血亲之间的深沉的、长期的相互付出。因此，在定义爱情时，我们通常会区分伴侣之爱和激情之爱（Hatfield & Rapson，1993；Hatfield & Walster，1978）。**伴侣之爱**（companionate love）包含的是我们对某个人的亲密感和深情，这些感受并不伴随着激情和生理唤醒。人们可以在与性无关的友谊中或浪漫关系中体验到这种伴侣之爱，人们在这种关系中体验到更多的是亲密感，而非他们曾经体验到的热情和激情。

激情之爱（passionate love）包括对某个人强烈的渴求，特征是当某个人在场时，人会体验到生理唤醒，包括急促的呼吸和剧烈的心跳（Fisher，2004；Ratelle et al.，2013；Regan & Berscheid，1999）。当一切进展顺利的时候（对方也爱着我们），我们感受到极大的满足感和狂喜；而当一切进展得不顺利时（对方对我们了无情意），我们感受到的是强烈的痛苦和绝望。伊莱恩·沃斯特·哈特菲尔德和苏珊·斯普雷彻（Susan Sprecher）编制了测量激情之爱的量表，这

《分歧者》（*Divergent*）中特丽丝和福尔之间的关系是激情之爱的早期阶段的例证。

伴侣之爱： 对某个人的亲密感和深情，这些感受并不伴随着激情和生理唤醒。

激情之爱： 对某个人强烈的渴求，它伴随着生理唤醒。

份量表评估了强烈的、不可抑制的念头，以及指向所爱之人的强烈感觉和外显行为（Hatfirld & Sprecher，1986）。如果你想知道自己是否正在经历（或曾经经历过）激情之爱，那就填写一下“试一试”中的量表吧。

试一试　激情之爱量表

请根据这些条目的要求描述当你陷入激情之爱时，你的感受是什么样的。请想一个你现在爱得最热烈的人。如果你现在没谈恋爱，请想一个你热烈地爱过的人；如果你从未谈过恋爱，请想一个你最关心的人。在选择你的答案时，请回忆一下你的感受最强烈的时候的感觉。

对于以下 15 个条目，请用 1～9 之间的某个数字来尽量准确地描述你的感受。数字 1 代表完全不正确，数字 9 代表完全正确。请将答案写在每个条目旁边。

1	2	3	4	5	6	7	8	9
↑				↑				↑
完全不正确				一般				完全正确

1. _____ 如果离开我，我会感到极度绝望。
2. 我有时候觉得无法控制自己的想法，它们总是关于 ____。
3. 当我做了一件让 _____ 快乐的事情时，我会感到很快乐。
4. 我更愿意和 _____ 在一起，而非其他人。
5. 想到 _____ 曾经和其他人谈过恋爱，我就会心生嫉妒。
6. 我渴望知道与 _____ 有关的一切事情。
7. 我希望在肉体上、情感上和心理上都得到 _____。
8. 我对 _____ 的爱的渴望是无止境的。
9. 对我来说，_____ 是最理想的情人。
10. 每当 _____ 触摸我时，我能感受到我身体的回应。
11. _____ 似乎总是出现在我的脑海中。
12. 我希望 _____ 理解我，包括我的情感、恐惧和希望。
13. 我急切地寻找所有关于 _____ 需要我的迹象。
14. _____ 对我有强烈的吸引力。
15. 当我和 _____ 的关系出现问题时，我会变得非常沮丧。

计分方式：把 15 个条目的得分加起来。总得分的范围为 15～135 分。你的分数越高，你对对方的感觉越能反映出激情之爱。那些你给予了特别高的分数的条目反映了你在激情之爱中体验到的最为强烈的成分。

资料来源：Hatfield & Rapson，1990.

也许你对试图科学地定义爱情这种神秘的体验并将其归类的努力感到有点恼火：“我们真能在一个理论模型中捕捉到不同类型的爱情吗？”或者，你的反应可能正好相反：“有些恋爱关系不是既有伴侣之爱，又有激情之爱吗？这两种爱情是否足以捕捉到如此复杂的情感和互动？”如果你发现自己在问第二组问题，那么朋友，我们确实有理论给你！罗伯特·斯腾伯格（Robert Sternberg）的爱情三角理论提出，爱情有三个主要组成部分，第一种是亲密，他将其定义为亲近感和联系感；第二种是激情，包括身体上的吸引力和引发性关系的驱动力；第三种则是长期的承诺（Sternberg，1986）。

斯腾伯格提出，这三种成分可以以任何一种组合的形式存在（或不存在），每一种组合都可以转化为一种类型的爱情（见图 10-1）。根据斯腾伯格的说法，只有亲密和激情的爱情是浪漫的爱；没有亲密和激情，只有承诺的爱情，是空洞的爱。当你看到下面的图时，你会怎么想？斯腾伯格的模型中还缺少什么类型的爱情吗？

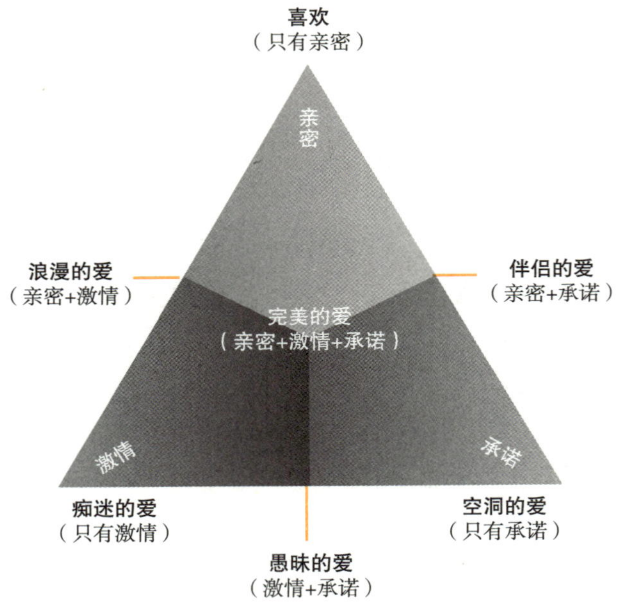

图 10-1 斯腾伯格的爱情三角理论

文化与爱情

世界各地的人寻找伴侣的过程是不同的。例如，在尼泊尔的某个小镇上，约会是被禁止的，甚至年轻男女随意见面也被认为是不合适的。从传统的角度来说，一个人未来的伴侣是由父母选择的，他们主要关注潜在伴侣的社会地位，如家庭、社会等级和经济资源。在这些包办婚姻中，新郎和新娘的第一次交流通常发生在婚礼当天（Goode，1999）。很多这样的结合最终都很成功，而美国的自由婚姻的离婚率颇高。可是，其他人可能会指出，在不幸福的婚姻中，离婚的自由也因文化而异。

除了习俗和仪式不同外，不同文化中的人对爱情的思考、定义和体验也是不同的。正如我们在本书中讨论的，西方文化和东方文化对个人、团体和社会的需求的定义是不同的（Kim & Markus，1999；Markus，Kitayama，& Heiman，1996；Triandis，1995）。社会心理学家注意到，在个人主义社会中，浪漫的爱情被认为很重要，甚至非常关键；但在集体主义社会中，人们则较少强调它。在个人主义社会中，一个人会完全沉溺于与新的伴侣的关系，暂时忽略朋友和家人，关于和谁交往或与谁结婚的决定在很大程度上是一个个人问题；相比之下，在集体主义社会中，相恋的个体必须考虑家人和其他团体成员的意愿，这有时也包括同意包办婚姻（Dion & Dion，1993；Kamble et al.，2014；Levine et al.，1995）。然而，有趣的是，最近几十年，西方人找寻伴侣的方式也开始渗透到集体主义文化中（Hatfield & Rapson，2002）。例如，在尼泊尔，新娘和新郎在结婚前就会给彼此写信，以便互相了解（Goode，1999）。

跨文化研究表明，美国夫妇往往比中国夫妇更看重激情之爱，而中国夫妇往往比美国夫妇更看重伴侣之爱（Gao，1993；Jankowiak，1995；Ting-Toomey & Chung，1996）。相比之下，东非肯尼亚的泰塔人对这两种爱都很看重，他们将浪漫的爱情定义为伴侣之爱和激情之爱的结合。泰塔人认为这是最好的爱情，在

尽管全世界的人都会体验到爱，但是不同文化中的爱情的定义却并不相同。

他们的社会中，实现它是首要目标（Bell，1995）。威廉·杨科维亚克（William Jankowiak）和爱德华·费舍尔（Edward Fischer）回顾了涉及 166 个地区的人类学调查，他们在 147 个地区中发现了激情之爱的证据（Jankowiak & Fischer，1992）（见表 10-2）。

表 10-2 激情之爱的跨文化证据——基于 166 个地区的人类学调查

文化地域	存在激情之爱	不存在激情之爱
地中海地区	22（95.7%）	1（4.3%）
撒哈拉以南非洲地区	20（76.9%）	6（23.1%）
亚欧大陆	32（97.0%）	1（3.0%）
太平洋群岛地区	27（93.1%）	2（6.9%）
北美洲	24（82.8%）	5（17.2%）
南美洲和中美洲	22（84.6%）	4（15.4%）

资料来源：Jankowiak & Fischer，1992.

这些研究的结果表明，我们都会爱他人，但我们并不一定以相同的方式去爱（Dion & Dion，1996；Hatfield & Rapson，2002；Li et al.，2010）。或者，至少我们并不使用同样的方式来描述它（Landis & O'Shea，2000）。例如，日本人用“amae”来形容一种极度积极的情绪状态，在这种状态下，个体完全是被动的爱的对象，被另一半宠爱，这种关系就像母婴关系一样。在英语或其他西方语言中并没有和“amae”对应的词语，与它最接近的词语是依赖，而在西方文化中，这种情绪状态在成年人的关系中被认为是不健康的（Dion & Dion，1993；Doi，1988；Farrer，Tsuchiya，& Bagrowicz，2008）。

同样，中国人的“感情”概念和西方人眼中的浪漫爱情也有所不同。感情是通过向你所爱之人提供帮助来实现的。例如，一种“浪漫”的行为可能是帮助你所爱之人修理自行车或帮助他（或她）学习新的材料（Gao，1996）。在韩国，“jung”代表一种特殊的关系，其含义远远超过了爱情，它是将两人联系在一起的纽带。处在一段新关系中的伴侣可能会感受到强烈的爱，但他们还没有发展出强烈的“jung”。它需要时间和许多共同的经历。有意思的是，负面的关系中也可以发展出“jung”，例如，在互相厌恶的生意对手之间，随着时间的推移，“jung”可能不知不觉地就产生了，结果就是，他们会觉得彼此以非常奇特的方式联系在了一起（Kline，Horton，& Zhang，2008；Lim & Choi，1996）。

因此，浪漫的爱情在整个人类中是一种普遍存在的现象，但特定文化规则也会改变这种情绪状态被体验、表达和记忆的方式（Higgins et al.，2002；Jackson et al.，2006）。例如，张双月（Shuangyue Zhang）和苏珊·克莱恩（Susan Kline）发现了中国人和美国人在选择结婚对象时的两个主要区别（Zhang & Kline，2009）。当研究者让中国学生描述是否决定和自己的恋爱对象结婚时，他们把两个与集体主义文化相关的核心概念放在了更重要的位置：“孝”（即子女对父母的顺从和奉献）和“关系”（即一种类似网络连接的人际关系），而美国学生却把获得支持、关心和“过上更好的生活”放在更重要的位置上。就像罗伯特·摩尔（Robert Moore）在他对中国进行的研究中总结的那样，“与西方年轻人一样，中国年轻人的爱的程度同样很深，他们也会体验到浪漫爱情中的甜蜜和痛苦。但是，他们的爱情是以这样的社会准则为依据的——为了家庭而牺牲个人利益。这意味着年轻人避免了短暂的迷恋、随意的性伙伴，以及可能使他们忽视家庭利益的约会情境”（Moore，1998）。

亲密关系中的依恋类型

正如我们成长的文化环境会塑造我们对爱的思考和体验，我们在幼年时期与父母或看护者的互动也会影响我们的成长。具体来讲，一种研究成年人亲密关系的方法是关注依恋类型（attachment style），这种方法借鉴了约翰·鲍尔比（John Bowlby）以及玛丽·安斯沃思（Mary Ainsworth）关于婴儿如何与他们最主要

依恋类型：基于个体在婴儿时期与主要看护者之间的关系发展而来的个体对人际关系的预期方式。

的看护者（通常是他们的父母）建立关系的开拓性研究（Bowlby，1969，1973，1980；Ainsworth et al.，1978）。

安斯沃思和她的同事（Ainsworth et al.，1978）发现，婴儿和他们的看护者之间存在三种关系类型。他们创造了一个情境，在这个情境中，看护者将其婴儿短暂地留在一个陌生的房间里，婴儿在看护者回来之前和一个陌生人待在一起。研究者会观察婴儿与父母分离和团聚时的反应。有着安全型依恋（secure attachment style）的婴儿在父母离开房间时哭泣并表现出痛苦的样子，当父母回来时，他们会很开心。这些婴儿信任他们的看护者，在与他们互动时表现出积极的情绪，不担心自己会被抛弃。有着回避型依恋（avoidant attachment style）的婴儿在父母离开和回来时不会有太多反应。他们渴望和看护者亲近，但他们学着压抑这个需求。他们好像知道这种建立亲密关系的尝试会遭到拒绝，有时是被冷漠的、疏远的或忙碌的看护者拒绝。有着焦虑 / 矛盾型依恋（anxious / ambivalent attachment style）的婴儿似乎在父母离开之前就会感到痛苦，并且在父母回来之后很难得到安抚，他们的回应常常是愤怒和冷漠的结合。这些婴儿异常焦虑，有时这是因为他们无法预测看护者会在何时以及如何回应他们的需求。

依恋理论的核心假设是，我们在婴儿时期习得的特定依恋类型变成了我们成年后的所有关系的运行模式或图式（Fraley & Shaver，2000；Konrath et al.，2014；Mikulincer et al.，2009）。因此，在童年时期和父母或看护者有着安全关系的人在成年后更有能力发展出成熟而持久的关系；和父母或看护者有着回避关系的人不太能够信任他人，他们会发现发展亲密关系是十分困难的事情；和父母或看护者有着焦虑 / 矛盾关系的人希望和他们的成年伴侣亲近，却担心他们的伴侣不会回应他们的感情（Collins & Feeney，2000；Rholes，Simpson & Friedman，2006；Simpson et al.，2007）。许多研究通过问卷测量成年个体的依恋类型，然后将这些依恋类型和他们的浪漫关系的质量进行相关分析，结果验证了这个理论。例如，在一项研究中，研究者要求成年人根据他们在浪漫关系中的感受选择表 10-3 中所列的三种陈述中的一种（Hazan & Shaver，1987）。每一种陈述都体现了我们已描述的三种依恋类型中的某一种的要旨。

当研究者将成年人对有关依恋类型问题的回答与他们对有关当前关系的问题的回答联系起来时，他们发现结果与依恋理论的观点一致（Feeney，Cassidy，& Ramos-Marcuse，2008；Feeney，Noller，& Roberts，2000；Hazan & Shaver，1994）。例如，具有安全型依恋的个体在三类人群中有着最持久的浪漫关系，在关系中，他们体验到最高水平的承诺感和满意度。具有焦虑 / 矛盾型依恋的个体的浪漫关系持续的时间最短，他们最容易开始一段浪漫关系，而且这通常发生在他们清晰地了解他们的伴侣之前。一项在婚姻登记部门进行的研究发现，与具有安全型或回避型依恋的男性相比，具有焦虑型依恋的男性在领取结婚证之前的求爱过程是最短的（Senchak & Leonard，1992）。如果他们的爱得不到回应，他们也是三种类型的男性中最沮丧和最愤怒的。具有回避型依恋的个体最不可能开始一段浪漫关系，也最有可能说自己从未谈过恋爱，他们在人际关系中保持着距离，并且对关系的承诺感最低（Campbell et al.，2005；Collins et al.，2006；Keelan，Dion，& Dion，1994）。

然而，值得注意的是，依恋理论并不认为那些与父母关系不佳的人注定会在他们遇到的每个人身上重复这种不幸福的关系，也不认为婴儿时期的安全依恋

安全型依恋：以信任、不担心被抛弃，以及认为自己是有价值的和受人喜爱的为特征的依恋类型。

回避型依恋：一种依恋类型，以由建立亲密关系的尝试曾被回绝引发的在建立亲密关系方面的困难为特征。

焦虑 / 矛盾型依恋：一种依恋类型，以担心他人不会回应他们对亲密的需要为特征，这种依恋类型会导致高于正常水平的焦虑状态。

表 10-3　依恋类型测量

	比例	陈述
安全型依恋	56%	我发觉和人亲近非常容易，依赖别人和让别人依赖都让我感觉很舒服。我不常担心被别人抛弃或和他人走得太近
回避型依恋	25%	我和别人太亲近时会感到不舒服，我觉得我很难完全信任他们，也很难让自己依赖他们。当我和他人走得太近时，我会觉得很紧张，而且我的另一半通常会希望与我更亲密，这令我感到不太舒服
焦虑型依恋	19%	我发现别人不愿以我喜欢的那种亲密程度和我亲近。我常常担心我的伴侣不是真的爱我，或者不是真的想和我在一起。我想要完全地和别人融为一体，有时候这种想法会把别人吓跑

这是刊载在报纸上的有关爱的态度的研究的一部分，人们需要选择最符合其浪漫关系的陈述。表中呈现了每条陈述旨在测量的依恋类型，以及选择这种方式的人的比例。

资料来源：Hazan & Shaver，1987.

能保证成年后健康的爱情生活（Simms，2002）。一些研究者在实验结束几个月或几年后对他们的被试进行了追踪，并让他们重新填写了依恋类型问卷。他们发现，25%～30% 的人的依恋类型改变了（Feeney & Noller，1996；Kirkpatrick & Hazan，1994）。人是可以改变的，也的确会改变。他们在亲密关系中的体验可以帮助他们学习与人交往的新方式，这些方式和他们在幼年时期学到的大相径庭。此外，其他研究表明，在任何一段时间内，人们表现出的依恋类型都是他们伴侣的行为以及他们创建的这段关系引发的。因此，人们可能会对他们关系中的情境变量产生相应的反应——在一段关系中表现出更类似安全型的依恋类型，而在另一段关系中则表现出更类似焦虑型的依恋类型。另一种可能是随着时间的变化，他们在一段关系中的依恋类型会不断演变（Fraley，2002；Hadden et al.，2014；Simpson et al.，2003）。

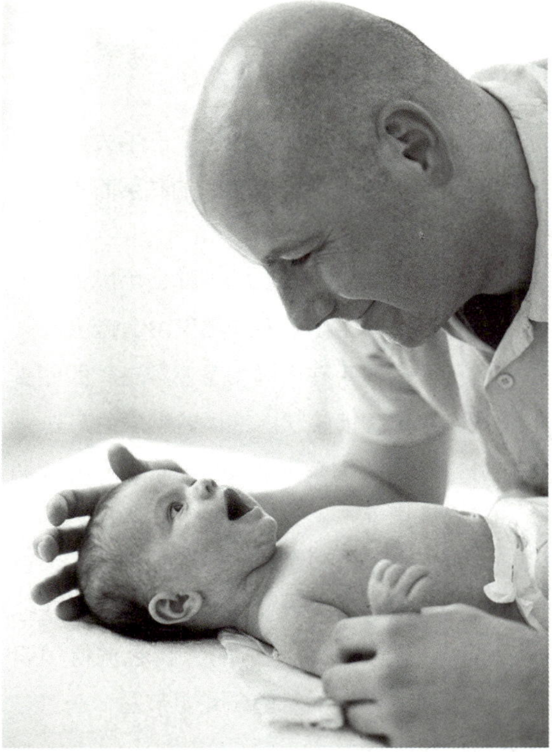

依恋理论预测，我们在婴儿和儿童时期习得的依恋类型将会伴随我们的一生，并且泛化到我们与其他人的关系中。

爱情中的身体与大脑

坠入爱河是一种不同寻常的感觉，不同文化背景、不同童年经历的人都会经历这种感觉，它让你感到头晕目眩、心情愉悦。在你心爱的人面前，你会心跳加速、呼吸急促，并感到身体警觉且充满能量。事实上，大多数人认为这些身体变化是爱情的症状，它们也确实是。但是，这些身体的变化也会让我们更容易爱上他人，也就是说，生理唤醒有时候是我们被他人吸引的原因，而不是结果（Laird & Lacasse，2014）。

例如，我们在第 5 章讨论了达顿和阿伦（Dutton & Aron，1974）的吊桥实验，在这项实验中，男性在走过令人兴奋的吊桥后，心跳仍在加速，当女性研究者靠近他们时，他们更明显地表现出被她吸引的迹象。之后，更多的研究也证明了生理唤醒转变为浪漫的感觉的倾向。辛迪・梅斯顿（Cindy Meston）和佩妮・弗洛里希（Penny Frohlich）走近游乐园里的男性和女性，在他们坐过山车之前和之后进行了观察（Meston & Frohlich，2003）。刚刚坐完过山车的被试比即将坐过山车的被试更倾向于认为坐在他们旁边的陌生人有吸引力。这些发现进一步证明了唤醒和爱情之间的双向关系，也表明你可能更容易在健身房里，或者在远足时遇见下一个特别的人，而不是在图书馆或杂货店里。

心理学家也探究了当我们陷入爱河时，我们的大脑会发生什么变化。一批研究者在大纽约地区招募了那些称自己正处于热恋中的大学生（Aron et al.，2005）。研究者让这些被试在实验期间带上两张照片：一张是自己爱人的照片，另一张是和自己爱人有着相同年龄和性别的熟人的照片。被试在完成一些问卷之后（包括你之前在“试一试”中完成的激情之爱量表），就为实验的主要部分做好了准备。随后，他们被推入功能性磁共振成像扫描仪，它能记录下脑内血流量的变化。这种变化能够指示在给定的时间里，哪部分脑区出现了神经活动。当被试处于扫描仪中的时候，实验者会轮流在屏幕上呈现两张照片，同时让被试完成数学干扰任务。

研究者发现当被试看到自己爱人的照片时，脑深处的两个特定部位被激活，但当他们注视熟人的照片（或者进行数学任务）时，激活却没有发生。此外，与那些报告自己处于低水平浪漫爱情中的被试相比，报告自己处于高水平浪漫爱情中的被试在注视爱人的照片时，这些脑区的激活程度更高（Aron et al.，2005）。这两个部位是腹侧被盖区（VTA）和尾状核，它们形成了通信环路。

以前的研究发现，当人们从事奖赏行为时，VTA就会变得活跃。如摄取可卡因——一种引发兴奋、愉快、不安、失眠和食欲不振等感觉的毒品（这些反应也会让人联想到坠入爱河）。VTA富含神经递质多巴胺，当人们吃巧克力时，它也会发出信号。总之，VTA和尾状核构成了大脑主要的奖赏和激励中心。例如，对赌徒大脑的功能性磁共振成像研究发现，当赌徒赢钱时（一件奖赏事件），这些富含多巴胺的脑区高度活跃（Aron et al.，2005）。因此，当人们形容恋爱“让人上瘾”或“像中彩票了似的”时，他们是正确的。所有这些体验都预示着相同脑区的更强的激活程度：多巴胺丰富的奖赏和激励中心（Bartels & Zeki，2004；Fisher，2004；Scheele et al.，2013）。

问题回顾

1. （　）之爱的特征是亲密和喜爱的感觉，（　）之爱倾向于强烈的渴望和生理唤醒。
   a. 理想；浪漫
   b. 平静；性
   c. 伴侣；激情
   d. 空洞；色情
2. 根据斯腾伯格的爱情三角理论，下列哪一项不是爱情的三个主要组成部分之一？（　）
   a. 亲密
   b. 激情
   c. 互惠
   d. 承诺
3. 下列哪一项不是本章提到的关于爱情和亲密关系的跨文化研究发现之一？（　）
   a. 在美国，已婚夫妇住在一起是传统，与此不同的是，在西非的许多地区，已婚夫妇分开住，人们优先考虑与大家庭的联系而不是与配偶的联系
   b. 正如“缘”的概念体现的那样，中国人比美国人更倾向于相信关系的结果由命运决定
   c. 浪漫的爱情似乎在人类中普遍存在，即使文化塑造了这种情感状态的体验和表达方式
   d. 包办婚姻的离婚率比个人自己找配偶的婚姻的离婚率更高
4. （　）最能体现下面的情绪：“我和别人太亲近时会感到不舒服，我觉得我很难完全信任他们。当我和他人走得太近时，我会觉得很紧张，而且我的另一半希望和我更亲密一些，这让我感到不太舒服。”
   a. 安全型依恋

b. 回避型依恋
c. 焦虑 / 矛盾型依恋
d. 交换型依恋

5. 当人们想到浪漫的爱情带来的感觉时，活跃度增加的脑区与人们（ ）的时候是相同的。
a. 睡觉
b. 摄取可卡因
c. 哭泣
d. 担心成为关注的焦点

“问题回顾”答案，请扫描章末二维码查看。

10.4 评价关系：满意度与分手

到目前为止，我们已经了解了吸引力与人们定义和体验爱情的方式。但是人们究竟是如何评估他们的关系发展的呢？一般来说，什么因素决定了他们对现任伴侣或他们的爱情生活的满意度？什么决定了人们是继续维持目前的恋情，还是开始考虑其他选择？如果他们决定结束一段关系，那么分手会有什么样的心理后果？我们现在转向有关关系满意度和分手的理论，尝试为这些关于亲密关系的问题提供基于经验的答案。

关系满意度的理论

人际关系不像股票市场或总统支持率，很少有人每天都用图表精确地记录自己和伴侣有多开心（这可能是件好事）。也就是说，我们中的许多人会定期评估自己与伴侣的关系发展得如何（例如，在一个重要的纪念日、在有人直接询问时，或者在双方发生争吵或其他令人恼怒的事件让双方停下来思考他们到底有多满意时）。下面我们将回顾两种具有影响力的有关关系满意度的理论：社会交换理论和公平理论。

社会交换理论

我们之前讨论过的许多吸引力的前因变量都可以被视为社会奖赏的例子。我们的态度得到证实是一件令人愉快的事情，因此，某个人的态度与我们的态度越接近，我们花时间与这个人在一起时得到的回报就越高。同理，和喜欢我们的人在一起是一件很有意义的事，特别是当这个人的外表很有吸引力时。换句话说，某个人能提供给我们的社会收益越高（且我们花费的成本越低），我们对这个人的喜欢程度也就越高。这个公式的反面则是，如果一段关系的成本（如情绪困扰）远远超过了它的收益（如认可或褒奖），它很可能不会长久。

人际关系是基于经济模型（涉及成本和收益）运作的，这种简单的观念被研究者扩展到有关社会交换的复杂理论中（Cook et al.，2013；Kelley & Thibaut，1978；Thibaut & Kelley，1959）。**社会交换理论**（social exchange theory）认为，人们对人际关系的感受取决于他们对这段关系的收益与成本的知觉、他们对他们应得到何种关系的信念，以及他们从其他人那里得到一段更好的关系的可能性。实质上，我们在“购买”我们能得到的最好的关系——已有选择中的能为我们的情感货币带来最高价值的关系。社会交换理论的基本概念是收益、成本、结果和比较水平。

收益是一段关系中正性的、令人愉悦的方面，它让这段关系有价值且得以维系。它们包括伴侣的个人特征和行为，以及我们通过与该个体结识而获得外部资源的能力（如钱财、地位、活动，或者与其他有意思的人结识的机会）（Lott & Lott，1974）。举例来说，在巴西，友谊被公开用作交换价值。巴西人会欣

社会交换理论：该理论认为，人们对人际关系的感受取决于他们对这段关系的收益与成本的知觉、他们对他们应得到何种关系的信念，以及他们从其他人那里得到一段更好的关系的可能性。

然承认他们需要一个“pistolão”（字面上的意思是，一把巨大的、火力十足的手枪），这意味着他们需要一个能够利用自己的个人关系帮助他们达成愿望的人（Rector & Neiva，1996）。显然，成本是硬币的另一面，所有的友谊和浪漫关系都有附加成本，例如，忍受他人那些恼人的习惯和个性。关系的结果来自对其成本和收益的直接比较，你可以将它想象为一个数学公式：结果等于收益减去成本。如果你得到的是一个负值，那么你的人际关系可能是有问题的。

除了收益和成本之外，你对人际关系的满意度还取决于其他变量：你的比较水平（comparison level），或者你对人际关系在成本和收益方面的预期结果（Kelley & Thibaut，1978；Thibaut & Kelley，1959）。随着时间的推移，你已经积累了一段很长的与他人交往的历史，这段历史又会影响你对现在的或将来的人际关系的期望。一些人的比较水平很高，他们希望一段关系收益巨大而成本微小。如果一段既有关系不能满足这个比较水平，他们便会失落和不满。与此相反的是，那些比较水平很低的人在同样一段关系中会很快乐，因为他们认为他们在处理人际关系时困难重重、代价重重。

你对人际关系的满意度还取决于你知觉到的、既有关系被更好的关系替代的可能性——你的替代性比较水平（comparison level for alternative）。正如俗话说的，“天涯何处无芳草”。换一个对象的结果是否比现在更好？对于那些有着高替代性比较水平的人来说——或许因为他们相信世界上充满了急不可耐地想和他们见面的杰出人士，或许因为他们知道一个特别棒的人非常想见他们，他们更倾向于孤注一掷，改变一下，去市场上寻找一个新朋友或新情人。那些低替代性比较水平的人更有可能留在一个成本很高的关系中，因为对于他们来说，虽然他们现有的关系并不怎么样，但是它比他们预期自己能在别处找到的好一些（Etcheverry，Le，& Hoffman，2013；Lehmiller & Agnew，2006；Simpson，1987）。

社会交换理论得到了许多研究证据的支持。朋友和亲密的伴侣的确常常关注他们在关系之中的收益和成本，而这些预测了他们对这段关系是否抱有良好的感觉（Bui，Peplau，& Hill，1996；Cook et al.，2013；Rusbult，1983）。在不同文化的亲密关系中，人们也发现了这些结果（Le & Agnew，2003；Lin & Rusbult，1995；Van Lange et al.，1997）。一般来说，当人们觉得自己能从关系中得到很多回报时，人们会感到快乐和满足。

但是，即使许多人对一段关系并不满意，并且其他的对象看上去更好，他们也不会离开现在的伴侣。研究发现，在理解亲密关系时，我们至少需要再多考虑一个因素——个体在关系中的投资水平（Carter et al.，2013；Goodfriend & Agnew，2008；Rusbult et al.，2001）。在卡里尔·鲁斯布尔特（Caryl Rusbult）的亲密关系的投资模型（investment model）中，她把投资定义为个体为某段关系付出的一切，而一旦他们离开这段关系，他们便会失去这些东西（Rusbult，1983）。这些投资包括有形的东西，如经济资源、财产、房产；还有无形的东西，如孩子的情感幸福、花费在建立关系上的时间和情感能量，以及个体一旦选择离开就会丧失的有关个人完整性的感觉。就像我们在图 10-2 中所看到的那样，个体在关系中的投资越多，个体离开关系的可能性就越小，即使满意度很低，开始新关系的前景也不错。简而言之，在预测人们是否会留在一段亲密关系中时，我们需要知道：（1）他们对关系的满意度；（2）他们对替代性关系的想法；

比较水平：人们对于他们在特定关系中可能的收益和成本的水平的预期。

替代性比较水平：人们对于在一段可以替代旧关系的新关系中能得到的收益和成本的预期。

投资模型：这个理论认为，人们是否会忠于一段关系不仅取决于他们就收益、成本、比较水平、替代性比较水平、对关系的满意度，还取决于他们对关系的投资——那些他们一旦离开就会失去的东西。

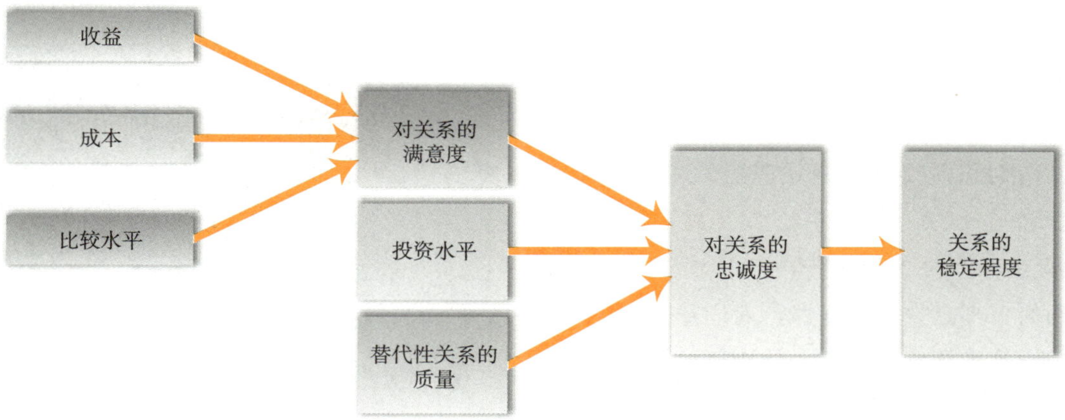

图 10-2　忠诚度的投资模型

人们对一段关系的忠诚度取决于三个变量：他们的满意度、他们感觉到的对关系的投资水平，以及他们是否有良好的可替代性关系。这三个变量可以预测关系的稳定程度。他们对关系的满意度基于对成本和收益的比较，以及关系的结果是否超过了他们对自己在关系中的应得之物的一般预期（或比较水平）。例如，如果一位女性觉得她的关系的收益和成本不及预期，那么她便会有较低的满意度。如果她还觉得自己在关系中的投资很少，并且有一个非常有吸引力的人想和她约会，那么她的忠诚度便会很低。最终的结果是关系的稳定程度很低，最有可能的情况是，她将和现在的伴侣分手。

资料来源：Rusbult，1983.

（3）他们对关系的投资。

为了检验这个模型，鲁斯布尔特（Rusbult，1983）邀请那些正在恋爱的异性恋大学生在 7 个月中填写一些问卷。每隔 3 周，被试会就图 10-2 中的模型的每个组成部分回答问题。鲁斯布尔特同样也追踪学生是保持着原有的关系还是分手了。就像你在图 10-3 中看到的那样，满意度、替代性选择，以及投资水平都能预测他们对这段关系有多忠诚，以及这段关系能否继续（量表的分数越高，每个因素就越能预测忠诚度和关系的持续时间）。

就破坏性关系而言，这个模型同样适用吗？为了寻找答案，鲁斯布尔特和一个同事采访了那些在家庭暴力收容所寻求庇护的女性（Rusbult & Martz，1995）。为什么这些女性还停留在这段关系中？甚至有些女性离开避难所后又回到了那些虐待她们的伴侣身边。正如理论所预测的，那些经济条件较差的女性或在这段关系中投入较多的女性对受虐关系的忠诚度更高。因此，在长期关

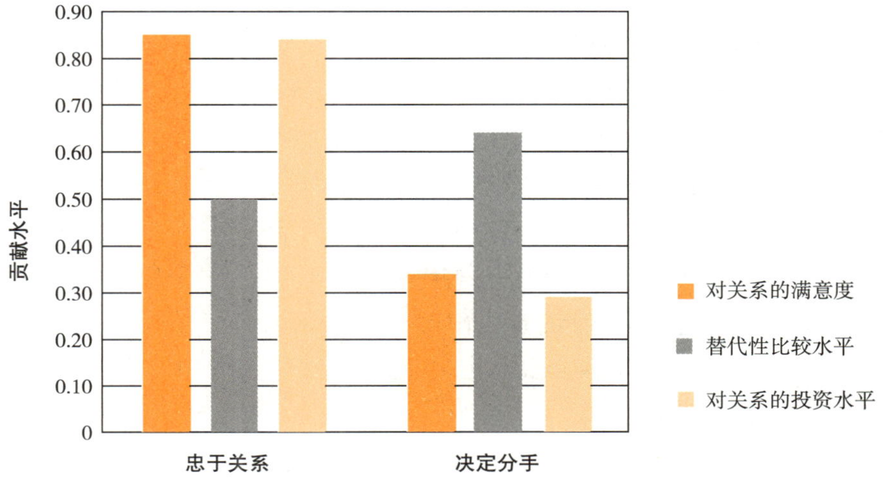

图 10-3　投资模型的检验

这个研究考察了大学生对关系的满意度、替代性比较水平，以及他们在关系中的投资水平是否能预测他们对关系的忠诚度，以及他们是否会做出终止关系的抉择。分数越高，在其他两个变量不变的情况下，该变量本身越能够预测忠诚度和分手情况。这三个变量的预测能力都相当好。

资料来源：Rusbult，1983.

系中，忠诚不仅基于人们得到的收益和付出的成本，还基于人们对关系的投资水平、满意度，以及对于是否有替代性关系的感知。

公平理论

一些研究者批评社会交换理论忽视了关系中的一个重要的变量——公正（或公平）。公平理论（equity theory）的支持者认为，人们并非像在玩棋盘游戏一样——做任何事都是为了赚大钱，人们并非只是在以最小的成本换取最大的收益：他们还要考虑关系中的公平性，即关系中的双方付出的成本和得到的收益是否大致相等（Bowles，2016；Kalmijn & Monden，2012；Walster，Walster，& Berscheid，1978）。这些理论家把一段公平的关系描绘为最快乐、最稳定的关系。相较而言，不公平的关系导致一方感到过度受益（得到许多的收益，耗费极小的成本，在关系中投入很少的时间和精力）或者过度受损（得到极少的收益，付出过多的成本，不得不在关系中耗费很多的时间和精力）。

根据公平理论，过度受益的一方或过度受损的一方对这种状态都会感到不安，并且都具有在关系中重建公平的动机。这对于过度受损的一方来说是合理的。毕竟，谁希望感到痛苦和不被欣赏呢？但为什么过度受益的个体会想放弃社会交换理论阐述的那么一个轻松的交易——以微小的成本和工作换取高额的收益呢？一些理论家强调，公平是一个强有力的社会标准，如果他们在一段关系中得到的超过他们应得的，个体最终将感到不安，甚至内疚。不过，过度收益并不像过度受损那么糟糕，研究表明，不公平更多地被过度受损的个体视为一个问题（Buunk & Schaufeli，1999；Guerrero，La Valley，& Farinelli，2008；Sprecher，2016）。

当然，公平的概念意味着关系双方一直在捕捉谁在获益、谁受到了欺骗，以及他们获益和被欺骗的程度。一些人可能认为，处于幸福关系中的人们并不会花费很多时间和精力记录有关关系中的付出或获益的账单。事实上，我们和一个人的交往程度越深，我们就越不愿意相信我们只是在获取利益，或者期待我们的付出有回报。在普通关系中，我们交易“善意”——你把笔记借给她，她请你吃午饭。但是，在亲密关系中，我们交易的是不同类型的资源，即使我们想计算，我们也很难衡量是否公平。某天晚上与你的另一半共进晚餐是否就能抵消你前两天晚上加班的影响？换句话说，长期的亲密关系似乎是被一种较为宽松的互惠式公平，而非严格的“你来我往式”的策略支配的（Kollack，Blumstein，& Schwartz，1994；Laursen & Hartup，2002；Vaananen et al.，2005）。

亲密关系可以是交换的或共有的。家庭关系通常是共有的。

根据玛格丽特·克拉克（Margaret Clark）和贾德森·缪斯（Judson Mills）的观点（Clark & Mills，1993），新结识的人之间的互动受到公平原则的支配，它被称为交换关系（exchange relationship）。你可以在图 10-4 中看到，在交换关系中，人们不断地捕捉关于“谁做了什么贡献”的信息，当他们感觉自己投入的比得到的多时，他们会感觉被对方占了便宜。相较而言，亲密朋友、家庭成员和浪漫伴侣之间的长期互动则较少受到公平原则的支配，而更多地受到在彼

公平理论：当双方付出的成本和得到的收益大致相等时，人们会从这种关系中得到最大的快乐。

交换关系：受到公平需求（也就是寻求收益和成本的均衡）支配的关系。

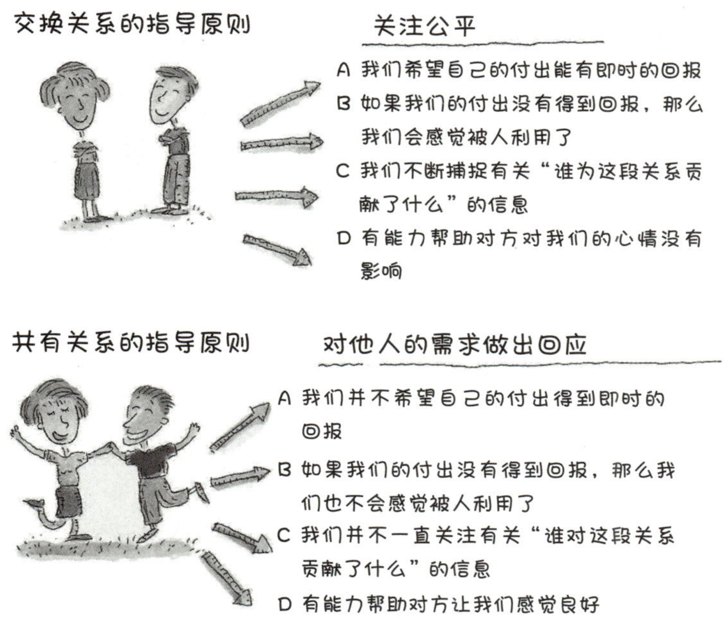

交换关系的指导原则
关注公平
A 我们希望自己的付出能有即时的回报
B 如果我们的付出没有得到回报，那么我们会感觉被人利用了
C 我们不断捕捉有关“谁为这段关系贡献了什么”的信息
D 有能力帮助对方对我们的心情没有影响
共有关系的指导原则
对他人的需求做出回应
A 我们并不希望自己的付出得到即时的回报
B 如果我们的付出没有得到回报，那么我们也不会感觉被人利用了
C 我们并不一直关注有关“谁对这段关系贡献了什么”的信息
D 有能力帮助对方让我们感觉良好

图 10-4　交换关系与共有关系

此有需求时应当互相帮助的想法驱动。在这些**共有关系**（communal relationship）中，人们给予是因为他人需要，人们不考虑自己是否能获得回报（Abele & Brack，2013；Mills & Clark，2011；Vaananen et al.，2005）。在这种形式下，共有关系是长期的亲密关系的特征。一项对比了异性恋伴侣和同性恋伴侣的研究发现，他们在关系中的承诺和共有程度没有区别。如果说二者有什么区别，那就是相对于异性恋伴侣，同性恋伴侣报告了更高的宽容水平和较少的冲突（Balsam et al.，2008；Roisman et al.，2008）。

处在共有关系中的人是否完全不关注关系中的公平呢？事实并非如此。正如我们之前看到的，如果人们认为他们的亲密关系是不公平的，那么他们的确会感到沮丧（Canary & Stafford，2001；Walster et al.，1978）。然而，与亲密度较低的关系相比，公平在共有关系中的作用形式有所不同。在共有关系中，伴侣对特定时间段内的公平并不怎么在意，他们相信他们的关系最终会走向平衡的状态，随着时间的推移，一种大致的公平还是能够达到的（Lemay & Clark，2008；Lemay，Clark，& Feeney，2007）。如果事情不是这样，如果他们继续感到不公平，那么这种关系最终可能会结束。

分手的过程与经历

美国的离婚率接近 50%，并且这个离婚率水平已经保持了几十年（Kennedy & Ruggles，2014；National Center for Health Statistics，2005）。一项对《联合国人口统计学年鉴》（*Demographic Yearbook of the United Nations*）中的 58 个人类社会的数据进行的考察发现，大多数分居和离婚发生在双方结婚 3 ～ 4 年之后（Fisher，2004）。当然，在众多的未婚男女中，每天都有无数的浪漫关系结束。结束一段浪漫关系是人生中令人痛苦的经历之一，接下来我们会探讨是什么促使情侣分手，以及他们分手时采取的脱身策略（Frazier & Cook，1993；Rusbult & Zembrodt，1983；Sprecher，Zimmerman，& Fehr，2014）。

举例来说，史蒂夫·杜克（Steve Duck）提醒我们，关系解体并非单一的事件，而是一个有许多步骤的过程（见图 10-5）（Duck，1982）。杜克提出的理论是，解体的过程可以分成四个阶段，从个体层面（个体不断思考其对关系的不满）到个体间层面（个体与伴侣讨论分手的问题），再到社会层面（向其他人宣布分手的消息），最后回到个体层面（个体从分手的经历中恢复过来，并形成自己对这段经历的过程和原因的解释）。就最后一个阶段而言，约翰·哈维（John Harvey）和他的同事发现，关于“为什么分手”，我们提供给亲密朋友的解释与我们提供给同事及邻居的正式解释有相当大的差异（Harvery，1995；Harvey，Flanary，& Morgan，1986）。

共有关系：在这种关系中，人们最关注的是对他人的需求做出回应。

解体： 对关系不满意

↓

阈限： “我再也不能忍受了”

↓

个体层面阶段

关注伴侣的行为
评估伴侣的行为是否恰当
描述并评估这段关系的消极方面
思量退出关系的成本
评估替代性关系的积极方面
面对“爆发还是沉默”的两难抉择

↓

阈限： “我应该选择分手了”

↓

个体间层面阶段

面对“直面问题还是回避问题”的两难抉择
面对伴侣
对“我们的关系”进行协商和讨论
尝试修复关系和调解
评估退出关系的成本或降低双方的亲密感

↓

阈限： “我是认真的”

↓

社会层面阶段

与伴侣就分手后的问题进行协商
与朋友、家人和其他人就分手一事进行闲谈或讨论
在公共环境中构造有关“挽回面子”或“推卸责任”的故事与解释
思量并面对朋友、家人和其他人的反应
召集干预小组

↓

阈限： “现在一切都完了”

↓

个体层面阶段

参与“渡过难关”的种种活动
开始反思和回顾，分析哪里出问题了
公开传播自己那个版本的分手故事

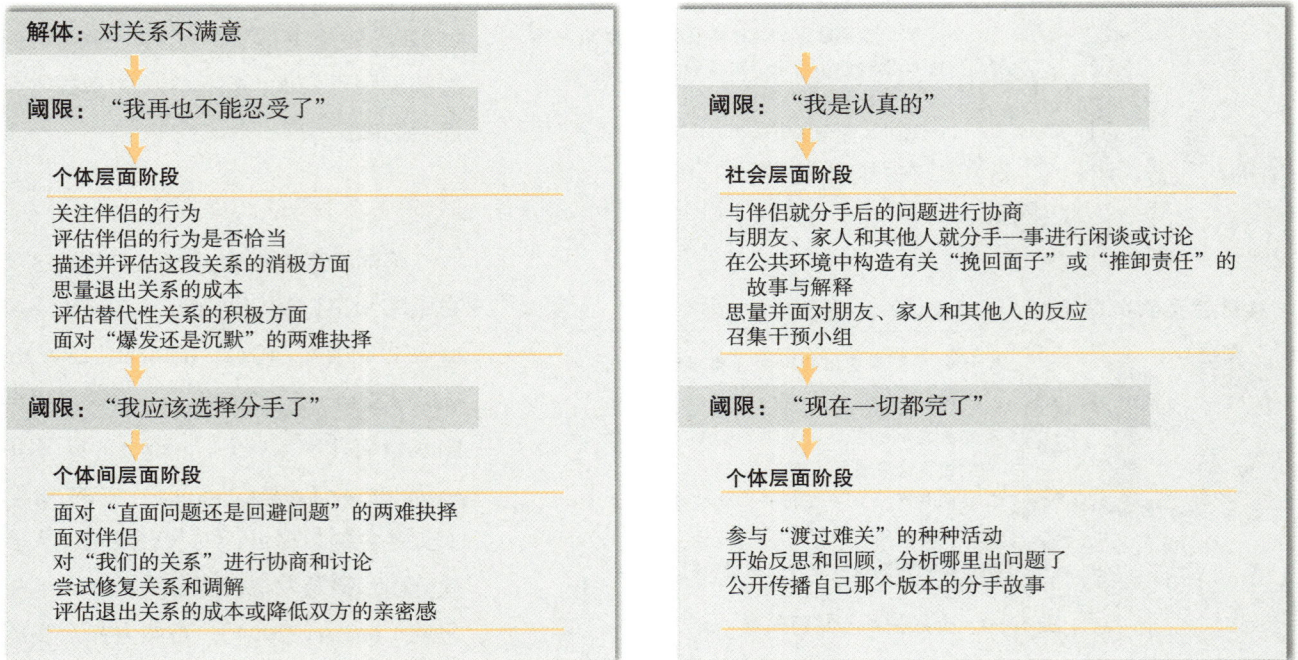

图 10-5　亲密关系解体的步骤

资料来源：Duck，1982.

关系结束的原因已经从几个不同的角度被研究过（Bui et al.，1996；Drigotas & Rusbult，1992）。例如，鲁斯布尔特提出，有问题的关系中存在四种类型的行为（Rusbult，1987；Rusbult & Zembrodt，1983）。前两种行为是破坏性的行为：主动损害关系（如虐待伴侣、威胁分手、结束关系）和被动旁观关系的恶化（如拒绝解决关系中的问题、忽视伴侣或很少花时间与之共处、对关系不进行任何投入）。另外两种是积极的、建设性的行为：主动尝试改进关系（如讨论问题、尝试改变、向心理咨询师求助）和被动地保持对关系的忠诚（如等待并希望事情会变好、表现出支持的态度而非开战的态度、保持乐观）。鲁斯布尔特和她的同事发现，破坏性的行为对关系的伤害甚于建设性的行为对关系的帮助。当一方的行为是破坏性的行为，而另一方通过做出建设性的行为来拯救这段关系时，这段关系有可能会维持下去，这也是很常见的一种模式。而当双方都表现出破坏性的行为时，关系通常会结束（Rusbult，Johnson，& Morrow，1986；Rusbult，Yovetich，& Verette，1996）。

另一项研究关系结束的原因的角度是关注人们最初被对方吸引的原因。例如，在一项研究中，男性和女性大学生被要求将焦点集中在一段以前的浪漫关系上，并列出最初对方吸引他们的特征以及双方分手时他们最痛恨的对方的特点（Femlee，1995，1998）。在 30% 的分手案例中，一开始被认为很有吸引力的特征后来变成了关系结束的理由。例如，“他是那么与众不同”变成了“我和他之间没有任何共同点”，“她

让人捉摸不透，令人着迷”变成了“我别指望依靠她”。这种分手类型再次提醒我们，情侣之间的相似性对于成功的亲密关系是多么重要。

如果一段浪漫关系风雨飘摇，我们是否能预测谁会结束这段关系？很多人认为，在异性恋中，女性提出分手的可能性比男性要大得多。然而，最近的研究发现，在扮演关系“终结者”的可能性上，男性和女性之间并不存在差异（Hagestad & Smyer，1982；Rusbult et al.，1986）。判断一段关系是否会结束以及何时结束的一个更好的预测源似乎是双方如何处理冲突。所有的关系都会出现冲突，但并不是所有的伴侣都会以同样的方式处理它。在对新婚夫妇的研究中，约翰·高特曼（John Gottman）和他的同事发现，当双方在讨论与关系冲突有关的问题时，那些在交流中表现出轻蔑、讽刺和批评迹象的夫妇比其他夫妇更有可能（也更早）分手（Gottman，2014；Gottman & Levenson，2002）。那些等到双方平静下来再把分歧说出来的夫妇，以及那些善于倾听而不带防御心的夫妇，更能经受住冲突的风暴。

另一些研究考察了分手的经历，试图预测人们在分手后的不同行为方式和感受（Connolly & McIsaac，2009；Helgeson，1994；Lloyd & Cate，1985）。一些研究表明，投资水平在分手后的互动中扮演着重要角色，在关系存续期间保持着较高的满意度和投资水平的伴侣也更有可能在分手后保持朋友关系（Tan et al.，2014）。虽然保持朋友关系对于许多从前处于亲密关系中的伴侣来说可能是一个积极的结果，但是其他研究表明，努力与前任保持联系，甚至监视前任——也许仅仅是通过社交媒体了解前任的最新动态——也会让人感到痛苦，并更难适应分手（Belu，Lee，& O'Sullivan，2016）。

事实上，从情感的角度来看，研究表明分手是相当困难的，这一点不足为奇。例如，金伯利·巴尔萨姆（Kimberly Balsam）、莎伦·罗斯托斯基（Sharon Rostosky）和埃伦·里格尔（Ellen Riggle）对最近结束了自己的同性关系的女性进行了采访，采访揭示了这些女性在分手时的三个主要情绪反应：羞耻或内疚、挫败感以及一种孤独的感觉（Balsam，Rostosky，& Riggle，2017）。其他研究表明，男性和女性在分手后往往表现出相似的痛苦程度。此外，正如人们预料的那样，虽然提出分手也会有压力，但是“被分手”往往会导致更强烈的负面情绪反应（Sprecher，1994）。

简而言之，社会心理学文献对亲密关系的研究涵盖了我们与他人之间最亲密的联系的各个方面——从最初的吸引力和对伴侣的选择，到性行为、关系满意度，再到令人心碎的分手……最终，在许多情况下，人们会重新开始这段旅程（或者旅程中的某些部分）。

问题回顾

1. 虽然她的女朋友对她很好，总是将她的需求放在首位，也不要求她在关系中付出很多努力，考特尼仍对这段关系感到不满意，因为她的脑海里有一个声音不停地说，一定有一个更好的伴侣在某处等着她。考特尼似乎有（　）。
   a. 一个较高的比较水平
   b. 一个较低的比较水平
   c. 一个较高的替代性比较水平
   d. 一个较高的投资水平
2. 公平理论认为，如果一段关系不公平，（　）。
   a. 过度受益的人会对此感到满意
   b. 过度受益的人和过度受损的人都会对此感到满意
   c. 过度受益的人和过度受损的人都会对此不满意
   d. 它会将共有关系转变为交换关系
3. 下列哪一个是关系解体的个体层面阶段的例子？（　）

a. 向其他人宣布分手的消息

b. 伴侣中的一方想到很多自己对关系的不满

c. 伴侣中的一方与另一方讨论分手

d. 伴侣双方决定复合

4. 下列哪一个有关分手的发现是正确的？（　）

a. 主动提出分手比“被分手”更痛苦

b. 同性恋关系的解体与异性恋关系的解体不同，它没有相同类型和数量的消极情绪反应

c. 在与对方分手后，和前任保持联系，了解其最新动态，对个人既有积极的影响，也有消极的影响

d. 平均而言，分手发生时，男性的难过程度不及女性

“问题回顾”答案，请扫描章末二维码查看。

总结

10.1　产生吸引力的原因

- **住在隔壁的人：接近效应。**在本章的第一部分，我们讨论了使两个人之间产生最初的吸引力的变量。其中之一是物理接近性（接近效应）：那些和你接触得最多的人最有可能成为你的朋友和情人。这一效应发生的原因是曝光效应：接触刺激会增加人们对它的喜爱程度。
- **相似性。**人和人之间的相似性，无论是在态度、价值、人口学特征、外貌上的相似性，还是在基因上的相似性，都是对吸引力和喜爱程度的有力预测因素。相比于互补性，即“异性相吸”的观点，在预测人际吸引的发生上，相似性是更有力的预测变量，特别是就长期关系而言。
- **互惠式的好感。**一般来说，我们会喜欢那些表现得喜欢我们的人。
- **外表吸引力。**外表吸引力在好感的产生中也起着重要的作用。不同文化背景下的人对面孔吸引力的感知基本相同。“美即好”的刻板印象是晕轮效应的一个例子，即当我们认为一个人拥有某种积极特征时，我们就更有可能相信他也拥有其他（甚至不相关的）积极特征。具体而言，人们认为外表吸引力与其他很多美好的特征有关，这有时会引发自证预言。
- **进化与择偶。**进化心理学根据自然选择的原理，通过随时间进化的基因因素来解释爱。根据这个观点（它并不是没有批评和反对的声音），男性和女性之所以会被对方身上不同的特征吸引，是因为这样做可以使他们的繁殖成功率最大化。

10.2　在数字世界中建立联系

新技术为社会心理学家带来了有关吸引力和人际关系的新问题，包括手机和其他移动设备是否会破坏社会联系。

- **吸引力 2.0：网络时代的择偶偏好。**在拥有短信、互联网和社交媒体的现代社会，吸引力的基本预测源，如接近性、相似性和熟悉度，以不同的方式显示自己的作用。
- **网上约会的前景与陷阱。**基于网络和移动应用的约会扩展了你的潜在伴侣圈，但也带来了风险，包括未经验证的匹配算法，以及具有欺骗性的个人资料和照片。

10.3　爱情与亲密关系

- **定义爱情：陪伴与激情。**一种对爱情的定义区分了伴侣之爱和激情之爱，前者指一种不伴有强烈的渴望和生理唤醒的亲密感，后者指一种伴有强烈的渴望和生理唤醒的亲密感。
- **文化与爱情。**虽然爱是一种普遍的情感，但是在爱情的定义和实践上仍存在一定的文化差异。在集体主义文化和个人主义文化中，爱情的侧重点不同。

- **亲密关系中的依恋类型。**人们在婴儿时期与他们的看护者之间的关系是他们成年后亲密关系的质量的重要预测源。依恋关系有三种类型：安全型依恋、回避型依恋、焦虑/矛盾型依恋。
- **爱情中的身体与大脑。**坠入爱河的经历也可以在大脑层面得到考察。功能性磁共振成像研究表明，当你想着你爱的人时，大脑中会被其他令人愉悦的奖赏激活的区域会变得更加活跃。

10.4 评价关系：满意度与分手

- **关系满意度的理论。**社会交换理论认为，人们对人际关系的感觉取决于他们知觉到的自己在这段关系中的收益与成本。为了判断人们是否会维持一段关系，我们必须知道他们的比较水平（对他们的人际关系的结果的期望）、替代性比较水平（对另一段关系的快乐程度的期望），以及他们在这段关系中的投资模型。公平理论认为，满意度的最重要决定因素是双方是否在关系中得到了相同的回报。相较于交换关系，人们在共有关系中更少追踪收益和成本。
- **分手的过程与经历。**应对浪漫关系中的问题的策略包括建设性的行为和破坏性的行为。分手的过程通常包括几个阶段。很多因素都可以预测人们分手后的行为和感受。与前任保持联系既有积极的影响，也有消极的影响。

思考题

本章中的各种研究结果如何帮助约会网站和约会应用程序变得更有效？

自测

1. 萨姆喜欢上了朱莉，他期待她能喜欢自己。根据社会心理学的研究，下列哪种做法最没有效果？（　）
   a. 强调他们的想法非常一致
   b. 与她一起完成课程项目，这样两个人就能有共处的时间
   c. 强调彼此的人格类型是互补的，两个人有不同的吸引力
   d. 尽量使自己的外表看上去更有吸引力
2. 下列哪一项是网上约会的好处？（　）
   a. 人们能够接触更广泛的人群
   b. 数学算法在匹配伴侣方面非常有效
   c. 人们在网络上往往更诚实
   d. 网上约会使潜在的伴侣觉得“与你无缘”这种事不会发生
3. 下列哪种说法是错误的？（　）
   a. 共有关系中的人倾向于收集关于“谁对关系付出了什么”的信息
   b. 人们认为“平均化”的面孔比不寻常的面孔更有吸引力
   c. 人们喜欢那些喜欢自己的人
   d. 我们越频繁地看见和接触他人，他人被我们喜欢的可能性就越大
4. 凯迪和玛德琳正在约会。根据亲密关系的投资模型，下列哪种陈述会影响他们对关系的承诺？（　）
   a. 他们对关系的满意度
   b. 他们在关系中的投资水平
   c. 替代伴侣的可得性和质量
   d. 上述所有选项都对
5. （　）包含一个人对另一个人的强烈渴望，以及生理唤醒。
   a. 激情之爱
   b. 伴侣之爱
   c. 交换之爱
   d. 共有之爱
6. 下列哪一个关于依恋类型的描述是正确的？（　）
   a. 人们在成年后几乎无法改变自己的依恋类型
   b. 大量的成年人表现出回避型依恋
   c. 成年人的依恋类型是由伴侣的行为和他们作为彼此的伴侣创造的关系类型塑造的
   d. 你在婴儿时期的依恋类型通常与你在成年关系中的依恋类型关系不大
7. 马修和埃里克自开始上学起就成了好朋友。根据公平理论，如果（　），他们的关系会被破坏。
   a. 相比于马修，埃里克更有可能在对方需要帮助的时候帮助对方
   b. 埃里克“改头换面”，突然变得比马修更有吸引力
   c. 埃里克和马修不再有相同的兴趣
   d. 埃里克和马修对同一个异性产生了好感
8. 埃利奥特担心他的女朋友并不是真心爱他，并且时时刻刻都盯着她，这令她感到窒息。根据依恋理论，埃利奥特很可能是（　）依恋，这是由于在他还是个婴儿时，他的看护者是（　）。
   a. 回避型；冷淡且疏远的
   b. 安全型；对他的需要有所回应的
   c. 共有型；令人窒息但开放的
   d. 焦虑 / 矛盾型；前后不一且专横的
9. 你在考虑与交往了一个月的另一半分手，但这段关系给你带来了很多收益，而带来的成本却

很少。最近你碰到了一个新的心仪对象，你能够以更少的成本从这段关系中获得更多的收益。这种困境来自你有（ ）和（ ）。

a. 低比较水平；高替代性比较水平

b. 高比较水平；高替代性比较水平

c. 低比较水平；低替代性比较水平

d. 高比较水平；低公正水平

10. 分手后，下列哪一对伴侣最有可能继续保持朋友关系？（ ）

a. 在实际关系中有很高的满意度和投入水平的伴侣

b. 在实际关系中有较低的满意度和投入水平的伴侣

c. 在网络上认识的伴侣

d. 其中一个人过度受益而另一个人过度受损的伴侣

本章“问题回顾”与“自测”答案，请扫描二维码查看。

第 11 章

亲社会行为：人们为什么帮助他人

SOCIAL PSYCHOLOGY

本章音频导读，
请扫描二维码收听。

章节框架

学习目标

11.1 亲社会行为的基本动机：人们为什么帮助他人

描述个体帮助他人的基本动机

进化心理学：本能与基因
社会交换：助人的成本与收益
共情与利他主义：纯粹的助人动机

11.2 个人品质与亲社会行为：为什么有些人更乐于助人

了解影响个体是否助人的个人品质

个体差异：利他人格
亲社会行为中的性别差异
亲社会行为中的文化差异
宗教与亲社会行为
情绪对亲社会行为的影响

11.3 亲社会行为的情境因素：人们会在什么时候帮助他人

描述人们更可能或更不可能助人的情境

环境：乡村与城市
居住流动性
旁观者数量：旁观者效应
网络空间中的责任分散
媒体的影响：视频游戏与音乐歌词

11.4 怎样增加助人行为

解释什么行为能促进亲社会行为

增加旁观者干预的可能性
增加志愿服务

小调查

你是否在紧急情况下帮助过他人呢，不管是直接帮助（如救人于危难），还是打报警电话？

○是

○否

2001 年 9 月 11 日，世贸中心内、五角大楼上，以及坠毁在宾夕法尼亚州田野中的美国联合航空公司 93 号航班上，都发生了惨重的人员伤亡，这使这一天成为美国历史上的国耻日。这一天也是充满了勇气的一天，还是那些毫不犹豫地帮助他人的人的牺牲日。包括 403 名参与世贸中心救援行动的纽约消防员和警察在内，许多人在帮助他人的过程中失去了自己的生命。

许多“9·11”事件的英雄都是一些发觉自己正处在特殊情境中的普通市民。想象一下，你在世贸中心的塔楼里工作，当塔楼被飞机撞击时，逃跑和保全自身性命的欲望会有多么强烈。这正是撞击发生后不久，当威廉·维克（William Wik）在南塔的 92 层给他的妻子打电话时，他的妻子力劝他做的。“不，我不能这么做，这里还有人。”他回答道（R. W. Lee，2001）。之后人们在南塔倒塌后的瓦砾中发现了维克的尸体，他戴着工作手套，握着一个手电筒。

亚伯·泽尔马诺维茨（Abe Zelmanowitz）在北塔的 27 层工作，当飞机撞击上面的楼层后，他可以很容易地通过楼梯走到安全地带。但是，他选择与他的朋友爱德·贝伊（Ed Beyea），一名四肢瘫患者，一起留了下来，等着有人把贝伊抬下楼。当北塔倒塌时，他们两个人都死了。

里克·瑞斯考拉（Rick Rescorla）是摩根士丹利公司的安保负责人。当第一架飞机撞击北塔时，瑞斯考拉和其他在南塔的雇员得到指示——留在他们的办公室。瑞斯考拉研究塔楼安全多年，已经多次演习过如何处理这样的紧急情况——寻找伙伴，避免乘坐电梯，撤离大楼。当飞机撞击南塔时，他在 44 层负责疏散，他立即启动了这些预案，通过手持扩音器大声地引导人们疏散。当大多数摩根士丹利公司的雇员离开建筑后，瑞斯考拉决定最后巡查一下办公室，以确保没人落下。当南塔倒塌时，他死在了里面。瑞斯考拉把 3700 名雇员带到了安全地带，而他自己却光荣牺牲了（Stewart，2002）。

根据飞机被劫持后关键的几分钟内的电话记录，包括托德·比默（Todd Beamer）、杰里米·格里克（Jeremy Glick），以及托马斯·伯内特（Thomas Burnett）在内的几名乘客——他们都是为人父者——冲进了驾驶舱与恐怖分子展开了搏斗。他们无法避免飞机坠毁，无法避免机上的每个人被杀，但他们却避免了更坏的结果：飞机撞上白宫或美国国会大厦。

11.1 亲社会行为的基本动机：人们为什么帮助他人

我们怎样解释当人们可以表现得冷漠无情时，他们却做出伟大的自我牺牲与英雄主义行为呢？在本章，我们将思考亲社会行为（prosocial behavior）——任何以利他为目标的行动——的主要原因（Batson，2012；Penner et al.，2005）。我们尤其关注由利他主义（altruism）激发的亲社会行为，也就是说，即使助人者需要付出代价，他们仍愿意帮助他人。有些人可能出于利己主义做出亲社会行为，希望得到某种回报。而利他主义则指纯粹为了他人的利益帮助他人，自己没有获利（并且常常要付出代价）。例如，许多“9·11”事件的英雄为了救助陌生人而献出了他们的生命。

我们从亲社会行为与利他主义的基本来源开始思考。助人的意愿是不是一种源于基因的基本冲动？

亲社会行为：任何以利他为目标的行动。

利他主义：即使助人者需要付出代价，他们仍愿意帮助他人。

它是否必须基于孩提时期的教育与培养？有没有纯粹的助人动机？是不是仅仅当人们能获得某些利益的时候，他们才愿意助人？让我们来看看心理学家是如何回答这些古老问题的（Crocker，Canevello，& Brown，2017；Keltner et al.，2014；Piliavin，2009；Tomasello & Vaish，2013）。

进化心理学：本能与基因

根据查尔斯·达尔文（Charles Darwin）的进化论，自然选择偏好那些促进个体生存的基因（见第 10 章）（Darwin，1859）。任何有助于我们生存、能增加我们繁衍后代的概率的基因都将代代相传。那些减少我们的生存机会，如导致致命疾病、减少我们繁衍后代的概率的基因，将不太可能遗传下去。进化心理学家试图依据自然选择法则，利用随时间进化而来的遗传因素来解释亲社会行为（Buss，2014；Neuberg，Kenrick，& Schaller，2010；Tooby & Cosmides，2005）。在第 10 章，我们讨论了进化心理学如何试图解释爱与吸引力；在本章，我们将讨论它对亲社会行为的解释（Arnocky et al.，2017；Hare，2017；Simpson & Beckes，2010）。

达尔文很早就认识到进化论里有个问题：它如何解释利他主义行为。如果人们的首要目标是确保自己生存，那么为什么他们要以牺牲自己为代价来帮助他人？在人类的进化过程中，利他行为似乎应该消失，因为那些以此方式行动、将自身置于危险中的人，将比自私的人产生更少的后代。促进自私行为的基因应该更可能遗传下去，难道不是吗？

亲缘选择

进化心理学家尝试解决这个两难问题的方法之一是提出了**亲缘选择**（kin selection）的概念，即自然选择偏好那些帮助亲属的行为（Carazo et al.，2014；Hamilton，1964；Vasey & VanderLaan，2010）。人们不仅可以通过他们自己的孩子，还能通过他们的血亲的孩子来增加基因遗传的机会。一个人的亲属也有部分他（或她）的基因，一个人越能确保亲属生存，他（或她）的基因在未来世代兴旺的可能性就越大。这样一来，自然选择应该偏好指向亲属的利他行为。

例如，在一项研究中，人们报告，他们在类似房子失火这种生死关头，更有可能帮助血亲而非无血缘关系的人。而在非生死关头，人们帮助血亲的可能性并不比帮助非血亲的可能性更高，这支持了人们更有可能采取确保自己基因生存的方式的说法。有趣的是，无论是男性还是女性，无论是美国被试还是日本被试，在生死关头都遵循着这一亲缘选择的法则（Burnstein，Crandall，& Kitayama，1994）。

当然，在这项研究中，人们报告的是他们认为他们将做什么；这并不能证明在一场真实的火灾中他们一定更可能救自己的同胞兄弟姐妹而非表（堂）兄弟姐妹。然而，一些来自真实的紧急状况的例子，和这些结果相一致。一场火灾的幸存者报告说，当他们察觉火灾时，他们在逃离建筑物之前，寻找家人的可能性比寻找朋友的可能性要大得多（Sime，1983）。

进化心理学家并不是建议人们在决定是否提供帮助之前，有意识地衡量他们的行为的生物学重要性。然而，根据进化论，亲缘选择可能已经在人类行为中根深蒂固，其结果是，帮助亲属的人的基因比不帮助

根据进化心理学，发生亲社会行为的部分原因是亲缘选择。

亲缘选择：自然选择偏好那些帮助亲属的行为。

亲属的人的基因更有可能生存下来（Archer，2013；Vasey & VanderLaan，2010）。

互惠规范

为了解释利他主义，进化心理学家也提出了互惠规范（norm of reciprocity）的概念，即我们期望帮助他人能够增加他人将来帮助我们的可能性。在人类进化的过程中，那些绝对自私的、各自住在自己洞穴中的个体，比那些学会合作的团体难以生存得多。当然，如果人们太乐于合作，他们可能会被那些从不回报的对手剥削。因此，那些最有可能生存的人，是那些和他们的邻居发展出互惠默契的人："我现在会帮助你，但当我需要帮助时，你也要以帮助我为回报。"因为其生存价值，这一互惠规范可能是有遗传基础的（Gray，Ward，& Norton，2014；Krockow，Colman，& Pulford，2016；Trivers，1971）。一些研究者认为，感激的情绪——一种因为知觉到他人对自己的帮助而产生的积极感受——通过不断进化来调节互惠行为（Algoe，2012；Algoe，Fredrickson，& Gable，2013；Eibach，Wilmot，& Libby，2015）。也就是说，如果一个人帮助了我们，我们就会心怀感激，这激励我们在未来对他进行回报。下面的"试一试"练习描述了如何采用经济游戏的方法研究互惠规范。

试一试 独裁者博弈

请想象一下你参加了以下研究：一位实验者给了你 10 张 1 美元的钞票，并且告诉你，你可以留下所有钱或将其中一些钱捐赠给下一位你永远都不会遇到的被试。实验者留下你一个人，并且指示你将想留给下一位被试的钞票（如果有的话）放入密封的信封中，你完成后就可以离开。如果你愿意的话，你会捐赠多少？

这一程序被称为"独裁者博弈"，已在数十项研究中被用于研究人类的慷慨行为。尽管留下所有钱符合人们的个人利益，但是大多数人将其中的一部分捐赠给了他们永远都不会见到的匿名陌生人，这些钱平均约为 2.8 美元（Engel，2010）。换句话说，在这种情况下，人们以牺牲自己的利益为代价来帮助另一个人，表现出了利他行为。现在想象一下博弈中的一个小变化：当你到达时，实验者给了你一个信封，信封里面装着钱，这是另一个房间里的被试在独裁者博弈中留给你的部分。也就是说，对方得到了 10 美元，并且被告知可以留下所有钱或将其中一部分赠予你，而对方捐赠的钱（如 4 美元）就在你手中。

现在，实验者再给你 10 美元，并且要求你留下这笔钱或将其中一部分钱赠予隔壁房间的同一位被试。顺便说一句，你将永远不会遇到这个人，并且实验者将永远不会知道你付出了多少。你会把 10 美元中的多少（如果有的话）捐赠给对方？

如果你的答案是 4 美元——与另一位被试给你的金额相同，那么你的回答和在一项研究中经历了同一个流程的大多数人一样。在该研究中，几乎所有被试都给了隔壁房间的人与该人给予他们的相同或接近的金额（Ben-Ner，Putterman，Kong，& Magan，2004）。因此，如果某个人给了你 4 美元，你可能会给他 4 美元，而如果对方给了你 1 美元，你可能也会给他那么多。这项研究说明了人们对互惠规范的敏感程度，我们以他人帮助我们的方式帮助他人。

互惠规范：我们期望帮助他人能够增加他人将来帮助我们的可能性。

群体选择

经典进化论认为，自然选择在个体水平上进行：那些具有使自己更可能存活的特质的人有更多的机会进行繁殖并把这些特质遗传给后代。而一些研究者认为，自然选择也在群体水平上进行。例如，想象一下，毗邻的两个村落之间经常发生争端。A 村的村民全部是自私的人，他们拒绝冒着生命危险帮助其他村民。作为另一方的 B 村，有一群无私的哨兵，他们不惜以生命为代价向自己的村民发出 A 村侵略的警报。哪个群体更有可能战胜对方，把自己的基因传递下去呢？答案是那个有利他成员的群体，尽管这些作为个体的哨兵处于被俘虏或被处死的危险中，但是他们无私的行为增加了他们的群体生存的可能性。虽然群体选择的理论饱受争议，而且不受生物学家支持，但是它还是有很多突出的支持者（Rand & Nowak，2013；Wilson，Van Vugt，& O'Gorman，2008；Wilson & Wilson，2007）。

总体来说，进化心理学家相信，人们帮助他人，是因为根植于我们基因中的因素。正如我们在第 10 章中看到的，进化心理学是以一种富有挑战性和创新性的方式来理解亲社会行为的，尽管也有人对其提出批评（Batson，2011；LaFrance & Eagly，2017；Panksepp & Panksepp，2000；Wood & Eagly，2002）。例如，进化论无法解释为什么完全陌生的人有时候会互相帮助。他们没有共同的基因，也不能确定将来能得到回报。“9・11”事件的英雄看起来岂不是很荒唐？他们献出生命拯救他人，他们在决定救助之前，无从计算他们的基因和其他人有多相似。此外，在火灾中，相对于陌生人，人们更可能救助家人，并不必然意味着他们的基因被设定为帮助亲属。人们可能仅仅是因为无法承受失去自己爱的人的痛苦而更全力地救助他们所爱的人，而不是那些他们从未见过的人。下面我们将探讨亲社会行为背后的其他未必源于人类基因的可能动机。

社会交换：助人的成本与收益

一些社会心理学家反对亲社会行为的进化解释，但同意利他行为可能基于利己的观点。实际上，社会交换理论（见第 10 章）认为，我们做的许多事源于最大化我们的收益和最小化我们的成本的动机（Cook & Rice，2003；Homans，1961；Thibaut & Kelley，1959）。与进化取向不同的是，社会交换理论并没有把这种动机追溯到我们的进化根源，也不假设这种动机源于基因。社会交换理论假设，就像人们在经济市场上试图最大化他们的货币获利与货币损失的比例一样，人们在和他人的关系中试图最大化社交付出与社交回报的比例。

助人行为可以以多种方式受到奖赏。就像我们在互惠规范中看到的，助人可以增加某个人将来帮助我们的可能性。帮助某个人是对未来的一种投资，社会交换就是在某一天，某个人会在你需要的时候帮助你。助人还可以减轻旁观者的压力。相当可观的证据表明，人们在看见他人受苦的时候会感到不安，他们助人的部分原因是他们想减轻自己的痛苦（Dovidio，1984；Dovidio et al.，1991；Eisenberg & Fabes，1991）。通过帮助他人，我们还可以得到来自他人的社会赞许以及增强的自我价值感。

当然，硬币的另一面是，助人是有成本的。当成本很高时，助人行为会减少。例如，我们可能会置身于身体受到伤害的危险中，我们可能会痛苦或困窘，或者助人占用的时间太多（Dovidio et al.，1991；Piliavin et al.，1981；Piliavin，Piliavin，& Rodin，1975）。也许在世贸中心，亚伯・泽尔马诺维茨觉得，如果他把他的朋友爱德・贝伊留在身后，自己走出大楼，那么自己即使存活下来也会在未来生活得很痛苦。基本上，社会交换理论认为，真正的利他主义——人们在自己做的事对他们自身来说成本很高时仍然助人——是不存在的。当收益大于成本时，人们才会助人。

你可能会认为这是一种过于愤世嫉俗的人性观。那些纯粹出于帮助他人的愿望的真正的利他主义是否真是虚构的？我们是否必须把所有的亲社会行为，如富人提供大量的慈善捐助，都归结为助人者的利己？社会交换理论者可能会回答，人们有许多获得满足感的方式，我们应当感到欣慰——获得满足感的方式之一就是帮助他人。毕竟，富人可以仅仅从奢华的假期、豪华的汽车、法国餐厅的美食中就得到快感。我们应当为他们对贫困者的慷慨解囊鼓掌，即使最终这只是使他们自我感觉良好的方式之一。亲社会行为使施予者和接受者双方获利，因此发扬和赞美这种行为对每个人都有好处。

仍然有许多人对所有助人行为源于利己的说法表示不满。它怎样解释为什么人们会为了他人而放弃生命，像“9・11”事件中的许多英雄那样？根据一些社会心理学家的说法，人们确实有一颗善良的心，有时会仅仅为了助人而助人。

共情与利他主义：纯粹的助人动机

丹尼尔・巴特森（Daniel Batson）是人们常常纯粹出于善心而助人这一观点的极力拥护者（Batson，1991）。巴特森承认人们有时出于自私的理由帮助他人，如减轻他们看见另一个人受苦时的痛苦。但是，他也认为人们的动机有时纯粹是利他的：他们的唯一目的就是帮助他人，即使做这些事会使他们自己付出某些代价。纯粹的利他主义是可能发生的，他强调，我们在对需要帮助的人产生共情（empathy）的时候，会把我们自己置于他人的位置，并且以那个人的方式体验事件和情绪（Batson，2011；Batson，Ahmad，& Stocks，2011）。

假设你在采购食物的时候，看见一名抱着婴儿的男子，拎着装满尿片、玩具和拨浪鼓的大袋子。当他伸手去拿一盒麦片时，袋子掉了，所有东西散落一地。你会帮助他捡东西吗？根据巴特森的看法，这首先取决于你是否对他产生了共情。如果你产生了共情，你就会帮他，无论你是否能得到些什么。你的目的是减轻他人的苦恼，而非为了你自己得到些什么。这就是巴特森的共情－利他主义假说（empathy-altruism hypothesis）的核心：当我们对另一个人产生共情时，我们会试图出于纯粹的利他主义理由来帮助这个人，而不管我们能否得到些什么。

研究：穴居人对残疾人的帮助

合众国际社纽约电——昨日一位研究者称，12 000 年前的侏儒骷髅表明穴居人会帮助那些身体有缺陷的社会成员。

这具约 1 米高的年轻人骷髅于 1963 年在意大利南部的山洞里被首次发现。但是，直到美国研究者戴维・W. 弗拉耶（David W. Frayer）调查了遗骸并在英国杂志《大自然》（*Nature*）上发表了他的发现，人类学家才注意到这些。

弗拉耶是位于劳伦斯的堪萨斯大学的人类学教授，在一个电话采访中，他说，这个年轻人“不可能参加常规的觅食活动和集会活动，因此他显然是由其他人照顾的”。

考古学家已经发现了生活在同一时期的其他有缺陷个体的遗骸，但他们的缺陷发生在成年期，弗拉耶说。

“这是我们第一次发现自出生起就残疾的人。”弗拉耶说。他说没有迹象表明这个在 17 岁时死去的侏儒曾经营养不良或被忽视。

他是被埋葬在洞穴的地底下的六个人之一，他在一个双人墓中被发现时正躺在一个约 40 岁的女性的怀里。

根据亲社会行为的不同理论，研究这个关于早期原始人的亲社会行为的感人故事是非常有趣的。进化心理学家可能会说，看护者帮助侏儒是因为他是自己的亲戚，人们生来就会帮助那些与他们有相同基因的人（亲缘选择）。社会交换理论会认为，侏儒的看护者从他们的行为中得到了充分的回报，回报超过了成本。共情－利他主义假说会认为，看护者是出于对侏儒的强烈共情和怜悯而给予帮助的——这种解释受到文章的最后一段的支持。

巴特森认为，如果你没有产生共情，那么社会交换就开始起作用了。你能从中得到些什么？如果你能得到一些东西，如那个男人或旁观者的赞许，你就会帮助他捡起物品。如果你从助人中得不到好处，你会继续走你的路，不会停下来。巴特森的共情－利他主义假说的概要参见图 11-1。

巴特森和他的同事首先要承认的是，从复杂的社

共情：把我们自己置于他人的位置，并以那个人的方式体验事件和情绪（如快乐和悲伤）的能力。

共情－利他主义假说：当我们对另一个人产生共情时，我们会试图出于纯粹的利他主义理由来帮助这个人，而不管我们能否得到些什么。

助人行为几乎是所有动物物种共有的，有时甚至会跨越物种的界限。1996 年 8 月，在伊利诺伊州的布鲁克菲尔德的一家动物园里，一名 3 岁男孩掉进了一个有 7 只大猩猩的洞中。宾蒂，一只 7 岁的大猩猩，立即抱起男孩。它把他抱在怀里，然后把他放到动物园管理员可以够着他的地方。大猩猩为什么助人？进化心理学家会说亲社会行为是选择的结果，并且因此成了许多物种的基因构成的一部分。社会交换理论家会说宾蒂以前曾经因为帮助行为而被奖励过。实际上，原因是它被其母亲遗弃，它从管理员那里学到了养育技能，并且曾因为照顾玩具娃娃而获得奖励。

资料来源：Bils & Singer，1996.

会行为背后，分离出准确的动机是非常困难的。如果你看见某个人帮助那个男人捡东西，你如何分辨他是出于共情，还是出于期待某种社会奖赏？让我们看看关于亚伯拉罕·林肯（Abraham Lincoln）的著名故事（Sharp，1928）。一天，林肯在乘坐一辆长途汽车时，和一位同伴就我们正在考虑的问题展开辩论：助人是否真的是利他的。林肯认为助人总是源于利己，然而同伴认为真正的利他主义是存在的。忽然，两人被一阵试图从一条小河中救出小猪的母猪的叫声打断。林肯让长途汽车停下，自己跳出车外，跑向小河，把小猪救到岸边的安全地带。当他回来后，他的同伴说：“亚伯，自私在这段小插曲中起了什么作用？”“天啊！爱德，”林肯答道，“这正是自私的本质。如果我把那只痛苦的老母猪留在那里，我的心整天都不会安宁。我做这些是为了让自己心安，你不明白吗？”

正如这个例子所示，一个看上去真正利他的行为有时候是被利己驱动的。那么，我们怎样分辨呢？巴特森和他的同事设计了一系列巧妙的实验来解开人们的动机之谜（Batson，Ahmad，& Stocks，2004；Batson & Powell，2003）。请想象你是心理学导论课的学生之一（Toi & Batson，1982）。你被要求评估一些大学广播站的新节目的录音内容，其中一个新节目叫《个人新闻》（*News from the Personal Side*）。这个节目有许多不同的材料，你被告知每段材料只能被一个人听到。你听的是一位名叫“卡罗·马西”的学生的访谈录音。她描述了一场糟糕的车祸，在车祸中她的双腿断了；她还说由于车祸，她要赶上班级的进度非常困难，更别提她还坐在轮椅上了。卡罗说她特别在意她落下了多少心理学导论课，除非她能找到另一个学生给她补课，否则她不得不退课。

当你听完这盘录音带之后，实验者给了你一个写着“给听卡罗·马西的录音的同学”的信封。实验者说，她不知道信封里面是什么，是负责这项研究的教授让她交给你的。你打开信封，发现里面有教授留下的一张纸条，纸条上说他想知道听这盘录音带的学生是否愿意帮卡罗赶上心理学导论课的进度。他说卡罗不愿意寻求帮助，但因为她落下了太多课程，她同意写一张纸条给听她的录音的人。纸条上问，你是否可以见她并与她分享你的心理学导论笔记。

正如你猜到的，研究的目的在于确定在哪种条件下人们同意帮助卡罗。研究者设置了两个互相排斥的条件——利己和共情。当被试听录音带的时候，研究者通过给不同的被试以不同的视角来改变被试的共情程度。在高共情条件下，人们被告知试着想象卡罗遇到的事件和生活的改变，去体验她的感受；在低共情条件下，人们被告知试着保持客观，不要关注卡罗的感受。正如研究者所预测的那样，高共情条件下的人比低共情条件下的人报告了更多的共情感受。

研究者通过改变人们不帮助卡罗的代价来考察利己的作用。在其中一个情境中，被试了解到卡罗下周将回到班里上课，并且恰好和他们上同一节课，这样他们每次来上课时都会想起她曾经需要帮助。这是高代价情境，因为拒绝帮助卡罗以及随后每周与她在课堂上相遇都会使人很不舒服。在低代价情境中，人们了解到卡罗会在家学习，不会来上课。因此，人们不用面对坐轮椅的她，也不用为没有帮助她而感到内疚。

根据共情–利他主义假说，如果共情水平高的话，人们会纯粹出于利他的考虑，不计代价地帮助他人（见图 11-1）。正如图 11-2 的右半部分所示，这个预测被证实了：在高共情情境中，认为自己将在课堂上看见卡罗的人中同意帮助她的人，和认为自己不会看见卡罗的人中同意帮助她的人一样多。这表示人们想到的是卡罗的利益而非他们自己的利益。然而，在低共情情境中，认为自己将在课堂上看见卡罗的人中同意帮助她的人，比认为自己不会看见卡罗的人中同意帮助她的人要多得多（见图 11-2 的左半部分）。这表示当共情水平低的时候，社会交换开始起作用，即人们基于他们的成本与收益决定是否助人。当情况涉及自己的利益时（即当他们将在心理学课上遇见她并因没有帮助她而感到内疚时），他们会助人；而在其他情况下（即当他们认为他们再也不会看见她时），他们则不会助人。

这是否解决了有关助人是否可以纯粹基于利他目的的争论呢？正如卡罗实验说明的那样，当人们自己没有明显的利益时，他们有时会出于对他人的关心而进行帮助。但是，要证明在此实验的高共情情境中，个体没有在帮助中得到任何东西很难。的确，一些理论家认为，即使是在付出代价的情况下，最终激励人们帮助他人的仍是由此产生的良好感觉。与这种观点一致的是，最近的研究表明，人们在帮助他人时激活的大脑部位和人们在获得诸如食物、水和性这样的有形报酬时一样（Buchanan & Preston，2016；Zaki & Mitchell，2016）。

这场辩论最终集中在我们如何定义“利己”上。如果我们指的是对自身直接、有形的好处，例如，得到他人的赞美或工作上的提升，那么这种收益显然并不是人们帮助他人的唯一原因。正如巴特森的工作

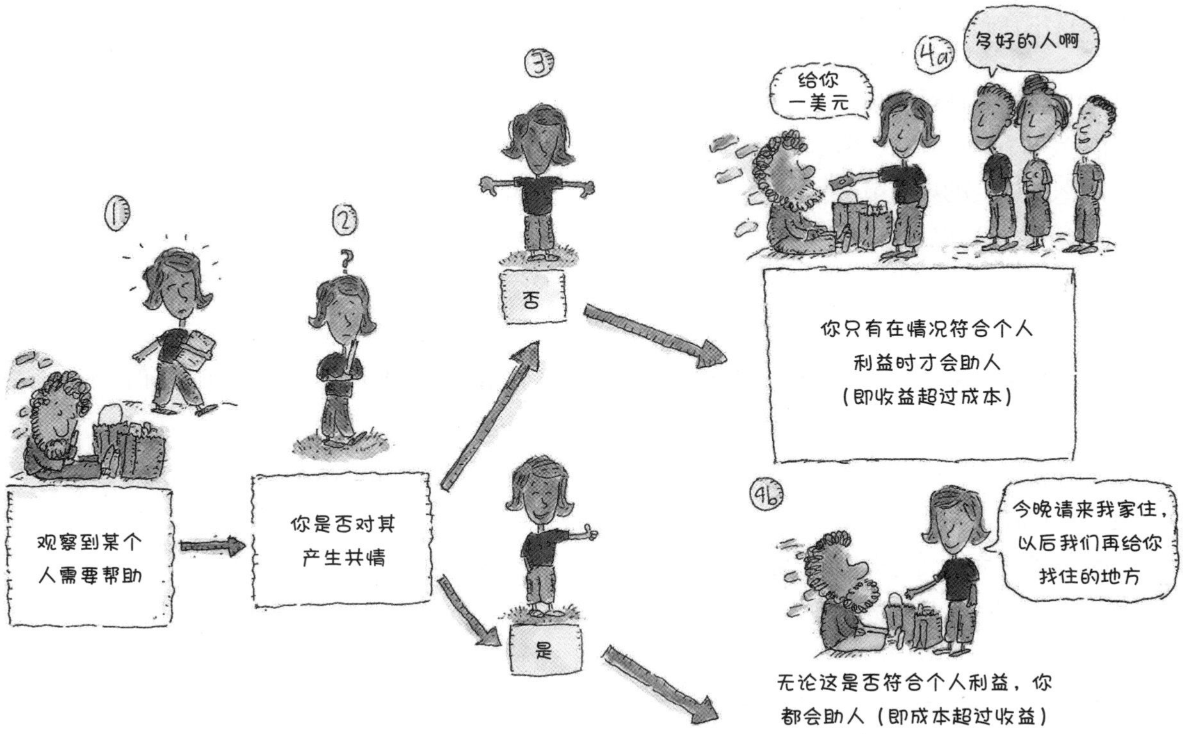

图 11-1　巴特森的共情–利他主义假说

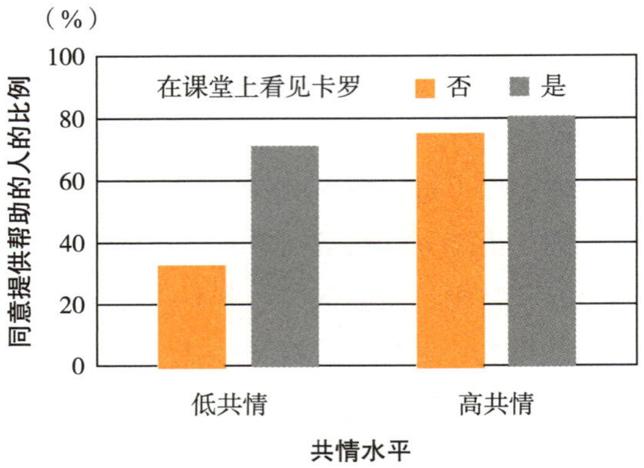

图 11-2　利他和利己

人们在什么情况下愿意帮助卡罗完成她错过的心理学导论课呢？当共情水平高时，人们会忽略成本和收益帮助她（如无论人们是否会在心理学导论课上遇到她，人们都会帮助她）；当共情水平低时，人们会更关心自己的成本和收益——他们只有在自己可能会在心理学导论课上遇到卡罗的时候帮助她，因为如果他们不帮助她，他们会有愧疚感。

资料来源：Toi & Batson，1982.

说明的那样，当人们对他人产生共情时，即使这样做并不能直接利己，他们也会进行帮助。但是，如果我们更一般地定义"利己"，使之包括人们在帮助他人时体验到的荣耀感以及他们在减轻他人痛苦时感到的宽慰，那么是的，这种利他主义同时也是利己的（Crocker et al.，2017；Marsh，2016）。但是，人们即使在需要付出成本的情况下，仍然如此乐于助人，不是一件奇妙的事情吗？有时候，人们付出了最高的成本，就像我们在那些因在世贸中心帮助别人而丧生的人，或者由于为国服役而牺牲的人身上看到的，我们很难说这种英勇的行为是出于自私心理。

总之，我们已经指出了亲社会行为的三种基本动机，每种动机都有支持和批评的声音。

1. 助人是一种本能反应，能保证那些与我们的基因近似的人的福利（进化心理学）。
2. 助人的收益常常超过成本，因此，助人是出于利己（社会交换理论）。
3. 在某些条件下，对受害者强有力的共情和怜悯促进了无私的奉献（共情 – 利他主义假说）。

问题回顾

1. 以下哪一项是利他行为的最好例子？（　）
   a. 因为其他人都捐了款，所以朱莉娅也将 1 美元投入了教会的募捐箱
   b. 罗伯特在他儿子的学校做志愿者，以帮助他完成课业
   c. 嘉瓦匿名向流浪者收容所捐款 100 美元
   d. 玛丽帮她的丈夫洗碗，希望他能多做饭
2. 进化心理学最难以解释以下哪个事件？（　）
   a. 当房子着火时，乌莎让其他所有人都先于她出去，即使她不认识他们
   b. 克林特冒着生命危险救了溺水的侄子
   c. 娜塔莎冲到一辆行驶的车前，以防她的女儿受到伤害
   d. 当朱利奥不幸地面临在船上的一起事故中救助表亲或儿子的选择时，他选择了救助儿子
3. 根据社会交换理论，以下哪个人最有可能给无家可归的人捐钱？（　）
   a. 对无家可归者产生共情的杰德
   b. 想通过帮助无家可归者来打动自己的约会对象的比尔
   c. 与无家可归者有关系的杰克
   d. 具有帮助他人的遗传倾向的艾玛
4. 根据巴特森的共情 – 利他主义假说，以下哪个人最有可能给无家可归的人捐钱？（　）
   a. 对无家可归者产生共情的杰德
   b. 想通过帮助无家可归者来打动自己的约会对象的比尔
   c. 与无家可归者有关系的杰克
   d. 杰德和比尔都愿意捐钱

"问题回顾"答案，请扫描章末二维码查看。

11.2 个人品质与亲社会行为：为什么有些人更乐于助人

如果基本的人类动机能够完整地解释亲社会行为，那么为什么一些人远比其他人更乐于助人呢？显然，我们需要考虑个人品质，以区分助人者和自私者。

个体差异：利他人格

正如我们刚刚指出的那样，放眼整个历史进程，一些个体以其令人难以置信的无私行为脱颖而出，例如，那些常常冒着巨大风险，在第二次世界大战期间庇护犹太人、将他们从死亡集中营中拯救出来的人（Oliner & Oliner，1988）。“9・11”事件中的英雄是另一个例子——他们无私、关怀他人，献出自己的生命拯救他人。我们自然可以假设这些人具有一种利他人格（altruistic personality），即一种使个体在各种情况下帮助他人的品质（Eisenberg，Spinrad，& Sadovsky，2006；Habashi，Graziano，& Hoover，2016；Hubbard et al.，2016；Zhao，Ferguson，& Smillie，2016）。

显然，有些人比其他人更具有利他人格，而心理学家已经开发出了测量这种品质的工具。请填写接下来的“试一试”中的共情关注问卷，以了解你在这个维度上的位置。

不过，即使你在该指标上得分很高，研究表明，在预测人们的实际帮助行为方面，人格并不是全部（Eisenberg et al.，2014；Graziano & Habashi，2015；Hertz & Krettenauer，2016）。我们还需要考虑其他几个关键因素，例如，影响人们的情境压力、性别、成长的文化、宗教信仰，甚至当前的情绪（Graziano et al.，2007）。

亲社会行为中的性别差异

请想象两个场景。在一个场景中，某个人上演戏剧性的英雄行为，例如，在美国联合航空公司 93 号航班的驾驶舱中与恐怖分子搏斗；在另一个场景中，某个人介入的是长期的帮助关系，例如，帮助残疾的邻居打理家务。在这两种情况下，助人行为的主体是男性还是女性呢？

答案显示，在第一种情况下，助人行为的主体是男性，在第二种情况下，助人行为的主体是女性（Eagly，2009；Eagly & Koenig，2006；Einolf，2011）。

显然，一些人比另一些人更具有利他人格。例如，泰勒・斯威夫特（Taylor Swift）以及碧昂丝（Beyoncé）因为帮助慈善机构募捐而位居“最慷慨的名人”之列。然而，人格不是助人行为的全部原因，社会环境的性质也决定了人们是否助人。

与男性喜欢表现出像骑士一样的英雄行为不同，女性更喜欢在高承诺水平的长期关系中提供更多助人行为。

利他人格：一种使个体在各种情况下帮助他人的品质。

事实上，在所有文化中，针对男性和女性的特征和行为的规范都有所不同，男孩和女孩在成长中学习了不同的规范。在西方文化中，男性的性别角色包括骑士风度和英雄主义；女性则被期望承担养育和关怀的责任，以及珍惜亲密的、长期的关系（Rand et al.，2016）。的确，在因见义勇为而得到卡内基英雄基金会奖章的 7000 人中，91% 都是男性。相比之下，女性比男性更倾向于为她们的朋友提供社会支持，以及从事帮助他人的志愿工作（Eagly & Koenig，2006；Monin，Clark，& Lemay，2008；Volunteering in the United States，2013）。跨文化研究的证据证明了相同的模式。在一项针对 7 个国家的青少年的调查中，女孩比男孩更多地报告在其社区从事志愿工作（Flanagan et al.，1998）。

试一试 共情关注

指导语：以下陈述句描述了你在各种情况下的想法和感受。对于每个项目，请在陈述句旁边圈出恰当的数字，以表明它在描述你的情况方面的准确程度。在回答之前，请仔细阅读每个项目并尽可能诚实地回答。

计分：在某些问题上，高分表示同情心低，因此我们先要对这些问题的答案进行“反向计分”。第一，将问题 2、问题 4 和问题 5 的答案反向计分。也就是说，如果回答是“1”，我们需要将其改为“5”；如果回答是“2”，我们需要将其改为“4”；如果回答是“3”，请保持不变；如果回答是“4”，我们需要将其改为“2”；如果回答是“5”，我们需要将其改为“1”。第二，将所有项目的得分相加，将总分除以 7，得到平均分。

解读：这些问题是戴维斯（Davis，1983）设计的量表，衡量的是共情关注（你对有需要的他人的同理心）。你的分数越高，你表达的共情关注就越多。

共情与你的年龄：研究表明，你的得分可能是年龄的函数。回想一下我们在第 5 章看到的：在过去几十年中，大学生中的自恋现象增加了。不幸的是，在同一时间段内，人们的共情关注却下降了（Konrath，O’Brien，& Hsing，2011）。为什么共情关注会下降呢？没有人有确切的答案，尽管作者推测这可能是因为人们在个人技术和媒体上花费的时间增加，以至于人们花在有意义的、面对面交流上的时间减少了。电视真人秀节目的增加也可能发挥了一定的作用，因为它们描绘的是那些主要关注自己的人。

	不能很好地描述我				能很好地描述我
1. 对于那些不如我幸运的人，我常常感到心软或担忧	1	2	3	4	5
2. 有时当别人遇到问题时，我并不为他们感到难过	1	2	3	4	5
3. 当我看到有人被利用时，我会保护他们	1	2	3	4	5
4. 别人的不幸通常不会干扰我	1	2	3	4	5
5. 当我看到某个人受到不公平的对待时，我有时不会为他们感到很同情	1	2	3	4	5
6. 我经常被我看到的事情感动	1	2	3	4	5
7. 我认为自己是一个非常心软的人	1	2	3	4	5

亲社会行为中的文化差异

假设你发现一个大学同学需要帮助，因为她在宿舍楼的火灾中失去了所有财产。她没有保险，钱也很少，她需要人们捐款资助她购买衣服和其他生活必需品。你愿意捐款吗？让我们再延伸一下这个例子，假设这个例子中的学生和你很相似——她和你种族相同，背景也相似；或者假设她来自不同的文化——或许你在美国长大，而她是国际学生（或者相反），这对你是否愿意帮助她有影响吗？

一方面，有广泛的证据表明，人们更常帮助**内群体**（in-group）成员或个体认同的群体的成员，歧视**外群体**（out-group）成员，即一个他们不认同的群体的成员（P. B. Smith，2015）。事实上，对外群体成员（包括那些其他种族、文化、性别和性取向的人）的歧视历史悠久。但另一方面，人们也经常不遗余力地帮助外群体成员。人们向慈善机构捐款、帮助弱势的陌生人，在他人有需要时挺身而出，即使其属于不同的群体。

最近的研究揭开了这个谜题。结果表明，人们常常帮助内群体成员和外群体成员，但原因不同。对那些有需要的内群体成员，我们更可能产生共情。因此，如果在火灾中失去所有财物的同学是你的内群体成员，你更可能对她产生共情。产生的共情越多，你就越可能帮助她。我们帮助外群体成员的原因不同——我们在这样做时，直率地说，可以从中得到一些东西，例如，我们会感到自己很好或给他人留下好印象。这听起来很熟悉吧？回想一下巴特森的共情-利他主义假说假设的两种助人途径：当我们产生共情时，无论我们会得到什么，我们都会帮助他人；但当我们没产生共情时，我们只有在能得到一些东西时才会帮助他人（见图 11-1）。针对群际互助的研究表明，当有需要的人是内群体成员时，我们更可能采用第一种途径，但当需要帮助的人是外群体成员时，我们更可能采用第二种途径（van Leeuwen & Täuber，2010；Stürmer & Snyder，2010）。

更普遍地讲，是否存在使一个文化中的人比另一个文化中的人更有可能帮助他人的文化价值观差异呢？一种文化价值观是“simpatía”。在西班牙语国家，“simpatía”很流行，它指一系列与社会和情绪有关的特质，包括对他人友好、有礼貌、待人和善、令人愉快和乐于助人（有趣的是，这个词没有与之直接对应的英语翻译）。最近的一项研究显示，在“simpatía”价值取向的文化中，助人行为会更多（Levine，2003；Levine，Norenzayan，& Philbrick，2001；Ramírez-Esparza et al.，2012）。研究者在 20 多个国家的大城市中上演了助人事件，并且观察了人们做了什么。在一个场景中，一名研究者在一个十字路口扮成一位盲人，观察了当信号灯变绿时，行人是否会提供帮助或提醒他。

如果你看一下表 11-1，你会发现，与“simpatía”价值取向较低的国家相比，在“simpatía”价值取向较高的国家，人们有更高的助人率。研究者指出，这些结果只能被当作参考，因为巴西、哥斯达黎加、西班牙、墨西哥以及萨尔瓦多与其他国家在除了“simpatía”价值观以外的方面也存在差异。此外，一些“simpatía”水平未知的国家也有较高的助人率。但是，如果一个国家高度重视友好和亲社会行为，那么人们在街上更愿意帮助陌生人（Janoff-Bulman & Leggatt，2002）。

表 11-1　22 个国家里的助人行为

城市	助人率
巴西的里约热内卢	**93%**
哥斯达黎加的圣何塞	**91%**
马拉维的利隆圭	86%
印度的加尔各答	83%
奥地利的维也纳	81%
西班牙的马德里	**79%**

内群体：个体将自己视为其中一员的群体。

外群体：个体不认同的群体。

（续表）

城市	助人率
丹麦的哥本哈根	78%
中国的上海	77%
墨西哥的墨西哥城	**76%**
萨尔瓦多的圣萨尔瓦多	**75%**
捷克的布拉格	75%
瑞典的斯德哥尔摩	72%
匈牙利的布达佩斯	71%
罗马尼亚的布加勒斯特	69%
以色列的特拉维夫	68%
意大利的罗马	63%
泰国的曼谷	61%
保加利亚的索非亚	57%
荷兰的阿姆斯特丹	54%
新加坡的新加坡市	48%
美国的纽约	45%
马来西亚的吉隆坡	40%

在世界上的 22 个国家中，研究者观察了在 3 种情况下多少人会助人：帮助一个一条腿有支架且掉了一堆杂志的人；帮助某个没注意到自己掉了一支钢笔的人；帮助一个行走在拥挤的十字路口的盲人。表中的百分数是 3 种情况的平均水平。黑体字的城市是表现出“simpatía”价值取向的城市，这种取向看重友好、礼貌，以及帮助他人的行为。

资料来源：Levine，Norenzayan，& Philbrick，2001.

宗教与亲社会行为

大多数宗教都会教授一些黄金法则，告诫我们“你希望别人怎样对待你，你就要怎样对待别人”。有宗教信仰的人是否比没有宗教信仰的人更容易践行这一法则呢？也就是说，宗教是否促进了亲社会行为？

事实证明，答案在一定条件下是肯定的。宗教的一个非常重要的特征是它将人们“捆绑”在一起并建立起牢固的社会纽带。因此，宗教人士比其他人更有可能提供帮助，但这里有一个重要的前提条件：需要帮助的人与其存在共同的宗教信仰（Galen，2012；Graham & Haidt，2010）。确实，有人认为宗教是大约 12 000 年前人口急剧增加的原因之一。在此之前，人类生活在大多数人都彼此了解的小规模社会中。而在此之后，大规模社会开始繁荣起来，彼此陌生的人一起生活在大城镇中。陌生人是如何学会如此大规模地和平生活的呢？根据阿拉·洛伦萨扬及其同事的说法，其中一个原因是，这些社会成员共享宗教信仰，强调与志同道合的个人合作，即使他们是陌生人（Norenzayan et al.，2016）。

例如，一项研究调查了 19 世纪在美国兴起的 200 个乌托邦社区。哪些社区的持续时间更长呢？是那些有共同的宗教信仰的社区，还是那些没有共同的宗教信仰的社区呢？如图 11-3 所示，基于宗教的社区持续时间更长，这可能是因为其宗教价值观增加了社区成员相互合作的可能性（Solis，2000）。

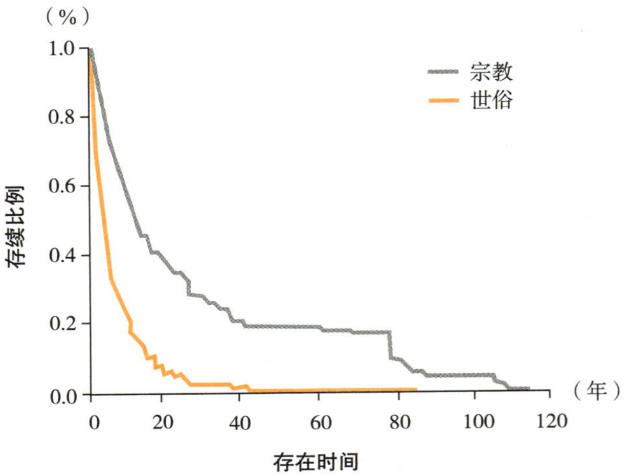

图 11-3　19 世纪宗教社区与非宗教社区的存在时间

19 世纪中期，成员共享宗教信仰的社区的存在时间比非宗教社区要长。

资料来源：Solis，2000.

请注意，这一证据涉及宗教人士帮助内群体成员（即具有相同宗教价值观的人）的可能性。宗教人士是否更有可能帮助外群体成员，即那些不一定与自己有相同价值观的人呢？研究证据表明，答案是否定的。在帮助陌生人方面，如献血或给服务生小费，宗教人士并不会比非宗教人士提供更多帮助（Batson，Schoenrade，& Ventis，1993；Galen，2012；Preston，Ritter，& Hernandez，2010）。此外，有证据表明，宗教信仰加剧了人们对不认同这些信仰的外群体成员的敌对情绪（Hobson & Inzlicht，2016）。宗教可能是内群体偏好的另一个例子，正如我们在上一节关于助人的文化差异的内容中看到的那样，发生这种现象的原因，是与外群体成员相比，人们对内群体成员产生了更多共情。

热门话题

跨越政治鸿沟的助人行为

如上所述，与外群体成员相比，人们更有可能帮助内群体成员。此外，在第 13 章，我们将了解人类如何将人们分成内群体和外群体，进而形成对那些“不像我”的人的刻板印象和偏见。在本章，我们还看到，如果人们对一个陌生人产生共情，他们也将跨越群体边界去帮助这个人。而这似乎正是 2017 年 1 月 23 日，星期一，华盛顿特区的一家餐馆里发生的事情。

来自西得克萨斯州的白人牙医杰森·怀特（Jason White）在镇上庆祝唐纳德·特朗普的就职典礼。作为特朗普一贯的支持者，他和两个朋友一起度过了周末，以庆祝特朗普的胜利。周一早上，他们在吃早餐，他们的服务员是 25 岁的非裔美国人罗萨琳德·哈里斯（Rosalynd Harris），她在那里工作，以维持生计。哈里斯女士不是特朗普的支持者，这使她与她的三位客人形成了鲜明对比，事实上，她为总统就职后的第二天在华盛顿举行的妇女大游行感到颇为振奋。

想一想这种相遇可能有多糟糕：鉴于美国的党派分歧，人们可以尽情地想象两个来自不同种族且政治对立的人如何互相怀疑，甚至对彼此怀有敌意。然而，他们的交谈温暖而友好。他们开着玩笑，愉快地聊天，而且彼此都进一步了解了对方。“你会自发地预设如果一个人支持特朗普，那么他就会对你有意见，”哈里斯说，“但客人们甚至比我的一些更支持自由派的朋友更包容，而且我们非常真挚地交换了意见（Itkowitz，2017）。”

怀特吃完饭离开后，哈里斯注意到他在收据上写了一段话。“我们可能来自不同的文化，可能在某些问题上持不同意见，”她读道，“但如果每个人都分享他们的笑容和善良，就像你分享你美丽的笑容一样，我们的国家将团结在一起，没有种族，没有性别，只有美国人。”此外，她还收到了 450 美元的小费。

根据你在本章读到的内容，你认为为什么怀特对一个完全陌生的人如此慷慨，尽管陌生人在很多方面与他不同？根据巴特森的共情－利他主义假说，这是因为他对她产生了共情，并且意识到她可能需要这笔钱。正如我们前面讨论的，这并不意味着他没有从中得到任何东西，他很可能已经体验到了帮助他人带来的满足感和荣耀感。这个例子表明，在适当的情况下，人们会伸出援手，帮助其他非内群体成员。

情绪对亲社会行为的影响

事实证明，人们的情绪也很重要。无论人们的心情是好、是坏，还是一般，情绪都会对人们的助人行为产生出人意料的影响。

积极情绪的影响：好心情，做好事

在一项经典研究中，研究者想看看在现实世界中情绪是否会影响人们帮助陌生人的可能性（Isen & Levin，1972）。为了找出答案，他们在一家购物中心举办了一次求助活动，一名男子不小心把一个装满文件的文件夹掉在了一个独自一人购物的陌生人面前。然后，研究者观察这个陌生人是否会停下来帮助这个人捡起文件。但是，他们是如何通过实验来控制陌生人的情绪的呢？他们通过一个聪明的方法做到了这一点——他们把一枚 10 美分的硬币放在商场的公用电话的投币口，然后等着别人发现（请注意这项研究的年份——那时还没有手机，人们依赖投币式公用电话。如今人们可能需要 50 美分才能达到同样的效果）。在一半的研究试次中，研究助理把文件夹掉在了一个刚刚发现了硬币的陌生人面前，他刚刚受到暂时的情绪刺激；在另一半的研究试次中，研究助理把文件夹掉在了一个刚刚使用了公用电话且没有发现硬币的陌生人面前。现在看来，找到 10 美分似乎不会对人们的情绪产生太大影响，也不会影响他们帮助陌生人的可能性。但结果是戏剧性的：在没有发现硬币的人中，只有 4% 的人帮助他捡起文件，然而在发现硬币的人中，有 84% 的人停下来帮助他。

研究者使用不同的提升人们情绪的方法（包括在一次测验中取得好成绩、收到礼物，以及听悦耳的音乐）（North，Tarrant，& Hargreaves，2004）和不同的测量助人行为的方法（例如，帮助某人找到隐形眼镜、辅导他人学习、献血，以及在工作中帮助同事等）（Carlson，Charlin，& Miller，1988；Isen，1999；Kayser et al.，2010）重复验证了这种“好心情，做好事”的效应。

坏心情，做好事

你应该避免在别人心情不好时请求帮助吗？鉴于感到高兴会产生更多的助人行为，感到悲伤似乎会减少助人行为。然而，令人惊讶的是，悲伤也会使助人行为增加，因为当人们感到悲伤时，他们会被激励去从事使他们感觉更好的活动。此外，帮助他人会使人有所收获，这样做可以使人们摆脱情绪低迷。因此，你或许可以请求心情不太好的人为你的社区服务项目提供帮助（Cialdini & Fultz，1990；Wegener & Petty，1994；Yue，Wang，& Groth，2016）。

另一种坏心情也会使助人行为增加，那就是内疚（Ahn，Kim，& Aggarwal，2014；Xu，Bègue，& Bushman，2012）。人们经常认为善行可以抵消恶行。当人们做了使他们感到内疚的事情时，帮助另一个人能够使他们维持内心的平衡，减轻他们的内疚感。例如，一项研究发现，天主教信徒在忏悔前比在事后更有可能向慈善机构捐款，这大概是因为对神父忏悔减轻了他们的罪恶感（Harris，Benson，& Hall，1975）。

问题回顾

1. 下列哪一项是正确的？（　）
   a. 在利他主义测试中得分高的人比得分低的人更多地帮助他人的可能性不大
   b. 在利他主义测试中得分高的人比得分低的人更有可能帮助另一个人
   c. 如果一个人具有利他人格，那么他很可能会克服使之无法帮助他人的情境压力
   d. 进化心理学家已经确定了利他人格的基因
2. （　）最有可能跳入池塘拯救溺水的儿童，而（　）最有可能每周为一个年迈的邻居办事。
   a. 女性；男性
   b. 男性；女性
   c. 东亚市民；西方市民
   d. 西方市民；东亚市民
3. 哪个城市中的人最有可能帮助一个盲人过马路？（　）
   a. 美国的纽约
   b. 荷兰的阿姆斯特丹
   c. 匈牙利的布达佩斯
   d. 巴西的里约热内卢
4. 下列哪个人最不可能帮助一个盲人过马路？（　）

a. 过着寻常的一天且有着寻常的心情的马可

b. 因刚在测验中得了一个 A 而心情很好的西尔维

c. 因刚在测验中得了一个 D 而心情很差的奥利瓦

d. 因刚才欺骗了女友而感到内疚的布兰登

“问题回顾”答案，请扫描章末二维码查看。

11.3　亲社会行为的情境因素：人们会在什么时候帮助他人

人格、性别、文化及情绪都贡献了一片解释为什么人们助人的拼图，但它们不能完整地解释这个问题。为了更全面地理解为什么人们会助人，我们需要考虑人们对自身所处的社会情境的觉察。

环境：乡村与城市

这是另一个助人情境。假设你正走在一条街上，这时你看到一个男人突然摔倒在地，痛苦地呻吟。他卷起裤腿，显露出正在剧烈地流血的、打着绷带的伤口。你会怎么做？当这一幕发生在一个小镇上时，大约一半的目击行人会停下来并给予帮助；而在大城市里，只有 15% 的路人会帮助这个受伤的人（Amato，1983）。其他的研究也发现，除了帮助遇到事故的陌生人之外，小镇上的人也更有可能为迷路的儿童指路，寄回被错误投递的信件等。很多国家都是如此——在小镇上，助人行为更频繁（Hedge & Yousif，1992；Oishi，2014；Steblay，1987）。

为什么小镇上的人更乐于助人呢？一个可能性是在小镇长大的人更倾向于内化利他主义的价值观。如果原因就是这个，那么在小镇长大的人更有可能助人，即使那个人正住在一个大城市里。另一种说法是，当时人们所处的环境才是关键，而非内化的价值观。例如，斯坦利·米尔格拉姆（Milgram，1970）认为，住在城市里的人经常被刺激“轰炸”，这使他们倾向于独善其身，以免被信息淹没。根据这种**城市过载假设**（urban overload hypothesis），如果城市居民处在一个平静的、刺激较少的环境中，他们就会像其他人一样伸出援手。相对于住在城市使人在天性上更少利他的假设，研究结果更支持城市过载假设。要预测人们是否会提供帮助，更为重要的是知道他们现在生活在城市里还是小镇上，而不是去了解他们是在哪里成长起来的（Levine et al.，1994；Steblay，1987）。

大城市里的人比小镇上的人更少助人，这不是因为价值观的不同，而是因为都市的压力使他们倾向于独善其身。

城市过载假设：该假设认为，住在城市里的人经常被刺激“轰炸”，这使他们倾向于独善其身，以免被信息淹没。

居住流动性

在世界上的大部分地区，这是一种常见的现象：人们搬到离养育自己的家乡很远的地方居住（Hochstadt，1999）。例如，2000 年，接近 1/5 的美国人（18%）的居住地与他们在 1995 年的居住地不同（Migration and Geographic Mobility，2003）。在城市的大部分地区，只有不到一半的人还居住在他们在 1995 年就居住着的房子里（Oishi et al.，2007）。

结果表明，长期居住在同一个地方的人更乐意参与帮助社区的亲社会行为。长期居住在同一个地方会引发人们对社区的依恋心理、邻里间的相互依赖和个体对自己在社区中的声望的更多的关心（O'Brien，Gallup，& Wilson，2012；Oishi，2014；Oishi et al.，2015）。由于这些原因，长期居民更倾向于参与亲社会行为。举例来说，大石茂宏（Shigehiro Oishi）等人发现，明尼阿波利斯 – 圣保罗地区的长期居民比那些刚搬来的居民，更愿意购买“关键栖息地”的车牌照（拥有这些车牌照的车主每年要额外花费 30 美元为国家购买和管理自然栖息地提供资金）。

这大概是一种并不令人惊奇的现象——在某个地方居住了一段时间的人会感到社区里有更多的利害关系。大石茂宏等人同样发现，即使在一次性的实验室场景中，这一现象也能快速地增加助人行为。假设在一项研究中，你和其他 4 名被试参与一个知识竞答，获胜者将会赢得价值 10 美元的礼品券。实验者告诉被试，如果愿意的话，他们可以帮助他人，但这样做可能会降低自己赢得奖励的机会。随着游戏的进行，你的某位小组成员持续地叹气并抱怨自己不知道答案。你会向他提供帮助，还是让他自己继续努力呢？

答案显示，你的选择取决于你和这位处于挣扎中的被试在同一个小组中相处了多久。在大石茂宏和他的同事做的实际研究中，一共有 4 个任务（知识竞答是最后一个）。其中一半的被试会一直在同一个小组中完成研究的全部任务，另一半被试在每个任务完成后会被分配到新的小组中。于是，在前一个实验条件下，被试有更多的机会了解彼此，形成一种团体感，而后一个实验条件下的被试总是不断地从一个小组迁移到另一个小组。如同研究者的预期一样，与“暂时小组”中的人相比，“稳定小组”中的人更愿意帮助那些处于挣扎中的同伴。所以，大都市里的人更不愿意助人的另一原因是，城市比乡村有更高的居住流动性，人们可能会因为频繁搬家而感到社区与自身的关联较少。

旁观者数量：旁观者效应

2011 年 3 月 11 日，在马里兰州的贝塞斯达，杰伊娜·默里（Jayna Murray）被其工作的服装店内的一名同事残忍地杀害。隔壁苹果商店中的两名员工听到了谋杀案的发生，包括默里的呼救声，但没有提供任何帮助（Johnson，2011）。2011 年 10 月，在亚洲的某个城市，一名两岁的女孩在几分钟内被两辆货车碾压，躺在街道上濒临死亡。这两辆车都没有停下来，十几个人走过或驶过女孩，却没有提供任何帮助（Branigan，2011）。2013 年 9 月，在费城，一名男子在十多名围观者面前殴打了一名试图逮捕他的交通警察，没有任何人进行阻止或拨打报警电话（Ubinas，2013）。

为什么旁观者没有给予迫切需要帮助的人帮助呢？我们刚刚讨论了一种可能性，即路人因受到过多的城市刺激而倾向于独善其身（上述所有事件都发生在大城市里）。尽管这可能是原因的一部分，但是这些人不愿提供帮助的情况并非仅限于大城市。例如，在位于弗吉尼亚州的弗雷德里克斯堡的一个仅有 28 000 名居民的小镇上，一家便利店的店员在顾客面前遭到殴打，却没有任何人提供帮助，即使袭击者逃跑了，并且店员在地板上流血不止（Hsu，1995）。

也许答案是人们太害怕或太胆小，以至于什么都不敢做。这就是电影《海扁王》（*Kick-Ass*）的前提，片中的主角是一个被恶霸欺负的高中生，他决定成为一个超级英雄，帮助那些需要帮助的人。与漫画书中的超级英雄不同，他没有任何超能力，但穿上一身戏服并设想另一个身份让他有了面对恶霸和坏人的勇气。尽管这部电影颇具娱乐性，但是它忽略了一个关键的社会心理：通常，许多人在紧急情况下未能提供帮助并不是因为他们是谁，而是因为社会情境的性质。

比布·拉塔内和约翰·达利率先提出了这个想法并将其付诸实践（Latané & Darley，1970）。他们认为，关键的情境变量可能是目睹紧急情况的旁观者的数量。他们推断，观察紧急情况的旁观者越多，人们提供帮助的可能性就越小，这听起来很矛盾。在我们先前描述的三起残忍的事件中，每个事件中都有不止一名旁观者目睹了紧急情况，这也许就是为什么没有人干预的关键。

在一系列经典的实验中，拉塔内和达利找到了支持这一假设的证据。回想一下我们在第 2 章讨论过的癫痫实验。在那项研究中，人们在各自的房间里坐着，和在其他房间里的学生一起参与一个关于校园生活的集体讨论（通过内部通信系统）。一个学生突然癫痫发作，他大声呼救，然后喘不上气，最后没有了声音。事实上，在这项研究中只有一个被试，其他“被试”，包括癫痫发作的人，都是预录的声音。实验目的是观察真实的被试是尝试通过寻找他或召唤实验者来帮助他，还是像凯蒂·吉诺维斯的邻居们一样，坐在那里什么都不做。

正如拉塔内和达利所预测的那样，答案取决于被试认为有多少人目睹了这一紧急事件。当被试相信他是听见有学生癫痫发作的唯一的一个人时，他们中的大多数（85%）会在 60 秒内帮助他。在 2.5 分钟内，所有认为自己是唯一旁观者的人都会提供援助（见图 11-4）。相比之下，当被试相信同时有另一个学生听到时，提供帮助的人更少了——在 60 秒内，只有 62% 的人。正如你在图 11-4 中看到的，当有两名旁观者时，助人发生得更晚，甚至直到 6 分钟后，实验结束了，提供帮助的概率也未达到 100%。当被试相信除自己之外还有四个人听见时，助人者的比例下滑得更夸张。只有 31% 的被试在最初的 60 秒内提供了帮助，6 分钟后，只有 62% 的被试提供了帮助。许多其他研究，包括实验室研究或现场研究，

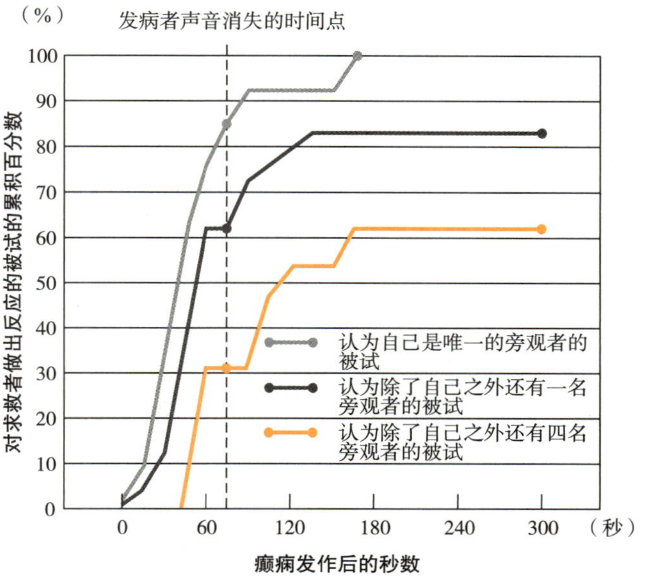

图 11-4　旁观者干预：旁观者减少帮助的比例

当人们认为自己是唯一一个听到有学生癫痫发作的人（即他们是唯一的旁观者）时，他们中的大多数人立即帮助了学生，而且都在几分钟内实施了帮助。当他们相信其他人也听见了（即有两个旁观者）时，他们就不太可能帮忙，或者帮助得比较慢。当他们相信还有四个人也听见了（即有五个旁观者）时，他们就更不愿意伸出援手了。

资料来源：Darley & Latané，1968.

也发现了相同的结果——目睹一件紧急事件的旁观者越多，他们中的每个人帮助受害者的可能性就越小。这一现象被称为**旁观者效应**（bystander effect）（Fischer et al.，2011）。

为什么当其他人在场时，人们更少助人？拉塔内和达利形成了助人五步骤来描述人们如何决定是否干预一件紧急事件（见图 11-5）。它的部分描述解释了旁观者数量是如何引发差异的。让我们从第一步开始——人们是否注意到某个人需要帮助。

1. 注意到事件

如果你匆忙地走在一条拥挤的街道上，你可能注意不到某个人病倒在了门口。显然，如果人们没注意到紧急情况的发生，他们不会介入并给予帮助。是什么决定了人们能否注意到一个事件呢？

约翰·达利和丹尼尔·巴特森证明，一些看起来

旁观者效应：目睹一件紧急事件的旁观者越多，他们中的每个人帮助受害者的可能性就越小。

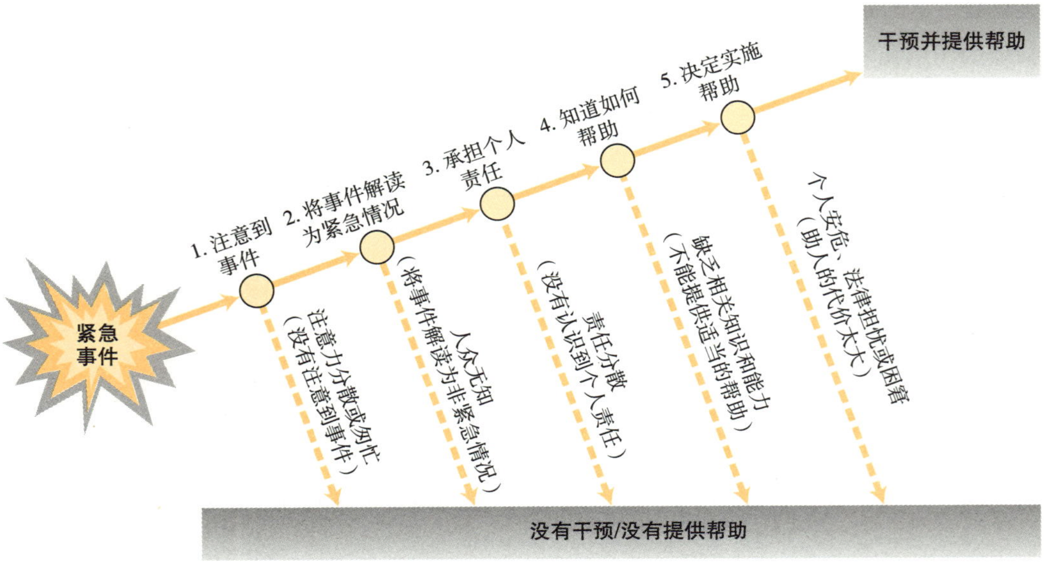

图 11-5　旁观者干预决策树：紧急事件中的助人五步骤

拉塔内和达利的研究表明，在紧急情况下，人们在帮助别人之前，要经历五个决策步骤。如果旁观者在这五个步骤中的任何一个步骤失败了，他们就不会提供帮助。该图概述了每一个步骤，以及人们决定不干预的可能原因。

资料来源：Latané & Darley，1970.

微不足道的事，如人们的匆忙程度，可以比他们是怎样的人产生更大的影响（Darley & Batson，1973）。研究者进行了一项研究，这项研究反映了“慈善的撒马利亚人”的寓言。在这个寓言中，很多路人没有停下来帮助一个躺在路边不省人事的人。被试是我们认为最有可能利他的人——准备献身于神职的神学院学生。这些学生被要求走到另一栋建筑里，在那里研究者将录下他们做的简短演讲。一些学生被告知，他们迟到了，应该快点，以便按时赴约；另一些学生被告知不必着急，因为另一栋建筑内的助手比预定时间晚到了几分钟。他们在走向另一栋建筑的时候，都会经过一个瘫倒在门口的男人。当每个学生走过的时候，那个男人（实验同谋）会咳嗽并呻吟。神学院的学生会停下来帮助他吗？如果他们不匆忙，他们中的大多数人（63%）会帮忙；然而，如果他们急于赴约，只有 10% 的人会停下来帮忙。许多匆忙的学生甚至没有注意到那个男人。

当然，如果人们非常虔诚，他们会较少受到诸如他们是多么匆忙之类的小事情的影响。令人吃惊的是，达利和巴特森（Darley & Batson，1973）发现，那些最虔诚的神学院学生并不比最不虔诚的学生更愿意助人。如果他们正在考虑帮助有需要的人，情况会不会有所不同呢？研究者还改变了这些学生的演讲主题：一些人被要求讨论神学院学生喜欢的工作类型；另一些人被要求讨论“慈善的撒马利亚人”的寓言。你可能认为正在考虑“慈善的撒马利亚人”的寓言的神学院学生非常有可能停下来帮助一个瘫倒在门口的男人，因为这个事件和寓言有相似性，但演讲的主题对他们是否助人的影响很小。匆忙的学生不愿意助人，即使他们非常虔诚，并且即将进行一场关于“慈善的撒马利亚人”的演讲。

2. 将事件解读为紧急情况

即使人们的确注意到某个人瘫倒在门口，他们也有可能不会停下来给予帮助。下一个助人的决定因素是旁观者是否把事件解读为一种紧急情况，即需要提供帮助的情况（见图 11-5）。当然，有时紧急情况的发生是毫无疑问的。例如，我们目睹了一场车祸，看到有人受了重伤。在这种情况下，旁观者数量可能不太重要，因为人们知道有人需要帮助（Fischer et al.，2011）。然而，情况往往更加模糊。

那个瘫倒在门口的人是喝醉了，还是病得很重？我们刚才听到的尖叫声是某个在聚会中玩得很开心的人发出的，还是某个被攻击的人发出的？如果人们认为他们目睹的并非紧急情况，那么他们显然不会助人。

在这种模糊的情况下，旁观者数量以一种奇怪的方式产生了影响：目睹紧急情况的人越多，他们就越不可能知道这是紧急情况。要了解原因，请回想我们在第 8 章对信息性社会影响的讨论。这种社会影响发生在我们利用他人帮助我们定义现实的时候。例如，假设有一天你坐在教室里，注意到一些白色的蒸气或烟雾正从空调通风口冒出来。因为你不知道该怎么做，你会采取在所有人看来都很自然的行动：环顾四周，看看其他人是如何反应的。你注意到你左边的那个人正看着通风口，看起来一点也不担心，所以你得出结论——没有什么值得担心的事。你觉得那些可能只是空调系统里的水蒸气。正如我们在第 8 章看到的，利用他人帮助我们解释模糊的事件通常是一个很好的策略。危险的是没有人知道到底发生了什么，而且人人都错误地认为其他人都知道。例如，在课堂上，坐在你左边的同学可能看起来很淡定，因为他看到你没有惊慌失措。紧急情况往往是令人困惑的突发事件，旁观者往往会呆呆地看着，表情茫然地试图弄清楚发生了什么（Van den Bos & Lind，2013）。当他们互相瞥一眼时，他们看到了其他人明显（对事件）缺乏关注。这就会导致一种人众无知（pluralistic ignorance）的状态：人们认为他人正以某种方式对情况做出解释，而事实上他人也并不清楚情况。

这个白烟场景取自拉塔内和达利（Latané & Darley，1970）的另一项经典实验，这项实验说明了人众无知的危险。想象一下你在参加一个关于人们对城市生活问题的态度的研究，你在约定时间到达了。指示牌显示你在等待实验开始时，应该先完成一份问卷，于是，你坐下来开始填写。随后你注意到一件奇怪的事情：白色的烟雾从墙上一个小通风口一点点地进入室内。不久，房间里充满了烟，你几乎看不清问卷。你会怎么做？

紧急事件的情况可以令人非常困惑。这个人需要帮助吗？是旁观者没有注意到他，还是他人的反应让每个人把情况理解为非紧急事件？这是人众无知的例子吗？

实际上，那里并没有真正的危险——实验者往房间里泵烟雾，以便观察人们会如何对这潜在的紧急事件做出反应。不出所料，当独自一人时，被试中的大多数做出了反应。在 2 分钟之内，有 50% 的被试离开房间，在走廊的另一端找到实验者，并且报告建筑物内可能发生了火灾；事件发生后 6 分钟时，75% 的被试离开房间向实验者报警。

但是，当人们不是独自一人时，会发生什么情况呢？鉴于独处的被试中有 75% 的人报告了烟雾，按理说，团体成员越多，有人报告烟雾的可能性应该就越大。事实上，这是可以用数学方法计算出来的：如果所有人都有 75% 的可能性报告烟雾，那么在 3 个人的团体中，至少有 1 个人报告的概率就达到了 98%。

为了探究是否人越多越好，拉塔内和达利（Latané & Darley，1970）设置了同时有 3 名被试的实验情境。除了当烟雾开始渗入时有 3 个人（而不是 1 个人）坐在房间里之外，其他条件都没变。令人吃惊的是，在 3 人组条件下，只有 12% 的组在 2 分钟之内报告烟雾，只有 38% 的组在 6 分钟内报告烟雾。在未

人众无知：人们认为他人正以某种方式对情况做出解释，而事实上他人也并不清楚情况。

反应的组中，3个坐着的被试甚至在他们不得不用手挥开烟雾以便看清他们在写什么的情况下，还在填写问卷。这究竟是怎么回事？

由于不确定烟雾是否预示着紧急情况，被试会将其他人作为信息的来源。如果你旁边的人瞥了烟雾一眼，然后继续填写他的问卷，你会再次确信一切正常。否则，为什么他们表现得如此无动于衷？问题在于他们可能同样在看你，如果你看上去不担心，他们也会确信一切正常。简而言之，因为他们假设其余的每个人都比他们更清楚正在发生的事，所以每个人都消除了疑虑。当事件模糊时，如烟雾从通风孔冒出来，群体中的人会使其他人确信一切正常，从而导致了人众无知的悲剧发生（Clark & Word，1972；Solomon，Solomon，& Stone，1978）。

3. 承担个人责任

有时候一个紧急情况的发生是显而易见的，例如，当费城的围观者目睹了交通警察被他试图逮捕的男子殴打时，他们什么都没做，这表明即使我们把一件事解读为紧急情况，我们也需要先确定那是“我们”的责任，而不是其他人的，之后才能去做些什么。这里旁观者数量再一次成了关键的变量。

回想一下拉塔内和达利（Latané & Darley，1968）的癫痫实验，当被试相信，他们是唯一听见那个学生癫痫发作的人时，责任完全在他们的肩膀上。如果他们不帮忙，没人会帮忙，那个学生可能会死去。正如结果所示，在这种条件下，大多数人立即提供了帮助，在几分钟之内所有人都提供了帮助。

但是，当那里有很多目击者时，会发生什么呢？**责任分散**（diffusion of responsibility）产生了：当目击者的数量增加时，每个旁观者的助人责任感都减少了。因为其他人在场，所以没有一个旁观者感到有强烈的个人责任去行动。回忆一下我们曾讨论过的，助人常常是有成本的——我们可能会置身于危险之中，或者因过度反应或做错事而看起来很傻。为什么当许多其他可以助人的人在场时，我们要冒这些风险？一项研究发现，即使是在5岁的孩子中也存在责任分散。当一名实验者“不小心”打翻一杯水时，如果孩子是唯一目睹事故的人，95%的孩子会帮忙清理。但是，当另外两个孩子在场而没有提供帮助时（他们是实验同谋，被指示什么也不做），只有55%的孩子提供了帮助（Plötner et al.，2015）。

当人们不能分辨其他人是否已经干预时，责任分散尤其容易发生。当癫痫实验中的被试相信其他学生也是目击者时，他们不知道其他学生是否已经提供了帮助，因为内部通信系统只允许癫痫发作的学生的声音被传输。每个学生可能都认为自己不必帮忙，因为一定有其他人已经在那么做了。现实生活中的许多紧急情况也是如此。例如，当我们在高速公路上遇到车祸时，我们会假设别人已经拨打了报警电话。

4. 知道如何帮助

即使人们完成了以上几步，助人行为的发生还需要一个条件（图11-5中的第4步）：人们必须决定何种帮助是恰当的。假设在一个炎炎夏日，你看见一个女人摔倒在街上，似乎没人施以援手，你决定承担援助的责任。但你应该做什么？那个女人是心脏病发作，还是中暑？你应该叫救护车，实行心肺复苏，还是试着把她从阳光下移开？如果人们不知道给予什么形式的帮助，他们显然不会提供帮助。

5. 决定实施帮助

即使你准确地知道什么样的帮助是恰当的，你仍然可能有决定不干预的理由。你可能没有给予该种救助的资质。即使那个女人说胸痛，这表明她是心脏病发作，你可能也不知道怎样给她实行心肺复苏。你也可能害怕自己出丑，害怕自己做错事情，把事情弄得更糟，或者害怕因助人而使自己置身于危险之中。想想3个电视网络人员的命运——1982年，他们在纽约的一个停车场看见一个男人在殴打一个女人并试图干预，结果被凶手枪杀。即使我们知道应该提供什么样

责任分散：当目击者的数量增加时，每个旁观者的助人责任感减少的现象。

的干预，我们也不得不衡量助人的成本。

网络空间中的责任分散

人们越来越多地在社交媒体上和聊天室里互动，有时还会遇到求助。情况是否会如拉塔内和达利的模型所预测的那样，随着聊天室里人数的增加，人们相互帮助的可能性会降低呢？研究者在一项研究中进入了雅虎聊天室的聊天群，在那里 2 ～ 19 个人正在讨论各种各样的话题（Markey，2000）。研究者装作男性或女性，打出这个帮助请求："有人能告诉我怎么看某个人的个人资料吗？"这个信息被发送给聊天室里的全体成员或被随机挑选出来的聊天室里的某个人。然后，实验者记录了多长时间后聊天室中的某个人会回应帮助请求。

当请求被群发给全体成员时，拉塔内和达利的实验结果几乎重现：聊天室里的人越多，人们就越晚回应帮助请求；但当请求被直接发送给一个特定的人时，那个人很快就回复了，回复的时间与聊天室的规模无关。这个结果显示责任分散正在起作用。当研究者发出一个面向全体成员的请求时，一个大的团体使人们觉得他们没有多少责任去回应。当研究者向特定的人发送请求时，虽然有许多人在场，但是人们更可能感到助人的责任感（Van Bommel et al.，2012）。

媒体的影响：视频游戏与音乐歌词

当我们考虑媒体对行为的影响时，我们常常会想到一些负面影响，例如，无论是电视上的暴力还是玩暴力视频游戏都会使人更有攻击性。在第 12 章，我们将会讨论到，这样的负面影响确实存在。但是，相反的情况也会发生吗？看到那些表现出亲社会行为的人或玩亲社会视频游戏是否会使人们更愿意合作呢？最近的研究表明事实确实是这样的。

托拜厄斯・格雷特米尔（Tobias Gretitemeyer）和他的同事做过很多步骤相同的实验研究。第一步，被试来到实验室，玩约 10 分钟的视频游戏。研究者随机分配一半被试玩一款涉及亲社会行为的视频游戏，如《疯狂小旅鼠》（*Lemmings*），该游戏的目标是照顾一群小生命，以及通过帮助它们找到离开不同世界的出口来拯救它们。另一半被试玩一款中性视频游戏，如《俄罗斯方块》（*Tetris*），其目标是旋转正在下落的几何图形，使它们落在屏幕下方。之后，被试参与一项他们认为（与之前的研究）不相关的研究，在这项研究中，他们有机会帮助别人。他们能提供的帮助包括相对简单的行为，如帮助实验者捡起其无意撞倒的一筒铅笔；更花费时间的贡献，如志愿参与后续研究；有潜在危险的行为，如帮助一个女实验者——当她的前男友进来骚扰她时。如图 11-6 所示，与那些玩中性视频游戏的人相比，玩亲社会视频游戏的人更可能在这几种情境中提供帮助（Greitemeyer & Osswald，2010；Prot et al.，2014）。

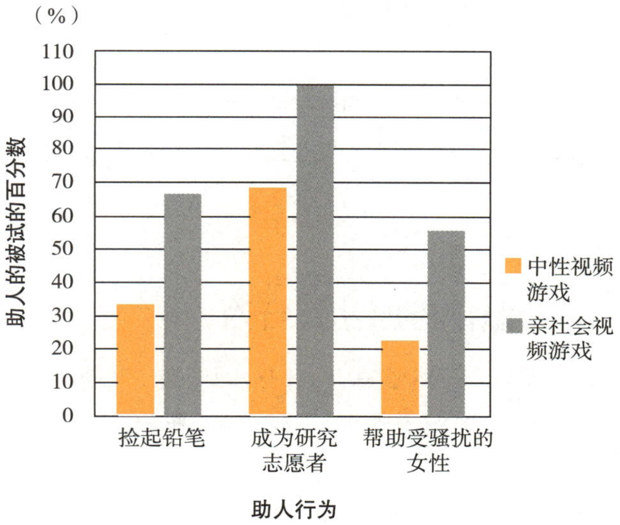

图 11-6　玩亲社会游戏对助人可能性的作用

资料来源：Greitemeyer & Osswald，2010.

不仅是亲社会视频游戏会使人们更愿意助人，亲社会歌曲也会。研究发现，听诸如迈克尔・杰克逊（Michael Jackson）的 *Heal the World* 或披头士乐队的 *Help* 之类的歌曲的人比听诸如披头士乐队的 *Octopus's Garden* 之类的中性歌曲的人更愿意帮助别人（Greitemeyer，2009，2011；North et al.，2004）。

为什么玩亲社会视频游戏或听亲社会歌词会使人们更乐于助人呢？它至少在两方面发挥了作用：增加了人们对需要帮助的人的同情心和帮助他人的想法的

可接近性（Greitemeyer，Osswald，& Brauer，2010）。所以，如果你发现自己需要帮助，并且看到一个戴着耳机的人向你走来，那么期待其正在听带有亲社会歌词的音乐吧！

问题回顾

1. 下列哪个人最有可能同意帮忙清理大城市里的一个公园？（ ）
   a. 刚搬到那个城市的布莱恩
   b. 在一个小镇长大的瑞秋
   c. 一直住在那个城市的佳莹
   d. 刚玩了一款暴力视频游戏的戴维
2. 下列哪一项不是旁观者干预决策树中的一部分？（ ）
   a. 拥有利他人格
   b. 将事件解读为紧急情况
   c. 承担个人责任
   d. 了解合适的帮助方式
3. 假设金怡发了一条推文，请人帮她把沙发搬进公寓。在下列哪种情况中，她的关注者最有可能同意提供帮助？（ ）
   a. 金怡有很多关注者
   b. 金怡刚开始使用 Twitter 且只有很少的关注者
   c. 金怡住在一个非常大的城市里
   d. 金怡在美国长大
4. 下列哪个人最不可能帮助一个在去上课的路上掉了一堆文件的人？（ ）
   a. 刚听了迈克尔·杰克逊的歌曲 *Heal the World* 的朱莉娅
   b. 刚玩了《疯狂小旅鼠》的欧文
   c. 刚听了披头士乐队的歌曲 *Help* 的加内尔
   d. 刚玩了《俄罗斯方块》的本

“问题回顾”答案，请扫描章末二维码查看。

11.4 怎样增加助人行为

我们能做些什么来让人们帮助那些需要帮助的人呢？在研究这个问题之前，我们应当指出，人们并不总是希望被帮助。想象一下，你坐在一家咖啡馆里，正试图弄清楚如何将视频从手机上传到一个新的社交媒体网站上。你遇到了一些困难，这时一个你认识的人刚好从你身边走过。他在你背后看了几分钟，说：“你还有很多东西要学，我来给你演示一下怎么做。”你会有何反应？你也许会感激，但你也可能会感到怨恨。他提供的帮助带来了一个信息：你太笨了，连这都不会弄。接受帮助会使人感到自己无能、需要依赖他人，因此，当某个人给予他人帮助时，人们并不总是做出积极的反应。人们不想表现出无能的样子，因此，他们常常决定默默承受，即使这么做会降低他们成功完成任务的机会（Alvarez & Van Leeuwen，2011；Halabi，Nadler，& Dovidio，2013）。

尽管如此，如果有更多的人帮助那些有需要的人，世界将变得更美好。我们应该如何增加日常的善举，例如，照看一位年老的邻居或成为志愿者为当地学校的孩子们朗读？这个问题的答案藏在我们对亲社会行为的原因的讨论中。例如，我们发现，潜在助人者的几个个人特征因素是很重要的，促进这些因素可以增加这些人助人的可能性（Clary et al.，1994；Snyder，1993）。但是，如果存在某些情境约束，如处在城市环境中或在许多旁观者在场时目睹紧急事件，即使是善良的、利他的人也不一定表现出助人行为。

增加旁观者干预的可能性

有证据显示，在紧急事件中，仅仅是觉察到助人的障碍，就可以增加人们克服那些障碍的机会。几年前，在康奈尔大学，一些学生为防止另一名学生自杀进行了干预。就像大多数紧急事件那样，情况非常混乱，起初旁观者不清楚发生了什么事情，也不清楚他们应该做什么。倡导干预的学生说，她想起了几天前自己在心理学导论课上听过的关于旁观者干预的讲座，于是她认识到如果她不采取行动，没人会行动（Savitsky，1998）。或者想一想最近发生在瓦萨学院的事件，一些学生看到一个人被抢劫犯攻击。像这类事件的惯常情形一样，大多数旁观者什么也没做，这可能是因为他们认为有人已经打电话报警了。其中一名学生立即叫了校警，因为她突然想到这个情境和她在社会心理学课上读到的关于旁观者干预的研究是如此相似——即使她上这门课已经是一年多前的事情了（Coats，1998）。

这些当然不是受到控制的实验，我们不能确定这些乐于助人的人是否真的受到了他们在心理学课程中学到的知识的激励。幸运的是，这个问题已经通过实验得到了解决（Beaman et al.，1978）。研究者随机分配学生听有关拉塔内和达利（Latané & Darley，1970）的旁观者干预研究的讲座或一个有关其他主题的讲座。两周以后，所有学生都会参加一项他们以为（与前述研究）完全不相关的社会研究，在此期间，他们遇到一名学生倒在地板上。他是否需要帮助？他有没有弄伤自己？或者他仅仅是一名因通宵熬夜而睡着了的学生？正如我们看到的，在这样一个模糊情境中，人们会观察其他人的反应。一名实验同谋（他假扮成了另一个被试）故意表现得漠不关心，因此，人们自然假设没有异常状况。如果被试没有听过关于旁观者干预研究的讲座（这正是大多数被试所做的），那么在这种条件下，他们中只有 25% 的人会停下来帮助那个学生；然而，如果被试听过关于旁观者干预研究的讲座，43% 的人会停下来帮助那个学生。因此，了解自己会如何在无意中受到他人的影响本身就可以帮助我们克服这种社会影响，并且使我们更有可能在紧急事件中进行干预。

更广泛地训练人们“不要成为旁观者”并在他人需要时提供帮助有用吗？例如，考虑一下在社会中非常普遍的暴力问题，包括性暴力、欺凌和跟踪。我们中的许多人可能都有过这样的经历——我们看到有人可能有遭受此类暴力的危险，但我们没有干预，因为我们不知道该怎么办，或者觉得其他人可以提供帮助。例如，假设你在一个大学聚会上看到一名男子抓着一名女子的胳膊，领着她走出房间。她似乎不是自愿离开的，是这样吗？你觉得这可能没关系。毕竟，没有人对此采取任何行动。这名男子可能是这名女子的朋友，正带她回家，因为她喝得太多了。

但是，现在你知道了其他旁观者可能和你处于相同的位置，他们看不到其他人（包括你）做出反应，因而没有提供帮助。既然你已经知道了旁观者效应和责任分散，我们希望你能站出来，问问那名女子是不是有事。

事实上，这是“绿点”等旁观者干预培训项目的前提，即通过了解在我们刚刚描述的情况中出现的帮助他人方面的困难，人们可以被训练成更好的旁观者。许多大学都采用了这样的课程，虽然这些课程是最近才被开发的，但是有一些初步的证据表明它们是有效的。例如，在一项研究中，研究者对 26 所高中的性暴力发生率进行了跟踪调查。他们将其中一半的学校随机分配到“绿点”旁观者干预培训组，将另一半的学校分配到不接受培训的对照组。在 5 年的时间里，接受培训的学校报告的性暴力事件明显减少（Coker et al.，2017）。

另一种方法是简单地提醒我们自己，克服行为抑制、做正确的事情是很重要的。当人们发现自己处于令人惊讶且难以理解的情境中时——这当然是紧急情况发生时的情况，他们自然地僵住并试图理解周围发生的事情（van den Bos & Lind，2013）。当人们在公共场合担心自己在别人面前做错事时，这种情况尤其容易发生。

如果那些担心自己在公共场合做错事的人能想到过去克服行为抑制的经历，就更有可能提供帮助。为了验证这一假设，基斯·范登博斯（Kees van den Bos）及其同事要求人们填写两个版本的问卷中的一个（van den Bos，Müller，& van Bussel，2009）。在去抑制条件下，人们写下他们不顾别人的想法以一种不受抑制的方式行事的经历。在对照条件下，人们写下他们平时的表现。接下来，研究者安排了一个助人情境，以观察哪一组人最有可能帮助有需要的人。正如他们所预测的，处于去抑制条件下的人最有可能提供帮助。例如，在一项研究中，53% 填写了去抑制问卷的人帮助一名男子捡起了他在赶火车时掉落的钢笔，而在对照组中该数据仅为 7%。在这种情况下，畏缩不前和无所作为是很自然的，提醒自己过去自己克服行为抑制的经历，会让我们更有可能提供帮助（van den Bos & Lind，2013）。

增加志愿服务

除了干预紧急情况的行为之外，还有许多种重要的亲社会行为，包括志愿服务和社区服务。社会心理学家也研究了这种助人行为，即人们承诺长期帮助陌生人（Johnson & Post，2017；Mannino，Snyder，& Omoto，2011；Piliavin，2010）。

针对西欧和北美国家的调查发现，很多人从事志愿服务，其中美国的比例最高（47%）（Ting & Piliavin，2000）。这种水平的志愿服务为我们社会中的许多成员提供了巨大的支持，包括儿童、无家可归者、移民和许多其他人。对于志愿者来说，它也是一个重要的支持来源（Layous et al.，2017）。从事志愿工作的老年人健康状况更好、抑郁情绪更少，甚至寿命更长（Anderson et al.，2014）。这些益处如此巨大，以至于一些医学专业人员认为，医生应该为所有患者开每周从事两个小时的志愿工作的处方（Johnson & Post，2017）。与我们之前讨论过的共情和助人类似，志愿服务对帮助者和被帮助者都有好处。

因此，一些机构要求其成员提供社区服务。例如，一些高中、大学和企业要求学生或员工从事志愿工作。这些项目的好处是扩充了能够为社区组织提供帮助的志愿者队伍，如无家可归者收容所、诊所和日托中心。

但问题是，这种强制性志愿服务对提供帮助的人的动机有何影响。正如我们在第 5 章讨论过的，为人们从事某项活动提供强烈的外部原因，实际上会降低他们对于该项活动的内在兴趣，这被称为“过分充足理由效应”，即人们认为他们的行为是由强烈的外部原因引发的（如他们被要求做志愿工作），这使他们低估了内在原因的影响（如他们喜欢做志愿工作）。与研究一致的是，人们越感到他们从事志愿服务是因为外部要求，他们今后越不打算选择从事志愿服务（Bringle，2005；Kunda & Schwartz，1983；Stukas，Snyder，& Clary，1999）。最好的做法是在鼓励人们从事志愿服务的同时，保护他们的这种感觉——他们自由地选择了这样做。在这种条件下，志愿服务可以增加人们的幸福感和未来再次从事志愿服务的意愿（Piliavin，2008；Stukas et al.，1999）。

越来越多的学校和公司要求人们参加社区服务。如果人们感到他们做这些是因为外部要求，那么这些计划实际上会降低他们对志愿服务的兴趣。在鼓励人们从事志愿服务的同时，保护他们的自由选择感，可以在今后增加人们再次从事志愿服务的意愿。

问题回顾

1. 下列哪一项是正确的？（　）
   a. 人们总是感激帮助他们的人
   b. 学习关于亲社会行为的社会心理学的结果是，你将来更有可能帮助有需要的人
   c. 如果某个人不想帮助别人，我们也没办法改变这种状况
   d. 听一个关于亲社会行为和旁观者干预的讲座不太可能改变人们在真正的紧急情况个的

行为

2. 一家公司正在考虑给员工提供做社区服务的机会。根据社会心理学的研究，你建议他们怎么做？（　）
   a. 强制要求员工参与社区服务
   b. 为参与社区服务的员工提供奖励，如额外的假期
   c. 确保人们觉得他们可以自愿决定是否参与社区服务
   d. 将员工分配到不同的社区机构

3. 下列哪一位最受其同伴敬佩？（　）
   a. 在一家医院做志愿者的维多利亚，她认为这对她申请大学很有帮助
   b. 每周都在流动厨房里工作的凯文，这是他的工作单位的一项强制性社区服务要求的一部分
   c. 在紧急情况下没帮忙的小军，因为他以为已经有人打过报警电话了
   d. 在一个流浪家庭收容所做志愿者的沙米卡，她真的很喜欢和孩子们一起工作

“问题回顾”答案，请扫描章末二维码查看。

总结

11.1 亲社会行为的基本动机：人们为什么帮助他人

本章探讨了亲社会行为的原因，这是一种以造福他人为目的的行动。亲社会行为的基本起源是什么呢?

- **进化心理学：本能与基因。**进化心理学从三个方面介绍了亲社会行为：亲缘选择，即自然选择引发的人们帮助基因相近的亲属的利他行为；互惠规范，即人们帮助他人，希望将来他们在有需要时会得到帮助；群体选择，即有利他成员的社会群体更容易在与其他群体的竞争中存活下来。
- **社会交换：助人的成本与收益。**社会交换理论认为利他行为并不一定源于遗传基因。人们助人是为了使社会收益最大化、社会成本最小化。
- **共情与利他主义：纯粹的助人动机。**人们会受到利他主义的激励，产生帮助他人的愿望，即使这种帮助需要他们付出代价。根据共情–利他主义假说，当人们对他人产生共情（与他人经历共同的事件和情绪）后，人们会出于纯粹的助人动机帮助他人。

11.2 个人品质与亲社会行为：为什么有些人更乐于助人

基本动机并不能解释利他行为的全部——它与个人品质也有关。

- **个体差异：利他人格。**尽管一些人有使他们比另一些人更乐于助人的人格特质，但是我们在预测他人是否会提供帮助时还需要考虑其他关键因素。
- **亲社会行为中的性别差异。**在很多文化中，男性性别角色包括充满骑士风度的、英雄主义式的助人；女性性别角色则包括在亲密的、长期的关系中的助人。
- **亲社会行为中的文化差异。**对于内群体成员和外群体成员，人们都愿意提供帮助，但原因不同。所有文化中的人都更有可能帮助被他们视为内群体成员的人，共情越多，他们就越有可能提供帮助。而人们帮助外群体成员则是 出于不同的原因：他们能获得一些东西，如好的自我感觉或给他人留下好的印象。
- **宗教与亲社会行为。**人们有一种根深蒂固的刻板印象，即认为宗教人士比非宗教人士更有道德感，会从事更多亲社会行为。在实际行为方面，如果需要帮助的人与潜在的助人者有共同的信仰，那么宗教人士确实比其他人更有可能提供帮助，但宗教人士不太可能帮助陌生人。这是内群体偏好的一个例子，因为人们更喜欢内群体成员而不是外群体成员。因此，使人们更乐于助人的可能不是宗教本身，而是人们在面对属于同一个群体的人时更乐于助人。

- **情绪对亲社会行为的影响。**人们在心情特别好的时候更容易发生助人行为，不过，这种情况在人们体验到坏心情的时候也会发生。

11.3 亲社会行为的情境因素：人们会在什么时候帮助他人

为了理解人们为何助人，我们还必须考虑社会情境的性质。

- **环境：乡村与城市。**密集型城市里的人更少助人，这是由于城市过载假设，它认为人口拥挤的城市有如此多的刺激，以至于人们倾向于独善其身，以免负荷过载。
- **居住流动性。**长期居住在某个社区的人比刚搬进该社区的人更愿意参与亲社会行为。
- **旁观者数量：旁观者效应。**人们要在紧急事件中产生助人行为需要满足五个方面的条件：注意到事件、把事件解读为紧急情况、承担个人责任、知道如何帮助，以及决定实施帮助。随着目睹紧急事件的旁观者的数量的增加，满足这两个条件——把事件解读为紧急情况和承担个人责任——的难度也越来越大。这就产生了旁观者效应，目睹一件紧急事件的旁观者越多，他们中的任何人帮助受害者的可能性就越小。
- **网络空间中的责任分散。**人们在网络聊天室中也观察到了旁观者效应。聊天室里的人越多，人们回应用户的帮助请求的时间就越长。
- **媒体的影响：视频游戏与音乐歌词。**玩亲社会视频游戏或听具有亲社会歌词的歌曲会使人们更有可能以多样的方式帮助他人。

11.4 怎样增加助人行为

我们可以通过很多方式增加助人行为。

- **增加旁观者干预的可能性。**研究显示，告诉人们旁观者干预的障碍可以增加人们在紧急事件中助人的意愿。提醒人们他们曾经有过的去抑制经历也有同样的作用。
- **增加志愿服务。**鼓励员工从事志愿服务的组织应该注意，如果人们觉得他们从事志愿服务只是因为他们必须做，那么他们将来从事志愿服务的可能性实际上会降低。鼓励人们去从事志愿服务，同时保持他们可以自由选择的感觉，已经被证明可以增加人们的幸福感和他们未来再次从事志愿服务的意愿。

思考题

回想一下过去某个你有能力帮助别人的时刻（无论是在紧急情况下还是在非紧急情况下），你为什么帮助或不帮助那个人？

自测

1. 下列哪种说法不是进化理论对亲社会行为的解释？（　）
   a. 社会交换
   b. 亲缘选择
   c. 互惠规范
   d. 群体选择
2. 艾米在校园里走着，突然看到一个人正跪在地上寻找从手指上滑落的戒指。根据共情 – 利他主义假说，在下列哪种情况下艾米最不可能帮助对方？（　）
   a. 艾米对陌生人产生了共情，并且认为如果她停下来帮助别人，路人会钦佩她
   b. 艾米对陌生人产生了共情，但她认为自己不能从帮助中得到多少的收益
   c. 艾米没有对陌生人产生共情，但她认出这个人是她的英语课助教。艾米希望在这门课程上得到高分
   d. 艾米没有对陌生人产生共情，并且认为自己不能从帮助中得到多少收益
3. 有关亲社会行为的研究发现，宗教人士（　）。
   a. 总是比非宗教人士更多地助人
   b. 在面对有需要的、陌生的宗教人士时会表现出更多的共情
   c. 在需要帮助的人与他们有共同信仰的条件下，比其他人更有可能助人；但他们并不比其他人更有可能帮助陌生人
   d. 事实上比非宗教人士更少地助人
4. 弗兰克最近大学毕业了，从纽约搬回了位于俄亥俄州的小镇，他在这里长大。现在他发现自己比从前更愿意参与亲社会行为了。这一变化的最可能的原因是什么？（　）
   a. 在小镇中的成长经历让他内化了利他主义价值观
   b. 他周围环境的变化改变了助人的可能性
   c. 大学生更容易受到旁观者效应的影响，因而更不愿意提供帮助
   d. 在小镇上，弗兰克更容易缓解消极状态
5. 卢克在历史课上听了一场讲座，他感到很困惑，但当教授在下课时询问学生有没有不理解的内容时，卢克却没有举手。因为教室里没有人举手，卢克猜想其他学生都理解了讲座的内容，而他刚才没听懂是因为自己没有给予讲座足够的注意。事实上，其他学生和卢克一样没有理解讲座的内容。这个例子代表了下列哪种现象？（　）
   a. 共情 – 利他主义假说
   b. 互惠规范
   c. 社会交换
   d. 人众无知
6. 下列哪种说法不是好心情增加助人行为的原因？（　）
   a. 好心情使我们对情境进行积极的解释，因此我们更有可能对他人进行“无罪推定”
   b. 助人延长好心情
   c. 好心情使我们更关注助人带来的收益
   d. 好心情会增加我们对自身的关注，使我们更可能践行自己的价值观
7. 下列哪种说法最准确？（　）
   a. 听具有亲社会歌词的歌曲会使一个人更愿意助人
   b. 当我们希望对方答应与我们约会时，让其听具有浪漫歌词的歌曲是没有用的
   c. 玩亲社会视频游戏并不会影响人们的助人行为
   d. 玩暴力视频游戏使人们更乐于助人
8. 梅根居住在大学宿舍的一间单人房间里。某天

夜里，她突然听到宿舍外面传来一声尖叫。她非常确定有人需要帮助，因为她听到了“救命，我摔断了腿”的呼救声。梅根没有理会而是回去睡觉了。第二天她才知道那个人在地上躺了 45 分钟之后才得到帮助。下列哪种说法最好地解释了梅根不帮忙的原因？（　）

a. 信息性影响

b. 责任分散

c. 她没把这个事件解读为紧急事件

d. 人众无知

9. 下列哪种关于亲社会行为的说法是正确的？（　）

a. 人们搬家的频率会影响他们乐于助人的程度

b. 人格对亲社会行为没有影响

c. 坏心情会使亲社会行为减少

d. 好心情会使亲社会行为减少

10. 今天机动车管理部门很忙，很多人都在等待轮到自己的时刻。一个人起身准备离开时，不小心把随身携带的文件夹掉了，文件掉得到处都是。下列哪个人最不可能帮他捡起文件？（　）

a. 正在想着自己过去的去抑制经历的梅根

b. 正在学习社会心理学的乔伊，他在本周早些时候听了一场关于拉塔内和达利的决策树的讲座

c. 感到内疚的迈克尔，因为他本应该在家帮室友打扫房间

d. 麦琪——一个虔诚的教徒，但她不认识那个丢了文件的人

本章“问题回顾”与“自测”答案，请扫描二维码查看。

第 12 章

侵犯：人们为什么伤害他人

本章音频导读，
请扫描二维码收听。

章节框架

学习目标

12.1 侵犯性是天生的、习得的还是可选择的

进化视角
文化与侵犯性
性别与侵犯性
侵犯行为的习得
一些生理因素的影响

区分有关侵犯的进化学、文化及习得论解释

12.2 社会情境与侵犯性

挫折与侵犯性
挑衅与报复
武器作为侵犯线索
要素整合：性侵犯的例子

描述侵犯行为的情境与社会原因

12.3 暴力与媒体

媒体暴力效应研究
确定因果关系的问题

解释观看暴力画面如何导致侵犯行为

12.4 如何减少侵犯行为

惩罚能减少侵犯行为吗
我们能通过纵容愤怒来释放它吗
我们应该怎样处理愤怒
打破拒绝－愤怒的循环

了解减少侵犯行为的方法

小调查

你是否经常玩第一人称射击游戏或观看描述暴力行为的电视节目或电影？

○是

○否

美国科罗拉多州利特尔顿市的“科伦拜恩校园事件”给美国文化留下了长久的阴影。1999 年，埃里克·哈里斯（Eric Harris）和迪伦·克莱伯德（Dylan Klebold）携带攻击性武器在校园里横冲直撞，杀害了 1 名教师和 12 名同学，然后饮弹自尽。该事件的死亡人数原本可能更多。这两名枪手在进行屠杀前制作了一盘录像带，宣称他们安放了 95 个爆炸装置（幸运的是，由于技术错误，这些装置没有爆炸）。录像带显示，犯罪者兴高采烈地预测，在这天结束之前，他们将杀死 250 个人。

从那时起，数十名问题少年用“科伦拜恩校园事件”作为他们报复他人的模板，报复了那些他们认为嘲笑、欺负或拒绝他们的同学。一些研究者甚至称之为“科伦拜恩效应”。例如，2012 年，亚当·兰扎（Adam Lanza）在美国康涅狄格州桑迪胡克小学犯下了类似的暴行。警方调查后发现，兰扎对“科伦拜恩校园事件”特别着迷。

每次大规模的枪击事件发生后，美国总是要找人来负责。这是父母的错吗？在美国，武器是否太容易被人获得？媒体是否呈现了太多的暴力画面并影响了美国人的社会行为？所有的枪手都疯了吗？显然，任何犯下大规模谋杀罪的人的情绪都不稳定，但精神疾病本身并不是这些悲剧发生的主要原因，毕竟，大多数精神障碍患者并不是大规模谋杀者。

人类对彼此施加的暴力有太多种类，如战争、大规模枪击、打架斗殴、谋杀、性胁迫、强奸，以及家庭暴力。在本章中，我们将试图了解侵犯的一些不同原因。人类天生具有侵犯性吗？你很少听说一位女性置身于枪林弹雨中，这是否意味着男性天生就比女性更具有侵犯性？健康的人是否可以通过观看电影中的暴力角色或玩暴力游戏来激发暴力行为？社会、学校或家长是否能做些什么来减少侵犯性？如果答案是能，那么他们可以做些什么呢？

社会心理学家并不知道上述所有问题的答案，但确实得到了一部分问题的答案。当你读到这一章的结尾时，我们希望你已经对为什么人类会伤害他人有所了解了。

12.1 侵犯性是天生的、习得的还是可选择的

对社会心理学家来说，侵犯（aggression）被定义为旨在引起他人生理痛苦或心理痛苦的有意行为。伤害意图是侵犯的心理学定义的一个必要组成部分，也正是这一点使得侵犯与自信不同。当人们为自己的权利而战（如参加体育比赛或在商业世界中雄心勃勃地采取行动）时，他们是自信的，而非咄咄逼人的，因为真正的侵犯包括伤害他人的意图。侵犯行为可能是身体上的，也可能是语言上的；侵犯他人的意图可能会实现，也可能不会。如果有人把一个啤酒瓶扔向你的头，而你却躲开了，即使瓶子没有打到你，这仍然是一种侵犯行为。相反，如果一个酒后驾车者在你试图过马路时无意中撞到你，这不是一种侵犯行为，即使你的损失远大于啤酒瓶所造成的损失，因为重要的是“攻击者”的意图。“暴力”是侵犯的一种极端形式，如战争、谋杀和袭击。

对侵犯的类型加以区分是有益的（Berkowitz, 1993）。敌对性侵犯（hostile aggression）是一种源自愤怒的行为，目的是对他人施加痛苦或伤害；工具性侵犯（instrumental aggression）则是一种具有非侵犯

侵犯：以引起他人身体或心理痛苦为目的的有意行为。

敌对性侵犯：一种源于愤怒、旨在将痛苦施加于他人的侵犯行为。

工具性侵犯：以侵犯为手段达成某种目的，而非以造成伤害为目的的侵犯行为。

性目标的侵犯行为。想象一下，你正走下楼梯想去往站台，这时你看到火车停了下来，且车门开着。你需要上这趟火车，否则你将会错过与医生的预约。可问题是，所有下了火车的乘客都在上楼梯，且没有给那些试图下楼梯的人留空间。你等不及了，必须冲上前去赶火车。所以，即使你知道自己可能会撞到别人，甚至撞伤别人，你还是用肩膀和手臂把别人推开。如果你纯粹是因为想赶上火车而表现出侵犯性，那么这就是工具性侵犯。然而，如果你对上楼梯的人没有公平地分享空间感到愤怒，并希望对他们造成一些伤害，那么同样的行为（即下楼时把别人推开）则是敌对性侵犯。

今天，社会心理学家和其他社会科学家在理解侵犯行为的生物、社会、文化和情境因素上取得了很大进展。研究发现，侵犯有许多复杂的原因，并呈现出多种形式——从直接的攻击到间接的暴行，但需要注意的是，这种行为并非不可避免，我们有能力限制其频率和后果。

进化视角

很明显，男性比女性更具有侵犯性。超过 90% 的大规模谋杀（在一个地点至少有 4 个人被杀害）是由男性实施的（Hillshafer，2013）。男性比女性更有可能自发地、无缘无故地与陌生人“斗殴”，加入致力于破坏和抢劫的暴行，并实施暴力犯罪（谋杀、严重袭击、强奸）。但正如我们将看到的，这一事实并不一定意味着女性就是害羞的、腼腆的、平和的。

进化心理学家认为，人的侵犯性是由基因决定的，因为这样人们就可以保护自己的群体并永久保存自己的基因。在世界各地的文化中，如美国、瑞士和埃塞俄比亚，男性的侵犯性始于儿童时期，小男孩比小女孩更有可能进行“非游戏式”的推搡、碰撞和击打（Deaux & La France，1998；Maccoby & Jacklin，1974）。男性从理论上讲更具有侵犯性的原因有两个。第一，男性要建立自己对其他男性的支配地位，确保自己处于尽可能高的地位。第二，男性通过充满嫉妒的进攻来防止配偶与其他男性交配，从而确保自己的父权（Buss，2004，2005；Kaighobadi，Shackelford，& Goetz，2009）。在进化论的观点中，雌性表现出侵犯性通常是为了保护它们的后代。因此，不要惹一位熊妈妈或鸟妈妈。

引发男性侵犯性的激素通常被认为是睾酮，男性和女性都有这种激素，但其在男性体内含量更高。被移除睾酮的实验动物的侵犯性会减弱，被注射睾酮的实验动物的侵犯性会增强（Moyer，1983；Sapolsky，1998）。暴力犯的睾酮水平显著高于非暴力犯（Dabbs，2000；Dabbs et al.，1995）。睾酮可能会通过降低人们控制冲动的能力来引发侵犯行为。睾酮与眶额皮质的活动减少有关，眶额皮质是自我调节和冲动控制的关键大脑区域，而眶额皮质的活动又预测了在资源分配游戏中对不公平报价的侵犯性反应（Mehta & Beer，2010）。

然而，睾酮与侵犯行为之间的关系严重依赖于社会情境。**挑战假说**（challenge hypothesis）认为睾酮只有在生殖机会较高时才与侵犯行为有关（Buss，2002）。类似地，**双激素假说**（dual-hormone hypothesis）

男孩比女孩更具有侵犯性，他们喜欢互相追打、施以拳脚。这是身体游戏，还是敌对性侵犯或工具性侵犯的证据呢？

挑战假说： 睾酮只有在生殖机会较高时才与侵犯行为有关。

双激素假说： 只有当皮质醇这种应激激素没有升高时，睾酮才与寻求支配行为有关。

认为只有当应激激素皮质醇水平较低时，睾酮才与支配行为有关（Mehta & Josephs，2010）。双激素假说的研究表明，在应激条件下或危险时刻（如当皮质醇水平上升时），睾酮与系统性的较低的侵犯性和优势寻求行为有关。换句话说，睾酮只有在有机会从侵犯中获得某些东西时才能预测侵犯行为，这表明睾酮和工具性侵犯之间存在特定的关系。挑战假说和双激素假说都支持攻击性的进化解释，即侵犯行为是建立支配地位和确保安全交配的一种手段。

人们很容易被男性遭遇“睾酮中毒”的说法（这种说法是错误的）蒙骗。因为大多数研究都是相关的，这表明因果关系可以双向流动（而且确实如此），也就是说，睾酮本身可以略微增加侵犯行为，而当人们处于一种侵略性的、竞争性的或性激起的状况下时，睾酮的分泌也会增加（Mazur，Booth，& Dabbs，1992；Trumble et al.，2012）。此外，睾酮与另一种主要的性激素雌二醇有着共同的化学前体，而雌二醇在女性体内的含量高于男性。雌二醇与睾酮有着类似的心理变量，如侵犯性和性行为。事实上，调节雌二醇合成的神经元也调节男性和女性的侵犯性（Unger et al.，2015），而我们知道女性的雌二醇高于男性。睾酮和雌二醇与侵犯行为之间的细微差别是一个活跃的研究领域，这一领域旨在了解导致侵犯行为的性别差异中的生物学原因。

其他动物的暴力

为了回答侵犯性是“天生的还是习得的”，一些科学家开始在除了人类以外的物种身上做实验。人们普遍认为猫捕食老鼠是出于本能。半个世纪前，生物学家郭任远（Zing Yang Kuo）将小猫和老鼠放在同一个笼子中饲养，结果小猫非但不袭击老鼠，反而与它成了亲密的玩伴（Kuo，1961）。此外，当得到同样的机会时，小猫也不会伤害其他老鼠。

尽管这项实验看起来很有趣，但是它没有办法证明侵犯行为不是出自天性，只能证明侵犯本能可以被幼年的经验抑制。那么，一个动物如果在成长过程中从来没有和其他动物相处过，会怎么样呢？它是否也会显示出侵犯倾向呢？实验证明，被隔离抚养的老鼠（不曾和其他老鼠打斗过）在看到另一只被诱入笼子的老鼠时，会展开侵犯行为，此外，这只被隔离的老鼠使用的威胁和侵犯的方式和那只有打斗经验的老鼠一模一样（Eibl-Eibesfeldt，1963）。因此，虽然经验可以修正侵犯行为（如郭任远的实验所证明的那样），但是有些侵犯行为并不需要学习就可获得。

通过观察这些与我们在基因层面上有很大相似性的动物的行为，我们能够更加清晰地了解自己的生物遗传特征。与人类亲缘关系最近的动物是黑猩猩和倭黑猩猩。这两种动物的基因与人类基因的相似性都达到了 98%，且黑猩猩、倭黑猩猩，以及人类都是由共同的祖先直接进化而来的（Prüfer et al.，2012）。然而，三者的侵犯性却有很大差异。雄性黑猩猩以极具侵犯性著称，雌性黑猩猩也可能是相当凶残的（Miller et al.，2014）。黑猩猩是除了人类以外唯一一个会猎杀同类雄性的物种，事实上，黑猩猩残害同类的概率和人类在原始社会中自相残杀的概率差不多（Wrangham，Wilson，& Muller，2006）。基于这些对黑猩猩的研究，我们基本上可以得出结论，人类，尤其是男性，是生来就具有侵犯性的。

然而，跨河住在黑猩猩对面的、不在其控制范围内的倭黑猩猩，与人类的亲缘关系也是非常密切的。但不像黑猩猩，倭黑猩猩以互不侵犯而闻名。事实上，倭黑猩猩被描述为一种互爱而非好战的灵长类动物。与会带来交战和冲突的行为相比，倭黑猩猩更喜欢性行为，这种性行为可以降低潜在冲突发生的可能性（De Waal，1995）。因此，当一群倭黑猩猩到了喂食的地方时，它们会先进行与性相关的游戏，然后和平地进食。但是黑猩猩到了喂食的场地后，就会争先恐后地争夺食物。此外，与黑猩猩相反的是，倭黑猩猩群体是由雌性主导的，所以它们比较关注群体中其他同伴的感受（Parish & De Waal，2000）。

不幸的是，倭黑猩猩的生活方式在动物王国中是罕见的，其他灵长类动物在侵犯性方面的一致性表明，在进化中侵犯行为对延续种群非常有意义（Buss，2004；Lore & Schultz，1993）。与此同时，几乎所有的动物都已进化出一种有力的抑制机制，这使

当提到侵犯天性的问题时，我们通常指的是灵长类动物。例如，高级灵长类动物黑猩猩（上图）就十分好战且具有侵犯性，但是诸如倭黑猩猩（下图）等低级灵长类动物则和善、友爱。

它们能够在对自己最有利的时候抑制侵犯性。侵犯行为取决于动物先前的社会经验和其所处的具体社会情境。

文化与侵犯性

大多数社会心理学家认为，侵犯行为是一种选择性策略：人类生来就有侵犯的能力，至于侵犯行为是否会表现出来，以及何时何地表现出来则是习得的，取决于环境和文化（Berkowitz，1993）。毕竟，男性和女性都有睾酮和雌二醇，但世界各地的侵犯行为和暴力行为的发生率却有很大差异。同样，我们似乎有一种天生的倾向，即通过打击作恶者对某些挑衅性刺激做出反应，但我们是否真的会这样做，则取决于先天的倾向、各种学习抑制反应，以及社会情境的确切性质之间的复杂相互作用。当你周围所有的车都在超速行驶时，如果警察因为你超速行驶而拦住你，你可能会生气，但你会控制自己的脾气以及自己的行为。

因此，尽管许多动物——从昆虫到猿猴——通常都会攻击入侵其地盘的其他动物，但我们不能就此下结论说，人类天生就有保护自己的地盘并侵略性地回应特定刺激的倾向。有三类主要证据支持这一观点：跨时间的文化研究、跨文化研究和实验室研究。

侵犯行为随时间和文化而变化

在一个特定文化中，社会状况的频繁变动会导致侵犯行为的急剧变化。试想一下北美洲的易洛魁人。几百年来，易洛魁人作为狩猎民族平静地生活着，并没有卷入与其他任何部族的战乱中。但到了 17 世纪，与新踏上这片土地的欧洲人的货物交换却将易洛魁人带入了与邻近部族休伦人有关毛皮的直接竞争中。由于毛皮可以用来与欧洲人进行交易，换取工业制成品，因此毛皮的价值急剧升高了。随之而来的是这两个部族之间的一系列冲突，很快易洛魁人就成了凶猛的战士。你很难说他们成为凶猛的战士是由于失控的侵犯本性，相反，他们的侵犯性更有可能是因为社会状况改变导致的竞争加剧（Hunt，1940）。

心理学家史蒂文·平克（Steven Pinker）积累的证据表明（Pinker，2011），虽然战争、犯罪、酷刑和谋杀等侵犯行为普遍存在，但在过去的几个世纪里，其发生率一直在稳步下降（见图 12-1）。如果把大屠杀和当代战争等种族灭绝行为的爆发看作一种轨迹上的中断，那么总体趋势表明，家庭、社区和国家间的暴力都有所减少。平克认为，我们现在生活在一个比人类历史上任何一个时期都更少暴力、更少残忍、更加和平的时代。所以，如果你觉得现在的时代相当暴力，那就想象一下 3000 年前人类的生活吧！我们和当时的人属同一物种，所以任何人类与生俱来的侵犯性在我们之间都是一直存在的。改变的是定居者共同体、民族、国家的文明进程，以及人类对人权日益增强的信仰。许多曾经好战的社会，如斯堪的纳维亚人或葡萄牙人所在的地区，如今已经成为地球上的最和平社会之一。“将暴力作为娱乐”现在发生在电影屏

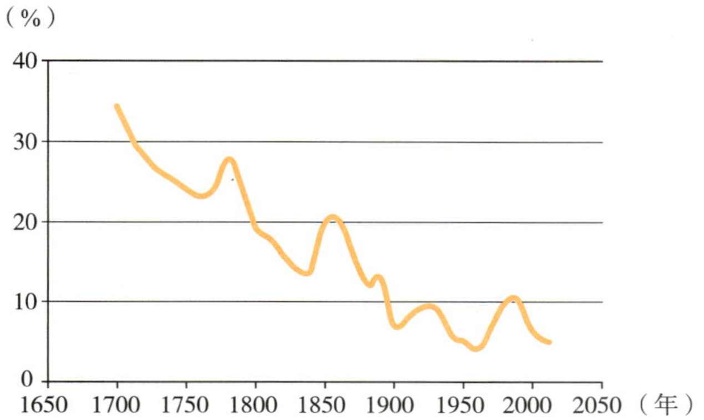

图 12-1　美国谋杀率的变化

在过去 300 年间，美国的谋杀率一直在稳步下降。

资料来源：Claude Fischer.

幕上，而不是在角斗士竞技场上，那里的人们曾经在观众的欢呼声中被撕裂。

当然，不是所有社会都同样好战，深受合作和集体主义价值观影响的文化与欧洲社会相比有较低水平的侵犯性（Bergerob & Schneider，2005）。某些部族，如锡金的雷布查族、非洲中部的俾格米人和新几内亚的阿拉佩什人，过着和平且和谐的生活，侵犯行为几乎从不发生（Baron & Richardson，1994）。在依赖合作以求集体的生存与紧密联系的文化里，愤怒和侵犯行为被认为是危险的、具有破坏性的，一个冒犯者会被排斥或惩罚。当人们生活在一个缺少来自生存的内部威胁和外部威胁的文化里时（不可否认的是，很少有文化受到这样的保护），他们就不需要被培养得很有侵犯性，由此其性别差异被最小化，合作行为被鼓励（Gilmore，1990；Kimmel，2012）。

例如，菲利皮讷雨林的一个狩猎文化部族——森林提禄勒人，专门制定了制度和规范来防止族群内的暴力行为。在他们的社会里，人们会特别注意自己的行为给别人的感受带来的影响。当一些诸如通奸等容易引发愤怒并最终导致暴力事件的行为发生时，村庄里的某些特定成员会去安抚事件的受害者。提禄勒人了解人们天性中的暴力成分，但是他们会尽力降低族群内部的侵犯性事件。不过，如果他们受到族群以外的人攻击，那么他们就会以暴力去反抗（Schlegel，1998）。总之，如果人类的侵犯性是对挑衅刺激的稳定反应，那么所有文化中的人类都会同样具有侵犯性（但事实并非如此）。

荣誉文化

菲利皮讷的提禄勒文化发展出了减轻侵犯性的规范与实践。

或许反对“男性天生具有侵犯性是由于睾酮所致”这一主张的最有力证据来自一些实验，这些实验表明了文化规范和期望是如何“进入”人们体内，并导致他们在类似的挑衅下表现出不同的行为的。

例如，在美国社会，侵犯行为及其导致的暴力事件存在显著的地域差异。美国南部和西南部白人男性的谋杀率实际上比美国北部白人男性的谋杀率要高，在乡村地区这一差异更为显著。理查德·尼斯比特（Nisbett，1993）假设，美国南部的高暴力发生率是由经济原因引起的：与以农业为基础的文化相比，在以畜牧业为基础的文化中暴力发生率较高。为什么会这样呢？在经济上依赖于农业的人们为了生存倾向于发展合作性策略。但是，在经济上依赖于畜牧业的人们则非常容易受伤害，因为他们的牲畜随时可能被偷走。尼斯比特推理到，为了减少偷窃的可能性，牧人学会了对任何威胁性行为（真实的或感觉到的）保持高度警觉并立即予以暴力回应。这就解释了为什么在美国旧西部偷牛和偷马是死罪，为什么即使到了今天，地中海和中东地区放牧文化还高度赞赏男性的侵犯性。事实上，尼斯比特在美国南部考查农业习俗时发现，山区和干旱平原区（牧群区）的谋杀率是农业区的 2 倍以上。

放牧群落强调侵犯性和警惕性，进而培育出了一种荣誉文化，在这种文化中，即使是很小的争论也会威胁到一个人的名声，这种文化要求这个人用暴力进行回应，以恢复自己的地位（Cohen，1998）。尽管牧业在美国南部和西部已经不是很重要了，但是荣誉文化传统依然被保留着。这些地区与荣誉相关联的谋杀率（如凶手报复那些他感觉侮辱了其家庭的人）是这个国家其他地区的 5 倍以上。在荣誉文化国家，高中生比其他国家的学生更可能携带武器上学并使用武器。这些国家的人均校园枪击率是其他国家的 2 倍以上（Brown，Osterman，& Barnes，2009）。平克发现，尽管民主国家的暴力行为有所减少——因为政府可以管理司法并对犯罪者进行适当惩罚，从而减轻公民个人的报复负担——但在荣誉文化中，男性往往不信任政府，他们认为自己有义务进行个人的、激烈的报复（Pinker，2011）。

性别与侵犯性

美国南部和西部早期的经济创造了一种“荣誉文化”，在这种文化中，如果一个人认为另一个人要抹黑他的名誉或偷他的牛，他会迅速扣动扳机。

如果女性不太可能为了维护家庭的名誉而打架、参与暴乱或开枪，这是否意味着她们天生就不像男性那样具有侵犯性？在更大的社会性世界中，侵犯性的性别差异是明显的；在家庭和人际关系的私人世界中，侵犯性的性别差异并不总是那么明显。

身体侵犯

大多数家庭中的极端暴力案件都是男性所为，例如，每 10 个杀害家庭成员的杀人犯中就有 8 个是男性。当男性殴打受害者时，他们造成的伤害比女性虐待者更严重。如图 12-2 所示，美国疾病控制中心（Centers for Disease Control）对美国伴侣间暴力行为的调查结果表明，与男性（13.8%）相比，女性遭受亲密伴侣严重身体暴力的比例（24.3%）明显较高，但男性遭受亲密伴侣严重身体暴力的比例并不像美国社会普遍认为的那样低（Breiding，Chen，& Black，2014）。说到打人、扇耳光、扔东西和殴打，我们敢说，女性并没有手下留情。在一项对近 500 名美国大学一年级女生对男朋友的暴力行为的研究中，大多数人报告了其与男朋友的相互虐待行为（Testa，Hoffman，& Leonard，2011）。几年前，一项对 200 多项社区样本的研究综述发现，与伴侣发生身体侵犯的比例没有显著的性别差异（Straus，2011）。男女双方攻击伴侣的原因是相同的，包括性嫉妒、愤怒、为了引起伴侣的注意、对感知到的情感虐待进行报复和自卫（Langhinrichsen-Rohling et al.，2012）。

男性和女性的侵犯行为之间往往有很大的重叠。事实上，在一些有关年轻的男生和女生的身体发育水平的研究中，大多数男生和女生都相似地不那么具有侵犯性（Archer，2004）。在成年人中，当两性都感觉受到刺激并有权报复时，施加身体伤害的意愿的性别差异往往会消失（Matlin，2012）。平均而言，成年女性与成年男性在大喊大叫、辱骂、羞辱或惩罚子女，以及以类似方式表达侵犯性的意愿上没有差异（Archer，2004）。在崇尚身体侵犯的文化群体中，两性都可能依赖暴力策略。在一项国际研究中，来自澳大利亚和新西兰的女性比来自瑞典和韩国的男性表现出更大的侵犯性（Archer & McDaniel，1995）。自

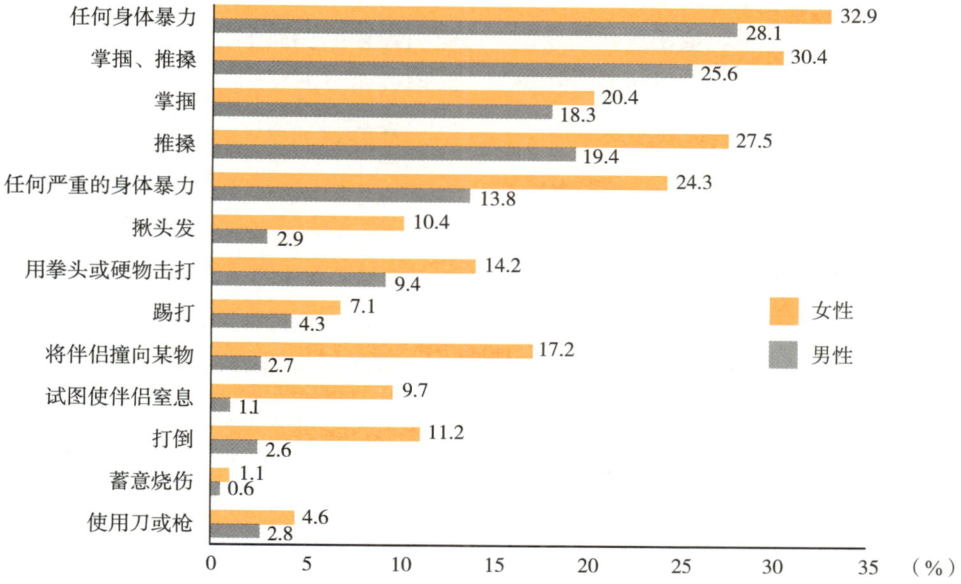

图 12-2 遭受亲密伴侣身体暴力的终身流行率

资料来源：NISVS，2010.

1981 年以来，一项对全世界所有已知的女性自杀式炸弹袭击者进行的研究发现，“驱使女性自杀式炸弹袭击者的主要动机和环境与驱使男性自杀式炸弹袭击者的动机和环境非常相似”，包括对国家或宗教的忠诚、对被外国军队占领土地的愤怒，以及为被敌人杀害的亲人报仇等（O’Rourke，2008）。

关系侵犯

当我们走出身体侵犯的领域时，性别差异实际上会发生逆转：女性比男性更有可能通过操纵关系来实施关系侵犯，伤害另一个人，这通常表现为在别人背后说坏话、散布谣言、回避等隐蔽行为，或者直接无视此人（Archer，2004；McFadyen-Ketchum et al.，1996；Richardson，2014）。虽然关系侵犯似乎比身体侵犯更温和，但其后果同样严重。住在美国马萨诸塞州的 15 岁爱尔兰女孩菲比·普林斯（Phoebe Prince）与学校里一个受欢迎的男孩简单交往后，被一群“刻薄的女孩”盯上了。7 个女孩和 2 个男孩开始对她进行无情的攻击和身体上的伤害。经过 4 个月的诽谤和骚扰，普林斯自杀了。

关系侵犯方面的平均性别差异很早就显现了。在一项研究中，3 ～ 5 岁的儿童分组玩游戏，每 3 个人结为一组，孩子们被要求用蜡笔在白纸上涂色，研究者提供了 3 支蜡笔，但只有 1 支是有颜色的（橙色），其他 2 支都是白色的。自然，孩子们都想要橙色蜡笔。

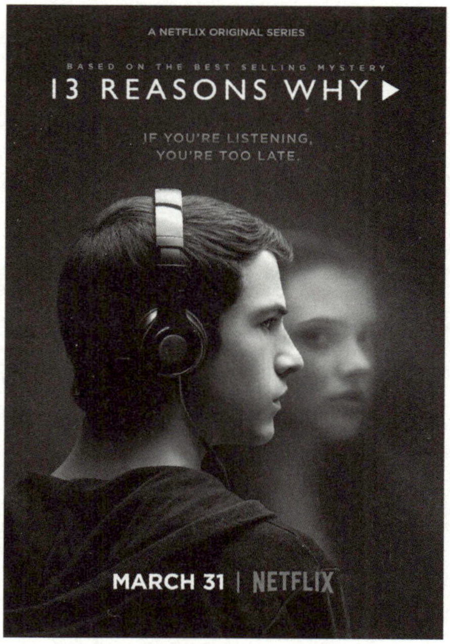

正如电视剧《十三个原因》（*13 Reasons Why*）中所描绘的，关系侵犯有时会导致破坏性的、悲剧性的结果。

男孩们使用身体侵犯（打或推）来争取橙色蜡笔，女孩们则使用关系侵犯（散播关于得到橙色蜡笔的孩子的谣言，或者无视她致使她哭泣）的方式争取橙色蜡笔（Ostrov et al.，2004）。

一种特别有害的关系侵犯形式是网络欺凌。身体上的欺凌，即一个更强壮的人在身体上故意羞辱或虐待一个较弱小的人，早已成为学校生活的一个事实，而网络欺凌只是将这种冲动转化为一种更新的技术（Rivers，Chesney，& Coyne，2011）。网络欺凌的范围是从较轻的行为（恶作剧电话和即时信息上的轻度侮辱）到极为严重的行为（在网站上发布令人不快的或色情的照片，散布侮辱性的、肮脏的短信或恶毒的谣言等）。根据为美国政府准备的一份关于儿童安全和网络技术的审查报告，美国青少年在互联网上面临的最大危险不是来自色情、成年人侵犯行为或性短信，而是（通常来自同龄人的）欺凌和骚扰（Palfrey，Boyd，& Sacco，2010）。

小调查

哪种形式的侵犯行为更具有伤害性？

○身体侵犯

○关系侵犯

侵犯行为的习得

大多数人都是从别人那里得到暗示的。如果我们想知道行为是否得当，那么我们会看看别人在做什么或在说什么，以及他们是会逃脱还是会受到惩罚。我们几乎无意识地学习了文化规则以及男性和女性的行为准则。无论哪种方式，这些情境都可以塑造、引导、鼓励或压制人们表现出侵犯行为或和平行为的愿望。

社会认知学习理论（social-cognitive learning theory）认为，人们在很大程度上通过观察和模仿他人来学习从暴力到利他的社会行为——这一过程被称为观察学习。但是，如果我们不考虑学习者的思维和感知过程，那就无法完全理解人类的观察学习，这是社会认知学习理论的“认知”部分（Mischel & Shoda，1995）。这就是为什么当你和朋友同看一部吸血鬼电影时，其中一个人觉得情节很愚蠢，另一个人却觉得情节很有趣。

孩子们特别容易受到观察学习的影响。在一系列经典的实验中，阿尔伯特·班杜拉和他的同事们证明了社会学习对儿童侵犯行为的影响（Bandura，Ross，& Ross，1961，1963）。实验的基本程序是让一个成年人敲打一个充气的波波玩偶，这种波波玩偶在被击倒后会反弹回来。成年人会用手掌拍打玩偶、用木槌敲打玩偶、踢玩偶，并对玩偶大喊大叫。然后孩子们才被允许玩玩偶。在实验中，孩子们会模仿有侵犯性的成年人，用几乎和他们完全相同的方式对待玩偶（见图 12-3）。一些孩子不仅会模仿成年人，还发明了新的殴打玩偶的方式。孩子们如果没有看到有侵犯性的成年人的动作，就几乎不会对这个倒霉的玩偶做出任何侵犯行为。这项研究为侵犯行为的社会学习——观察和模仿他人行为的能力——提供了有力支持。

一般来说，一个人或一家机构越受尊重，其作为榜样的影响力就越大。在体育运动中，更具侵犯性的运动员通常会获得更大的声誉和更高的薪水，更具侵犯性的球队通常会赢得更多的比赛。做一个温柔的人通常是不值得的。

类似地，如果孩子们看到他们崇拜的父母或其他成年人喊叫、踢打或以其他侵犯方式行动，他们将会模仿这些行为。例如，女性是否会对男性伴侣进行身体侵犯的一个主要预测因素是，她们是否在一个能看到母亲打父亲的家庭中长大（Testa et al.，2011）。

如果我们把事情颠倒过来，让孩子们接触非侵犯性的模式——那些在受到刺激时，以克制、理性、愉

社会认知学习理论：一种认为人们在很大程度上通过观察与模仿他人，以及通过计划、期望与信念等认知过程学习社会行为（如侵犯行为或利他行为）的理论。

图 12-3 波波玩偶实验

孩子们通过模仿习得了侵犯行为。在这项经典的研究中，实验者（第一行）建立了一些暴力对待玩偶的模式，孩子们对此进行了完美的模仿（第二行和第三行）。

快的方式表达自己的人，会发生什么？这个问题已经在几项实验中得到检验（Baron，1972；Donnerstein & Donnerstein，1976；Vidyasagar & Mishra，1993）。孩子们首先看到的是即使受到挑衅也表现得很平静的年轻人。后来，当孩子们被置于自己被激怒的位置时，他们的侵犯性反应要比那些没有看到非侵犯性模式的孩子的反应小得多。

一些生理因素的影响

人们在醉酒、炎热或处于极大的痛苦中时（比他们感觉非常好或在凉爽的春天抿一口汽水时），更有可能激烈地抨击他人、与他人打架或发生争吵。这已经不是什么新闻了。但为什么在这些身体状况的影响下，侵犯他人的概率会增加呢？情况总是这样吗？

酒精与侵犯行为

许多大学生都知道，酒精是一种社会性润滑剂，会降低人们对从事包括侵犯行为在内的那些不被社会认可的活动的抑制力（Desmond，1987；Taylor & Leonard，1983）。还记得睾酮和侵犯性之间的关系可以部分地用睾酮和调节冲动控制的眶额皮质活动减少之间的关系来解释吗（Mehta & Beer，2010）？就像睾酮一样，酒精能降低抑制作用。酒精和侵犯行为之间的关系已经被很好地证明，酒后的侵犯行为甚至会发生在那些没有被激怒和在清醒时一般不会表现出侵犯性的人身上（Bailey & Tayor，1991；Bushman & Cooper，1990；Graham et al.，2006）。这或许可以解释为什么打架会经常发生在酒吧或夜总会里，以及为什么家庭暴力经常涉及酗酒问题。事实上，在过去的 4 个小时内饮酒会使你成为身体侵犯行为人的可能性增加 3.6 倍，使你成为关系侵犯行为人的可能性增加 1.36 倍（Testa & Derrick，2014）。

为什么酒精会增加侵犯行为呢？酒精减少了焦虑、降低了社交抑制力，并让我们比平时更加不小心（MacDonald，Zanna，& Fong，1996）。但事实远不止如此。酒精也通过损害大脑中涉及计划和控制行为的部分来改变我们处理信息的方式（Bushman，1997；

Bushman & Cooper，1990；Hanson et al.，2011）。这就是为什么醉酒的人经常会对最明显的社会情境特征进行反应，而往往遗漏细节。如果你是清醒的，而某个人踩了你的脚，那么你可能会注意到这个人不是故意的。但是如果你喝醉了，你可能会忽视这个细节，把这个人的行为视为故意的然后对其做出反应。如果你和这个人同为男性，你可能会对其拳脚相加。这是男性把模糊情境解读为挑衅的一个典型情况，尤其是在酒精的影响下（Pedersen et al.，2014）。

然而，酒精还有另一种促进侵犯行为的方式，即所谓的"心理醉酒"效应。当人们期望酒精对他们有特定的影响时，它往往就会有（Marlatt & Rohsenow，1980）。确实，当人们期待酒精可以"释放"侵犯冲动时，人们常常会变得更具侵犯性——即使他们喝的是一些无酒精饮料。在一项涉及 116 名 18 ～ 45 岁的男性的实验中，实验者给了约 1/3 的男性无酒精饮料，给了约 1/3 的男性使血液中酒精水平适中的酒精饮料，给了剩下的约 1/3 的男性使血液中酒精水平较高的烈性酒精饮料。实验者控制了每一组饮酒者对自己酒精摄取量的预期。然后，实验者测量了男性面对曾经挑衅地对待他们的人（实验同谋）时的行为。显然，男性摄取的实际酒精含量与他们侵犯行为的关联比他们预期中要小。男性认为自己喝的酒越多，对实验同谋的侵犯行为就越多（Begue et al.，2009）。

当然，正如我们所见，酒精确实对认知和行为有着潜在的生理影响。但是这些影响与人们对酒精的认识之间存在相互作用，如它是否为侵犯行为（或正如我们将要提到的性行为）提供借口和饮酒后他们期望有怎样的感受（Davis & Loftus，2004）。

疼痛与温度的影响

如果一只动物感受到疼痛却没有办法逃离现场，那么它一定会发起攻击，不管对方是大老鼠、小老鼠、大颊鼠、狐狸、猴子、小龙虾、蛇、浣熊、鳄鱼，还是其他动物（Azrin，1967；Hutchinson，1983）。在这种环境下，动物会侵犯它们的同类、非同类或任何出现在眼前的东西，包括毛绒娃娃和网球。你认为这对人类来说也适用吗？回想片刻，你可能会认为实际情况就是这样的。大多数人在遭受强烈的、出乎意料的躯体疼痛时（如被锤子砸到大拇指），都会变得烦躁，并且容易斥责最接近他们的目标。事实上，在一系列实验中，那些因为双手浸在冰冷的水中而变得痛苦的学生侵犯其他学生的可能性比没有遭受这种痛苦的学生大得多（Berkowitz，1983）。

其他令身体不舒服的情境，如热、潮湿、空气污染、拥挤和令人讨厌的气味，都有可能降低侵犯行为发生的阈限（Stoff & Cairns，1997）。在美国的一些主要城市，从得克萨斯州的休斯敦到爱荷华州的得梅因，天气越炎热，暴力犯罪发生的可能性就越高（Anderson，2012；Anderson et al.，2000；Rotton & Cohn，2004）。图 12-4 显示了在气温低于平均气温的日子或气温高于平均气温的日子里暴力犯罪的发生情况。研究发现，"微犯罪"也在增加，当亚利桑那州的沙漠城市凤凰城发生堵车时，驾驶非空调车的司机按喇叭的可能性要远高于驾驶空调车的司机（Kenrick & MacFarlane，1986）。甚至在棒球场上，高气温和敌意也经常联系在一起。在美国职业棒球大联盟的比赛中，当气温上升到 32℃以上时，有更多的击球手被投球击中（Larrick et al.，2011）。在美国职业橄榄球大联盟的比赛中，当比赛在更炎热的天气下进行时，裁判对侵犯性犯规的处罚也会更多（Craig et al.，2016）。

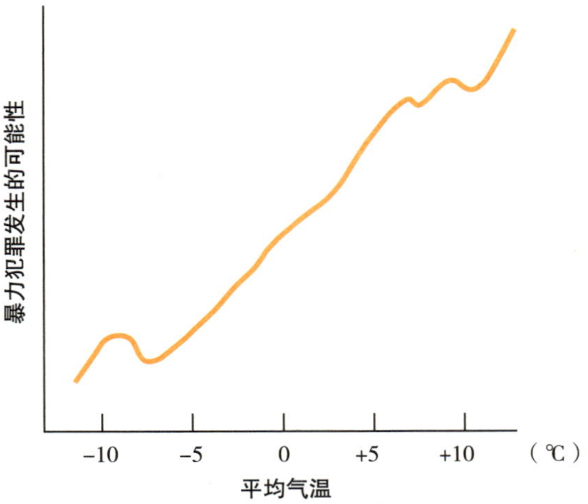

图 12-4　漫长的酷暑

气温升高会增加暴力骚乱和侵犯行为发生的可能性。

资料来源：Hsiang et al.，2013.

正如你现在所知道的，要解释发生在实验室之外的自然环境中的事件，我们必须谨慎。例如，你心中的“科学家”可能会问，侵犯行为的增加是由于温度本身，还是因为相较于雨天和冷天，在炎热的天气中会有更多人从事户外活动。所以，我们如何确定是温度本身还是人与人接触机会增多会引发侵犯行为呢？我们可以把这个现象带入实验室。在这样一项实验中，学生们在不同的条件下参加同样内容的考试，其中有些人在常温教室里作答，另一些人则在温度上升到 32℃以上的教室里作答（Griffitt & Veitch，1971）。当那些在高温教室中的学生被要求描述和评论一个陌生人时，他们不仅报道其看起来更具侵犯性，而且表达出更多的敌意。许多研究者也曾报告过类似的结果（Anderson，2012；Anderson et al.，2000；Rule，Taylor，& Dobbs，1987）。

问题回顾

1. 从社会－心理视角来看，侵犯的进化理论的一个问题是其不能解释（　）。
   a. 男性之间不同的睾酮水平
   b. 不同文化之间的侵犯率差异
   c. 基因对行为的影响
   d. 倭黑猩猩与黑猩猩的差异
2. 下面哪个男性最有可能对侮辱他的人采取侵犯行为？（　）
   a. 在明尼苏达州长大的雷
   b. 在马萨诸塞州长大的兰迪
   c. 在路易斯安那州长大的理查德
   d. 在缅因州长大的里基
3. 下面关于侵犯行为的性别差异的陈述中，哪一个是正确的？（　）
   a. 在家庭中，几乎所有的身体侵犯都是男性所为
   b. 女孩比男孩更容易通过回避或诽谤目标等方式间接表达侵犯性的情绪
   c. 当男性和女性受到侮辱时，身体侵犯的性别差异会增加
   d. 因为暴力在女性中非常罕见，所以女性自杀式炸弹袭击者比男性自杀式炸弹袭击者更疯狂
4. 一个小男孩看着他十几岁的哥哥打了同学一顿，然后带着朋友们的钦佩离开了，于是他也在操场上向另一个男孩挥了一拳。他是通过以下哪一个过程获得这种行为的？（　）
   a. 认知学习
   b. 父母支持
   c. 玩暴力视频游戏
   d. 观察学习
5. “心理醉酒”效应是指什么？（　）
   a. 如果你想喝点酒，你就会去喝
   b. 如果你认为酒精释放了你的愤怒，那么它就会
   c. 如果你认为酒精具有伤害性，那么它就会有
   d. 如果你认为酒精是健康的，那么你就会过量饮酒

“问题回顾”答案，请扫描章末二维码查看。

12.2 社会情境与侵犯性

假设你的朋友凯文正开车载你到机场，以便你能够乘飞机回家过节。他接你的时间比你预期中晚了一些，但是当你提及此事时，他怪你紧张过度，并向你保证自己对这条路线很熟悉，你们到达机场后距登机的时间仍会有很多富余。半路上，你们遇到了塞车，凯文再一次向你保证还有很多时间，但是这次他的语气没有先前那么坚定了。10分钟后，你发现自己的手心在冒汗。你打开车门向路的前方看去，在你能看到的范围内，没有一辆车在动，你回到车里面，狠狠地把门关上，然后瞪着凯文。他无力地微笑着看着你说："我怎么知道会有这么多车？"现在，他应该准备好躲开你吗？

发生在马路上的愤怒是不是总是由司机的挫折感导致的？如果事情真是这样，那么为什么不是每一位司机都像上面这位女士一样愤怒？

挫折与侵犯性

就好像这个熟悉得不能再熟悉的故事告诉我们的那样，受挫折的经历是侵犯行为发生的一个主要原因。如果人们在实现目标和满足目标的过程中遇到阻碍，就会产生挫折感。所有人都会经历挫折，实际上，我们几乎每周都要遭受三四次挫折，更惨的情况是我们可能一天就要受挫三四次！**挫折－侵犯理论**（frustration-aggression theory）认为，当一个人意识到自己在目标的达成上受到阻碍时，其做出侵犯行为的可能性会增加（Dollard et al.，1939），尤其当挫折感是一种不愉快的、不受欢迎的和不可控的体验时。

一些因素会加重挫折感，并由此增加某种形式的侵犯行为的可能性。其中一个重要因素是你和目标（或者说你渴望的东西）的接近程度。你越接近目标，被阻碍的预期的快乐就越高，你就越有可能产生侵犯行为。在一项现场实验中，协助者在好几个地方插队，如在排队买票时、在拥挤的饭馆外面或在超市的付款台前。在某些情况下，他们插在队伍的第2个人前面，在另一些情况下，他们则排在队伍的第12个人前面。结果很明显，当协助者插在队伍的第2个人前面时，站在他身边的人更具有侵犯性（Harris，1974）。

挫折并不总是导致侵犯行为。然而，当环境中有其他事情助长侵犯行为时，挫折便会引发愤怒或苦恼，进而使人进入侵犯他人的准备状态（Berkowitz，1989，1993；Gustafson，1989）。这些其他的事情是什么？一个明显的例子是，让你有挫折感的这个人的身材、力量和报复能力。毫无疑问，对一个位于千里之外且不知道你是谁的客服人员表现得不耐烦且粗鲁可能比较简单，但如果挫折来源于美国绿湾包装工队的中线卫，并且他正在眼睁睁地瞪着你，要对他发脾气就不是那么简单的事情了。同样，如果挫折是可以理解的、合理的，并且是无意的，那么侵犯性的倾向便会降低。

我们想强调的是，挫折不同于剥夺：没有玩具的孩子不会比有玩具的孩子更具有侵犯性。在前面讨论的蜡笔实验中，挫折和侵犯行为都发生了，因为那些拿着白色蜡笔的孩子被设置成期望自己可以去上色。当他们发现自己的蜡笔没有在白纸上留下痕迹时，这

挫折－侵犯理论：该理论认为，挫折是一种人们在追求目标的过程中遇到了阻碍的感觉，它会增加人们做出侵犯行为的可能性。

日常生活中的许多经历都会令人感到挫败，并且会导致侵犯行为。

种期望遭到了挫败，这促使他们侵犯拥有橙色蜡笔的孩子。挫折与目标达成有关，而剥夺则与资源有关。

在国家水平上，期望落空加上挫折感可能会引发暴乱和大变革。社会科学家发现，引发愤怒和侵犯行为的并不是绝对剥夺，而是相对剥夺，即当人们看到自己所拥有的和自己期望拥有的之间的差异时，相对剥夺就会发生（Moore，1978）。相对剥夺理论可以解释为什么暴乱几乎与普遍积极的社会运动同时发生，这些运动激发了人们对平等待遇的期望，因此当他们的期望变化快于生活条件的改善时，挫折感便会产生。例如，从 1967 年到 1968 年发生的全美国范围内的种族暴动，是在种族平等的高涨期待及社会开支的增加（为了抵抗贫穷）下爆发的。在那个时代，美国最严重的暴动不是发生在最贫穷的地区，而是发生在洛杉矶和底特律——在那些地方，美国黑人的生活处境并不比美国其他种族的人的生活处境更糟糕。但是，相对于暴动者眼中的美国白人的生活状况及许多美国黑人有权期待的积极变化，情况是非常糟糕的。

同样，政治期望与现实之间的差异也会驱使人们走向战争。造成侵犯性的一个重要原因是相对剥夺：认为你（或你的群体）所拥有的比你应得的少，比你被引导去期望的少，或者比与你相似的人所拥有的少。

挑衅与报复

假设你在一个拥挤的快餐店做兼职，你负责在柜台后面拍打汉堡肉片。今天你比平时忙，因为另一个做快餐的厨师生病回家了。顾客们排队在柜台前等待，吵闹着要他们的汉堡。当你正要加快速度时，却因转身太快而撞翻了一大罐腌黄瓜，罐子掉在地上碎了，正在这时，老板进来了，并对你吼道："天啊，你怎么这么笨啊，弄掉一个赔 10 美元！快拿笤帚清扫一下，笨蛋！"你瞪着他，想告诉他这份工作有多烂。

侵犯性通常源于一个人被另一个人的侵犯行为激怒后进行报复的需要。在一项实验中，被试被要求为一个新产品准备一则广告，该广告会被实验者的一位同谋评估和批判。在一种情况下，批判虽然强烈，但会以温和、体贴的方式进行（"我认为还有很大的改进空间"）；在另一种情况下，批判会以侮辱性的方式进行（"我认为你即使努力，也不可能有什么创意"）。当机会出现时，那些受到严厉批评的人比那些受到温和批评的人更有可能实施报复（Baron，1988）。

挑衅和侵犯是如此紧密地联系在一起，以至于似乎压倒了侵犯性的性别差异。虽然在中性条件下，男性比女性更具有侵犯性，但是挑衅会同时导致两性的侵犯行为（Bettencourt & Miller，1996）。为什么会这样呢？男性和女性在被激怒时都会生气，而愤怒会降低冲动控制（Denson et al.，2011）。因此，类似于睾酮和酒精，挑衅能通过阻碍自我控制导致更多的侵犯行为。

但是，为了减少侵犯性的反应，我们必须意识到在挑衅发生时的那些缓和条件。在一项研究中，学生们被设计受到实验者助手的辱骂。他们中一半的人被提前告知助手因在化学考试中得到不公平的低分而感到沮丧，其他学生在受到辱骂后才得到这一信息。所有学生后来都有机会通过选择令人不愉快的噪声来打击助手，对其进行报复。结果显示，那些在受到辱骂之前就知道缓和条件的学生发出的噪声较弱（Johnson

& Rule，1986）。为什么会有这样的差异呢？在辱骂发生的时候，知情的学生根本没有把它当回事，因此觉得没必要进行报复。这一解释得到了他们生理唤醒的证据的支持：当辱骂发生时，如果学生事先知道助手沮丧的心理状态，其心率就不会增加得那么快。

为了帮助你识别自己对挑衅的触发因素和反应，请完成下面的“试一试”！

试一试　辱骂与侵犯

想想你最近一次受到辱骂的经历，并写下你对下面这些问题的答案。

- 谁辱骂了你？
- 辱骂发生在什么环境下？
- 你认为那是特别针对你的吗？
- 你是怎么回应的——气愤、有耐心、感到好笑还是其他方式？
- 你的答案与前面的内容有什么联系？

武器作为侵犯线索

某些刺激似乎会迫使我们采取行动。仅仅是存在侵犯性刺激——一个和侵犯性反应有关的对象——就会增加侵犯行为发生的可能性吗？

在一项经典实验中，莱纳德·伯科威茨和安东尼·勒佩奇（Anthony Le Page）先有意地通过辱骂来激怒学生们（Berkowitz & Le Page，1967）。其中一些学生在一间放着一把枪的房间里（表面上看起来是上一次实验留下的），另一些学生在一间放着一个中性物体（一个羽毛球拍）的房间里。然后，学生们被告知有机会对其他同学施加“电击”。结果显示，那些在有枪的房间里的学生，比在有球拍的房间里的学生所施加的电击更为强烈（见图 12-5）。枪的存在似乎会触发侵犯性的反应，只要此人因为沮丧或愤怒已经准备好做出这种反应（Anderson，Benjamin，& Bartholow，1998）。

这一充满挑衅性的发现在美国和欧洲被多次复制，现在其被称为**武器效应**（weapon effect），即仅仅是存在枪支或其他武器就可能导致侵犯行为加剧（Benjamin & Bushman，2017）。这种影响既有生理上的，也有心理上的：被要求与枪互动 15 分钟的男大学生比在同样时间内玩儿童游戏的男大学生表现出更高的睾酮水平（Klinesmith，Kasser，& McAndrew，2006）。这些发现指向了一个结论，这一结论与枪支管制反对者经常使用的口号相反，即“枪不会杀人，

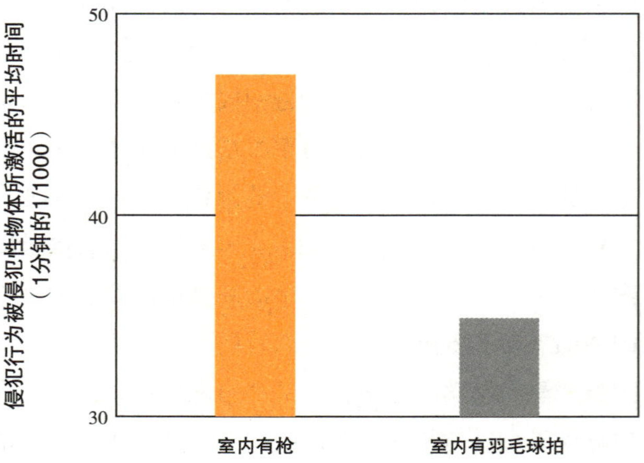

图 12-5　扳机可以指挥手指

侵犯行为的线索物，如武器，会增加侵犯性的程度。

资料来源：Berkowitz & Le Page，1967.

武器效应：仅仅是枪支或其他武器的出现就可能导致侵犯行为的增加。

人会杀人”。正如伯科威茨（Berkowitz，1981）所说：“手指在扣动扳机，但扳机可能也在扣动手指。”

要素整合：性侵犯的例子

最令人不安的一种侵犯行为是性侵犯，它可以有多种形式。虽然“强奸”对许多人来说是一个令人不安的词，但重要的是我们还是要给它下定义，使每个人都同意它的含义，并使法律能够反映这一含义。例如，法律曾豁免已婚男性，允许他们与妻子强行发生性关系。2013 年，美国司法部修订了强奸的定义，将未经受害人同意，用身体任何部位或任何物体插入受害者身体的任何孔口的行为包括在内。性侵犯是一个更广泛的术语，包括其他各种行为，但“未经同意”仍然是关键标准。在本节中，我们将考虑社会心理学家如何利用各种证据来帮助我们理解这一现象。

强奸的动机

有些男性实施强奸是为了支配、羞辱或惩罚受害者。这种动机在战争期间强奸、俘虏并经常杀害妇女的士兵中很明显（Olujic，1998），在强奸其他男性的男子中也很明显（King & Woollett，1997）。后一种形式的强奸往往发生在青年人的帮派之间，其目的是羞辱敌对帮派成员。而在监狱中，除了明显的性动机外，有的人实施强奸也是为了征服和贬低受害者。男性也可能受到女性的性侵犯和强奸，尽管许多男性羞于承认这一点（Stemple & Meyer，2014）。

当大多数人想到“强奸犯”时，他们会设想一个暴力的陌生人或一个连环掠夺者。有些强奸犯就是这样的。他们往往无法同情女性，可能会对女性产生敌意和蔑视，并觉得有权与自己选择的任何女性发生性关系。这可能就是为什么性暴力往往是由地位较高的男性实施的，如高中和大学的体育明星、有权势的政治家和名人等，他们可以轻易找到自愿的性伴侣。他们将权力感与性等同起来，愤怒地指责女性挑逗他们，并支持“强奸误解”的说法（Nunes，Hermann，& Ratcliffe，2013；Thompson et al.，2011）。

但事实是，大约 85% 的强奸或强奸未遂发生在彼此认识的人之间，受害者甚至可能与侵犯者有关系（Koss，2011；McMullin & White，2006）。强奸可能是由于身体暴力（在实际暴力或作为威胁的暴力下发生性行为）或丧失行动能力而发生的，即与被药物诱致昏厥的受害者、醉酒者或吸毒者，以及昏迷者发生性行为（Breiding，Chen，& Black，2014）。

性脚本与同意问题

每个人都知道，一个性侵犯者如果公然用武力、暴力威胁或使人失去知觉的药物等手段强奸一位女性，就是犯了严重的罪行。但是，对于那些由于自愿饮酒和服用其他药物而导致“丧失行动能力”，进而受到侵犯的众多女性而言，这又是怎么一回事呢？答案可能来源于男性和女性在美国社会的性别角色中习得的不同**性脚本**（sexual script）（Laumann & Gagnon，1995）。性脚本是关于潜在伴侣之间如何进行性接触的图式。性脚本因一个人的文化、性取向、种族和地域而变化，也随着时间的推移而变化。在美国，对于年轻的异性恋男女来说，一个流行的性脚本是这样的——女性的角色是抵制男性的性暗示，而男性的角色则是坚持不懈。在电影、电视和杂志中，男性角色经常依照这种传统的男性脚本，而许多女性角色仍然扮演“性客体”的角色，并根据其性操守而被指指点点（Hust et al.，2014；Kim et al.，2007）。男同性恋者和女同性恋者的性脚本往往比异性恋者的性脚本更灵活，因为其伴侣并不遵循传统的性别角色规范（Kurdek，2005）。

规定了恰当性行为概念的性脚本的存在，可以解释为什么许多人在性相关情境中对“不”一词的含义感到困惑或愤怒。反强奸组织的重复宣告——“你不明白‘不’的哪一部

性脚本：一组随性别、年龄、宗教、社会地位和同龄人群体而变化的内隐规则，规定一个人在特定情况下的恰当性行为。

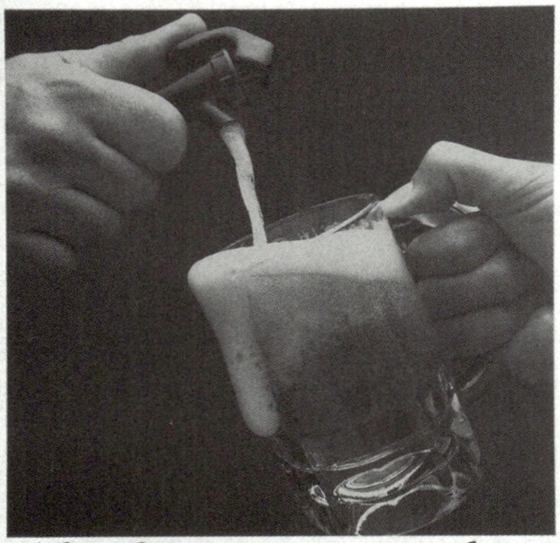
A lot of campus rapes start here.

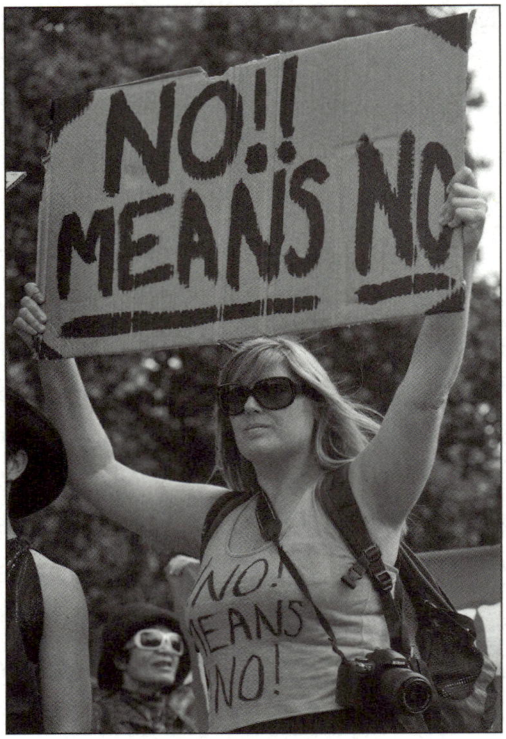
NO!! MEANS NO
NO! MEANS NO!

分”——看起来很清晰，但是美国文化的性脚本对这个词的含义有着复杂的理解。即使一个女性想要性爱，她也不应该显得太渴望，这会让“不”看起来不那么绝对。在一项针对高中生的调查中，尽管几乎 100% 的男性和女性都同意只要女性说“不”，男性就应该停止性行为，但这些人中也有近一半的人认为，当女性说“不”时，她们并不总是认真的（Monson，Langhinrichsen-Rohling，& Binderup，2000）。由此产生的困惑可能也解释了为什么一些女大学生觉得她们需要将大量饮酒作为性行为的前奏（Cole，2006；Howard，Griffin，& Boekeloo，2008；Villalobos，Davis，& Leo，2015）。毕竟，如果她们喝醉了，并且没有明确地说“是”，就没有人可以指责她们滥交。

更复杂的是，大多数夫妻通过暗示、肢体语言、眼神交流和其他非言语行为来传达性兴趣和性意图，包括不想发生性关系的愿望。研究发现，有时年轻女性试图在不说“不”的情况下表达“不”，如后退几步或假装没有注意到男性的进一步举动。就男性而言，许多人会将女性的非言语行为过度解读为性兴趣，而不仅仅是友好（La France et al.，2009）。鉴于非言语行为在本质上是模糊的，人们使用的最常见的暗示也最容易被误解。

由于所有这些沟通失误，两性往往对于是否发生强奸持不同意见（Hamby & Koss，2003；Villalobos et al.，2015；Yoffe，2014）。在一项对 3000 多名年龄在 18 岁至 59 岁之间的美国人进行的全美国代表性调查中，近 25% 的女性表示，男性（通常是丈夫或男朋友）强迫她们进行了她们不情愿的性行为，然而只有约 3% 的男性表示，他们曾经强迫女性进行过性行为（Laumann et al.，1994）。

问题回顾

1. 根据挫折–侵犯理论，（　）。
   a. 当人们遇到挫折时，几乎总是会变得具有侵犯性
   b. 当人们表现出侵犯行为时，会感到挫败
   c. 挫折增加了侵犯的可能性
   d. 由剥夺所引起的挫折感会导致侵犯行为
2. 诺亚指望他的室友乔治在搬家那天帮他，但乔治一直没有出现，诺亚很生气。他会对自己说

些什么来减少报复或责备乔治的念头？（　）

a. 那就是他的个性，他总是那么粗心大意

b. 我比他好

c. 我再也不需要他的帮助了

d. 我打赌乔治因为这周的考试压力很大

3. 什么是相对剥夺？（　）

a. 当人们感觉被剥夺了可以依靠的亲人时

b. 当人们生活贫困，感到没有改善的希望时

c. 当人们觉得他们所拥有的和他们期望得到的之间存在不公平的差异时

d. 当一些人做着同样的工作，却比其他人挣得少时

4. 武器效应是指（　）。

a. 很多人看到武器时都会有情绪反应

b. 仅仅是枪就可能引起侵犯性的反应

c. 只要有枪，人们就会感到更安全

d. 有些武器比其他武器更容易引起侵犯行为

5. 下列关于强奸的陈述中，哪一项是正确的？（　）

a. 犯强奸罪的男性往往有精神疾病

b. 大多数强奸案是由袭击陌生女性的男性实施的

c. 大多数强奸案是在熟人之间或正在发展的恋爱关系中发生的

d. 男性不会被强奸

6. 对于与醉酒或无行动能力的女性发生性行为，下列哪一项是正确的？（　）

a. 违反法律

b. 可能在道德上是错误的但并不违法

c. 如果她似乎同意，则该行为是可以被接受的

d. 如果她不同意，该行为也是可以被接受的

7. 性脚本是指（　）。

a. 舞台导演对爱情场景中演员的指示

b. 在习得性别角色的过程中，人们获得的一套关于恰当性行为概念的规则

c. 支配男女性行为的一套不变的规则

d. 规范异性恋者性行为而非男同性恋者性行为的规则

“问题回顾”答案，请扫描章末二维码查看。

12.3　暴力与媒体

大多数美国儿童都沉浸在各种媒体的暴力画面中，从电视、电影到电子游戏、互联网。事实上，他们不仅沉浸其中，而且与之俱化！他们看到了无休止的殴打、爆炸、坏人的残忍行径，以及好人为了抓住坏人而做的残忍的事情。电影中的暴力镜头自 1950 年以来增加了一倍多，而 PG-13 级电影中的枪支暴力自 1985 年以来增加了两倍多。事实上，现在 PG-13 级电影中包含的暴力内容和 R 级电影一样多（Bushman et al.，2013）。

许多人（心理学家和普通大众）都对儿童和青少年所看到的暴行感到担忧，他们认为这一定会导致严重的后果，首先是它让枪支看起来很酷和令人兴奋（Bushman & Pollard-Sacks，2014）。对他们来说，就像波波玩偶实验一样，孩子们会模仿他们在电视和电影中看到的暴力行为，并在情感上受到影响。如果亲社会视频能增加儿童的亲社会行为（见第 11 章），那么更常见的反社会的暴力视频肯定会增加儿童的暴力行为。

不过，对许多人来说，这不是问题。他们问道，如果在 PG-13 电影中的枪支暴力增加了两倍多的这些年里，现实世界中的枪支暴力和年轻人的整体暴力犯罪下降到创纪录的低点，那么媒体暴力还能有多大的影响力呢？此外，他们还补充说，媒体暴力是由卡通故事和“众所周知”的不真实的图像组成的。事实上，这正是美国最高法院 2011 年判决的理由，即无论电子游戏有多暴力，都可以向未成年人出售。

因此，争论仍在继续。在这一节中，我们要对

双方的证据进行梳理，得出我们认为最明智的解决方案。

媒体暴力效应研究

你会如何研究媒体暴力的可能影响呢？无数的新闻报道似乎提供了一个令人信服的答案。例如，几年前，一名男子驾驶卡车冲进了得克萨斯州基林市一家拥挤的自助餐厅，随后这名男子从车上下来开始随意向人开枪，并造成 22 人死亡。警察在他的口袋里发现了一张《渔王》（*The Fisher King*）的票根，这部电影描述了一个精神错乱的人走进一个拥挤的酒吧开枪打死了几个人的故事。“科伦拜恩校园事件”的两位凶手都喜欢电子游戏《毁灭战士》（*Doom*），而“科伦拜恩校园事件”本身也在美国引发了许多模仿行为（Aronson，2000）。美国田纳西州的两名青少年拿着枪在高速公路上对过往的汽车进行狙击并杀死了一名司机，因为他们想表演他们最喜欢的电子游戏《侠盗猎车手》（*Grand Theft Auto*）。在另一案件中，一名男子因为看过一部女性在银幕上跳舞的电影后开始相信所有女性都是不道德的，都应该死。随后，他便犯下了 4 起残忍的强奸谋杀案。激发他的电影是《十诫》（*The Ten Commandments*）。

但是社会心理学家知道，无论这些轶事多么有趣，都不足以回答媒体暴力影响的问题。你无须精挑细选就可以找到一个很好的例子来说明。例如，你可以挑选一些爱玩《侠盗猎车手》，然后又会按时做作业、弹钢琴的孩子作为反例。因此，研究者进行了实验研究和实地研究，试图解答这个复杂的问题。

媒体暴力的实验研究

实验室实验的迷人之处在于，它可以使我们确定暴力视频究竟是否会影响随机人群的行为（见第 2 章）。在实验室实验中，情境是被完全控制的。除了暴露于暴力这一因素外，其他每一个因素都可以保持恒定。因变量，即被试行为，也可以被谨慎地测量。

大多数实验证据都表明，观看包含暴力情境的节目会显著提高侵犯行为、愤怒情绪以及敌对思想发生的频率（Bushman，Gollwitzer，& Cruz，2015；Greitemeyer & McLatchie，2011；Huesmann，Dubow，& Yang，2013）。在早期的一项实验中，一群孩子观看了一段极其暴力的警匪剧情节。在控制条件下，对照组观看了一段同样长时间的激动人心的但非暴力的电视体育赛事。然后，每个孩子都被允许在另一个房间里和其他一群孩子一起玩。结果，那些看过暴力警匪剧的孩子和他们的玩伴在一起时表现得比那些看过体育赛事的孩子更具有侵犯性，即波波玩偶效应（Liebert & Baron，1972）。然而，这项研究的结果并不一致，对实验文献的一些综述发现这一效应很小或并不存在（Ferguson，2009，2013；Sherry，2001）。

不过，主动玩暴力电子游戏似乎具有更强的影响力：那些对暴力进行直接奖励的游戏，如通过奖励分数或在“绝杀”后将玩家升级到下一段位的游戏，极有可能增加敌意、侵犯思维和侵犯行为，这不仅适用于美国儿童，也适用于其他国家的儿童（Anderson et al.，2010；Carangey & Anderson，2005）。一项对 98 项研究进行的元分析（共有近 37 000 名被试）发现，暴力电子游戏和亲社会电子游戏都对玩家产生了直接影响（Greitemeyer & Mügge，2014）。

重复的暴力性质的活动的另一个有害后果可能是使人们对困难、暴力或不愉快的事件感到麻木（Thomas，1982）。一般来说，随着时间的推移，我们的身体会对重复的刺激做出反应，这种反应要么表现为逐渐减少的唤起——被称为“习惯化”，要么表现为更多的唤起——被称为“敏感化”。如果暴露在一个暴力事件中会影响一个人对下一个暴力事件的反应，那么我们就可以通过其生理机能观察到习惯化或敏感化的过程。在早期的一项实验中，研究者测量了年轻人在观看残酷、血腥的拳击比赛时的生理反应（Cline，Croft，& Courrier，1973）。结果支持了对暴力的习惯化假设。那些在日常生活中看了很多电视的人似乎对拳击场上的混乱漠不关心，他们很少表现出兴奋、焦虑或其他生理唤醒。他们对暴力无动于衷。而那些很少看电视的人表现出了强烈的生理兴奋，暴力确实让他们感到不安。如今，与《权力的游戏》（*Game of Thrones*）或《行尸走肉》（*The Walking Dead*）相比，40 年前的这场“残酷而血腥的拳击比赛”似乎也会显得平淡。事实上，暴力必须增加其恐怖性和强度，才能从观众那里得到与曾经的轻度暴力相同的反应，这可能是重复的暴力性质活动的麻木效果的一个完美例证。

虽然精神麻木可以保护我们远离不安的感觉，但它也可能产生意想不到的效果，即增加我们对暴力的真正受害者和其他需要帮助的人的冷漠。在一项实地研究中，刚看过暴力电影的人比看过非暴力电影的人或还在等着看这两部电影中的一部的人需要更长的时间来帮助一个挣扎着捡起拐杖的女性（Bushman & Anderson，2009）。

此外，如果需要帮助的人不是“我们中的一员”，那就一定要小心了。因为当你玩暴力电子游戏时，你很可能会把自己看成一个英雄，想要把那些邪恶的生物赶尽杀绝。就其本身而言，这很有趣，但一些研究表明，这一效应有更深远的影响：一旦玩家养成了对“敌人”进行非人化的习惯，这种习惯就会延续到玩家看待真人的过程中，而不仅仅局限于机器人和生活类动画。在英国进行的两项实验中，研究者发现，玩某暴力电子游戏的被试（男性和女性）后来更有可能对英国移民进行非人化处理，认为其在某种程度上不如英国本土人值得尊敬；而玩亲社会游戏《疯狂小旅鼠》或中性游戏《俄罗斯方块》的被试则相反（Greitemeyer & McLatchie，2011；Greitemeyer，2014）。

玩第一人称射击游戏会让人变得更暴力吗？还是一开始就有暴力倾向的人会被这种游戏吸引？抑或两者都存在？

接触媒体暴力，尤其是玩暴力电子游戏，可能会产生上述影响的原因有三：第一，它们增加了生理唤醒和兴奋；第二，它们触发了模仿敌对或暴力角色的自动化倾向；第三，它们激活了现有的侵犯性的想法和期望，使人们更有可能采取行动（Anderson et al.，2003）。电影和游戏还形塑了社交脚本，即人们在感到沮丧、愤怒或受伤时的被认可的行为方式。

纵向研究

上述这些实验显示，在控制情境下，媒体暴力对儿童和青少年都有显著的影响。实验室允许我们去证实有些重要的事情正在发生，但它有一个很大的局限性：实验不能描绘每周玩 20 ～ 30 个小时电子游戏和延续数周、数月或数年看动作片或恐怖片等行为对儿童和青少年的影响。

为了研究这种影响，我们需要对儿童展开持续一年或更长时间的纵向研究。在纵向研究中，研究者对研究的因素控制得更少，但这能更好地观察孩子接触的真实环境给孩子带来的影响。另外，与大部分实验室研究使用人工辅助手段测量侵犯行为（如对受害者实施虚假电击或噪声干扰）不同，纵向研究可以观察侵犯行为，如袭击、殴打。这种研究方法的弊端是人们生活的环境中充斥着会增强或削弱媒体暴力影响的其他因素。

纵向研究发现，儿童观看的电视节目中的暴力元素越多，他们就会在之后展现出越多的侵犯性（Anderson et al.，2003；Eron，1987，2001）。例如，一项对 700 多个家庭进行了 17 年的观察研究发现，青春期和成年早期人们花费在看电视上的时间和随后的暴力行为具有显著的正相关。这种相关关系在排除了父母教育、家庭收入和邻居暴力行为的影响后依然显著（Johnson，2002）。另外，在最近一项对 430 名从三年级到五年级的小学生进行的为期一学年的研究中，研究者测量了 3 种侵犯行为（言语侵犯、间接侵犯和身体侵犯）及 3 种媒体暴力（电视、电影和电子游戏中的暴力）。他们通过与儿童的同龄人和老师进行访谈，以及直接对儿童进行观察，在一年中测量了两次儿童的侵犯行为和亲社会行为。他们发现，儿童在其学年早期接触的媒体暴力预测了 3 种侵犯行为（言语侵犯、间接侵犯和身体侵犯）更高的发生率和更少的亲社会行为（Gentile，Coyne，& Walsh，2011）。

媒体暴力并不能加剧所有儿童的暴力行为。有暴力倾向的儿童也更喜欢媒体暴力，这会增加侵犯行为的可能性。

确定因果关系的问题

纵向研究发现，观看大量媒体暴力的另一个后果是危险被放大。如果我在电视屏幕上看到了所有这些谋杀案和伤害案，我会得出这样一个结论：离开家是不安全的，特别是在天黑以后。这难道不是合乎逻辑的吗？事实上，这正是许多铁杆观众的结论。每天看电视超过 4 个小时的青少年和成年人比每天看电视不到 2 个小时的青少年和成年人更有可能对在外面发生的暴力行为有夸大的看法，他们更害怕受到人身攻击（Gerbner et al.，2002）。

对此，一个可能的原因是看到暴力行为让他们感到恐惧。另一个可能的原因是他们认为街上有危险，所以花了很多时间待在家里，然后在家里无所事事的他们便看了很多电视节目。正如这个例子所显示的，在尝试解释大多数非实验性的纵向研究和调查研究的数据时，最大的挑战就是去梳理数据与数据之间的因果关系。通常的假设是观看暴力节目会让人们变得更有侵犯性，但有侵犯性的人也会沉溺于观看暴力节目。当然，也有可能是另一个完全独立的因素同时导致了这二者的发生。一些孩子生来就有暴力倾向，或者在学步期就从打骂他们的家长或兄弟姐妹身上习得了暴力，又或者通过其他途径将侵犯性发展为自身的人格特质。相应地，这种特质或倾向同时导致了他们的侵犯行为和对观看暴力节目或玩暴力电子游戏的喜爱（Bushman，1995；Ferguson，2013）。

在一项研究气质与暴力暴露交互作用的实验中，一些孩子被要求观看一部充斥着暴力的警匪片，另一些孩子则被要求看一部刺激但并不暴力的自行车竞赛片。然后，研究者让他们进行了一场地板曲棍球比赛。观看暴力影片确实增加了孩子们在曲棍球比赛中的侵犯行为，但这些行为主要是由那些原来就被老师评定为具有高侵犯性的孩子们所为。这些孩子用球棍打其他队员，用肘推或用侵犯性的语言辱骂对手，上述行为的强烈程度要远高于那些同样看了暴力影片但在先前被评定为不具有侵犯性的孩子，以及那些虽然具有侵犯性但看了非暴力影片的孩子（Josephson，1987）。

同样，一些纵向研究显示，对本身就有暴力倾向的孩子而言，接触媒体暴力或暴力电子游戏与侵犯行为具有更高的相关性（Anderson & Dill，2000）。因此，这种相关性也可能是因为观看媒体暴力给他们表现自己的侵犯倾向提供了方便的途径（Ferguson & Kilburn，2009）。同样的结论可以应用到对暴力色情的研究中（与非暴力色情相比）。相关的元分析反复证明了接触暴力色情对男性观众具有很强的影响，增加了其对女性的敌意和侵犯性。这种关联在很大程度上是由于那些男性本身就对女性有较高水平的敌意和施加暴力的倾向（Malamuth，Hald，& Koss，2012）。

综合所有这些研究，我们得出结论，频繁接触媒体暴力，特别是暴力电子游戏，确实会对普通儿童和青少年产生影响，但对那些已经有暴力倾向的儿童和青少年影响最大。很明显，大多数人不会因为他们所观看的内容而变得具有侵犯性或犯下暴力的罪行。正如社会认知学习理论所预测的那样，人们对他们所看东西的理解、他们的个性倾向和社会背景都会影响其反应（Feshbach & Tangney，2008）。儿童和青少年会观看许多不同的节目和电影，但除了在媒体上看到的那些以外，他们还有许多"榜样"可以观察，包括父母与同伴。不能否认的是，有些人受到了暴力娱乐的影响，并招致了悲惨的结局。

一位研究媒体暴力的顶尖研究者认为，"是时候从更复杂的角度来看待媒体效应了：减少对某些内容的道德反对，更多地关注媒体消费者及其动机"（Ferguson，2014）。鉴于刚刚讨论的研究，我们认为至少有 5 种不同的反应可以解释为什么接触暴力可能会增加那些脆弱的"媒体消费者"的侵犯性。

1. 规范，"既然他们能这么做，那我也能"。当人们看到电视中的人物的暴力行为时，其先前所学到的对暴力行为的抑制可能会被削弱。
2. 观察学习，"哦，原来应该这么做"。观看电视中人物的暴力表现会引发人们去模仿。
3. 错误归因，"我想这不仅仅是充满压力的一天，我是真的愤怒了"。观看暴力节目可能会使人们更容易将自己此刻的状态同愤怒情绪联系起来，这就导致了在被启动的条件下产生更多侵犯性反应的可能性。如果人们最近观看了有暴力情节的节目，可能会把轻微的不高兴当作愤怒，并更有可能爆发。
4. 习惯化，"哦，又是一顿毒打，别的台在演什么啊"。观看太多的拳打脚踢，似乎减少了人们对暴力的恐惧和对受难者的同情。因此，人们更容易接受暴力，也更容易有侵犯行为。
5. 自证预言，"在他侵犯我之前，我要先把他放倒"。观看大量的暴力节目会使人们认为这个世界是一个危险的地方，也就更有可能对那些在街道上碰面的陌生人表现出敌意。

最后，让我们从更广阔的角度来看待所有这些研究。相比于媒体的影响，生物因素、社会因素、经济因素和心理因素是对侵犯行为更为有效的预测变量。例如，孩子天生具有的暴力倾向、较低的自我控制感、被同龄人孤立（将在本章最后一部分进行深入讨论）、犯罪时机、童年期遭受身体虐待，以及身在把侵犯作为一种生活方式的暴力社会中（Crescioni & Baumeister，2009；Ferguson & Kilburn，2009）。

问题回顾

1. 下列哪一项陈述是正确的？（　）
   - **a.** 观看暴力节目会使多数年幼儿童进行模仿
   - **b.** 观看暴力节目会使一些儿童更倾向于模仿
   - **c.** 玩暴力电子游戏对孩子的影响比看电视或电影中的暴力画面要小
   - **d.** 观看暴力节目不会影响人们对陷入困境的人的反应
2. 根据社会认知学习理论，下列哪个因素影响了一个人对媒体暴力的观看和其模仿媒体暴力的可能性之间的关系？（　）
   - **a.** 暴力被描绘为宗教故事中的一部分
   - **b.** 暴力被政府支持
   - **c.** 观看者如何解释暴力故事
   - **d.** 观看者是否有一个好的心情
3. 儿童观看媒体中的暴力行为和表现出的侵犯性呈正相关。这是什么意思？（　）
   - **a.** 观看暴力节目使儿童更加具有侵犯性
   - **b.** 具有侵犯性的儿童更有可能观看暴力节目
   - **c.** 在暴力环境中成长使儿童具有侵犯性并更有可能观看暴力节目
   - **d.** 答案 a 和 c 是正确的
   - **e.** 上述答案都是正确的
4. 有关媒体暴力的实验室研究可以发现什么？（　）

a. 观看暴力电影对侵犯行为影响甚微
b. 玩暴力电子游戏比观看暴力电影有更大的影响
c. 玩暴力电子游戏使儿童感到更加气愤
d. 儿童很快便会习惯媒体暴力，所以很少受其影响

5. 在解释媒体暴力效应的纵向研究时，主要的问题是什么？（　）
a. 区分媒体暴力会引起侵犯行为和具有侵犯性的人被媒体暴力所吸引这两种可能性
b. 将电视暴力与电子游戏暴力研究分开
c. 识别哪类儿童对电视暴力更加脆弱
d. 调查玩电子游戏的儿童是否也会偏好暴力色情

“问题回顾”答案，请扫描章末二维码查看。

12.4 如何减少侵犯行为

“别打你弟弟！”“关掉电视，立刻回你自己的房间去！”为了减少孩子的侵犯行为，大多数父母都会采取一些惩罚措施。有些父母会选择不再给孩子任何好处，另一些父母则会大喊、恐吓，或者直接使用暴力，因为他们相信那句古话，“不打不成器”。那么惩罚的效果如何呢？一方面，你可能认为惩罚可以降低侵犯行为发生的频率；另一方面，如果惩罚是具有侵犯性的，那么实施惩罚的家长就成了侵犯行为的模范——诱发孩子去模仿他们的行为。

惩罚能减少侵犯行为吗

下面，让我们来思考一下惩罚的复杂性。正如我们在第 6 章中讨论的那样，对幼儿园孩子的几项实验已经证明，对孩子的不良行为进行相对严厉的惩罚，不会使不良行为对孩子的吸引力下降；而轻度惩罚的威胁（强度只足以使孩子暂时停止不适当的行为）能够促使孩子认为这些限制是恰当的，从而使不良行为对孩子的吸引力下降（Aronson & carlsmith，1963；Freedman，1965）。

然而，被用来减少孩子或成年人侵犯行为的残酷惩罚经常会因为一些原因产生反效果。这些惩罚可能会在短期内阻止孩子的侵犯行为，但受到身体惩罚的孩子往往会随着时间的推移变得更具侵犯性和反社会性（Durrant & Ensom，2012）。严厉的惩罚也会因为其他一些原因适得其反。人们会因为无奈和沮丧而冲孩子吼，或者使用严厉的方法去控制孩子的行为。这些噪声和虐待很可能会收到愤怒的回复，而不是“谢谢，我会改掉你不喜欢的具有侵犯性的习惯”。在某些情况下，愤怒的关注往往是侵犯者希望看到的。如果一个妈妈冲正在发脾气的女儿大喊大叫，这种行为实际上就是女儿想要从她妈妈那里得到的回复。更严重的是，极端的惩罚，诸如打屁股和身体虐待，是孩子形成抑郁、低自尊、暴力行为以及其他问题的一个风险因素（Gershoff，2002；Gershoff & Grogan-Kaylor，2016）。到最后，这些惩罚都会没有效果，因为其只告诉孩子不要做什么，却没有说明他应该做什么。通过打屁股的方式教训一个攻击姐姐的小男生并不会教会他要与姐姐和平共处。

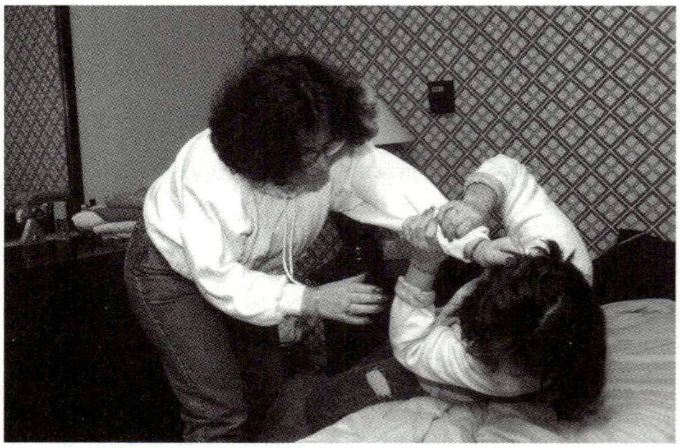

许多疲倦的、被激怒的家长是通过冲孩子吼、殴打或抓住孩子来惩罚其不良行为。这种惩罚往往会产生反效果，使孩子感到愤怒和不满，而不会纠正其不良行为。它让孩子们知道在疲倦和被激怒之下该做什么——打人。

由于这些缺点，大多数心理学家都认为严厉的惩罚是消除侵犯行为或其他不良行为的一种很差劲的办法。在一些案例中，当班级里的“霸王”欺凌一个同学时，我们需要对其进行暂时性的身体约束。但这是让霸王在大人离开的时候不表现出侵犯性的最好办法吗？

对成年人暴力使用惩罚

大多数文化下的刑事司法系统都会实行严厉的惩罚，既作为报复，也作为阻止谋杀、过失杀人和强奸等暴力犯罪的手段。严惩的威胁是否会降低此类犯罪的可能性？那些即将犯下暴力罪行的人会不会对自己说，“我最好不要这样做，因为如果被抓了，我会坐很长时间的牢，甚至可能被处决”？

实验室实验表明，惩罚确实可以起到威慑作用，但前提是满足两个条件：（1）惩罚必须是迅速的；（2）惩罚必须是确定的（Bower & Hilgard，1981）。惩罚必须在侵犯行为发生后迅速执行，而且必须是不可避免的。在现实世界中，这些条件几乎从未被满足过。在大多数美国城市里，犯下暴力罪行的人被逮捕、起诉、审判和定罪的概率并不高。鉴于美国法院的案件数量，处罚会被推迟数月甚至数年。由于许多因素会影响犯罪率——年轻人与老年人在人口中的比例、贫困程度、毒品政策、歧视性逮捕模式——美国各州的监禁率与犯罪率之间的关系差异很大（Harrington & Gelfand，2014）。因此，在复杂的刑事司法世界中，严厉的惩罚不可能像在实验室受控条件下那样产生威慑作用。

由于以上原因，严酷的惩罚对于威慑罪犯来说难以奏效。保留了死刑的国家因而也没有比废除死刑的国家的谋杀案发生率低多少（Fajnzylber et al.，2002）。同样，在美国，那些废除死刑的州的致死案件发生率也没有像一些专家预言的那样有明显上升，死刑判决似乎通常与谋杀率无关（National Research Council，2012）。想象一下，如果一个人正处于杀戮愤怒的痛苦中，这不是大多数人停下来去思考他们的决定的时刻。

我们能通过纵容愤怒来释放它吗

传统的智慧告诉我们，减少侵犯感的最好办法是做一些具有侵犯性的事情。许多年来，“把它赶出你的系统”一直是一个普遍的建议：如果你感到愤怒，那么用大喊、尖叫、骂人、把碟子扔到墙上等方法来宣泄愤怒，它就不会被积累到无法控制的地步。这个普遍的信念建立在弗洛伊德的精神分析概念——宣泄（catharsis）的基础之上（Dollard et al.，1939；Freud，1933）。弗洛伊德对侵犯冲动持有一种“液压”的观点，他相信除非人们能够以无害的或建设性的方式（“升华”）表现其侵犯性，否则侵犯能量将会被抑制，压力将会积聚，这些能量会寻找一个出口，要么以极端暴力的形式爆发，要么以精神疾病的症状出现。

不幸的是，弗洛伊德关于“宣泄”的理论被过度简化成这样一个概念：人们需要发泄他们的愤怒，否则他们会在生理上和心理上经受痛苦，通过发泄愤怒，人们在将来会更少地表现出侵犯行为。许多人在感到沮丧或生气时，会通过大喊、咒骂或踢沙发来宣泄情绪，以便暂时感觉不那么紧张和痛苦。但是这些行为会降低未来发生侵犯行为的可能性吗？“宣泄”的概念与实验数据相符吗？

侵犯行为对个体后续的侵犯性的影响

自弗洛伊德以后，许多精神分析师都相信，玩竞争性的游戏是暴力力量得到宣泄的一个和谐、安全的出口。但他们错了，很多事实表明，竞争性的游戏会使被试和观众表现得更具有侵犯性。

在一项证明这一事实的研究中，研究者对高中橄榄球运动员在赛季开始前一周和赛季结束后一周的敌意水平进行了测量。如果橄榄球比赛中激烈的竞争与

宣泄：通过表现出侵犯性或看着别人这样做，来缓解积攒的愤怒和侵犯能量，从而降低进一步的侵犯行为发生的可能性。

与宣泄假说相反，一些侵犯性运动的爱好者在观看了侵犯性的运动后，并不会变得更不具有侵犯性；相反，他们会比完全没有观看侵犯性的运动时更具有侵犯性。

侵犯行为能够减轻压抑所造成的紧张状态，那么赛季过后，运动员们的敌意水平应该下降，然而，结果表明，其敌意水平反而显著上升了（Patterson，1974）。

观看具有侵犯性的比赛会怎么样呢？那会减少侵犯行为吗？不幸的是，不会。对体育迷的研究更关注其侵犯性，而不是其他方面（Wann et al.，2015）。虽然你可能认为体育迷会在他们支持的球队输了之后发生暴动，但似乎获胜球队的球迷才是最不稳定的。研究者在狂热的棒球迷观看棒球比赛的视频的同时采用功能性磁共振成像测量其大脑活动后发现，当看到他们支持的球队获胜时，其大脑中的奖赏处理区域被激活得越多，获胜球队的球迷就越想对其他球队的球迷做扔食物或饮料之类的事情（Cikara，Botvinick，& Fiske，2011）。

在实验室外的现实世界中，我们看到了同样的现象。在言语侵犯之后，总会有进一步的侵犯行为发生。在愤怒的对抗之后，很多人都在生理层面和心理层面感觉更糟糕。当人们反复思考自己的愤怒，不停地向他人诉说他们感到多么愤怒，或者通过敌对的行为流露自己的情绪时，其血压都会上升，并感到更加愤怒。而且，相比于让愤怒平息，他们会表现出更多的侵犯性（Bushman et al.，2005）。

责怪被侵犯者

反复的侵犯是一个恶性循环。当你伤害另一个人时，你会经历认知失调，例如，认知到“我伤害了达里奥”与认知到“我是一个正直、善良的人”是不协调的。减少认知失调的一个好方法是说服自己伤害达里奥不是一件坏事。你可以忽略达里奥的优点，强调他的缺点，让自己相信达里奥是一个坏人，应该受到伤害。如果达里奥是你侵犯行为的无辜受害者，那么你很有可能会以这种方式来减少认知失调。在第 6 章的实验中，被试对没有伤害他们的无辜者造成了心理或身体上的伤害（Davis & Jones，1960；Glass，1964）。然后被试会说服自己：他们的受害者不是好人，因此受伤害是他们应得的。这种做法当然减少了认知失调，但也为进一步的侵犯行为创造了条件，因为一个人一旦成功地找到了不喜欢某个人的理由，就更容易再次伤害这个人。

如果受害者并非全然无辜，结果会怎么样呢？例如，受害者如果做了伤害你或打扰你的事情，理应受到你的报复。此时情况会变得更加复杂而有趣。对伤害你的人采取侵犯性的行动会增加你对那个人的敌意，从而助长愤怒，而这正是你最初对其进行侵犯的由头（Kahn，1966）。

我们应该怎样处理愤怒

如果暴力会导致自我辩白，反过来又滋生更多的暴力，那么当我们生某个人的气时，应该怎样处理愤怒情绪呢？压抑愤怒、在屋子里生闷气并希望别人能理解我们的想法，这些似乎并不是好的解决方法，独自徘徊、沉思也一样，它们只会延长和激化我们的愤怒（Bushman et al.，2005；Rusting & Nolen-Hoeksema，1998）。但是，如果把感受憋在心里或表达出来都是有害的，那么我们还有别的选择吗？

首先，通过积极地使愤怒消散来控制愤怒是有可能的。“积极地”意味着使用诸如“说话之前先数到 10（或 100）”这样简单的办法。深呼吸或从事其他分心的事情（玩游戏、骑自行车，甚至做好事）也能够有效地驱散怒气。如果你对这些方法感到怀疑，觉得你奶奶都能告诉你这些，那么好吧，因为事实本来就是这样！你的奶奶通常都知道她在说什么。但是，正如你即将在下文中看到的那样，关于愤怒，我们所能做的不仅仅是控制它。

宣泄与自我觉察

驱散愤怒对你自己和你与别人的关系来讲，有时并不是最好的选择。如果你的亲密朋友或伴侣做了一些让你生气的事情，你应该使用一种能够促使你审视自己和保证你们的关系动态变化的方式来表达你的愤怒。你可能还希望以一种能够解决问题的，而不是唤起他人的愤怒并将问题升级的方式来表达自己。但是，要想做到这一点，你必须用非暴力的、不会贬低别人的方式来表达愤怒。

你可以通过以下方式来实践上述策略（当你数到 10 后）：以简单明了的言辞，平静地指出你有些愤怒，并且不带偏见地说出你认为是你朋友或伴侣的什么行为导致了你的愤怒。这些话本身就可以让你感觉好一些。同时，由于没有对愤怒对象施加真正的伤害，这种行为不需要为了转变认知历程而依靠嘲笑或贬损对方来强化自己合理化的伤害行为。以一种不会引起聆听者防御和反击的方式说话是很重要的。适当的说话方式应该是能让人解决问题的（“看，我们对家务有不同的标准，能否找一个方式解决这个问题”）。当我们对朋友或伴侣的愤怒以清楚、公开、非对抗性的方式表达时，就能够增进相互了解并加深感情（Christensen，Doss，& Jacobson，2014）。

虽然向激怒你的朋友表达愤怒可能是最好的——至少在你想要解决你们之间的问题时是这样，但是有时让你生气的目标并不在，也许他 / 她惹你生气是在几年前，也许他 / 她已经去世或搬走了。如果你想对过去的冒犯感到不那么生气的话，一个技巧就是从第

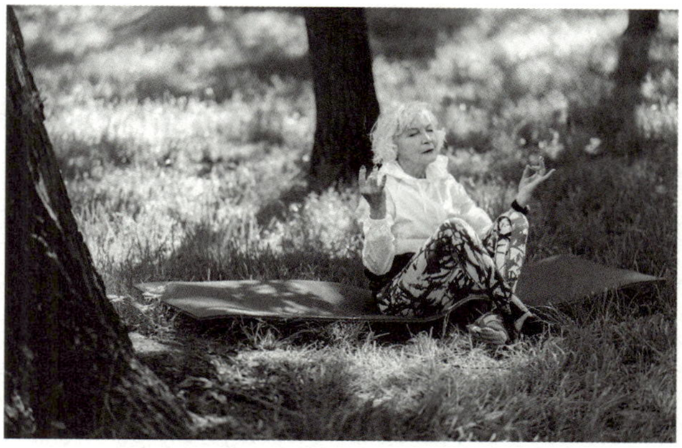

积极地驱散愤怒是有可能的。

三人称的角度去回忆它。从第一人称的角度回忆愤怒经历的学生会报告感觉到强烈的情绪和血压升高，而从第三人称的角度回忆愤怒经历的学生的情绪不那么强烈，血压也没有升高（Ayduk & Kross，2008）。要想知道这种技巧是否能帮助你摆脱对未表达的经历的愤怒，请完成接下来的“试一试”！

研究发现，在日记中写下你的愤怒也会有所帮助。在对一些经历了各种创伤事件的人们所做的研究中，那些在诱导下写出当时的感受和深思的人，与那些默默承受或在诱导下只谈到事件细节但没有说出当时感受的人相比，在 6 个月至 1 年后变得更为健康，并且更少患生理疾病。“吐露心事”的方法之所以能有效地发挥作用，不是因为情绪需要得到宣泄，而是因为这种自我表露总是伴随着洞察和自我意识（Pennebaker，1990，2002）。例如，一个年轻女性意识到她从童年起就因为另一个孩子对她做的事情积压了许多愤怒。当她看到自己对这件事情写下的东西时就会意识到，“天啊，其实我们俩都只是孩子而已”。

试一试

控制你的愤怒

你是否对生活中的某件私事感到生气呢？尝试从第三人称的视角描述这件事。思考此事发生的地点、自己和他人的位置，以及所有人的着装。思考从外部来看你是怎样的，包括你在事件发生期间的面部表情。从一个不同于你自己的视角观察情境是否能减轻你的愤怒？

培养沟通与解决问题的技能

感到愤怒是做人的一部分，但我们必须学会以建设性的、非暴力的方式表达愤怒或烦恼。在大多数社会中，正是那些缺乏社交技能的人最容易用暴力解决人际关系中的问题（Langhinrichsen-Rohling et al.，2012）。因此，减少侵犯行为的一种方法就是教会人们如何以建设性的方式表达愤怒或批判，如何在冲突出现时进行谈判和妥协，以及如何在必要时道歉（Christensen et al.，2014）。

现在美国许多中小学都会培训学生使用非侵犯性的策略、解决问题的技能、情绪控制和冲突解决方案来化解冲突（Barnes，Smith，& Miller，2014；Wilson & Lipsey，2007）。例如，在一项大型的纵向研究中，已经表现出高度侵犯性的幼儿园男孩被随机分配到 10 年干预组或对照组。干预措施包括教会他们在管理情绪、与同龄人相处以及在学校取得成功方面具有更强的能力。在干预结束 10 多年后，这些 20 多岁的年轻人被带进一个实验室，在那里他们被要求和一个（虚构的）伙伴玩游戏，这个伙伴会通过偷他们的分数来激怒他们。那些参与了干预的年轻人在有机会进行报复时不仅表现得不那么积极，甚至表现出对挑衅的睾酮的反应性降低（Carré et al.，2014）。

正确道歉

如果你不是那个感到愤怒的人，而是那个导致别人愤怒的人，你会怎么办呢？你应该怎样道歉才能不让对方更生气呢？通常情况下，任何真诚的道歉及行为人承担全部责任的道歉都是有效的。注意“真诚”和“全部责任”部分。当许多公众人物或企业领导人被发现做了违法的或不道德的事情时，他们所表达的平淡的、象征性的道歉并不作数（Smith，2014）。Twitter 企业账户会花更多时间向用户在 Twitter 上发布的投诉道歉，而不是发布新内容（Page，2014）。为了最大限度地让别人接受你的道歉，你必须真诚地说对不起，并向对方保证你不会再做同样的事情。不要试图在道歉的时候解释你的行为，如果你遵循这个“公式”，那么他人很可能会原谅你，而不会进行激烈

的报复（Eaton & Struthers，2006）。

当然，冒犯者必须相信道歉是必要的，这里存在性别差异。一项研究让年轻的男性和女性写日记记录他们每天是否冒犯了他人或被冒犯，研究者发现男性认为的需要道歉的侵犯行为的门槛更高。另外，在评估冒犯他们的人的侵犯性时，女性的评估普遍要比男性的评估更严重。你可以想象浪漫情侣之间的这种矛盾会导致的不幸结果：女性对于男性意识不到自己做出了一些需要道歉的侵犯行为感到很愤怒，而男性则会认为女性太敏感和肤浅（Schumann & Ross，2010）。

建立共情来对抗去人性化

正如我们所看到的，大多数人发现给一个陌生人施加痛苦本身就是一件很痛苦的事，除非你能找到一种使这个人去人性化的方法（Caselman，2007）。通过建立人与人之间的共情，侵犯行为就会难以实施。

被教导设身处地为他人着想的孩子往往比缺乏共情的孩子自尊水平更高，更慷慨，侵犯性也更小。

研究资料对这个论点提供了强有力的支持。在一项研究中，那些接受了共情（即站在别人的立场上考虑问题）训练的学生比那些没有接受这个训练的学生表现出更少的侵犯性（Richardson et al.，1994）。在一项类似的研究中，日本学生们在一个学习实验中被指示对其他学生施加电击（Ohbuchi，Ohno，& Mukai，1993）。在一种情境下，“受害者”会先揭露一些关于自己的私事；而在另一种情境下，他们没有这样的机会。当“受害者”进行自我揭露时，被试施加的电击更轻。当你已经与某个陌生人建立了联结后，伤害这个人就会变得困难，无论这个陌生人是你的邻居、流浪汉、销售人员还是人民公敌。

诺尔玛·费什巴赫（Norma Feshbach）开创了小学共情教学的先河，他为孩子们设计了一个 30 个小时的共情训练项目（Feshbach，1989，1997）。孩子们不得不认真思考一些问题，如“如果你像猫一样小，这个世界对你来说会是什么样子的”“什么生日礼物会让你的家人感到最开心”。思考问题的答案可以提高孩子们将自己置于他人处境中的能力。孩子们也会听故事，然后从故事中不同人物的角度进行复述。孩子们扮演的每一个角色都会被录下来。然后，孩子们会看这些录像，并讨论人们在表达不同感受时的表情和声音。在项目结束时，孩子们不仅学会了共情，而且比那些没有参加该项目的学生更慷慨，有更高水平的自尊和更少的侵犯性。因为换位思考需要认知的灵活性，因此我们也惊讶地发现，发展出更高共情能力的学生往往也有更好的学业成绩（Feshbach & Feshbach，2009）。

热门话题

“重新安置”：美国联合航空公司的倒闭

2017 年 4 月 9 日（周日）晚，美国联合航空公司 3411 航班的乘客刚刚在从伊利诺伊州的芝加哥飞往肯塔基州的路易斯维尔的航班上安顿好。在他们不知情的情况下，美国联合航空公司的 4 名员工到达登机口，并告诉机组人员，他们需要立即赶到路易斯维尔，为第 2 天从该机场起飞的航班提供服务。为了让乘客愿意给这 4 位员工让座，3411 航班的机组人员承诺给下飞机的乘客 400 美元，然后又升至 800 美元，但仍然没有人愿意这样做。于是，空乘人员宣布，她们将随机挑选乘客，并将其带离航班。

她们随机选择了一位来自肯塔基州伊丽莎白镇的 69 岁医生陶大卫（David Dao），但陶医生说他不会下飞机，因为他第 2 天早上要去给病人看病。于是机组叫来了安保人员，其他乘客拍摄的手机视频显示，安保人员强行将陶医生从飞机上带走，将他的脸撞在扶手上，并将他拖下飞机，他浑身是血，不省人事，其他乘客则倒吸了一口凉气，并发出哭声：“天啊，你们在干什么？”“不，这么做是不对的！”最终陶医生得了脑震荡，鼻梁断裂，两颗门牙也掉了。

毋庸置疑，整个互联网都充斥着愤怒。但直到美国联合航空公司首席执行官奥斯卡·穆诺兹（Oscar Munoz）为“不得不重新安置（乘客）”做出了毫无同情心的道歉，并表示美国联合航空公司“遵循既定程序”时，社交媒体上的联合抵制才出现猛增。Twitter 上充斥着嘲笑美国联合航空公司的话题标签，如“美国联合航空的座右铭”“联合抵制”。公众强烈抗议的核心是这种不匹配的暴力为什么会发生在一个普通的商业交易过程中。穆诺兹没有表示悔恨，也没有承诺未来这永远不会发生在美国联合航空公司的任何乘客身上，而是试图为殴打行为进行辩解，进而错失了改正错误的机会。

特别糟糕的客户服务与航空乘客的愤怒和侵犯性的上升率相结合，这种现象被称为“空中愤怒”。该现象的基础是相对剥夺。航空公司通过广告宣传飞行是一种奢华的服务，但大多数乘客的体验很难用“奢华”来形容。乘客的期望和航空公司提供的服务之间的不匹配与空中愤怒的增加不谋而合（Hunter，2006）。反过来，与愤怒的客户打交道会给服务人员带来损失，导致其筋疲力尽，并增加其在与新客户发生冲突时采取更具侵犯性的行动的可能性（Grandey，Dickter & Sin，2004）。在这起案件中，当机组成员让陶医生下飞机时，他紧紧地抱着双臂，这种轻微挑衅被认为是一种侮辱，并导致了随后发生的暴力事件。

挫折–侵犯理论也解释了双方的行为。陶医生在被要求离开之前，他已经坐在座位上了。这增加了他的沮丧，使他不太可能遵守要求。对空乘人员和安保人员来说，有两个目标遭到了阻挠：为美国联合航空公司的员工找座位，以及确保飞机的起飞时间接近预定的起飞时间。当陶医生成为实现这些目标的障碍时，侵犯性的冲动就成了主导力量。

打破拒绝–愤怒的循环

在本章开头，我们提及了“科伦拜恩校园事件”，并讨论了关于是什么导致了这一骇人听闻的事件和其他一些类似的校园屠杀事件的一些想法。这些事件本来能够被阻止吗？

可以肯定的是，很多枪击犯都有严重的心理疾病。赵承熙（Seung-Hui Cho），一个在 2007 年杀了他在弗吉尼亚理工学院的 32 个同学的人，有着很长的精神疾病、妄想和异常行为的历史，且其病症在凶案发生前一年变得更加严重了。当他还是一个孩子的时候，他曾写过他想“复制‘科伦拜恩校园事件’”（Hillshafer，2013）。桑迪胡克小学枪击案的凶手亚当·兰扎以及 2014 年在加利福尼亚州圣巴巴拉杀死了 6 个人的埃利奥特·罗杰（Elliot Rodger），从小就患有精神疾病，且病情一直在恶化。一些研究者得出结论，哈里斯可能是一个容易愚弄成年人（包括其精神科医生）的精神疾病患者，而克莱伯德患有抑郁症（Cullen，2010）。但是，将“科伦拜恩校园事件”和其他屠杀事件的发生都归因于凶手的精神异常并听之任之是错误的。这种解释没有意义，因为哈里斯和克莱伯德都是功能健全的人。他们都有很好的成绩、按时上课，且没有在父母和校方面前表现出过任何问题行为。的确，他们都是孤独的人，但是科伦拜恩高中的很多人也是这样的。因此，认为这个骇人听闻的事件单纯是由精神疾病导致的会使我们错过许多关键问题，而这些问题可以帮助我们在未来避免类似的悲剧发生，那就是社会情境的作用。埃略特·阿伦森（Aronson，2000）认为，哈里斯和克莱伯德是在以一种极端的方式对校园氛围做出回应，这种氛围营造了一种排外、愚弄的环境，使得学校里相当多的学生处境困难。美国大多数中学都是一些搞小团体的地方，在这些小团体中，如果一个学生有着“错误”的种族，来自镇上的穷地方，穿着“错误”的衣服，太矮、太胖、太高或太聪明，都会遭到排挤。在枪击案发生后，科伦拜恩中学的一些学生回忆，哈里斯和克莱伯德经常遭受小团体内的人的愚弄和欺负。实际上，小团体内部的一个学生是这样为其行为进行辩白的：“大多数人都不希望他们出现，他们着魔了。所以我们当然要戏弄他们。但是，对那些留着奇怪发型、帽子上带角的人，你打算怎么对他们呢？如果你想让他们离开，最好的做法是经常戏弄他们。因此，整个学校的人都会叫他们同性恋（Gibbs & Roche，1999）。”

在哈里斯和克莱伯德留下来的录像带中，他们很愤怒地讨论着他们在学校遭受的侮辱和欺负。“也许现在我们会得到应有的尊重。”克莱伯德挥舞着一把被锯断的猎枪说到。事实上，大量暴力屠杀事件背后的动机是人们试图将羞耻、屈辱和被拒绝的感受转化为骄傲感。社会排斥事实上是导致青少年自杀、绝望和暴力的最重要的风险因素（Crescioni & Baumeister，2009；Leary，Twenge，& Quinlivan，2006；Stillman et al.，2009）。一个研究团队调查了从 1995 年到 2001 年发生的 15 起校园枪击案，发现其中 13 个凶手曾经因欺凌和社会排斥而被激怒（Leary et al.，2003）。在网络上关于“科伦拜恩校园事件”的直接后果的讨论中，无数人留言表达了他们被受欢迎的学生排挤和欺负的痛苦。这些年轻人中没有人谴责这次枪击事件。相反，他们的立场呈现出对哈里斯和克莱伯德遭遇的理解和同情。一个 16 岁的女孩写道：“我知道他们的感受，父母应该意识到，当他们的孩子说没有人愿意接受他们的时候，并不总是反应过度。”

我们如何阻止欺凌和侵犯性报复的循环呢？2013—2014 学年，普拉克及其同事在新泽西州进行了一次大规模的欺凌干预，涉及 24 000 多名中学生（Paluck，Shepherd，& Aronow，2016）。这项干预措施的设计理念是，社会规范最好是由那些在社区里很有名的、很受欢迎的人来传达，如那些在很多不同的社交圈子里都很酷的、受欢迎的孩子。研究者首先绘制了 56 所中学的社交网络图，然后随机分配一些学校的学生组成了一个“反冲突干预小组”。反冲突干预小组的学生用高质量的印刷品和易于分享的数字图像设计了反欺凌活动，这些活动都真实地在他们的学校得以实施。1 年后，有反冲突干预小组的学校显示，针对同伴冲突的惩戒报告减少了 30%。值得注意的是，对于那些有更受欢迎的、更受喜爱的孩子参与设计反欺凌运动的学校来说，这种影响更大。

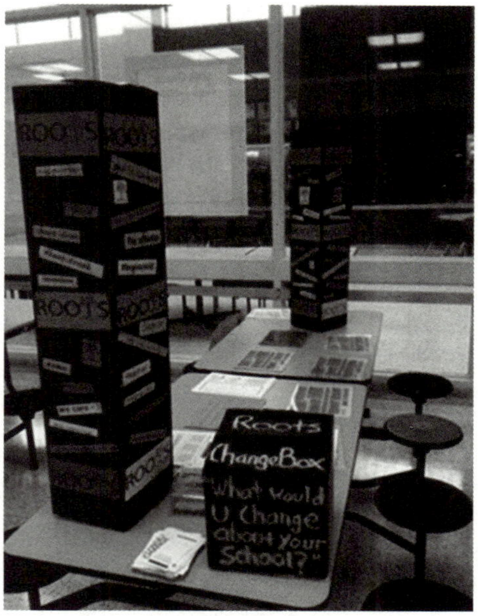

在过去的 10 年里，许多学校都采取了防止欺凌的方案，以改变一种以侵犯形式进行的规范，否则这种规范可能会在青少年中危险地流行。

社会心理学的研究表明，通过改变消极的、排外的社会氛围，在学生中建立共情，我们应该能使学校更安全、更令人愉快、更人性化。顺便说一句，科伦拜恩高中现在就有一个反欺凌项目。

问题回顾

1. 假设你想减少你的孩子对别人进行侵犯的机会，下列哪一项策略可能最奏效？（　）
   - a. 做一个良好的角色榜样，不要进行语言或身体上的虐待
   - b. 让你的孩子玩他们想玩的暴力电子游戏
   - c. 命令他们与其他孩子和睦相处，如果他们表现得不好，你就惩罚他们
   - d. 鼓励他们参加体育活动，让他们在运动场上发泄自己的沮丧

2. 蒂法妮对于惠特妮忘了自己的生日感到很生气。为了平息愤怒，蒂法妮应该（　）。
   - a. 想想惠特妮其他惹恼她的时候，然后在惠特妮面前抛出所有证据表明她是一个多么坏的朋友
   - b. 每天花 20 分钟写下她的感受，持续几天，以获得一些不同的观点
   - c. 在 Facebook 上发布自己对惠特妮的感受
   - d. 在惠特妮背后和她们共同的朋友抱怨她

3. 蒂法妮最终决定直接面对惠特妮。她应该如何表达她的愤怒（假设她想维持友谊）？（　）
   a. 她应该把一切都说出来，这样她会感觉好一些，惠特妮会确切地知道她的感受
   b. 她应该邀请惠特妮打网球，然后揍她一顿
   c. 她应该尽可能平静地解释她为什么感到不安和受伤，而不是责备和控诉惠特妮
   d. 她应该解释她为什么感到不安和受伤，但是让惠特妮知道自己在责怪她的轻率行为
4. 下列哪种道歉方式最容易被接受和相信？（　）
   a. 如果我伤害了你的感情，我非常抱歉
   b. 非常抱歉我伤害了你的感情，但我们都有责任
   c. 非常抱歉，我明白我做错了什么，这样的事再也不会发生了
   d. 我很抱歉
5. 青少年自杀和暴力的最重要的危险因素是什么？（　）
   a. 在学校表现不佳
   b. 父母很严格
   c. 有相关遗传倾向
   d. 被社会排斥

“问题回顾”答案，请扫描章末二维码查看。

总结

12.1　侵犯性是天生的、习得的还是可选择的

侵犯指的是意图伤害他人或以让他人痛苦为目的的有意行为。敌对性侵犯指的是以给人施加痛苦为目的的侵犯行为；工具性侵犯指的是在达到其他目的的过程中给人施加了痛苦的侵犯行为。

- **进化视角。**进化心理学家认为，侵犯性是男性与生俱来的，因为它使他们能够保护自己的群体，并使自己的基因得以存续。男性也会出于性嫉妒而对他人进行侵犯以保护自己的父权。一种与男性侵犯性有关的激素是睾酮（男女都有不同水平的睾酮），但是侵犯性与睾酮的联系不太大，且相互影响。有两种进化论认为这种联系取决于社会情境：双激素假说表明，睾酮只有在有可能获得主导权的情况下才会导致侵犯行为，因此，在压力情境下，睾酮甚至可以预测较少的侵犯行为；而挑战假说则指出睾酮只会在个体有可能进行交配的时候导致侵犯行为。在人类男性和人类的两个近亲黑猩猩和倭黑猩猩中，侵犯性的程度有很大的差异。即使侵犯行为有生存价值，几乎所有的动物也已进化出了强大的抑制机制，使其能够在需要时抑制侵犯行为。
- **文化与侵犯性。**大多数社会心理学家认为，人生来就具有侵犯性，但侵犯性的表达与否受情境和文化因素的影响，因此它是可以改变的。不同文化间的侵犯性程度有很大差异，在某些条件下，群体不得不变得更具有侵犯性，而在其他条件下，群体又会变得更为和平。合作的、集体主义的文化具有低水平的侵犯性，在过去的几个世纪里，战争、谋杀和酷刑已经在世界各地稳步减少。然而，在荣誉文化中，如在美国南部、西南部和中东地区，男性会被培养成会对威胁和不尊重做出侵犯性反应的人，这种反应源于经济状况。在这种文化中，对女性进行身体虐待的比例往往高于其他地方，因为这种虐待被视为男性的特权。多种因素决定了一种文化是否倾向于助长侵犯行为，包括男性的侵犯性在多大程度上构成了男性角色和身份的核心部分。
- **性别与侵犯性。**男性比女性更有可能在被挑衅的情况下进行身体侵犯，如与陌生人打架或犯下暴力罪行。然而，当女性和男性一样受到挑衅或文化规范助长女性侵犯他人时，身体侵犯的性别差异就会减少。丈夫谋杀妻子的可能性比妻子谋杀丈夫的可能性大得多，但社区研究发现，不太极端的伴侣虐待（如殴打）的发生率没有显著的性别差异。女性更有可能实施关系侵犯，即通过操纵关系（如散布

谣言、回避）来伤害他人。

- **侵犯行为的习得。**社会认知学习理论认为，人们通常通过观察和模仿他人（特别是他们所尊重的人或机构）来学习社会行为，包括侵犯行为。但他们的实际行为也取决于他们的信仰、感知和对所观察事物的解释。
- **一些生理因素的影响。**酒精作为一种去抑制剂，通过减弱人们的控制能力来增加其侵犯行为。酒精会破坏人们正常的信息加工过程，所以人们可能只会对最明显的社会情境，而不能对微妙的细节做出反应。当人们期待酒精会有某种效应时，这种效应通常就会存在。当人们经历伤痛、感到不安和激动时，更有可能会表现得具有侵犯性。

12.2 社会情境与侵犯性

- **挫折与侵犯性。**挫折－侵犯理论认为，经历挫折会增加侵犯行为发生的可能性。一个人如果在达到目的的过程中，遭受不合理的或意料之外的挫折，则更有可能表现出侵犯性。另外，相对剥夺——感觉自己所拥有的东西比自己应得的东西少或比与自己相似的人所拥有的东西少——比绝对剥夺更有可能引起挫折感和侵犯行为，从民权运动到东欧再到中东的抗议和革命都说明了这一点。
- **挑衅与报复。**个体会由于别人的侵犯行为予以还击，如果存在较为缓和的情境，或者被侵犯者认为对方的行为是无意的，那么这种反应就会减少。
- **武器作为侵犯线索。**在其他条件等同的情况下，只要有枪和侵犯性的刺激，侵犯行为就会增加，特别是当一个人已经感到愤怒或挫败时。在一项经典的研究中，被试在面对枪支时会感到愤怒，对“受害者”施加的电击要比研究者在同样环境下用网球拍代替枪支时更强烈。
- **要素整合：性侵犯的例子。**在有关性侵犯的案件中，大多数强奸案都是由受害者认识的人犯下的（熟人或约会强奸）。强奸可能是由身体暴力或丧失行动能力所致，即当受害者被下药、喝醉或昏迷时。实施性侵犯的男性往往无法与女性共情，他们可能对女性有敌意或蔑视女性，并觉得有权与他们选择的任何女性发生性关系。约会强奸也可能因男女在性规范方面所遵循的性脚本的理解错误和模糊而发生。因为大多数夫妻会通过暗示、肢体语言、眼神交流和其他非言语行为来表达性兴趣和性意图，包括不想发生性关系的意愿，所以彼此误解的可能性会大大增加。本章的主题有助于理解性侵犯的相关因素，包括社会和文化规范的重要性，知觉和信念的力量，从榜样、同伴和媒体那里进行观察学习的作用，为什么“是睾酮让我这么做的”是一种借口而非解释，以及酒精的去抑制作用和“心理醉酒”效应。

12.3 暴力与媒体

- **媒体暴力效应研究。**为了了解媒体暴力对孩子和成年人到底有什么作用，研究者采用了实验室研究和纵向研究。观看暴力节目与侵犯行为的增长有关，尤其对儿童而言。但不是所有研究都证实了这种关系。相比于非暴力的色情文学，接触暴力的色情文学会增加个体对性暴力的接受程度。这种影响对那些天生就对女性具有侵犯倾向的男性来说最大。在实验室中，玩暴力游戏确实增加了敌对的感觉和侵犯行为，也会产生“麻木”效应，使人们对其他人的需要更加漠不关心，尤其是那些并非“我们中的一员”的人。纵向研究表明，儿童看到的暴力画面越多，在成为青少年或成年人后表现出来的侵犯性就越多。观看暴力节目也夸大了人们对外部世界中的危险的感知。
- **确定因果关系的问题。**媒体暴力和实际的侵犯之间是一个双向关系：那些已经有侵犯倾向的孩子更倾向于寻找侵犯性的节目和游戏。媒体暴力的效应对由于遗传倾向、生活在一个暴力的家庭中或有特定的人格特质而具有侵犯性的孩子影响最大。其他很多因素也对侵犯性有很大的影响，如在暴力的或具有虐待性的父母身边长大、住在一个充斥着暴力的社区或遭受过社会排斥。

12.4 如何减少侵犯行为

- **惩罚能减少侵犯行为吗。**如果惩罚本身具有侵犯性，那么它实际上会给孩子树立这种行为的榜样，并可能导致更大的侵犯性。惩罚还可能增加违法行为对孩子的吸引力，或者使孩子焦虑和愤怒。惩罚往往不能减少侵犯性，因为它并没有向孩子传达应该做什么，只传达其不应该做什么。惩罚要起到对不当行为或犯罪行为的威慑作用，就必须是及时而确定的。因此，在复杂的刑事司法世界中，严厉的惩罚不太可能阻止暴力犯罪。
- **我们能通过纵容愤怒来释放它吗。**宣泄理论认为，个体宣泄愤怒情绪或观察别人的宣泄行为可以减少其侵犯行为。但是研究结果与之相反：表现出侵犯性或观看侵犯性事件会增加运动员和体育迷发生侵犯行为的概率。直接对激怒你的人发泄愤怒也会使血压升高，增加愤怒感和侵犯性的表现。由于自我合理化和降低认知失调的需要，个体每一次表现出的“正义的侵犯行为”都增加了这种行为再次发生的可能性。
- **我们应该怎样处理愤怒。**通常状况下，宣泄愤怒弊大于利，但是压抑愤怒也不是一个有用的方法。及时意识到自己的愤怒并以一种建设性的方式而不是咆哮或击打某物来对待它会是一种比较有效的方法，如冷静下来、从第三人称的角度回忆愤怒事件、提高自我觉察能力（如通过写下你的感受）、学会用一种清晰但不带评判性或暗示性的方式来表达你的感受、通过理解和道歉为激怒他人的行为负责、学会解决让你和对方生气的问题，以及增强共情能力。

- **打破拒绝 – 愤怒的循环。**社会排斥是青少年自杀、绝望和暴力最重要的风险因素。大多数在学校犯下骇人听闻的谋杀案的青少年都是因被同龄人欺负和拒绝感到愤怒而想要报复。通过增强意识、共情培训，以及利用现有社会力量进行的旨在减少欺凌的项目来改变学校的结构和氛围，可以减少暴力行为，改善儿童和青少年的生活。

思考题

为什么接触媒体暴力会使某些人产生暴力倾向？有哪三种不同的解释？

自测

1. （　）侵犯是指源于愤怒，并以给他人带来痛苦为目的的侵犯行为；而（　）侵犯则是指不以给他人带来痛苦为目的的侵犯行为。
   a. 敌意性；工具性
   b. 直接；间接
   c. 工具性；敌意性
   d. 间接；直接
2. 对荣誉文化的研究表明了睾酮和侵犯性之间的关系是怎样的？（　）
   a. 它解释了为什么在不同文化背景下男性比女性更具有侵犯性
   b. 它表明了睾酮和侵犯性是不相关的
   c. 它表明了文化影响着何时及为什么男性会因被激怒而变得具有侵犯性
   d. 它表明了文化对男性睾酮的基本生物学特点没有什么影响
3. 关系侵犯是指（　）。
   a. 对某个人的关系采取暴力行为
   b. 侵犯性对人际关系的负面影响
   c. 通过操纵关系间接地表达侵犯性
   d. 与侵犯目标发生性关系
4. 就身体侵犯而言，男性比女性更容易（　）。
   a. 公开施暴
   b. 为维护自己的荣誉或地位而表现得咄咄逼人
   c. 打伴侣或扇伴侣的耳光
   d. 上述答案都正确
   e. 答案 a 和 b 正确
5. 社会认知学习理论解释了为什么当人们被激怒时，（　）。
   a. 如果他们认为侵犯是正当的，就会做出侵犯性的反应
   b. 如果他们感到疲倦或饥饿，就会做出侵犯性的反应
   c. 他们会自动做出侵犯性的反应
   d. 他们会征求朋友的意见
6. 约翰喝多了，达到了（美国法律意义上的）醉酒状态。在下列哪种情况下，他最有可能变得具有侵犯性？（　）
   a. 他正在与朋友聚会
   b. 一个陌生人与他打招呼
   c. 他正在一个寒冷的冬日走着去工作地点
   d. 在一个拥挤的餐馆内，一个陌生人撞上了他
7. 研究表明，关于媒体暴力对个体的影响，最合理的结论是什么？（　）
   a. 有影响，但主要是对已经具有侵犯倾向的儿童而言
   b. 有很强的影响，它使大多数幼儿更具有侵犯性
   c. 完全没有影响
   d. 是否有影响取决于孩子们是在看动画片、电视节目还是电影
8. 在美国，强奸最常因（　）而发生？
   a. 被陌生人强迫
   b. 被熟人强迫
   c. 行凶者丧失行动能力
   d. 受害者丧失行动能力
9. 关于宣泄理论的有效性，研究发现了什么？（　）
   a. 支持此观点：发泄愤怒通常是有效的且能够将之释放出来
   b. 支持此观点：玩或观看暴力体育运动能减少侵犯性
   c. 未得到验证：表达愤怒通常使人们愈加愤怒
   d. 未得到验证：出于生理原因而非心理原因发泄愤怒是健康的
   e. 回答 a 和 b 都正确

10. 吉姆刚刚由于侵犯案件被定罪，当接受媒体采访时，他提供了一系列其侵犯行为的原因。在下列吉姆的论点中，社会心理学家对其中的多少项进行了科学研究？（　）

a. 房间里恰巧有枪

b. 我总看到哥哥打邻居家的孩子

c. 我刚刚失业，而那份工作是我十分需要的

d. 我在美国西南部的一个牧场长大

e. 我是有正当理由的，是其他人先动手的

f. 答案 a、b、c 和 e 正确

g. 答案 a、c 和 d 正确

h. 所有答案都正确

本章“问题回顾”与“自测”答案，请扫描二维码查看。

第 13 章

偏见：成因、后果与消除

本章音频导读，
请扫描二维码收听。

章节框架

学习目标

章节框架	学习目标
13.1 定义偏见 认知成分：刻板印象 情感成分：情绪 行为成分：歧视	介绍偏见的三个组成部分
13.2 觉察看不见的偏见 识别被压抑的偏见的方法 识别内隐偏见的方法	解释如何测量人们不想暴露或自己意识不到的偏见
13.3 偏见对受害者的影响 自证预言 社会认同威胁	描述偏见影响其目标的一些方式
13.4 偏见的成因 从众的压力：规范性准则 社会认同理论："我们"对"他们" 现实冲突理论	理解社会生活中可能引起偏见的三个方面
13.5 减少偏见 接触假说 合作与互倚：拼图教室	总结能够减少偏见的条件

小调查

偏见可以被识别吗？

○是

○否

在本书提及的所有社会行为中，偏见一定是最常见且最危险的。

请阅读下面的例子。

- 2017 年 2 月 24 日，星期三傍晚，美国堪萨斯州奥拉西市的两名印度裔移民斯里尼瓦斯·库奇布特拉和阿洛克·马达萨尼正在他们经常光顾的酒吧里喝酒，这时，一个与他们素不相识的人——亚当·普林顿开始用种族歧视的语言称他们为“阿拉伯人”。尽管酒吧工作人员将普林顿赶了出去，但他很快返回了酒吧并喊道：“滚出我的国家！”随后，普林顿向他们开了枪。尽管两个人都不是阿拉伯人，但由于种族主义，库奇布特拉失去了生命，马达萨尼则身负重伤。
- 当试图租房或买房时，房地产中介向亚裔美国人和非裔美国人提供有效房源信息的可能性比向美国白人提供的低 17%。歧视甚至会出现在“爱彼迎”的临时住房交易中，名字听起来像非裔美国人的申请者被拒绝的可能性比名字听起来像美国白人的申请者被拒绝的可能性高 16%。
- 奥马尔·马丁使用半自动步枪对美国佛罗里达州奥兰多市一家名叫“Pulse”的同性恋夜店发动了袭击，当时店内有 300 多人正在跳舞，而这次枪击事件共夺去了 49 个人的生命。尽管马丁在社交媒体上声称自己是恐怖分子，但其家人和同事都透露马丁极度厌恶同性恋，所以这可能是他实施袭击的真正原因。事实上，美国联邦调查局却认为这次袭击既是仇恨犯罪，也是恐怖主义行为。

没有人能在偏见的斗争中全身而退，这是人类的通病。当偏见逐步升级为极端仇恨时，会导致暴行、凶杀、战争甚至种族灭绝。在过去的半个世纪里，社会心理学家为我们理解偏见背后的心理过程做出了巨大的贡献，并且已经开始寻找一些可能的应对方法。偏见是什么？它是如何形成的？人们应当如何消除偏见呢？

13.1 定义偏见

偏见是一种态度——一种有着强烈情感的态度。正如第 7 章中描述的，态度由三个成分组成：（1）认知成分，涉及构成态度的信念与思维（如刻板印象）；（2）情感成分，即代表与态度有关的情绪类型（如生气、热情）及态度的极端程度（如轻微的不安、极端的敌意）；（3）行为成分，人们不仅持有某种态度，并且会按照这种态度行事。

由此而论，偏见（prejudice）是对特定群体成员的敌对或负面态度，只因其属于那个群体。举例来说，当我们说某个人对某个群体（如美国黑人）有偏见时，我们的意思是说这个人会对这个群体表现出冷漠或怀有敌意的态度，并且觉得这个群体中的所有人都差不多。因此，这个人对这个群体的特征的看法是负面的，并且把它应用在该群体中的每一个个体身上。而偏见对象的个人特征或行为，要么被忽视，要么没有被注意到。偏见中的认知成分（刻板印象）能影响人们的行为（表现为歧视）。

我们都是偏见的受害者或潜在受害者，只因为我们是一个可以被辨识的群体中的一员，如群体的划分可以根据种族、肤色、宗教、性别、国籍、性取向、

偏见：仅仅基于人们在某个特定群体中的成员身份而对其持有的敌对或消极的态度，它包含了认知成分、情感成分和行为成分。

体型、甚至残疾与否等，这类群体不胜枚举。而且偏见并非仅仅是占统治地位的多数群体针对少数群体而言的，它是双向的——常常会从对少数群体的偏见转向对多数群体的偏见，也有可能反向行之。

能够确定的是，我们在与偏见的斗争中取得了巨大的进步。认为黑人逊于白人，女性不如男性，同性恋者不如异性恋者的人数在稳步减少（Weaver，2008）。50 年前，绝大多数美国人反对种族一体化，你很难想象当时人们会投票给黑人候选人，更别提其当选美国总统了；你也很难想象有一天女性也会登堂入室成为律师、医生、酒保、法官、航天员或海洋生物学家。过去，同性恋者活得战战兢兢，生怕别人知晓他们的性取向，你很难想象有一天同性婚姻能被接纳，更别提受到法律的保护和认可了。受民权运动的鼓舞，1969 年，美国群众成立了美国肥胖者促进会，意在终结各类体型歧视；残障权利促进会组织美国群众与残障歧视做斗争。

但是，我们很清楚偏见依然存在。自世纪之交以来，美国的仇恨群体增加了一倍多。极端主义态度的上升可能源于美国人口结构的变化。一部分人认为，给予另一个群体更多的自由必须以牺牲自己群体的自由为代价，如果你以这种视角看待世界，那么一切似乎都说得通了。例如，一些美国白人认为，反黑人偏见的减少必然伴随着反白人偏见的增加（Norton & Sommers，2011；Wilkins & Kaiser，2014）。当这些人面对美国种族越来越多元化和白人比例下降的信息时，他们表现出的不是宽容，而是恐惧，以及对拉丁裔、非裔美国人和亚裔美国人的更加强烈的偏见（Craig & Richeson，2014）。在互联网上，成千上万自诩为白人种族主义者的人傲慢地表达了他们对同性恋者、非裔美国人、墨西哥人以及犹太人的蔑视（Stephens-Davidowitz，2014）。如上所述，有时偏见会公然爆发，并伴随着仇恨犯罪、破坏公物、盲从等行为。然而，偏见的大多数表现形式都比较微妙，且反映在我们的身体上和处理信息的方式上。

认知成分：刻板印象

人类的思维会对认知客体进行自动化分类，如根据某些特征把一些人归入一个群体，根据另一些特征把另一些人归入另一个群体（Brewer，2007；Dovidio & Gaertner，2010）。社会神经科学领域的研究者发现，分类是一种根植在人类大脑中的适应性机制，人类几乎从出生起就开始分类（Cikara & Van Bavel，2014）。新生儿对不同种族的面孔没有注视偏好，但如果他们生活在一个“单一种族”的世界中，其在 3 个月大的时候便只会对本种族的面孔表现出偏好（Anzures et al.，2013）。但如果他们反复看到两个或两个以上种族的面孔，就不会表现出注视偏好。这项研究阐明了一个重要问题：我们生来就有注意不同类别的能力，但经验也在不断地塑造着这种能力。

新生儿对任何一个种族的面孔都没有偏好，即使他们反复看到两个及以上种族的面孔，仍不会表现出偏好。

就像我们通过将动物和植物分类来理解物质世界一样，我们也根据一些重要的特征来理解社会性世界，其中最明显的特性就是性别、年龄和种族。我们依靠过去的认知经验来帮助自己应对与过去经验中具有相似特征的人（Andersen & Klatzky，1987；Macrae & Bodenhausen，2000）。因此，当你思考一个社会群体时，与该群体相关的概念会使你对它的理解变得更加容易（Greenwald & Banaji，1995）。这就导致了与刻板印象一致的信息比与刻板印象不同的“例外”信息更容易得到关注和记忆（Macrae & Bodenhausen，

2000）。当被要求评价一个瘾君子诚实与否时，人们往往只是记住了他在街上捡到了钱并把它放进了自己的口袋，而忽视了他也有把钱还给失主的时候（Wigboldus，Dijksterhuis，& van Knippenberg，2003）。由此产生的分类既有用又必要，但也会造成一些严重的后果，它不一定会产生偏见，却是产生偏见的第一步。

我们倾向于根据我们所认定的标准来进行分类。在一个特定的文化中，人们所认定的标准是非常相似的，部分原因在于这些印象的恒久性，以及其被该文化中的媒体广泛传播。但是刻板印象不仅仅是分类，刻板印象（stereotype）是对一个群体的全体成员的概括，即将相同的特征应用在该群体中的每个成员身上，无视成员之间实际存在的差异。沃尔特·李普曼（Walter Lippmann）是第一个引入“刻板印象”这个术语的杰出的新闻工作者，他描述了“外面的世界”和“我们头脑中的图像”之间的区别（Lippman，1992）。在一个特定的文化中，这些“图像”往往非常相似。

我们知道的确有男啦啦队队长、男护士、女电脑程序员和黑人古典音乐家。那么我们为什么还要使用刻板印象呢？戈登·奥尔波特（Gordon Allport）将刻板印象形容为“最省力原则”（Allport，1954）。根据奥尔波特的说法，世界太复杂了，以至于我们很难对每件事情都有一个特定的态度。所以，为了最大化地利用我们的认知时间与精力，我们会对某些事情发展出细微、准确的态度，同时依赖于对其他事情的简单概括的信念。因为人们处理信息的能力是有限的，因此会表现出“认知吝啬鬼”的特点——采取某些经验法则来了解别人（Ito & Urland，2003）。如果刻板印象建立在经验之上且基本准确的话，那么这样的刻板印象就是处理复杂事情的适当而简洁的方法。但如果我们受刻板印象的蒙蔽而无视个体差异，那么这样的刻板印象就是非适应性的、不公平的，并且是有潜在伤害性的。这对持有刻板印象的人和对被放入某一个分类的人来说都是如此（参见后面的“试一试”）。毫无疑问，刻板印象会伤害某些群体。例如，当世界各地的职场中出现“性别隔离”时，许多人会对下列职业的要求形成性别刻板印象：女性的工作需要温柔和母性，男性的工作则需要力量和智慧。这些刻板印象反过来扼杀了许多人从事非传统职业的意愿，同时也在雇主群体中产生了偏见，进一步发展为歧视（Agars，2004；Cejka & Eagly，1999；Eccles，2011）。

刻板印象是否像一些专家喜欢争论的那样有一个“核心真理”？有些有，有些没有。在某种程度上，刻板印象基于经验，并使人准确地识别一个群体的总体特征，它是一种适应性的、处理复杂情况的便捷方式（Jussim et al.，2009；Lee，McCauley，& Jussim，2013）。但是，有些刻板印象根本不能反映经验。为了验证“大众心理学”中女性比男性更健谈的刻板印象这个假设，心理学家在男性被试和女性被试身上都放置了录音设备以跟踪记录他们日常生活中的对话。结果表明，男性和女性在所说的单词数量上并没有表现出显著差异：男性和女性平均每天使用大约 16 000 个单词，且被试与被试之间存在较大的个体差异（Mehl et al.，2007）。因此要想确认一个刻板印象是真还是假，你必须对反驳它的证据持有开放的态度。

正面的刻板印象都是好的吗

并不是所有的刻板印象都是负面的。有时，我们可能会因某个人是某个群体的成员而认为他是诚实的：如果一个天主教牧师从收银机里偷钱，我们会感到惊讶。虽然对一群人持有积极的看法似乎是一件好事，但正面的刻板印象也会对双方不利。对于持有刻板印象的人来说，错误地积极看待一个人比错误地消极看待他更不利。例如，在电影《僵尸启示录》（*Zombie Apocalypse*）中，如果你错把僵尸当成人类，那么你就会被杀死或变成僵尸。但如果你错把人类当成僵尸，那么你最多是错过了一次机会。对于刻板印

刻板印象：对有着某种共同特质的一群人的概括，而忽略成员间的个体差异。

象的目标来说，正面的刻板印象仍然意味着目标被解读为一个类别，而不是一个人，这可能会导致其受到不公正的对待。

举例来说，亚裔美国人经常被标榜为“模范少数族裔”，因为该文化下的人勤恳认真、胸怀大志、聪慧机敏。但是很多亚裔美国人很反对这种“打包”的特征。因为人们会给予他们那样的期望，即使他们并不热衷于学术成就，并不喜欢科学或数学，也并不精于此道。对于那些希望别人把自己当作个体而不是用群体特征来概括自己的人来说，他们也很抵触这种期望（Thompson & Kiang，2010）。而且，这种刻板印象指的是所有亚裔美国人，而忽视了亚洲文化间的差异（就像把瑞典人、德国人、爱尔兰人、法国人和希腊人都当作欧裔美国人一样）。在美国，一项基于柬埔寨、中国、韩国、老挝和越南的学生的研究发现，这些群体在价值观、动机和目标上均存在许多差异（S. J. Lee，2009）。

让我们思考一下“白人跳不高”的刻板印象和其中暗含的推论——黑人跳得高。这是对白人男性的负面刻板印象和对黑人男性的正面刻板印象，但两个群体都没有获益。目前美国职业篮球联赛（NBA）有超过 80% 的球员是黑人，然而黑人却只占美国人口总数的 13%。当然，这种差异的部分成因是对白人男性成为球员的刻板印象。在这里，少数群体受到了什么样的伤害？这种假设掩盖了分布的重叠性，也就是说，它模糊了一个事实——许多黑人儿童并不精于打篮球，而许多白人儿童却很擅长——于是伤害就产生了（换句话说，NBA 有超过 80% 的球员是黑人并不意味着 80% 的黑人都能成为 NBA 球员）。因此，当一个白人遇到一个年轻的黑人并惊讶于他在篮球场上的笨拙表现时，他很有可能会否定他的个体性。把这个黑人归入“优秀运动员”而非“聪明的专才”，对他而言也是一种伤害。就像一位黑人法学教授描述的那样，她和两个儿子在一家高档餐厅用餐，餐厅经理走过来漫不经心地问她：“他们（两个儿子）会成为说唱歌手或球员吗？”她回答道：“他们更有可能成为医生或律师。”“我们的目标有点高，不是吗？”餐厅经理说道（Cashin，2014）。

你对亚洲女性、金发女性、文身的女性或健壮的女性有刻板印象吗？图中这个女性同时属于上述 4 个群体。这 4 种刻板印象对你来说是正面的还是负面的？

尽管如此，在美国，对正面刻板印象的使用和描述一直在稳步增长。由于公开表达偏见已经变得越来越难以被接受，人们开始在交谈或交流中使用更多的正面刻板印象以取代负面刻板印象（Bergsieker et al.，2012）。然而那些更认同正面刻板印象的人也倾向于认同更多的负面刻板印象。一项针对 19 个国家 15 000 位男女长达 10 多年的研究表明，世界上的性别歧视有两种基本形式：一种是敌意的性别歧视，另一种是善意的性别歧视。敌意的性别歧视对女性的刻板印象是负面的，即认为女性逊于男性；而善意的性别歧视对女性的刻板印象是正面的，即认为女性比男性更体恤人心、更擅长烹饪等（Glick & Fiske，2001）。由于善意的性别歧视对女性没有敌意，因此很多人都不觉得它是一种偏见，但善意的性别歧视和敌意的性别歧视是密切相关的，这意味着一个善意的性别歧视者也可能是一个敌意的性别歧视者（Glick & Fiske，1996）。不仅仅是男性，许多女性也赞成善意的性别歧视（如希望男性为她们开门），且这样的女性不太愿意支持女性平权运动（Becker & Wright，2001）。这两种性别歧视的方式——不管是因认为女性太好而不能平等对待还是因认为女人不够好而不能平等对待——都是将对女性的歧视合法化，认为她们应该像传统女性一样（Christopher & Wojda，2008；Glick，2006）。

试一试 刻板印象和侵犯性

闭上眼睛，想象一个侵犯性很强的建筑工人。这个人的穿着如何？他来自哪里？他是如何表现其侵犯性的？把答案写下来，并尽可能详细地描述他的动作。

现在，想象一个侵犯性很强的律师。这个人的穿着如何？他来自哪里？他是如何表现其侵犯性的？把答案写下来，并尽可能详细地描述他的动作。

如果你是这项实验的被试，那么你对建筑工人和律师的刻板印象会影响你对“侵犯”这个词的定义。大部分被试认为，建筑工人会使用身体侵犯，律师则使用言语侵犯（Kunda，Sinclair，& Griffin，1997）。顺便问一下，在你的想象中，建筑工人和律师都是男性吗？他们年轻吗？他们是什么种族？为什么会这样？

情感成分：情绪

如果你曾经和有着根深蒂固的偏见的人辩论过，你就会知道要使他们改变想法是很困难的。即使是那些平时在许多问题上都保持理性的人在触及有关偏见的话题时，也会失去理性、忽视逻辑。为什么会这样呢？主要是因为态度的情感层面使具有偏见的人难以被说服，逻辑论证在遇到感情用事时就毫无效果了。

戈登·奥尔波特在其划时代著作《偏见的本质》（*The Nature of Prejudice*）中，对用推理来改变偏见态度的困难性做了精彩的描述。书中，奥尔波特报告了 X 先生与 Y 先生的一段对话。

> X 先生：犹太人令人讨厌的地方就是他们只会关心自己人。
>
> Y 先生：但是从社区福利基金的捐献记录来看，按照他们的人数比例来说，他们对于一般性的社区捐献比非犹太人要多。
>
> X 先生：那说明他们老是花钱买恩惠，然后干预基督徒事务。他们想的只有钱，这也是为什么有这么多的犹太银行家。
>
> Y 先生：但是最近的一项研究显示，银行业中的犹太人比例是非常低的，远远低于非犹太人的比例。
>
> X 先生：那就是了，他们不做值得尊敬的行业，他们只会从事电影业或经营夜总会。

这段对话展示了我们如何被激起去保护某些信念。因为 X 先生对于犹太人的信念中涉及情绪，所以此时他的反应是不合逻辑的。他并不是在对 Y 先生提供的有力资料提出质疑，而是通过扭曲事实以支持他对犹太人的憎恨，或者干脆忽略它们并发起另一种攻击。即使 X 先生最初提出的论点被反驳得体无完肤，他的偏见态度仍不会改变。这就说明是情感推理在起作用，它不受逻辑和证据的影响。正如戈登·奥尔波特之前观察到的那样，“偏见击败了理智，唯余情感”，意思是说即使一个人清楚地意识到某种偏见是错误的，但是因为根深蒂固的负面情绪，偏见的情感成分依然会存留。

在早期的一项关于偏见的研究中，研究者要求大学生们首先给 20 个种族或民族群体（如阿根廷人、加拿大人、土耳其人）打分，之后使用皮肤电传导设备测量他们在听到对不同群体的描述时的生理唤醒。描述分为 3 组：（1）对最不喜欢的群体的正面描述，如“世界无疑会认识到他们是诚实的、明智的和完全无私的”；（2）对最喜欢的群体的负面描述，如“可以肯定地说，他们给人类带来的麻烦超过了他们的价值”；（3）对两个对照群体（既不喜欢也不讨厌的群体）的正面描述和负面描述。当大学生们听到他们最不喜欢的群体被赞美或最喜欢的群体被贬损时，其皮肤电导率与听到对对照群体的相同陈述时相比显著增强。更有趣的是，在第二项研究中，库珀（Cooper，1959）能够根据学生对每个群体描述的唤醒程度来预测其心目中的群体排名。因此，偏见是一种非常强烈的态度，当你听到别人对你不喜欢的群体做出好的评价时，你真的会感到不舒服。

刻板印象也能影响我们对不同群体的情绪反应。苏珊·菲斯克、艾米·卡迪（Amy Cuddy），以及彼得·格利克（Peter Glick）认为，所有的群体刻板印象都可以按照个体可知觉到的两个普遍维度进行分类：热情度和能力（Fiske，Cuddy，& Glick，2007）。例如，我们倾向于认为富人有能力但冷漠，老年人热情但缺乏能力，因此我们对他们的情绪反应会有所不同（见图 13-1）。人们会嫉妒“有能力但冷漠”的群体，同情“热情但无能”的群体。人们对一个群体的热情度和能力的看法，预示着人们如何对这些群体做出情绪反应。我们钦佩那些我们认为既热情又有能力的群体（如中产阶级），而轻蔑那些我们认为既冷漠又无能的群体（如流浪汉）。

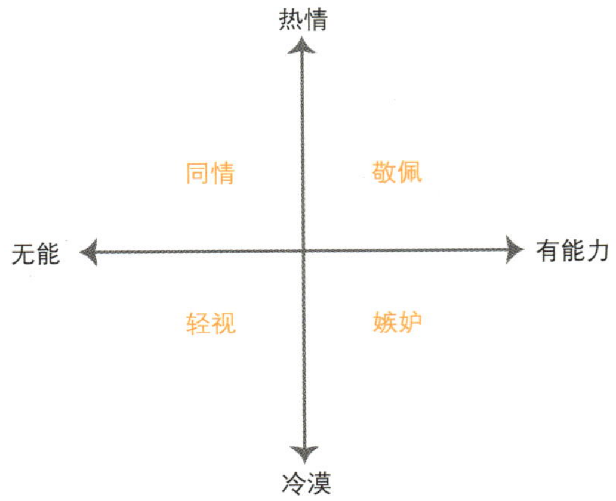

图 13-1 人们对其感知到的群体的热情度和能力的情绪反应

人们经常用热情度和能力两个维度来衡量一个群体。基于群体在这两个维度上的表现，不同的群体会引起人们不同的情绪反应。

资料来源：Fiske，Cuddy，& Glick，2007.

在本书中，我们会发现，在处理自己所关心的社会信息时，没有人是完全可靠的。我们的大脑不能客观地记录事件，因为其会受到情绪、需求和自我概念的干扰（Fine，2008；Gilovich，1991；Westen et al.，2006）。这就是为什么偏见作为针对某一群体的刻板印象和情绪高涨的混合体，很难被改变的原因。同 X 先生一样，我们只看到了那些证实我们观念的信息，而忽视了那些要求我们改变想法的内容。你对某些群体或许存在一些负面感觉——即使你并不这么认为（参见“试一试”）。

试一试 识别你的偏见

有没有一些人是你“不能忍受的”？谁唤起了你最大的偏见？偏见是由他们的外表、潮流选择、体重、年龄、职业、宗教、性取向、性别、种族，甚至是他们听的音乐类型定义的吗？想想那些导致偏见的因素。哪些因素可能会让你产生负面感受？想想那些可能会让你减少偏见的经验上的和态度上的改变。在你能放下偏见之前，会发生什么？

行为成分：歧视

偏见经常会导致人们不公正地对待他人，这一现象被称为歧视（discrimination）——对特定群体成员的不公正的、消极的或有害的行为，只因为其是该群体中的成员。歧视可能是明显的，也可能是微妙的。例如，在“瘦就是美”的文化里，胖人往往成为被开玩笑、被骚扰和被羞辱的对象，他们比苗条的人更不容易找到工作或升迁，而且更不容易得到医疗援助（Finkelstein，DeMuth，& Sweeney，2007；Miller et al.，2013）。这种歧视有致命的后果。以丽贝卡·海尔斯（Rebecca Hiles）为例，当她 17 岁第一次开始寻求药物治疗时，其咳嗽症状并没有消失，且伴随着咯血症状。在接下来的 5 年里，她看了很多医生，所有医生都认为问题的根源是她的体重。直到后来一位医生认真地对丽贝卡进行了诊治，她才被诊断出患有癌症，而那时她已经不得不摘除肺脏了。这位医生后来告诉她，如果 5 年前就能确诊的话，她的肺脏就能保住了。

制度化的歧视

在本章开头，我们列举了许多典型的歧视行为，如今在美国的学校、医院等工作场所，许多明显的歧视行为都是违法的，但是刻板印象和偏见却总能通过微妙的方式不经意地影响人们的行为。例如，研究者要求顶尖大学的男性科学教授和女性科学教授评估学生申请实验室助理这一职位的情况。尽管申请者除随机分配的男性名字或女性名字外其余都是一样的，教授们却普遍认为男性申请者比女性申请者更优秀，他们更愿意雇用男性申请者，并为其提供更高的薪水和更多的科研指导（Moss-Racusin et al.，2012）。

就业歧视的结果是，人们会诉诸社会认同最小化策略。“简历漂白”是指一个非白人在简历中删除其种族信息，就像删除一个文化组织颁发的所有奖项一样。可悲的是，这种剥夺社会认同的做法可能有效。在 2015 年夏天的一项大规模研究中，虚构的白人和非白人（黑人大学毕业生和亚裔大学毕业生）的简历被发送到专业求职网站的 1600 个招聘广告中。研究结果表明，使用“漂白”简历的申请收到回复的可能性是使用“非漂白”简历的 2 倍（Kang，De Celles，Tilcsik，& Jun，2016）。尽管人们普遍认为，平权运动给黑人求职者带来了优势（尤其是那些大学毕业生），但研究表明，他们在经济萧条时期仍处于劣势。

歧视在美国的刑事司法系统中也制度化了。从 20 世纪 80 年代开始的全员“禁毒战争”，也许已经对黑人社区造成了巨大的社会和经济损害。法律学者米歇尔·亚历山大（Michelle Alexander）在其 2012 年出版的《新吉姆·克劳》（*The New Jim Crow*）一书中写道：“基于禁毒战争的对黑人男性的大规模监禁在很大程度上是最新形式的法律上的种族隔离。”纵观全国，考虑到总人口和涉毒人员的人数，黑人总是不成比例地因毒品指控被逮捕、定罪并因此锒铛入狱（Blow，2011）。西雅图的一项研究表明，70% 的涉毒者其实是白人，绝大多数吸食和贩卖毒品的重刑犯也是白人，然而被捕的人中却有 2/3 的人是黑人。大部分吸食或贩卖脱氧麻黄碱、摇头丸、可卡因和海洛因的人也是白人，而黑人大多只吸食或贩卖可卡因。但是警察几乎忽略了白人罪犯，专注于追捕黑人。针对这一差异，研究者称他们很难为这一现象找到一个“种族中立”的解释。只抓捕涉及贩卖可卡因的罪犯貌似无法降低毒品交易的频繁性，也无法更有效地维持公共安全或处理健康问题、降低犯罪率和平息市民怨气。于是研究者得出这样的结论：美国警方打击毒品犯罪的执法力度反映出种族歧视——警察们对于是谁导致了美国城市毒品泛滥这一问题存在着无意识的种族偏见（Beckett，Nyrop，& Pfingst，2006）。

日常生活中的歧视

歧视并不局限于重大生活事件，它也可以通过微侵犯的方式发生，如很多少数族裔都曾被怠慢、轻视和贬低（Dovidio，Pagotto，& Hebl，2011；Nadal et al.，2011；Sue，2010）。德拉尔德·休（Derald Sue）

歧视：仅仅基于人们在某个特定群体中的身份而对其采取的不公正的、消极的或有害的行为。

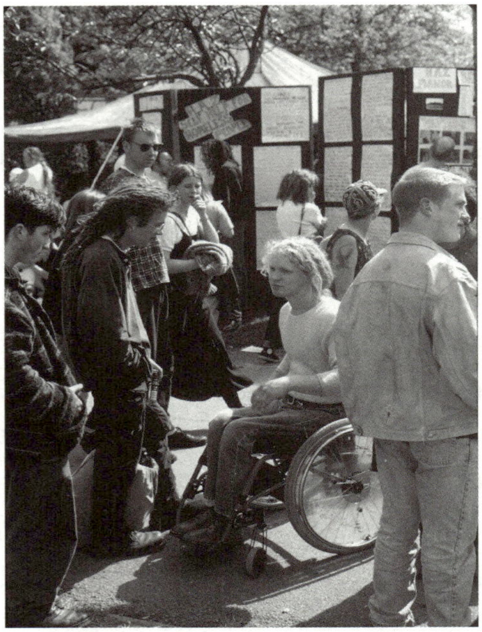

一种测量社会距离和微侵犯的非介入性方式就是观察人们如何无声地对待残疾人士。

为此提供了例证（Sue，2010）：尽管一位亚裔美国学生一直都住在美国，但一位白人教授还是对这位亚裔美国学生的一口流利的英语进行了表扬；雇主会花更少的时间来面试让其感到不舒服的人，其眼神交流和积极的言辞也更少（Hebl et al.，2002）。

从偏见到歧视

2016 年，在美国独立日后不久的一个傍晚，明尼阿波利斯市的一对黑人夫妇——菲兰多·卡斯蒂尔（Philando Castile）和戴蒙德·雷诺兹（Diamond Reynold）——和他们 4 岁的女儿在车里被警官杰罗尼莫·亚涅斯（Jeronimo Yanez）拦下。尽管卡斯蒂尔事先向亚涅斯表明了车里有枪，但 6 秒后，亚涅斯连开了 7 枪将卡斯蒂尔击毙。一段录音显示，卡斯蒂尔反复告诉亚涅斯他没有伸手去拿枪，亚涅斯却对卡斯蒂尔大喊不要去碰枪（亚涅斯后来宣称，他是因为害怕才这么做的）。随后他开始对雷诺兹大喊，让她也不要碰枪，当时雷诺兹已经开始在 Facebook 上直播事情的经过，因此数以百万计的人目睹了这场令人胆战心惊的枪击事件。亚涅斯因向车内开枪危及他人生命被判二级过失杀人罪，但在枪击案发生后不到一年便被无罪释放，因为亚涅斯的防卫行为是基于他当时的恐惧。

最终，对卡斯蒂尔的裁决基于亚涅斯的主观感受，而不是这位警官所遇到的客观情况的危险程度，这就是偏见演变为严重的歧视的情况。研究表明，美国白人认为非裔美国人具有一些“超人”特质，如非凡的力量（Waytz，Hoffman，& Trawalter，2014）。当他们需要对危险时刻做出应急判断时，这套信念就会起作用。此外，警察往往要被迫在极端压力的条件下快速做出决定，他们几乎没有时间停下来去分析某个人是否会构成威胁，所以这就要求他们依靠刻板印象快速做出反应。那个人是想去拿身份证还是枪？开枪的决定是否受到受害者种族的影响？如果卡斯蒂尔是白人，警官的应对方式会有所不同吗？在 2015 年的美国，警察射杀手无寸铁的美国黑人的数量是白人的 5 倍。

这个问题促使研究者试图在实验室再现当时的情境。在一项研究中，研究者让白人被试观看实景（如公园、车站或城市的人行道）中年轻男性的录像（Correll et al.，2002）。录像中的年轻男性一半是黑人一半是白人。每组中又有一半人拿着手枪，另一半人拿着没有威胁性的物品，如手机、钱包或相机。如果录像中的人手持枪械，那么被试要按“射击”按钮，反之按“不射击”按钮。被试同警察一样，被要求在 1 秒内做出判断，并且被试在每轮测试中都会被打分：如果出现没拿手枪的人，而被试按了“不射击”按钮，被试将会得 5 分；如果被试成功“射击”持枪者，

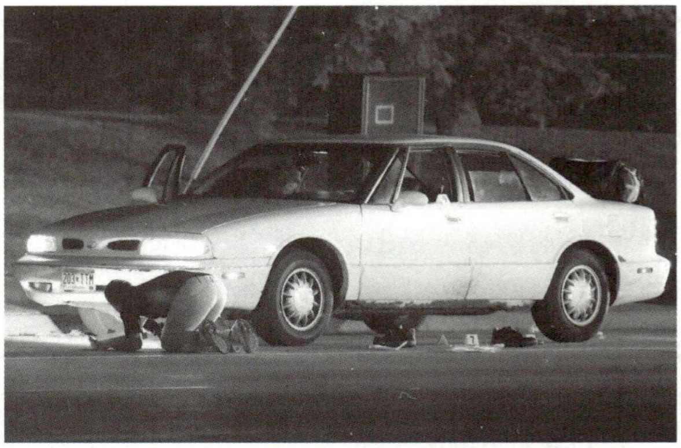

法医小组正在调查菲兰多·卡斯蒂尔被杀时乘坐的那辆车。卡斯蒂尔是黑人男性被误杀悲剧的冰山一角，因为枪击者觉得黑人都是危险分子。对内隐偏见和歧视的理解与研究可以帮助人们防范此类悲剧的重演。

将会得 10 分；如果被试向手无寸铁的人“射击”，就会失掉 20 分；如果被试没能“射击”持枪者，就会失掉 40 分（因为这对警察来说是最致命的情况）。

研究结果如何呢？如图 13-2 所示，当录像中出现的是黑人时，无论该年轻男性是否持枪，被试都很有可能会扣动扳机。这种“射击偏向”意味着当黑人真的拿着手枪时，人们判断错误的情况相对较少。当然，这也意味着当黑人没有持枪时，人们判断错误的情况最多（射杀一位手无寸铁的人）。而当录像中出现的是白人时，不论其是否持枪，被试犯错的比例都大致相同。当警察参与这项实验并充当被试时，也会倾向于将黑人和枪联系在一起。与持枪的白人相比，警察射杀黑人所用的时间更短，即使当时的背景环境看起来是安全无害的（Correll et al.，2011；Ma & Correll，2011；Plant & Peruche，2005）。

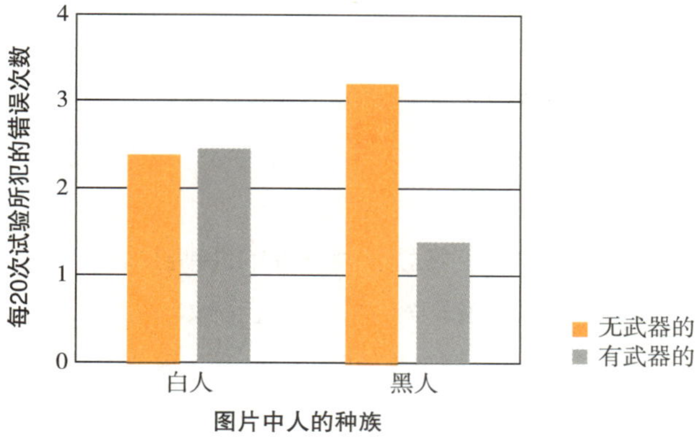

图 13-2　电子游戏中人们常犯的“射击”错误

被试参与了一个视频游戏，在这个游戏中，若目标人物持枪，被试便可以进行“射击”，若目标拿着不具有威胁性的物品（如手机），被试便不可以进行“射击”。如图所示，玩家最常犯的错误是“射击”手无寸铁的黑人。

资料来源：Correll et al.，2002.

当一个人感到愤怒或被侮辱时，歧视也会被激活（Rogers & Prentice-Dunn，1981）。在一项研究中，主试要求白人学生对学习实验中的其他学生（即“学习者”）施以电击。作为生物反馈研究的一部分，这些白人学生会被告知“学习者”要么是白人，要么是黑人。被试会面对黑人“学习者”，对其施以与白人“学习者”相比较弱的电击（或许是为了表示自己的非歧视性）。接下来被试会听到被电击者对他们的诋毁，自然而然地，他们就被激怒了。然后，主试会再给他们一个施以电击的机会，这次他们对黑人“学习者”的电击要强于对白人“学习者”的（见图 13-3）。同样的模式出现在了讲英语的加拿大人对讲法语的加拿大人、异性恋者对同性恋者、非犹太人对犹太人、男性对女性的研究中（Fein & Spencer，1997；Maass et al.，2003；Meindl & Lerner，1985）。

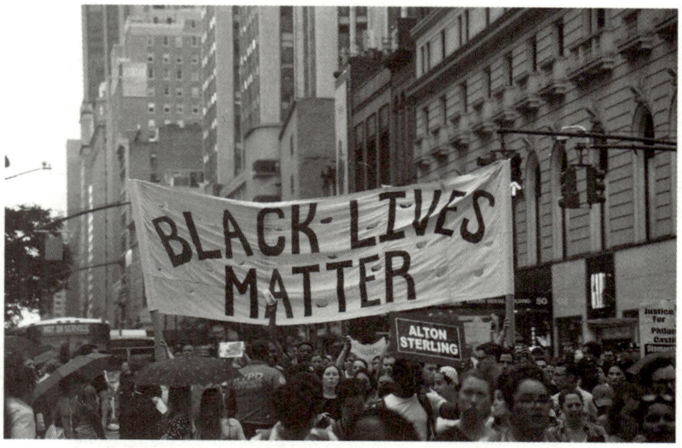

“黑人的命也是命”运动是在乔治·齐默尔曼（George Zimmerman）杀害 17 岁的特雷文·马丁（Trayvon Martin）却被判无罪后被发起的，该运动旨在抵抗美国黑人遭受非人化对待的现象。

这些研究结果表明：偏见往往隐藏在表面之下，而且很容易被激活。一旦被激活，偏见便可能在我们认识和对待某个外群体中的特定成员时造成可怕的后果。

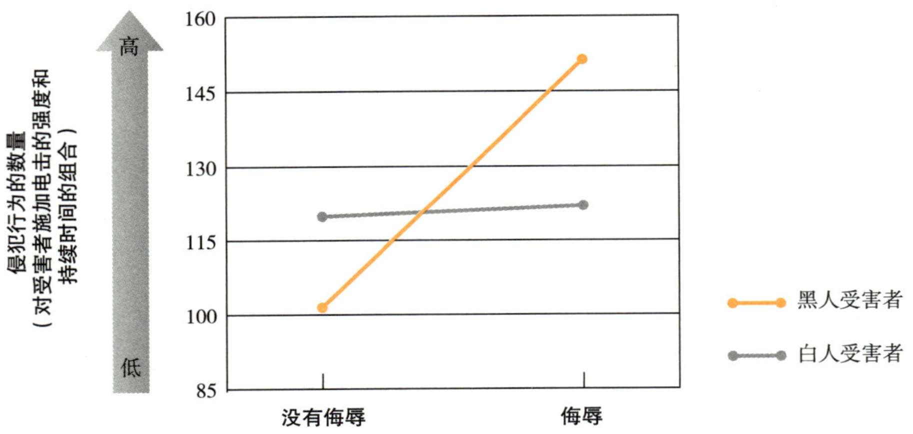

图 13-3 对美国黑人的偏见的释放

当人们感到愤怒或受到侮辱时，偏见就会被激活。在这项实验中，当被试感觉良好时，其给黑人“学习者”施加的电击要少于给白人“学习者”的。一旦受到侮辱，被试就会对黑人“学习者”施以更高强度的电击。

资料来源：Rogers & Prentice-Dunn，1981.

问题回顾

1. 社会神经科学的研究表明，（ ）。
   a. 从进化的角度来看，能够快速形成类别对大脑是有益的
   b. 形成类别和刻板印象的倾向主要是由经验决定的
   c. 某些文化中的人比其他人更容易形成刻板印象
   d. 经验在觉察不同类别的能力中几乎不起作用
2. 假设你是一个酒保，你对满臂文身的人有一个刻板印象：他们比没有文身的人更有可能在你的酒吧里打架。你的观念说明了刻板印象的哪个方面？（ ）
   a. 你会注意到那些符合你刻板印象的人，而忽视那些不符合的人
   b. 你会注意到那些没有侵犯性的但有文身的人
   c. 你会注意到那些没有文身却很有侵犯性的人
   d. 你的刻板印象是准确的
3. “善意的性别歧视”是指认为女性在良善和教养方面天生优于男性。国际研究表明，这种信念的后果是什么？（ ）
   a. 女性比男性有更高的自尊
   b. 男性嫉妒女性比他们拥有更多的优点
   c. 它可以使人们对女性的歧视合法化，并有理由让其承担传统角色
   d. 它会导致人们忽视针对男性的性别歧视
4. 是什么导致了我们嫉妒一个社会群体？（ ）
   a. 对这个社会群体的刻板印象是“无能且冷漠的”
   b. 对这个社会群体的刻板印象是“有能力但冷漠的”
   c. 对这个社会群体的刻板印象是“无能但热情的”
   d. 对这个社会群体的刻板印象是“有能力且热情的”
5. 如今大多数形式的歧视在美国都是非法的，这表明了（ ）。
   a. 偏见已经明显下降
   b. 偏见更有可能表现为微侵犯
   c. 偏见没有改变
   d. 当一个人处于压力下、感到愤怒或沮丧时，

偏见就会被激活

e. 偏见对少数族裔成员的影响较小

f. 答案 b 和 d 都是正确的

g. 答案 b、d 和 e 都是正确的

“问题回顾”答案，请扫描章末二维码查看。

13.2 觉察看不见的偏见

当奥巴马第一次进行选举时，很多人都希望美国能进入“后种族”时代，但是不久后人们就发现，他们其实离那个时代还很远。持有高度偏见的人意识到，以奥巴马是黑人这一点来反对他是不够冷静的，所以他们开始质疑他的美国人身份，并以此来表达偏见。他出生在美国吗？他是合法公民吗？他是我们的一员吗？一项针对 300 名黑人学生和白人学生的研究表明，对持有高度偏见的白人而言，奥巴马是不是美国人这一想法会影响他们对其表现的评价，但是不会影响他们对美国前副总统乔·拜登（Joe Biden）的评价（Hehman，Gaertner，& Dovidio，2011）。实际上，那些学生会说：“我并非针对黑人兄弟，只是奥巴马不是真正的美国人，所以他会是一个糟糕的总统。”相反，黑人学生和无偏见的白人学生不论是支持还是反对奥巴马，他是否是美国人这一点都不会影响他们对其的评价。具有讽刺意味的是，特朗普坚持认为奥巴马不是美国公民，只因他是“出生地质疑运动”的领导者。

对很多美国人来说，第一位黑人总统的当选是一个令人振奋的里程碑，当然它也唤醒了许多人的偏见。

现在，我们还不清楚表达偏见是否能被社会接受。一方面，我们看到特朗普在赢得总统大选的同时公开表达了对其他群体，尤其是对墨西哥移民等少数族裔的负面态度；另一方面，我们也看到美国佛罗里达州参议员弗兰克·阿提尔斯（Frank Artiles）在酒后发表了长篇演说来辱骂美国其他州的参议员，其中充斥着种族主义和性别歧视的言论，他也于 2017 年 4 月辞职。由于信息混杂，一些有偏见的人会压抑他们的真实感受，以避免被别人贴上种族主义者、性别歧视者或恐同者的标签，而另一些有偏见的人压抑他们的真实感受是希望真正改变和消除偏见（Devine et al.，2002；Plant & Devine，2009）。但无论在哪种情况下，偏见者都不会轻易公开他们的偏见。还有一些人，正如我们在第 7 章中看到的，持有内隐偏见，即他们甚至没有意识到自己存在偏见，这是一种轻微的偏见和很少被激活的刻板印象，或者说是对一个群体持有更多“好”的或“坏”的模糊态度。社会心理学家已经开发出多种内隐测量方法来测量人们不想向他人或自己承认的偏见（De Houwer et al.，2009）。

识别被压抑的偏见的方法

曾有一些研究者给潜在雇主发送除名字（暗示不同性别，如约翰和詹妮弗）、种族（暗示是否为非裔美国人）、宗教信仰或肥胖与否之外的其余信息都相同的简历（Acquisti & Fong，2014；Agerström & Rooth，2011；Rooth，2010）。雇主在回复时是否会表现出偏见呢？

答案通常是肯定的，但这种方法也可以揭示其他偏见，尤其是其与社交媒体相结合时。如今，超过 1/3 的美国雇主会查看应聘者的 Facebook 页面或其他网络信息，以获取美国州或联邦法律禁止直接向求职者询问的信息。一个研究团队向一家在全国各地发布招聘信息的私营企业发送了超过 4000 份捏造的简历。同时，研究者创建了显示求职者是少数族裔、同性恋者或异性恋者的虚假 Facebook 页面。结果发现，人们对同性恋者的接受程度有了惊人的提高，换句话说，在美国的任何地方，雇主都不会因性取向而歧视求职者。但在美国最保守的州，雇主却表现出了种族偏见：基督徒比少数族裔更有可能得到回复（Acquisti & Fong，2014）。

因为人们倾向于相信自己骗不了机器，所以另一种测量被压抑的偏见的方法通常需要借助仪器。该方法的早期版本被称为“假渠道”技术。在实验中，研究者会告诉被试这是一种测谎仪，事实上这个“假渠道”只是一堆没用的电子硬件。被试会被随机分配到以下两种条件中的一种：以问卷形式（这种方式比较容易得到在社交上被认同的反应）或使用“假渠道”（被试相信只要说谎，这个机器就会揭露他们的真实态度）来表明其态度。研究者发现，在使用“假渠道”时，被试表达了更多的种族偏见（Jones & Sigall，1971；Roese & Jamieson，1993；Sigall & Page，1971）。同样，大学男生和大学女生在问卷调查中对女性的权利和社会角色表达了几乎相同的积极态度，但当使用“假渠道”时，大多数男生对于女性议题远比女生缺乏同情心（Tourangeau，Smith，& Rasinski，1997）。这种方法也被用来揭示人们对犹太人和以色列人的敌意，这种敌意会被伪装成不适宜的社会行为（Cook et al.，2012）。

识别内隐偏见的方法

诸如“假渠道”的方法基于以下假设：人们知道自己内心的真实感受，但倾向于向他人隐瞒这些感受。但是有些人可能心怀自己也不知晓的偏见。心理学家已经开发出几种测量内隐偏见的方法。

内隐联想测验（Implicit Association Test，IAT）是一种获得了国内外关注的测量方法，用以测量人们对目标群体产生正面联想和负面联想的速度（Banaji & Greenwald，2013；Greenwald，McGhee，& Schwartz，1998）。它的测试原理如下：当你坐在电脑前时，电脑会向你展示一系列面孔，你必须以最快的速度对它们进行归类，如按左键表示黑人面孔，按右键表示白人面孔。之后，你必须对一系列积极词汇或消极词汇重复同样的动作——按左键表示积极词汇（如胜利、快乐、诚实），按右键表示消极词汇（如魔鬼、蛆、失败）。一旦你可以熟练地对这些分类任务进行操作，面孔和单词就会组合在一起。现在，当你看到一张黑人面孔或积极词汇时，你必须尽快按左键，当你看到一张白人面孔或消极词汇时，你必须尽快按右键。这样你就会得到一系列组合，如“黑人 + 胜利”“黑人 + 毒药”“白人 + 和平”“白人 + 仇恨”。最后实验者会将配对按键进行互换，左键代表黑人面孔和消极词汇，右键代表白人面孔和积极词汇。

实验程序反复进行后，实验者发现人们对白人面孔与积极词汇的组合，以及黑人面孔与消极词汇的组合反应更快。这种速度差异是衡量人们对美国黑人内隐态度的一种方式，因为在潜意识里人们很难将美国黑人与积极词汇联系在一起。IAT 的许多变式已被应用于测量多种群体的内隐态度，包括年轻人或老年人、男性或女性、亚洲人或欧洲人、残障人士或非残障人士、同性恋者或异性恋者、肥胖者或苗条者等。全球已经有超过 1500 万来自各行各业的不同年龄段的人参加了网络、学校或工作场所的 IAT，大多数测验结果都表明人们持有内隐偏见（Nosek，Greenwald，& Banaji，2007；Miller et al.，2013）。

IAT 的开发者马扎林·贝纳基（Mahzarin Banaji）和安东尼·格林沃尔德（Anthory Greenwald）报告说，当人们被告知其持有内隐偏见时，大多数人会感到震惊。贝纳基本人是一名在印度出生和长大的有色

内隐联想测验： 一种测量内隐偏见的方法，测量人们将目标面孔（如黑人或白人、老人或年轻人、亚洲人或欧洲人）与反映内隐偏见的积极或消极刺激（如词语“诚实”或“邪恶”）进行配对的速度。

人种女性，她说自己没能通过种族 IAT，因为测验结果显示她有意识地否认了自己的反黑人联想。一位同性恋活动人士惊讶地发现，其思想中有更强烈的同性恋负面联想，而不是正面联想。不仅年轻人对“老＋坏”的反应速度比对“老＋好”的反应速度快，而且绝大多数老年人也是如此。混血儿作家马尔科姆·格拉德威尔同样对自己在 IAT 中的反应感到震惊。研究者引用了他在与奥普拉·温弗里（Oprah Winfrey）的采访中说的话：“在我的生命中，我最爱的人（他的母亲）是黑人，而 IAT 表明我其实并不太喜欢黑人，这令人难以置信（Banaji & Greenwald，2013）！”

马尔科姆，你言之尚早了！ IAT 的结果并不意味着你一定存在偏见。心理学家对测试结果解释的模糊性进行了讨论。如果马尔科姆对“黑＋好”的反应比“黑＋坏”的反应慢几毫秒，这可能意味着他持有一种无意识的（内隐）偏见，但也可能意味着 IAT 并不总是在测量其想要测量的概念（De Houwer et al.，2009；Kinoshita & Peek-O’Leary，2005；Rothermund & Wentura，2004）。一些心理学家认为，IAT 只是捕捉到了一种文化联想或文化刻板印象，就像人们会更快地将“面包＋黄油”进行配对，而不是“面包＋牛油果”。因此，老年人可能真像年轻人一样对其他老年人有偏见，但也可能是老年人和年轻人对老年人有着相同的文化刻板印象和文化联想（Arkes & Tetlock，2004；Olson & Fazio，2004）。这种解释也不能排除 IAT 中的个体差异，有些人的刻板印象就是比其他人的更强烈。

判断 IAT 有效性的一种方法是看测验所得的高分是否能有效地预测人们对老年人、肥胖者、变性人或其他群体的实际行为。一些研究确实表明，一个人的 IAT 分数越高，其就越有可能以某种方式表现出歧视（Green et al.，2007；Greenwald et al.，2009）。例如，一项研究发现，在 IAT 中表现出种族偏见的白人往往会觉得黑人更不值得信任（Stanley et al.，2011），另一项研究发现，得分高的白人在职业中与黑人的交流并不像与白人的交流那样热情（Cooper et al.，2012）。此外，分数较高的肿瘤医生在治疗室里治疗黑人病人的时间更少，因为他们认为黑人的癌症症状比白人的轻。这种行为表现差异在 IAT 得分较低的肿瘤医生中是看不到的（Penner et al.，2016）。

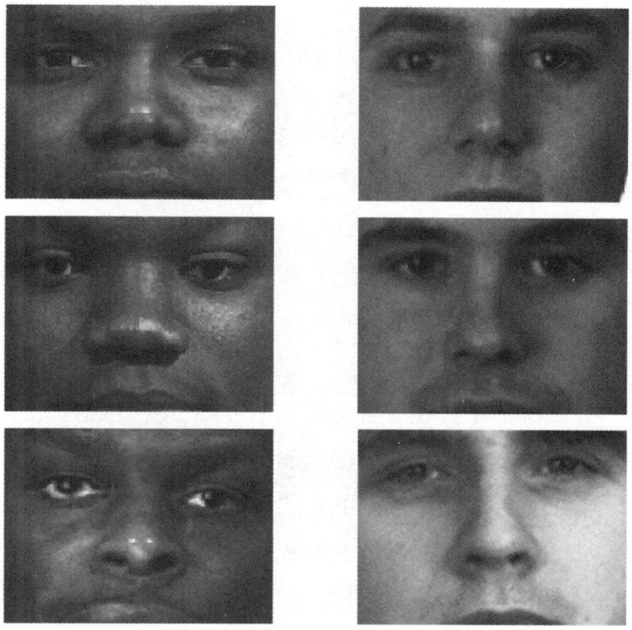

IAT 中用来测量内隐种族偏见的典型刺激。

然而，有些人声称：因为 IAT 衡量的是连你自己都不知道的偏见，所以当你听到你对不同群体的内隐偏见时，才会感到惊讶。与之相反，人们似乎在预测自己在 IAT 中表现出的对 5 个不同群体的内隐偏见时，结果惊人地准确（Hahn et al.，2014）。这表明，如果内隐偏见存在的话，你是能意识到的。所以，人们的确持有潜意识层面的偏见，且这些偏见以他们并不总是能意识到的方式支配着他们的行为（见第 7 章），但关于如何最好地识别它们的争论还在继续。

问题回顾

1. 什么是被压抑的偏见？（ ）
   a. 一个人持有偏见而他却没有意识到
   b. 一个人在适当的情况下会表现出偏见的倾向
   c. 一个人知道自己有偏见，但选择不公开表达
   d. 通过暗示这样的方式微妙地暴露自己的偏见
2. 什么是内隐偏见？（ ）
   a. 一个人持有偏见而他却没有意识到
   b. 一个人在适当的情况下会表现出偏见的倾向
   c. 一个人知道自己有偏见，但选择不公开表达
   d. 通过暗示这样的方式微妙地暴露自己的偏见
3. “假渠道”或其他技术的“测谎仪”会如何影响人们承认自己偏见的意愿？（ ）
   a. 他们更有可能承认其本来会压抑的偏见
   b. 他们更有可能承认无意识的偏见
   c. 他们不太可能承认任何偏见
   d. 他们不太可能暴露出性别歧视，更可能暴露出反犹太主义
4. 内隐联想测验的主要问题之一是什么？（ ）
   a. 人们无法对成对的联想快速做出反应
   b. 它很擅长识别种族偏见，但不擅长识别其他种类的偏见
   c. 它可能反映的是文化规范，而不是个人偏见
   d. 相比于内隐偏见，它更适合测量外显偏见
5. 内隐联想测验是用来测量内隐偏见的，其测量结果还有其他解释吗？（ ）
   a. 它反映了文化刻板印象，而不是人们的真实感受
   b. 它反映了两种特质之间的实际联系，但不一定是偏见
   c. 它不能足够快地测量联想的速度
   d. 所有答案都正确
   e. 答案 a 和 b 正确

“问题回顾”答案，请扫描章末二维码查看。

13.3 偏见对受害者的影响

到目前为止，我们一直从偏见持有者的角度来看待偏见，现在让我们把重点转移到受害者身上。当成为偏见的目标时，当事人往往会内化社会对他们的观点：认为自己低人一等、毫无吸引力或没有能力。但还有一种常见的反应是，重新利用这些消极的刻板印象，将其视为控制感、动力和骄傲的源泉。那么，预测两种反应的是什么呢？在此，我们将讨论两种自我挫败的问题。一种是由于内化导致的，另一种是由于被“污名化”的个体在面对污名时采取的弹性策略导致的。

自证预言

在其他条件都相同的情况下，如果你相信艾米是愚蠢的，并据此对待她，那么她可能不会在你面前表现出聪明的一面，这是我们在第 3 章讨论过的自证预言。它是如何产生的呢？如果你相信艾米是愚蠢的，那么你可能不会问她一些有趣的问题，当她说话时，你也不会专心听。实际上，你可能会漫不经心地看向窗外或打哈欠，你之所以如此是由于一个简单的预期——既然她既不聪明又无趣，为什么要浪费精力在她身上呢？这一点必然会对艾米造成严重的影响，如果别人对她的谈话不在意，那么她会感到不安，也可能会因此变得沉默寡言，不再展露任何聪明才智，如此一来，你就更加肯定了你最初对她的想法。于是这就形成了一个恶性循环，自证预言就这样实现了。对艾米而言也是如此：随着人们继续忽视她，她便形成了自己的确又笨又无趣的自我概念。

研究者在一项经典的实验中证实了这种现象与刻板印象、歧视之间的关系（Word，Zanna，& Cooper，1974）。在实验中，他们要求白人大学生面试几名求职者，这些人中有些是黑人，有些是白人。当大学生和黑人谈话的时候，他们不知不觉地表现出了不自在与缺乏兴趣。他们会坐得比较远、说话结巴，并且比

面试白人时更快地结束谈话。你能猜到这些行为会如何影响黑人求职者吗？为了找出答案，研究者进行了第二次实验，这次他们系统地改变了面试者（实际上是实验同谋）的行为，使其与第一次实验中面试者对白人求职者或黑人求职者的方式一致，但在第二次实验中，所有的求职者都是白人。研究者将面谈过程进行了录像，并让不同的人对求职者的表现进行评价。他们发现，与接受第一次实验中面试白人的面试方式的求职者相比，那些接受第一次实验中面试黑人的面试方式的求职者被认为更加紧张和缺乏竞争力。简而言之，他们的行为反映了面试者对其的期待（见图 13-4）。

在社会层面，自证预言具有更多的潜在危险性。假设大家都相信某个特定的群体是无可救药的且只适合从事低薪工作，那么你可能会想，为什么要为他们浪费教育资源呢？因此他们将得不到适当的教育，也无法习得高薪职业所需的技能。他们能拥有的工作机会和他们能从事的工作都是非常有限的。30 年后你会发现什么？这个群体中的大多数成员都只适合从事低薪工作，此时偏见者会说："看吧，我一直都是对的，还好我们没有把宝贵的教育资源浪费在这些人身上。"自证预言再次应验。

社会认同威胁

你是否有过这样的经历：当你和别人交谈时，因为有人直接提到了群体身份这个话题，或者谈话主题与此相关，你突然对自己的群体身份有了高度的意识？你突然意识到，其他人可能更多地把你看作你所在群体的代表，而不是个体。这可能与你的种族、宗教或性取向有关，也可能与那些不那么"重要"的特征，如你的政治立场、是否属于某个组织或体育团队，或者你的发色有关。当这种情况发生时，你肩上的担子就更重了，你要去反驳他人对你的群体的负面刻板印象，以证明你是一个聪明的、全面的、善良的人。但这种负担会耗尽你的认知资源，让你无法专注于手头的任务，从而阻碍你展现技能和真实的自我。

心理学家认为，**社会认同威胁**（social identity

图 13-4 一个证明自证预言的实验

社会认同威胁：当人们意识到其他人将他们视为群体中的一员而不是个体时所产生的威胁。

threat）即人们知道自己被评估为某个群体中的一员时所产生的感受和行为（Inzlicht & Kang，2010）。这种通过对个体所属群体的负面刻板印象进行评价时的个体的体验，在过去被称为刻板印象威胁（Steele & Aronson，1995a，1995b），这种体验似乎能延伸到任何你觉得有可能因为你的身份而被贬低的情况下。研究表明，社会认同威胁会降低我们的工作记忆容量（Schmader & Johns，2003），所以你没有足够的认知资源来让你表现得更好。

克劳德·斯蒂尔和乔舒亚·阿伦森（Joshua Aronson）对斯坦福大学的非裔美国学生和白人学生施行了一份很难的测验——GRE 测验。在研究者的引导下，两个群体中各有一半的学生认为研究者是想测验他们的能力；其他学生则在研究者的引导下认为，研究者只是想完善这份测验，而且，这份测验并不具有效度或信度，因此他们确信，他们的表现并不代表实际能力。实验结果验证了研究者的推测。对白人学生来说，无论他们是否认为这份测验被用作测量工具，他们的表现都一样好（或差）。那些认为测验并不是在测量他们能力的非裔美国学生表现得和白人学生一样好。但是那些认为测验是在测量他们能力的非裔美国学生，表现得既没有白人学生好，也没有前面那一组的非裔美国学生好。在后续的几项测验中，斯蒂尔和阿伦森发现，若社会认同威胁的触发因素之一——种族因素比较凸显的话，非裔美国学生的测验成绩就会比较明显地下滑，而这一因素对白人学生的测验成绩没有影响。

社会认同威胁实际上是在特定情境下才会出现的。在某些情况下，你的社会身份可能与刻板印象相冲突。例如，社会对亚裔美国女性的刻板印象到底是擅长数学还是不擅长数学呢？美国文化中有这样一种刻板印象：男性比女性更擅长数学，尽管男女数学能力的相似程度远远超过其差异（Else-Quest，Hyde，& Linn，2010）。美国文化中还有另一种刻板印象：亚洲人比其他地区的人更擅长数学。那么亚裔美国女性在数学上的表现究竟如何呢？

答案取决于她们是在思考自己的种族身份还是性别身份：当人们提醒亚裔美国女性的性别身份时（刻板印象：女性不擅长数学），她们的表现不如人们提醒她们的种族身份时好（刻板印象：亚洲人擅长数学）（Shih，Pittinsky，& Ambady，1999）。这种现象也适用于白人男性：当白人男性认为他们将与亚洲男性做比较时，他们在数学考试上的表现会变差（Aronson，Lustina et al.，1999）。

社会认同威胁的影响也能超出特定情境。那些社会身份被激活的大学生在其他领域表现出更差的自我控制能力：在一项研究中，他们吃更多的垃圾食品，在另一项研究中，他们表现得更具有侵犯性（Inzlicht & Kang，2010），因为自我控制的动机被社会认同威胁的体验削弱了。社会认同威胁也会影响人们的日常生活。研究者对男性工程师和女性工程师的日常经历进行了为期两周（10 个工作日）的追踪调查，结果显示：与男性工程师相比，女性工程师认为性别更多地影响了同事与她们在工作场所的互动方式。此外，当女性工程师体验到更多的社会认同威胁时，她们也会感到更多的工作倦怠和力不从心（Hall，Schmader，& Croft，2015）。

如何扭转社会认同威胁的影响呢？乔舒亚·阿伦森和他的同事们用以下方法进行了推论：如果仅仅是想到消极刻板印象就会损害个体的行为表现，那么利用反刻板印象的身份则有助于其行为表现。例如，在

你是否会感到社会认同威胁取决于你所认同的身份。当亚洲女性感觉自己为“女性”时，其数学成绩往往不尽如人意（刻板印象：女性不擅长数学）；而当她们感觉自己是“亚洲人”时，其数学成绩会高于前者（刻板印象：亚洲人擅长数学）。

一项实验的一种条件下，乔舒亚·阿伦森和他的同事们提醒被试他们即将参加一项非常困难的空间能力测验，这些被试是美国东北部文理学院精挑细选出来的学生。这样的提醒足以消除控制组中出现的男女差异。因为在控制组中，实验者只提醒被试他们是美国东北部居民（McGlone & Aronson，2006）。在大学生的高等微积分测验和中学生的实际标准测验中，他们也发现了类似的结果（Aronson & McGlone，2009）。

我们已经讨论过自我肯定，即现实地提醒自己那些让自己感到成功或自豪的优秀品质或经历。自我肯定也是反刻板印象的一种方法。实验室研究和现场研究发现，思考重要的社会身份，而不是消极的刻板印象，可以帮助人们抵消被污名化、被轻视或无能感受的影响（Cohen，Purdie-Vaughns，& Garcia，2012；Hall，Zhao，& Shafir，2014）。这种做法可以将人们在某个领域的糟糕表现置于更广阔的视角下，进而得出结论，即我们的价值并不仅仅取决于我们在某个领域的表现（Sherman et al.，2013）。即使只是了解社会认同威胁这一个概念——就像你现在这样——也足以提高考试成绩，因为这样人们就知道把焦虑的感受归因于社会环境而不是自己的能力了（Johns，Schmader，& Martens，2005）。

既然我们已经描述了偏见的普遍性和后果，现在是时候找找它的原因了。

问题回顾

1. 诺亚的老师们认为诺亚不聪明，所以他们不再关注他，也不再提问他。几年后，诺亚决定不再努力学习，因为自己太笨了。他成了（　）的受害者。
   a. 归因于自己努力
   b. 自证预言
   c. 内隐偏见
   d. 社会认同威胁
2. 珍妮是亚裔美国人，她正在参加数学考试。在下列哪种条件下，她能考得最好？（　）
   a. 当她意识到女性在数学上不如男性时
   b. 当她意识到自己并不在顶尖大学时
   c. 当她意识到自己的亚洲种族身份时
   d. 因为珍妮很擅长数学，所以没有什么会影响她的表现
3. 社会认同威胁的一个方面是什么？（　）
   a. 感觉受到我们不希望存在的偏见的威胁
   b. 感觉受到我们对他人的刻板印象的威胁
   c. 感觉受到那些符合我们刻板印象的人的威胁
   d. 感觉受到其他人对我们群体的刻板印象的威胁
4. 如何减少社会认同威胁对考生表现的影响？（　）
   a. 通过提醒考生他们所掌握的技能和优秀品质
   b. 通过否认刻板印象会影响他们
   c. 通过刻苦学习
   d. 通过谴责社会上的文化偏见
5. 下列哪种思维方式可以减少社会认同威胁的影响？（　）
   a. 要明白，人的能力是固定不变的，所以如果你在考试中表现不佳，也不必沮丧
   b. 意识到对考试感到焦虑是正常的，特别是对被污名化群体的成员而言
   c. 接受文化刻板印象可能是基于实际的群体差异这一事实
   d. 在考试前花 5 分钟时间反思你被污名化的群体身份及它是如何定义你的
   e. 答案 a 和 b 是正确的

“问题回顾”答案，请扫描章末二维码查看。

13.4 偏见的成因

在这个社会中，多方面的因素促成或维系着偏见，有些因素是在团体或机构层面运作的，它要求人们服从规范标准或规则；有些因素是在个体内部运作的，如我们对所观察事件的信息加工、赋予意义的方式；还有一些因素则对整个群体起作用，如竞争、冲突和挫折的影响。

从众的压力：规范性准则

只要生活在这个社会中，大多数人都会潜移默化地具有某种程度的偏见态度和歧视行为。我们可以称其为**制度化歧视**（institutional discrimination），即当企业和其他机构在法律上被允许或在社会上被鼓励基于种族、性别或其他类别进行歧视时，偏见便十分常见了。例如，如果在你成长的社会里，从事专门职业的少数族裔和女性很少，而且这些群体中的大多数成员都从事着一些低薪工作，那么，仅仅是在这个环境中生活，就能增加你对他们的先天能力持有特定（负面）态度的可能性。即使没有人主动告诉你少数族裔和女性是低人一等的，也没有任何法律或政策禁止少数族裔和女性进入大学、董事会或医学院，这种不公正的局面仍然会形成。实际上，社会性障碍已经使得这些群体缺乏机会，并使得他们成功的可能性变得极度渺茫。

当法律和习俗改变时，随之改变的往往还有社会规范，偏见也是如此。数十年来，与种族隔离一样，法律和习俗也使得人们对性少数群体的偏见制度化。直到 2003 年，美国最高法院才推翻了反对“鸡奸”的法律。1996 年通过的美国《婚姻保护法案》（*Defense of Marriage Act*）将婚姻定义为男女双方的结合，但该法案在 2013 年被判违宪。2017 年，64% 的美国人认为，同性婚姻应该被允许（Gallup，2017），而在 1996 年，这一比例仅为 27%。大多数年轻人可以接受同性婚姻，而在他们的许多长辈中，同性婚姻仍然存在很大的争议。在 35 岁以下的美国人中，有 71% 的人支持同性婚姻，而这一比例在 72 岁以上的美国人中只有 38%（Pew Research Center，2016）。

在第 8 章中，我们讨论了个体为了满足群体期望并获得认可而强烈地遵从群体规范的行为，这种现象被称为**规范性从众**（normative conformity）。对规范性从众的理解帮助我们解释了为什么人们哪怕心怀偏见也决不显露，或为什么人们明明没有偏见却表现出歧视。答案是他们在遵从其所在群体的规范或制度。几十年前，在美国西弗吉尼亚州的一个采矿小镇上发生的事情可以作为社会规范影响的一个生动的例子，当时这个小镇正严格执行着种族隔离，黑人矿工和白人矿工在地下时可以一起工作，但在地上时却要遵守完全隔离的规范（Minard，1952）。

想要不墨守成规是十分困难的，你的朋友可能会与你分道扬镳，而你的上司可能会解雇你。许多人采取偏见态度与歧视行为是为了从众或适应文化中大多数人的观点。这就像人们说的：“每个人都认为 X 群体是低人一等的，如果我还热忱地对待他们，人们一定会以为我疯了，他们将不喜欢我，并说我的坏话。我甚至可能会因此而失去工作。我不想惹麻烦，所以我还是和大家一样吧。”因为有些人认为，发表种族主义或性别歧视言论的朋友或同事很重要，所以当歧视真的发生时，他们宁愿随声附和，也不愿站出来做斗争。在一系列实验中，女大学生被分配到一个据称是为了讨论群体决策的小组，一名男性成员（实验同谋）被要求在该小组中反复发表性别歧视言论。那些重视对抗，但在有机会时选择保持沉默的女性，后来对实验同谋的评价要高于那些不愿意说出真相的女性。此外，这些沉默者后来认为，与发表性别歧视言论的成员进行正面对抗没有她们最初认为的那么重要：“我想他说的话也没那么糟（Rasinski，Geers，

制度化歧视：少数群体因其民族特征、性别、文化、年龄、性取向等而受到的合法或不合法的歧视行为。

规范性从众：为了满足群体期望和获得群体接纳而与群体保持一致的倾向。

& Czopp，2013）。”这太糟糕了，因为那些目睹别人遭遇歧视的人后来表现出了较少的偏见和刻板印象（Czopp，Monteith，& Mark，2006）。换句话说，直面偏见是有效的。这项研究所传递的关键信息是：沉默是有代价的。它不仅影响了种族主义或性别歧视言论所指的对象（他们会错误地认为房间里的其他人都认同它），还影响了保持沉默的人。他们通过对自己的不作为进行辩护来减少心理不适，进而增加其在未来保持沉默的可能性。

因此，即使人们本身并不存在偏见，他们也能像在规范和情境下能压制自己的偏见那样，屈从于别人的偏见，承受来自制度化偏见的压力。但是偏见是如何在人们心中变得根深蒂固的呢？

2014 年，美国南卡罗来纳州拉塔市市长解雇了在位 20 年的警察局局长克里斯特尔·穆尔（Crystal Moore），只因其性取向“不同于常人”。但拉塔市的市民们却非常愤怒，他们团结起来要求举行全民公决，迫使镇议会恢复了穆尔的职务。通过我们对身边的偏见做出的强有力的回应，我们也能创造出与偏见做斗争的规范。

热门话题

职业体育中的常见歧视

2017 年 5 月 1 日晚，美国职业棒球大联盟球迷在波士顿著名的芬威球场观看巴尔的摩金莺队（Baltimore Orioles）与波士顿红袜队（Boston Red Sox）的系列赛揭幕战。正当球迷们享受着像花生和热狗这样的经典棒球场美食时，金莺队的全明星中外野手亚当·琼斯（Adam Jcnes）突然发现自己不断地被种族歧视的话羞辱，有人甚至朝他扔了一袋花生。尽管那名球迷被赶出了体育场，但他并没有被起诉。

第二天，琼斯在社交媒体上说出了他的经历并引发了轩然大波。为了和琼斯站在一起，黑人棒球运动员，红袜队的大卫·普莱斯（David Price），也说出了自己受到过的来自球迷的种族歧视的经历，他宣称自己在进入球队的第一年就在芬威球场上遭到了种族歧视。其他棒球运动员就没那么有同情心了，前红袜队投手柯特·席林（Curt Shilling）在接受媒体采访时公开表示，琼斯在撒谎：“我认为他在胡说八道。我觉得这是有人在故意炒作。”这是人们面对偏见时的普遍反应：辩驳者会受到诋毁，尤其是当他们是目标群体中的一员时。当有偏见的人看到别人遭受偏见时，他们往往会感到愤怒和敌对（Czopp & Monteith，2003）。对席林来说，否认琼斯遭受歧视的经历至关重要，他通过公开攻击其信誉的方式做到了这一点。

第二天晚上，金莺队和红袜队在芬威球场再次会面。比赛前，红袜队球员穆奇·贝茨（Mookie Betts）在 Twitter 上发帖说，他希望球迷们今晚能够站起来支持琼斯，对种族主义说“不”。当晚，当琼斯走上前去击球时，众多球迷自发地起立为他鼓掌。红袜队的投手克里斯·塞尔（Chris Sale）则走下投手土墩，让掌声再一次进入高潮。他恭敬地摘下帽子，跟着鼓起掌来。琼斯认为红袜队和大联盟的回应是强有力且迅速的。尽管如此，被人歧视的痛苦依然挥之不去。虽然事件的结果是积极的，但他后来说道："这件事仍然让我心碎。"

社会认同理论："我们"对"他们"

我们每个人都建立了一个基于我们独特个性和生活史的自我认同。但我们也会基于自己所属的群体发展出一种**社会认同**（social identity），包括我们的民族、宗教、政治和职业群体（Brewer & Brown，1998；Tajfel & Turner，1986）。社会认同赋予了我们在世界上的地位感。成为"我们"中的一员使我们感觉良好。但这意味着我们一定会自动地认为自己比"他们"优越吗？正如我们在社会认同威胁中所看到的，这些社会认同也是别人评判我们的基础。

种族中心主义

认为自己的文化、民族或宗教优于其他所有人的信念被称为**种族中心主义**（ethnocentrism）。它通过增加人们对自己群体的依恋和为其献身的意愿来帮助人们生存，并基于一个基本类别：我们。然而，一旦人们创造了一个"我们"，就会认为其他人"不是我们"。怀疑"他们"的冲动似乎是生物生存机制的一部分，它促使我们倾向于自己的家庭、部落或种族，并保护我们的部落免受外界的威胁。但这种说法并不全面，因为人类在生物学上也存在友好、开放和合作的一面（Cikara & Van Bavel，2014；Kappeler & van Schaik，2006）。

穿着相似是一种表达自己群体身份的方式。

社会神经科学家研究了大脑的哪个部分可能与刻板印象、偏见维持，以及对一个种族或污名化群体感到厌恶、愤怒或焦虑有关（Harris & Fiske，2006；Stanley，Phelps，& Banaji，2008）。当非裔美国人和白人看到彼此的照片时，他们的杏仁核（与恐惧和其他负面情绪相关的大脑结构）的活跃度会增加，而当他们看到自己种族成员的照片时，这种现象却没有发生。当被试将这些面孔作为个体或单纯作为视觉测试的材料，而不是"非裔美国人"类别时，杏仁核的活跃度也没有增加。尽管大脑是用来记录"差异"的，但是与这些差异的负面联系取决于环境和学习（Wheeler & Fiske，2005）。这就是为什么社会心理学家想要努力探究在何种条件下，对外群体的偏见和敌意会形成或减少。

内群体偏好

即使人们在其他方面几乎没有共同点，但共享社会身份的人（内群体成员）彼此之间也会紧密联结在一起。这基于一种假设：内群体成员会公平地对待你。例如，投资者会将 10.9% 以上的资金投入姓氏

社会认同：一个人自我概念的一部分，它基于个人对国家、宗教或政治团体、职业或其他社会关系的认同。

种族中心主义：一种认为自己的种族、国家或宗教优于其他所有人的信念。

听起来像美国人管理的共同基金（Kumar，Niessen-Ruenzi，& Spalt，2015）。内群体偏好（in-group bias）是指我们会对被我们定义为内群体成员的人给予积极的感觉和特殊对待。不幸的是，这常常会导致我们对外群体成员的不公平对待。事实上，社会心理学家安东尼·格林沃尔德和托马斯·佩蒂格鲁（Thomas Pettigrew）认为，与直接的偏见和敌意相比，内群体偏好是产生歧视的一个更重要的原因（Greenwald & Pettigrew，2014）。人们喜欢和自己熟悉的、拥有相同规范和习俗的或在其他重要方面相似的人待在一起，但这种偏好会导致意想不到的负面结果，如在招聘和晋升时对内群体的偏爱。

为了弄清楚这一现象背后的真实机制，社会心理学家亨利·泰弗尔（Henri Tajfel）和他的同事们创造出了所谓的最小群体（Tajfel，1982；Tajfel & Turner，1986）。在他们的实验中，他们用最微不足道的标准对一群陌生人进行分组。例如，在一项研究中，研究者向被试展示了一组幻灯片，幻灯片上有不同数量的圆点，被试被要求猜一猜共有多少个圆点。这些被试被随机告知他们是“高估者”或“低估者”，并被要求完成另一个任务——给其他被认为是“高估者”或“低估者”的被试打分。虽然每个被试都需要独立完成任务，但几乎所有被试都给了他认为和他一样的被试（高估者或低估者）更高的分数。当他们走出房间时，有人问他们：“你是‘高估者’还是‘低估者’？”他们从其他被试那里得到的无非是两种声音：欢呼声或嘘声。

简而言之，即使分类的理由如此微不足道，身为内群体的一员也会使你想要战胜外群体的成员，并不公平地对待他们，因为这样能建立你的自尊和归属感。当你的群体真的赢了时，它会增强你对这个群体的自豪感和认同感。作为一名大学生，在经历了或输或赢的橄榄球赛季后，你会有何感受呢？罗伯特·西奥迪尼及其同事们统计了在橄榄球赛季过后，7 所大学中周一穿着印有校徽的运动衫上课的学生数量。结果如何呢？你猜对了，学生们赢球后比输球后更愿意穿上印有校徽的运动衫。他们会说，“我们”赢了。但是当“我们”队输了的时候，这些学生会说，“他们”输了（Cialdini et al.，1976；Cialdini，2009）。

外群体同质性

除了内群体偏好外，社会分类的另一个结果是对外群体同质性（out-group homogeneity）的认知，即“他们都是一样的”信念（Linville，Fischer，& Salovey，1989；Quattrone，1986）。内群体成员倾向于高估外群体中成员彼此之间的同质性（相似性）。你的学校在运动或学术上是否有传统的竞争者？如果有，作为内群体成员，你可能会对自己的学校有更高的评价（以此来提高并且保护自己的自尊），你也可能认为竞争学校的学生间的同质性（如某种特征）高于你自己学校的学生间的同质性。

我们来看基于两所竞争学校（普林斯顿大学和罗格斯大学）的学生的一项研究（Quattrone & Jones，1980）。两所学校一直在运动、学术甚至社会阶级意识上（因为普林斯顿是私立学校，罗格斯是公立学校）存在竞争。实验者让两所学校的男生观看一段录像，录像中三个不同的年轻男子要在参与听觉感知实验时做出决定，如想听摇滚乐还是古典音乐。实验者告知被试，录像中的年轻人就读于普林斯顿大学或罗格斯大学，因此录像中的这些年轻人对某些被试来说是内群体成员，对另一些被试来说则是外群体成员。被试必须对录像中的人会做什么决定进行预测，在被试了解了录像中的年轻人的决定以后（如选择摇滚乐

内群体偏好：与属于其他群体的成员相比，人们偏爱自己群体中的成员，并给予其特殊对待，这个群体可以是暂时的、微不足道的，也可以是重要的。

外群体同质性：人们倾向于认为外群体中的成员彼此之间比实际情况更相似（同质），也比内群体中的成员更加相似。

或古典音乐），实验者会要求他们预测那个学校中会有多少男生做出相同的决定。他们的预测会根据目标人物的群体身份的不同而有所不同吗？

如图 13-5 所示，实验结果支持了外群体同质性假说：当目标人物是外群体成员时，被试认为他们的选择对于该校同学的决定比当目标人物是内群体成员（自己学校的同学）时更具有预测性。换句话说，如果你对外群体的某个人稍有了解，你更有可能会觉得自己了解那个群体中的所有人。后来各种各样的实验也得到了类似的结果（Park & Rothbart，1982）。

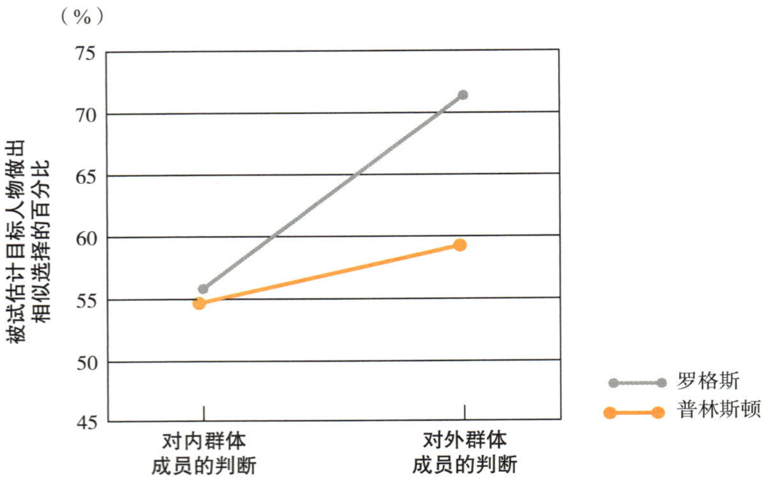

图 13-5 对内群体成员和外群体成员的判断

观看目标人物在两个选项中进行选择之后，被试被要求评判同校的学生和外校的学生做出相同选择的可能性分别有多大。结果显示，学生们对外群体成员一致性程度的判断要高于对内群体成员的判断。这种“一致性偏差”在罗格斯大学的学生中尤为明显。

资料来源：Quattrone & Jones，1980.

受害者有罪论

对于很少受歧视的人来说，即使他们很努力地去想象，也很难充分理解偏见受害者的感受。多数群体里的善意人士也许会同情受歧视的群体，但那些总是因其自身的优点，而非其种族、民族、宗教或其他身份而被评判的人，很难对他人产生真正的共情。当共情缺失时，人们就很难避免陷入将受害者的苦难归罪于他们自身的陷阱。

具有讽刺意味的是，受害者有罪论（blaming the victim）——将受害者的遭遇归因于他们在能力或性格上的缺陷——通常是出于一种可以理解的愿望，即把世界看作公平和公正的，在这个世界里，人们能得到他们应得的且有权利得到他们想要的东西（见第 4 章）。例如，强者相信世界是公平的，他们很有可能会认为贫困的人和无家可归的人是咎由自取，或认为肥胖的人太懒惰等，而不去想想他们的经济状况、基因体质、是否有精神疾病或缺少机遇等（Crandal et al.，2001；Furnham & Gunter，1984）。同样，大多数人在遇到难以解释的不公平的结果时，都会想办法去责怪受害者（Aguiar et al.，2008；Lerner，1980，1991；Lerner & Grant，1990）。在一项实验中，两个人被要求在同样的任务中付出同样的努力，然后他们会通过抛硬币的方式来决定，谁会得到丰富的奖赏，谁什么也得不到。事后，观察者会对发生的事情进行重构，并说服自己那个不走运的人在工作时一定不太卖力。

许多人都会在事情发生后以重构情境的方式来支持自己的公平世界信念。我们只需要对受害者进行个人归因（这是受害者的错），而不是情境归因（不幸的、随机的事件可能在任何时候发生在任何人身上）就可以了。在一项有趣的实验中，研究者向一组大学生描述了一位女性对一位男性的友好行为，这组大学生认为这位女性的行为是完全适宜的（Janoff-Bulman，Timko，& Carli，1985）。另一组大学生被给予相同的描述，不同的是那位女性后来被那位男性强暴了。结果这组大学生认为这位女性的行为是不合适的，受强暴是她咎由自取。

我们如何解释这种苛刻的归因呢？当不好的事情

受害者有罪论：将受害者的遭遇归咎于其个人（做出倾向性归因）的倾向，其动机通常是公平世界信念。

发生在别人身上（如被偷袭或被强暴）时，我们一定会为其感到难过，但同时也会因为这种可怕的事情没有发生在自己身上而松一口气。可是，我们又会担心类似的事情将来有一天会降临在自己头上，于是我们会说服自己，那个人是罪有应得的，从而使自己免于恐惧——我们是安全的，因为一直以来我们都小心行事（Jones & Aronson，1973）。

公平世界信念如何导致恒久的偏见呢？大多数人会觉得以下想法是恐怖的：我们生活在一个即使没有犯错也会被强暴、被歧视、不能同工同酬或被剥夺基本生活需求的世界里。所以，相信悲惨的命运是由自己造成的这种想法让我们觉得这个世界是安全的。指责受害者的一种变体就是“罪有应得”。例如，“如果犹太人一直在被人迫害，那么他们一定是真的做了什么事，苍蝇不叮无缝的蛋”。这种推理要求外群体成员必须遵守比大多数人为自己设定的更为严苛的行为准则。

为权利和优越感辩护

偏见提升了内群体的优越感，维系了宗教和政治身份，也巩固了当事人在财富和权力上不平等地位的合法性（因为那些人是下等人，所以我们群体理应享受更多的财富和更高的地位）。无论何时，多数群体都会为了维系权力去歧视少数群体——白人、黑人、印度人、日本人、胡图人、基督教徒和犹太人等都是如此，他们总会称他们的所作所为是合情合理的——因为很明显，少数群体是如此无能的下等人（Jost，Nosek，& Gosling，2008；Morton et al.，2009；Sidanius，Pratto，& Bobo，1996）。多数在社会上处于主导地位的人并不认为自己存有偏见，他们坚信自己对外群体的看法是合情合理的。

克里斯蒂安·克兰德尔（Christian Crandall）和艾米·埃什尔曼（Amy Eshleman）认为，很多人一方面急于表达他们的偏见，另一方面又希望维持自己在世人眼中积极的、并非顽固派的正面形象 (Crandall & Eshleman，2003)。但是压抑偏见的冲动并非一朝之力，所以人们也在寻找佐证来证明自己不喜欢某一群体的合理性。一旦人们找到了这个理由，他们就可以为所欲为且心安理得（同时也可以避免认知失调）。还记得实验中所谓的没有偏见的人在被羞辱或被激怒后，给外群体成员施加了更多的惩罚吗？他们为自己更具有侵犯性的行为找了一个合理的解释：“我并非不堪或心存偏见，只是因为对方羞辱我、欺负我！”正如克兰德尔和埃什尔曼所言：“所谓正当的理由冲破了压抑，带着公平的面具为偏见提供掩护。”

现实冲突理论

竞争也是冲突和偏见最明显的来源之一，如竞争稀有资源、政治权力或社会地位。现实冲突理论（realistic conflict theory）主张，资源的有限性会导致群体与群体之间发生冲突，并造成偏见和歧视（J. W. Jackson，1993；Sherif，1966；White，1977）。在一项经典的实验中，穆扎费尔·谢里夫和他的同事们（Sherif et al.，1961）在一个叫作“罗伯斯山洞”的童子军营地中验证了现实冲突理论。被试是一群正常的、适应良好的 12 岁男孩，他们被随机编入“老鹰”队或“响尾蛇”队。为了减少两队之间的接触，这些男孩被置于旨在增加群体凝聚力的情境中，每一队都要待在自己的营区，而且两个营区相隔很远。为此，研究者分别为两队安排了许多有趣的活动，如远足、游泳、盖房子，以及准备餐食等分工合作活动。

在两队都发展出凝聚力后，研究者安排了一系列让两队相互对抗的竞争活动，如足球赛、棒球赛、拔河赛等，获胜的队伍可以得到奖赏。这些竞争性的活动引发了两队间的冲突与紧张情绪。此外，研究者也创造了其他一些情境来进一步强化两队之间的冲突。例如，安排一场营区派对，故意告诉两队不同的时间，以确保老鹰队可以先到达派对现场。派对上有两类不同的点心：一类是新鲜的、诱人的且美味的，另

现实冲突理论：认为有限的资源会导致群体与群体之间的冲突，进而导致偏见和歧视的增加。

一类是被压扁的、难看的和难以下咽的。正如你所预期的那样，早到的老鹰队美餐了一顿，后到的响尾蛇队对他们看到的一切非常生气，于是开始咒骂老鹰队的成员为“剥削者”。而老鹰队的成员认为他们受之无愧（先到先得），他们对咒骂感到不满并以同样的方式进行了回应。最后，咒骂升级为相互投掷食物，并很快演变为拳脚相加和全面的暴动。

在如今的经济环境下，由于每代人对资源分配的不同感受，代际的紧张关系也加剧了。一些年轻人对老年人感到不满，认为他们得到的社会福利和机会比应得的要多。一些老年人则认为，所有的焦点都在年轻人身上。于是，老年人和年轻人都抱怨自己是年龄歧视的受害者（North & Fiske，2012）。许多年轻人抱怨他们被老一辈人不公平地贴上了“懒惰”和“自以为是”的标签。但年轻人自身也存在年龄歧视，认为老年人无能、无关紧要、固执或吝啬。

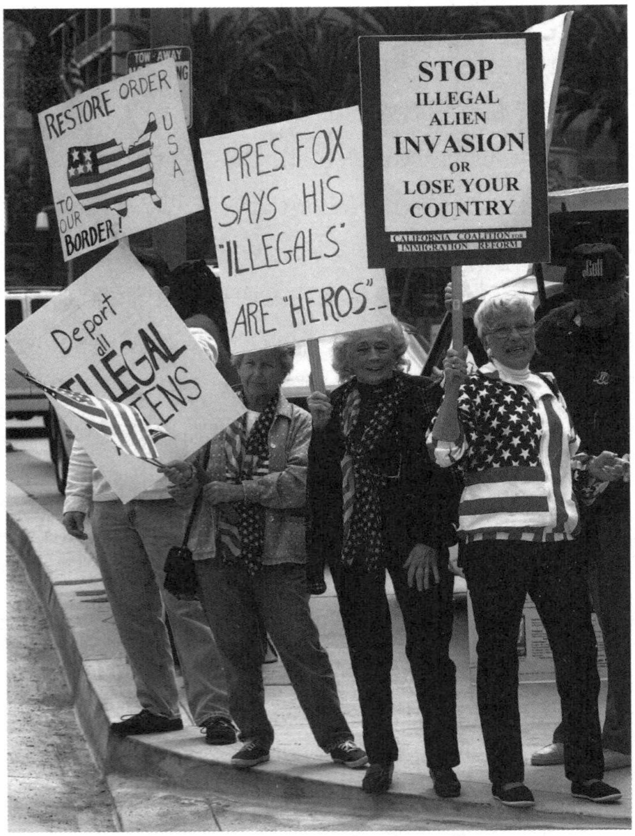

经济竞争引发了大量的偏见。当失业率上升时，人们对少数群体的憎恨也随之上升。

约翰·多拉德（John Dollard）是最早记录歧视与经济竞争之间关系的人。这是他在工业小镇所做的一项关于偏见的经典研究（Dollard，1938）。起初，这个小镇的居民对于新来的德国移民并没有任何敌意，但随着工作机会的减少，偏见就开始盛行了。来自周围农庄的许多当地白人对新移民展开了强烈而直接的攻击。他们开始对德国移民表现出轻蔑与贬损，因为他们觉得自己更加优越。多拉德写道：“导致这些攻击行为的主要原因是他们对当地的木器工厂中的工作和地位的竞争。”

在美国，软弱的领导人和政府经常选择少数群体作为替罪羊——“这些人是我们所有问题的原因”。这是一种将公民（“我们”）团结起来对抗“他们”的手段，它分散了每个公民的注意力，让其不再关注领导人和政府治理国家的失败（Staub，1999）。

如今，美国本土人对墨西哥人（尤其是墨西哥移民工人）的看法十分复杂，一方面美国许多州都需要这样的劳动力；另一方面，他们又会认为这些墨西哥人抢了他们的工作机会。随着竞争的加剧——无论是真实的竞争还是想象中的竞争——针对拉丁裔的暴力事件也在增加。墨西哥人和其他拉丁裔已经成了白人泄愤的主要对象。这些改变说明，当时局艰难、资源匮乏时，内群体成员感受到了更多来自外群体成员的威胁，因此对外群体的偏见、歧视与暴力事件将会增加。

问题回顾

1. 根据现实冲突理论，在下列哪种情况下，偏见和歧视可能会增加？（ ）
   a. 一个国家有种族主义的历史
   b. 对目标群体持有刻板印象的人心情不好的时候
   c. 人们知道他们最亲密的朋友是持有偏见的
   d. 人们为了工作和安全而竞争
   e. 偏见是显性的而不是隐性的
2. 丽贝卡正在为校报报道她所在大学与竞争对手的橄榄球比赛。在比赛中，她采访了她所在学校的 6 名学生，但只采访了来自对手学校的 1 名学生，以此来代表他们对比赛的看法。丽贝卡的行为是一种（ ）。
   a. 内群体偏好
   b. 外群体同质性
   c. 权利
   d. 对受害者的谴责
3. 以下是社会心理学家关于偏见的一些解释。其中哪一个不合适？（ ）
   a. 一致性压力
   b. 种族中心主义
   c. 现实的经济冲突
   d. 宣泄的需要
   e. 制度化歧视
4. 约翰认识并喜欢他的大多数拉丁裔同学，但他私下里却认为自己的盎格鲁文化优于其他所有人。他的信念是（ ）的证据？
   a. 反拉丁偏见
   b. 对少数民族的刻板印象
   c. 种族中心主义
   d. 外群体同质性
5. 是什么引起了罗伯斯山洞研究中两组男孩之间的敌意？（ ）
   a. 将他们置于有奖品的竞争环境中
   b. 允许他们自由宣泄自己的愤怒
   c. 随机给予一个组更多的特权
   d. 让孩子们自己选择游戏和制定规则

“问题回顾”答案，请扫描章末二维码查看。

13.5 减少偏见

偏见是普遍存在的，有时你不得不怀疑，它是否也是无法避免的？正如我们在之前讨论刻板印象时看到的，当人们看到一两个能够驳斥自己现有刻板印象的例子时，大多数人并不会改变他们的普遍信念。在一项实验中，人们发现当一个与自己刻板印象不符的例子出现时，他们的刻板信念反而得到了强化。因为这些证据会激发他们提出一些额外的证据来支持他们所持有的偏见（Kunda & Oleson，1997）。这是否意味着偏见是人类社会交往的一个重要方面，并将永远伴随我们？社会心理学家并没有这么悲观。我们倾向于认同亨利·戴维·梭罗（Henry David Thoreau）的那句话：“放弃偏见永远都不晚。”人是可以改变的。但如何改变呢？我们能做些什么来减少这种对人类社会有害的行为呢？

由于偏见和刻板印象通常建立在错误信息的基础上，因此多年来社会观察家一直相信教育是消除偏见的方法：我们需要做的就是让人们接触真相，这样偏见就会消失。但这已经被证明是一个天真的想法。因为偏见中隐含的情感成分、我们墨守成规的认知方式，以及以错误信息为基础的刻板印象，都很难只靠给人们提供真相而得到修正。但我们还是有希望的，研究发现，和外群体成员的反复接触可以修正人们的刻板印象和偏见（Pettigrew & Tropp，2006）。但光接触是不够的，接触的形式也必须是特殊的。确切来讲这是什么意思呢？

接触假说

1954 年，当美国最高法院下令废除种族隔离教育时，社会心理学家普遍感到兴奋和喜悦。他们相信，废除种族隔离教育将能通过增加白人儿童与黑人儿童的接触来增加少数族裔儿童的自尊，此外，他们也希望种族融合教育能够成为结束偏见的开始。这种认为社会群体之间的互动会减少偏见的观点被称为接触假说。

这种乐观主义不仅在理论上合理，一些实证研究也支持了种族间接触的力量（Van Laar，Levin，& Sidanius，2008）。早在 1951 年，莫顿・多伊奇和玛丽・埃伦・柯林斯（Mary Ellen Collins）在两个公共住宅项目中，研究了美国白人对美国黑人的态度。在其中一个住宅项目中，黑人家庭与白人家庭被随机分配到相互隔离的大楼里；在另一个住宅项目中，黑人家庭和白人家庭混住在同一大楼里。几个月后，种族融合项目中的白人居民对黑人的态度，相较于种族隔离项目中的白人居民对黑人的态度存在更多积极的改变，即使前者一开始并不希望住在一个种族融合的大楼里（Deutsch & Collins，1951）。同样，在 20 世纪 50 年代早期美国军队编制综合化后，当美国南部白人入伍时，他们的种族主义也渐渐消失了（Pettigrew，1958；Watson，1950）。

如今，多种族的综合类大学是活生生的验证接触假说的实验室。如果白人学生有其他种族的室友或朋友，其往往会更少有偏见，且更能发现群体间的共性（Van Laar et al.，2008）。一项针对黑人学生和拉丁裔学生（在一所以白人学生为主的大学里）的纵向研究发现，与白人学生的友谊增加了他们的归属感，减少了他们对学校的不满，尤其是对那些敏感、不安、怕被拒绝的少数族裔学生而言（Mendoza-Denton & Page-Gould，2008）（见图 13-6）。

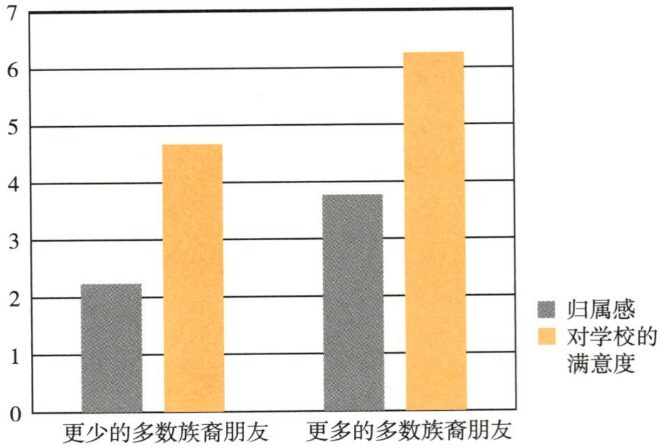

图 13-6 跨种族友谊对少数族裔学生幸福感的影响

一项针对黑人学生（在一所以白人学生为主的大学里）的纵向研究表明：许多黑人学生在一开始会感觉受到排挤且不适应学校生活。但是，随着他们与越来越多的白人学生交往，其归属感大大增加，对学校也更满意了。这项发现对那些十分敏感、怕被拒绝、身处白人学生占多数的学校而焦虑不安的少数族裔学生而言，意义十分重大。后来，研究者又在拉丁裔学生身上重复了这一实验。

资料来源：Mendoza-Denton & Page-Gould，2008.

接触假说在实验室和现实生活中得到了许多研究的支持。通过接触，很多群体减少了对一些群体的偏见，如年轻人对老年人的态度、健康者对精神疾病患者的态度、健全儿童对残疾儿童的态度，以及异性恋群体对性少数群体的态度等（Herek & Capitanio，1996；Wilner，Walkley，& Cook，1955）。虽然接触的效果因群体而异——异性恋者和同性恋者之间的接触在减少偏见方面表现出最强的效果，而年轻人与老年人之间的接触在减少偏见方面表现出最弱的效果——但是 700 多个调查样本表明，94% 的群体间接触的确与偏见的减少有关（Pettigrew & Tropp，2006）。接触假说改善群体间关系的前景很好，有些人甚至称其为“我们最大的希望”（Wright，Brody，& Aron，2005），但仍然有一些障碍限制了其潜在的作用。

接触假说的一个问题是，每个人都需要直接经历群体间的接触来减少偏见。但是如果你没有接触的机会呢？例如，一些人由于居住在种族单一的地区，因此很少接触与自己不同的人。事实证明，间接接触也能减少偏见。延伸接触效应表明，仅仅知道某个内群体成员有外群体的朋友就足以减少偏见（Wright et al.，1997）。因此，如果你结识了一个外群体朋友，那么你就在帮助你的所有朋友减少他们对该群体的偏见。媒体也是群体接触的一种途径：（1）与来自其他社会群体的特定人物或名人产生情感联结并投入其中，这被称为准社会接触；（2）通过新闻和娱乐媒体中的片段间接接触外群体，这被称为替代性接触（Joyce & Harwood，2012；Schiappa，Gregg & Hewes，2005）。间接形式的接触对于改善人口层面的偏见有重要意义。

接触假说的另一个问题是，不同群体成员之间的社会互动往往以不信任和焦虑为特征（Stephan & Stephan，1985；Trawalter，Richeson，& Shelton，2009）。这些群体互动中的焦虑感是人们避免与其他群体的人互动的核心原因（Plant & Butz，2006）。群体间互动的不舒适感会持续很长时间，如当人们与带有污名化身份的人互动时，会有一种生理上的威胁感（Blascovich et al.，2001）。但是，当你是个相对的群际新手时，这种负面体验可能会较少（MacInnis & Page-Gould，2015）。人们对群体间互动的预期往往比实际的互动情况要差（Mallett，Wilson，& Gilbert，2008），日常生活中的大多数群体间的互动都是相对良性的（Page-Gould，2012）。随着接触的增多，群体间互动和群体内互动的心理差异就会消失。事实上，群体间接触较多的人在跨种族交往中并没有表现出生理上的威胁感（Blascovich et al.，2001）。

群体间接触也可以通过媒体发生。例如，人们通过媒体关注亚美尼亚真人秀明星金·韦斯特（Kim West）的生活。但 100 年前，美国某些地区禁止亚美尼亚人贷款或买房。金·韦斯特在 Instagram 和 Twitter 上有数千万粉丝，这种准社会关系代表了一种高质量的群体间接触形式。

接触假说最大的问题是，有时候接触会使群体间的关系更加敌对，甚至导致更多的偏见（Saguy et al.，2011）。特别是在极端的群体间暴力的情况下，单纯的接触似乎并不能减少偏见，甚至可能使情况变得更糟（Islam & Hewstone，1993）。然而，即使在这些暴力的群体间环境中，高质量的接触（如群体间的友谊）仍然预示着更少的偏见和更大的和解愿望（Paolini et al.，2004）。

是什么提高了群体间接触的质量，从而改善了偏见？戈登·奥尔波特（Allport，1954）观察到，只有在满足以下 4 个条件时，接触才可以减少偏见：（1）两个群体地位平等；（2）两个群体追求共同的目标，这个目标能使两个群体中的成员意识到他们的共同利益和普遍人性；（3）接触涉及群体间的合作；（4）群体间的接触能够得到法律或风俗（社会规范）的认可与支持。托马斯·佩蒂格鲁和琳达·特罗普（Linda Tropp）对比了 134 项包括和不包括奥尔波特提出的最优条件（即上述 4 个条件）的研究（Pettigrew & Tropp，2006）。研究结果与奥尔波特的直觉一致：包括所有 4 个条件的研究与非最优接触的研究相比，接触和偏见减少之间的相关性更强，但非最优接触仍预测了更少的偏见。因此，尽管最优条件是有效的，但如今其对接触假说来说已经不是必要的了。

也就是说，当不同的群体必须通过合作来达成一个共同的目标时，可靠的接触可以减少偏见。在罗伯斯山洞实验中，谢里夫让两组孩子处于**互倚**（interdependence）的情境中，即他们需要相互依靠才能完成对双方都很重要的目标（见图 13-7）。有一次，研究者设置了一个供水系统受损的情境，而修复供水系统的唯一办法就是老鹰队与响尾蛇队的所有成员立即相互合作。还有一次，情境被设置成在营区旅游途中卡车突然抛锚，为了让卡车再次启动，老鹰队和响

互倚：两个或多个群体需要通过彼此依靠来完成对彼此都很重要的目标的情况。

尾蛇队必须齐心协力，将卡车拉上一个陡峭的山坡。

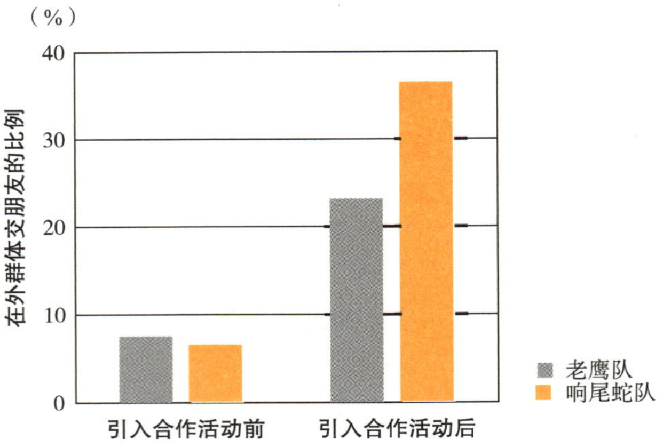

图 13–7 合作是如何促进组间关系的

当老鹰队和响尾蛇队是竞争关系时，两队之间几乎没有友谊可言。当队员不得不为了共同的利益合作时，他们开始跨过“敌对战线”而成为朋友。此时，两队间的紧张关系才得到了缓解。

资料来源：Sherif，Harvey，White，Hood，& Sherif，1961.

这张来自罗伯斯山洞实验的图片显示，老鹰队和响尾蛇队一起拉着营地的卡车。讽刺的是，他们用的绳子是以前用来拔河的绳子。

接触可能会在哪里出问题

尽管种族间的接触通常是一件好事，但是种族融合教育却并非像许多有识之士所预期的那样进展顺利。实际上，种族融合教育不但未能产生和谐，反而经常导致教室里的紧张与骚动。沃尔特·斯蒂芬（Walter Stephan）在仔细分析了各项有关种族融合教育的研究后发现，53% 的研究显示偏见增加了，34% 的研究显示偏见没有改变（Stephan，1978）。另外，如果在大多数取消种族隔离的学校校园上空拍照片，你可以发现真正的融合其实很少：白人小孩倾向于和白人小孩在一起，而黑人小孩倾向于和黑人小孩在一起，拉丁裔小孩倾向于和拉丁裔小孩在一起等（Aronson & Gonzalez，1988；Aronson & Thibodeau，1992；Schofield，1986）。很显然，光是接触并不会产生我们所期望的结果。什么地方出错了呢？为什么种族融合住宅项目比种族融合教育的效果更好？

在知道了有效接触的条件后，我们就能更好地理解学校在首次实行种族融合教育时所产生的问题了。想象一个典型的场景，一个名叫卡洛斯的墨西哥裔六年级小孩，一直在贫穷的社区学校就读，由于学校设备不足及师资匮乏，他的前五年教育可以说是欠缺的，突然有一天，他就被毫无预兆地转入一个以白人中产阶级为主的学校。

正如经验告诉我们的，传统教室是一个高竞争的环境。典型的场面是，当老师问一个问题时，学生们会立即举起小手，争着向老师证明他们知道答案。当老师指定一个学生回答问题时，教室里就会出现很多叹息声，因为其他学生失去了一个在老师面前展示自己聪明才智的机会；如果被点到的学生犹豫不决，或者答错了，就会有另一波更密集的举手出现，甚至还伴随着针对那个答错的学生的低声嘲讽。因此，卡洛斯发现他必须和这些准备比他充分的中产阶级的白人学生竞争，因为他们一直都是这样做的。他们已经习惯了当老师提问时踊跃举手，但卡洛斯是第一次被强行推进了一个高竞争的环境中。经过几次失败后，卡洛斯感到挫败、羞辱和气馁，他不再举手，甚至巴不得放学铃声赶快响起。

我们如何改变教室的气氛，让它更符合戈登·奥尔波特所提出的有效接触的规则呢？我们怎样才能让白人学生和少数族裔学生处于同等地位、相互依赖，并且追求共同目标呢？

合作与互倚：拼图教室

1971 年，美国得克萨斯州首府奥斯汀开始实施种族融合教育制度，几周之内，非裔美国学生、白人学生与墨西哥裔美国学生之间就出现了公开的冲突，走廊上和校园里到处都充斥着打架声。于是奥斯汀学校校长邀请得克萨斯大学教授埃略特·阿伦森来寻找一个能够创造和谐环境的方法。在对数间教室的状态进行了几天的观察后，阿伦森和他的研究生们想到了谢里夫和他的同事们所做的营区实验。他们以谢里夫的发现为依据，发展出了一种创造教室里互倚气氛的技术，以让不同种族与肤色的学生追求共同的目标。因为这个方式类似于拼图活动，所以其被称为拼图教室（Aronson，1978；Aronson & Bridgeman，1979；Aronson & Gonzalez，1988；Aronson & Patnoe，1997；Walker & Crogan，1998；Wolfe & Spencer，1996）。

拼图教室（jigsaw classroom）是以如下方式运作的：学生们会被分到不同的六人学习小组，每天的课程分为六个部分，每个学生会分到一段书面材料。如果当天他们所学的是埃莉诺·罗斯福（Eleanor Roosevelt）的自传，那么自传就被分成六段，每个学生都会分到一段，每一段都是独特且重要的。就好像一张拼图一样，学生们必须将它们拼在一起，才能看到一张完整的图画。每个学生都必须先学习自己分到的段落，然后将内容告诉其他同学，这是他们唯一可以知道其他段内容的方法。因此，如果黛比要在关于“埃莉诺·罗斯福的一生”的测验中取得好成绩，她就必须倾听卡洛斯（他正在讲述埃莉诺的少女时期的生活）和沙米卡（她正在讲述埃莉诺的白宫生涯）等人所讲的内容。

与学生之间会相互竞争的传统教室不同，在拼图教室里，学生们彼此依赖。在传统教室里，如果卡洛斯因为紧张不安而无法朗读，其他学生会为了热情地向老师展现自己的聪明才智而忽视卡洛斯（甚至瞧不起他）。但是在拼图教室里，如果卡洛斯有朗读困难，其他学生最好有耐心，并说一些鼓励的话，甚至友好地提出问题，好让卡洛斯更加容易地将只有他知道的东西讲出来。

通过“拼图”的过程，学生们开始更加关注彼此，尊重彼此。正如预期的那样，像卡洛斯这样的孩子在这种情况下会变得比较放松与投入，其沟通能力必然会得到改善。几个星期后，其他学生都惊讶地发现卡洛斯比他们想象中要聪明得多。他们开始喜欢他，卡洛斯也开始喜欢学校，不再将他的白人同学视为“折磨精”，而是对自己有帮助、有责任感的队友。随着卡洛斯在课堂上感觉越来越舒服，他变得更自信了，学习成绩也有了明显的提高，自尊心也增强了。随着那些不良因素被剔除，恶性循环也被打破了。现在卡洛斯表现得越来越好。

从拼图教室研究中收集的数据证实了老师和研究者的观察。与传统教室里的学生相比，拼图教室里的学生有更少的偏见和刻板印象，以及对组员更多的喜爱，无论是在种族内还是在种族外。另外，和传统教室里的学生相比，拼图教室里的学生考试成绩更好，自尊心更强，也更喜欢上学。在拼图教室里的学生也表现出了真正的种族融合迹象，也就是说，和采用传统教学方法的学校相比，拼图教室使不同种族与肤色的学生变得更加融合。

拼图教室为什么有效

拼图教室成功的一个原因就是：参与合作性的群体的过程成功地打破了内群体对抗外群体的观念，使个体培养出了“同一群体”的认知——没有人被排除在群体之外（Gaertner et al.，1990）。此外，这种合作式策略把人们放在了一种助人的情境下。回想一下我们曾在第 6 章中讨论过的一项研究，该研究表明帮助他人的人随后会对受助者持有更多的好感（Leippe & Eisenstabdt，1998）。

拼图教室能在人际关系方面产生如此多的积极结果的另一个原因就是，合作学习的过程鼓励了学生共情能力的发展。在充满竞争的教室里，学生们的目标

拼图教室：一种旨在减少偏见和提高孩子自尊水平的课堂设置，此方法将孩子置于小型的、多种族的团体中，并使每个孩子都依赖于团体中的其他孩子来学习课程材料。

仅仅是为了向老师展示自己的聪明才智，他们没有必要去注意教室里的其他同学；而在拼图教室里，为了有效地参与到学习中，每一位学生都需要密切关注教室里正在朗读的任何一位同学。在这个过程中，学生们开始认识到，如果自己以能够适应他 / 她的特殊需求的方式和他 / 她打交道的话，就有可能取得更好的成绩。例如，艾丽西娅会了解到，卡洛斯有一点害羞并需要一些鼓励，阿庄非常健谈以至于有时需要对其加以限制，达内尔喜欢开玩笑，但皮特只会对那些严肃的话题进行回应。

如果我们的分析是合理的，那么拼图教室就能增强青少年的共情能力。这一变化会减少人们对于刻板印象的依赖倾向。为了检验这一观点，戴安娜・布里奇曼（Diane Bridgeman）对一群 10 岁的小孩进行了一项设计巧妙的实验。实验前，有一半的孩子花了两个月时间在拼图教室里上课，另一半孩子则在传统教室里上课。实验中，布里奇曼向孩子们展示了一系列漫画，目的在于测验孩子们的共情能力——站在卡通人物的角度看问题（Bridgeman，1981）。例如，在一组漫画中，第一幅图上画的是一个看起来很难过的小男孩，他在机场向他的父亲挥手告别。第二幅图上画的是一个邮递员送给那个小男孩一个包裹。第三幅图上画的是那个小男孩打开包裹，看到一个飞机玩具并号啕大哭。布里奇曼问这些孩子，这个小男孩在看到飞机玩具的时候为什么要哭呢？几乎所有的孩子都可以做出正确的回答，因为这个飞机玩具提醒了他：他是多么想念父亲啊！接下来，布里奇曼问了一个最关键的问题：当邮递员看到那个小男孩打开包裹并哭泣时，他会想什么呢？

当教室被整合成一定结构，不同种族的儿童可以共同合作学习时，偏见就会被消除，他们的自尊也会得到提升。

控制组的孩子会认为，邮递员知道这个男孩哭是因为那个礼物让他想起了已经离开的父亲。但是在拼图教室里上过课的孩子却做出了不同的反应。他们已经有了从邮递员的角度看问题的能力，他们会意识到，当邮递员看到那个小男孩在收到一个漂亮的玩具后哭泣时会很困惑，因为邮递员并没有目睹父子机场告别的一幕。乍一看，这个实验好像并不是特别重要。毕竟，它关注的是孩子们是否具有领会卡通人物心理的能力。实际上，我们应该给予其特别的关注。孩子们具有的能够从他人角度看待世界的能力对共情能力、慷慨的品质和人际交往能力都有着深远的影响（Todd et al.，2011）。想知道拼图教室是否对你有益吗？参见下面的“试一试”。

试一试　拼图式学习小组

下次有课堂小测验时，试着找几个班上的同学组成一个拼图式学习小组，为测验做准备。

将阅读资料分配给每个人。对于分配给自己的那部分资料内容，你必须熟读到能成为这个部分的全世界顶级的专家。你必须把那些资料整理成一份报告，并拿给其他人看。其他人可以自由提问以确保完全理解了那份资料的内容。最后，你要问小组成员如下几个问题。

1. 与独自学习相比，你更喜欢哪种方式？
2. 与独自学习相比，哪种方式效率更高？

3. 与你在活动前对小组成员的看法相比，现在你对他们有什么感想？
4. 你想再做一次这个活动吗？

这个拼图式学习小组的效果可能远不如书中描述的那样大。为什么？

当我们能够发展出理解他人感受的能力时，我们对他人敞开心扉的可能性就会增加。一旦我们向另一个人敞开心扉，就几乎不可能对他产生偏见，更不可能霸凌他、欺辱他。

合作互倚式学习的逐渐普及

拼图教室的首次实验是在 1971 年，从那以后，教育研究者已经发展出好几项类似的合作技术（J. Aronson，2010；Cook，1985；Johnson & Johnson，1987；Slavin & Cooper，1999）。阿伦森和他的同事们在奥斯汀所获得的惊人成果已经在海内外数千间教室里成功地复现（Hänze & Berger，2007；Jürgen-Lohmann，Borsch，& Giesen，2001；Sharan，1980；Walker & Crogan，1998）。现在，合作式学习已经广泛地被教育研究者接受，并被视为改善种族关系、增加对精神疾病患者等受污名化个体的接受度、建立同理心，以及提高授课水平最有效的方式之一（Desforges et al.，1991；Deutsch，1997；McConahay，1981；Slavin，1996）。当初在一个学校中的简单实验，如今已经逐步成为公众教育中的一支主力军。不幸的是，我们对它的应用却是比较滞后的。我们的教育系统就像所有的行政机构一样，都倾向于抗拒变化。

但是这一目标值得探寻，就课堂结构的小改变是否能影响孩子一生这一点而言，怎样强调都不为过。30 多年前，拼图教室的发明者埃略特·阿伦森收到了一封大学生的来信。他一直保留着这封信，因其清楚明白地提醒着人们，在所有科学研究和统计分析的背后，是一个个鲜活的个体，他们每天都承受着偏见和社会带给他们的影响，而课堂结构的改变带给他们的则是脱颖而出的可能。以下是这封信的全部内容。

亲爱的阿伦森教授：

我是一名大四学生。今天我收到了哈佛法学院的入学通知书。我说的这些似乎和您毫不相关，但是请允许我和您讲讲我的一些事情。在家里七个孩子中，我排行第六，也是唯一一个上了大学的人，现在，我已经顺利毕业并且即将进入法学院。

此刻您也许还在好奇，为什么一个陌生人会给您写信并讲述自己的成就。虽然我们从未谋面，但我们确实不是陌生人。您看，去年我学习的社会心理学课程就是以您的《社会性动物》（*The Social Animal*）一书为教材的，当读到“偏见”和“拼图教室”时，我就有一种“似曾相识”的感觉，因为我是您开创的拼图教室的第一批学生，那时我正在读五年级。随着阅读的深入，我突然意识到了我就是那个叫卡洛斯的小男孩。我记起了当您第一次踏进我们的教室时，我是多么胆怯、一无所知和厌学。当时的您非常高，差不多有 1.82 米的样子，留着黑色的大胡子，特别幽默，把我们全逗乐了（当我读到您的书时，这一切记忆都浮现出来了）。

最重要的是，当我们开始参加拼图小组的学习时，我意识到其实我并不笨。那些我从前觉得特别粗鲁和充满敌意的同学后来都成了我的好朋友，老师对我也很友善和慈祥，于是我开始喜欢学校了，也喜欢上了学习，所以才有了今天这个准备升入哈佛法学院的我。

您一定会收到很多像我这样的孩子的来信，但我还是决定写信给您，因为我想告诉您一些事情。我的母亲告诉我，我是在家里出生的，母亲生产时我被脐带绕颈，是助产士口对口帮我呼吸才避免了我的夭折。如果她现在还活着，我也会写信告诉她我长大了，我很善良、聪明，并且准备进法学院读书了。不幸的是，她前些年去世了。而我给您写信是因为您是除了她以外，另一个拯救了我人生的人。

卡洛斯

问题回顾

1. 下列哪一项不是“增加群体间的接触将减少偏见”的满足条件？（　）
   a. 共同的目标
   b. 提高少数族裔的地位
   c. 群体间的合作
   d. 有关部门的批准
2. 罗伯斯山洞实验为减少群体间的敌意提出了什么策略？（　）
   a. 共享社会规范
   b. 在同样的环境中保持合作
   c. 合作以追求共同目标
   d. 玩趣味性竞赛游戏，如拔河
3. 为什么早期废除种族隔离的努力未能减少种族间的偏见？（　）
   a. 因为学生与学生之间地位平等
   b. 因为课堂环境充满了竞争性
   c. 因为少数族裔学生在社交上不够努力
   d. 因为少数族裔学生与多数学生有共同的目标
4. 拼图教室的主要特征是什么？（　）
   a. 不同种族的孩子需要彼此合作来解决问题
   b. 不同种族的孩子有机会展示他们的个人才华
   c. 少数族裔的孩子可以使用他们自己的语言并选择自己喜欢的节奏进行学习
   d. 老师不再关注个别学生
5. 拼图教室有效的主要原因是什么？（　）
   a. 它要求孩子表现得有礼貌，有同理心
   b. 它为良好的行为设定了明确的规则
   c. 它允许孩子们表达对彼此的真实感受
   d. 它打破了“群体内对抗群体外”的认知和刻板印象

“问题回顾”答案，请扫描章末二维码查看。

总结

13.1 定义偏见

“偏见”是一种社会上普遍存在的现象，不同社会受歧视的群体以及其允许或阻止歧视的程度有所不同。社会心理学家将偏见定义为一种对特定群体成员的敌对和负面态度，它包括认知成分、情感成分和行为成分。

- **认知成分：刻板印象。**刻板印象是对一个群体的全体成员的概括，它将相同的特征应用在群体中的每个成员身上，而无视成员间实际存在的差异。刻板印象可以是正面的或负面的，也可以是组织社会性世界实用的、适应性的心理工具。然而，消除群体中的个体差异可能会导致持有刻板印象的人和刻板印象的目标都适应不良，也对他们不公平。即使是正面的刻板印象也会损害某一群体，并贬低其成员。敌意的性别歧视和善意的性别歧视是现代性别刻板印象的两种基本形式，也是对女性的歧视——将女性归为传统的角色。
- **情感成分：情绪。**偏见的情感层面使具有偏见的人难以被说服，因为逻辑论证在遇到感情用事时就毫无效果了。这就是为什么即使一个人希望摆脱偏见，其偏见仍会不知不觉地持续很长时间。基于人们对某个群体的热情度和能力两个维度的刻板印象，人们对该群体的反应往往是敬佩、同情、轻视或嫉妒。
- **行为成分：歧视。**歧视被定义为对特定群体成员的不公正的、消极的或有害的行为，只因其是该群体的成员。例如，虽然吸毒者大部分是白人，但是警察仍然较多地关注黑人吸毒者；在求职和司法制度中存在制度化歧视；微侵犯——许多少数族裔成员经历的轻微的侮辱和奚落。当人们感到有压力、愤怒、自尊心受挫，或因其他原因无法完全控制主观意图时，他们经常会对刻板印象的目标表现出比对自己群体的成员更强的侵犯性或敌意。

13.2 觉察看不见的偏见

由于偏见的规范性规则发生了变化，许多人学会了隐藏自己的偏见，以避免自己被贴上种族主义者、性别歧视者、反犹太主义者、恐同者等标签。于是研究者开发了一些方法来测量看不见的偏见。

- **识别被压抑的偏见的方法。**研究者已经开发出了一种巧妙的方法来测量被压抑的偏见，例如，发送只是申请人的名字或其他识别特征有所不同的简历，以判断雇主是否对某个特定群体有偏见，使用“假渠道”技术让被试相信一台机器正在记录他们的真实态度。
- **识别内隐偏见的方法。**一种常用的识别潜意识（内隐）偏见的方法是内隐联想测验（IAT），这种方法测量的是人们在目标群体和负面属性之间的联想速度。然而，IAT 实际测得量是什么，目前仍存在争议。

13.3 偏见对受害者的影响

- **自证预言。**刻板印象和偏见的普遍存在可以为大多数人和偏见的受害者创造一种自证预言。
- **社会认同威胁。**造成平均学业成绩差异的一个原因是社会认同威胁，即当人们对自己群体的刻板印象被激活或自己群体的社会身份被贬低时，会感到焦虑。

13.4 偏见的成因

社会生活中的如下三个方面增加了偏见的可能性：对社会规范的遵从、社会认同的重要性和“我们”对“他们”的思维，以及关于资源或权力的现实冲突。

- **从众的压力：规范性准则。**制度化歧视反映了社会规范。保持规范的一致性或被群体接受的愿望，导致许多人遵从刻板的信念和社会上的主导偏见，而不去挑战它们。随着规范的改变，偏见也经常发生。
- **社会认同理论：“我们”对“他们”。**偏见是由人们下意识地将人归为内群体和外群体导致的。它始于种族中心主义（即人类普遍倾向于认为自己的群体优于其他所有群体）和人们对社会认同的需要（即自我概念的一部分建立在对人们很重要的群体成员身份上）。种族中心主义最初可能是一种生存机制，诱导人们倾向于自己的家庭和部落，但人类在生物学上也有友好和合作的一面。因此，社会心理学家致力于找出助长或减少群体间偏见的条件。种族中心主义和“我们对“他们”的分类导致了内群体偏好（倾向于以比对外群体成员更积极的态度对待内群体成员）和外群体同质性（错误地认为“他们”都是一样的）。一种常见的外群体归因是将自己的偏见态度和歧视行为归咎于受害者，即受害者有罪论。责备受害者也会提升内群体的优越感、宗教或政治认同，以及权力的合法性。
- **现实冲突理论。**现实冲突理论认为，资源（无论是经济、权力还是地位）的有限性会导致群体与群体之间发生冲突，并造成偏见和歧视。正如当今墨西哥移民的遭遇那样，对资源的争夺导致了对有竞争力的外群体的贬低和歧视。替罪羊就是当个体处于挫折或不快乐的状态时，会倾向于攻击能看见的、不受喜欢的，并且相对弱势的那些群体。

13.5 减少偏见

偏见是普遍存在的，但是心理学家通过调查发现，许多情况可以减少群体间的敌意，并使其形成良好的关系。仅仅向有偏见的人提供他们对外群体抱有成见的信息并不管用，他们反而会更坚持己见。

- **接触假说。**根据接触假说，减少偏见最重要的方法是让内群体成员和外群体成员相互接触。在很多情况下，如跨种族的融合住宿和军训，以及在大学里培养跨种族的友谊，接触是十分有效的。但仅仅靠接触是不够的，这种接触有时甚至会加剧群体间现有的消极态度。当涉及群体间的合作、共同的目标、平等的地位以及得到权威机构的认可时，接触是最优的。当群体相互依赖，并需要彼此来达到一个最高目标时，接触尤其有效。
- **合作与互倚：拼图教室。**拼图教室是一种把来自不同种族的儿童结成小组的合作式学习方式，它在提高少数族裔学生的自尊和表现、共情能力和群体内友谊方面的效果十分显著。

思考题

在大学校园里，我们应如何应对社会认同威胁对部分学生学习成绩的负面影响？

自测

1. 偏见是（　）。
   a. 对某一群体成员的敌对态度，仅仅因为其是这个群体中的一员
   b. 多数群体成员对少数群体成员的感受
   c. 一般不受社会事件的影响
   d. 通常在童年产生并持续一生
2. 刻板印象是（　）。
   a. 偏见的认知形式
   b. 对一群人的负面印象
   c. 总是不准确的
   d. 正面或负面的认知集合
3. “敌意的性别歧视者”认为女性不如男性，“善意的性别歧视者”认为女性优于男性。二者有何共同之处？（　）
   a. 都表露出对女性的厌恶
   b. 都使对女性的歧视合法化
   c. 都表明对女性潜在的仰慕
   d. 都表明对男性潜在的厌恶
4. 当戈登·奥尔波特说“偏见击败了理智，唯余情感”时，他是什么意思？（　）
   a. 你无法理智地与一个有偏见的人争论
   b. 一个有偏见的人无法理智地为其态度进行辩论
   c. 一个人的内隐偏见可能会减少，但其外显偏见会持续存在
   d. 一个人的外显偏见可能会减少，但其内隐偏见会持续存在
5. 下列哪一个内隐偏见的测量方法描述的是内隐联想测验（IAT）？（　）
   a. 一个人与其不喜欢的群体成员之间保持较远的距离
   b. 一个人在目标图像和积极词汇之间的联想速度比在目标图像和消极词汇之间的联想速度要慢
   c. 一个人对目标人物进行轻微的怠慢和贬低
   d. 一个群体忽视了其唯一少数族裔成员的意见和贡献
6. 根据现实冲突理论，在美国历史上，美国白人对日本人、爱尔兰人和墨西哥人的偏见和歧视程度发生变化的主要原因是什么？（　）
   a. 工作和政治地位的竞争
   b. 美国白人对少数族裔的熟悉程度
   c. 少数族裔进入大学的百分比
   d. 工作培训和工作技能的差异
7. 什么是社会认同威胁？（　）
   a. 害怕一个隐藏的身份会在一个社会群体中暴露出来
   b. 一个被定型的群体成员在意识到关于他们的刻板印象时所感到的焦虑
   c. 对构成一个人的社会身份的价值观和习俗的威胁
   d. 指少数群体的成员威胁要报复其认为不公平的刻板印象
8. 下列哪一项描述了内群体偏好的结果？（　）
   a. 自证预言
   b. 对自己群体的不满足感
   c. 歧视外群体成员的倾向
   d. 更容易受到刻板印象的威胁
9. 延伸接触假说暗示了什么？（　）
   a. 群体间的接触可以通过新闻和娱乐媒体传播给大众
   b. 接触效应延伸到区域层面
   c. 如果你的朋友们知道你有跨群体的朋友，你就会减少他们之间的偏见

d. 接触必须直接体验才能有效

10. 使拼图教室有效的主要社会心理机制是什么？（ ）

a. 它要求人们通过合作来追求共同的目标

b. 它基于种族中心主义

c. 它强调个人成就以展示少数人的能力

d. 它测量并克服了内隐偏见

本章“问题回顾”与“自测”答案，请扫描二维码查看。

第 14 章

实践中的社会心理学之一：利用社会心理学实现可持续的、幸福的未来

SOCIAL PSYCHOLOGY

本章音频导读，
请扫描二维码收听。

章节框架

14.1 社会心理学的应用研究

利用实验法

社会心理救援

14.2 利用社会心理学实现可持续发展

传递与改变社会规范

消耗追踪

引入适当竞争

诱导伪善

消除小障碍，实现大改变

14.3 幸福与可持续的生活方式

什么使人幸福

人们知道让自己感到幸福的是什么吗

学习目标

将社会心理学原理应用于人们的生活中

理解社会心理学如何帮助人们以可持续的方式生活

了解如何运用社会心理学让人们更幸福

小调查

你认为以使环境可持续发展的方式生活意味着放弃幸福吗？

○是

○否

当阿莱曼开车去美国佛罗里达州迈阿密市的一家电子产品商店上班时，他一定会带上一些塑料袋和橡皮筋，以便在从车里走向商店时用它们来罩住鞋子。因为海水经常淹没商店门前的街道，如果他不这样做的话，他的脚就会被从排水沟流出的海水浸湿。随着海平面的上升，迈阿密街头的海水越来越泛滥，即使是在晴天里。人们正在努力地防止这座城市成为水中大都会。该项目的第一阶段包括提高路面高度、安装新的下水道管线和水泵，费用约为 1 亿美元。而这可能仅仅是花费数 10 亿美元的修复工作的开始（Davenport，2014；Flechas，2017）。

迈阿密的情况比美国其他沿海城市都要糟糕，因为它位于多孔的石灰岩之上，海水会通过排水沟冒出来流到街道上。海平面上升也威胁着其他城市。在弗吉尼亚州的诺福克，美国海军基地也容易受到海平面上升的影响，如果大风暴来袭，基地可能会被海水浸泡好几天。海军已经增建了数个码头，每个码头耗资约 6000 万美元（“On the Front Line of Rising Seas”，2016）。

请回顾一些基本事实：地球上一直都有大量的温室气体，这些气体从太阳吸收热量，使地球保持温暖。但自从 18 世纪工业革命以来，人类就开始增加二氧化碳这类气体的排放，它们主要来自化石燃料（如发电厂、工厂和汽车）的燃烧。我们现在排放的二氧化碳量远远超过了地球可以正常吸收的量。因此，全球气温一直在以飞快的速度上升。例如，过去 17 年中有 16 年的气温接连刷新了最高气温纪录（Mooney，2017）。南极洲和格陵兰岛的陆架冰正在以惊人的速度融化。专家估计，到 21 世纪末，海平面将上升数米（Sheridan，2017）。此外，许多科学家认为，由于

全球变暖导致的海平面上升已经影响到包括佛罗里达州的迈阿密和弗吉尼亚州的诺福克等美国城市。

海洋气温的上升，飓风的发生频率将越来越高，飓风带来的后果将越来越严重。据估计，全球变暖导致的死亡人数已经达到每年 40 万人，远远超过恐怖袭击造成的死亡人数（Leber，2015）。

不幸的是，全球变暖并不是人类制造的唯一环境问题。我们正在以惊人的速度消耗自然资源（如石油、煤炭、淡水和其他不可再生能源）。如今连我们该把垃圾倒在哪里都成了一个问题。1987 年，一艘名为 Mobro 4000 的驳船从纽约运来大量垃圾寻找倾

1987 年，Mobro 4000 驳船驶离纽约市，寻找能够倾倒垃圾的地方。但是该驳船在航行了 9656 千米后却并未找到合适的地方，只能返回纽约，并将垃圾倒在纽约市外的一处垃圾填埋场里。

倒的地方，因为纽约地区的垃圾填埋场已经满了。船驶过北卡罗来纳州、佛罗里达州、亚拉巴马州、密西西比州、路易斯安那州、墨西哥、伯利兹和巴哈马群岛，但没有一个停靠港愿意接受来自纽约的垃圾。最后，经过 9656 千米的航行后，Mobro 4000 驳船只得返航，纽约地方当局声称将在纽约市外的填埋场焚烧并掩埋这些垃圾。我们的垃圾又会倒到哪里去呢？20 世纪 90 年代，研究者发现太平洋的某处（面积比美国大）已成为一个巨大的垃圾场。人们还在海洋的其他地方发现了类似的“垃圾漩涡”（Lovett，2010）。但问题是，人们正在大肆生产塑料并不断将这些塑料废品扔到邻近海岸线的河流和海洋中。由于这些塑料是不能够自然降解的，因此它们会随着洋流漂入海洋，最终海洋成了废旧牙刷、一次性打火机、塑料袋和雨伞把手的最终归宿地（“Plastic oceans”，2008）。

全球将近 76 亿的庞大人口数量是所有这些环境问题的根源所在，而且该人口数量还在不断增长。如图 14-1 所示，工业革命前世界人口数量一直保持稳定，而工业革命后世界人口数量开始疯狂增长。随着粮食供应的减少，世界上营养不良的人数也在不断增加。据估计，世界上每九个人中就有一个人在挨饿（World Hunger，2016）。

我们该怎么办呢？这里有三个解决方案。第一，我们可以尝试控制人口增长。好消息是，虽然在过去的几十年里，人口数量仍然在快速增长，但出生率已经下降了（“Population Growth Rate”，n.d.）。第二，我们希望借助科学技术的进步获得解脱，如生产高能谷物，开发风能和太阳能等可再生能源。虽然人们在这些领域已经取得了一些进展，但这些进展还不足以解决环境问题。第三，人们可以减少资源消耗并采用更加可持续的生活方式。这说起来容易做起来难，没有人喜欢被告知其必须减少资源消耗，而且根深蒂固的习惯是很难改变的。如果我们必须做出改变的话，如何才能激励人们采取更环保的方式呢？

到现在为止，你已经知道这是一个经典的社会心理学问题。在之前的内容中，我们讨论了人们如何形成并改变态度、人们的行为如何受他人影响，以及社会规范的力量等。现在我们要就如何利用社会心理学解决社会和心理问题进行一般性讨论，然后具体讨论一些如何让人们采用更加可持续的生活方式的研究。最后，我们将分别讨论社会心理学研究的两个应用领域——健康和法律。

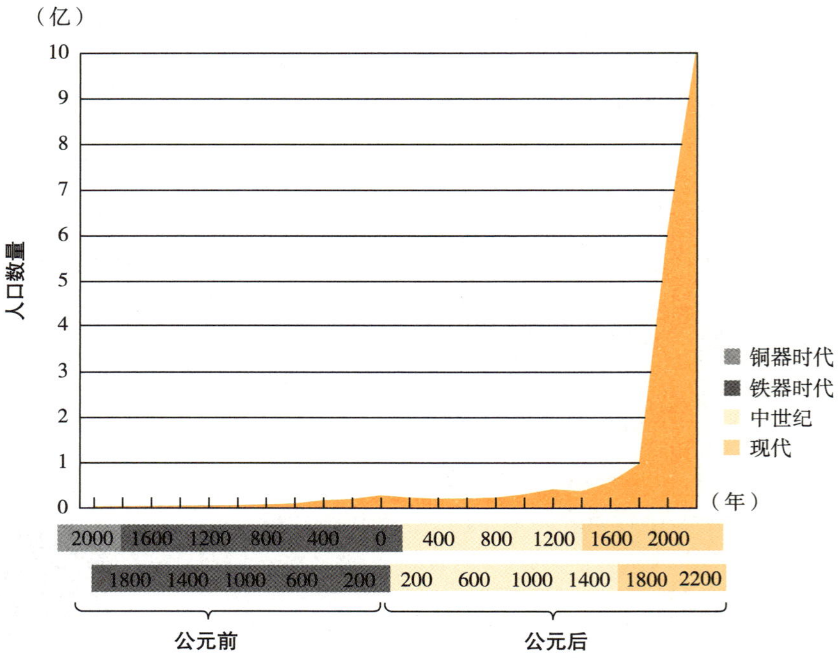

图 14-1 世界人口增长

在 18 世纪的工业革命之前，人口增长缓慢，但从那以后，人口数量就开始呈指数增长。

14.1 社会心理学的应用研究

社会心理学领域自成立以来就一直致力于解决实际问题。被公认为实验社会心理学的奠基者库尔特·勒温（Lewin，1946）提出了以下三个要点：

- 最好用实验法研究社会心理学问题；

美国总统在办公桌前说：
“是时候重视全球变暖这一迫切问题了！”

资料来源：Mick Stevens，The New Yorker Collection，The Cartoon Bank.

- 这些研究可以用来理解基本的心理过程并发展出有关社会影响的理论；
- 社会心理学的理论和方法可用来解决紧迫的社会问题。

对于这一领域的很多人来说，社会心理学的美妙之处在于，其在本质上解决了关于人类行为的基本理论问题和应用问题。例如，关于刻板印象和偏见的研究调查了人们如何形成对彼此印象的基本理论问题，以及如何减少刻板印象和偏见的应用问题。

不过，正如我们在第 2 章中讨论的那样，以基本理论问题为主的基础研究和以解决实际问题为主的应用研究仍然可以有所区别。迄今为止，尽管我们所讨论的许多研究都触及实际问题，但它们仍属于基础研究的范畴。正如库尔特·勒温（Lewin，1951）说的那样，“没有什么能比一个好的理论更实际”。意思就是说，要解决复杂的社会问题，我们首先要了解人性和社会影响的潜在心理过程。但是也有越来越多的社会心理学家专注于研究如何解决实际问题。事实上，社会心理学比其他许多学科更适合研究应用问题，现在我们来讨论一下原因。

利用实验法

社会心理学的重要课题之一就是利用实验法回答关于社会影响的问题。没有什么比找到解决实际问题的方法更重要的了。例如，为了让人们减少能源消耗，我们只有通过实验法（相对于观察法或相关研究而言，详见第 2 章）才能找到最佳解决方案。

大多数人似乎可以在医疗研究计划等领域理解实验的价值。假设一位化学家发现了一种似乎是有效的止痛药的新化合物，那么把它用在动物身上的初步研究看起来便是非常有希望的，尽管该化学家还不确定它对人的作用如何。我们是否应该让制药公司提前向市场投放呢？大多数人会觉得这太激进了。谁知道这种药物对人类是否安全呢。有可能如同止痛药万络和牛皮癣药依法利珠单抗一样对人类产生严重的副作用。所以我们需要通过广泛的人类临床实验，也就是随机分配人们接受新药物测试或安慰剂测试，看看这些药物是否真能减轻疼痛，以及是否会引发任何严重的副作用。美国联邦法律规定：药物在向公众提供之前，必须经过广泛的测试并获得美国食品和药物管理局（U.S. Food and Drug Administration，FDA）的批准。

在测试心理的和社会的“治疗方法”时，我们的标准比较宽松。如果有人想尝试一种新的节能技术、一项新的教育计划或一个减少偏见的项目，这些干预措施通常不需要经过很严格的测验。例如，在这些技术经过实验测试之前，一家公司可能就会尝试一个新的项目以减少能源消耗，或者强制推行多样化培训项目。

你可能会想，这样做的危害是什么呢？尝试一些新的节能项目几乎不会置人于危险之中，我们当然也不希望通过复杂的测试指导来抑制创新。难道我们不可以通过事后采访这些人或看看他们的行为是否发生了变化（例如，在节能项目后，他们消耗的能源是否变少了）来判断这些干预是否有效吗？不幸的是，事情没有那么简单。如果没有随机对照组，我们就很难验证干预的有效性，也不能进行这样的实验，以免带来严重的后果。

评估干预的有效性

举例来说，心理干预已被广泛用于帮助那些经历过创伤事件的人，如那些在自然灾害或飞机坠毁事故中目睹多人死亡的救援人员。这个被称为“应激事件压力报告 / 集体晤谈（Critical Incident Stress Debriefing，CISD）”的项目的基本理念是：在创伤事件发生后尽快将人们召集在一起，进行 3 ～ 4 个小时的会议，会上被试要详细描述自己的经历，并讨论他们对事件的情绪反应。这种宣泄体验被认为可以预防以后的精神病学症状，包括创伤后应激障碍（Posttraumatic Stress Disorder，PTSD）。许多消防部门和警察部门已经为那些目睹了可怕人类悲剧的人员提供了 CISD 治疗选择。CISD 也同样被广泛用于那些经历了创伤事件的普通人。2001 年的“9 · 11”事件发生后，9000 多名心理咨询师奔赴纽约市，协助幸存者应对创伤和压力以预防 PTSD，其中许多咨询师使用了 CISD。

CISD 的确是有用的，难道不是吗？至少它可以防患于未然。让人们公开讨论他们的创伤经历，而不是把它们尘封起来，这似乎是件好事。但“好像是”和“真的是”不是一回事。有趣的是，CISD 在社会科学家进行严格的有效性测试之前就已经被广泛应用了。于是心理学家随机指定了一部分人接受 CISD，另一些人则作为未经治疗的控制组，然后心理学家给每个人做了一系列的心理测量，结果并不令人满意。哈佛大学心理学家理查德 · 麦克纳利（Richard McNally）和他的同事们通过对文献的综述研究得出结论：没有有力的证据证明 CISD 能够预防 PTSD（McNally，Bryant，& Ehlers，2003）。

社会干预的潜在风险

即使 CISD 没有人们说的那样有效，又有什么大不了的呢？显然，让人们聚在一起谈论其经历并不会造成什么伤害。但社会心理干预面临的另一个问题是，人们习惯使用常识来评估社会心理干预的有效性，而常识有时是错的。CISD 不但被认为对预防 PTSD 无效，甚至可能是有害的。在一项研究中，那些被严重烧伤并被送往医院的被试被随机分配到接受 CISD 治疗的实验组和不接受 CISD 治疗的控制组。所有被试在接下来的几个月时间里完成了各种心理测试，并在家里接受了一位并不清楚他们是否接受过 CISD 治疗的研究者的回访。结果发人深思：干预 13 个月后，CISD 组的 PTSD 发病率明显更高，焦虑及抑郁的得分更高，在生活满意度方面的得分也显著低于控制组（Carlier，Voerman，& Gersons，2000）。在测试 CISD 对应急人员效果的研究中也有同样的发现。麦克纳利及其同事们的文献综述指出，“一些证据表明 CISD 可能会妨碍自然恢复”，并建议“出于科学和伦理的原因，专业人员应停止对创伤暴露人员的强制性询问”。

“9 · 11”事件发生后，9000 多名心理咨询师来到纽约帮助幸存者应对压力和精神创伤以避免未来其发生 PTSD。难道 CISD 在被广泛应用之前已经得到充分验证了？它是有效的还是有害的？答案请见正文。

事实证明，创伤事件发生后，人们会体验到相当强烈的负面情绪，此时可能并不是让他们聚焦于事件本身并与他人讨论的最佳时机；相反，正如我们将在第 15 章中看到的，人们在独处时往往能更迅速地恢复（Bonanno，2004）。迫使人们讨论和重温创伤经历可能会使其更容易记住这些创伤经历（Paterson，Whittle，& Kemp，2014）。如果人们自己不能成功地自行恢复，那么他们需要与事件保持一定的距离，以使自己能够更加客观地进行思考（Pennebaker，2001）。

想想 CISD 在未经充分测试之前就被广泛应用的后果。它不仅是对时间、精力和金钱的巨大浪费，数千名警察、消防员和救援人员也被迫接受了“盘问程序”，这个过程对他们来说可能弊大于利。如果这是一项医疗干预措施，那么它将会招致公众的反对（进而是不可避免的法律诉讼）。

社会心理救援

社会心理学家处在一个既要找出实际问题的解决方案，又要避免陷入像 CISD 的广泛应用那样惨败的独特境地。首先，社会心理学领域是人类行为理论的丰富来源，人们可以利用这些理论设计问题的解决方案。其次，社会心理学家知道如何对这些解决方案进行严格的实验测试，看看它们是否有效（Walton，2014；Wilson，2011）。社会心理学家在应用研究上的成功例子还有很多，我们将在接下来的内容中进行讨论。现在，让我们回到本章开始时我们提出的问题：如何让人们的行为方式有助于一个可持续的未来。

问题回顾

1. 下列哪一项不是勒温关于社会心理学家如何用所掌握的知识来解决实际问题的三个要点？（　）
   a. 社会心理学问题最好用实验法进行验证
   b. 实验研究不仅可以用来探究基本的心理过程，也可以用来发展有关社会影响的理论
   c. 有些社会问题过于紧迫，我们应该尝试在使用实验法之前就将其解决
   d. 社会心理学的理论和方法可以用来解决紧迫的社会问题
2. 一些社会心理学家设计了一项新的干预措施，以减少人们的居家能源消耗。下列哪一项是他们应该做的？（　）
   a. 进行一项以大量房主为样本的干预研究，看看这些家庭的能源消耗是否随着时间的推移而下降
   b. 进行一项实验，其中一些房主被随机分配到实验组进行干预，另一些房主则被随机分配到非干预对照组，然后测量两组的能源消耗
   c. 考虑到节约能源的重要性，他们应该尽快向特定城市的所有房主提供干预措施
   d. 进行一项问卷调查以询问房主是否认为干预会有效
3. 以下哪一项有关应激事件压力报告 / 集体晤谈（CISD）的描述是正确的？（　）
   a. 这是帮助经历过创伤事件的大学生的好方法
   b. 人们在经历了创伤事件后，尽快接受 CISD 治疗是最有效的
   c. 这是帮助那些目睹了创伤事件的应急人员和急救人员的好方法
   d. CISD 不仅对预防 PTSD 无效，而且可能弊大于利

“问题回顾”答案，请扫描章末二维码查看。

14.2　利用社会心理学实现可持续发展

社会心理学家已经采取了各种方法来让人们以环保的方式生活。这些方法既受到了社会心理学理论的启发，也通过了实验法对其有效性的验证（Clayton et al.，2016；Schultz & Kaiser，2012；Stern，2011）。

传递与改变社会规范

让人们对环境更负责的一种办法是设法提醒人们

遵循社会规范（即群体为其成员的可接受的行为、价值观以及信念所制定的规则）。正如我们在第 8 章中讨论的，人们遵循两种规范：命令性规范，即人们对他人赞成或反对的行为的看法；描述性规范，即人们对他人实际行为的看法。如果人们认为某种行为是他们所在社会群体坚决反对的，且他们观察到别人都在服从此规范，那么他们很可能也会遵循此规范（Cialdini，2012；Jacobson，Mortensen，& Cialdini，2011）。

罗伯特·西奥迪尼和他的同事们已经证明了社会规范是鼓励人们以环保的方式行动的力量。相对于其他环境问题，乱扔垃圾似乎并不严重。虽然广告牌警示美国民众要“保持美国美丽”，但许多人似乎认为把纸杯丢在路边而不是垃圾筒里并不是一件什么大不了的事。不幸的是，这些纸杯加起来就非常可观了：美国人每年在路边丢弃的垃圾数量达 510 亿件，而每年清理这些垃圾的费用超过 110 亿美元（“Litter Prevention”，n.d.）。

在第 8 章中，我们讨论了里诺及其同事们的现场实验。实验中，研究助理向人们传达了禁止乱丢垃圾的命令性规范，以使其捡起被丢在地上的快餐袋。研究者推测，助理捡起快餐食品袋的动作将生动地提醒人们要遵守命令性规范——乱扔垃圾是不好的，是其他人所不认同的，因此人们乱扔垃圾的概率会降低。

“救命啊！”

资料来源：Mick Stevens，The New Yorker Collection，The Cartoon Bank.

他们是对的，但凡看到助理捡快餐袋的人，几乎都不会将已经放置在他们汽车挡风玻璃上的传单扔到地上。而在控制条件下，即地面上没有快餐袋且助理只是走来走去时，有 37% 的人将传单扔到地上。

我们该如何传达反对乱扔垃圾的命令性规范呢？最直接的方式就是将环境中的所有垃圾都清理掉，表明“这里没有人乱扔垃圾”。在一般情况下，环境中的垃圾越少，人们乱扔垃圾的可能性也就越小（Huffman et al.，1995；Krauss，Freedman，& Whitcup，1978；Reiter & Samuel，1980）。

但是这一发现也是有例外情况的。西奥迪尼、里诺和卡尔格伦（Cialdini，Reno，& Kallgren，1990）指出，看到一个整洁的环境因一片垃圾而被破坏，将比看到一个完全干净的环境更能提醒人们注意描述性规范（不要乱扔垃圾）。这片垃圾显得特别扎眼，以提醒人们乱扔垃圾是不顾及他人的行为。与此相反，如果地面上没有任何垃圾，人们则不太可能会去考虑描述性规范是什么。具有讽刺意味的是，有些研究发现，和有一片垃圾的环境相比，乱扔垃圾的现象在一个完全干净的环境里更有可能发生。

为了检验这一假设，研究者用传单塞满学生们的信箱，然后暗中观察会有多少学生将传单扔到地上（Cialdini et al.，1990）。在第一种条件下，研究者将邮件收发室清理得干干净净。在第二种条件下，研究者将一个西瓜皮放在地板上，让其显得十分扎眼。在第三种条件下，研究者不仅乱扔西瓜皮，还将传单扔得满地都是。

正如研究者所预测的那样，在地板上只有一片垃圾的情况下，人们扔垃圾的概率最低（见图 14-2）。这一违反描述性规范的行为突出了一个事实，即除了那个把西瓜皮扔在地上的笨蛋之外，没有人乱扔垃圾。由于人们的注意力都集中在反对乱扔垃圾的描述性规范上，因此几乎没有一个学生乱扔垃圾。看到满地都是垃圾的人扔垃圾的概率是最高的——这里的描述性规范好像是在告诉人们可以随地扔垃圾，然后就会有很多学生效仿。

另一种传达描述性规范的方式是直截了当地告

诉人们大多数人的做法，尤其是在人们无法直接观测其他人行为的情境下。例如，住在酒店里时，你可能会看到让你重复使用毛巾的标志，因为每天洗毛巾会浪费环境资源（如水和电）。这样的标志会有效吗？也许它还不如直接告诉人们真实的做法有效。研究者发现，以某种标准呼吁人们保护环境，不如呼吁人们"一起加入保护环境的行列吧"，并告诉人们 75% 的房客都会重复使用毛巾（Baca-Motes et al.，2013；Goldstein et al.，2008；Terrier & Marfaing，2015）。"其他人也这样做"的简单信息足以让人们正确行事（Nolan et al.，2008）。如果你想在实验中使用描述性规范，那么请看下面的"试一试"。

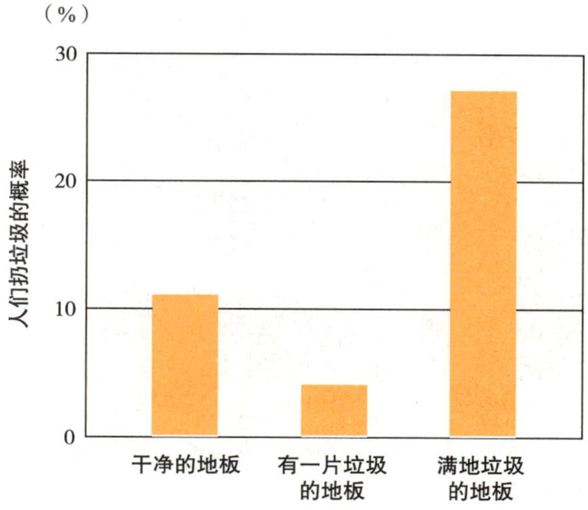

图 14-2　描述性规范和扔垃圾

谁最不可能乱扔垃圾——是那些看到别人没乱扔垃圾的人，还是看到地上有一片垃圾的人，抑或是看到满地垃圾的人？如图所示，看到地板上只有一片垃圾的人最不可能乱扔垃圾，因为这种情况会让人们注意到大多数人都没有扔垃圾，所以他们自己也不会扔垃圾。

资料来源：Cialdini，Reno，& Kallgren，1990.

试一试　通过描述性规范减少乱扔垃圾的行为

看看你能否利用戈德斯坦及其同事（Goldstein et al.，2008）关于酒店的研究让人们以更加环保的方式行事。例如，你可以采用各种标志促使人们回收宿舍里的瓶子和易拉罐。根据你目前所学，你认为下列描述性规范中，哪一个最好呢？

a. 帮助保护环境——回收你的瓶子和易拉罐。
b. 加入我们的队伍，一起来保护环境吧！这个公寓中 75% 的人都会自觉回收他们的瓶子和易拉罐。
c. 这个公寓中的许多人都不回收他们的瓶子和易拉罐，但你可以做得更好！

正确答案是 b。因为它传达了一种描述性规范，即大多数人都在回收瓶子和易拉罐，这可以激励其他人遵循该规范。选项 c 可能会产生负面影响，因为它传达了"大多数人都不会回收"的描述性规范，而其他人可能会效仿。

显然，吸引人们注意力的那些命令性规范和描述性规范可以使人们以更环保和更负责任的方式行事。但是如果没有了这种规范，甚至出现了一些相反的规范，会发生什么呢？例如，假设你是一个兄弟会或姐妹会的成员，那里的很多人都开着耗油的高档汽车。也许这是你和你的同龄人的选择，甚至是地位和声望的象征。没有人喜欢"打破规则"，尽管你可能一直在考虑把你的大切诺基换成一辆小型混合动力汽车，

除了不雅观以外，垃圾还需要人们花费大量金钱进行清理。社会心理学家发现，强调不同的社会规范是反对乱扔垃圾的有效方法。

但你还是会担心朋友说三道四。

事实真会如此糟糕吗？有时，人们高估了违反命令性规范的后果，换句话说，有多少朋友会真正关心我们是否把高档汽车换掉了呢？研究表明，大学生会高估一些命令性规范的作用，如他们的朋友是怎样看待喝酒这件事的。很多大学生认为，他们的同龄人比其在实际情况下更爱喝酒（Neighbors et al.，2008；Prince & Carey，2010）。同样的道理也适用于前面我们所讲的汽车，人们可能并不像你想象中那样在意你所驾驶的是什么汽车。

即使你的朋友会嘲笑你购买了一辆混合动力汽车，但总该有人第一个打破规则。正如我们在第 8 章中提到的那样，如果我们能够让另一个人与我们一样，那么推翻规则会变得容易一些。所以你可以先试着让你正在考虑买车的朋友去购买一辆混合动力汽车。如果这没有奏效，那就随他去吧。你可能会对你一个人就能改变规则这一点感到惊讶，尤其是当你不断地告诉别人你的汽车是多么省油，高档汽车也并不像人们想的那样安全时（Gladwell，2005）。

消耗追踪

关于社会环境的一种困境是，人们很难把握他们所使用能源的量，如天然气、电或水。例如，在干旱期间，人们可能会被要求节约用水，但对每个人来说，监控每个月用了多少升水并不容易。两位研究者证实，如果人们更易于把握用水量就会更易节省水资源（Van Vugt & Samuelson，1999）。研究者在 1995 年夏季的一次旱情中对英格兰两个社区的情况做了比较研究。研究者给其中一个社区安装了水表以便监测用水量，但没有给另一个社区安装。正如他们所预测的那样，当人们意识到水资源短缺时，安装了水表的社区比没有安装水表的社区用水量更少。

如果我们能够让人们知道自己节省了多少资源而不是消耗了多少资源，情况会怎么样呢？例如，如果我们让一个习惯于开车出行的人以步行、骑自行车、乘坐公共交通工具或搭乘朋友的车的方式出行，并记录他们因此而少开的距离，情况会怎么样呢？让人们意识到其他出行方式会使他们更愿意把车停在家里。为了进一步证实这一点，格雷厄姆、库和威尔逊（Graham，Koo，& Wilson，2011）要求大学生在两周的时间里追踪自己因减少开车次数而节省的距离并每隔一天将这些数据记录在一个网站上。正如他们所预测的那样，那些做了记录的实验组的大学生比那些没有做记录的控制组的大学生更少开车。这个研究也证实了追踪自己的行为是改变行为的第一步。

格雷厄姆和他的同事们还研究了给学生们提供关于他们所节省的距离的不同反馈是否会带来额外的收益。当学生们记录下他们所节省的距离时，一些人得到了他们节省了多少油钱的反馈，另一些人则得到了他们减少了多少空气污染的反馈（如减少了多少二氧化碳和碳氢化合物的排放），还有一些人则得到了上述两种反馈。事实证明，得到两种反馈的组格外愿意少开车。追踪一个人所能避免的对环境的破坏并给予适当的反馈是促使其少开车的有效措施。

引入适当竞争

研究者已经证实，在工作场合中引入适当竞争可以帮助人们节省一些能源（Siero et al.，1996）。在荷兰一家工厂的一个部门里，员工们被敦促参与节能活动。例如，公司杂志上刊登了告示，明确要求人们在寒冷的天气里关窗，离开办公室时随手关灯。此外，员工们每周还会得到关于他们行为的反馈，杂志上会刊登他们做过多少节省能源的行为，如他们关灯的频次等。

这种干预措施取得了一些成果：在这个项目结束的时候，员工离开办公室时不关灯的行为减少了 27%。

这家工厂的另一个部门也参加了一个类似的项目，不同的是，员工们每周还能收到其他部门的同事在做什么的反馈。研究者假设这种社会比较信息能够激励人们做得更好。正如图 14-3 所显示的那样，他们的假设是正确的。在这个项目结束的时候，员工们离开办公室时不关灯的行为减少了 61%。由此可见，激发人们的竞争意识会对其行为产生很大的影响（Staats，Harland，& Wilke，2004）。

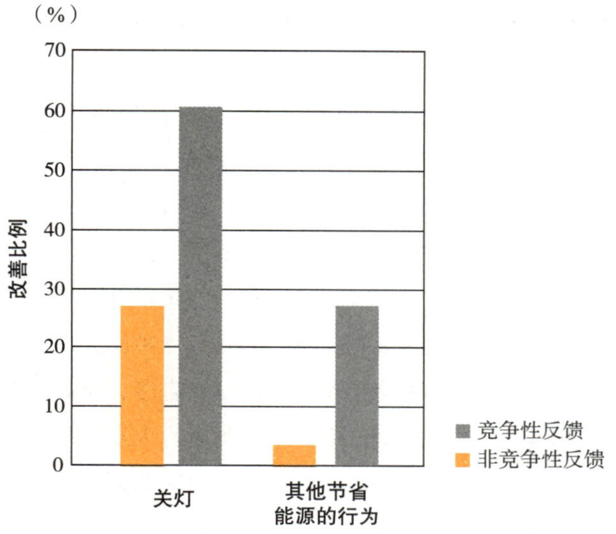

图 14-3　竞争反馈对节能行为的影响

一家工厂的两个部门被要求节省能源，两个部门的员工都能收到他们所做的一切的反馈。但是，只有一个部门能收到其他部门在做什么的竞争性反馈。如图所示，收到竞争性反馈的部门行为改善的效果更好，尤其在关灯方面。

资料来源：Siero，Bakker，Dekker，& Van Den Burgh，1996.

诱导伪善

在许多地区，淡水正日益成为稀缺资源。其中一个原因是人口增长的地区淡水的供应量有限，如美国西南部地区；另一个原因是干旱，随着地球温度的升高，干旱正变得日益频繁。1975 年，地球上有 10% ～ 15% 的地区遭受旱灾，而到 2005 年，这一比例已经接近 30%（"Drought's growing reach"，2005）。一项研究估计，到 21 世纪中叶，美国大陆上 1/3 的县将面临严重的水资源短缺问题（"Climate Change，Water，and Risk"，2010）。因此，我们必须设法鼓励人们节约用水，特别是在干旱的情况下。

美国许多地区正在经历极端干旱，随着全球变暖的加剧，越来越多的地区将会遭遇干旱。哪些社会心理学方法可以用来增加节约用的水行为呢？

几年前，当美国加利福尼亚州正经历严重的水资源短缺时，美国加州大学的一位校园管理者意识到大量的水被使用体育设施的学生浪费了。该管理者在体育馆浴室的墙上张贴了一些标语，告诫学生缩短淋浴时间，节约水资源。这些标语呼吁学生快速淋浴并随手关掉水龙头。管理者深信这些标语应该是有效的，因为这个校园里的绝大多数学生都有生态和自然资源保护意识。然而，系统观测显示，只有不到 15% 的学生遵守了标语上的节水信息。

管理者对此感到十分疑惑，难道是因为大部分学生没有注意到这些标语吗？毕竟墙上的标语是很容易被忽视的。为了使标语更加突出，管理者将它们做成牌子并放在浴室入口处的三脚架上，这样去浴室的学生就能在经过的时候看到了。这样做虽然使节水的行为略有增加（19% 的学生在洗澡的时候关掉了水龙头），但显然也惹怒了不少学生，牌子被不断地撞倒并被踢来踢去，而且大部分学生一反常态地洗了很久，这显然是对倡议的一种反抗。这种做法弊大于利，并令管理者更加困惑了。现在，让我们看看社会心理学家是怎么做的吧！

埃略特·阿伦森和他的学生们（Dickerson et al., 1992）曾运用一种叫作“诱导伪善”的技术，成功地提高了使用避孕套的人数比例（具体研究参见第 6 章），现在他们决定用这一技术来减少水资源的浪费。实验程序包括：在从游泳池到女浴室的路上拦住女生，向其介绍实验操作，然后让一位女研究助理随意跟着女生进入浴室，并记录她们淋浴的时间。在一种条件下，被试被要求填写一份关于她们用水的问卷，目的是使她们意识到在淋浴的时候水是怎样被浪费的；在另一种条件下，被试需要做出公开承诺，告诫他人节约用水。具体来说，这些被试被要求在一张写着“缩短淋浴时间，随手关掉水龙头，如果我能做到，你也能”的海报上签名。在这个关键的条件（“伪善”条件）下，被试不仅要注意自己的浪费行为，还必须公开表示自己在实行海报上倡导的节水政策。简而言之，他们意识到自己正在宣扬那些并没有付诸实践的行为。

正如第 6 章中描述的有关使用避孕套的研究那样，那些让人觉得像伪君子的被试改变了他们的行为，因为这样做能让他们感觉好一些。在这种情况下，他们洗澡的时间比其他条件下的被试更短。这种“诱导伪善”的技术也能够促进其他环保行为，如回收利用（Fried & Aronson, 1995）。

消除小障碍，实现大改变

有时候改变行为的最好方法是让事情变得简单。以回收利用为例，为了减少垃圾填埋量，许多城市鼓励居民进行回收利用。尽管我们都知道回收利用可以减少浪费，但在某些地区，这样做会很不方便，因为你必须把瓶子、易拉罐和箱子装上车，然后在离家几公里远的回收中心卸下来。另一些城市则采用路边回收，即在指定的日子里，一辆卡车会直接运走那些你放在路边的回收废物。就算是这样，你也需要在指定日期之前记得将易拉罐、瓶子和纸制品分开并找到合适的地方储存起来。因此，我们又遇到了另一种社会困境，正如我们在第 9 章中看到的，这是一种冲突，它虽然对我们有益，但需要我们付出努力且感到不太愉快。如你所想，一些社会心理学家已经开始考虑如何促进人们的回收利用行为。

解决这个问题的方法主要有两个。有些心理学家重点从亲环境的大方向来改变人们的态度，该方法的前提假设是人们的行为会随态度的转变而改变。这个假设与社会心理学关于态度的研究是一致的，我们发现在很多情况下，态度是预测行为的良好指标（见第 7 章）。很多研究发现，人们对回收利用的态度实际上可以很好地预测回收利用行为，这就暗示媒体应该着力改变人们的态度（Knussen, Yule, & MacKenzie, 2004；Oskamp et al., 1998；Schwab, Harton, & Cullum, 2014）。

尽管我们的初衷是好的，但是有时我们的行为很难和态度一致。这或许是由于回收中心离我们太远，又或许是由于我们没有时间对废物进行分类，即使我们知道应该这样做。库尔特·勒温（Lewin, 1947）观察到，有时我们可以通过消除环境中的小障碍来实现大的社会改变（Ross & Nisbett, 1991）。说到回收利用，与其试图改变人们对环境的态度，不如让它变得简单一些，如建立路边回收制度。大量的研究发现这是正确的，例如，增加社区回收箱的数量，实行路边回收并允许居民混合这些废物，而不是对其进行分类，都可以增加市民的回收利用行为（Domina & Koch, 2002；Ludwig, Gray, & Rowell, 1998；Schultz, Oskamp, & Mainieri, 1995）。

现在我们来看一项在美国弗吉尼亚州的费尔法克斯县进行的自然实验（Guagnano, Stern, & Dietz, 1995）。最近这个县已经开始采用路边回收，但只有约 1/4 的居民收到了用来装可回收塑料瓶的回收箱。其他人必须自己找容器来装塑料瓶。如果人们真正关心环境，这似乎并不是一个大的障碍，他们应该能够找到自己的箱子。但是，正如勒温所指出的那样，有时小障碍会引发大问题。实际上，有回收箱的人更有可能进行回收利用。

研究者还测量了人们对回收利用的态度，他们想看看态度积极的人是不是更有可能进行回收利用。有意思的是，态度对行为的预测只发生在人们没有回收箱的时候。当有障碍阻止那些容易遵守的行为（如人们不得不在车库中寻找一个合适的箱子）时，只有那些态度积极的人会努力克服障碍。当没有障碍（如人们拥有由县里提供的箱子）时，态度对行为的影响就不是很大了。在后一种情况下，尽管人们可能没有那么强烈的亲环境的态度，他们也可能会随波逐流。例如，一项研究发现，如果为办公室员工提供回收箱，并把它们放在办公桌的附近，废纸的回收量就会明显增加（Holland，Aart，& Langendam，2006）。与将废纸放入办公地点的中心回收箱相比，将其放入办公桌旁的箱子这种简单、便利的操作就足以改变人们的行为。然而，便利性也有不好的一面。一项研究发现，当在公共厕所放置纸巾回收箱时，人们会使用更多的纸巾。因此，当回收过于容易时，人们消耗的资源可能会比他们回收所得的还要多（Catlin & Wang，2013）。这道德吗？放置便利的回收箱的同时，我们还要抵制可回收产品消耗增加的风险。

当然，我们不能让每一个行为都易于执行。那么，如何推动人们做正确的事情呢？一项研究发现，让人们形成执行意图是有效的，即人们有一个实现目标的具体计划（包括地点、时间和策略）（Gollwitzer & Oettingen，2011）。研究者还测量了员工使用中心回收箱（因为办公室里没有设置回收箱）对一次性塑料杯进行回收的情况。执行意图条件下的员工，首先被要求想象并写下回收杯子的确切时间、地点和方式，而控制条件下的员工则不用。结果显示，实验组的被试回收杯子的数量是控制组被试回收杯子数量的 4 倍，这表明“不管是人是鼠，即使最如意的安排设计，结局也往往会出其不意”[套用诗人罗伯特·彭斯（Robert Burns）的话]，除非我们先设想一下怎样才能实现这些计划。

既然你已经阅读了很多通过改变人们的行为来保护环境的做法，那么现在就亲自尝试一下吧。

问题回顾

1. 假设在你工作的地方，人们不经常进行物品的回收利用。例如，复印室里有一个回收箱和一个垃圾桶，许多人把用过的纸扔进垃圾桶，而不是回收箱。下列哪一项最有可能让人们回收更多的纸张？（　）
   - a. 挂一个牌子并写上：“你们中的许多人都把纸扔进了垃圾箱，请你把纸扔进回收箱”
   - b. 挂一个牌子并写上：“请回收！虽然我们已经比其他部门做得好了，但还有改进的空间”
   - c. 树立一个榜样，清理复印室，并把垃圾桶里所有的纸张移到回收箱里
   - d. 把垃圾桶里除较大的和一些醒目的纸制品（如海报）外的其余纸都放入回收箱
2. 假设你所在的地区发生干旱，而你想让住在宿舍里的大学生们减少用水。下列哪一项措施最不可能奏效？（　）
   - a. 在宿舍的公共区域张贴告示，敦促学生们节约用水
   - b. 安装设备，让学生们知道他们在洗澡时用了多少水
   - c. 和隔壁的宿舍进行一场比赛，看下个月谁能节约最多的水
   - d. 让学生们完成一份调查问卷，让他们记住自己在洗澡时浪费了多少时间，然后让他们在一张支持缩短淋浴时间的公共海报上签名
3. 假设一个宿舍里的学生因为垃圾箱太远而很难做到回收利用。下列哪个宿舍的学生最不可能进行回收利用？（　）
   - a. 亚历克斯强烈支持回收利用
   - b. 希瑟不太关心回收利用，但希瑟的室友同意只要希瑟把回收物放进房间的箱子，就帮她

把回收物品扔进回收箱

c. 萨凡纳只是适度地支持回收利用，并认为宿舍里的大多数人都不太关心这一点

d. 尤金只是适度地支持回收利用，但他决定写下他将在何时、何地以及如何把可回收的废物扔到宿舍外的回收箱里

“问题回顾”答案，请扫描章末二维码查看。

14.3 幸福与可持续的生活方式

到目前为止，我们讨论的这项研究可能是发人深省或令人沮丧的。很多环境问题确实存在，因此我们必须采取严厉的措施来阻止这些问题。我们需要削减能源消耗、减少消费行为、促进回收利用，总体来说，我们需要勒紧腰带过日子。这听上去好像不是一个幸福的生活方式，不是吗？事实上，勒紧腰带也可能会带来幸福感。下面让我们以乐观的态度结束本章。有研究表明，当涉及幸福时，消费的作用微乎其微。我们完全有可能选择一种可持续的生活方式并做一个幸福的人（Kjell，2011）。

什么使人幸福

什么使人幸福？心理学家和哲学家已经就此讨论了数个世纪了，但至今仍没得出一个普天下皆适用的简单答案。第一，影响幸福的部分因素总是不在我们的掌控中。例如，大部分心理学家认为，幸福感在一定程度上是与生俱来的，有些人天生就比其他人拥有更容易感到幸福的人格特质 / 气质（Lykken & Tellegen，1996）。第二，不受我们控制的社会环境因素，如政治动荡或毁灭性的环境灾难，也会对人们的幸福感产生巨大影响（Inglehart & Klingemann，2000）。尽管如此，研究者指出，一些影响幸福感的东西是我们能够控制的（Diener et al.，2017）。最重要的四个影响因素是：（1）令人满意的人际关系；（2）心流：沉浸在自己喜欢做的事情中；（3）追求体验而不是物质；（4）帮助他人。

非常幸福的人比不太幸福的人更可能花时间和其他人在一起，对自己的人际关系也更满意。

令人满意的人际关系

一个人的社会关系是其幸福与否最好的预测指标。例如，在一项研究中，极度幸福的大学生与不太幸福的大学生的主要区别在于，幸福的大学生更多地与他人保持良好的人际关系（Diener & Biswas-Diener，2008；Diener & Seligman，2004）。现在，作为一名优秀的社会心理学家，你应该知道这是一个相关研究，且有三种可能的解释：良好的人际关系使人们幸福、幸福的人更有可能维持良好的人际关系，或者第三个变量（如外向性）可以让人们更幸福并更有可能维持良好的人际关系。这些可能性并不是相互排斥的，实际上，我们认为这三种可能性都是对的。但是研究者普遍认为高质量的人际关系是幸福感的主要来源（Diener & Oishi，2005；Kawamichi et al.，2016；Siedlecki et al.，2014）。

一项研究显示，即使是与陌生人进行短暂的积极互动也能改善人们的情绪。该研究将进入咖啡店的顾客随机分配为两组。其中一组被要求与收银员进行简短而友好的交谈；另一组则被要求减少与收银员的交谈，并使交谈尽可能高效（Sandstron & Dunn，2014）。然后在他们离开商店的时候，所有被试都要完成一份问卷以评估其情绪及当时其与他人的联结

感。与那些被要求进行高效互动的人相比，与收银员进行简短而友好的交谈的被试的心情明显更好，与他人的联结感更强。所以下次你去商店或餐馆时，可以和销售人员或服务员说几句愉快的话——这会让你感觉更好。

心流：沉浸在自己喜欢做的事情中

请你回想一下，你曾努力追求一个很有价值的目标，且如愿以偿的时刻。也许是你在体育比赛中赢得冠军，或者在管弦乐队的表演中备受好评。你在什么时刻是最幸福的？是在目标实现的时候（如比赛结束，你成为冠军）还是在努力实现目标的时候（如比赛期间你表现很好，你的队伍处于领先地位，但你并不确定是否可以取胜）？虽然梦想成真可以让我们感到满足，但研究表明，当人们在从事一些自己喜欢的工作并取得进展时会更幸福（Haidt，2006）。

这是有很多原因的。第一，当人们朝着一个目标努力时，他们往往会处在一个被称为“心流”的高度理想状态中，也就是说，当人们沉浸在一个具有挑战性但可以完成的任务中时，这种状态就会发生（Csikszentmihalyi，1997；Csikszentmihalyi & Nakamura，2010；Harmat et al.，2016）。“心流”是一种高度投入某项任务时的感觉，它让人们觉得自己在所从事的活动中正在取得进步，如运动、从事创造性活动（包括写作、作曲、表演）或解决一个趣味难题。“心流”是如此令人愉悦和具有吸引力，以至于人们经常忘记了时间，也忘记了自己到底身在何处。当人们实现了目标——比赛结束或一件艺术品被完成时，“心流”的状态就会终止。人们可能会因为自己所完成的活动而感到满足，但是他们不会再“迷失”在对目标的追逐中（Keller & Bless，2008）。

第二，当人们为一个目标努力但又不确定自己是否能达成目标的时候，他们很难去考虑其他事情。这种不确定性使得人们专注于这个任务，其他事情很难进入他们的视野。但是，当这个目标达成时，人们总是会去想一些其他的事情，如他们有多少家庭作业要做，有多少衣服要洗。通常人们会很快适应自己的成功，也就是说，他们的成功迟早会显得很平常，甚至是可以预料的，而并非完全像他们想的那样（Wilson & Gilbert，2008）。总之，以愉快的方式追求某种目标往往比实现这个目标本身更能使我们幸福。

追求体验而不是物质

你可能已经注意到我们在讨论中遗漏了一些重要因素，尤其是财富。钱越多，人就越幸福吗？也许答案并非你想的那么简单（Diener，Tay，& Oishi，2013；Dunn，Gilbert，& Wilson，2011；Hershfield，Mogilner，& Barnea，2016）。的确，那些贫穷得无法购买食物和衣服的人会比其他人更不幸福。但是，在满足了生活的基本需求后，赚更多的钱并不能提升人们的幸福感（Oishi & Gilbert，2016；Kahneman & Deaton，2010）。

其中一个原因是，物质主义并不能使人幸福。有研究发现，那些物质主义的人（就是那些把金钱和财富看得很重的人）不如那些非物质主义的人幸福（Banerjee & Dittmar，2008；Tatzel，2014）。相反，随着时间的推移，体验比物质主义更能使人快乐。我们所说的“体验”是指参加音乐会、度假和家庭聚会等活动，而不是像衣服、珠宝、汽车和电子产品等这类物质财富。当人们回想过去的体验时，他们会比回想到购买的物品时感到更幸福（Howell & Guevarra，2013；Van Boven & Gilovich，2003）。

至少有三个原因可以解释为什么体验比物质更能让人快乐。第一，体验往往比财产更能将我们与他人联结在一起。例如，我们会和别人一起去听音乐会，但我们可能会独自玩最新款的电子产品。而且，

把钱用在助人上比用在为自己购买商品上更能增加幸福感。

正如我们所看到的，与他人的互动会让我们感到快乐（Yamaguchi et al.，2016）。第二，我们更有可能把体验看作真实自我的表达。也就是说，听音乐会、看戏剧和看电影比买东西更能表达我们的喜好和身份，也更令人满意（Carter & Gilovich，2012）。第三，人们期待从即将到来的体验（如去听一场音乐会）中获得的乐趣要比期待从一笔物质消费中获得的乐趣更多（Kumar，Killingsworth，& Gilovich，2014）。这个道理告诉我们：幸福不一定意味着物质至上，拥有美好的体验会更有效。

帮助他人

除了消费和体验外，我们还可以用自己的时间和金钱去帮助他人，研究表明，这是幸福感的另一个重要来源。例如，想象一下，有一天早上，你正穿过校园，一位研究者走到你面前并给了你一个装有 20 美元的信封。她要求你在当天下午 5 点前把钱花在自己身上，如给自己买个礼物或付清账单。不错的意外之财，对吧？你会把钱花在什么地方？现在，想象一下另一种情境，你被随机分配到另一组，在这里，你也能得到 20 美元，但研究者要求你在当天下午 5 点前把钱花在别人身上，如请朋友吃午饭，或者把钱捐给慈善机构。你会有什么感觉？结果是，当研究者在当晚联系被试并询问他们有多快乐时，那些“把钱花在别人身上”的人比那些“自我消费”的人更快乐（Dunn，Aknin，& Norton，2008）。为什么帮助他人能增加幸福感呢？其中一个原因是，帮助他人可以增加人们与他人的积极互动。花 20 美元为自己买一份礼物固然不错，但对我们的社交生活并没有多大帮助，而与朋友共进午餐则会让我们与他人的联结更加紧密。另一个原因是，帮助他人会让我们感觉自己是好人，也就是说，它会改善我们的自我形象（Dunn，Aknin，& Norton，2014）。现在你已经知道了一些增加幸福感的方法，下面我们就来看看你能否将它们应用到自己的生活中（参见下面的“试一试”）。

试一试　将研究应用到我们自己的生活中

本章讲述了可以使人们变得更加幸福的四种方法。你能把这些应用到自己的生活中吗？

令人满意的人际关系：你可以用什么方式与你的朋友和爱人度过高质量的时光？

心流：怎样才能增加你花在心流活动上的时间呢？

追求体验而不是物质：怎样把更多的时间花在令人满意的体验上，而不是积累物质财富上？

帮助他人：你有哪些具体的方法来帮助他人？

人们知道让自己感到幸福的是什么吗

尽管我们每个人都知道让我们在某种程度上感到幸福的是什么，但关于**情感预测**（affective forecasting）的研究发现，人们能在多大程度上预测他们对未来事件的情绪反应的强度和持续时间这件事，还没有被完全弄清楚（Gilbert，2005；Gilbert & Wilson，2007；Wilson & Gilbert，2003）。当人们谈到对幸福的理解时，有时候甚至是南辕北辙。

例如，当我们与本科生谈论职业生涯规划时，他们中的许多人会表示其首要目标是赚很多钱。当然，想过舒适的生活并没有什么错。不过，正如我们已经

情感预测：人们对未来事件情绪反应的强度和持续时间的预测程度。

讨论过的，金钱本身并不能使人幸福，尤其是由此滋生的物质主义。

我们还发现令人满意的人际关系是预测幸福的最佳指标之一。然而，美国人正变得越来越孤立（Putnam，2000）。1985 年，约有 75% 的受访民众表示他们有一个可以彼此谈论问题的亲密朋友，但到了 2004 年，只有一半的人说他们有这样的朋友（Vedantam，2006）。简而言之，人们往往追求那些不太可能让他们感到更幸福的东西（如赚很多钱），而忽略那些能使他们感到更幸福的东西（如有更多的时间与亲密朋友和爱人在一起）。而且，具有讽刺意味的是，人们努力赚钱购买的消费品是很多环境问题的根源，而那些真正能让人们感到幸福的事情（如良好的人际关系）往往不会造成环境问题。当谈及实现可持续的生活方式时，我们需要做出的改变是我们可以做到的，而且不会牺牲那些真正能让我们感到幸福的东西。

假设你可以选择以下两种生活。第一种生活是，你住在郊区的一栋豪宅里，一年挣 50 万美元，可以买很多名贵物品，如漂亮的家具、名贵的汽车、名牌服装等；不太好的地方是，你并不是很喜欢你所从事的工作，而且你需要花费很多时间在上下班的路程上。第二种生活是，你住在一栋公寓里，年薪 5 万美元，你没有自己的车，作为一名教师，你大部分时间都是骑自行车或步行去工作的。每天早晨你都迫不及待地去工作，因为你热爱这份事业。你在工作中有很多朋友，还有一群几乎每个周末都会聚在一起的大学朋友。你的兴趣和爱好很多，这让你感到充实，你最近正在参加拉丁舞课程，而且你在一个帮助成年人提高阅读能力的识字小组做志愿者。

当然，你可能会说这些都是极端的例子，而且为了支持第二种生活，你会故意这么说（如“过第一种生活的没时间上拉丁舞课”）。但我们的观点是明确的：第二种生活包含了影响幸福的重要因素，如令人满意的人际关系、更多的心流体验（在工作和闲暇时），以及帮助他人的机会，而第一种生活基本上不包含这些因素。此外，第一种生活比第二种生活更不具备可持续性，因为它需要消耗更多的能源（包括大房子的供暖和制冷、在上下班路途上所耗费的汽油、生产其消费品所需的资源）。我们所面临的环境问题已经很严重了，所幸我们可以在不牺牲那些真正让我们感觉幸福的东西的情况下迎接挑战。

问题回顾

1. 尚塔尔买彩票中了 5000 美元。根据社会心理学研究，下列哪一种花钱的方式会让她感到最快乐？（ ）
   a. 买一衣橱的新衣服
   b. 带着三个最亲密的朋友去加勒比海度假
   c. 为公寓添置新家具
   d. 为公寓添置新电视和音响系统
2. 根据社会心理学研究，下列哪一项是正确的？（ ）
   a. 使人快乐的事物往往对环境有害
   b. 人们赚的钱越多，人们就越幸福
   c. 采取环保的生活方式而不牺牲使我们感到幸福的东西是可能的
   d. 最受人们欢迎的汽车往往油耗最高
3. 根据社会心理学研究，下列哪一种人可能是最不幸福的？（ ）
   a. 妮可，每周工作 60 个小时，工作枯燥乏味，每年挣 30 万美元
   b. 拉西亚，贫困青少年的导师
   c. 纳温对自己的爱好充满热情，并且在这上面花了很多时间
   d. 丽贝卡和她的家人关系非常亲密，而且她有一群形影不离的密友

“问题回顾”答案，请扫描章末二维码查看。

总结

14.1 社会心理学的应用研究

就其本质而言，社会心理学涉及人类行为的基本理论和应用问题。社会心理学家对重要的社会问题和心理问题进行了大量的应用研究，如人们如何能够采取一种更可持续的生活方式。

- **利用实验法。**社会心理学最重要的价值之一，就是通过实验来解决社会影响问题。当我们旨在验证干预措施的有效性时，实验法很重要。由于没有经过充分的验证，一些干预措施会适得其反并造成负面影响。
- **社会心理救援。**社会心理学家在寻找应用问题的解决方案方面处于独特的地位。第一，社会心理学领域是人类行为理论的丰富源泉，人们可以利用这些理论来设计问题的解决方案。第二，社会心理学家知道如何对这些方案进行严格的实验测试，以测量其有效性。

14.2 利用社会心理学实现可持续发展

人口正在以指数级的速度增长，并带来严重的环境恶果。饥荒和营养不良正在蔓延，自然资源枯竭和全球变暖都是迫在眉睫的问题。社会心理学家制定了若干方案，以鼓励人们采取更可持续的生活方式。

- **传递与改变社会规范。**一种办法是，时常提醒人们使用命令性规范和描述性规范来对抗破坏环境的行为，如传播描述性规范，它已经被证实能够使人们在某种程度上减少乱扔垃圾的行为、增加重复使用酒店毛巾的次数等。
- **消耗追踪。**一个简单的方法是让人们更容易知道他们消耗了多少能源，如向人们提供易于查看的水表可以减少其用水量，记录以不开车（改以步行或坐公交）的方式出行的距离可以使大学生尽量避免驾车外出。
- **引入适当竞争。**在公司里，采用相互竞争的方式来节省能源的部门，会比单独鼓励节省能源而没有竞争的部门做得更好。
- **诱导伪善。**它通过让人们觉得自己并没有实践自己所宣扬的行为来引起人们的心理不适感。例如，尽管人们坚信应该节约用水，但是他们却花很长时间洗澡。
- **消除小障碍，实现大改变。**消除那些破坏环境的小障碍对于保护环境来说是有效的。例如，我们可以在路边建垃圾回收站并提供回收箱。这还能帮助人们形成执行意图，即人们有一个实现目标的具体计划，包括地点、时间和策略等。

14.3 幸福与可持续的生活方式

采取可持续的生活方式并成为一个幸福

的人是完全有可能的。

- **什么使人幸福。** 幸福一部分是由天生的人格特质 / 气质决定的，另一部分是由我们无法掌控的因素（如政治稳定）决定的。我们能掌控的影响幸福的因素主要有四个：令人满意的人际关系；心流：沉浸在自己喜欢做的事情中；追求体验而不是物质；帮助他人。
- **人们知道让自己感到幸福的是什么吗。** 当谈到影响幸福的重要因素时，很多人都理解错了，他们过于关注财富和物质，而很少关注人际关系、心流、体验以及助人。事实上，人们可以在不牺牲那些真正能让自己感到幸福的东西的情况下，实现可持续的生活方式。

思考题

你可以在生活中做出哪些既对环境有益，又不影响自身幸福感的改变？

自测

1. 根据本章所学，你认为下列哪种解决环境问题的策略是最无效的？（ ）
   a. 寻找更有效的方法来处理人类制造的垃圾
   b. 减缓人口增长速度
   c. 发展新的科学技术，如生产高能谷物、开发风能和太阳能等新能源
   d. 让人们选择可持续的生活方式，使用更少的世界资源
2. 下列关于用社会心理学方法解决实际问题的描述，哪一项是最不正确的？（ ）
   a. 检验实际问题的最好方式是实验法
   b. 好的理论胜于一切
   c. 社会心理学理论和方法能够用来解决紧迫的社会问题
   d. 鉴于很多问题的紧迫性，我们没必要采取实验法来验证问题解决方案的有效性
3. 梅根是一个大学一年级学生，她正在尝试了解在他们学校约会的规范是什么样的，下列哪一项是命令性规范的最好例子？（ ）
   a. 梅根相信大部分学生不赞同随便与别人搭讪
   b. 梅根相信很多学生确实常与别人搭讪
   c. 梅根相信大部分学生确实不会与别人搭讪
   d. 梅根不知道到底有多少学生会与别人搭讪
4. 假设你希望人们不要在你公寓楼的邮件收发室里乱扔垃圾邮件，下列哪种方式是最无效的？（ ）
   a. 自己树立一个清理垃圾的榜样，并让他人看到
   b. 张贴一个标志，告诉人们在城市的某个指定地点有可以处理垃圾邮件的回收中心
   c. 清理邮件收发室里的垃圾，但在一个比较显眼的位置留一片垃圾
   d. 张贴一个写有“一起来保持清洁吧，90% 的居民都会回收他们的垃圾邮件”的标志
5. 假设你住在宿舍里，你希望你的室友以更环保的方式行动，如回收更多垃圾，根据社会心理学研究，下列哪种方式是最无效的？（ ）
   a. 计算宿舍里每个月垃圾的回收量，并把这些数据制成图表，张贴在大家可以看到的地方
   b. 与另一间宿舍进行竞争，每个月回收垃圾最多的宿舍可以赢得免费比萨
   c. 从垃圾堆里拿出垃圾罐，并让很多人看到你把它们放在回收瓶罐的公共区域里
   d. 张贴一个告示，要求人们进行资源回收
6. 假设你希望人们能够在办公室里少用电，离开办公室时随手关灯，根据社会心理学的研究，下列哪种策略是最有效的？（ ）
   a. 让人们签署一份公共承诺，保证他们会在离开办公室时关灯
   b. 让人们记录自己离开办公室时忘记关灯的次数
   c. 让人们签署公共承诺，同时记录自己离开办公室时忘记关灯的次数
   d. 让人们签署公共承诺，同时记录自己离开办公室时记住关灯的次数
7. 下列哪种方式最不能让人们感到幸福？（ ）
   a. 帮助他人
   b. 建立令人满意的人际关系
   c. 赚足够多的钱买很多奢侈品
   d. 从事一些让自己高度投入的心流活动
8. 关于幸福的研究，下列哪种表述是最正确的？（ ）
   a. 人们清楚地知道能让自己在未来感到幸福的是什么

b. 预测幸福的最好指标之一是建立令人满意的人际关系，但美国人彼此之间正变得越来越孤立

c. 在选择职业的时候，你需要考虑的最重要的因素是能赚多少钱

d. 采取环保的行为很有可能让人们更不幸福

本章“问题回顾”与“自测”答案，请扫描二维码查看。

第 15 章

实践中的社会心理学之二：社会心理学与健康

SOCIAL PSYCHOLOGY

本章音频导读，
请扫描二维码收听。

章节框架

15.1 压力与人类健康

复原力
负性生活事件的影响
知觉压力与健康
控制感：知觉控制的重要性

15.2 应对压力

压力应对的性别差异
社会支持：从他人处获得帮助
重塑：在创伤事件中寻找意义

15.3 预防：促进更健康的行为

学习目标

15.1 定义压力，描述压力对健康的影响

15.2 解释人们在经历压力事件后如何应对和恢复

15.3 描述我们如何应用社会心理学过上更健康的生活

小调查

当你感到有压力时，你会与朋友或家人分享你的感受以应对压力吗？

○是

○否

在过去的 4 年时间里，乔安妮·希尔（Joanne Hill）的亲人接连离世，其数量之多简直让人难以置信。最开始是她的丈夫在 55 岁时由于心脏衰竭而死亡，不久后，她的兄弟、继父、母亲、阿姨、两个叔叔、两个表兄弟、其中一个表兄弟的妻子、继母也相继离世，最后她的儿子也在 38 岁那年由于突发心脏病而死亡。在他们去世之前，乔安妮一直照料着这些她爱的人。她的母亲患有阿尔茨海默病和乳腺癌，并且曾两次摔裂髋骨，她的兄弟死于肺癌，她的阿姨死于肝癌。她说："每一个我爱的人看上去都需要帮助（Hill，2002）。"

谁能承受如此之多的死亡呢？这些悲剧中的任何一个都将使我们的人生止步不前，在如此短的时间内经历如此多的死亡毫无疑问会将大多数人推向崩溃的边缘，同时使其生理健康和心理健康遭受重创。但是，乔安妮并没有被命运打倒，她凭借着惊人的力量、优雅和自愈能力走过了那段她称之为"灾年"的时光。她是几位亲戚遗产的遗嘱执行人，并且她成功处理了许多复杂的法律问题。她给许多朋友和家庭提供了帮助和支持。后来，她重新回到了大学，并把自己的经历写成了书。她写道："生活既充满着阳光灿烂的地方，也有狂风暴雨袭击的时候。在生活中，我寻找着智慧与真理的金子，它们帮助我变得更加坚强、快乐和健康（Hill，n.d.）。"

或许乔安妮就是一个非常罕见的、天生拥有巨大内在力量的人，这使得她可以承受任何狂风暴雨的袭击。但是，她也并不总是能从容应对生活的动荡与坎坷。自童年起，她便一直与抑郁症做斗争，结婚不久后她就对处方药产生了依赖，并遭受了各种身体疾病的困扰，以至于她都无法购买人身保险。她在书中写道："尽管在过去的几年中，一个又一个疾病、创伤接踵而来，但是现在我的身体和心理都很健康。这并不是因为我比较幸运，而是因为我决定走不同的路。"乔安妮把自己的成功归结于她将在苦难经历中学到的"彩虹救助法"运用到了生活中。

这一章主要关注心理学在身心健康方面的应用，这是一个蓬勃发展的研究领域。我们将重点关注把社会心理学和健康联系起来的话题：人们如何应对生活中的压力？他们的应对方式和身心健康的关系是怎样的？如何鼓励人们从事更健康的行为？沿着这个思路，我们将回到乔安妮的故事中，讨论她的"彩虹救助法"，并证明这些方法中的一部分是有社会心理学研究与健康研究的支持的。

15.1　压力与人类健康

和生理健康有关的不仅仅有疾病和病毒，还有生活中的压力及我们应对压力的方式（Park，2010；Segerstrom & O'Connor，2012；Taylor，2015）。一些早期的极端案例显示，压力对人们的健康有极大的影响。下面我们来看由心理学家 W. B. 坎农（W. B. Cannon）提出的几个案例（Cannon，1942）。

- 一名新西兰女性吃了一块水果后，得知她所吃的水果是专供给首领食用的。她吓坏了，健康状况立刻恶化，第二天就去世了——尽管那是块上等的水果。
- 一名非洲男子曾和朋友共进早餐，他吃得很饱，吃完后也照常生活。一年后，他得知那顿早餐是朋友用野生母鸡做出来的，而这在他们的文化中是被严格禁止的。于是，这名男子立即开始全身发抖，并在 24 小时内死亡。
- 一名巫医对一名澳大利亚男子下了诅咒，随后这名男子的健康状况便开始恶化。但是当巫医去除诅咒后，他立刻就康复了。

这些案例可能听起来很神奇，我们不妨将镜头快转到现在的美国，在这里，我们同样可以看到许多类似的心理受创后突然死亡的案例。当人们经历丧偶、破产、被迫移民等重大生活变故时，其死亡的概率就会增加（Morse，Martin，& Moshonov，1991）。1994 年 1 月 17 日，美国洛杉矶地区发生了一次地震，不久后，死于突发心脏病的人数激增（Leor，Poole，& loner，1996）。很多人在经历了 2001 年“9・11”事件后，都出现了心理和身体上的问题（Neria，DiGrande，& Adams，2011；Silver et al.，2002）。一项研究测量了美国康涅狄格州纽黑文市的成年人在“9・11”事件发生一周后的心率，然后与该事件发生前测得的控制组的数据进行对比。结果显示，实验组的心率变异性更低，这是猝死的一个风险因素（Gerin et al.，2005；Lampert et al.，2002）。然而，后面我们将会看到，关于“9・11”事件的长期效应研究很少发现长期负性反应。压力事件对身心健康的影响到底是什么，我们如何才能有效地应对它呢?

复原力

首先要注意的是，人类拥有强大的复原力。我们每个人都必须与生活带给我们的打击做斗争，包括日常的小麻烦和重大的生活变故。尽管压力事件的确会给我们的身心健康带来负面影响，但是也有很多人（如乔安妮・希尔）能够很好地应对这些压力事件。研究者调查了人们在不同时间段对重大生活事件的反应，包括爱人的死亡和“9・11”事件。人们对这些重大创伤最常见的反应就是复原力。**复原力**（resilience）可以被定义为人们对压力事件产生轻微的、短暂的反应，随后迅速恢复正常的、健康的功能的能力（Bonanno，2005；Kalisch，Müller，& Tüscher，2015；Sullivan et al.，2016）。

应对所爱之人的死亡是人生中最困难的挑战之一。多年来，心理健康专家认为处理悲伤情绪的正确方法是经历一段极度痛苦和悲伤的时期，在这段时期里人们要去对抗和克服自己的悲伤情绪，并最终接受丧失所爱之人的事实。那些没有表现出极度悲伤情绪的人是处在一种否认的状态中，这将使他们在往后的生活中面临更大的问题。然而，当研究者系统地观察了人们对爱人死亡的反应时，他们发现了一个有趣的现象：一些人根本就没有体验到巨大的痛苦，他们很快就恢复了（Wortman & Silver，1989）。例如，对丧偶个体的研究发现，仅有不到一半的人表现出了显著的、长期的痛苦迹象（Bonanno，Boerner，& Wortman，2008；Bonanno et al.，2005）。其他人，如乔安妮，并没有表现出抑郁迹象，而且能够体验到积极的情绪。

尽管有人可能会认为这些人是处在一种否认的状态中，又或者他们从来就没有爱过自己的配偶，但是研究者没有找到支持以上可能性的证据；相反，越来越多的证据表明，尽管生活中的创伤事件会使人非常痛苦，但是很多人有能力尽快从创伤中恢复过来。人们在面对高压事件时也出现了相同的反应模式，如 1995 年俄克拉何马城联邦大楼爆炸时急救人员的反应、纽约人对“9・11”事件的反应等。仅有极少数

人们在面对压力事件时有惊人的复原力。例如，对“9・11”事件的研究表明，仅有相对较少的人表现出了长期的抑郁或其他心理健康问题。

复原力：人们对压力事件产生轻微的、短暂的反应，随后迅速恢复正常的、健康的功能的能力。

人对这些悲剧事件表现出了长期负性反应（Dekel et al., 2013；Seery et al., 2008；Updegraff, Silver, & Holman, 2008）。尽管如此，一些人的确在面对压力事件时表现出了严重的负性反应。究竟是什么决定了一些人能够迅速从压力事件中恢复，而另一些人却一直受困于压力事件中呢？

负性生活事件的影响

汉斯·塞里（Hans Selye）是压力研究的先驱之一。他将压力定义为身体对威胁事件的生理反应。塞里研究的重点是人们的身体如何适应环境中的威胁，不管这种威胁是来自心理上的创伤，还是来自生理上的创伤（Selye, 1956, 1976）。后来的研究者研究了是什么使生活事件具有威胁性。托马斯·霍姆斯（Thomas Holmes）和理查德·拉赫（Richard Rahe）认为，压力的产生取决于人们为了应对外部事件所必须做的改变及重新适应生活的程度。需要改变的越多，压力就越大（Holmes & Rache, 1967）。例如，某个人的伴侣去世，他生活的各个方面完全被打乱了，这将导致巨大的压力。霍姆斯和拉赫对压力的定义同样适用于令人愉快的事件，前提是这些事件会改变人们的日常生活。例如，结婚是一个令人愉快的事件，但结婚也可能因涉及计划和潜在的家庭摩擦而成为压力事件。

是什么让大学生的生活充满压力？为了回答这个问题，研究者整理出了一系列潜在的压力源，并让大学生评估他们体验到的这些压力的频率和程度（Renner & Mackin, 1998）。你也可以试着进行自测（该压力清单的精简版位于接下来的“试一试”）。研究表明，人们在这类压力量表上的得分越高，其心理和身体健康状况就越差（Armata & Baldwin, 2008；Dohrenwend, 2006；Seta, Seta, & Wang, 1990）。

压力量表的局限

人们承受的压力越大，就越有可能感到焦虑甚至生病。但是，研究发现，情况并没有这么简单。第一个问题，正如你可能已经发现的，即这个领域的大多数研究使用的是相关设计，而非实验设计。正如你现在所知道的，仅仅因为生活上的转变与健康问题有相关关系，并不意味着是生活上的转变导致了健康问题（参见第 2 章中有关相关关系和因果关系的讨论）。有

图中这些事件是令人愉快的，然而它们也可能带来压力。你能想到你的生活中有哪些事件会导致压力吗？

些研究者极力争辩，称可能存在所谓的“第三变量”，如某些患者更有可能经历不幸的生活变化，并且更有可能宣称自己承受着生理上的病痛（Schroeder & Costa，1984；Watson & Pennebaker，1989）。根据这些研究者的说法，并不是生活上的转变导致了健康问题；相反，是具有某种特定人格特质的人（如比较容易产生负性情绪的人）更容易陷入困境，进而出现健康问题。

类似《大学生活压力量表》（*College Life Stress Inventory*）这样的测量方法还存在一个问题，那就是它们只关注中产阶级感受到的压力源，却忽略了贫民及少数族裔群体感受到的压力源，而贫穷与种族主义等变量都是潜在的压力源（Gibbons，Gerrard，& Cleveland，2004；Giscombe & Lobel，2005；Jackson et al.，1996；Myers，2009）。而且，这些变量影响健康的方式并不总是显而易见的。少数族裔群体成员受到的种族歧视越多，其健康状况就越差（Mouzon et al.，2017；Prather et al.，2016）。关于这一点，你可能并不感到意外，你可能会更惊讶于表现出较多种族歧视的多数群体成员的健康状况也会逐渐变差（Jackson & Inglehart，1995）。种族歧视常常与敌意和侵犯行为有关，而且有证据表明，敌意也与某些健康问题有关（如冠状动脉心脏病）。由此看来，要真正了解压力与健康的关系，我们必须对贫穷或种族歧视等社群变量和文化变量做进一步的了解。

试一试 大学生活压力量表

指导语：把过去一年中你经历过的生活事件的“压力等级”分数填写到最后一栏中，然后把最后一栏的分数相加。注意，下面的一些事件可能会引起你的不安。

生活事件	压力等级	你的得分
被强奸	100	
发现自己是 HIV 阳性	100	
亲密好友的死亡	97	
亲密家庭成员的死亡	96	
感染了一种性传播疾病（非艾滋病）	94	
担心怀孕	91	
考试周	90	
担心伴侣怀孕	90	
在考试日睡过头	89	
一门课考试不及格	89	
男友或女友对你不忠	85	
结束一段稳定的恋爱关系	85	
好友或亲密家庭成员患重病	85	
经济困难	84	
写必修课期末论文	83	
因考试作弊被抓	83	

（续表）

生活事件	压力等级	你的得分
酒醉驾车	82	
对你的男友或女友不忠	77	
喝酒或吸毒带来了不良反应	75	
最好的朋友变得抑郁或陷入困境	73	
与父母发生冲突	73	
在公共场合竞技或表演	69	
与室友产生矛盾	66	
换工作（新工作、工作冲突）	65	
选专业	65	
去上你讨厌的一门课	62	
喝酒或吸毒	61	
开始一个新学期	58	
第一次约会	57	
维持一段稳定的恋爱关系	55	
往返于学校或工作单位，或者二者兼有	54	
同伴压力	53	
第一次离开家	53	
担心自己的外表	52	
连续获得成绩“优秀”	51	
交新朋友、与朋友相处	47	
在课堂上睡觉	40	
总分		

知觉压力与健康

用《大学生活压力量表》这样的量表来测量压力还存在一个问题，即它们违背了社会心理学的一个基本原理：主观情境对人的影响大于客观情境对人的影响（Dohrenwend，2006；Griffin & Ross，1991）。当然，无论如何加以诠释，从客观的角度来说，某些情境变量的确不利于健康（Jackson & Inglehart，1995；Taylor，Repetti，& Seeman，1997）。例如，有研究者发现，在美国一些烟雾污染严重的城市（如洛杉矶）长大的儿童，与在美国污染较少的地区长大的儿童相比，存在明显的生理和心理上的缺陷（Calderón-Garcidueñas & Torres-Jardón，2012；Ferguson et al.，2013；Peters et al.，1999）。

不过，有些情境事件仍然容许我们做出不同的诠释，而且似乎只对那些以特定方式诠释这些事件的人造成负面影响。对一些学生而言，写期末论文是一个大麻烦；而对其他人而言，这仅是一个小问题（甚至是一种比较享受的经历）。有人认为人生的一些重大转变，如离婚，是从混乱关系中得到解脱；而有人会认为那是人生中的一次重大失败（Crum，Salovey，& Achor，2013；Yeager et al.，2014）。正如理查德·拉扎勒斯（Richard Lazarus）在其探讨压力的早期作品中指出的那样（Lazarus，1966，2000）：导致问题的是主观压力而非客观压力。换句话说，一件事情只有在被诠释为压力源时才使人产生压力。因此，我们可以将压力（stress）定义为：当一个人觉得无法应付环境中的要求时产生的负性感受和消极信念（Lazarus & Folkman，1984）。

就拿我们前面提到的乔安妮·希尔在 4 年的时间里经历的丧失来看，根据对生活事件的研究，她应该已经承受了很大的压力，而这些压力足以让她面临进一步患重病的风险。事实上，她优雅而坚定地克服了人生中的这些挫折，这表明试图通过计算人们生活中的压力事件的数量来预测其反应是存在局限性的。我们需要考虑人们在诠释生活中的困境和挑战时存在着怎样的差异。

有研究运用压力的主观性定义证实了：经历负性生活事件对人们的身心健康有害。事实上，人们对事件的负性诠释导致的压力会直接影响其免疫系统，从而使其更容易生病。就拿很普通的感冒来说，当人们被感冒病毒传染时，只有 20% ～ 60% 的人会发病。那么生活压力是否会是使这 20% ～ 60% 的人发病的一项决定性因素呢？为了找到答案，研究者请了一些志愿者，在英格兰南部的一家研究机构进行了为期一周的研究（Cohen，Tyrrell，& Smith，1991，1993）。为了测量压力，研究者让被试列出一份近期发生在自己身上且有负面影响的事件清单。

接下来，研究者给被试的鼻子里滴入含有普通感冒病毒的水或生理盐水，然后为了不让他们和其他人接触，研究者会将他们隔离数天。研究结果显示，那些有较多生活压力的人更容易患病毒性感冒（见图 15-1）。

在那些写出最少负性事件的被试中，只有 27% 的人患上了感冒，且发病率与经历负性事件的数量呈正相关。在那些经历了最多负性事件的被试中，发病率达到了近 50%。即使研究者把其他会影响染病的诸多因素（如季节、年龄、体重、性别等）纳入分析，这种压力的效应仍然存在。本研究及其他类似的研究都显示，当一个人承受的压力越大时，其对疾病的免疫力就越低（Cohen et al.，2008；Marsland，Bachen，& Cohen，2012）。

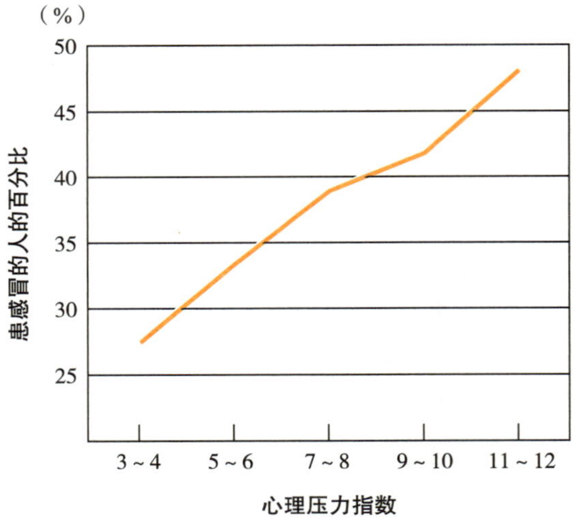

图 15-1　压力与患感冒的可能性

实验步骤是，人们首先接触能引起普通感冒的病毒，然后被隔离。实验结果表明，人们所承受的压力越大，患感冒的可能性就越大。

资料来源：Cohen，Tyrrell & Smith，1991.

不过，你可能已经注意到，科恩和他的同事们所做的研究属于相关设计，这就需要我们谨慎对待其解释。被试免疫力下降的原因或许并非压力本身，而是其他与压力相关的变量。例如，对生活持悲观态度可能会降低人们的免疫力，增加其承受压力的可能性。当然，如果要将被试随机分到一个会让其承受长期压力的情境中，这样的实验设计在伦理上又不被允许。然而，也有研究者选择造成轻微压力的实验任务，如连续心算 6 分钟或即兴演讲，并在实验前后分别测量被试的免疫反应。结果发现，即使是上述这种相当轻微的压力源都可能会抑制被试免疫系统的功能（Cacioppo，1998；Cacioppo et al.，1998）。

这些研究结果告诉我们，压力会给人们的健康带来负面影响。然而，这一发现也引发了一个重要的问题：究竟是什么因素让人们觉得某个情境是有压力

压力：又称应激，即当人们感到无法应对环境的要求时产生的负性体验和消极信念。

的呢？一个重要的决定因素就是人们控制事件的自信程度。

控制感：知觉控制的重要性

“在生活中，我们有时会感觉自己失去了控制，无助和失望总是与之相伴，”乔安妮·希尔写道，“但是，选择如同呼吸一样，就在我们身边。我们总是可以选择的。”研究显示，一些人比其他人更有可能以这种方式去感受生活。假设你阅读了一系列论述，如“人们的不幸源于他们所犯的错误”和“人们的不幸部分源于他们的坏运气”，你认为这两个哪个更正确？这两个论述都来自内外控制点测验（Johnson, Rosen, & Lin, 2016；Levenson, 1981；Rotter, 1966）。内外控制点（internal-external locus of control）是指人们是倾向于相信某个事情之所以发生是因为自己控制了它，还是倾向于相信结果无论好坏都在自己的控制之外。测验中每一对论述中的第一个论述反映的都是内部控制点，即人们相信自己可以控制自己的命运；而每一对论述中的第二个论述反映的都是外部控制点，即人们相信命运更多地是由偶然事件决定的。

琼·特温格和她的同事们（Twenge, Gentile, & Campbell, 2015；Twenge, Zhang, & Im, 2004）的研究发现，在 1960 年至 2002 年间，美国大学生在控制点测验上的得分越来越倾向于外部控制点。如图 15-2 所示，美国大学生变得更加确信他们生活中好的或坏的事情都不在他们的控制范围内。造成这一趋势的原因还不十分明确，部分原因可能是在美国新一代中不断增加的疏离感和不信任感（Fukuyama, 1999；Putnam, 2000）。

控制感并非我们注定拥有或没有的东西，这种感觉每天都在变化。有时人们会觉得自己在世界之巅，而有时人们又会觉得自己做什么都无济于事。这

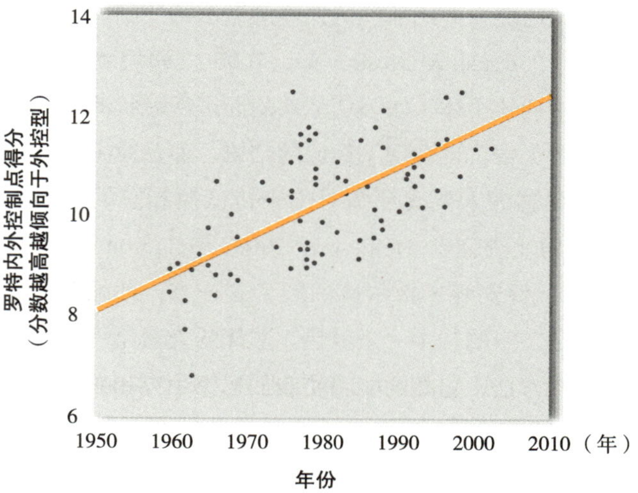

图 15-2　大学生在不同时期的内外控制点信念

如图所示，在过去的 50 年里，美国大学生在控制点的测量上表现出越来越多的外控型。这意味着他们越来越相信生活中好的或坏的事情都在他们的控制之外。

资料来源：Twenge, Zhang, & Im, 2004.

些信念很重要，因为在人们感觉自己能够掌控的日子里，他们会进行更健康的行为，如锻炼身体、健康饮食（Ryon & Gleason, 2014）。一般而言，知觉控制感（perceived control）与身心健康有关，它被定义为一种信念，即相信自己可以用各种方式来影响周围环境，至于结果是好是坏，则取决于自己所采取的方式（Frazier et al., 2011；Infurna, Ram, & Gerstorf, 2013；Roepke & Grant, 2011）。

如果人们患了重病，控制感就显得尤为重要了。谢莉·泰勒和她的同事们（Taylor, Lichtman, & Wood, 1984）对患有乳腺癌的女性进行了访谈，她们发现许多患者相信自己能控制癌症复发。下面是一位男士对他妻子的描述：“她从书本、预防手册及其他患者口中得知她所遭遇的事实，然后她积极地与病魔做斗争。她说自己是全副武装的（Taylor, 1989）。”研究者发现，像这样相信癌症能够被控制的女性，其

内外控制点：人们倾向于相信事情的发生是因为自己控制了它们，或者倾向于相信好的或坏的结果都在自己的控制之外。

知觉控制感：相信自己可以用各种方式来影响周围环境，至于结果是好是坏，则取决于自己所采取的方式。

心理调适能力要比那些认为癌症无法被控制的人要强得多（Folkman & Moskowitz，2000）。研究者在患有其他疾病的个体（如因动脉疾病而进行冠状动脉手术的患者）中，也发现了类似的结果。那些对未来持很高控制感的人要比那些对未来持低控制感的人更不容易得心脏病（Helgeson，2003；Helgeson & Fritz，1999）。乔安妮·希尔认识到了这一点，她的“彩虹救助法”中的其中一条就是“选择的力量是一种有效的治疗方法，它真的能够使我们选择生存和兴旺，还是凋谢和死亡”。

增强养老院里老人们的知觉控制感

研究者在对养老院里的老人们进行研究时发现了知觉控制感极为显著的效应。一些长期生活在养老院里的老人，觉得丧失了对生活的控制能力（Raps et al.，1982；Sherwin & Winsby，2011）。那些被长期安置在会违背他们意愿的养护机构的人们，在生活中无法对自己的行动（如想见的人和想吃的东西）发表任何意见。有两位心理学家相信增强这些人对生活的控制感，对他们有极大益处（Langer & Rodin，1976）。他们要求位于美国康涅狄格州的一家养老院的主任对在院中居住的老人们说一些与老人们想象中的不同的事情，并告诉老人们，他们对自己的生活负有很大的责任。以下是他讲话的部分内容。

> 我希望你们能花一些时间想一想，你们能够且应该做的决定有哪些。例如，你们有责任照顾自己，并且你们有权利决定是否把此地当成你们引以为豪且快乐生活的家园。你们应该决定自己房间的摆设，看看你是想让它保持原样，还是想请这里的工作人员帮你重新布置一下。你们应当自己决定如何支配自己的时间……另外，如果你们对这里有什么不满意的地方，你们就应该发挥你们的影响力去改变它……这里有许多事情是你们能够也必须要做的，你们也必须时刻思考这些问题（Langer & Rodin，1976）。

主任接着告诉他们，下个星期自己会在两个晚上播放电影，而老人们可以自己决定在哪个晚上前去观看。最后，主任送给每个老人一株室内盆栽作为礼物，并强调他们可以自己决定是否收下这个礼物（他们都收下了）、是否愿意照顾这些盆栽。这位主任也对另一些老人（对照组）发表了讲话，但内容却完全相反，所有关于他们可以自己做决定、需要自己负责的内容全部被删除了。主任强调，他希望老人们能生活得很快乐，但并没说任何有关提高控制感的话。他也告诉这些老人，下个星期自己会在两个晚上播放电影，但是时间已经定好了，老人们需要在指定时间前往观看。他同样送给这些老人室内盆栽作为礼物，但说护士会帮他们照顾这些盆栽。

研究发现，那些对自己的生活有控制感的养老院里的老人们在身体和心理上都更健康。

主任的讲话似乎不会给老人们的生活带来特别大的改变。听一场演讲、照顾盆栽对他们来说似乎不是什么大事，但对于生活受到限制且觉得无助的人们来说，在控制感上的一个小小的激励都会有极大的影响。的确，那群受到激励的老人（比起对照组的老人）更快乐、更积极（Langer & Rodin，1976）。最富戏剧性的是，这项干预措施改善了老人们的健康状况，并降低了其在此后一年半内的死亡率（Rodin & Langer，1977）。在主任讲话后的 18 个月里，那些受到激励的

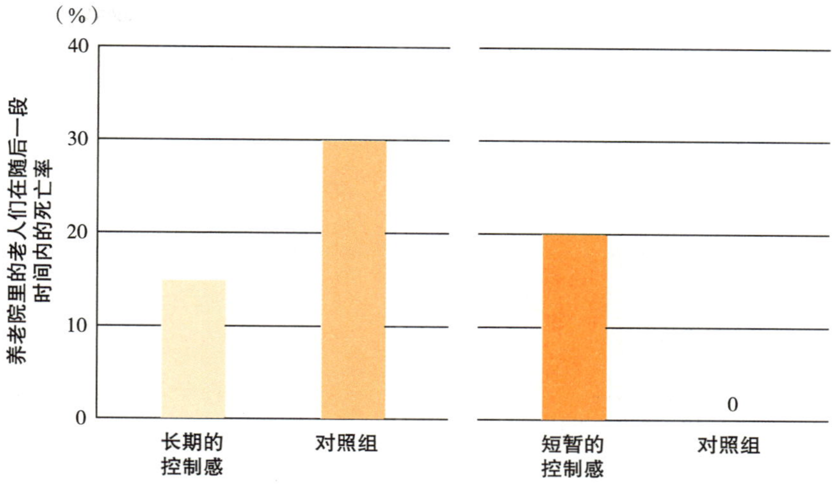

图 15-3　知觉控制感和死亡率

在两项研究中，养老院里的老人们在实验安排下认为自己能够控制生活。在一项研究中（见图左侧），知觉控制感的干预一直持续着，因此老人们一直感觉自己有控制感。从图的左侧我们可以看出，知觉控制感的效果对死亡率产生了积极影响。18 个月后，那些接受干预的老人的死亡率要比没有接受干预的老人低。在另一项研究中（见图右侧），知觉控制感的干预是短暂的，从图的右侧我们可以看出，研究者先让被试体验控制感然后又取消这种控制感。这种短暂的干预对死亡率具有负面影响。

资料来源：Rodin & Langer，1977；Schulz & Hanusa，1978.

老人中有 15% 的人死亡，相比之下，对照组的死亡率为 30%（见图 15-3 的左侧）。

另一项研究采取了另一种方式来增加老人们的知觉控制感（Schulz，1976）。研究者让一群大学生在两个月内每周访问一次美国北卡罗来纳州养老院里的老人们。在增加老人们知觉控制感的实验组中，老人们可以自行决定何时被访问及访问时长；在随机安排的对照组中，何时进行访问及访问时长则由学生们来决定。老人们在这两种条件下都接受了访问，但只有在其中一种条件下，他们才能控制访问的频率和持续时间。这看起来似乎没有什么太大差异，但是给老人们一些对生活的外在控制感再次显示了它戏剧性的效果。两个月后，那些实验组的老人比那些对照组的老人要更健康、更快乐、更活跃，服用的药物也更少。

几个月后，研究者又回到了那家养老院，以评估对病人进行的这种干预的长期效果，包括其对死亡率的影响。根据埃伦·兰格（Ellen Langer）和朱迪斯·罗丁（Judith Rodin）的研究，我们可以预测，那些能够控制学生来访的老人会更健康（Langer & Rodin，1976）。但是这两项研究之间有一个关键的区别。在兰格和罗丁的研究中，老人们会有一种持久的知觉控制感，而在理查德·舒尔茨（Richard Schulz）的研究中，他们的控制感的体验是短暂的。兰格和罗丁的被试在研究结束后，仍继续自行决定何时参加活动，继续照顾盆栽，并且仍会觉得自己能改变发生在自己身上的一些事情。然而，在舒尔茨的研究结束后，大学生的访问也跟着结束了，这使实验组的老人们对学生来访的控制权霎时消失了。

不幸的是，舒尔茨的干预产生了预期外的效果：当研究结束时，实验组老人们的情况居然比对照组的要差（Schulz & Hanusa，1978）。和对照组的老人们相比，实验组老人们的健康状况和生活热情似乎都瓦解了，死亡率也更高（见图 15-3 的右侧）。这项研究结果对那些以大学为基础的志愿者项目（如访问养老院、监狱与精神病院）来说有重大意义。这些项目只有短暂的效果，在项目结束后，可能还会带来负性效果。但是几十年后，我们从这些研究中得出的最重要的结论是：知觉控制感对老年人的身体健康和心理健康有显著的积极作用（Mallers，Claver，& Lares，2014），而某些干预措施比其他干预措施更有可能实现和维持知觉控制感的积极作用（Walton，2014）。

疾病、控制感和幸福感

我们以几句谨慎的叮咛来结束本节的讨论。第一，知觉控制感与痛苦之间的关系在西方文化中比在东方文化中更重要。有研究发现，东方人报告知觉控制感并没有那么重要，并且认为知觉控制感与心理压力的关系也没那么大；而西方人却认为知觉控制感对他们来说很重要，知觉控制感与心理压力的关系也很大（Cheng et al.，2013；Sastry & Ross，1998）。由于西方文化比较推崇个人主义和个人成就，因此当西方人感觉到不能控制自己的命运时，更有可能感到沮丧；而东方文化强调的是集体主义，社会目标远大于个人目标，因此低控制感不会太影响东方人的感受。

第二，即使是在西方文化中，过分夸大知觉控制感与身心健康的关系也是危险的。当遭遇致命但又不为人们所明确了解的疾病的侵害时，人们常常会将疾病归罪于人性的弱点，如缺乏信仰、道德沦陷、绝望等。尽管知觉控制感让人们觉得自己已经控制住了疾病，但这项策略也有其缺点。那就是，如果患者的病情未见好转，他们可能会心生自责或感到挫败。不幸的是，有些疾病就是不治之症（如癌症），因此再强的控制感也没有用。如果一位重症患者将一种不可预知且无法治愈的疾病归咎于自己，那只会令其更加悲惨。

对于患有严重疾病的人而言，即使其健康状况恶化，维持控制感还是大有益处的。研究者发现，即使那些患有癌症或艾滋病的人不觉得自己有办法控制病情，他们中的许多人还是相信自己能够控制疾病的后果，如情绪反应或一些与疾病相关的生理症状（是否感到疲倦等）。而且，越是觉得自己能够控制后果的人，心理调适得越好，即使他们知道自己无法控制病情。简而言之，觉得自己能够控制某种东西的感觉是很重要的，即使控制的对象不是疾病本身。维持这种控制感，即使一个人身体健康状况不好，也可能提升其主观幸福感（Heckhausen & Schulz，1995；Morling & Evered，2006；Thompson，2002）。

问题回顾

1. 迈克尔的室友感冒了。在下列哪种情况下，迈克尔最容易被传染？（　）
   - a. 迈克尔的女朋友刚刚提出分手，但他知道会这样，并不认为这是件坏事
   - b. 迈克尔的金鱼刚刚死去，他认为这是一个非常消极的事件
   - c. 迈克尔最近不怎么锻炼身体
   - d. 迈克尔的生活中发生了什么并不重要，重要的是他是否接触了导致感冒的病毒
2. 下列哪一项是正确的？（　）
   - a. 接触了感冒病毒的人几乎都会感冒
   - b. 对于患有癌症等重大疾病的人来说，他们觉得自己对疾病或其后果有多大的控制感并不重要
   - c. 如果一个大学生经历了《大学生活压力量表》中的一个或多个压力事件，那么其一定会生病
   - d. 许多经历亲人去世的人并不会很痛苦，而是会快速振作起来
3. 在过去，美国大学生（　）。
   - a. 在心理控制源量表中的外部控制上得分更高了
   - b. 在心理控制源量表中的内部控制上得分更高了
   - c. 复原力得分较高
   - d. 复原力得分较低
4. 下列哪一项和健康最相关？（　）
   - a. 低知觉控制感
   - b. 低知觉压力
   - c. 少量的负面生活事件
   - d. 低复原力

“问题回顾”答案，请扫描章末二维码查看。

15.2 应对压力

当然，没有人总是觉得一切尽在掌控中。有时候，当一些糟糕的或不幸的事情发生后，人们很难避免产生悲观情绪。例如，爱人去世、离婚、失业等都是给人带来压力的事情。相当多的研究表明，人们在这些压力事件面前会有不同的反应或应对方式（coping style）（Aspinwall & Taylor，1997；Lazarus & Folkman，1984；Taylor，2015）。在这里，我们主要探讨几种应对方式，首先是人们应对压力的性别差异。

压力应对的性别差异

如果你曾经去过宠物狗公园，你会发现，当小狗遭受攻击后，它们会有两种不同的反应：有时小狗会以相同的方式回击，于是一场狗与狗之间的战争就展开了；有时遭受攻击的小狗会夹着尾巴以最快的速度逃跑。坎农（Cannon，1932）将这种现象称为反击－逃避回应（fight-or-flight response），并将其定义为应对压力事件时要么对抗压力源，要么逃避压力源的方式。多年来，反击－逃避回应被看作所有哺乳动物在压力面前的反应方式。在面对威胁时，哺乳动物由于荷尔蒙（如去甲肾上腺素和肾上腺素）的释放而变得精力充沛，就像公园里的小狗一样，要么继续打斗，要么尽可能快地撤退。

这种观点至少被人们广泛认可了许多年。最近，谢莉·泰勒和她的同事们（Taylor et al.，2000；Taylor & Master，2011）提出了另一种压力应对方式：照顾－表现友好回应（tend-and-befriend response）。在面对压力时，人们不会反击或逃避，而会做好保护自己及孩子的准备（照顾），并创建社会关系网络使自己和孩子远离危险且受到保护（表现友好）。尽管男性和女性都会表现出照顾－表现友好回应（von Dawans et al.，2012），但这种应对方式在女性中尤为普遍。这是为什么呢？泰勒和她的同事们认为，反击－逃避回

女性比男性更可能发展亲密的友谊关系、与他人合作以及将注意力集中在社会关系上，特别是在压力下，更是如此。这就是照顾－表现友好回应。

应对方式：人们在面对压力事件时的反应方式。

反击－逃避回应：人们对压力事件的应对方式，要么对抗压力源，要么逃避压力源。

照顾－表现友好回应：面对压力事件时，人们采取照顾行动来保护自己和孩子，并建立社会关系网络来使自己和孩子远离危险。

应对于女性而言效果不佳，因为女性通常在照顾孩子方面扮演着重要角色。争斗对于怀孕的女性来说并不是一个好的选择，同样，照顾幼儿的或处于怀孕后期的女性也很难采取逃避的应对方式。研究表明，在压力下，个体会释放催产素，这种激素被称为“亲密激素”，因为它与渴望和他人亲密的欲望有关。尽管男性和女性都有催产素，但是雌激素能够增强催产素的作用（Taylor，2012）。

我们应该注意不要过于简化这些性别差异。虽然压力应对的确存在性别差异，但差异并不是很大（Tamres et al.，2002）。此外，寻求社会支持对男性和女性都有益处，这一点我们将在下一节谈到。

社会支持：从他人处获得帮助

如果没有获得家人与朋友的支持，乔安妮·希尔可能没办法度过她生命中的“灾年”。当得知儿子去世的噩耗时，她正在参加美国国家演讲者协会举办的活动。乔安妮立即找到了她的朋友米切尔，米切尔曾经历过一次摩托车事故和一起空难并得以幸存。尽管灾难给米切尔留下了难看的疤痕且米切尔不得不终身乘坐轮椅，但他还是冲破了逆境并成为一名成功的公共演讲人。在那可怕的一天，他拉起乔安妮的手，分担着她的悲痛并坚持陪同她一起赶往机场。其他人也帮助了她：美国国家演讲者协会的会长和她的丈夫替乔安妮安排了行程，而芭芭拉——这个乔安妮在会议开始前几天刚刚结识的好心人——则坚持要陪乔安妮一同回家。

社会支持（social support），即个人需求获得他人回应和接纳的感觉，对应对压力有相当大的帮助（Hostinar，Sullivan，& Gunnar，2014；Lakey & Orehek，2011；Lam & Dickerson，2013）。但是研究者怀疑：社会支持真的对我们的身心健康有帮助吗？事实证明确实如此。有研究表明，通过实验干预来提高社会支持和减少压力能够改善癌症病人的免疫系统（Andersen et al.，2004；Antoni & Lutgendorf，2007；Weihs，Enright，& Simmens，2008）。社会支持也可以延长健康人的寿命。在一项横跨两年（从 1967 年至 1969 年）的大样本研究中，研究者选取了大量美国男性和美国女性为被试进行研究，结果发现，社会支持水平较低的人在接下来的 12 年里死亡的比例要高于社会支持水平较高的人（House，Robbins，& Metzner，1982）。该研究结论已在其他研究中被反复验证（Holt-Lunstad，Smith，& Layton，2010）。要想了解你能在生活中获得多少社会支持，请完成下面的“试一试”。

试一试 社会支持

下面这份量表共有 10 道题目。对你而言，这些题目的描述或许正确，或许不正确。如果你觉得正确请圈“是”，如果你觉得不正确请圈“否”。

你或许会发现，许多题目既非完全正确也非完全不正确。如果碰到这种题目，请试着迅速做出决定，看看哪个答案比较能够描述你的状况。有些问题或许不容易回答，但你一定要从两个答案中选择一个。记住，每道题目都只能选择一个答案。

作答前，请快速但仔细地阅读每一道题目。这不是考试，答案无所谓对错。

社会支持：个人需求获得他人回应和接纳的感觉。

1.	在我认识的人中，至少有一个人的意见是我可以相信的	是	否
2.	我没有一个可以信任的朋友能给我好的理财建议	是	否
3.	关于我如何处理问题，没有人能给我客观的反馈意见	是	否
4.	当我需要别人对我处理私人问题的方式提供建议时，我知道我能找得到人	是	否
5.	我可以放心地向某个人寻求有关性的问题的建议	是	否
6.	如果我的家庭出现了家务责任分担上的争执，我可以向某个人征求意见	是	否
7.	我觉得没有人可以分享我内心的焦虑和恐惧	是	否
8.	如果我的家庭出现了危机，没有多少朋友可以给我提供好的建议，并告诉我如何处理	是	否
9.	我没有几个可以信任的、能够帮助我解决问题的人	是	否
10.	如果我要换工作或找新工作，我知道有人可以给我提供建议	是	否

1. 问题 1、4、5、6 和 10 的回答为“是”时得 1 分，问题 2、3、7、8 和 9 的回答为“否”时得 1 分。

2. 这个量表是用来测量社会支持的，或者说是用来测量“可以与某个人谈论自己对问题的感觉”的（Cohen et al.，1985）。研究的其中一个发现是，当人们没有压力时，社会支持水平低的人不会比社会支持水平高的人有更多的身体症状。然而，在压力下，社会支持水平低的人比社会支持水平高的人有更多的身体症状。研究的另一个发现是，女性在社会支持量表上的得分确实高于男性。如果你的分数比你想的要低，你可以考虑在你有压力的时候多向他人求助。

资料来源：Cohen，Mermelstein，Kamarack，& Hoberman，1985.

从以上分析中我们不难发现，社会支持是大有益处的，但是社会支持在何时、以何种方式对我们产生帮助还需要研究者深入分析。首先，当问题比较严重时，我们获得何种社会支持是很重要的。例如，想象一下你有一门课没有学好且你正在为此参加补习以应付期末考试。跟你一组的朋友莎拉对你说：“我知道你这门课学得不好，不如我们把注意力放在那些你不懂的地方上，然后我帮你补课如何？”你可能会感谢她的支持和额外的帮助，但是谁又喜欢自己被单独挑出来且被标上“笨学生”的标签呢？正如我们在第 11 章中看到的，人们不愿意在接受帮助的同时得到这样的评价：“你能力太差，没法独立完成这件事。”现在，假设莎拉在提供帮助时更有技巧一些。她知道你在学习这门课的最后一章时遇到了困难，但她没有指出你的能力问题，而是说：“很多人对第 16 章的内容都不太理解，我也是。我们一起想办法解决如何？”她改变了提供帮助的方式，没有把你单独挑出来，也没有提及你的能力问题。

研究结果表明，第二种帮助更有效，研究者把这种帮助称为“不可见支持”。这种支持不仅给人们提供了帮助，而且避免提及他们的能力不足这一信息。第一种帮助被称为“可见支持”，它是一把双刃剑，因为它不仅指出了受益人的困窘，而且指出了其无法帮助自己的事实。从道义上讲这样合适吗？如果你的一个朋友正面临巨大的困境，那么请找到合适的方法并不动声色地帮助他，但不要小题大做（Bolger & Amarel，2007；Girme，Overall，& Simpson，2013；Maisel & Gable，2009）。

不同文化下社会支持的作用方式不同。你认为在面临困境时谁更有可能向他人寻求帮助，是强调个人主义和独立性的西方人，还是强调集体主义和互倚性的东方人？看上去是强调集体主义的东方人更有可能寻求他人的支持，但是研究者发现恰恰相反：当面临压力时，东方文化下的成员比西方文化下的成员更少向他人寻求帮助（Chen et al.，2012；Kim，Sherman，& Taylor，2008；Mojaverian & Kim，2013）。其原因是，集体主义文化下的成员更担心向他人寻求帮助会破坏群体的和谐，并担心自己会为此遭到他人的非议。

这是否意味着集体主义文化下的成员较少获得社会支持且在获得他人支持时也较少获益呢？事实并非如此。主要的差异在于不同文化背景下的人是如何寻求并获得社会支持的。由于集体主义文化下的成员担心破坏群体和谐与遭受他人非议，因此他们不太可能直接向他人坦白自己遇到了困难并需要帮助。例如，他们较少对朋友这样说："我现在遇到麻烦了，你可以帮我吗？"他们确实能在与提供帮助的人的互动中获益，只要不必向他人暴露自己的困窘就可以（Kim et al.，2008）。

重塑：在创伤事件中寻找意义

当创伤事件发生时，最好的处理办法是尽量把它埋在心底、闭口不谈，还是敞开心扉、找人聊聊？虽然流传已久的民间智慧告诉我们，敞开心扉是最好的办法，但是这项假说一直到最近才被人证实。詹姆斯·彭尼贝克（James Pennebaker）和他的同事们曾进行了若干有趣的实验来证实书写创伤事件的价值（Pennebaker，1997；Sloan et al.，2008；Smyth，Pennebaker，& Arigo，2012）。例如，他和其中一位同事（Pennebaker & Beale，1986）曾经请一些大学生连续 4 个晚上花 15 分钟的时间将他们经历过的创伤事件写下来。控制组的大学生则被要求花同样的时间写一件小事。大学生选择写下的创伤事件包括一些悲惨的事情，如被强奸、手足去世等。

结果发现，从短期来看，书写这些创伤事件确实会使人难过。那些写下创伤经历的大学生报告了较多的负面情绪，其血压也升高了很多。但是从长期来看，这样做是有好处的：在接下来的 6 个月里，这些人较少去学生健康中心，也较少生病。类似的研究也指出，那些愿意将刚上大学时遇到的问题写下来的大一新生、那些最愿意揭露第二次世界大战经历的纳粹大屠杀生还者，以及那些写下患心脏病经历的病人，在接下来的几个月之内的健康状况都获得了改善（Pennebaker，Barger，& Tiebout，1989；Pennebaker，Colder，& Sharp，1990；Willmott et al.，2011）。

詹姆斯·彭尼贝克的研究表明，写下或向他人讲述自己的不幸经历，从长期来看对健康是有利的，特别是当人们有足够长的时间去获得对创伤事件的新观点时。

敞开心扉向他人倾诉能够促进健康的原因是什么呢？那些写下负性事件的人会构造一个更有意义且更完整的故事来重新定义这些事件。彭尼贝克对成百篇被试写下的有关负性事件的文章进行了分析，他发现健康状况改善得最多的是那些一开始对自己的问题描述得十分不连贯和无序，而后来以连贯的、有组织的故事来解释这些事件并赋予其意义的人。随后的研究表明，如果人们能够如同客观的观察者一般，退后一步，写下生活中的这些负性事件，而非一味地沉浸其中，"重塑"就有可能发生（Kross & Ayduk，2011；Kross et al.，2014）。一旦人们用这种方式重塑创伤事件，他们就会慢慢淡忘它，而且在它被提起时，人们也不太会去压抑它。刻意压抑负面的想法可能会让人们更关注这些想法，因为试图让自己不去想那些事情实际上会让自己想得更多，导致侵入性记忆（Wegner，1994）。

你可能会想起我们在第 14 章中讨论过的应激事件压力报告 / 集体晤谈（CISD）的干预方式，即经历过可怕事件的人们要在事件发生 3 ～ 4 个小时内尽快重温该事件，细致地描述他们的经历并讨论他们对事件的情绪反应。正如我们所见到的，在控制良好的实验中，CISD 并没有起太大作用。为什么书写创伤事件能帮助人们复原，而 CISD 的再体验却不能呢？其中一个可能的原因是时机，如果有足够长的时间让人们对创伤事件有新的看法，那么写作的效果最好。相反，CISD 给人们的时间很有限，这让人们来不及好好地体验、重塑，并从不同的角度去思考这些创伤事件。事实上，CISD 的问题是它固化了负面记忆，而非有效地帮助人们重塑这些负面记忆。

总之，研究表明人类在面对灾难时通常拥有惊人的复原力，尤其是当人们拥有控制感和自我效能感时。寻求社会支持和对生活保持乐观的态度也会有所帮助。如果你仍然受到压力事件的困扰，那么你可以采用彭尼贝克的书写技巧来帮助自己更好地理解所发生的事件及它到底意味着什么。

问题回顾

1. 下列哪个选项是正确的？（ ）
   a. 只有女性会表现出照顾 – 表现友好回应，因为她们的催产素水平更高
   b. 大多数哺乳动物对压力的反应方式，要么是反击，要么是逃避。尽管人类更有可能反击，而不是逃避
   c. 男性和女性都会表现出照顾 – 表现友好回应，但这在女性中更为普遍
   d. 女性比男性从社会支持中受益更多
2. 下列哪个选项是正确的？（ ）
   a. 接受社会支持有助于人们的心理健康，而对他们的身体健康没有影响
   b. 接受社会支持的女性往往寿命更长，但接受社会支持对男性寿命没有影响
   c. 当感受到压力时，东方文化下的个体比西方文化下的个体更有可能寻求社会支持
   d. 旨在增加癌症患者的社会支持、减轻其压力的干预措施改善了他们的免疫系统功能
3. 在下列哪种情况下，人们最有可能从创伤事件中振作起来？（ ）
   a. 在创伤事件发生后立即将其记录下来
   b. 在创伤事件发生一段时间后，从第三者的视角将事件记录下来，而不是沉浸其中，不断重温
   c. 沉浸在创伤事件中，不断重温
   d. 尽最大努力压抑与创伤事件相关的想法

“问题回顾”答案，请扫描章末二维码查看。

15.3 预防：促进更健康的行为

根据世界卫生组织的数据，全世界超过一半的死亡是由可预防的慢性病导致的（Reardon，2011）。在美国，烟草使用仍然是导致可预防死亡的主要原因。第二个原因是什么？你可能会惊讶地发现是肥胖，美国人在这方面做得不是很好（见表 15-1）。超过 1/3 的美国人有肥胖问题，肥胖与高血压、糖尿病、心脏病、乳腺癌、前列腺癌以及结肠癌等健康问题有关（NCHS Data Brief，2015；“Adult obesity”，2011）。

第三个原因是酗酒。酗酒被定义为男性在一个场合的饮酒数量超过 5 杯，女性在一个场合的饮酒数量超过 4 杯（Wechsler & Austin，1998）。酗酒已经成为许多大学生的共同问题。酗酒者更有可能产生大量的健康问题，包括高血压、心脏病、肝病、脑膜炎和性传播疾病。酗酒者也更容易发生交通事故、溺水、意外怀孕、家庭暴力和性行为困难（Naimi et al.，2003；“Quick stats”，2008）。

目前有超过 3600 万的人感染了 HIV 病毒，在 2015 年就有 100 多万人死于艾滋病（“Global Health Observatory”，n.d.）。尽管全世界各个地区都有艾滋病患者，但大多数艾滋病患者分布在撒哈拉沙漠以南的非洲。如果在性交过程中使用避孕套的话，大多数患者是可以避免感染 HIV 的。庆幸的是，在美国，越来越多的人开始使用避孕套。一项调查显示，80% 的美国青少年会在第一次性交时使用避孕套。但是这也意味着有 20% 的美国青少年没有使用（Martinez，

表 15-1 导致美国人健康问题的行为

行为	健康风险	美国人是怎么做的
吸烟	吸烟导致美国每年有超过 48 万人死亡 *	18% 的美国成年人吸烟 *
过度饮食（肥胖）	肥胖的人患有心脏病、糖尿病、某些癌症、妇科疾病、勃起功能障碍的风险更高 **	超过 1/3 的美国成年人有肥胖问题，17% 的美国儿童有肥胖问题 *
酗酒	美国每年死于酗酒的人数超过 88 000 人 *	17% 的美国人每个月至少酗酒 4 次 *
缺乏锻炼	定期锻炼有助于预防心脏病、糖尿病和一些癌症 *	52% 的美国成年人没有达到推荐运动量 *
不良饮食	不良饮食与许多疾病有关，如心脏病、一些癌症和糖尿病 *	38% 的美国成年人每天摄入水果少于 1 次，23% 的美国成年人每天摄入蔬菜少于 1 次 *
不安全性行为	每年有 15 000 名美国人死于艾滋病 *	超过 1 000 000 名美国人感染了 HIV 病毒 *
照射紫外线	超过 60 000 名美国成年人被诊断出皮肤黑色素瘤 *	只有 58% 的美国成年人报告他们经常使用防晒霜、穿防护服或避免日晒，以保护自己免受紫外线的伤害 *

注：* Center for Disease Control and Prevention（2014）.
**Mayo Clinic（n.d.）.

Copen，& Abma，2011）。尽管在非洲的一些国家，避孕套的使用量也有所上升，但是在非洲的另一些国家，避孕套的使用量则在下降（“Global report”，2013）。

我们发现，我们刚刚诋毁了那些在许多人眼中是生命的主要乐趣的行为，如性、饮食、饮酒（甚至吸烟）。由这些行为引发的健康问题之所以普遍存在，正是因为它们如此令人愉快，在一些情况下，甚至会使人成瘾。因此，找到合适的方法来改变人们的态度和行为，引导他们养成更为健康的习惯将是一个重大挑战。那么我们该怎么做呢？

现在你已经知道这是一个典型的社会心理学问题。我们应该能将关于态度改变和社会影响的理论运用到实践中，帮助人们从事更健康的行为。事实上，对于这个问题，社会心理学家进行了大量的研究，在设计程序以改变人们的不健康行为方面取得了一定的成功，如让人们使用避孕套、戒烟和减少酒精摄入，在引导人们从事防护行为方面亦然，如使用防晒霜（Klein，Rothman，& Cameron，2013；Noar，Benac，& Harris，2007；Taylor，2015）。其中很多程序都用了书中提到的原理，例如，第 7 章中的态度改变、第 8 章和第 14 章中的社会规范。有研究发现，生活在美国亚利桑那州凤凰城的女性对太阳曝晒的命令性规范有错误的认识：她们高估了其他女性认为古铜色皮肤有吸引力的程度，低估了其他女性对保护皮肤免受太阳照射的认可程度。研究者发现，纠正这些误解会使女性更多地通过使用防晒霜和穿防护服来免受紫外线的伤害（Reid & Aiken，2013）。也许你也可以在生活中实践这些方法。改变行为并不容易，但是有了在这本书中学到的社会心理学技巧，相信你也有能力改变自己的行为。

问题回顾

1. 下列哪个选项是错误的？（　）
   a. 在美国，吸烟是导致可预防死亡的主要原因
   b. 酗酒者患高血压、心脏病、肝病、脑膜炎和性传播疾病的风险更高
   c. 在美国，避孕套的使用越来越普遍
   d. 因为大多数疾病都是由遗传引起的，所以人们在延长寿命方面几乎无能为力
2. 下列哪个选项是错误的？（　）
   a. 艾滋病不再是一个主要的健康危机，因为有治疗它的药物
   b. 社会心理学家在设计使人们以更健康的方式行动的方案方面取得了相当大的成功
   c. 一项研究使用社会规范技术来说服女性更多地保护自己免受紫外线的伤害
   d. 酗酒者更容易发生车祸、溺水、意外怀孕、家庭暴力和性行为困难

“问题回顾”答案，请扫描章末二维码查看。

总结

15.1 压力与人类健康

压力和人类健康的关系引起了社会心理学家的广泛关注。

- **复原力。**人类在经历负性事件时表现出了惊人的复原力。面对压力事件时，人们通常仅表现出轻微的、短暂的反应，随后就会迅速恢复到正常的、健康的状态。
- **负性生活事件的影响。**压力事件会对人们的身心健康造成负面影响。一些研究通过计算人们经历过的压力事件的数量来预测人们的健康状况。
- **知觉压力与健康。**压力被定义为当人们感到无法应对环境的要求时产生的负性体验和消极信念。人们经历的压力事件越多，就越有可能生病（如感冒）。
- **控制感：知觉控制的重要性。**当人们感到无法控制负性事件时，他们就知觉到了压力。在过去的 40 年里，越来越多的大学生形成了一种外部控制点的观念，即认为好的结果或坏的结果都是他们不能控制的。人们的控制感越少，负性事件就越容易引发身心疾病。例如，养老院里的老人们控制感的丧失对他们的健康造成了负面影响。

15.2 应对压力

应对方式指的是人们在面对压力事件时的反应方式。

- **压力应对的性别差异。**压力的应对方式有两种：一种是反击–逃避回应，即在压力面前和压力源做斗争或逃避压力；另一种是照顾–表现友好回应，即在面对压力时，做好保护自己及孩子的准备（照顾），并创建社会关系网络使自己和孩子远离危险且受到保护（表现友好）。尽管男性和女性都会表现出照顾–表现友好回应，但这在女性中更为普遍。
- **社会支持：从他人处获得帮助。**社会支持指的是个人需求获得他人回应和接纳的感觉，它对男性和女性都是有益的。然而，社会支持的表达形式非常重要。相对于可见支持而言，人们更愿意接受不可见支持。个人主义文化下的人会直接寻求他人帮助，而集体主义文化下的人在寻求他人帮助时不会直接陈述自己的困窘。
- **重塑：在创伤事件中寻找意义。**研究者注重探讨不同的人在面对压力时所采取的不同应对方式。有几项研究表明，用书写或谈话的方式来重塑创伤事件，从长期来看是有益于健康的。

15.3　预防：促进更健康的行为

找到更好的方法来促进人们更健康的行为也很重要。许多研究都使用了社会心理学的技术，如纠正人们在一些命令性规范上的信念。

思考题

根据本章我们讨论过的研究，你认为好的寻求和提供社会支持的方法有哪些？

自测

1. 丈夫去世后，蕾切尔并没有感到非常痛苦，而且很快恢复了。根据社会心理学的研究，下列哪一项描述最正确？（　）
   a. 因为蕾切尔并没有渡过严格意义上的悲痛阶段，日后她有可能会有心理健康问题
   b. 因为蕾切尔没有经历极度的悲痛，所以她可能在婚姻上存在问题，她不是很爱她的丈夫
   c. 尽管生活带来的创伤会让人很痛苦，但是许多人有能力快速从创伤中恢复过来
   d. 蕾切尔表现出了“延迟悲痛症”，她将在日后经历悲痛
2. 鲍勃的祖母最近去世了，并且鲍勃发现他的女朋友对他不忠，而他此时正在准备期末考试。根据压力和健康的研究，下列哪一项描述最正确？（　）
   a. 由于鲍勃经历了较多的负性生活事件，因此他有可能会生病
   b. 只有当鲍勃把这些压力事件解释为压力时，即当鲍勃感到无法应对这些事件时，他才会觉得有压力
   c. 当人们面对压力时，免疫系统会受到影响。因此，鲍勃现在比平时更容易生病
   d. 当鲍勃体验到对这些事件更多的控制感时，他就会特别容易生病
3. 琳赛在一家养老院实习。根据我们在本章中讨论的研究，下列哪一项描述将对养老院里的老人们最有利？（　）
   a. 琳赛鼓励老人们给她讲述他们生活中的任何压力事件
   b. 琳赛让老人们自主决定她的到访时间及她的实习结束时间。她决定只要老人们邀请她，这种拜访就会一直持续下去
   c. 琳赛让老人们自主决定她的到访时间，但是当她的实习期结束后，她就不会再去养老院了
   d. 琳赛给每位老人一棵植物，并保证会为他们照顾好植物
4. 下列有关社会支持的研究中，哪一项是最正确的？（　）
   a. 社会支持的所有方式都适用于各个文化背景下的人
   b. 如果你想向别人提供帮助，与可见支持相比，不可见支持更好
   c. 如果你想向别人提供帮助，与不可见支持相比，可见支持更好
   d. 与西方人相比，东方文化背景下的人更有可能向他人寻求帮助
5. 下列有关应对压力方式的研究中，哪一项最正确？（　）
   a. 女性更倾向于进行反击 – 逃避回应
   b. 男性更倾向于进行照顾 – 表现友好回应
   c. 女性更倾向于进行照顾 – 表现友好回应
   d. 男女应对压力的方式相同
6. 当凯特的父母离婚后，她经历了一段非常痛苦的日子。根据社会心理学的研究，下列哪一项描述最有可能帮到凯特？（　）
   a. 她应该连续 4 天，每天晚上花 15 分钟时间写她对父母离婚的感受
   b. 她应该把父母离婚的原因归结于内在的、全面的和稳定的因素
   c. 她应该避免与她最亲密的好友谈论父母离婚的事件，因为这可能使好友产生负面情绪
   d. 她应该关注这样一个事实，即她在改善自己与父母的关系问题上有较低的自我效能感
7. 下列哪一项描述是正确的？（　）
   a. 虽然肥胖人数在美国有增加的趋势，但这不

是一个主要的健康问题

b. 由于很多严重的健康问题是可以预防的，因此社会心理学家正在研究有效的干预措施，以使人们以更健康的方式生活

c. 社会心理学家在改善人们的健康方面并不能做多少

d. 吸烟已不再是可预防死亡的主要原因

8. 根据社会心理学的研究，下列哪一项最有可能成功地减少大学校园里的酗酒行为？（　）

a. 指出大学时期是人生中充满压力的一段时期

b. 指出许多大学生在喝酒这件事情上，并不能很好地控制自己

c. 指出很多大学生都很有复原力

d. 指出很多大学生高估了他们的同龄人对酗酒的认可程度

本章“问题回顾”与“自测”答案，请扫描二维码查看。

第 16 章

实践中的社会心理学之三：社会心理学与法律

SOCIAL PSYCHOLOGY

本章音频导读，
请扫描二维码收听。

章节框架	学习目标
16.1 目击者证词 为何目击者经常指认错误 判断目击者是否犯错 关于恢复性记忆的争论	理解心理学是如何看待目击者证词的
16.2 陪审团：团体判决过程 审判过程中陪审员对信息的处理 认罪：它们总像看起来的那样吗 陪审室内的商议	描述社会心理学如何帮助解释陪审团的判决过程

小调查

你是否有过这样的经历：你曾坚信生活中的某件事以某种方式发生，但后来又发现自己错了？

○是

○否

假如你是一名陪审员，当你听到下面发生在美国得克萨斯州一个真实案件的证词后，你会做出何种判决呢？该案件发生在 1976 年 11 月的一个又冷又黑的夜晚，警官罗伯特·伍德（Robert Wood）和他的搭档看到一辆没有开车灯的轿车行驶在道路上。伍德首先示意轿车靠边停下，随后下车走向轿车的驾驶座，但还没等伍德说话，司机就拿起手枪朝他射击，伍德当场就被击毙了。伍德的搭档在凶手开着车疾驰而去时把手枪里的子弹都射空了，但凶手还是逃走了。

1 个月后，警方逮捕了一名嫌疑犯——16 岁的大卫·哈里斯（David Harris）。哈里斯承认在谋杀案发生的前一天，他偷了一辆邻居的车和一把左轮手枪，而这辆车正是警官伍德在被杀当晚拦下的车辆，并且谋杀案发生时，他就在车里。然而，哈里斯否认是他射杀了警官伍德。他说，他载了一个搭便车的人，名叫兰德尔·亚当斯（Randall Adams）。他声称是亚当斯用座位下面的手枪射杀了警官伍德。当警方询问亚当斯时，亚当斯承认曾搭乘哈里斯的便车，但他说在谋杀案发生前的 3 个小时，哈里斯已经让他在汽车旅馆门口下了车。

谁讲的是真话呢？直到警方找到 3 个目击者，并证实了哈里斯的说辞之后，他们才击败了亚当斯的说辞。警官伍德被射杀当晚，艾米莉·米勒（Emily Miller）和罗伯特·米勒（Robert Miller）正好开车经过，虽然天色很暗，但是他们仍可以清楚地看见车里的司机，而且他们二人同时指认司机是亚当斯。米勒夫妇说："当车窗被摇下时，他的脸就露出来了。他留着胡子，是八字胡，还有一头金色长卷发（Morris，1988）。"哈里斯在案发期间没有留胡子，而亚当斯则十分符合米勒夫妇的描述。迈克尔·兰德尔（Michael Randell）是一名推销员，他在谋杀案发生前正好路过，并声称看到车中有两个人。他也说司机留有长发和八字胡，看起来很像兰德尔·亚当斯。

兰德尔·亚当斯（左图）和大卫·哈里斯（右图）。事实上，目击者说凶手留着一头长发和八字胡是亚当斯被指认为谋杀警官伍德的凶手的主要原因。

你认为谁是凶手呢？陪审团相信了目击者的证词，判定亚当斯有罪，并判处其死刑。然而，当他在狱中苦苦等候法庭审理他的上诉时，几位专家开始怀疑他是否有罪。随着新的证据逐渐出现，大部分证据来自一部由这个事件改编的名为《细细的蓝线》（*The Thin Bule Line*）的电影，他们几乎可以肯定哈里斯才是真正的凶手。哈里斯后来因为另一起谋杀案被定罪，临死前，他强烈暗示是他射杀了警官伍德，而不是亚当斯。上诉法院最终推翻了亚当斯有罪的判决，亚当斯也在拒不认罪但被监禁 12 年后，重获自由。

如果亚当斯是清白的，为什么目击者会声称开车的司机留有长发和八字胡呢？陪审团为什么会相信他们的话？这种误判到底有多常见？在这一章中，我们将会讨论这些问题，探讨的重点是社会心理过程在法律体系中所扮演的角色。

在开始前，让我们简要地回顾一下美国的司法制度。当一个案件发生后，警方会逮捕嫌疑犯，法官或陪审团则判定是否有足够的证据来定罪。如果有，那么控方的律师和嫌疑犯的辩护律师会各自收集证据，然后在法庭进行辩论，其结果通常是被告为自己辩护以减轻判决。大概只有不到 1/10 的案件会被送审，由陪审团决定被告的命运（Edkins，2011；Redlich et al.，2017）。

近年来，社会心理学家对法律体系做了大量的研究，因为它不仅为研究基本心理过程提供了一个极佳的应用环境，而且在日常生活中也极为重要（Brewer & Williams，2017；Greene & Heilbrun，2013）。假如你肯定自己没有犯错，却又成为被告，那么你必须要知道什么才能说服法官，以证明自己的清白？假如你是陪审团的成员，你在社会心理学方面的专业知识会如何帮助你做出更明智的抉择？我们将从目击者证词开始讨论，这也是兰德尔·亚当斯的案件最麻烦的地方。

16.1 目击者证词

亚当斯之所以被定罪，在很大程度上是因为目击者的指证，虽然在其他方面证明他有罪的证据并不充分。不幸的是，建立在目击者错误指认上的误判并不少见。根据“无罪计划”网站上的数据，有超过 350 个案件的嫌疑人在被判有罪并入狱多年后，因 DNA 证据而被释放，他们通常都是像亚当斯这样在监狱里待了很多年的人。在这些案件中，大约 75% 的定罪都至少在一定程度上是由目击者的错误指认导致的。有时，就像亚当斯的案件那样，很多目击者都搞错了。简而言之，造成无辜者被判入狱的最常见原因就是目击者的错误指认（Brewer & Wells，2011；Pezdek，2012；Wells，2014）。

为何目击者经常指认错误

人们的大脑无法像摄像机那样记录所有细节并长时间储存记忆，然后再精确地对其进行回放。要成为一个准确的目击者，人们必须成功地完成记忆过程的三个阶段：对目击事件的编码、存储和提取。对目击事件的**编码**（encoding）是指人们觉察和注意环境中的信息，并将感觉数据转化为某种心理表征的过程。因为人们不可能知觉发生在他们周围的所有事情，所以他们仅仅能对其中一部分信息进行编码。**存储**（storage）指的是人们将从周围环境中获取的信息进行储存的过程。**提取**（retrieval）指的是人们回忆储存在记忆中的信息的过程（见图 16-1）。上述任何一个阶段的错误，都可能造成目击者的错误指认。

编码

许多因素都会限制人们获得有关犯罪信息的数量，如人们目击犯罪过程的时间和犯罪发生时的视觉条件。尽管这听上去显而易见，但是人们有时还是会忽视这些因素是如何限制目击者对罪犯的指认的。犯罪经常发生在那些编码困难的条件下，如非常迅速、出人意料、视线不良（如在晚上），以及心理压力。这正是警官伍德被枪杀时的情况。目击者正开车行驶在昏暗的马路上，当他路过一辆被拦下的汽车时，一件意外的事情发生了—— 一声枪响后，一名警察倒在了地上。

当人们成为犯罪行为的目击者时，他们通常会感到非常恐惧，单这一点就可以使记忆当时发生的一切变得困难。人们感到的压力越大，对案件中有关的人和细节的记忆就越差（Deffenbacher，Bornstein，& Penrod，2004；Morgan et al.，2013）。受害者对面孔记忆差的另一个原因是他们把注意力更多地放在了凶器上，而很少关注嫌疑犯的面部特征（Fawcett et al.，2013；Pickel，2007；Saunders，2009）。如果有人拿把枪指着你并向你要钱，你的注意力可能更多地集中在枪上，而不是抢劫犯眼睛的颜色上。

人们关注的信息同样会受到其希望看到的信息的影响。以我们的朋友艾伦为例，他是一位社会心理学家，也是社会知觉方面的专家。在一个周日，艾伦有些担心，因为他的邻居（一位 80 多岁身体虚弱的老

编码：人们觉察和注意环境中的信息，并将感觉数据转化为某种心理表征的过程。

存储：人们将从周围环境中获取、编码的信息进行储存的过程。

提取：人们回忆储存在记忆中的信息的过程。

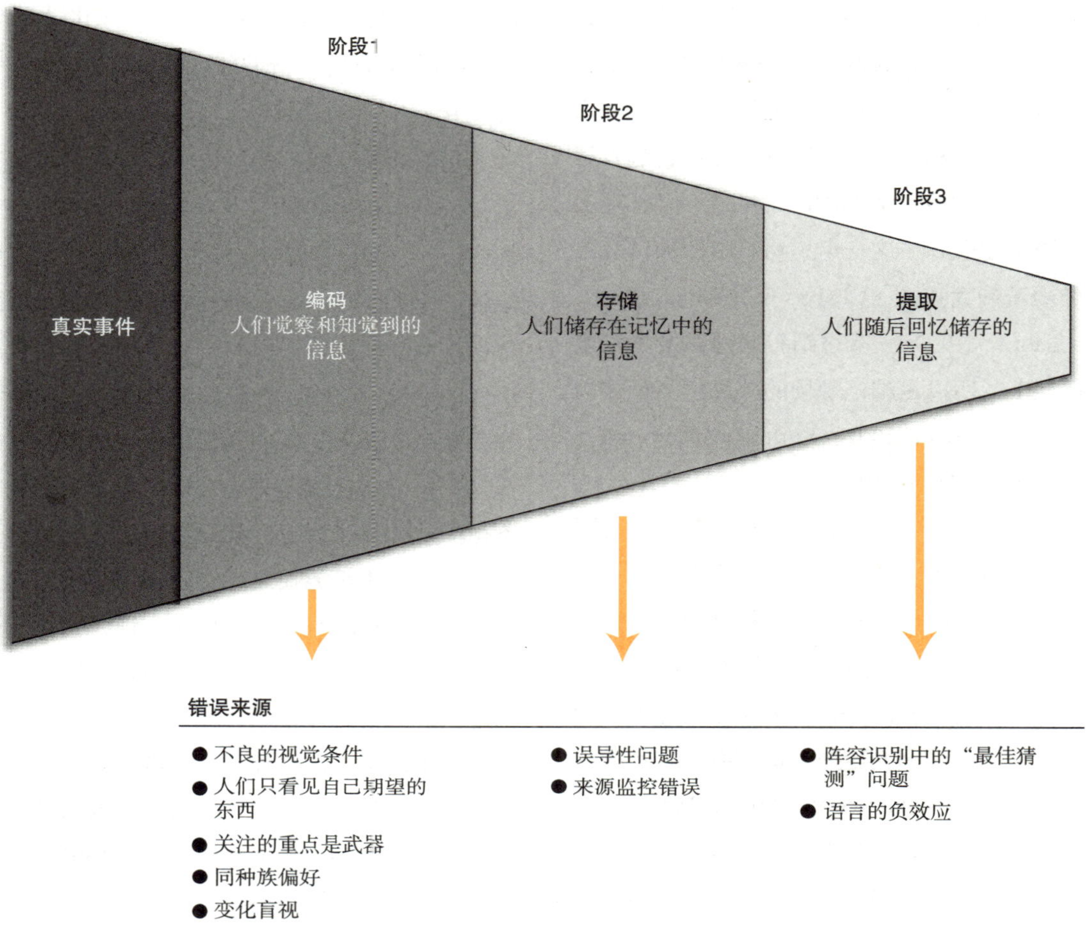

图 16-1　编码、存储和提取

要成为一个准确的目击者，人们必须成功地完成记忆过程的三个阶段，其中的任何一个阶段都有可能出现错误。

太太）没有去教堂做礼拜。艾伦不停地敲她家的门，可就是没有回应。于是他只好撬开窗户，向屋里搜索。很快地，他发现他所担心的情况变成了现实：老太太倒在卧室的地板上，已经去世了。

受到惊吓的艾伦回到家，并打电话报了警。刑警在老太太的房间里待了很长时间后，问了艾伦一些很尖锐的问题，如最近一至两天，他是否看到过什么可疑的人。艾伦对刑警的提问感到困惑，最终，他向刑警吼道：“你为什么问我这些问题？我的邻居难道不是很显然因为年老而去世的吗？难道我们不应该通知她的家人吗？”现在轮到刑警感到困惑了，他问道：“难道你不是第一个发现遗体的人吗？”艾伦回答：“是的。”“那么你没有注意到她的房间已经被翻过了吗？你没有发现到处都是碎玻璃，并且她的脖子上缠着一条皮带？”刑警说道。

最后的真相是，艾伦的邻居是被一个来她家喷洒杀虫剂的男人勒死的。现场曾有过激烈的打斗，老太太是被谋杀的事实再明显不过了。但是艾伦却没有注意到其中的任何一个迹象，因为他一直担心他的邻居是否已经去世了。所以当发现老太太已经去世时，他感到很难过，在那种情况下，“谋杀”是他最不可能想到的原因。结果，他只看到了自己心中预期的信息而忽略了未被预期的信息。后来，当刑警给他看现场照片时，他感觉自己似乎从未去过那里，几乎不认识那个地方。

研究证实人们很难注意到期望之外的东西。在一项实验中，被试被要求观看一段两组队员来回传递篮球的录像，并对篮球在两个组之间传递的次数进行计数。在录像播放到第 35 秒时，一件不可思议的事情发生了：一位扮成大猩猩的女性先走到传球游戏的中间，然后走向摄像机，并做出捶胸的动作，随后离开。与此同时，传球游戏照常进行。尽管看起来每个人都应该能注意到这个奇怪的"插曲"，但事实上仅有一半的被试注意到了这一点，另一半的被试甚至没有在录像中看到大猩猩（Chabris & Simons，2010；Simons & Chabris，1999）。考虑到犯罪通常发生在未被预期的情况下，所以也难怪现场的关键细节往往被人们忽视了（Rensink，2002；Simons & Ambinder，2005；Wilford & Wells，2010）。

即使我们注意到一个人或一件事，如果对其不熟悉，我们也可能记不清楚。例如，人们更擅长识别和自己同种族的人的面孔，我们称这种现象为同种族偏好（own-race bias）。白人更擅长记忆白人的面孔而非黑人或亚洲人的面孔，黑人更擅长记忆黑人的面孔而非白人的面孔，亚洲人更擅长记忆亚洲人的面孔而非白人的面孔（Brigham et al.，2007；McGuire & Pezdek，2014；Wan et al.，2017）。研究发现，性别和年龄也存在类似的效应（Man & Hills，2017；Wright & Stroud，2002）。

同种族偏好产生的部分原因是人们和自己同种族的人接触更多，这使他们更容易区分同种族内个体间的差别（Meissner & Brigham，2001）。当人们观察同种族人的面孔时，他们通常会关注该面孔区别于其他面孔的个性化特征，如颧骨的高度或额头的轮廓。而当人们观察不同种族人的面孔时，他们更关注该面孔和自己种族面孔的不同之处，而不是其个性化特征（Hugenberg et al.，2010；Levin，2000）。探究这一假说的研究者丹尼尔·莱文（Daniel Levin）是这样讲述这一现象的："当一个白人看其他白人的鼻子时，他会想'那是约翰的鼻子'。当他看到一个黑人的鼻子时，他会想'那是黑人的鼻子'（Carpenter，2000）。"因为人们拥有的关于其他种族个性化特征的知识很少，所以很难将其他种族的成员相互区分开来。

存储

在前面关于编码的讨论中，我们已经知道一些因素会限制人们的知觉，进而限制其能够储存在记忆中的内容。一旦一条信息进入人们的记忆，它似乎就会像相册里的照片一样，一直停留在那里，直到以后被重新提取。实际上，只有很少一部分人具有这种照相机式的记忆。记忆就像真正的照片一样，会随着时间慢慢褪色。此外，人们还相信记忆就像拍下的照片一样，一旦被储存就不可能发生改变，记忆中的细节也不可能被添加或减少。如果我们看到的抢劫犯没有胡子，我们就不可能在之后给记忆照片中的他加上八字胡。因此，在亚当斯的案件中，证人指认司机留着长发、蓄胡子，对于指控亚当斯来说似乎是一个强有力的证据。

不幸的是，记忆并非不可磨灭的。人们会混淆其所看见和听见的事情，一个时间点或情境中的记忆也会和另一个时间点或情境中的记忆相混淆。最终，人们对自己所看到的情境的回忆会变得不准确。这是多年来关于记忆重构（reconstructive memory）的研究所得出的结论，由于人们在事件发生后接触到的其他信息，人们对该事件的记忆发生了扭曲（Blank & Launay，2014；Loftus，1979，2005）。这项研究说明，我们在目击了一件事情之后获得的信息，会改变我们对这件事情的记忆。

在一项经典研究中（Loftus，1978），伊丽莎白·洛夫特斯（Elizabeth Loftus）和她的同事们给一群学生播放了 30 张幻灯片，描述了一起交通事故的不同阶段，并对其中一张幻灯片的内容进行了操作：一些学生看到一辆汽车停在一个"停车"标志旁，而另一些学生则看到一辆汽车停在一个"让行"标志旁。幻灯片放映结束后，学生们要回答一些关于他们

同种族偏好：与识别其他种族个体的面孔相比，人们能更好地识别和自己同种族个体的面孔。

记忆重构：人们在事件发生后接触到的其他信息导致了人们对该事件的记忆的扭曲。

刚才所“目击”的交通事故的问题。关键问题随着标志的不同而不同。在其中一个版本中，问题是“当红色车停在‘停车’标志旁时，是否有另一辆车从旁边通过”，在另一个版本中，问题是“当红色车停在‘让行’标志旁时，是否有另一辆车从旁边通过”。对其中一半的被试而言，他们被问到的问题中对交通标志的描述与他们真正看到的是一致的，但对另一半的被试而言，他们被问到的问题中加入了新的信息——问题描述说他们看到的是“停车”标志，而实际上他们看到的是“让行”标志。这种微小的变化（类似的情况会发生在警方调查人员或律师询问目击者时）会影响人们对真实事件的记忆吗？

研究者向所有学生出示了这两张幻灯片的照片，并询问他们看到的究竟是哪一张幻灯片。当被问的题目和看到的实际情况一致时，大多数（75%）学生选择了正确的照片。也就是说，如果他们看到了“停车”标志，并且被问及有关“停车”标志的事情，大多数人都能做出正确的选择（注意：仍然有 25% 的学生在这个简单的问题上犯了严重的错误）。然而，在接受了误导性提问的学生中，只有 41% 的人选择了正确的照片（Loftus，Miller，& Burns，1978）。这项研究让洛夫特斯和她的同事们证明了：在一个事件发生后提出的误导性问题能够影响人们对事件本身的记忆。

在随后的实验中，洛夫特斯和她的同事们发现，误导性的问题可以改变人们的想法，如车速有多快、车祸现场是否有碎玻璃、当时是红灯还是绿灯，以及抢劫犯是否留有八字胡——模拟亚当斯的审判案（Loftus，1979）。她的研究表明，警察和律师的提问方式会影响目击者对自己看到了什么的陈述［亚当斯的案件中就有几个疑点，警察在对目击者的询问中可能暗含了亚当斯（而不是哈里斯）的相貌特征，从而误导了目击者。当枪击案发生时，哈里斯还未成年，不会因射杀警察而被处以死刑，而亚当斯 30 多岁，可以被处以死刑。这使警察可以对那些他们认为杀死伍德的人施以最严厉的惩罚］。

误导性问题会对**来源监控**（source monitoring）造成影响。人们通常通过来源监控识别记忆的来源（Hyman et al.，2014；Johnson，Verfaellie，& Dunlosky，2008；Qin，Ogle，& Goodman，2008）。在洛夫特斯的研究中，人们看到了“停车”标志，但是接受的误导性信息显示他们看到的是“让行”标志，现在他们的记忆中就有两个不同的信息——“停车”标志和“让行”标志。如果他们能想起信息的来源，这仍然不成问题：“停车”标志来自他们早些时候看到的交通事故，“让行”标志来自他们后来被问的问题。问题是，人们经常想不起究竟从哪里听到或看到了某个信息，如学生们会错误地认为“让行”标志看起来很熟悉是因为自己从幻灯片放映过程中看到了它。当信息被储存在记忆中时，它并没有和信息的来源很好地关联在一起。

这个结论能帮助我们更加正确地看待法庭上的证词。当目击者被问及误导性问题时，他们陈述的事情可能并不是他们真正看到的。而且，目击者可能会因嫌疑犯看起来似曾相识而感到困惑。例如，在亚当斯的案子中，目击者可能在出庭作证前就已经在报纸上看到了亚当斯的照片。当被问及那天晚上看到了什么时，他们可能会因来源监控错误而感到困惑，在他们的记忆中有一个留长发、蓄八字胡的人，但他们却混淆了自己在什么地方看到过这个人。

提取

假设你是一宗犯罪的目击者，警察已经逮捕了一个嫌疑犯，想看一下作为目击者的你能否将他指认出来。典型的做法是，警察会让你从一群人中辨认罪犯。有时你会被要求通过一个单面镜观察由嫌疑犯和一些平民（确定没有犯罪的人）组成的一群人；而有时你会被要求从录像或照片中指认罪犯。在任何一种情况下，如果你指认嫌疑犯就是罪犯，那么嫌疑犯就

来源监控：人们试图识别其记忆来源的过程。

很有可能会被起诉并判罪。毕竟，如果一个人目击了犯罪过程，并从一群人中辨认出了嫌疑犯，这本身就是一个非常好的证据，不是吗？然而事实并非如此。

就像获取和储存信息的过程中存在问题一样，从记忆中提取信息也会遇到麻烦（Brewer & Wells，2011；Malpass，Tredoux，& McQuiston-Surrett，2007；Wells & Quinlivan，2009）。不幸的是，除了头脑中储存的嫌疑犯图像以外，还有许多因素会影响目击者是否能准确地指认罪犯。例如，目击者往往是从一群人中寻找他们认为的“最像罪犯的人”，如果真正的罪犯并不在其中，那么问题就来了。

简而言之，让目击者通过观看一组照片来指认凶手的过程，与让学生做多项选择题的过程是大致相同的，他们都使用了排除法。就像多项选择题一样，各种看似微不足道的因素都可能极大地影响考生的表现，包括谁监考、给考生的说明、其他干扰选项的设置等。为了避免出现“最佳猜测”问题，即目击者从一群人中挑选出最像罪犯的嫌疑犯的情况，也为了避免列队辨认可能会产生的其他问题，社会心理学家建议警察采取见表 16-1 中所示的步骤。

判断目击者是否犯错

假设你是一名陪审员，你现在正在听一位目击者对嫌疑犯的描述。你怎么判断证人的记忆是否准确，或者证人是否会犯我们刚才讨论过的某一种记忆错误呢？这个问题的答案看起来十分简单：仔细观察目击者的自信程度。我们来看有关珍妮弗·汤普森（Jennifer Thompson）的案件，她在 22 岁上大学时被强奸了。汤普森说，在被强奸时，她记住了强奸犯脸上的每一个细节，以便指认罪犯。她下定决心，如果她能幸存，就一定要将罪犯绳之以法。经历这场磨难后，汤普森去警察局辨认了上百位嫌疑犯的照片。当她看到罗纳德·科顿（Ronald Cotton）的照片时，她确信他就是那个强奸犯。她说：“我知道就是这个人，我完全确信，肯定就是他。”

警察将科顿带到警局，并让他和另一些人站在一起，汤普森毫不犹豫地将他从这群人中指认出来，并确信他就是强奸自己的人，随后将他告上了法庭。她

表 16-1 对列队辨认的建议

建议	重要性
保证这一群人中的所有人都和目击者描述的嫌疑犯相似	这样做可以尽量避免目击者只从一群人中选择最接近记忆中的嫌疑犯的人（Fitzgerald，Oriet，& Price，2014；Wells et al.，1998）
告诉目击者：嫌疑犯可能在场，也可能不在场	如果目击者相信嫌疑犯就在这群人中，那么他们更可能选择最接近记忆中的嫌疑犯的人，而不是说他们不能确定或罪犯根本就不在里面。因此，当目击者被告知罪犯可能不在其中时，错误指认就没那么可能发生了（Clark，2005；Steblay，1997；Wells et al.，1998，2000）
确保安排目击者进行辨认的警官不知道被辨认的人群中哪个人是嫌疑犯	这可以避免警官在无意中向目击者透露哪个人是嫌疑犯（Greene & Evelo，2014；Wells et al.，1998）
将照片按顺序分别呈现给目击者进行辨认，而不是一次同时呈现给他们	这样做使目击者很难对比所有的照片，并从中挑选最接近记忆中的嫌疑犯的人，即使罪犯实际上没在这群人中（Lindsay & Wells，1985；Meissner，Tredoux，& Parker，2005；Steblay et al.，2001）。最近的研究表明，这样的程序也可能使目击者不太可能指认其中的任何一个人，甚至是真凶（Dobolyi，& Dodson，2013；Gronlund，Wixted，& Mickes，2014）
不要指望目击者知道自己的指证是否存在偏见	律师或法官有时会问目击者诸如“你是否认为你对嫌疑人的指认受到了照片呈现顺序或警察告诉你的信息的影响”之类的问题，以确定目击者在指认时是否存在偏见。但遗憾的是，人们并不能准确地回答这类问题。人们不能对自己的思维过程进行缜密的检验以确定自己是否存在偏见（Charman & Wells，2008；Nisbett & Wilson，1977）

说："我确信，我指认的人就是那个强奸犯。"基于她确信无疑的证词，科顿被判处了终身监禁。

几年后，警察让汤普森再次来到法庭，让她辨认另一个叫博比·普尔（Bobby Poole）的人，这个人在蹲监狱时声称自己犯过强奸罪。当警察问汤普森是否辨认出普尔时，她回答："我从来没有见过他。我不知道他到底是谁。"

随着时间的流逝，科顿依旧因为犯下强奸罪被关在监狱里，而这时 DNA 检测开始得到广泛的应用。警方决定对案件中的证据进行检验，以确定与之相匹配的是科顿的 DNA 还是普尔的 DNA。1995 年，也就是案发 11 年后，警方将检测结果告诉了汤普森，汤普森说："当警察和地方律师来找我时，我正在厨房里。他们都是努力做好本职工作的、值得信赖的人，每个人都在尽量避免犯错，就像我曾经做的那样。他们告诉我，科顿没有强奸你，强奸你的人普尔（Thompson，2000）。"科顿在被冤枉入狱 11 年后，终于被释放。

这一案件表明，目击者阐述证词的自信程度并非衡量指认准确性的良好指标。事实上，大量的研究显示，目击者的自信程度与指认的准确性并不一致（Charman，Wells，& Joy，2011；Douglass & Pavletic，2012；Eisenstadt & Leippe，2010）。当法官和陪审员假定一个非常自信的目击者的证词是准确的，他们就有可能犯下严重的错误。

研究反复证实，要从一群嫌疑人中准确识别出罪犯，比我们想象中要困难得多。

自信程度为什么不总是判断指认准确性的指标呢？其中一个原因在于，影响人们自信程度的因素并不一定就是影响其指认准确性的因素。例如，在识别嫌疑犯时，当目击者发现其他目击者与自己指认的是同一个嫌疑犯时，他的自信程度就会增加；而当他发现其他目击者与自己指认的是不同的嫌疑犯时，他的自信程度就会减少（Busey et al.，2000）。这种自信程度的变化并不能影响人们事先指认的准确性。所以，正是因为自信程度并不能代表准确性，才会出现像亚当斯和科顿的案件那样的悲剧。但是，当自信程度与反应方式中的一个指标——辨认速度——被同时考虑时，二者对人们的指认准确性可能才具有预测作用，即辨认又快又自信的人，其证词可能真的具有准确性。

快速反应

在戴维·邓宁（David Dunning）和莉萨·贝丝·斯特恩（Lisa Beth Stern）的研究中（Dunning & Stern，1994），被试首先观看了一部电影，电影描述了一个男人从一位女士的钱包里偷钱的情境，随后被试要在一堆照片中指认出那个小偷，最后被试要描述他们做出选择的思维过程。一些被试能快速地做出选择，他们称在辨认时，小偷的面孔自然而然地就出现在眼前了；另一些人则倾向于慢慢来，有意识地将一张脸与另一张脸进行比较。哪种被试能够更准确地分辨出小偷呢？结果表明是那些能够快速反应的人。因此，我们更应该相信说"当他出现在这一排人中时，我就知道他是被告"的目击者，而不是相信说"我将这一排中的每一个人都进行了比较，经过思考，然后觉得他就是被告"的目击者。特别是当前一种情况下的目击者是在不多于 10 秒的时间内就做出了指认时，其指认更可信（Dunning & Perretta，2002）。当然，反应快也不一定意味着准确。如同我们在珍妮弗·汤普森的案件中看到的，即使她快速做出了指认，并且信心满满，但是她仍有可能犯错误。但是与思考后做出的指认相比，能快速做出的指认更有可能是准确的。

可以理解的是，陪审员在评估目击者记忆的准确性时，非常看重他们的自信程度。但是，包括辨认后的反馈等在内的各种因素，都可能会增加那些错误的目击者的自信程度。

辨认后的反馈

另一个会影响目击者对自己证词的自信程度的因素是在辨认完成后是否给出反馈。请注意，在表 16-1 中，一项改进建议是“确保安排目击者进行辨认的警官不知道被辨认的人群中哪个人是嫌疑犯”。这种方式是让安排目击者进行辨认的警官保持“盲”的状态，从而保证他所说的、所做的任何事都不会影响目击者的选择，也不会影响目击者对辨认结果的自信程度。劳拉·斯马拉兹（Laura Smalarz）和加里·韦尔斯（Gary Wells）进行了一项两阶段的研究（Smalarz & Wells，2014），他们请一群大学生以目击者的身份观看发生在机场的盗窃事件的一段视频。在研究的第一阶段，“目击者”被要求从 6 张照片中辨认出罪犯。由于视频素材由研究者制作，所以研究者知道目击者的辨认结果是否准确。在研究的第二阶段，“目击者”被要求描述他们所看到的内容、指认罪犯，同时录制证词录像，然后将这些录像给另一批被试（可以将这些被试想象成陪审员，他们的职责是确定每一位目击者是否做出了准确的指认）。结果表明，在基线条件下，这些第二阶段的观察者确实更容易相信准确的目击者证词。这很好！我们希望观察者（如陪审团）能够区分准确的和不准确的目击证词。

但是在研究的另一种条件下，第二阶段的观察者无法分辨哪一个目击者的证词是准确的。在这种情况下，目击者在指认后会立即获得积极的反馈。当目击者从照片中做出了选择时，负责的主试会表示“很好，你找到了嫌疑犯”。斯马拉兹和韦尔斯发现，这种简单的反馈会夸大目击者对其记忆可靠性的自信程度。这也使得外部观察者几乎不可能判断出哪些目击者的证词是准确的，哪些目击者的证词是不准确的。这一发现能够给那些在现实中必须做出判断的陪审员带来一定的启示。

总之，很多因素都会影响目击者证词的准确性，以致造成错误的指认。也许美国的法律体系应该减少对目击者指认的依赖。例如，在有些国家的法律体系中，法庭不能仅凭一个目击者的指认就给嫌疑犯定罪，而是需要至少两个互不相识的证人同时指认。如果美国采用这种更为严格的标准，那可能也意味着有些罪犯将不能被绳之以法。现在，让我们来看看当你和你的朋友们作为目击者时，所提供的证词和对一些易犯错误的地方进行的陈述有多准确。试着做下面的“试一试”！

试一试 目击者证词的准确性

请在你和你的朋友们聚会的地方，如宿舍或公寓，尝试这个练习。练习的内容是要在聚会中安排一场“意外”，即一个人会突然闯入房间并做出奇怪的行为，然后扬长而去。接着，请你的朋友们尽最大努力对那位不速之客做出详尽的回忆，以检验他们是不是称职的目击者。下面是我们的一些建议。

1. 事先找一个值得信赖的朋友，最好是连目击者都不认识的人，担任这项练习的演员。演员会突然闯进你和你的朋友们聚会的地方，做出奇怪但不具有威胁性的行为。例如，演员可以给其中的某个人送上一枝花，并说“送花人来了”。或者，他也可以和在场的每个人说一些出乎意料的话，如“我和你约定 10 年后在莫斯科相见”。演员的手里最好拿点东西，如铅笔、鞋带或香蕉。

2. 重要提示：演员不能做出暴力的或有威胁性的行为，也不能让目击者感觉不舒服。毕竟，这项练习的目的不是要吓人，而是要以出乎意料的或令人惊讶的方式行动。
3. 演员应该在几分钟后离开这个房间。你要告诉你的朋友，这件事情是你为了检验目击者证词的准确性而刻意安排的，如果他们愿意，让他们尽可能详细地回忆刚刚发生的事情，并请他们写下下列问题的答案。
   （1）演员长什么样子？请详细描述。
   （2）演员说了些什么？尽可能把他说的话都写下来。
   （3）演员在房间里待了多长时间？
   （4）演员有接触过谁吗？如果有，那是谁呢？
   （5）演员手里拿了什么东西？
4. 当所有人回答完这些问题后，请他们把自己的答案大声读出来。大家的答案一致吗？正确率有多高？和他们一起讨论，他们的答案为什么正确，或者为什么不正确。

注意：如果条件允许的话，你最好用摄像机将演员的行为拍摄下来。这样你就可以通过视频来评估目击者描述的准确性了。如果没法录像，你也要记下事情发生过程的时间，以判断目击者在时间估计上的准确性。

关于恢复性记忆的争论

有时，目击者本身也是受害者。有一种记忆方式已经受到大量的关注：一个人在多年后才无意识地回忆起自己曾经是犯罪事件（尤其是性虐待案件）的受害者。不出所料，这种对犯罪事件的**恢复性记忆**（recovered memory）的准确性备受争议（McNally, 2017；Schooler & Eich, 2000）。

在 20 世纪 80 年代和 90 年代，一些心理治疗师认为创伤事件通常是“被压抑的”，可以通过催眠、梦的解析等暗示技术得到恢复。与此同时，一种说法开始在美国全国范围内蔓延：人们在接受治疗后出来指控他们的父亲、托管人、教师或其他成年人曾常年虐待他们，而这些虐待记忆后来被遗忘了。由于当时出现了太多这样的案例，心理学家开始通过实证研究来检验这些恢复性记忆的疗法，结果他们发现许多关于恢复性记忆的假设都是完全错误的。创伤通常不会被压抑，相反，大多数患者都很难忘记它们。他们发现，记忆在大脑中的存储并不完美，常会受到虚构、扭曲和社会环境的影响（Loftus, Garry, & Hayne, 2008；McNally & Geraerts, 2009；Ofshe & Watters, 1994）。

这项研究促使了**错误记忆综合征**（false memory syndrome）这一概念的诞生，这一概念是指人们可以回忆起一件事实上并不存在的创伤经历，并对此深信不疑（Kihlstrom, 1996）。目前，有大量证据表明人们可以对不曾发生的事件形成生动的记忆，特别是在

恢复性记忆：对曾经遗忘或压抑的事件（如性虐待）的重新回忆。

错误记忆综合征：人们回忆起一件事实上并不存在的创伤经历，并对此深信不疑。

1988 年，美国华盛顿奥林匹亚发生了一起臭名昭著的虐待记忆恢复案件，当时保罗·英格拉姆（Paul Ingram）的女儿们指控他犯有性虐待和谋杀等罪行。她们声称这些事件发生多年后，她们才突然想起。警方找不到任何犯罪证据，英格拉姆（上图中）最初也否认自己犯下了罪行。然而最终，在一系列包括催眠在内的审讯后，他开始确信自己也压抑了过去的记忆，而且肯定犯了罪，尽管他不记得自己曾经这样做过。据研究此案的专家称，英格拉姆的女儿们是从一个旨在鼓励女性揭露过去被虐待事件的集体宗教静修归来后，提出指控的。她们真诚地相信虐待确实发生过，就像英格拉姆一样，但他们错了。他们认为他们所记得的，事实上是错误的。

资料来源：Wright，1994.

有其他人（如心理治疗师）也认为这件事发生过的情况下（Loftus，Garry，& Hayne，2008；Meyersburg et al.，2009；Schooler & Eich，2000）。除了大量的关于错误记忆的实验室证据之外，日常生活中的证据也可以证明关于虐待的记忆可能是错误的。这些记忆通常与客观证据相悖（如没有虐待的相关证据）。有时突然回忆起创伤经历的人，随后又会承认那些事情从来没发生过；有时，这些记忆是如此离奇（如被外星人绑架），以至于让人难以相信。因此，心理治疗师需要充分意识到，暗示过去受虐的经历可能不是在帮助来访者回忆真实的事件，而是在制造错误的记忆。

为了对恢复性记忆的基础进行研究，埃尔克·格拉尔茨（Elke Geraerts）和她的同事们（Geraerts et al.，2007）在报纸上刊登了广告，招募了一批有童年期性虐待记忆的被试。研究者将招募来的样本群体分成两组：连续性记忆组（从来没有遗忘过性虐待的经历）和恢复性记忆组（曾经有一段时间认为自己不是性虐待的受害者，现在又回忆起了这段经历）。第二组被试随后又被分为未接受心理治疗但记忆恢复组（治疗外记忆恢复组）和接受心理治疗后记忆恢复组（治疗后记忆恢复组）。所有被试都被要求提供关于性虐待的确凿证据，如是否有其他人报告受到过同一个犯罪者的虐待或犯罪者承认了自己所犯下的罪行。这项研究虽然不完美，但是，被试是否能提供确凿证据还是可以为记忆的准确性提供佐证的。

如图 16-2 所示，那些在接受心理治疗后恢复性虐待记忆的被试（治疗后记忆恢复组），最不可能为性虐待提供证据，事实上，这组被试中没有一个人能提供证据。这是否能证明任何人在心理治疗师的帮助下恢复的被虐待的记忆都是错误的和不存在的呢？答案是否定的。因为我们不能完全确定人们的记忆到底有多准确。但是这些研究结果确实

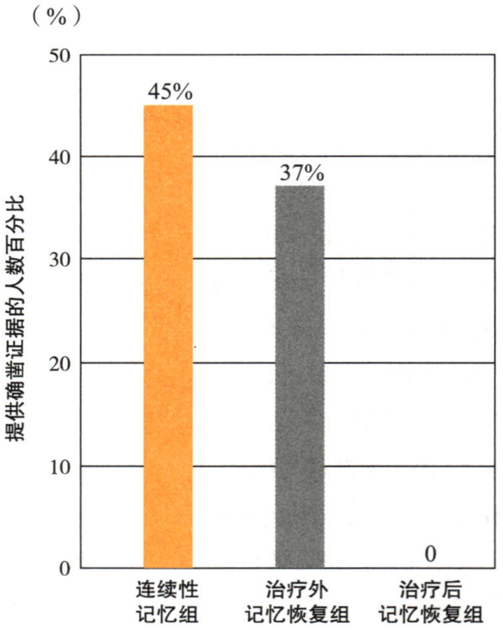

图 16-2 童年期性虐待的确证证据

报告自己在童年遭受过性虐待的人被分为三组：连续性记忆组、治疗外记忆恢复组、治疗后记忆恢复组。所有被试都报告了是否有任何确凿的证据，如犯罪者供认不讳。如图所示，在心理治疗中恢复受虐记忆的人不太可能报告确凿的证据。

资料来源：Geraerts et al.，2007.

表明，我们不能简单地相信虐待的指证，特别是当这些说法是在他人的帮助下回忆起时。当然，性虐待和其他童年创伤都是可怕的问题，且比我们想象中要普遍得多。但目前的科学证据非常清晰地表明，虐待经历通常不会被压抑，同时，对于心理治疗师来说，鼓励来访者回忆被虐待的经历的做法是不妥当的。

问题回顾

1. 下列哪一项不是记忆处理的阶段？（ ）
   a. 存储
   b. 提取
   c. 图式
   d. 编码
2. 安迪（一个美国白人）在几名目击者的目击下于纽约市中心犯下了罪行。根据研究结论，下列哪一个目击者最有可能准确地指认出安迪？（ ）
   a. 马里亚诺，在巴拿马出生并长大，但已经在美国工作了多年
   b. 马特，一名多年住在圣路易斯的白人男性，最近搬到了纽约
   c. 茜茜，一名非裔美国人
   d. 雅弘，今年刚到美国的日本人
3. 关于“负责安排指认的警察不该知道哪个人是嫌疑犯”这条建议，下列哪个说法是正确的？（ ）。
   a. 它不被心理学研究支持
   b. 它旨在防止辨认后的反馈
   c. 它可能会导致更严重的种族偏见
   d. 它是解决目击者陈述问题的最佳方案
4. 下列关于目击者记忆的陈述中，哪一项是正确的？（ ）
   a. 陪审员往往很难确定目击者的证词是否正确
   b. 目击者证词准确性的最佳指标是他 / 她对自己证词的自信程度
   c. 在指认前花时间看了所有照片的目击者的证词，往往比那些迅速做出判断的目击者的证词更准确
   d. 当向目击者出示照片时，警察最好一次性出示所有照片，而不是一次只出示一张照片
5. 关于受虐的恢复性记忆的研究发现，（ ）。
   a. 所有恢复性记忆都是错误的
   b. 错误记忆综合征并不存在
   c. 在心理治疗外恢复的记忆比在心理治疗中恢复的记忆更可信
   d. 催眠是阻止人们相信错误记忆的有效方法

“问题回顾”答案，请扫描章末二维码查看。

16.2 陪审团：团体判决过程

在英国和美国，被告有权接受和自己有同等社会地位的陪审员的审判，这是英美法律体系的传统。陪审团制度起源于 17 世纪的英国，随着英国人在北美洲（弗吉尼亚州的詹姆斯敦）建立殖民地，他们把陪审团制度也带来了（但是，这项权利并没有授予美洲土著、其他非白种人，以及被迅速处决的反叛者）。

尽管让陪审团进行审判在一定程度上是公正且有益的，但是陪审团制度依然经常受到指责。很明显，在亚当斯的案件中，陪审团做出了错误的判决。一项研究发现，审判长（主持陪审团进行审判的人）和陪审团意见不一致的情况占 25%（Kalven & Zeisel，1966）。最近，一些观察者也对陪审团制度提出了批评，他们质疑陪审员对复杂证据的理解能力和进行冷静裁决的能力（Arkes & Mellers，2002；Bornstein & Greene，2011）。哈佛大学法学院的一位前院长曾经说道：“为什么有人会相信人们从街上找来的、以不同方式挑选出的 12 个缺乏全面能力的人，有能力解决

人们之间的争端呢（Kalven & Zeisel，1966）？”

当然，陪审团制度也有其坚定的拥护者，而且很少有人认为它应该被废除。的确，陪审团有时会犯错，但法官在独立判决案件时，也容易出现我们在前面的内容中讨论过的许多有失偏颇的看法和判决（Robbennolt & Eisenberg，2017）。此外，允许公民参加这样的重要决策可以提高公众对法律体系公平性的认识。问题在于这个制度还不完善，对此，众多研究者仍在致力于研究它出错的方式，以及如何改进它（Devine，2012；Semmler，Brewer，& Douglass，2012；Sommers & Marotta，2014）。

审判过程中陪审员对信息的处理

在审判过程中，每个审判员会如何看待自己听到的证词呢？就像我们在第 3 章中谈到的那样，人们经常会构建理论和图式来解释他们周围的世界，而陪审员也是如此（Smith，1991；Weinstock，2011）。一些心理学家提出了陪审员决策的**故事模型**（story model）：在审判时，陪审员会相信最能解释所有证据的故事，然后他们会在可以选择的判决中寻找与这个故事相吻合的判决。如果其中的一个判决和他们偏爱的故事十分吻合，他们就有可能投该判决一票（Hastie，2008；Hastie & Pennington，2000）。故事模型对于律师如何陈述他们的案件有十分重要的意义。律师通常会以两种方式来呈现他们的证据。第一种是故事顺序，即按照事件发生的先后顺序来呈现证据，并尽可能让这一故事接近他们想让陪审团相信的实情。第二种方式是证人顺序，即律师根据自己认为的影响力大小的顺序来安排证人出场作证，即使这样做不符合事件发生的先后顺序。例如，律师可能让最有利的证人最后出庭作证，在审判结束时给人留下深刻的印象，即使这个证人描述的是案发初期发生的事件。

假如你是一名律师，你会选择哪种方式来呈现你的证据呢？如果陪审员最终喜欢的是能将事件的来龙去脉讲述清楚的故事，那么你最好依照故事顺序而不是证人顺序来呈现证据。为了证实这一假设，研究者要求一群人假扮陪审员聆听一起模拟谋杀案的审判，被告代理人和原告代理人分别以不同的方式陈述证据（Pennington & Hastie，1988）。第一种情况是，双方都采用故事顺序；第二种情况是，双方都采用证人顺序；第三种情况是，一方采用故事顺序，另一方采用证人顺序。

研究结果对故事顺序策略给予了明确的支持。如表 16-2 所示，当原告代理人采用故事顺序，而被告代理人采用证人顺序时，陪审员较相信原告——有 78% 的人认为被告有罪。当原告代理人采用证人顺序，而被告代理人采用故事顺序时，结果发生了逆转——只有 31% 的人认为被告有罪。在美国，重罪审判的定罪率高达约 80%，其中一个可能的原因是，原告代理人通常以故事顺序呈现证据，而被告代理人则通常以证人顺序呈现证据。假如你即将成为一名律师，在你准备庭审时，请牢记这个结果。

“法官先生，我们已经开始相信原告的陈述了。”

资料来源：Mike Twohy，The New Yorker Collection，The Cartoon Bank.

故事模型：陪审团会试图将他们在审判中听到的证据整合成连贯的故事，并最终选出最符合他们所创造的故事的判决。

表 16-2 判定被告有罪的人数百分比

控方证据	辩方证据	
	按故事顺序呈现	按证人顺序呈现
按故事顺序呈现	59%	78%
按证人顺序呈现	31%	63%

这项研究发现，律师在陈述证据时，按故事顺序呈现证据的效果最好，也就是尽量以他们想让陪审员相信的故事的顺序进行陈述。

资料来源：Pennington & Hastie，1988.

认罪：它们总像看起来的那样吗

假设你是一起谋杀案的陪审团成员，原告向你呈现了一些非常有说服力的证据，如被告承认犯罪的录像带。你听见被告说："好吧，我承认我就是那个扣动扳机的人。"在这种情况下，你很有可能为定罪投赞成票。如果被告是无辜的，那么他为什么要承认自己未曾犯下的罪行呢？很多案件就是因为被告已经认罪并被判了刑，才没有进行庭审的。

但是认罪并不总像其表面看起来的那样。我们来看看 1989 年发生在纽约中央公园的一起案件，一位女士在公园慢跑时遭到强奸和暴力殴打。这位女士颅骨骨折、脑部受伤，昏迷了好几天。当她苏醒时，她不能回忆起自己曾受到了袭击。但是，警方很快就逮捕了案发当晚曾去过公园的 5 个年轻人，他们要么是非裔美国人，要么是拉丁裔。这些男孩承认了罪行，并供认出案件的残忍细节。警方对其中 4 个人的认罪过程进行了录像，并在法庭上播放了这些录像。在此基础上，5 个年轻人都被判定有罪，并被判处长期监禁。

唯一的问题在于，正如肯·伯恩斯（Ken Burns）的纪录片《中央公园五罪犯》（*The Central Park Five*）中详细描述的那样，这些男孩是无辜的。案发 13 年后，另一个因三起强奸案和一起谋杀案而入狱的男子供认是他制造了中央公园的案件。他的 DNA 与从受害者身上提取的精液样本相吻合（5 个年轻人的 DNA 都与之不吻合），并且他讲述了一些只有警方才知道的案发现场的细节。2002 年，法官宣布 5 个年轻人无罪释放。

如果这些男孩是无辜的，那么他们为什么要认罪呢？不幸的是，审讯程序可能会在很多方面出错，进而导致错误的认罪，甚至使清白的人相信自己真的犯了罪（Gudjonsson et al.，2014；Hasel & Kassin，2012；Kassin et al.，2010）。其中一个问题是，警方调查人员总是假定嫌疑人是有罪的，这种信念会影响他们开展审讯的方式。调查人员会采取引导性的提问，将嫌疑人孤立起来，并让嫌疑人处于极大的压力之下，有时甚至向嫌疑人做出虚假的承诺。例如，中央公园案件中的嫌疑人被连续审讯长达 30 个小时，而警方调查人员向他们暗示只要签字认罪，他们就可以回家。在经历了长达数 10 个小时不间断的审讯后，无辜的人也会感到心力交瘁、思维迟钝，甚至相信自己真的有罪。这些审讯方式在嫌疑人真的有罪且调查人员让其认罪时，还是很不错的。但是，即使是训练有素的调查人员，也不能很好地判断他人是否在撒谎，也就是说无辜者有时也会因屈从于技术侦查而认罪。事实上，在大量 DNA 证据显示被告人被错误定罪的案件中，被告人已经认罪（Kassin，Bogart，& Kerner，2012）。

"对我来说，认罪就像在讲自传。"

有些认罪存在的问题是它们根本不是自传，而是错误。

资料来源：Frank Cotham，The New Yorker Collection，The Cartoon Bank.

解决强迫认罪问题的一个方法就是对审讯过程进行录像，就像目前美国几个州所做的那样。这样，陪审团就可以通过观看录像来判断被告是否被强迫承认自己没有犯下的罪行。虽然这算是一大进步，但审讯录像也引发了一个潜在的问题。几乎所有审讯录像的焦点都在嫌疑人的作答上，而不是审讯者的提问上。你可能会想，这有什么问题吗？

问题是，当观察者把注意力集中在某个人身上

长时间的、充满压力的审讯有时会让人们承认自己不曾犯下的罪行。

时，会倾向于认为这个人对谈话有更大的影响。有研究者通过向人们播放从不同角度拍摄的同一个审讯过程（类似于我们在第 4 章中讨论的，看说话者的角度如何影响人们认为“是谁在控制谈话”的印象），让人们判断嫌疑人的认罪是自愿的还是被迫的。当摄像机对准的是嫌疑人时，人们往往认为嫌疑人在很大程度上是自愿认罪的（最不可能被迫认罪），在这种情况下，人们会感觉到嫌疑人正在控制谈话的进程；当摄像机同时对准嫌疑人和审讯人员时，人们判断嫌疑人自愿认罪的可能性降低了；而当摄像机只对准审讯人员时，人们认为嫌疑人在很大程度上是被迫认罪的（Lassiter，2010）。请记住，参与研究的每个人都听到了同样的审讯谈话，唯一不同的就是摄像机拍摄的角度。基于这项研究，现在美国一些州要求在审讯的录像中，嫌疑人和审讯人员必须同时出现。

陪审室内的商议

任何一位律师都可以告诉你，陪审程序中的一个很重要的过程就是陪审团判决前的商议，它是在人们看不见的地方发生的。即使大部分陪审员心中已经做出了判决，他们仍然可能因为少数极有说服力的陪审员而改变想法。这也说明，在大多数陪审团的审议中，最初的多数人最终决定了判决（Bornstein & Greene，2011；Kalven & Zeisel，1966；MacCoun，1989）。例如，在亚当斯的案件中，由 12 名陪审员组成的陪审团（7 名男性，5 名女性）中的大多数人一开始就认定亚当斯有罪。经过 8 个小时的讨论，他们获胜了：原来坚持认为亚当斯无罪的人改变了他们的想法，最后陪审团成员一致通过判定亚当斯有罪的判决。有研究者对 200 多个真实犯罪案件的陪审团进行了研究，结果发现在 97% 的案件中，陪审团最后的判决同讨论开始时多数陪审员的决定是相同的（Kalven & Zeisel，1966）。因此，如同我们在第 8 章中讨论的从众行为那样，多数人的看法通常决定了一切，他们能将有异议的陪审员劝服归众。

如果陪审员的审议会倾向于最初多数人的意见，那么我们为什么不抛弃这种集体商议的过程，让陪审团以最初多数人的意见来判定被告是否有罪呢？至少有两个原因说明这不是一个好主意。第一，规定陪审团做出全体一致的判决，会让他们更加谨慎地考虑证据，而不是简单地认定他们最初对案件的印象就是准确的（Hastie，Penrod，& Pennington，1983）。第二，即使陪审团中的少数人很少能说服多数人改变对被告是否有罪的看法，但是有时他们确实会改变多数人对于被告所犯罪行严重程度的看法。在一些犯罪案件中，陪审团对于他们做出的有罪判决，有一定的自由裁量权。例如，在一起谋杀案的审判中，他们可以将被告判为一级谋杀罪、二级谋杀罪或过失杀人罪。一项研究发现，当陪审团中有少数人持不同看法时，他们通常能够说服多数人改变其对于罪行的量刑（Pennington & Hastie，1990）。因此，虽然少数人无法说服多数人将被告从一级谋杀罪改判为无罪，但是他

们却能够说服多数人改变想法，将一级谋杀罪改判为二级谋杀罪。

问题回顾

1. 研究表明，在给陪审团呈现证据时，（　）更有说服力。
   a. 按照证人顺序
   b. 按照图式顺序
   c. 按照随机顺序
   d. 按照故事顺序
2. 下列关于审讯嫌疑人录像的说法正确的是，（　）。
   a. 在美国，对嫌疑人的审讯过程进行录像是违法的
   b. 录像可以帮助识别和防止虚假供词，但是镜头聚焦在不同人身上会导致不同的结果
   c. 录像可以帮助识别和防止虚假供词，但警察是否知道他们在被录像会导致不同的结果
   d. 审讯录像帮助中央公园慢跑者谋杀案的当局发现他们判错了人
3. 在陪审团做决策时，关于少数人影响多数人的情况，下列哪种说法是正确的？
   a. 从来不会发生
   b. 12 个人的陪审团比 6 个人的陪审团更有效
   c. 可以更有效地改变定罪的罪名，而不是完全改变判决（如从有罪到无罪）
   d. 按照证人顺序进行时效果最佳

“问题回顾”答案，请扫描章末二维码查看。

总结

16.1 目击者证词

人们天生的观察和记忆未预期事件的方式，造成了目击者证词的准确性经常是值得怀疑的。

- **为何目击者经常指认错误。** 许多因素会扭曲人们对观察到的事物的编码、存储与提取，有时甚至会导致对嫌疑犯的错误指认。例如，关于同种族偏好的研究显示，不同种族人的脸要比同种族人的脸更难辨认。有关记忆重构的研究表明，当人们弄不清楚他们曾在哪里见过或听过某件事时，就会发生来源监控错误。由于认识到人们从记忆中提取信息时可能发生的困难，社会心理学家为警方进行嫌疑犯辨认工作提出了新的指导方针。
- **判断目击者是否犯错。** 虽然有些证据表明，能在 10 秒内从一堆照片中指认出嫌疑犯并充满信心的目击者的证词最有可能是准确的，但是目前还是没有确定的方法对目击者的证词是否准确进行检验。此外，在目击者指认后给出反馈会增加目击者对自己证词的信心，从而使陪审员更难判断目击者的记忆是否准确。
- **关于恢复性记忆的争论。** 虽然有些时候恢复性记忆可能是真实的，但是它们也有可能源于错误记忆综合征，即人们错将实际上未曾发生过的事情当成真实的。记忆错误最有可能发生在他人（如心理治疗师）暗示人们某件事真的发生过的情况下。

16.2 陪审团：团体判决过程

社会心理学家非常关注陪审团，这是因为陪审团做出判决的过程和社会心理学家的研究领域——团体决策和相互影响——直接相关。陪审员容易受到我们在前面的内容中讨论过的社会偏差和社会压力的影响（法官也是如此）。

- **审判过程中陪审员对信息的处理。** 根据陪审团决策的故事模型，在庭审过程中，陪审员会对证词进行理解，并经常把其中可以解释所有证据的故事作为判案的依据。所以在很多时候，陪审员会受到以讲述完整故事的方式呈现证据的律师的影响。
- **认罪：它们总像看起来的那样吗。** 警方所使用的审讯手段有时会导致虚假供词。对审讯过程进行录像是避免强迫认罪的一种保障，尽管在审讯录像过程中，将摄像机只对准嫌疑人可能会增加观察者判断嫌疑人是自愿认罪的概率。

- **陪审室内的商议。**在陪审团审议过程中，经常有少数人服从多数人的结果，所以庭审的最终判决通常和最初陪审团中多数人的观点一致。

思考题

法律系统可以通过哪两种（或更多）列队辨认的策略来减少目击者错误指认的可能性？

自测

1. 下列哪一项关于目击者证词的描述最有可能是错误的？（ ）
   a. 陪审员和执法者在很大程度上依赖于目击者的证词来对某个人是否有罪做出判断
   b. 陪审员倾向于高估目击者证词的准确性
   c. 人们对同种族人的面孔辨认优于对其他种族人的面孔辨认
   d. 写下你对某人的描述，将有助于以后你对他的辨认
2. 格洛丽亚在一家便利店值夜班时，一个男人拿着枪闯进店里，要求格洛丽亚将收款箱里的所有现金都交给他。事后，当警方询问格洛丽亚有关抢劫案的情况时，她最可能告诉警察什么？（ ）
   a. 男人拿的枪的型号
   b. 男人的穿着
   c. 男人的身高
   d. 男人眼睛的颜色
3. 假设你是一名地区助理检察官，正在判断是哪个嫌疑犯制造了盗窃案。该案件有 5 个目击者，但是他们分别从一群嫌疑犯的照片中指证了不同的人。根据社会心理学的研究，下列哪个目击者的指认是最可信的？（ ）
   a. 菲尔，他把每张照片都做了详细的比较
   b. 卢克，他在盗窃案发生后，写下了对嫌疑人的描述
   c. 海莉，他声称嫌疑犯的长相仿佛就在眼前浮现
   d. 亚历克丝，她说她完全相信自己的指认是准确的
4. 下列哪一项不是社会心理学家针对警方的嫌疑人辨认提出的建议？（ ）
   a. 确保被辨认的每一个人都与目击者对嫌疑犯的描述相似
   b. 告诉目击者案件的嫌疑犯可能在场，也可能不在场
   c. 在进行辨认之前，让目击者用人脸合成程序对嫌疑犯的面孔进行重建
   d. 不要假设目击者知道自己的指认是否存在偏差
5. 下列对恢复性记忆的陈述中，哪一项有研究证据的支持？（ ）
   a. 错误记忆综合征存在
   b. 那些在接受心理治疗时恢复有关性虐待经历的记忆总是准确的，即虐待确实发生过
   c. 在有些时候，人们突然恢复的对创伤事件的记忆是真实的
   d. 法官比陪审团更可能相信有关恢复性记忆的陈述
6. 下列哪一项是社会心理学家对执法过程提出的建议？（ ）
   a. 警方应该尽最大努力让嫌疑犯认罪，因为如果嫌疑犯自己认罪，那就说明他们真的有罪
   b. 律师应该按照最有说服力的原则安排证人的出庭顺序，即便这样会打乱案件的陈述顺序
   c. 警方应该对审讯过程进行录像，并保证摄像机能同时拍到审讯人员和嫌疑犯
   d. 催眠是产生准确的目击者记忆的有效手段
7. 下列有关陪审团的说法中，哪一项是正确的？（ ）
   a. 97% 的对无辜者的误判都是由目击者的错误指认造成的
   b. 在 75% 的情况下，法官和陪审团会对一个案件达成一致的判决
   c. 在 55% 的案件中，陪审团的最终决定与最初大多数陪审员的决定一致

d. 25% 的陪审团在刑事案件中做出了错误的判决

8. 下列有关社会心理学和法律研究的说法中，哪一项最准确？（　）
   a. 在警察审讯时，人们有时会承认他们没有犯下的罪行，并开始相信自己的确做过
   b. 在陪审团商议时，如果有些人持不同意见，他们往往会说服多数人将有罪改判为无罪
   c. 人们对他们目击的事情总是记忆犹新，你很难让他们承认他们没见过的事
   d. 如果一名目击者能从一群人中指认出嫌疑犯并十分笃定的话，那么他 / 她的证词十有八九是准确的

9. 下列哪一项能够解释为什么目击者对自己的错误证词深信不疑？（　）
   a. 故事模型
   b. 识别后反馈
   c. 同种族偏好
   d. 恢复性记忆

10. 拉杰记不起来他到底是看到了一辆白色面包车从银行抢劫案的现场疾驰而去，还是只是听到别人在谈论一辆白色面包车。这说明拉杰在下列与记忆有关的哪一项上有问题？（　）
   a. 复合记忆
   b. 言语效应
   c. 存储
   d. 来源监控

本章“问题回顾”与“自测”答案，请扫描二维码查看。

术语表

A

Accessibility 可提取性 图式和概念在人们头脑中占据的优势范围，从而使我们对社会性世界做出判断的时候予以提取和使用。

Affect blend 情感混合 情绪的一种，指脸上的某些部位表达一种情绪，而其他部位表达另一种情绪。

Affective forecasting 情感预测 人们对未来事件情绪反应的强度和持续时间的预测程度。

Affectively based attitude 以情感为基础的态度 一种基于人们的情绪和价值观而不是对态度对象的本质的信念形成的态度。

Aggression 侵犯 以引起他人身体或心理痛苦为目的的有意行为。

Altruism 利他主义 即使助人者需要付出代价，他们仍愿意帮助他人。

Altruistic personality 利他人格 一种使个体在各种情况下帮助他人的品质。

Analytic thinking style 分析性思维风格 把注意力集中在物体的特征上而不考虑周围情境的思维风格，这在西方文化中很常见。

Anxious/Ambivalent attachment style 焦虑/矛盾型依恋 一种依恋类型，以担心他人不会回应他们对亲密的需要为特征，这种依恋类型会导致高于正常水平的焦虑状态。

Applied research 应用研究 此类研究的目的在于解决特定的社会问题。

Archival analysis 档案分析法 它属于观察法的一种，研究者检视一个文化中所累积的文件记录或档案（如日记、小说、杂志、报纸等）。

Attachment style 依恋类型 基于个体在婴儿时期与主要看护者之间的关系发展而来的个体对人际关系的预期方式。

Attitude accessibility 态度的可接近性 某个事物与你对该事物的评价之间的联系强度，这一强度通常可以通过人们报告对该事物的看法的速度来衡量。

Attitude inoculation 态度的预防免疫 通过让人们事先接触少量反对其观点的论据，使其能够对改变他的态度的企图产生免疫。

Attitude 态度 对他人、事物和观点的评价。

Attribution theory 归因理论 对人们解释自己及他人行为的原因的描述。

Automatic thinking 自动化思维 一种无意识思维，它不带意图、自然发生且不需要努力。

Availability heuristic 可得性启发式 根据一件事进入脑海的容易程度来做出判断的心理法则。

Avoidant attachment style 回避型依恋 一种依恋类型，以由建立亲密关系的尝试曾被回绝引发的在建立亲密关系方面的困难为特征。

B

Base rate information 基础比例信息 关于总体中不同类别的成员所占的相对比例的信息。

Basic dilemma of the social psychologist 社会心理学家的基本困境 心理学研究的内部效度与外部效度的权衡关系，要做一项内部效度高又能推广到其他情境中和个体身上的实验是非常困难的。

Basic research 基础研究 研究者纯粹出自对知识的好奇，目的是为了找出关于人类做出某种行为的原因的最佳答案。

Behaviorally based attitude 以行为为基础的态度 这种态度基于个体对态度对象表现出来的行为的观察。

Behaviorism 行为主义 一个心理学派，它主张要了解人类的行为，只需要研究环境中的强化因素即可。

Belief in a just world 公平世界信念 一种防卫归因，即认为善有善报，恶有恶报。

Belief perseverance 信念固着 即使后来得到的信息表明最初获得的结论是错误的，人们依然坚持该结论的倾向性。

Bias blind spot 偏差盲点 认为他人在思考时比自己更易受归因偏差的影响的倾向。

Blaming the victim 受害者有罪论 将受害者的遭遇归咎于其个人（做出倾向性归因）的倾向，其动机通常是公平世界信念。

Bystander effect 旁观者效应 目睹一件紧急事件的旁观者越多，他们中的每个人帮助受害者的可能性就越小。

C

Catharsis　宣泄　通过表现出侵犯性或看着别人这样做，来缓解积攒的愤怒和侵犯能量，从而降低进一步的侵犯行为发生的可能性。

Causal theory　因果理论　关于自己的感受及行为的起因的理论，这些通常是我们从文化中习得的（如“小别胜新婚”）。

Central route to persuasion　说服的中心路径　当人们具备专注于信息的动机和能力时，他们会对说服性沟通进行精细加工，专心聆听并思考论据的内容。

Challenge hypothesis　挑战假说　睾酮只有在生殖机会较高时才与侵犯行为有关。

Classical conditioning　经典性条件作用　某种能引起情绪反应的刺激不断与一种不会引起情绪反应的中性刺激相联结，直到中性刺激本身也能引发该情绪反应。

Cognitive dissonance　认知失调　指当人们的行为威胁到其自尊时所感到的不适。

Cognitively based attitude　以认知为基础的态度　一种主要基于人们对态度对象的属性的信念形成的态度。

Communal relationship　共有关系　在这种关系中，人们最关注的是对他人的需求做出回应。

Companionate love　伴侣之爱　对某个人的亲密感和深情，这些感受并不伴随着激情和生理唤醒。

Comparison level for alternative　替代性比较水平　人们对于在一段可以替代旧关系的新关系中能得到的收益和成本的预期。

Comparison level　比较水平　人们对于他们在特定关系中可能的收益和成本的水平的预期。

Conformity　从众　人们由于真实的或想象的来自他人的影响而改变自己的行为。

Consensus information　共识性信息　这类信息是对于相同的刺激对象，其他人做出与行为者相同行为的程度。

Consistency information　一致性信息　这类信息是在不同的时间和环境下，某种行为出现于同一行为者和同一刺激对象之间的频率。

Construal　解读　人们知觉、理解及诠释社会性世界的方式。

Contingency theory of leadership　领导权变理论　领导的有效性既取决于领导者的风格是任务导向型，还是关系导向型，又取决于领导者对团体的控制和影响程度。

Controlled thinking　控制性思维　有意识的、有目的的、主动的和需要努力的思维。

Coping style　应对方式　人们在面对压力事件时的反应方式。

Correlation coefficient　相关系数　这个统计量告诉我们，可以在多大程度上根据其中一个变量对另一个变量做出预测。例如，你可以根据一个人的身高对他的体重做出多准确的预测。

Correlational method　相关法　系统化地测量两个或多个变量并评估它们的关系（也就是说，根据一个变量在多大程度上能对另一个变量做出预测）的方法。

Counterattitudinal behavior　反态度辩护　以与个人信念或态度背道而驰的方式行事。

Counterfactual thinking　反事实推理　在心理上改变过去的某些环节，以便想象事情可能有所不同。

Covariation model　共变模式　该理论表明，为了对一个人的行为做出归因，我们会对可能原因的存在与否和该行为的发生与否两者间的模式，进行系统化的观察。

Cover story　虚假故事　用来告诉被试关于研究目的的一套虚假说辞，与真实的研究目的不同，虚假故事的目的是维持心理真实性。

Cross-cultural research　跨文化研究　指的是在不同文化中进行的研究，目的是探究我们所感兴趣的心理过程在不同文化中是否都存在，或者它们在各种哺育人们成长的文化中是否各具特色。

D

Debriefing　事后解说　在实验结束时向被试解释研究的真实目的与实际发生的事情。

Deception　欺瞒　误导被试对研究的真正目的或即将发生的实际情况产生错误的预期。

Decode　解码　解释别人所表达的非言语行为的意义，例如，将别人拍你肩膀的行为理解为他在显示优越感而非表达善意。

Deindividuation　去个体化　当人们不能被识别（如处于团体中）时，对行为的规范性限制就会变得松懈。

Dependent variable　因变量　研究者所测量的变量，目的是了解它是否会受到自变量的影响。研究者假设，因变量取决于自变量的不同水平。

Descriptive norm　描述性规范　人们对特定情境中的实际行为的知觉，它与他人是否认同这一行为无关。

Diffusion of responsibility　责任分散　当目击者的数量增加时，每个旁观者的助人责任感减少的现象。

Discrimination　歧视　仅仅基于人们在某个特定群体中的身份而对其采取的不公正的、消极的或有害的行为。

Display rule　表达规则　由文化决定的关于何种情绪适合表达的规则。

Distinctiveness information　特殊性信息　这类信息是某个行为者对于不同刺激对象做出相同反应的程度。

Door-in-the-face technique　门前技巧　一种社会影响策略，即先向人们提出一个他们很可能会拒绝的大请求，之后他们更有可能同意第二个较小的请求。

Downward social comparison　下行的社会比较　将自己与那些在某种特质或能力上比自己差的人进行比较。

Dual-hormone hypothesis　双激素假说　只有当皮质醇这种应激激素没有升高时，睾酮才与寻求支配行为有关。

E

Elaboration likelihood model　精细可能性模型　它主张有两种说服性沟通方式可以引起态度的改变：一种是中心路径，人们有动机、有能力专注于沟通中的逻辑论据；另一种是外周路径，人们不去注意逻辑论据而受表面特征（如演讲者是谁）的影响。

Emblem　标志　在某一特定文化中具有清晰、易懂的定义的非言语姿势。这些姿势通常可以转化成直接的语言表达，如“OK”这种手势。

Empathy　共情　把我们自己置于他人的位置，并以那个人的方式体验事件和情绪（如快乐和悲伤）的能力。

Empathy-altruism hypothesis　共情－利他主义假说　当我们对另一个人产生共情时，我们会试图出于纯粹的利他主义理由来帮助这个人，而不管我们能否得到些什么。

Encode　编码　表达或做出非言语行为，如微笑、拍他人的肩膀等。

Encoding　编码　人们觉察和注意环境中的信息，并将感觉数据转化为某种心理表征的过程。

Equity theory　公平理论　当双方付出的成本和得到的收益大致相等时，人们会从这种关系中得到最大的快乐。

Ethnocentrism　种族中心主义　一种认为自己的种族、国家或宗教优于其他所有人的信念。

Ethnograhpy　人种志　研究者试图通过内部观察并不加任何预设观念来理解一个团体或一种文化的方法。

Evolutionary psychology　进化心理学　试图用遗传因素解释社会行为，而遗传因素会根据自然选择的原则，随着时间的推移而进化。

Exchange relationship　交换关系　受到公平需求（也就是寻求收益和成本的均衡）支配的关系。

Experimental method　实验法　在这种方法中，研究者会将被试随机分配到不同的情境中，并确保这些情境除了自变量（被认为会对人们的反应产生因果性影响的变量）之外，其他条件应完全一致。

Explicit attitude　外显态度　我们意识到的且易于报告的态度。

External attribution　外部归因　这种推论方式认为，一个人之所以出现这样的行为，其原因与他所处的情境有关，并假设大多数人在同样的情境下都会做出同样的反应。

External justification　外部合理化　存在于个体外部的、为不一致的个体行为所提供的理由或解释（如为了获得丰厚的回报或避免严厉的惩罚）。

External validity　外部效度　一项研究的结果能够被推广到其他情境中或其他人身上的程度。

Extrinsic motivation　外在动机　因为外在的奖励或压力（不是因为喜欢该活动或觉得该活动有趣）而想从事某项活动的欲望。

F

False memory syndrome　错误记忆综合征　人们回忆起一件事实上并不存在的创伤经历，并对此深信不疑。

Fear-arousing communication　引发恐惧的沟通　通过引发人们恐惧的方式来改变人们的态度的说服性信息。

Field experiment　现场实验　在自然环境（而不是实验室）中完成的研究。

Fight-or-flight response　反击－逃避回应　人们对压力事件的应对方式，要么对抗压力源，要么逃避压力源。

Fixed mindset　固定型思维模式　我们的能力是不会变化的。

Foot-in-the-door technique　登门槛技巧　一种社会影响策略，即先让人们同意一个小请求，这样，他们就更有可能同意第二个更大的请求。

Frustration-aggression theory　挫折－侵犯理论　该理论认为，挫折是一种人们在追求目标的过程中遇到了阻碍的感觉，它会增加人们做出侵犯行为的可能性。

Fundamental attribution error　基本归因错误　高估内在性格因素对行为的影响，而低估情境因素的作用的倾向。

G

Gestalt psychology　格式塔心理学　一种心理学派，它强调研究物体出现在人们头脑中的主观方式的重要性，而不是该物体的客观物理特征。

Great person theory　伟人理论　不管领导者面临的情境的性质如何，造就一位优秀领导者的都是一些固定的关键人格特质。

Group　团体　包括两个或两个以上相互交流、相互依赖的人，他们的需要和目标使他们相互影响。

Group cohesiveness　团体凝聚力　将团体成员凝聚在一起，促使成员相互喜爱的团体特质。

Group polarization　团体极化　团体决策比成员先前的个人决策更极端的现象。

Groupthink　团体思维　注重保持团体凝聚力和团结甚于务实地思考事实的一种决策过程。

Growth mindset　成长型思维模式　能力是可变的、逐渐积累起来的。

H

Halo effect　晕轮效应　一种认知偏差，即当我们认为一个人具有某种积极特征时，我们就倾向于认为这个人也具有其他的（甚至毫无关系的）积极特征。

Heuristic-systematic model of persuasion　启发式系统性说服模型　说服性沟通改变态度的途径有两种：一种是系统性地处理论据的优点，另一种是运用心理捷径或启发法。

Hindsight bias　后见偏差　人们在得知某一结果后就会夸大结果的可预测性的一种倾向。

Holistic thinking style　整体性思维风格　更注重整体的情境，尤其是事物间联系方式的思维风格，这在东亚文化（如中国、日本和韩国）中很常见。

Hostile aggression　敌对性侵犯　一种源于愤怒、旨在将痛苦施加于他人的侵犯行为。

Hypocrisy induction　诱发伪善　通过让个体做一些与其行为相反的陈述并提醒其观点和行为的不一致性，诱发个体的认知失调。诱发伪善目的是引导个体做出更多负责任的行为。

I

Idiosyncrasy credit　特异信用　个人因为长期顺应团体规范而获得的信用。一个人如果获得了足够的特异信用，那么偶尔偏离团体规范也不会受到团体的惩罚。

Implementation intention　执行意图　人们关于何时、何地以及如何实现目标并避免诱惑的具体计划。

Implicit Association Test，IAT　内隐联想测验　一种测量内隐偏见的方法，测量人们将目标面孔（如黑人或白人、老年人或年轻人、亚洲人或欧洲人）与反映内隐偏见的积极或消极刺激（如词语“诚实”或“邪恶”）进行配对的速度。

Implicit attitude　内隐态度　自然而然的、不受控制的的态度，并且它往往是无意识的。

Impression management　印象管理　人们试图让他人以自己期望的方式来看待自己。

In-group　内群体　个体将自己视为其中一员的群体。

In-group bias　内群体偏好　与属于其他群体的成员相比，人们偏爱自己群体中的成员，并给予其特殊对待，这个群体可以是暂时的、微不足道的，也可以是重要的。

Independent variable　自变量　研究者控制或改变的变量，目的是了解它是否会对其他变量产生影响。

Independent view of the self　独立的自我观　以自己内在的想法、感受和行动来定义自我，而不是以别人的想法、感受和行动来定义自我的方式。

Informational social influence　信息性社会影响　我们将他人视为指导我们行为的信息来源，这导致了从众，因为我们相信他人对某个模糊情境的解释是正确的。

Informed consent　知情同意　被试在实验开始之前就充分获知实验的性质并同意参与其中。

Ingratiation　逢迎　对他人奉承、赞美的过程，一般是为了得到他人（他或她的地位通常比自己高）的喜欢。

Injunctive norm　命令性规范　人们知觉到的、他人认同或反对的行为的总和。

Institutional discrimination　制度化歧视　少数群体因其民族特征、性别、文化、年龄、性取向等而受到的合法或不合法的歧视行为。

Institutional Review Board□ IRB　机构审查委员会　每个研究机构都必须至少包括一位科学家、一位非科学家以及一位不属于该机构的人士组成的委员会，他们需要对此机构的所有研究计划进行审核，评价这些研究是否符合伦理规范的要求。

Instrumental aggression　工具性侵犯　以侵犯为手段达成某种目的，而非以造成伤害为目的的侵犯行为。

Insufficient punishment　不充分的惩罚　当个体缺乏足够的外部理由来解释自己为何要克制一件想进行的活动或获得一个想要的事物时所引发的失调，这通常会导致个体降低其对这个被禁止的活动或事物的评价。

Integrative solution　整合式解决方案　一种冲突解决方案，即要求双方针对问题进行权衡，在对自己不重要但对对方重要的问题上做出最大的让步。

Interdependence　互倚　两个或多个群体需要通过彼此依靠来完成对彼此都很重要的目标的情况。

Interdependent view of the self　相互依存的自我观　以自己和他人的关系来定义自我，并认识到自己的行为经常会受到别人的想法、感受和行动的左右。

Internal-external locus of control　内外控制点　人们倾向于相信事情的发生是因为自己控制了它们，或者倾向于相信好的或坏的结果都在自己的控制之外。

Internal attribution　内部归因　这种推论方式认为，一个人之所以出现这样的行为，其原因与他自己有关，如他的人格、态度或个性。

Internal justification　内部合理化　通过改变自身的某些方面（如态度或行为）来降低认知失调。

Internal validity　内部效度　确保除了自变量外，没有其他因素会影响因变量。要做到这一点，研究者必须控制所有无关变量，并将被试随机分配到不同的实验情境中。

Intrinsic motivation　内在动机　因为喜欢某项活动或觉得该活动有趣（而不是因为外在的奖励或压力）而想从事该活动的欲望。

Introspection　内省　往内心深处探索，并审视自己的想法、感受及动机的历程。

Investment model　投资模型　这个理论认为，人们是否会忠于一段关系不仅取决于他们就收益、成本、比较水平、替代性比较水平、对关系的满意度，还取决于他们对关系的投资——那些他们一旦离开就会失去的东西。

J

Jigsaw classroom　拼图教室　一种旨在减少偏见和提高孩子自尊水平的课堂设置，此方法将孩子置于小型的、多种族的团体中，并使每个孩子都依赖于团体中的其他孩子来学习课程材料。

Judgmental heuristic　判断启发式　人们为了迅速而有效地做出判断所使用的心理捷径。

Justification of effort　努力的合理化　个体倾向于增加对自己努力获得的事物的喜爱程度。

K

Kin selection　亲缘选择　自然选择偏好那些帮助亲属的行为。

L

Lowballing　低价策略　一种非常不道德的策略，销售人员诱使顾客同意以一个非常低的价格购买一件产品，紧接着说刚刚是一个失误，并马上提高价格。此时，大部分顾客都会同意以一个过高的价格购买这件产品。

M

Mere exposure effect　曝光效应　研究发现，我们越多地暴露在某一种刺激下，就越有可能对其产生好感。

Meta-analysis　元分析　一种将两项或更多实验的结果加以平均的统计技术，目的是了解自变量的效果是否可靠。

Minority influence　少数人的影响　团体中的少数人影响多数人的行为或信念的情况。

Misattribution of arousal　对唤醒的错误归因　人们对导致他们产生某种感觉的原因做出错误推断的过程。

N

Naïve realism　天真的现实主义　我们所共有的感知事情“好像它们真是那样”的一种信念。

Narcissism　自恋　既过度自爱，又对他人缺乏同理心。

Negotiation　协商　冲突双方通过提出要求和反对意见来达成双方都同意的解决方案的沟通形式。

Nonverbal communication　非言语交流　人们在不使用语言的情

况下进行有意识或无意识的交流的方式。非言语线索包括面部表情、说话的语调、姿势、身体的位置及动作、身体碰触以及目光注视等。

Normative conformity 规范性从众 为了满足群体期望和获得群体接纳而与群体保持一致的倾向。

Normative social influence 规范性社会影响 人们为了获得他人的喜爱和接纳而从众；这类从众会使个人公开顺从团体的信念和行为，但不一定引发个人的私下接纳。

Norm of reciprocity 互惠规范 我们期望帮助他人能够增加他人将来帮助我们的可能性。

O

Obedience 服从 权威人物的直接影响导致的行为上的改变。

Observational method 观察法 研究者观察人们的行为并采用系统的编码方式对其测量值或对该行为的印象加以记录的技术。

Operant conditioning 操作性条件作用 根据行为带来的结果是得到奖励（正向强化）还是惩罚，个人自由选择的行为相应地在频率上增加或减少。

Out-group 外群体 个体不认同的群体。

Out-group homogeneity 外群体同质性 人们倾向于认为外群体中的成员彼此之间比实际情况更相似（同质），也比内群体中的成员更加相似。

Overjustification effect 过分充足理由效应 认为自己的行为是由难以抗拒的外在原因引起的，从而低估了内在原因引发该行为的可能性。

Own-race bias 同种族偏好 与识别其他种族个体的面孔相比，人们能更好地识别和自己同种族个体的面孔。

P

Passionate love 激情之爱 对某个人强烈的渴求，它伴随着生理唤醒。

Perceived control 知觉控制感 相信自己可以用各种方式来影响周围环境，至于结果是好是坏，则取决于自己所采取的方式。

Perceptual salience 知觉显著性 成为人们关注焦点的貌似极具重要性的信息。

Performance-contingent reward 以表现为条件的奖励 根据表现好坏所给予的奖励。

Peripheral route to persuasion 说服的外周路径 人们不仔细思考说服性沟通中的论据，而受外周线索影响的情况。

Persuasive communication 说服性沟通 支持有关某个问题的特定观点的沟通。

Planning fallacy 计划谬误 人们往往过于乐观地认为他们将在一段时间内完成一个项目，即使他们在过去没有按时完成过类似的项目。

Pluralistic ignorance 人众无知 人们认为他人正以某种方式对情况做出解释，而事实上他人也并不清楚情况。

Postdecision dissonance 决策后失调 在决策后引起的失调，人们可以通过强化所选事物的吸引力、降低未被选择事物的价值来降低这种失调。

Prejudice 偏见 仅仅基于人们在某个特定群体中的成员身份而对其持有的敌对或消极的态度，它包含了认知成分、情感成分和行为成分。

Primacy effect 首因效应 在印象形成过程中，我们最初了解到的信息会对之后了解到的信息产生影响。

Priming 启动 最近的经历提高了某个图式、特征或概念的可提取性的过程。

Private acceptance 私下接纳 人们由于真诚地相信他人言行的正确性而顺应他人的行为。

Probability level (*p*-value) 概率水平（*p* 值） 运用统计工具计算出来的数字，它告诉研究者，其研究结果是由随机因素（而非自变量）导致的可能性有多大。科学界（包括社会心理学领域）的惯例是，当某研究结果来自随机因素（而非所研究的自变量）的概率水平低于 5% 时，便可证明该研究结果是显著的。

Process loss 过程损失 抑制良好的问题解决方法的团体互动的任何方面。

Propaganda 宣传 通过误导或情绪化的信息来操纵大众的态度和行为，从而有意地、系统地实现一个目标。

Propinquity effect 接近效应 我们看见并与之交往频繁的人往往最有可能成为我们的朋友和恋人的心理效应。

Prosocial behavior 亲社会行为 任何以利他为目标的行动。

Psychological realism 心理现实主义 在实验中被激发的心理机制与现实生活情境中发生的心理机制的相似程度。

Public compliance 公开顺从 人们在公开场合顺应他人的行为，但并不一定相信他人所说的、所做的。

R

Random assignment to condition 随机分配 让所有被试都有同等的机会被分配到每种实验情境中的过程。通过随机分配，研究者能够在一定程度上确保不同特质或背景的被试能够被平均分配到不同的情境中。

Random selection 随机抽样 使总体中每个个体都有同等的机会被选为样本的方法，以确保该样本能够代表该总体。

Reactance theory 抗拒理论 当人们感到自己表现出特定行为的自由受到威胁时，一种不愉快的抗拒心态会被激发，并且人们可以通过从事被禁止的行为来减轻这种抗拒。

Realistic conflict theory 现实冲突理论 认为有限的资源会导致群体与群体之间的冲突，进而导致偏见和歧视的增加。

Reconstructive memory 记忆重构 人们在事件发生后接触到的其他信息导致了人们对该事件的记忆的扭曲。

Recovered memory 恢复性记忆 对曾经遗忘或压抑的事件（如性虐待）的重新回忆。

Relationship-oriented leader 关系导向型领导者 比较关心员工的情感和人际关系的领导者。

Replication 重复实验 重复进行的研究，通常针对不同的被试总体或不同的场景来进行。

Representativeness heuristic 代表性启发式 人们根据某事物与某典型事物的相似程度来加以归类的一种心理捷径。

Resilience 复原力 人们对压力事件产生轻微的、短暂的反应，随后迅速恢复正常的、健康的功能的能力。

Retrieval　提取　人们回忆储存在记忆中的信息的过程。

S

Schema　图式　人们用来组织围绕某些主题的有关社会性世界知识的心理结构，这种心理结构会影响人们所注意、思考和识记的信息。

Secure attachment style　安全型依恋　以信任、不担心被抛弃，以及认为自己是有价值的和受人喜爱的为特征的依恋类型。

Self-affirmation theory　自我肯定理论　人们可以通过在那些与威胁来源无关的领域肯定自己来减少对自尊的威胁。

Self-awareness theory　自我觉知理论　该理论主张，当我们将注意力集中在自己身上时，我们会根据自己内在的标准与价值观来评价和比较自己的行为。

Self-concept　自我概念　人们对自己的个人属性所持有的一整套信念。

Self-control　自我控制　抑制眼前欲望以实现长期目标的能力。

Self-esteem　自尊　一个人对自我价值的评估，换言之，就是一个人认为自己有多好、多能干及多高尚。

Self-evaluation maintenance theory　自我评价维护理论　当与自己关系亲近的人在与自尊相关的核心领域的表现优于自己时，人们会经历认知失调。这种失调可以通过疏远此人、努力让自己比对方更优秀，或者把该领域看作对自己没那么重要的方式来缓解。

Self-fulfilling prophecy　自证预言　在这种情况下，人们对他人的预期会影响其对待他人的方式；而这种对待方式又会导致那个人的行为与人们最初的预期相一致，进而使这一预期成为现实。

Self-handicapping　自我妨碍　人们为自己制造障碍和借口，以便在表现不佳时避免自责的策略。

Self-perception theory　自我知觉理论　该理论主张，当我们的态度和感受处于不确定的或模糊的状态时，我们会通过观察自己的行为和该行为发生时的情境来推论自己的态度和感受。

Self-serving attribution　自利归因　将成功归因于内部因素（即性格因素），而将失败归因于外部因素（即情境因素）。

Sexual script　性脚本　一组随性别、年龄、宗教、社会地位和同龄人群体而变化的内隐规则，规定一个人在特定情况下的恰当性行为。

Social cognition　社会认知　人们如何看待自己和社会性世界，更明确地说，就是人们如何选择、诠释、记忆和使用社会信息来做出判断和决定。

Social-cognitive learning theory　社会认知学习理论　一种认为人们在很大程度上通过观察与模仿他人，以及通过计划、期望与信念等认知过程学习社会行为（如侵犯行为或利他行为）的理论。

Social comparison theory　社会比较理论　人们通过将自己与他人进行比较来了解自己的能力和态度。

Social dilemma　社会困境　如果大多数人都选择了对个人最有利的行为，那么其结果对每个人都有害。

Social exchange theory　社会交换理论　该理论认为，人们对人际关系的感受取决于他们对这段关系的收益与成本的知觉、他们对他们应得到何种关系的信念，以及他们从其他人那里得到一段更好的关系的可能性。

Social facilitation　社会促进　在他人在场且个人表现将受到评估的情况下，人们在简单任务上表现得更好，在复杂任务上表现得更差的倾向。

Social identity　社会认同　一个人自我概念的一部分，它基于个人对国家、宗教或政治团体、职业或其他社会关系的认同。

Social identity threat　社会认同威胁　当人们意识到其他人将他们视为群体中的一员而不是个体时所产生的威胁。

Social impact theory　社会影响理论　该理论认为，社会影响下的从众行为取决于三个因素——团体的强度、接近性和人数。

Social influence　社会影响　他人的言辞、行为或仅仅是其在场对我们的思想、情感、态度或行为产生的影响。

Social loafing　社会懈怠　在他人在场且个人表现无法受到评估的情况下，人们会在简单任务上表现得更差，在复杂任务上表现得更好的倾向。

Social norm　社会规范　一个团体关于可接受的行为、价值观和信念的内隐规则或外显规则。

Social perception　社会知觉　关于我们如何形成对他人的印象以及如何对他人的行为做出推论的研究。

Social psychology　社会心理学　探讨人们的思想、情感及行为如何因他人真实或想象的存在而受到影响的科学研究。

Social role　社会角色　一个团体对特定成员的行为的共同期望。

Social support　社会支持　个人需求获得他人回应和接纳的感觉。

Social tuning　社会调节　人们接受他人态度的过程。

Source monitoring　来源监控　人们试图识别其记忆来源的过程。

Stereotype　刻板印象　对有着某种共同特质的一群人的概括，而忽略成员间的个体差异。

Storage　存储　人们将从周围环境中获取、编码的信息进行储存的过程。

Story model　故事模型　陪审团会试图将他们在审判中听到的证据整合成连贯的故事，并最终选出最符合他们所创造的故事的判决。

Stress　压力　又称应激，即当人们感到无法应对环境的要求时产生的负性体验和消极信念。

Subliminal messages　阈下信息　某些不能被有意识地觉察但可能影响人们的判断、态度和行为的文字或图像。

Survey　调查法　选取一个具有代表性的群体作为样本，让他们回答（通常是匿名的）关于态度或行为的问题。

T

Task-contingent reward　以任务为条件的奖励　根据执行任务与否而非表现好坏所给予的奖励。

Task-oriented leader　任务导向型领导者　比较关心组织的任务是否完成了，而不太关心员工的情感和人际关系的领导者。

Tend-and-befriend response　照顾－表现友好回应　面对压力事件时，人们采取照顾行动来保护自己和孩子，并建立社会关系网络来使自己和孩子远离危险。

Terror management theory　恐惧管理理论　这个理论认为自尊能起到缓冲作用，保护人们远离对死亡的恐惧。

Theory of planned behavior　有计划行为理论　该理论认为对一个

人的有计划的、有意向的行为的最好的预测方法是考察其指向行为的态度、主观规范以及知觉到的控制感这三个因素。

Thin-slicing 薄片 基于非常简短的行为样本得出关于他人能力和人格的有意义的结论。

Tit-for-tat strategy 以牙还牙策略 通过先表现出合作的姿态，但之后总是按对方在上一回合中的表现（合作或竞争）做出回应，来促进合作出现的策略。

Transactional leader 交易型领导者 设定清晰的、短期的目标，而且奖励实现目标的人的领导者。

Transactive memory 交互记忆 一个团体的联合记忆比单个成员的记忆更有效率。

Transformational leader 变革型领导者 激励下属关注共同的、长期目标的领导者。

Two-factor theory of emotion 情绪二因素理论 情绪体验是两阶段的自我知觉过程的结果，人们首先经历生理唤醒，然后寻求适当的解释。

Two-step attribution process 两阶段归因过程 在分析别人的行为时，人们通常会先自动地做内部归因，然后才会想到行为可能的情境因素，进而对原先的内部归因做出调整。

U

Upward social comparison 上行的社会比较 将自己与那些在某种特质或能力上比自己出色的人进行比较。

Urban overload hypothesis 城市过载假设 该假设认为，住在城市里的人经常被刺激“轰炸”，这使他们倾向于独善其身，以免被信息淹没。

W

Weapon effect 武器效应 仅仅是枪支或其他武器的出现就可能导致侵犯行为的增加。

Y

Yale Attitude Change approach 耶鲁态度改变研究法 研究人们在何种情况下最有可能因为说服性信息改变自己的态度的方法，它聚焦于沟通的来源、沟通的性质和听众的性质。

参考文献

为了节省纸张、降低图书定价，本书编辑制作了电子版参考文献。请扫描下方二维码查看。

全书图片版权说明

请扫描下方二维码查看。

关于教学课件

本书为教学人员提供课堂教学课件，如有需要，请发邮件申请。

编辑联系方式：puhuabook855 @126.com

010-81055686

010-81055657

动态勘误表

请扫描下方二维码查看。

著作权合同登记号 图字：01-2021-0639 号

出版统筹：贾福新　聂政

执行编辑：田甜　杨楠　张帆

责任编辑联系方式：puhuabook855@126.com
010-81055686
010-81055657

封面设计：王梦珂

脑图设计支持：圣娵文化传媒
vis995@outlook.com · 工作室